Rainer Gievers

Das Praxisbuch

Google Pixel 10 & Pixel 10 Pro/XL

Anleitung für Einsteiger

www.das-praxisbuch.de

Vorwort

Die Google Pixel 10-Serie bietet gegenüber der Pixel 9-Serie vor allem eine leistungsfähigere Triple-Kamera mit Teleobjektiv, einen schnelleren Prozessor mit erweiterten KI-Funktionen und ein helleres Display sowie einen größeren Akku mit langer Laufzeit.

Leider wird die Welt in der wir leben, immer komplexer und das trifft auch auf moderne Smartphones zu. War es uns vor etwa 20 Jahren noch möglich, alle Handyfunktionen in einem Buch zu beschreiben, so ist dies inzwischen nicht mehr denkbar. Wir beschränken uns daher im Buch auf Funktionen und Programme, die für Sie im Alltag relevant sind.

Sie werden feststellen, dass die Anzeige auf Ihrem Gerät gelegentlich von der in diesem Buch abweicht. Dies liegt daran, dass Google die Anwendungen laufend mit neuen Funktionen versorgt, wobei sich diese Zwangsupdates nicht verhindern lassen.

Wir empfehlen, die ersten beiden Kapitel zur Ersteinrichtung und zur Benutzeroberfläche durchzuarbeiten, auch wenn Sie vielleicht schon mal mit einem Android-Handy gearbeitet haben. Auf die unvermeidlichen Fachbegriffe, die dabei erläutert werden, setzen dann die weiteren Kapitel auf.

Falls Sie im Buch irgendwo einen Fehler entdecken, senden Sie bitte eine E-Mail an *info@das-praxisbuch.de.*

Rainer Gievers, im September 2025

1. Auflage vom 11.09.2025

1. Inhaltsverzeichnis

Hinweis

Die Informationen in diesem Buch wurden mit größter Sorgfalt erarbeitet und zusammengestellt. Dennoch können Fehler nicht vollständig ausgeschlossen werden. Verlag und Autor übernehmen daher keine juristische Verantwortung oder irgendeine Haftung für eventuell verbliebene Fehler oder deren Folgen.

Gicom Verlag
Rainer Gievers
Am Bahnhof 10
34434 Borgentreich
info@das-praxisbuch.de

ISBN 978-3-96469-296-2

V2 (Korrekturen)

Aufbau der Kapitel

- Damit Sie erkennen, welche Bildschirmkopie zu welchem Erläuterungstext gehört, sind die Texte mit Zahlen (❶,❷,❸) durchnummeriert.
- Webadressen, Menübezeichnungen und verwiesene Kapitel sind *kursiv* gesetzt.
- Verschachtelte Menüs werden durch »/« gekennzeichnet. Somit bedeutet zum Beispiel ⋮ */Einstellungen*, dass Sie das Menü aktivieren und dort auf *Einstellungen* gehen.
- Auch Verzeichnis- und Dateinamen, sowie Webadressen sind in Kursivschrift gesetzt.

In den Rahmen sind weiterführende Infos zum jeweiligen Thema untergebracht.

2. Einführung

Vielleicht gehören Sie auch zu den Anwendern, die sich bisher mit einem Einfach-Handy zufrieden gegeben haben und nun erstmals ein sogenanntes Smartphone nutzen. Alternativ besitzen Sie schon seit geraumer Zeit ein Smartphone, verwenden darauf aber derzeit nur die Telefonie-Funktionen.

Was aber ist ein **Smartphone**? Darunter versteht man ein Mobiltelefon, das neben der Telefonie noch weitere Funktionen mitbringt, die sonst nur PCs aufweisen, beispielsweise Kontakt- und Terminverwaltung, Musikwiedergabe, Internet usw. Von wenigen Billig-Handys abgesehen, die für maximal 50 Euro angeboten werden, sind übrigens genau genommen inzwischen fast alle Handys auch Smartphones.

Die Betriebssoftware, sozusagen das Herz Ihres Handys, ist das von Google entwickelte **Android**. Es erfüllt die gleichen Aufgaben wie das Windows-Betriebssystem auf Ihrem PC oder Notebook.

2.1 Das ist bei Android anders

Dieses Kapitel soll kurz die Unterschiede zwischen den »alten« Handys und den modernen Smartphones beleuchten.

Schon bei der ersten Inbetriebnahme gibt es den ersten Unterschied: Während früher ein Handy nach dem Einschalten und der PIN-Eingabe sofort betriebsbereit war, müssen Sie bei einem Android-Handy erst Ihren Internetzugang einrichten. Überhaupt empfiehlt es sich, einen Blick auf den Mobilfunkvertrag zu werfen, denn dieser muss auch eine **Internetflatrate** (Datenvertrag) beinhalten. Sie zahlen dann nur einen festen Betrag für die Internetnutzung und keinen nutzungsabhängigen – Letzteres ist meist extrem teuer. Auf dieses Thema gehen wir übrigens später noch genauer ein.

Bereits beim ersten Einschalten eines Android-Handys richten Sie die Internetverbindung ein.

Eine permanente Internetverbindung ist für Android-Handys wichtig. Natürlich sind Webbrowser und E-Mail-Anwendung ohne Internetanbindung unbrauchbar – aber wussten Sie, dass sogar Programme, von denen Sie es nie erwarten würden, aufs Internet angewiesen sind? Ihr Android-Handy speichert beispielsweise auch Ihre Kontakte, Termine, Lesezeichen des Chrome-Browsers, Ihre Fotos und Videos und vieles mehr im Internet. Das hört sich zunächst erst einmal ungewohnt an, hat aber für Sie durchaus Vorteile, wie wir unten noch zeigen werden.

Den Speicherort für Ihre Daten legen Sie übrigens bereits bei der ersten Inbetriebnahme Ihres Android-Handys fest. Es handelt sich dabei um Ihr sogenanntes **Google-Konto**. Dieses hat immer das Format *IhrName@gmail.com*. Dabei ist *IhrName* ein von Ihnen frei wählbarer Name, erlaubt sind zum Beispiel die Kontonamen *hans.mueller@gmail.com, hansmuell25@gmail.com oder mueller201@gmail.com.*

Ihr Google-Konto erstellen Sie direkt nach der Interneteinrichtung beim ersten Einschalten Ihres Android-Handys. Den Kontonamen dürfen Sie frei wählen.

Nicht jeder ist darüber glücklich, dass seine Daten bei Google gespeichert werden. Google informiert aber sehr offen darüber und fragt gegebenenfalls nach Ihrer Zustimmung. Natürlich dürfen Sie auch ablehnen, aber ohne Google-Konto müssen Sie auf viele Komfortfunktionen verzichten. Dazu zählt auch die nachträgliche Installation von weiteren nützlichen Programmen aus dem Play Store.

2.2 Das Google-Prinzip

Wie bereits erwähnt, sammelt Google systematisch Ihre Daten, denn Ihr Android-Gerät lädt alle Ihre Kontakte, Termine, Browser-Lesezeichen, Fotos usw. auf Google-Server im Internet hoch. Sie können das natürlich teilweise verhindern, indem Sie erst gar kein Google-Konto auf dem Handy einrichten. Allerdings steht Ihnen ohne Google-Konto der Play Store nicht zur Verfügung, über den Sie weitere Programme installieren.

In der Praxis halten wir die Datensammlung durch Google für unproblematisch, da Google strenges EU-Recht einhalten muss. Trotzdem empfehlen wir, das automatische Hochladen von Fotos und Videos auf Google-Server zu deaktivieren. Nach unseren Informationen überprüft Google diese Medien mithilfe von KI auf potenziell unerlaubte Inhalte. Dabei kann es im Falle eines Fehlalarms zur Sperrung Ihres Google-Kontos kommen. Zudem ist der kostenlose Speicherplatz Ihres Google-Kontos auf 15 Gigabyte begrenzt, was durch das Hochladen von Fotos und Videos schnell ausgeschöpft sein kann.

2.3 Die SIM-Karte

Ihr Handy unterstützt zwei Möglichkeiten des Internetzugangs :

- Über das Mobilfunknetz: Prüfen Sie, wie viel Internet-Datenvolumen in Ihrem Mobilfunkvertrag enthalten ist. Für die gelegentliche Nutzung des Internets unterwegs sind 2 Gigabyte (GB) in der Regel ausreichend. Wird das Datenvolumen überschritten, drosselt der Netzbetreiber die Übertragungsgeschwindigkeit. Dies macht sich beispielsweise durch langsames Laden von Webseiten im Webbrowser oder ruckelnde Videowiedergabe mit YouTube bemerkbar. Beachten Sie, dass auch die Qualität der Mobilfunkverbindung die Geschwindigkeit beeinflussen kann.
- Über WLAN: Wie Ihnen bekannt sein dürfte, lässt sich das Internet mit Ihrem Handy über WLAN nur zuhause beziehungsweise an ausgewiesenen WLAN-Zugangspunkten in Hotels, Bars usw. verwenden.

Neue SIM-Karten werden stets als große Plastikkarten geliefert. Vorgestanzt sind manchmal verschiedene Formate, wovon Sie die Nano-SIM (Pfeil) vorsichtig herausbrechen.

Neben der physischen SIM-Karte existiert seit einigen Jahren auch die sogenannte eSIM. Das »e« steht dabei für »embedded«, also »eingebaut«. Die eSIM ist in Form eines Chips im Handy integriert und wird durch Software aktiviert und verwaltet. Statt eine physikalische SIM-Karte einzulegen, muss man einfach einen vom Mobilnetzbetreiber zur Verfügung gestellten Code zur Aktivierung der eSIM eingeben oder die eSIM online aktivieren.

Ein riesiger Vorteil der eSIM ist, dass man damit mehrere Verträge gleichzeitig auf dem Handy nutzen kann, zwischen denen man bei Bedarf umschalten kann. Wer häufig außerhalb Europas reist, wird die Möglichkeit schätzen lernen, in den jeweiligen Ländern einen eSIM-Vertrag abzuschließen, mit dem man Roaming-Kosten spart. Das mühsame Wechseln physischer SIM-Karten entfällt dadurch.

Die Mobilfunkanbieter ermöglichen in der Regel einen unkomplizierten und teilweise sogar kostenlosen Wechsel zwischen klassischer SIM-Karte und eSIM. Voraussetzung ist, dass Ihr Smartphone die eSIM-Technologie unterstützt – bei der Google Pixel 10-Serie ist dies der Fall.

Für die erstmalige Einrichtung einer eSIM auf dem Handy ist zwingend eine WLAN-Verbindung erforderlich, da das Gerät während des Aktivierungsprozesses auf eine Internetverbindung angewiesen ist, die ja nicht über das Mobilfunknetz bereitgestellt wird.

Falls Sie später auf ein neues Smartphone umsteigen möchten, gibt es zwei Möglichkeiten, die eSIM zu übertragen: Entweder Sie nutzen eine Transferfunktion direkt auf dem alten Gerät (sofern vom Anbieter unterstützt), oder Sie deaktivieren die eSIM über das Kundenportal oder die App Ihres Mobilfunkanbieters und beantragen anschließend für das neue Gerät eine neue eSIM – in der Regel ist auch dieser Vorgang kostenlos.

Einsetzen der SIM-Karte:

1. Stecken Sie das mitgelieferte Auswurf-Werkzeug vorsichtig in die kleine Öffnung an der Geräteoberseite, um den Kartenhalter zu lösen.
2. Entnehmen Sie die Schublade und legen Sie die SIM-Karte mit der Beschriftung nach oben passgenau in die Aussparung, bis sie hörbar einrastet.
3. Schieben Sie die Schublade behutsam wieder in das Gerät. Achten Sie unbedingt darauf, dass die SIM-Karte weder verrutscht noch verkantet.

Hinweis: Die Handhabung und Installation der SIM-Karte setzt etwas Geschick voraus. Sollten Sie sich unsicher sein, überlassen Sie dies am besten einer kundigen Person.

3. Erster Start

Beim ersten Einschalten richten Sie den Internetzugang über WLAN, Ihr Google-Konto und einige andere Dinge ein.

Falls Sie bereits den Assistenten durchlaufen haben und schon Ihr Gerät nutzen, sollten Sie im Kapitel *4 Grundlagen der Bedienung* weiterlesen. Wo es in diesem Buch darauf ankommt, gehen wir auf die im Assistenten vorgenommenen Einstellungen nochmals ein. Sie verpassen also nichts!

❶ Sollte der Bildschirm gesperrt sein, erscheint ein Schloss-Symbol. Halten Sie den Finger auf dem Bildschirm und wischen Sie in eine beliebige Richtung, um ihn zu entsperren. Alternativ tippen Sie das Schloss-Symbol an.

❷ Geben Sie zuerst die SIM-PIN ein, damit sich das Pixel-Handy ins Netz einbucht. Schließen Sie Ihre Eingabe mit der →|-Schaltfläche auf dem eingeblendeten Tastenfeld ab.

❸ Zwischendurch könnte ein Hinweis auf die verwendete Rufnummer erscheinen, den Sie mit *Ok* schließen.

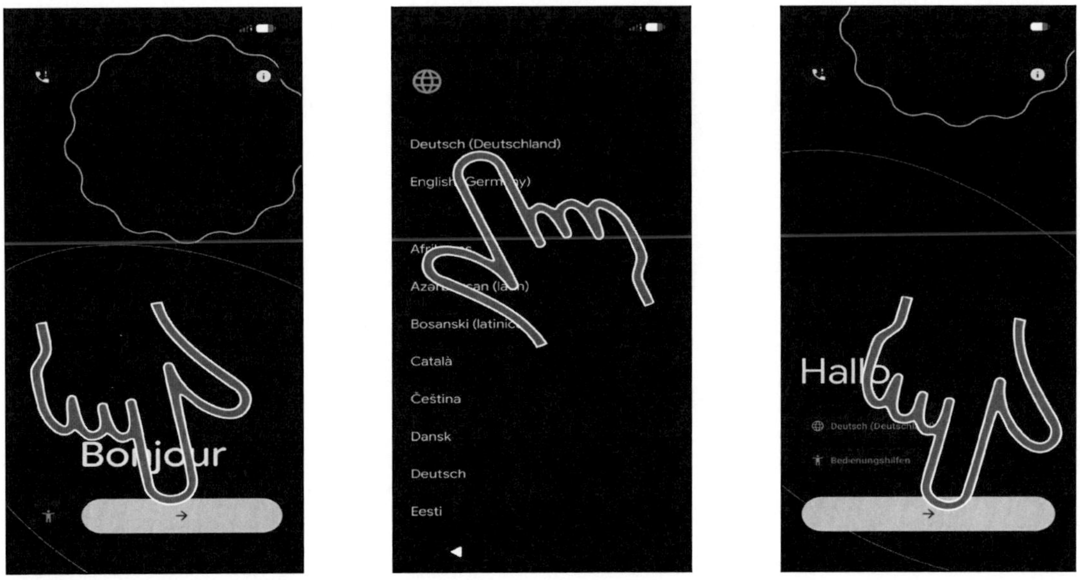

❶ Betätigen Sie die große Schaltfläche.

❷❸ Das Handy schlägt anhand der eingelegten SIM-Karte eine Sprache vor. Wählen Sie *Deutsch (Deutschland)* aus (Pfeil).

Sie haben keine SIM-Karte eingelegt, weil Sie eine eSIM verwenden möchten? Dann weiß das Handy nicht, welche Sprache Sie verwenden. Sie müssen sie dann selbst einstellen. Wählen Sie *Deutsch* und im zweiten Menü *Deutschland*. Betätigen Sie danach die große Schaltfläche erneut.

➊ Beachten Sie beim *Mit einem anderen Gerät einrichten*-Bildschirm: Falls Sie von einem älteren Smartphone (Android oder iPhone) umsteigen, das noch funktionsfähig ist, können Sie dessen Daten übernehmen. Lesen Sie in diesem Fall im Kapitel *3.1 Automatische Datenübernahme* weiter.

➋ Andernfalls gehen Sie auf *Überspringen.*

Hinweis zur Datenübernahme von einem anderen Android-Handy: Auch wenn Sie nicht die oben erwähnte Funktion *Mit einem anderen Gerät einrichten* nutzen, werden später alle Ihre Daten aus einem vorhandenen Google-Konto übernommen.

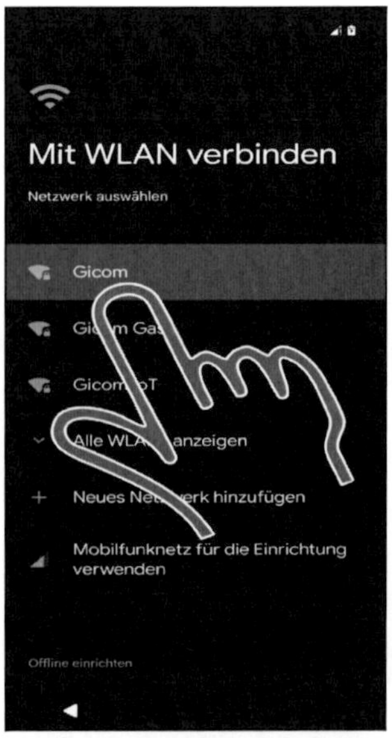

➊➋ Als Nächstes stellen Sie den genutzten WLAN-Zugangspunkt ein. Tippen Sie dafür kurz einen der gefundenen Zugangspunkte in der Liste an, geben Sie das zugehörige Kennwort ein und betätigen Sie *Verbinden.*

Der »Zeigefinger« weist im Buch häufig auf SchaltflächeSchaltflächen hin, die Sie antippen müssen.

In diesem Buch unterscheiden wir zwischen »Antippen«, was immer ein kurzes Antippen heißt und längerem Tippen und Halten mit dem Finger. Wenn Sie den Finger lange auf einem Bildschirmelement gedrückt halten müssen, weisen wir immer explizit darauf hin.

❶❷ Sofern sehr viele WLAN-Zugangspunkte an Ihrem Standort vorhanden sind, werden diese nicht alle aufgelistet. In dem Fall betätigen Sie mit dem Finger *Alle WLANs anzeigen* und können dann den gewünschten WLAN-Zugangspunkt auswählen.

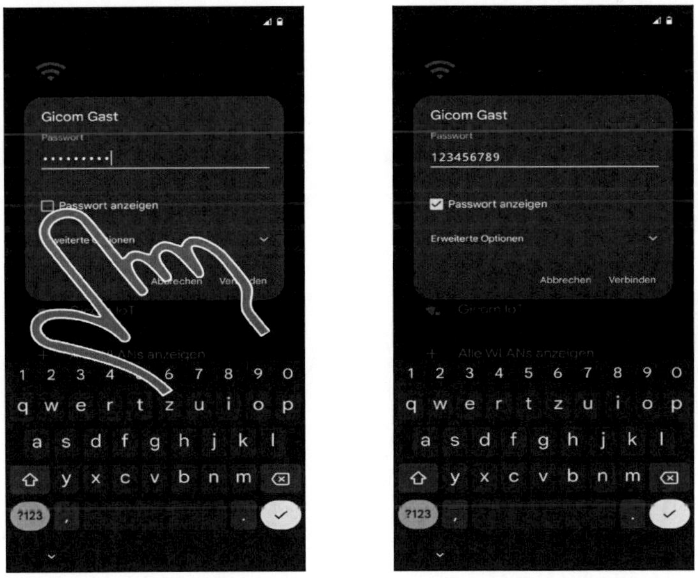

❶❷ Tipp: Das Handy erleichtert Ihnen bei Bedarf die Passworteingabe. Aktivieren Sie *Passwort anzeigen*, worauf das Eingabefeld »aufgedeckt« wird.

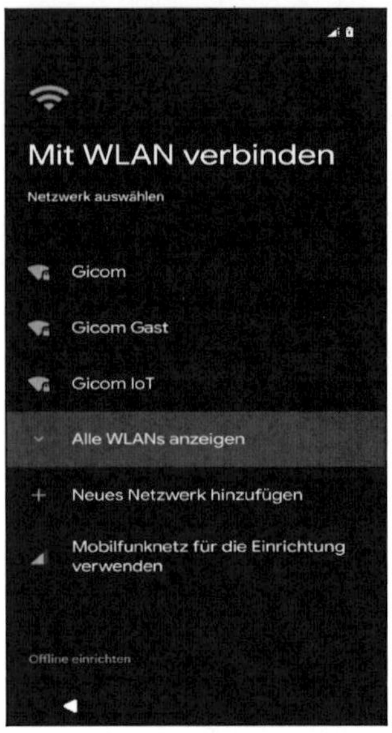

➊ Einige kommerzielle WLAN-Betreiber ersparen dem Nutzer das umständliche Eintippen des Passworts. Sie finden dann einen sogenannten QR-Code auf Flyern oder Plakaten vor, in dem das Passwort enthalten ist. Alternativ bitten Sie jemanden, der bereits den gewünschten Zugangspunkt nutzt, dass er in den WLAN-Einstellungen seines Handys den QR-Code für das Passwort anzeigt.

➋ So scannen Sie den QR-Code: Rufen Sie *Alle WLANs anzeigen* auf.

➌ Betätigen Sie *Neues Netzwerk hinzufügen.*

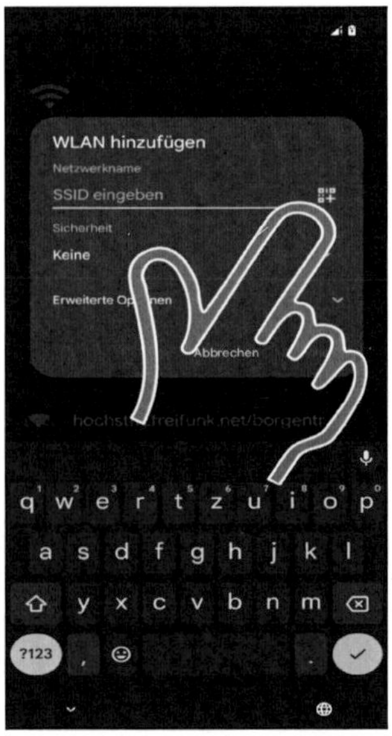

➊➋ Tippen Sie auf ⊞ und halten Sie die Kamera auf den QR-Code.

3.1 Automatische Datenübernahme

Sie haben ein älteres Smartphone? Dann können Sie dessen Daten und Programme automatisch herüberkopieren lassen und sparen sich somit einige Einrichtungsschritte. Wichtig ist, dass Sie das alte Handy neben sich liegen haben, weil Sie dort die Datenübernahme bestätigen müssen.

Im Folgenden gehen wir davon aus, dass Ihr altes Handy mit Android läuft. Es muss eingeschaltet und mit dem Internet verbunden sein. Entsperren Sie es gegebenenfalls und lassen den Startbildschirm angezeigt.

❶ Betätigen Sie *Pixel oder Android-Gerät.*

❷ Das neue Handy zeigt einen QR-Code an.

❸ Rufen Sie nun auf dem alten Handy eine Anwendung auf, mit der Sie den QR-Code scannen können, beispielsweise mit der im Kapitel *28.10 QR-Code scannen* vorgestellten Funktion. Tippen Sie den angezeigten Link beziehungsweise *Link öffnen* an.

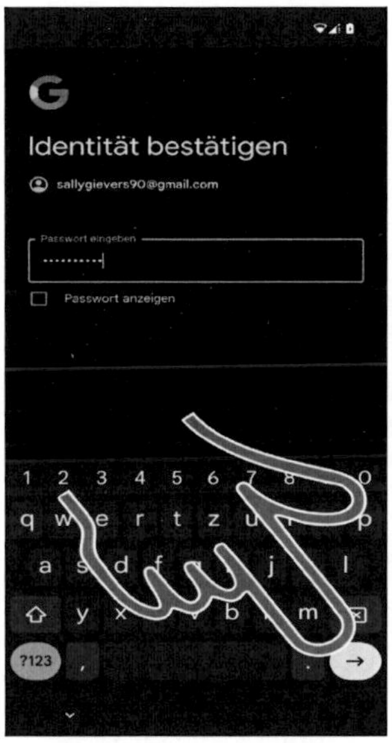

❶ Altes Handy: Zeigt Erfolgsmeldung.

❷ Die Einrichtung auf dem neuen Handy dauert eine Weile.

❸ Geben Sie das Passwort zu Ihrem Google-Konto ein und betätigen Sie die Pfeil-Schaltfläche unten rechts auf dem Tastenfeld.

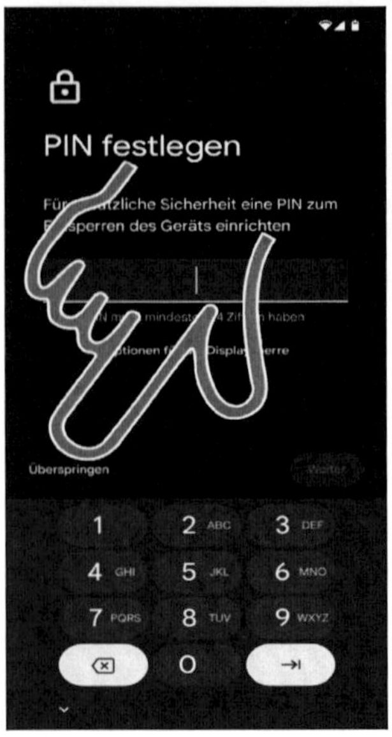

❶❷ Betätigen Sie *Überspringen* und dann im Popup erneut *Überspringen*. Warten Sie einige Sekunden, bis das Handy auf den folgenden Bildschirm umschaltet!

❸ Betätigen Sie *Weiter.*

❶ Erneut müssen Sie sich etwas gedulden…

❷ Im folgenden Bildschirm müssen Sie keine Änderungen vornehmen und betätigen *Kopieren.*

Folgen Sie den Anweisungen im Kapitel *3.4 Weitere Einrichtung* (falls mal ein Bildschirm von dem im Buch abweicht, wählen Sie die für Sie Sinnvolle – sie können nichts kaputt machen!).

3.2 Vorhandenes Google-Konto

Um das Handy (und andere Android-Geräte) sinnvoll zu nutzen, müssen Sie ein sogenanntes Google-Konto besitzen. Das Google-Konto hat das Format einer E-Mail-Adresse und immer die Endung *gmail.com*, beispielsweise *sally.gievers@gmail.com*.

In diesem Kapitel erfahren Sie, wie Sie die bereits in Ihrem Google-Konto vorhandenen Daten aufs neue Handy übernehmen. Falls Sie nicht wissen, was ein Google-Konto ist, oder bisher noch kein Android-Gerät genutzt haben, lesen Sie bitte im Kapitel *3.3 Neues Google-Konto* weiter.

Beachten Sie, dass bei Ihnen die Bildschirmabbildungen eventuell geringfügig anders aussehen, da Google laufend Änderungen an der Benutzeroberfläche vornimmt.

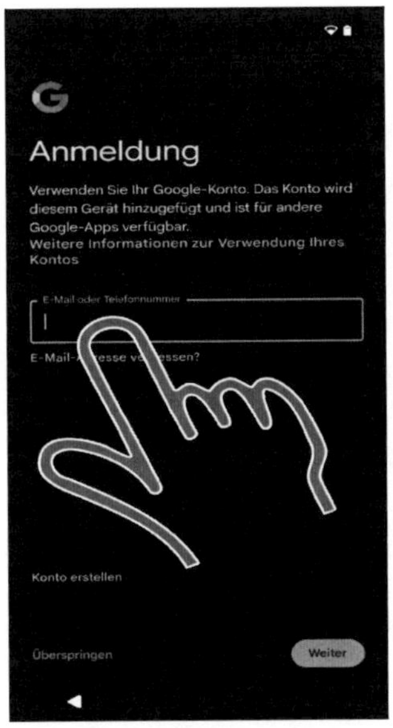

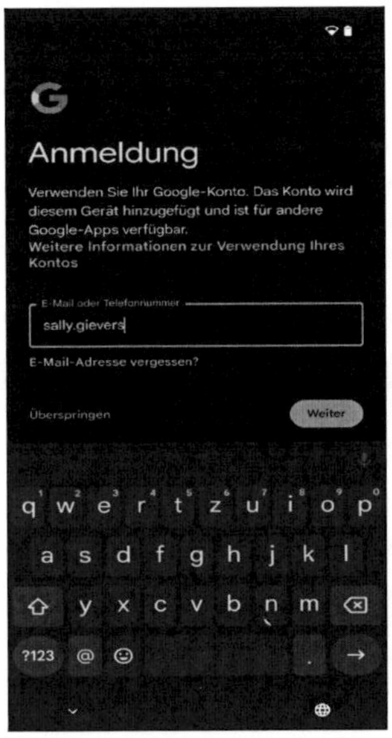

➊ In Europa werden Kinder durch Datenschutzvorschriften besonders geschützt, weshalb Sie diesen Bildschirm sehen. Betätigen Sie *Für mich selbst.*

➋ Tippen Sie in das Eingabefeld.

➌ Geben Sie Ihre Gmail-E-Mail-Adresse ein, die gleichzeitig Ihr Google-Konto darstellt.

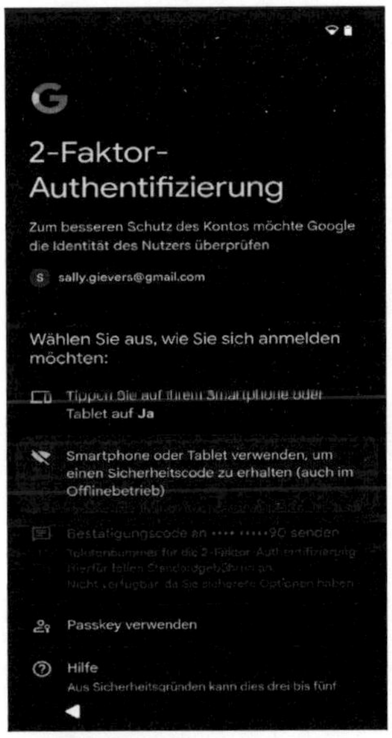

➊ Erfassen Sie das Passwort Ihres Google-Kontos und gehen Sie erneut auf *Weiter.*

➋ Google möchte sicherstellen, dass kein Unbefugter Ihr Google-Konto nutzt. Deshalb wird eine Authentifizierung verlangt. Sie müssen dazu auf einem anderen Android-Gerät die Anmeldung bestätigen, was aber nur funktioniert, wenn Sie dort mit Ihrem Google-Konto angemeldet sind. Verwenden Sie *Andere Option wählen* für eine andere Bestätigungsmethode (➌). Den empfangenen Code geben Sie ein und betätigen *Weiter.*

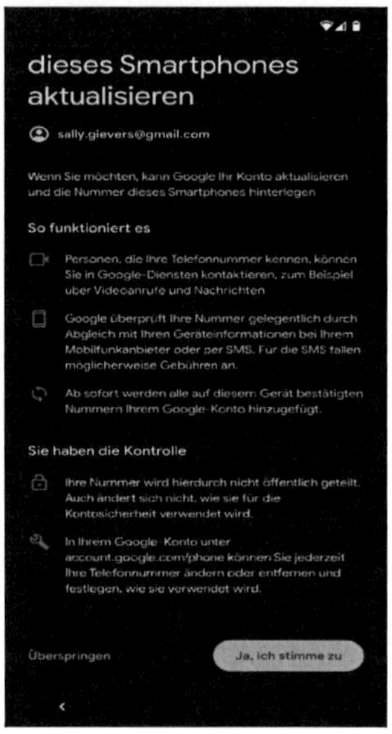

➊➋ Falls Sie die eingelegte SIM-Karte erstmals mit einem Android-Handy nutzen, erscheint dieser Bildschirm. Wischen Sie darauf nach oben und gehen Sie auf *Ja, ich stimme zu.*

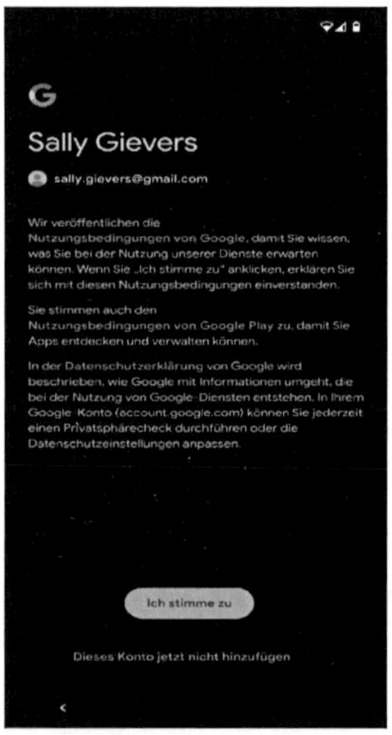

Ich stimme zu betätigen Sie als Nächstes.

Lesen Sie im Kapitel *3.4 Weitere Einrichtung* weiter.

3.3 Neues Google-Konto

Dieses Kapitel brauchen Sie nur durchzuarbeiten, wenn Sie noch kein sogenanntes Google-Konto besitzen. Dies ist in der Regel der Fall, wenn Sie bisher noch nie ein Android-Handy oder Tablet genutzt haben.

Das Google-Konto hat das Format einer E-Mail-Adresse und immer die Endung *@gmail.com*, beispielsweise *sally.gievers@gmail.com*. Vom Handy wird das Google-Konto verwendet, um eine Sicherung Ihrer Daten auf Google-Servern durchzuführen.

> Beachten Sie, dass bei Ihnen die Bildschirmabbildungen eventuell etwas anders aussehen, da Google laufend Änderungen an der Benutzeroberfläche vornimmt.

In Europa werden Kinder durch Datenschutzvorschriften besonders geschützt, weshalb Sie diesen Bildschirm zu Gesicht bekommen. Betätigen Sie *Für mich selbst*.

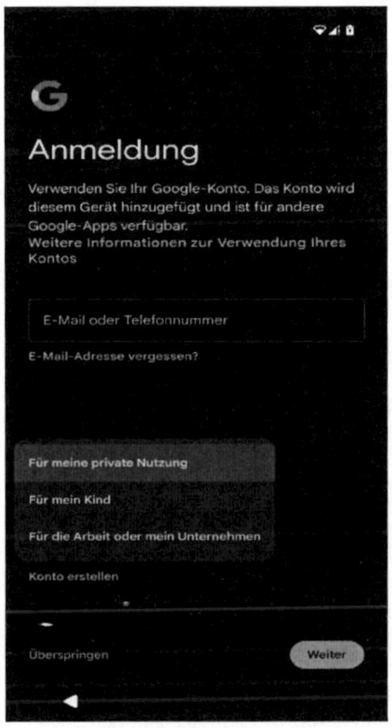

❶ Betätigen Sie *Konto erstellen.*

❷ Wählen Sie *Für meine private Nutzung* aus.

❸ Erfassen Sie in den Feldern Ihren Vor- und Nachnamen (mit dem Finger in das jeweilige Eingabefeld tippen) und betätigen Sie *Weiter.*

❶ Geben Sie Ihr Geburtsdatum und Geschlecht an (es ist Ihnen unbenommen, hier falsche Angaben zu machen), dann betätigen Sie *Weiter*.

❷ Damit Ihre Daten vor fremden Zugriff geschützt sind, möchte Google eine Authentifizierung einrichten. Dies kann wahlweise über Ihre Handynummer oder eine E-Mail-Adresse (Gmail-Adresse) geschehen. Gehen Sie hier auf jeden Fall auf *Sie haben keine E-Mail-Adresse oder Telefonnummer*, damit Sie selbst Ihr Google-Konto anlegen können.

❶ Google schlägt Ihnen einige Kontonamen vor. Wenn Sie *Gmail-Adresse erstellen* auswählen (❷), können Sie auch einen selbst gewählten Kontonamen eingeben. Betätigen Sie dann erneut die *Weiter*-Schaltfläche. Falls der Kontoname bereits an jemand anders vergeben wurde, macht das Programm Vorschläge beziehungsweise gibt Ihnen die Möglichkeit, einen anderen Kontonamen einzugeben.

Im Kontonamen sind Buchstaben, Zahlen und Punkte zulässig. Klein- und Großschreibung wird nicht berücksichtigt.

Tipp: Verzichten Sie bei Ihrem Kontonamen auf die leicht verwechselbaren Zeichen »0«, »O«, »1«, »L«, »Z« und »2«. Sie vermeiden damit Missverständnisse, wenn Sie mal Ihre E-Mail-Adresse für jemand anders aufschreiben.

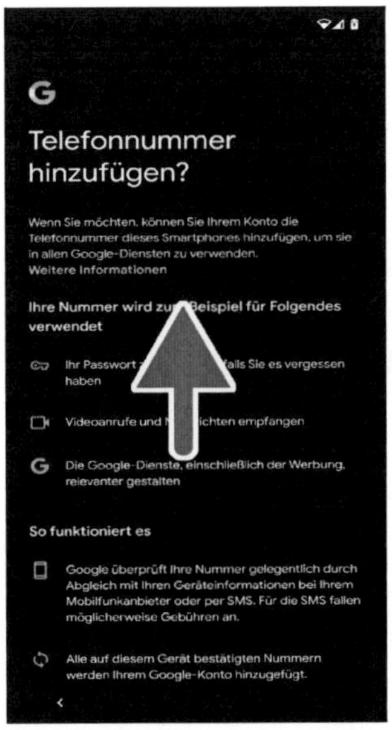

❶ Zum Schluss erfassen Sie das das Kennwort. **Das Kennwort (und natürlich den Kontonamen) sollten Sie sich genau merken und notieren, weil Sie das Handy später gelegentlich danach fragt!** Betätigen Sie dann *Weiter.*

❷ Wischen Sie in diesem Bildschirm nach oben. Dazu halten Sie den Finger auf eine beliebige Position auf dem Display und ziehen ihn angedrückt sofort nach oben und lassen ihn dann los.

❸ Damit Sie das Kennwort für Ihr Google-Konto wieder zurücksetzen können, falls Sie es mal vergessen, betätigen Sie jetzt *Ja, ich stimme zu.*

❶ Betätigen Sie *Weiter.*

❷ Bei den Einstellungen auswählen-Bildschirm aktivieren Sie der Einfachheit halber *In einem Schritt auswählen* und gehen auf *Weiter.*

➊ Erneut müssen Sie eine Wischgeste ausführen: Setzen Sie den Finger auf den Bildschirm, ziehen Sie ihn nach oben und heben Sie ihn dann wieder an.

➋ Betätigen Sie *Alle akzeptieren.*

➊➋ Erneut wischen Sie nach oben und betätigen *Bestätigen.*

❶❷ Im *Datenschutz und Bedingungen*-Bildschirm wischen Sie erneut nach oben und betätigen *Ich stimme zu.*

Lesen Sie im nächsten Kapitel weiter.

3.4 Weitere Einrichtung

❶ Falls Sie das Handy ohne eingelegte SIM-Karte betreiben, werden Sie gefragt, ob Sie eine eSIM verwenden möchten. Betätigen Sie *eSIM einrichten*.

❷ Halten Sie die Kamera auf den vom Netzbetreiber bereitgestellten Code.

❸ Betätigen Sie *Einrichten*. Die Erfolgsmeldung schließen Sie mit *Weiter.*

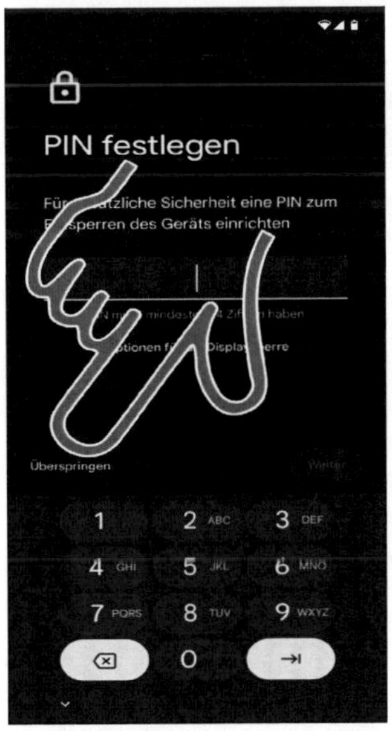

❶❷ Betätigen Sie *Überspringen* und dann erneut *Überspringen*. Warten Sie dann einige Sekunden, bis das Handy auf den folgenden Bildschirm umschaltet!

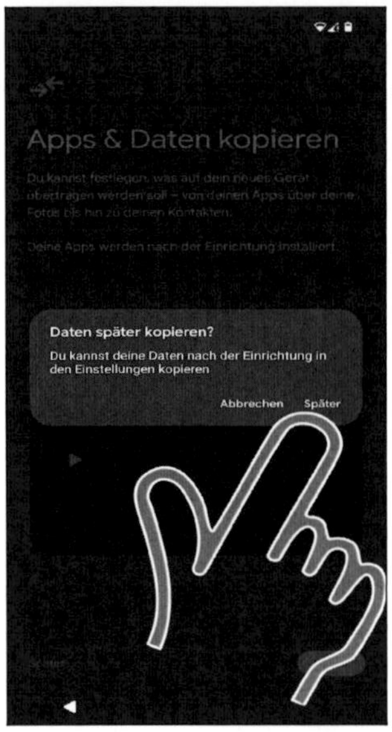

❶❷ Betätigen Sie *Später* und schließen Sie das Popup mit *Später.*

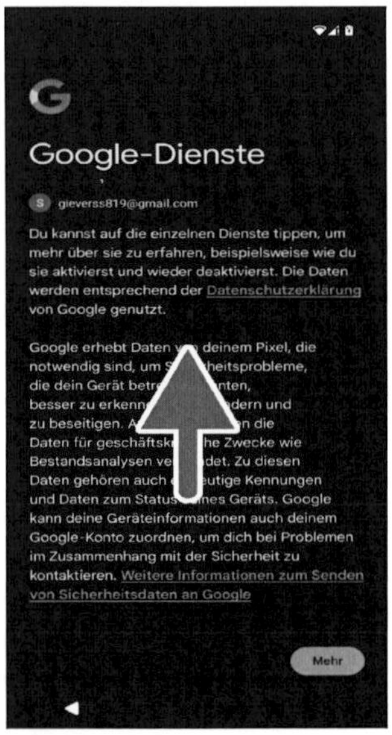

❶❷ Auch im *Google-Dienste*-Bildschirm führen Sie die Wischgeste durch, dann betätigen Sie *Akzeptieren.*

❸ Betätigen Sie *Sicherung aktivieren.*

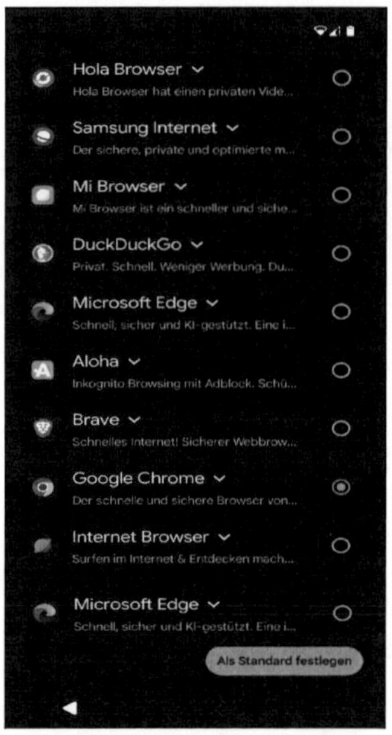

Die folgenden Konfigurationsschritte resultieren aus gerichtlichen Auflagen, die Google als marktbeherrschendes Unternehmen erhalten hat.

Wir haben festgestellt, dass zwei unterschiedliche Bildschirmanzeigen möglich sind:

- Auswahl von (Web-)Browser und Suchmaschine
- Nur Auswahl der Suchmaschine

In unserem Beispiel werden Browser und Suchmaschine eingerichtet – falls bei Ihnen die Anzeige abweicht, überlesen Sie einfach diese Schritte.

❶ Betätigen Sie *Weiter.*

❷ Blättern Sie mit einer Wischgeste durch die Auflistung. Suchen und aktivieren Sie *Google Chrome.*

❸ Gehen Sie auf *Als Standard festlegen.*

Sofern Sie hier einen anderen Standardbrowser festlegen, werden bei Ihnen einige Funktionen auf dem Handy anders aussehen. Wir beschränken uns daher auf die Google-Anwendungen – Nachteile erleiden Sie dadurch keine.

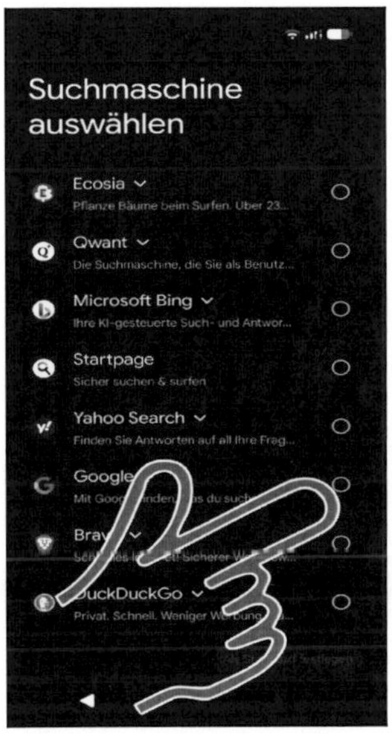

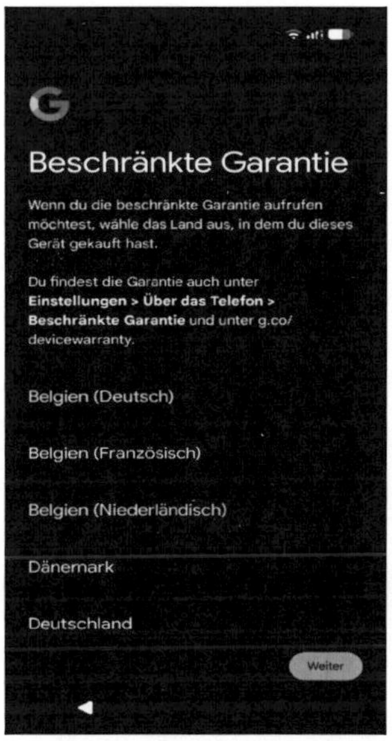

❶❷ Auch bei der verwendeten Standardsuchmaschine aktivieren Sie *Google* und betätigen *Als Standard festlegen.*

❸ Im *Beschränkte Garantie*-Bildschirm gehen Sie auf *Weiter.*

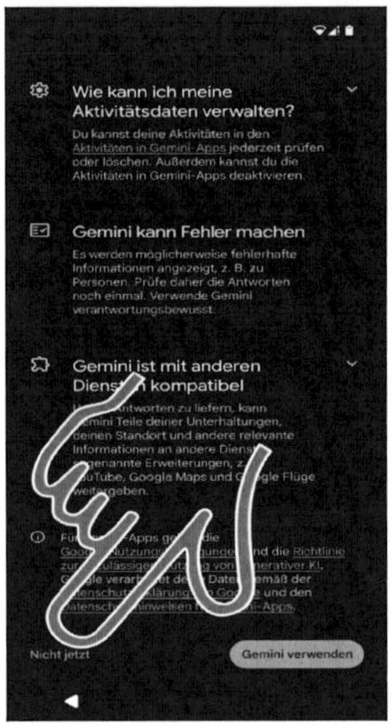

➊➋ Betätigen Sie im *Entdecke das Beste von Google AI die Weiter* und dann *Nicht jetzt*-Schaltfläche.

➊➋ Betätigen Sie *Mehr* und dann *Nein, danke.*

➊➋ Im *Screenshots optimal nutzen*-Bildschirm gehen Sie auf *Nein, danke.*

❶❷ Im *Mehr Sicherheit*-Bildschirm gehen Sie jeweils auf *Mehr* und *Weiter.*

❶❷ Betätigen Sie *Mehr* und *Ich stimme zu.*

➊ Dieser Bildschirm erscheint nur bei der Ersteinrichtung eines fabrikneuen Handys: Google Pay ist eine drahtlose Bezahlmethode, bei der das Handy über seinen NFC-Chip als »EC-Karte« einsetzbar ist. In der Praxis macht dies in Europa aber keinen Sinn, weil hierzulande das drahtlose Bezahlen bereits mit jeder EC-Karte möglich ist. Betätigen Sie daher *Überspringen*.

➋ *Den Sonst noch etwas?-Bildschirm schließen Sie mit Nein danke.*

➌ Dieser Bildschirm erscheint nur bei der Ersteinrichtung eines fabrikneuen Handys: Betätigen Sie *OK*. Sie haben damit die Einrichtung abgeschlossen.

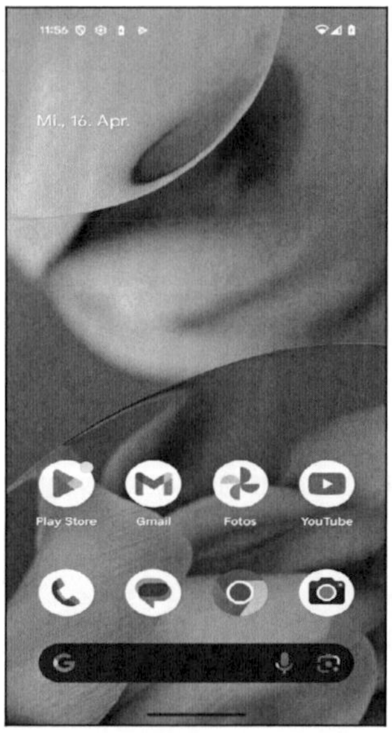

➊ Das Handy will einige Steuerungsgesten vorstellen. Darauf können wir aber verzichten, da wir diese später noch deaktivieren. Gehen Sie daher auf *Überspringen.*

➋ Wischen Sie vom unteren Bildschirmrand nach oben.

➌ Sie befinden sich im Startbildschirm und können nun mit dem Handy arbeiten.

4. Grundlagen der Bedienung

Google ist auch für die regelmäßigen Updates der enthaltenen Anwendungen zuständig, die manchmal zusätzliche Funktionen erhalten. Leider führt dies dazu, dass mit der Zeit einige Beschreibungen in diesem Buch von der Realität abweichen. Meistens sind dann aber nur Schaltflächen oder Menüs anders beschriftet.

4.1 Displaysperre

Die Gerätesperre (Displaysperre), welche sich nach einiger Zeit der Nichtnutzung aktiviert, schaltet alle Tastenfunktionen aus. Dadurch lässt sich das Handy auch in einer Tasche transportieren, ohne dass man aus Versehen irgendeine Funktion auslöst.

Weil das Display zu den Komponenten eines Handys zählt, die am meisten Strom verbrauchen, wird es ausgeschaltet, sobald sich die Gerätesperre aktiviert. Auf eingehende Anrufe und Benachrichtigungen macht das Handy natürlich auch weiterhin aufmerksam: Geht ein Anruf ein, deaktiviert sich die Gerätesperre automatisch und das Display schaltet sich wieder ein.

Zum Ausschalten des Displays betätigen Sie den Ein-Ausschalter auf der rechten Geräteseite.

So schalten Sie das Display ein:

- Betätigen Sie den Ein-/Ausschalter auf der rechten Geräteseite.
- Heben Sie das Handy von einem Tisch, worauf Sie es abgelegt hatten, an.
- Tippen Sie zweimal schnell hintereinander mit dem Finger auf das ausgeschaltete Display.

❶ So deaktivieren Sie die Displaysperre: Tippen und Halten Sie den Finger auf den Bildschirm und ziehen Sie ihn in nach oben.

❷ Alternativ betätigen Sie in der Displaysperre die runde Schaltfläche.

❸ Der Startbildschirm ist damit freigeschaltet.

Bei Ihnen kann die Anzeige geringfügig anders aussehen.

4.2 Erste Einrichtung

Google setzt bei seinen Pixel-Handys auf eine Gestensteuerung per Wischgesten, die nicht nur für Einsteiger, sondern auch für erfahrene Handynutzer ungewohnt ist. Glücklicherweise ist es möglich, auf die bei Android-Handys bewährten »Navigationstasten« umzuschalten. Dies führen wir deshalb als Erstes durch, bevor wir uns mit den weiteren Handyfunktionen auseinander setzen.

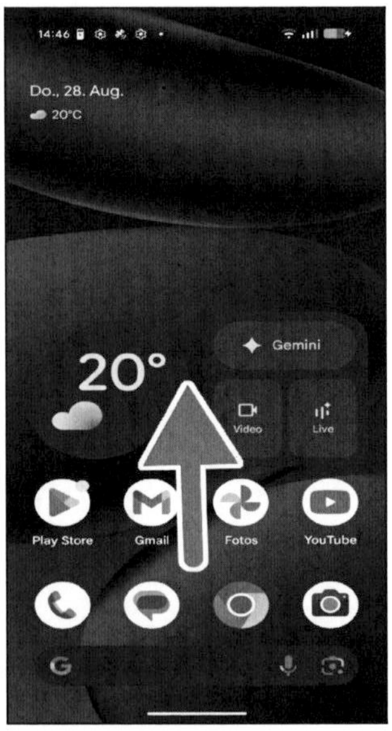

❶ Im Bildschirm, der nach dem Einschalten angezeigt wird, wischen Sie einmal vom unteren Bildschirmdrittel nach oben.

❷ Sie befinden sich im sogenannten Hauptmenü, worin Sie *Einstellungen* aufrufen (je nachdem, welche Anwendungen bei der Ersteinrichtung installiert wurden, finden Sie die *Einstellungen* eventuell an einer anderen Position im Hauptmenü).

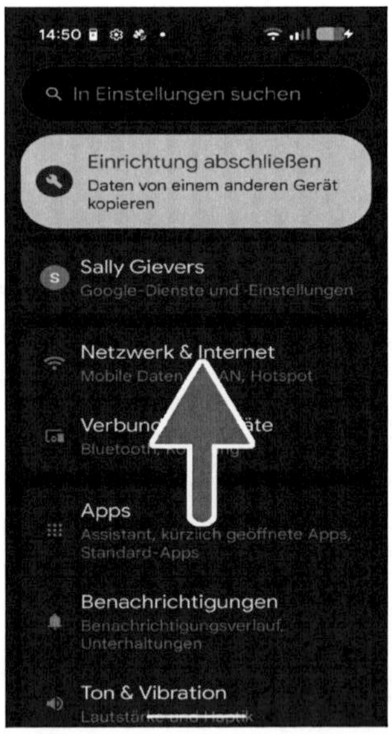

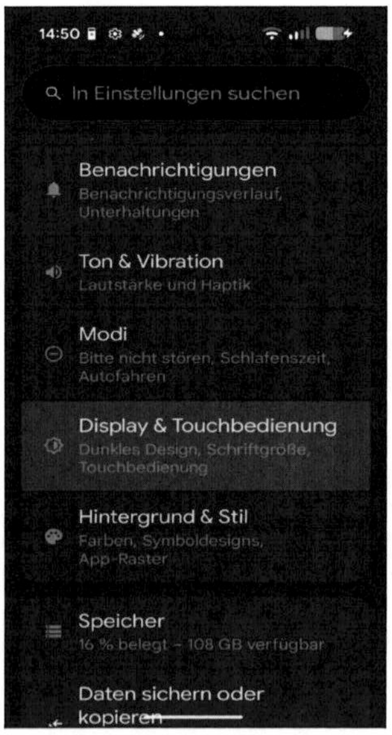

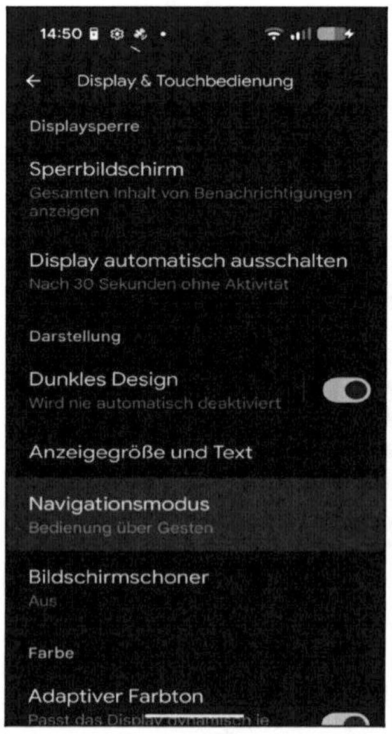

❶ Wischen Sie durch das Menü.

❷ Tippen Sie auf *Display & Touchbedienung*.

❸ Nun wählen Sie *Navigationsmodus* aus.

> Falls Sie sich mal »verwischt« oder vertippt haben, kehren Sie mit einer Wischgeste von unterhalb des Display nach oben wieder in den Startbildschirm zurück.
>
> Wir haben in diesem Buch die Schriftgröße für die Bildschirmanzeigen vergrößert, damit Sie den Anweisungen besser folgen können.

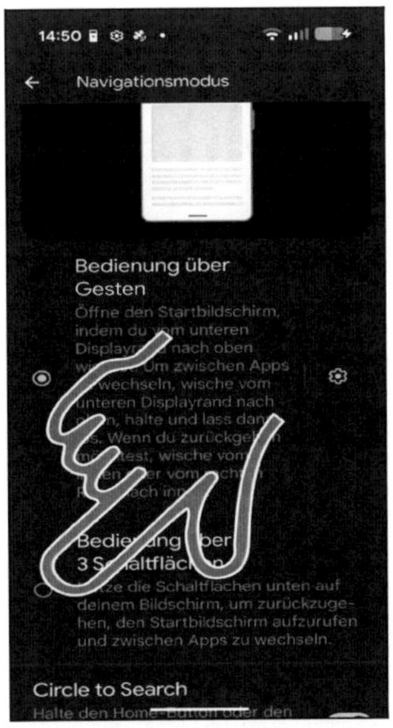

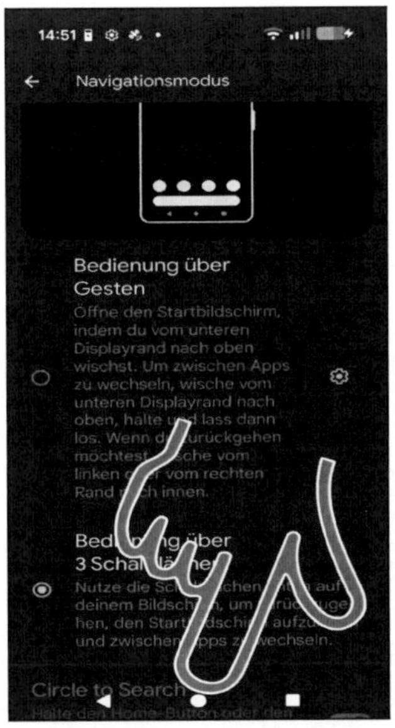

❶ Aktivieren Sie die Option *Bedienung über 3 Schaltflächen.*

❷ Am unteren Bildschirmrand erscheinen drei Schaltflächen, von denen Sie ● (Pfeil) betätigen. Auf die Bedeutung dieser »Tasten« geht das nächste Kapitel ein.

4.3 Bedienelemente des Pixel-Handys

Zwar erfolgt die Bedienung des Handys weitgehend über das Touchdisplay, einige Funktionen werden aber auch über auf dem Display eingeblendeten »Tasten« ausgelöst.

Die drei Tasten unter dem Display:

- ◀: Zurück: Zum vorherigen Bildschirm zurückkehren beziehungsweise Menüs schließen.
- ●: Schaltet wieder auf den Startbildschirm zurück.
- ■: Zuletzt genutzte Anwendungen auflisten.
- Lautstärketasten (auf der rechten Geräteseite): Regulieren bei Telefongesprächen die Hörerlautstärke, ansonsten die Medienlautstärke.

4.4 Der Startbildschirm

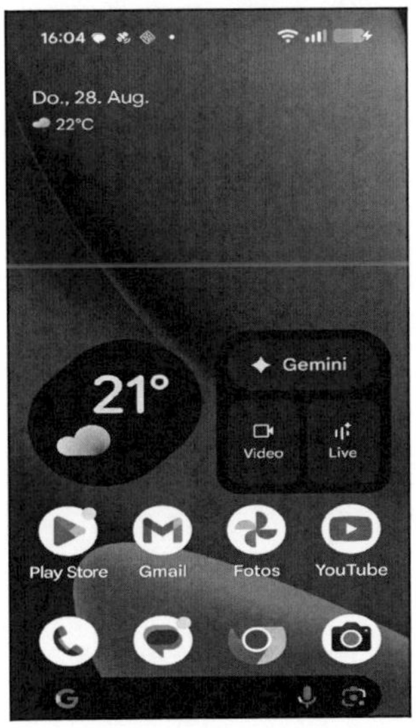

❶ Der Startbildschirm ist der Ausgangspunkt, von dem Sie alle weiteren Anwendungen aufrufen. Er erscheint automatisch nach dem Einschalten sowie nach Betätigen der ●-Taste. Betätigen Sie eine der Verknüpfungen (Pfeil) um die dahinterstehende Anwendung, im Beispiel die Telefonoberfläche (❷), aufzurufen. Die ●-Taste bringt Sie nun wieder auf den Startbildschirm zurück.

Hinweis: Die Bildschirmanzeige bei Ihrem Gerät weicht von der in diesem Buch ab. Wir hatten zwecks besserer Lesbarkeit eine größere Schrift und kontrastreiche Hintergründe eingestellt.

Bitte beachten Sie, die ●-Taste nur **kurz** zu betätigen, da Sie sonst den Assistenten aufrufen.

4.5 Erste Schritte

Damit Sie Ihr neues Handy besser kennenlernen, soll jetzt einmal die Abschaltzeit des Displays eingestellt werden.

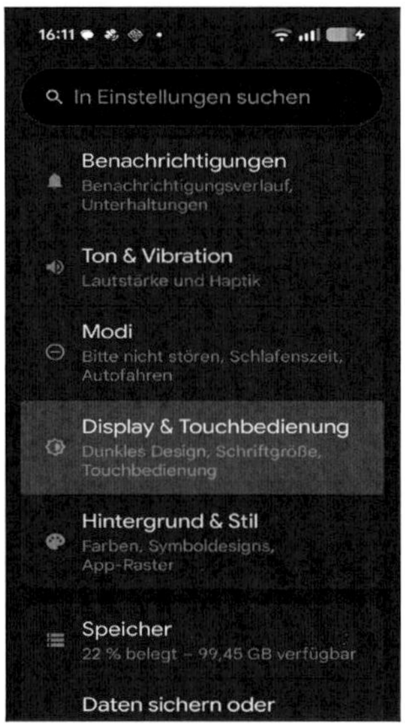

➊ Aktivieren Sie einer Wischgeste nach oben im Startbildschirm das Hauptmenü.

➋ Tippen Sie dann auf *Einstellungen* (abhängig von den vorinstallierten Anwendungen kann sich das Programmsymbol auch an einer anderen Position im Hauptmenü befinden).

➌ Rufen Sie *Display & Touchbedienung* auf.

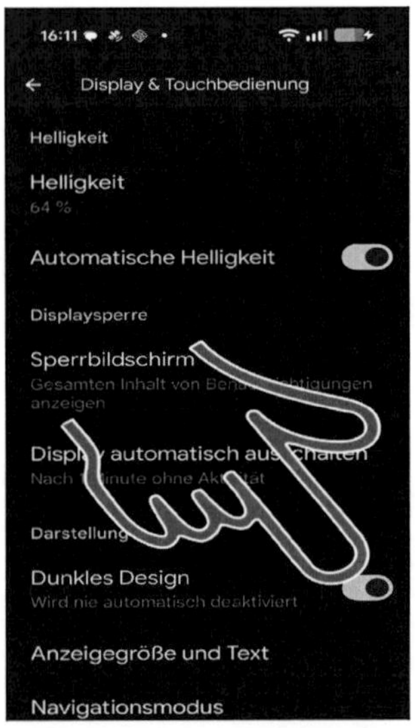

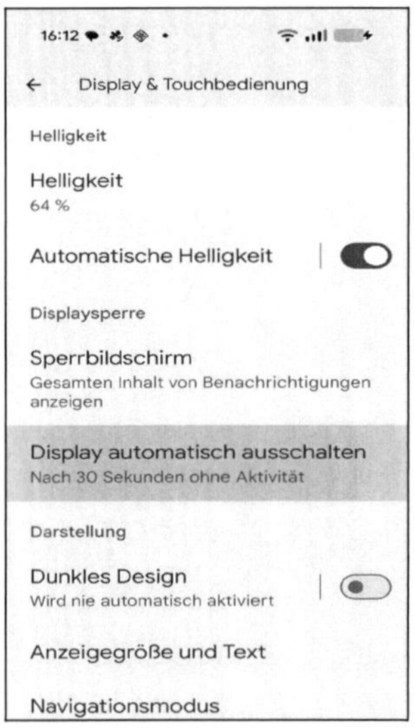

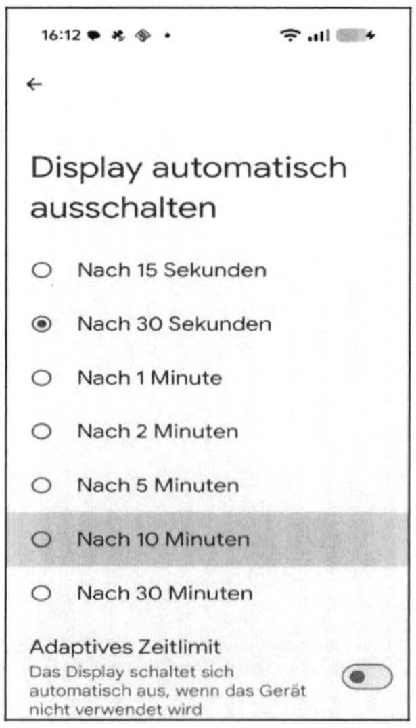

➊ Sofern das Handy einen schwarzen Hintergrund anzeigt (hängt vom Handymodell ab), können Sie diesen jetzt mit dem Schalter hinter *Dunkles Design* deaktivieren. Aus praktischen Gründen – die Bildschirmabbildungen sind besser lesbar – verwenden wir in diesem Buch ausschließlich das helle Design.

➋ Tippen Sie nun auf *Display automatisch ausschalten*.

➌ Wählen Sie gewünschte Abschaltzeit aus. Sie befinden sich wieder im vorherigen Bildschirm, von dem aus Sie mit der ●-Taste (unterhalb des Bildschirms) zum Startbildschirm zurückkehren.

4.6 Gestensteuerung

Die Gestensteuerung ist eine der großen Stärken Ihres Handys. Deshalb dürften auch Anwender, die bereits mit einem Touchscreen-Handy gearbeitet haben, sich schnell zurechtfinden. Im Folgenden sollen die wichtigsten Gestenfunktionen einmal in der Praxis vorgestellt werden.

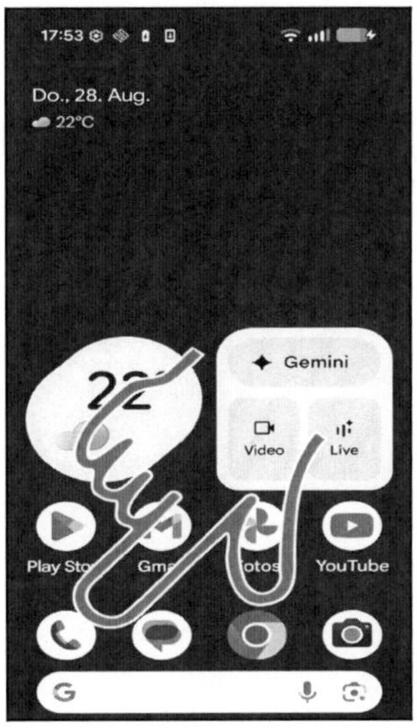

❶ Starten Sie die Telefonoberfläche über *Telefon.*

❷ Für Übersicht sorgen in vielen Programmen, darunter auch in der Telefonoberfläche, sogenannte Register (Pfeil), welche Sie durch Antippen aktivieren.

❸ Immer wenn, wie in diesem Fall, eine Liste größer als der Bildschirm ist, können Sie mit einer Geste durchrollen: Tippen und Halten Sie den Finger auf einer beliebigen Stelle des Bildschirms und ziehen Sie sofort den Finger nach oben oder unten, je nachdem, wohin Sie in der Liste rollen möchten. Lassen Sie den Finger los, wenn das gewünschte Listenelement erscheint.

> Bei Ihnen können die Symbole im Startbildschirm etwas anders aussehen. Das Handy installiert nach und nach im Hintergrund Updates, welche auch die Programm-Symbole ändern.

4.7 Der Startbildschirm in der Praxis

Der Startbildschirm erscheint standardmäßig nach dem Einschalten beziehungsweise nach Betätigen der ●-Taste.

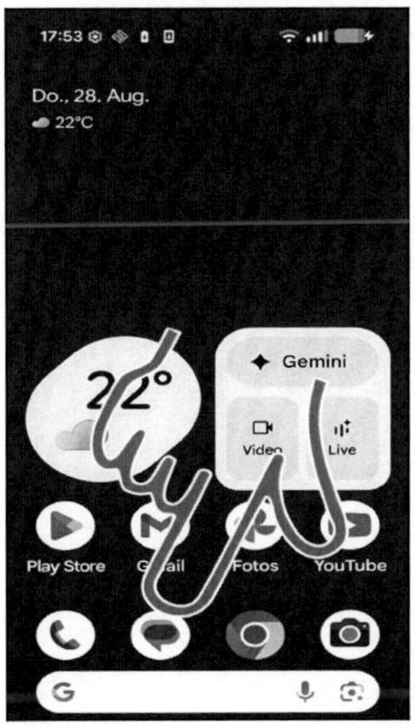

❶❷ Mehrere Anwendungen sind standardmäßig auf dem Startbildschirm über sogenannte Schnellzugriffe (Verknüpfungen) aufrufbar. Tippen Sie einfach einen Schnellzugriff kurz an, um die entsprechende Anwendung zu starten. Im weiteren Verlauf dieses Buchs erfahren Sie, wie man

Schnellzugriffe auf seine Lieblingsprogramme selbst anlegt.

> Mit der ●-Taste unterhalb des Displays schalten Sie, unabhängig davon, in welcher Anwendung Sie sich gerade befinden, wieder auf den Startbildschirm zurück.

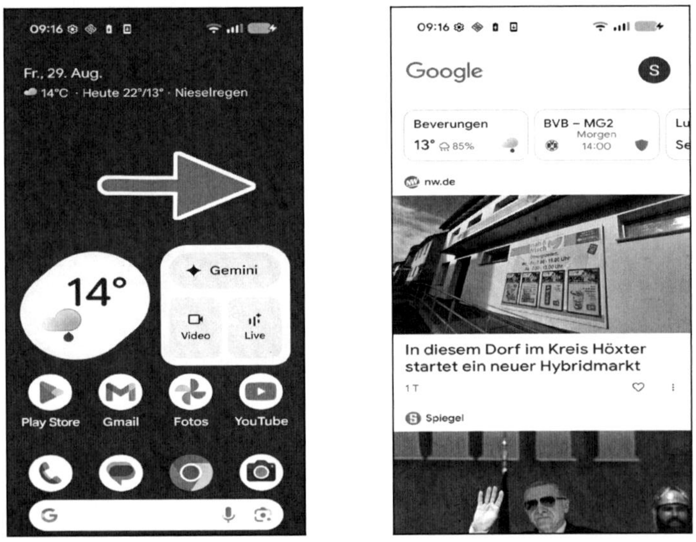

❶❷ Wischen nach rechts öffnet dagegen die Google-Anwendung, auf die wir später noch im Kapitel *23.5 Google-Anwendung* eingehen.

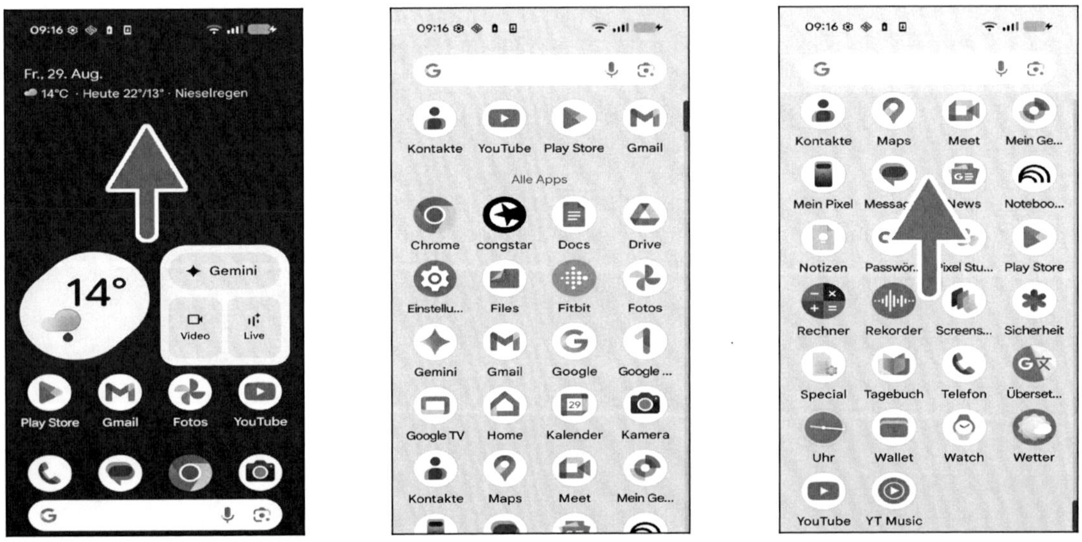

❶❷ Alle weniger häufig benötigten Programme finden Sie im Hauptmenü, das Sie mit einer Wischgeste im Startbildschirm nach oben aktivieren.

❸ Über eine Wischgeste (mit angedrücktem Finger nach oben oder unten ziehen) blättern Sie in den Programmen des Hauptmenüs.

4.8 *Startbildschirm konfigurieren*

Auf allen Seiten des Startbildschirms lassen sich weitere Widgets und Verknüpfungen hinzufügen. Alternativ löschen Sie einfach einige vorinstallierte Widgets, die Sie nicht benötigen und legen an deren Stelle von Ihnen gewünschte an.

4.8.1 Schnellzugriffe anlegen und verwalten

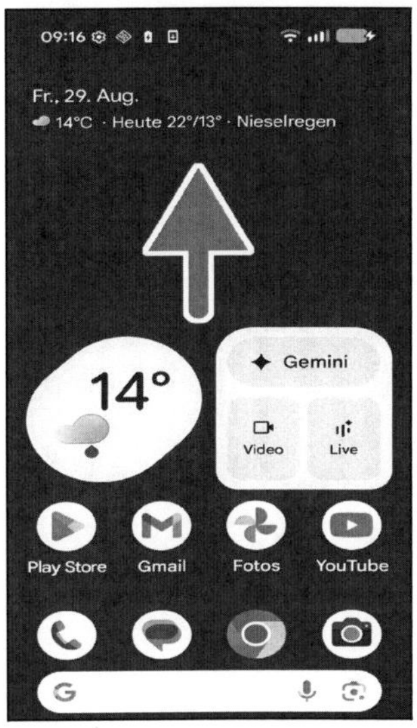

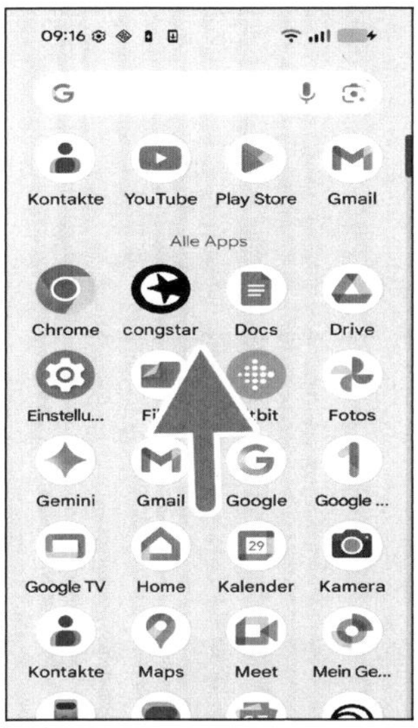

➊ So erstellen Sie einen Schnellzugriff im Startbildschirm: Wischen Sie zunächst im Startbildschirm nach oben, was das Hauptmenü aufruft.

➋ Im Hauptmenü blättern Sie mit einer Wischgeste durch die Programme.

➊ Tippen und Halten Sie nun den Finger für einige Sekunden über einer Anwendung, im Beispiel *Uhr.*

➋ Ziehen Sie den angedrückten Finger auf dem Display einige Millimeter in eine beliebige Richtung, worauf das Handy auf den Startbildschirm umschaltet.

Wenn Sie den Finger lange auf dem Programmsymbol angedrückt lassen, wird ein Popup erscheinen. Lassen Sie sich davon aber nicht irritieren. Es ist dann weiterhin möglich, das Symbol zu verschieben.

❶ Lassen Sie aber den Finger noch nicht los, sondern bewegen Sie den Finger an die Position, an der der Schnellzugriff positioniert werden soll. Lassen Sie dann den Finger los.

❷ Das Handy legt den Schnellzugriff an.

❸ Der Schnellzugriff lässt sich nun durch Antippen aufrufen.

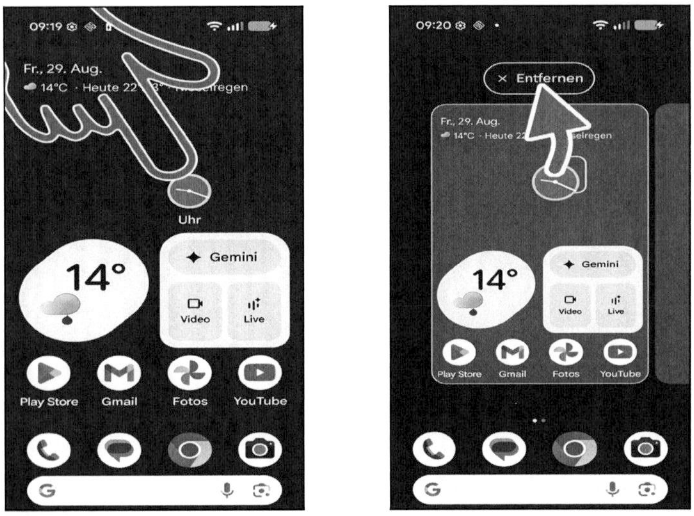

❶❷ So löschen Sie eine Verknüpfung: Tippen und Halten Sie den Finger für einige Sekunden auf der Verknüpfung, dann ziehen Sie sie auf *Entfernen.*

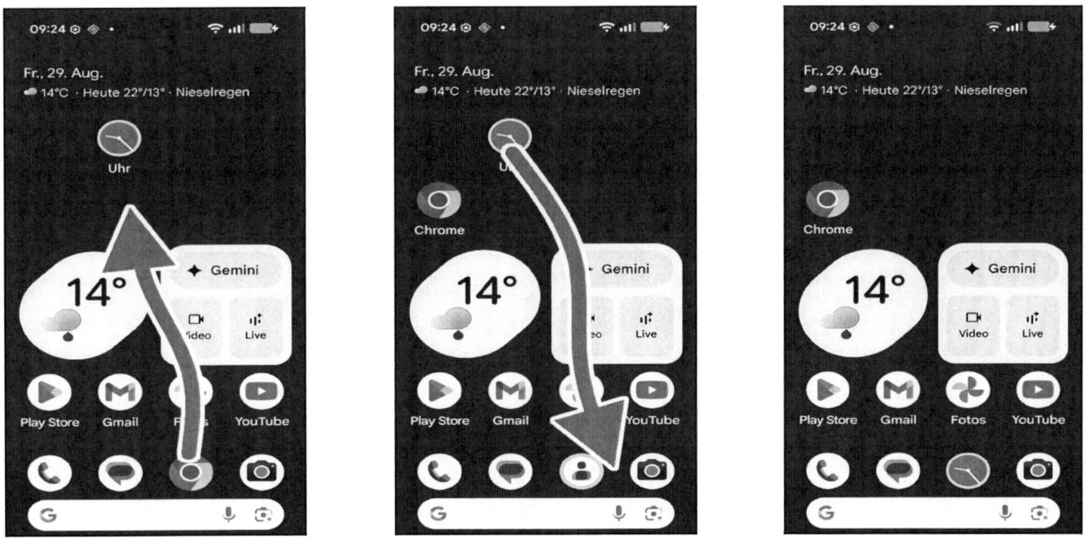

❶❷❸ Auch die Verknüpfungen am unteren Bildschirmrand lassen sich durch Herausziehen/Hereinziehen von Programmsymbolen ändern.

Es werden am unteren Bildschirmrand immer vier Programmsymbole angezeigt. Wie Sie auch in den Bildschirmabbildungen sehen, können Sie trotzdem an den freien Platz ein anderes Symbol hinverschieben.

4.8.2 Widgets

Widgets sind Anwendungen, die in einem kleinen Fenster auf dem Startbildschirm Informationen anzeigen beziehungsweise den Zugriff auf Daten oder Funktionen des Handys ermöglichen.

Meist sind direkt in den Widgets bereits viele wichtige Funktionen über Schaltflächen erreichbar, je nach Widget kann man auch über eine Schaltfläche oder einfach Tippen ins Fenster eine dahinter stehende Anwendung starten.

❶ Im Startbildschirm ist bereits das *Termin und Wetter*-Widget vorhanden. Tippen Sie auf das Wetter, wenn Sie die Vorhersage erfahren möchten.

❷ Es werden nun die Uhrzeit und das Wetter als Widget angezeigt (schließen Sie das einmalige Popup mit *Zulassen*). Die ◀-Taste unterhalb des Displays bringt Sie wieder, wie bereits erläutert, in den Startbildschirm zurück.

Das Wetter wird erst angezeigt, wenn das Handy Ihren Standort per GPS ermittelt hat. Dies kann einige Stunden dauern.

Antippen des Datums öffnet die im Kapitel *21 Kalender* beschriebene Anwendung.

4.8.2.a Widget hinzufügen

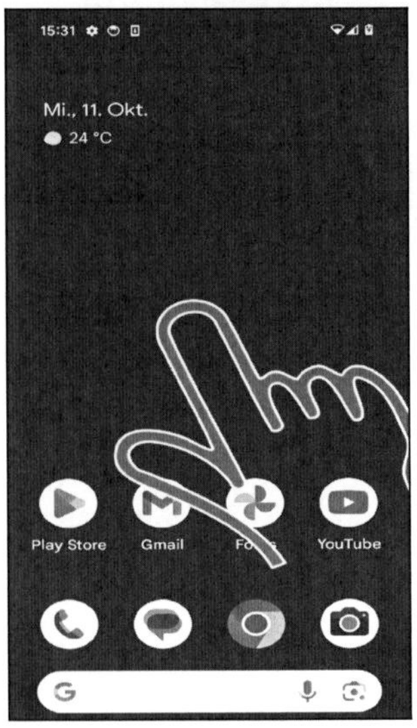

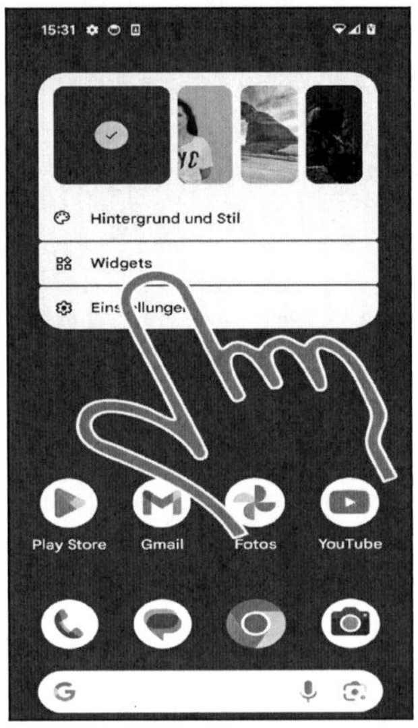

❶ Tippen und halten Sie einen Finger auf einen freien Bildschirmbereich im Startbildschirm.

❷ Im Popup wählen Sie *Widgets*.

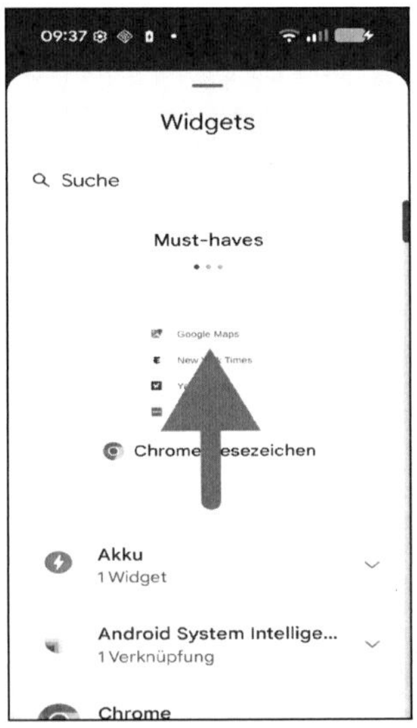

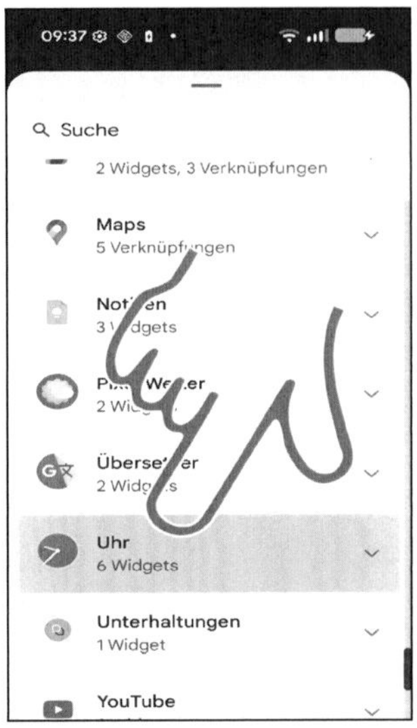

❶ Wischen Sie durch die Widget-Auflistung.

❷ Gleichartige Widgets sind unter einem Oberbegriff zusammengefasst. Tippen Sie einen Eintrag, im Beispiel *Uhr*, an.

❶❷ Es werden die verfügbaren Widgets aufgelistet – wischen Sie mit dem Finger nach oben, um sie anzuzeigen. Tippen und halten Sie nun mit dem Finger ein Widget, worauf das Handy zum Startbildschirm wechselt. Lassen Sie das Widget an der gewünschten Position los.

❸ Bei manchen Widgets werden anschließend noch einige Einstellungen abgefragt. In unserem Beispiel haben wir die Wahl zwischen

❶ Das Widget ist dann manchmal – wie in unserem Beispiel – noch ausgewählt. Betätigen Sie daher die ◀-Taste, was die Auswahl beendet.

❷ Das Widget ist damit angelegt.

❸ Wie bereits im Kapitel *4.8.1 Schnellzugriffe anlegen und verwalten* bei den Verknüpfungen beschrieben, lässt sich ein Widget durch Tippen und Halten mit dem Finger selektieren und dann auf dem Bildschirm an eine andere Position platzieren.

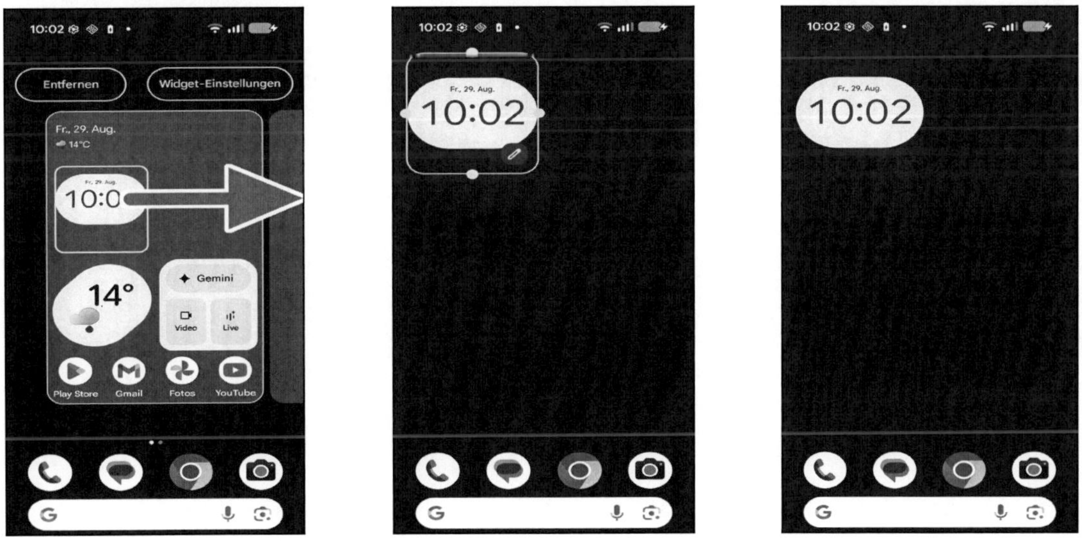

❶ Der Platz auf der ersten Bildschirmseite ist begrenzt. Sie können allerdings ein Widget oder Programmsymbol auch auf eine andere Seite verschieben. Dazu halten Sie den Finger auf dem Widget gedrückt, bis dieses hervorgehoben ist und ziehen es zum Bildschirmrand. Lassen Sie erst dann den Finger los.

❷ Betätigen Sie einfach die ◀-Taste, sofern das Widget jetzt noch markiert ist (kleine Bälle an den Rändern).

❸ Das Widget ist damit eingerichtet.

❶❷ Künftig wischen Sie einmal auf dem Startbildschirm nach rechts, wenn Sie das zuvor angelegte Widget nutzen möchten.

❶ Einige Widgets lassen sich in ihrer Größe ändern. Dazu tippen und halten Sie den Finger darauf und lassen ihn dann los.

❷ Ziehen Sie mit dem angedrückten Finger an den Seiten nach innen (verkleinern) oder außen (vergrößern).

❸ In unserem Beispiel haben wir das Widget vergrößert.

4.8.2.b Widget entfernen

❶❷ Tippen und halten Sie den Finger über dem Widget, dann ziehen Sie es auf *Entfernen* am oberen Bildschirmrand.

4.8.3 Hintergrundbild

Das Hintergrundbild für Startbildschirm, Hauptmenü und Displaysperre können Sie frei einstellen. Wählen Sie zwischen eines der vorgegebenen Designs oder stellen Sie ein Foto ein, das Sie mit der Kamera-Anwendung erstellt haben.

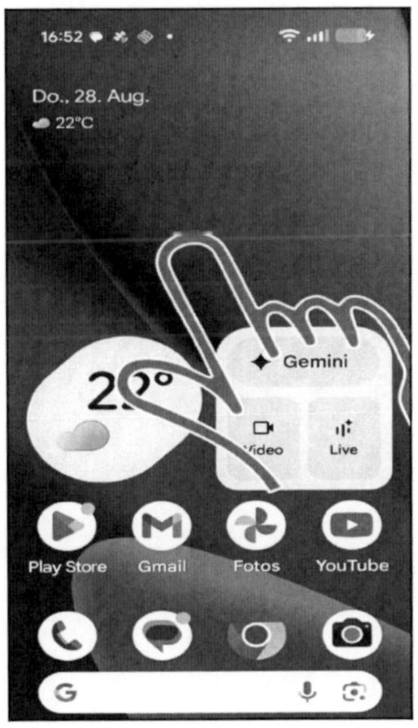

❶ Tippen und halten Sie den Finger auf eine freie Fläche im Startbildschirm, bis das Popup erscheint.

❷ Gehen Sie auf *Hintergrund & Stil.*

Die folgenden Bildschirme können bei Ihnen zunächst anders aussehen, weil Google zwischendurch die Benutzeroberfläche aktualisiert.

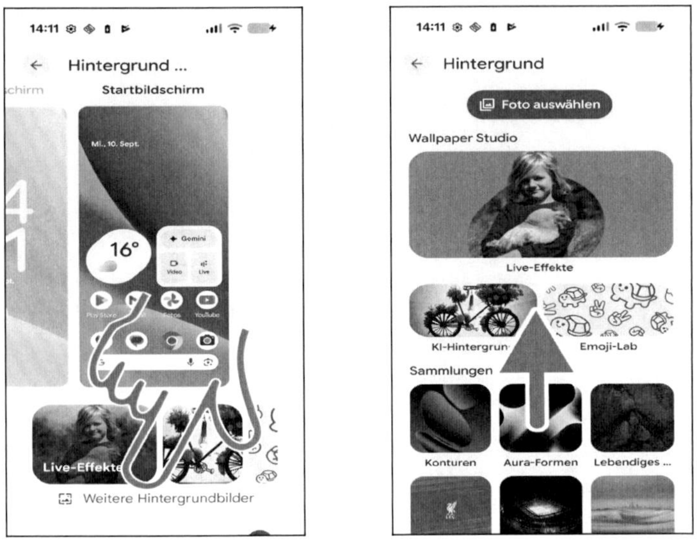

❶ Betätigen Sie *Weitere Hintergrundbilder.*

❷ Mit einer Wischgeste blättern Sie durch die Themenvorschläge.

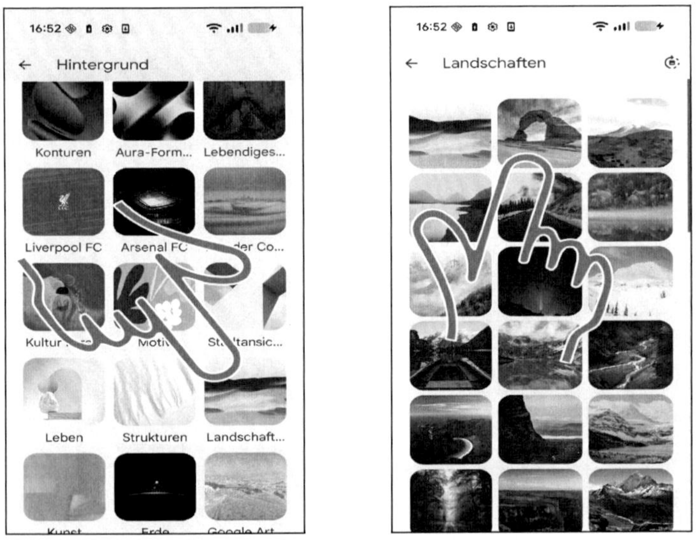

❶ Wählen Sie einen der Themenvorschläge aus.

❷ Nun können Sie ein Bild antippen, das Sie als Hintergrund verwenden möchten.

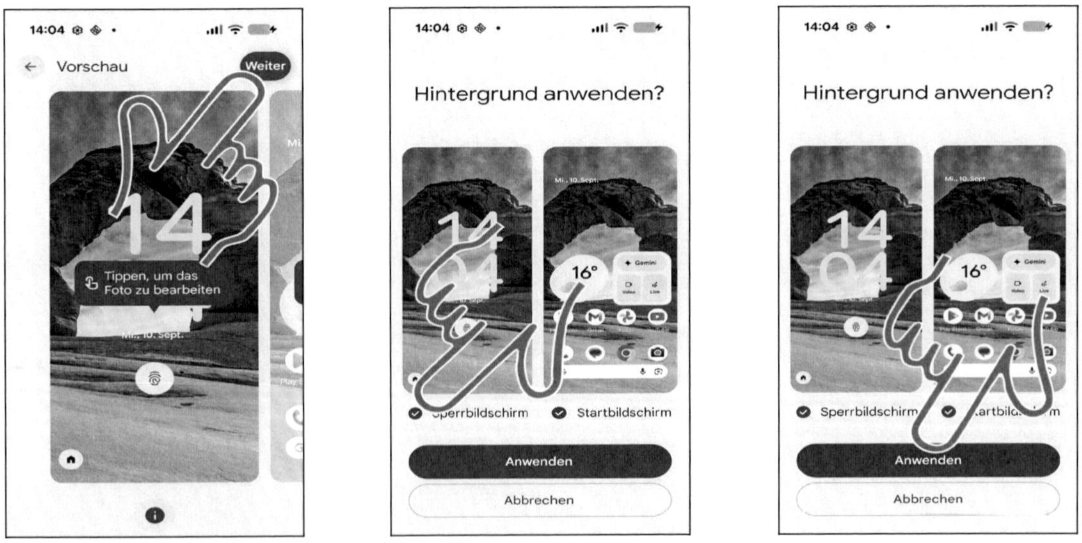

❶ Betätigen Sie *Weiter.*

❷ Sie können über die Abhakkästchen festlegen, wofür das Bild verwendet wird:

- *Startbildschirm*
- *Sperrbildschirm*: Die Displaysperre, auf die das Handy sich nach einiger Zeit der Inaktivität umschaltet.

❸ Betätigen Sie *Anwenden.*

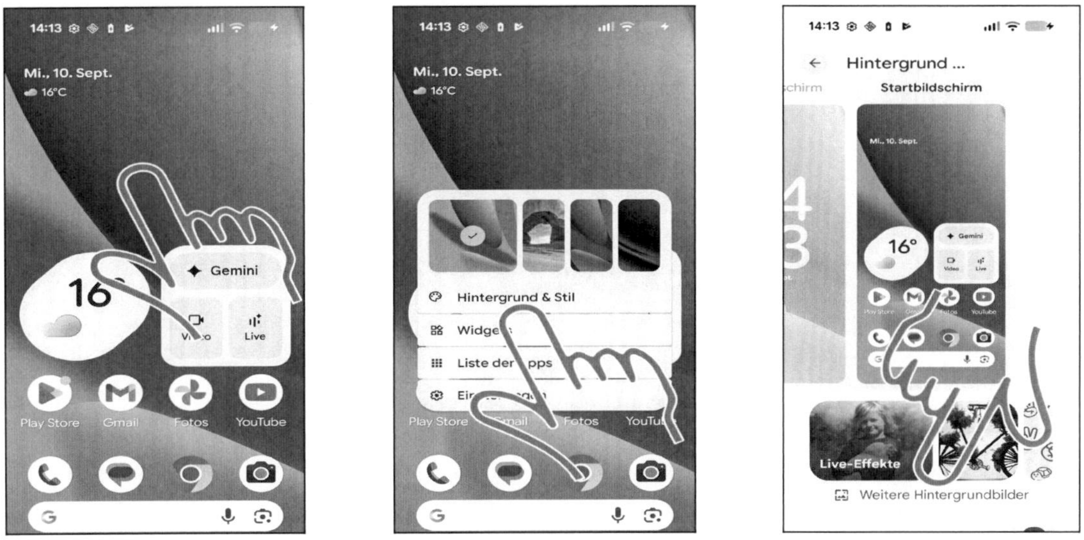

❶ So richten Sie ein mit der Kamera erstelltes Foto als Hintergrundbild ein: Tippen und halten Sie den Finger auf eine freie Fläche im Startbildschirm, bis das Popup erscheint.

❷ Gehen Sie auf *Hintergrund & Stil.*

❸ Wählen Sie *Weitere Hintergrundbilder.*

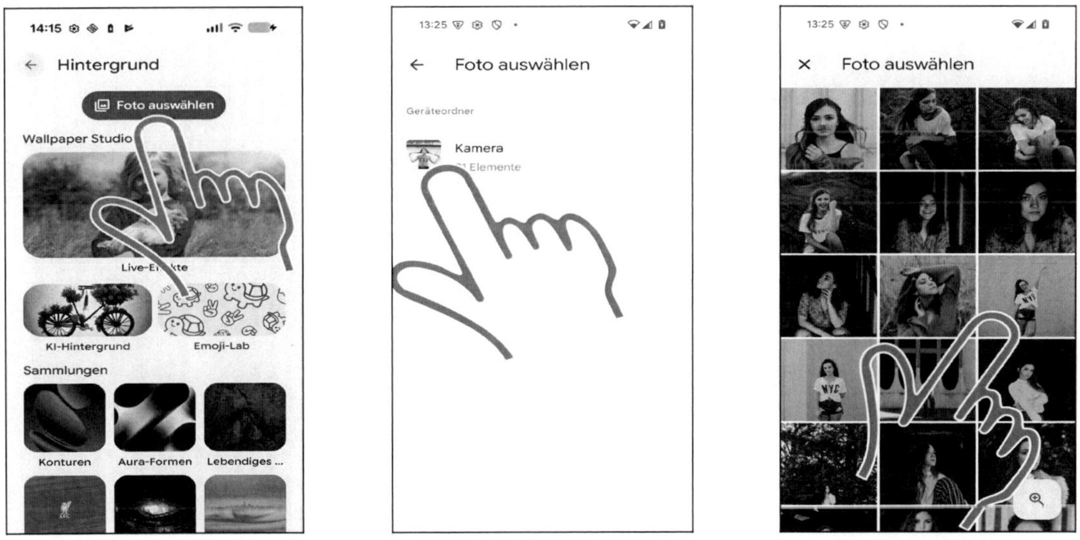

❶ Rufen Sie *Foto auswählen* (Pfeil) auf. Schließen Sie das einmalige Popup mit *Vollen Zugriff zulassen.* Sie müssen dann eventuell *Fotos auswählen* erneut aufrufen.

❷❸ Wählen Sie erst den *Kamera*-Ordner aus und tippen Sie dann ein Foto an.

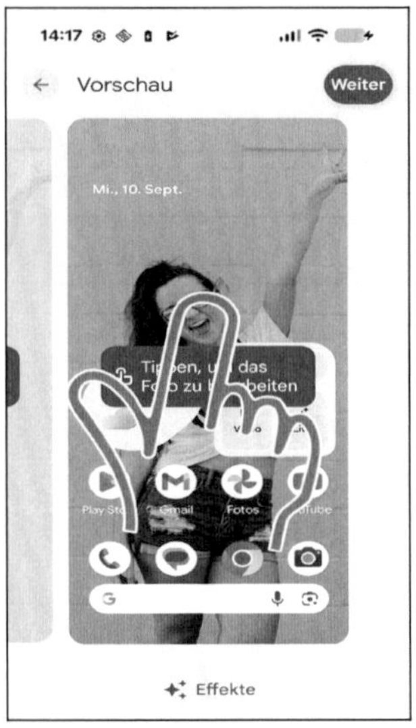

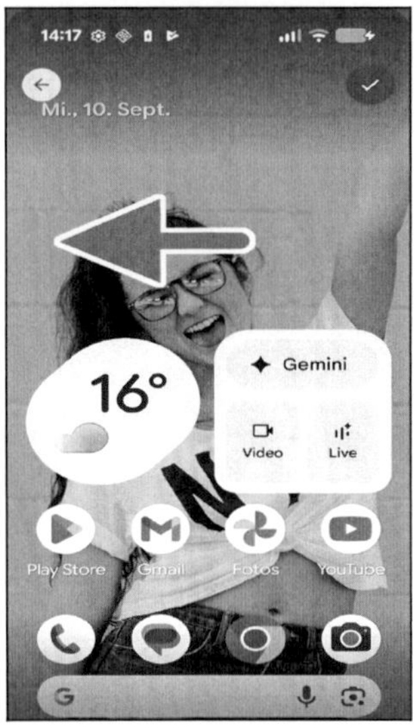

❶ Tippen Sie auf die Vorschau für den Bearbeitungsbildschirm.

❷ Mit einer Wischgeste nach rechts/oben wählen Sie den Bildausschnitt.

❶ Das Bild können Sie über eine sogenannte Kneifgeste vergrößern/verkleinern: Halten Sie zwei Finger gleichzeitig auf dem Bild und ziehen Sie sie auseinander. Dafür eignen sich am besten Zeigefinger und Daumen.

❷ Betätigen Sie die Schaltfläche oben rechts.

4.8.4 Stil

Die für Menüs und Schaltflächen verwendeten Farben können Sie selbst festlegen.

Die standardmäßig genutzten Menüfarben unterscheiden sich im Auslieferungszustand zwischen den Pixel-Modellen.

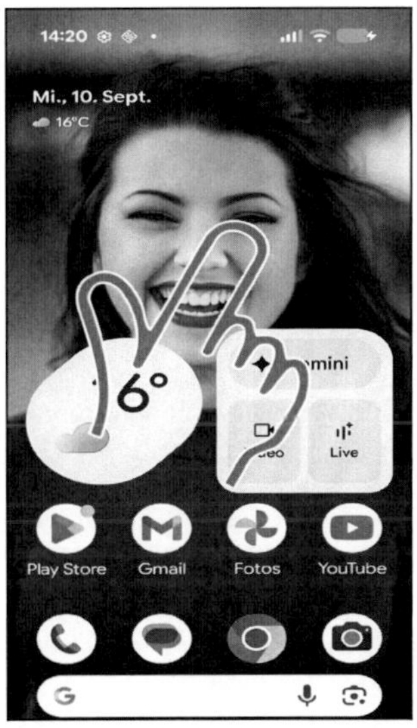

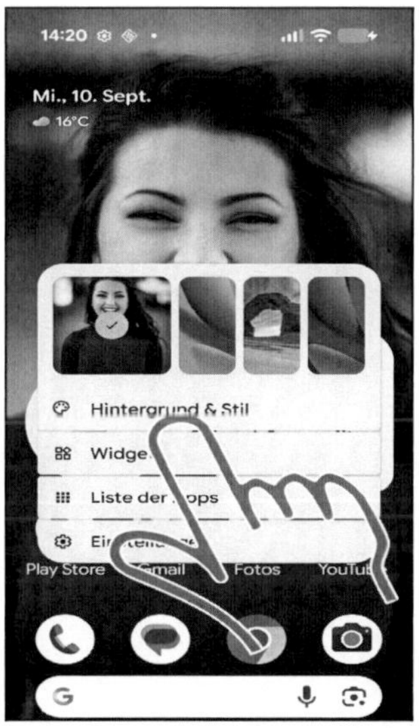

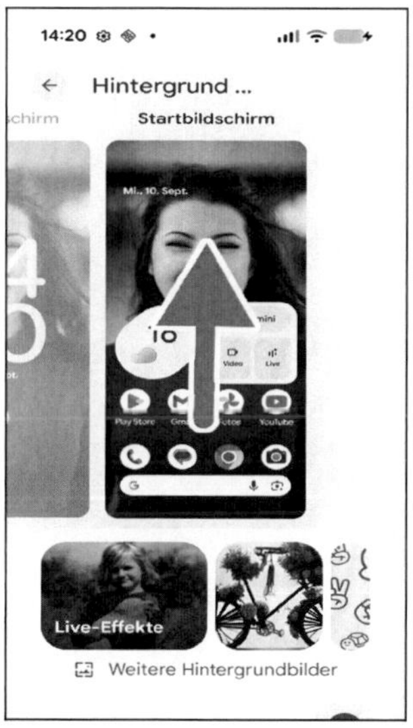

➊➋ So ändern Sie die Menüfarben: Halten Sie den Finger auf einen leeren Bereich im Startbildschirm gedrückt, bis das Popup-Menü erscheint. Dort gehen Sie auf *Hintergrund & Stil.*

➌ Rollen Sie mit einer Wischgeste nach oben durch den Bildschirm.

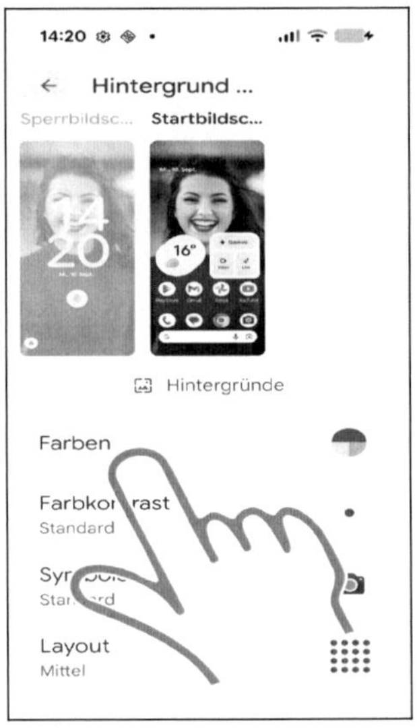

➊ Gehen Sie in das *Farben*-Menü.

➋ Die verfügbaren Menüfarben werden als Farbkreise angezeigt. Es stehen davon mehrere zur Verfügung, wovon Sie einen auswählen. Das Handy schaltet sofort auf die neuen Farben um.

➊ Betätigen Sie die *Andere Farben*-Schaltfläche, wenn Sie die Menüfarben selbst einstellen möchten.

➋ Blättern Sie mit einer Wischgeste zwischen den Vorschlägen und wählen Sie einen davon aus.

4.9 Betriebssystem-Update

Ab und zu stellt Google Updates für das Handy bereit, welche die Sicherheit und Stabilität erhöhen. Durch die Update-Installation gehen Ihnen keine Daten verloren und Sie können während der Installation weiter mit dem Handy arbeiten.

Updates werden automatisch installiert. Zumindest das erste Update sollten Sie aber selbst auslösen. Sie können sonst möglicherweise nicht den Anweisungen in diesem Buch folgen, weil das Update einige Änderungen an der Benutzeroberfläche durchführt.

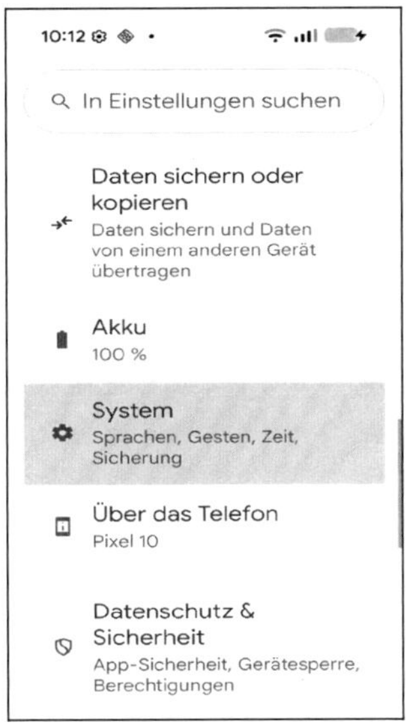

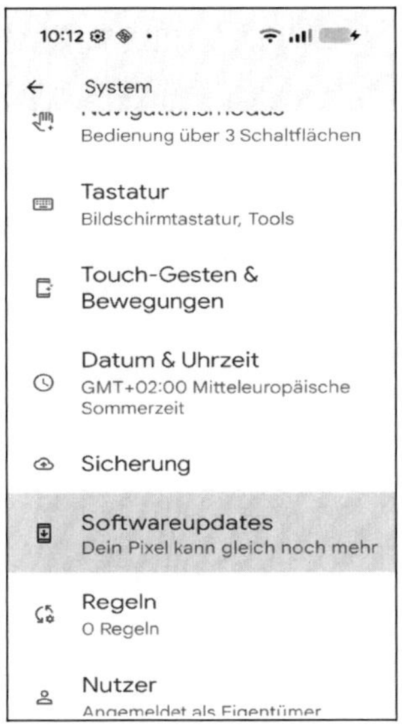

❶ Gehen Sie im Hauptmenü auf *Einstellungen.*

❷❸ Rufen Sie *System* und dann *Softwareupdates* auf.

Die *Einstellungen*-Anwendung zeigt das zuletzt genutzte Menü an. Falls Sie hier also eine andere Bildschirmanzeige haben, betätigen Sie einfach mehrfach die ◀-Taste unterhalb des Bildschirms.

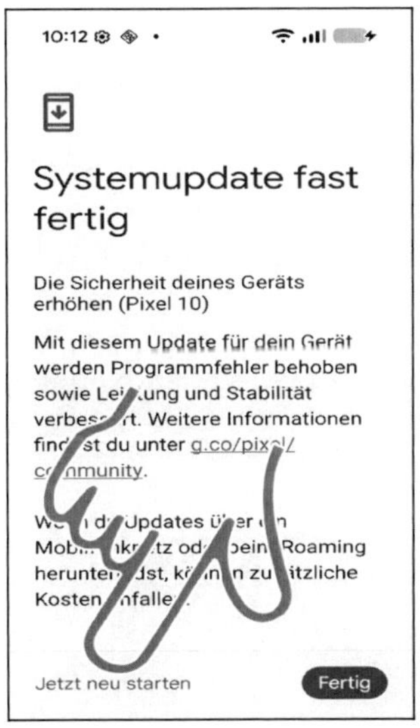

❶ Wählen Sie *Systemupdate.*

❷ Sofern ein Update vorliegt, betätigen Sie *Jetzt neu starten.*

❸ Falls das Update bereits installiert wurde (dies geschieht automatisch innerhalb vier Tagen nach der Inbetriebnahme), erhalten Sie einen entsprechenden Hinweis.

4.10 Titelleiste und Benachrichtigungsfeld

Wie bei fast allen Handys informieren auch beim Pixel Symbole in der Titelleiste über den aktuellen Telefonstatus, verpasste Anrufe sowie den Status von WLAN, Bluetooth und vieles mehr.

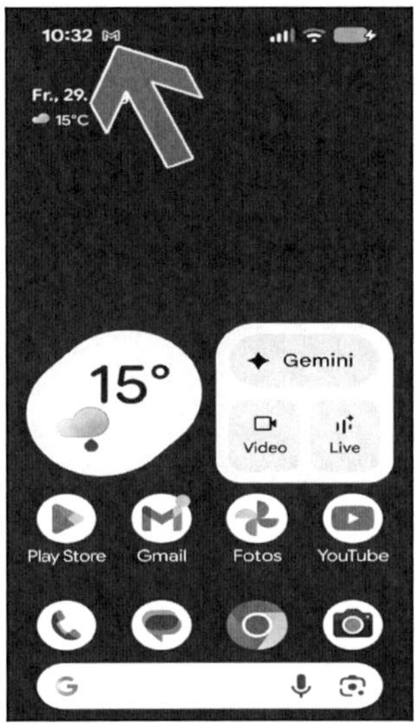

❶ Beispiele für die Symbole in der Titelleiste am oberen rechten Bildschirmrand:

- : Internetverbindungen erfolgen über WLAN (die Sendestärke erkennen Sie an den ausgefüllten Balken).
- : Guter Mobilfunk-Empfang (die Signalstärke zeigen die ausgefüllten Balken an).
- : Akkuladezustand.

❷ Bei besonderen Ereignissen wie eingegangenen SMS, verpassten Anrufen oder anstehenden Terminen erscheint ebenfalls ein entsprechendes Symbol (Pfeil). In unserem Beispiel handelt es sich um neu eingegangene E-Mails.

In diesem Buch finden Sie, wo es sinnvoll ist, in den Kapiteln jeweils Hinweise darauf, welche Symbole in der Titelleiste erscheinen.

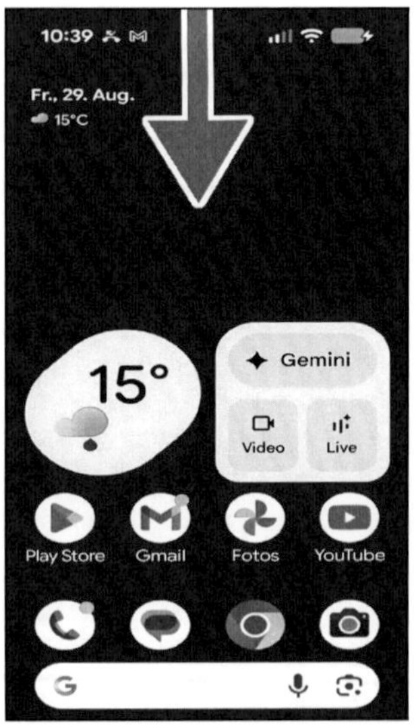

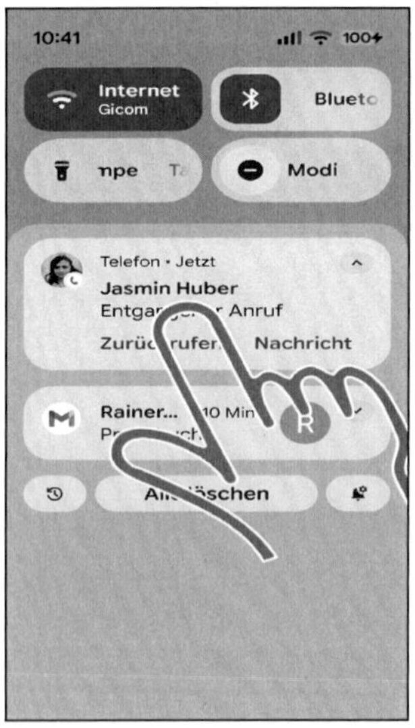

❶ Um zusätzliche Informationen wie einen eingegangenen Anruf anzuzeigen, halten Sie den Finger auf die Titelleiste und ziehen ihn nach unten.

❷❸ Es erscheint das Benachrichtigungsfeld, das ausführliche Informationen auflistet und durch Antippen die zugehörige Anwendung, im Beispiel die Anrufliste, startet.

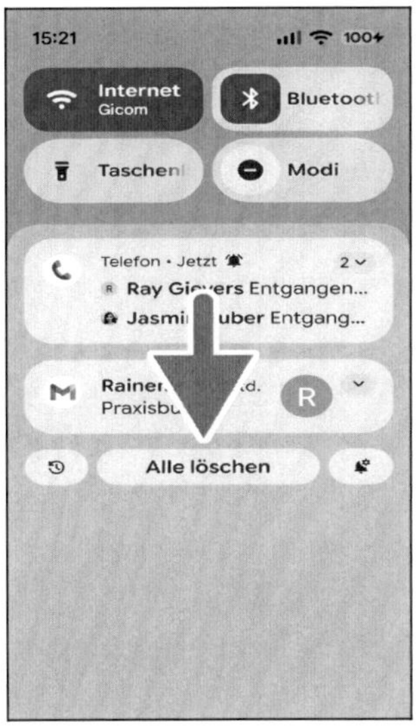

❶❷ Liegen mehrere Benachrichtigungen einer Anwendung vor, fasst das Handy diese in einem Eintrag zusammen. Eine Wischgeste klappt dann die enthaltenen Benachrichtigungen aus.

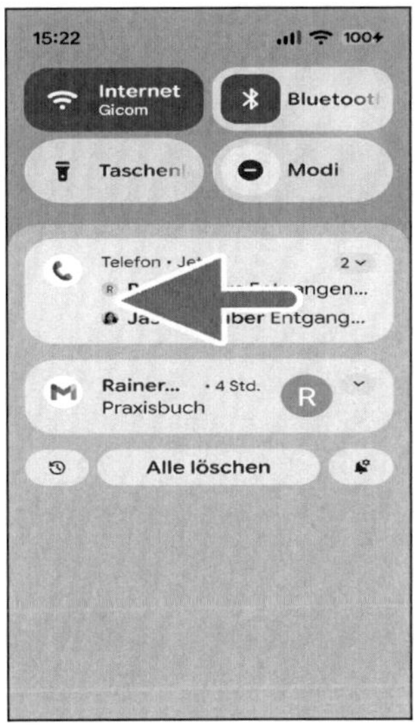

❶ Zum Löschen einer einzelnen Benachrichtigung tippen Sie darauf, halten den Finger und ziehen ihn nach links oder rechts. Die restlichen Einträge in der Benachrichtigungsliste rutschen dann nach oben.

❷ Die Schaltfläche *Alle löschen* entfernt dagegen alle Benachrichtigungen auf einmal.

4.10.1 Schaltflächen im Benachrichtigungsfeld

❶❷ Viele wichtige Systemfunktionen steuern Sie über die Schaltflächen im Benachrichtigungsfeld. Tippen Sie eine Schaltfläche kurz an, so schalten Sie eine Funktion ein/aus.

Die Schaltflächen:

- *Internet*: Verwaltet das WLAN. Siehe Kapitel *9 WLAN*.
- *Bluetooth*: Drahtlose Verbindung mit Headsets und Lautsprechern (siehe Kapitel *25 Bluetooth*).
- *Taschenlampe*: LED-Leuchte auf der Vorderseite einschalten.
- *Modi*: Über die Modi passen Sie die Systemaktivitäten Ihres Handys an Ihre aktuelle persönliche Situation an. Möchten Sie beispielsweise beim Autofahren nicht durch Anrufer gestört werden, dann schalten Sie einfach den Autofahrer-Modus ein.

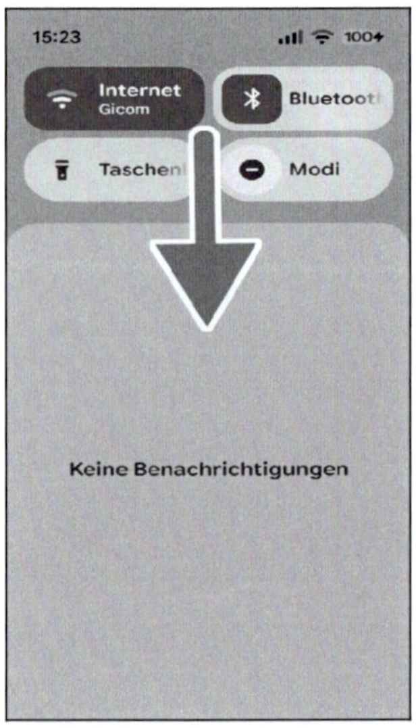

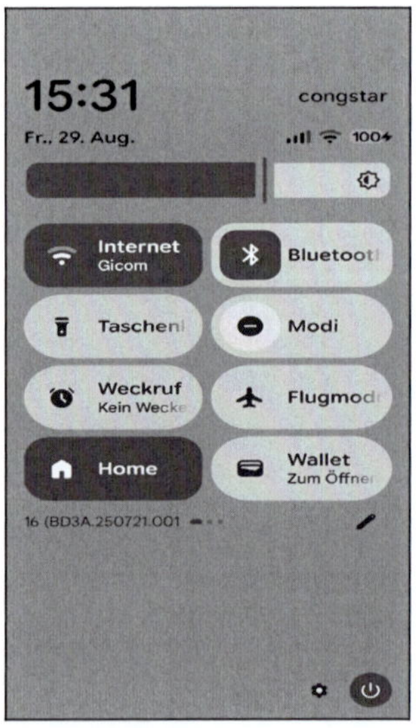

❶ Weitere Schaltflächen aktiviert eine Wischgeste über den Schaltflächen nach unten.

❷ Die zusätzlichen Schaltflächen:

- *Weckruf*: Öffnet den Alarm in der Uhr-Anwendung (siehe Kapitel *23.2 Wecker und Uhr*).
- *Flugmodus*: Alle Funkverbindungen (Telefonie, Mobilfunkinternet, WLAN und Bluetooth) ein/ausschalten (siehe Kapitel 5.5 Flugmodus (Offline-Modus)).
- *Home*: Verwaltet Google Home-Geräte zur Heimautomatisierung. In diesem Buch gehen wir nicht weiter darauf ein.
- *Wallet*: Google bietet eine drahtlose Bezahlfunktion an, die über den Kurzstreckenfunk NFC arbeitet. Weil in Deutschland alle Girokarten (»EC-Karten«) bereits mit NFC

ausgestattet sind, macht dies allerdings wenig Sinn.

> Bitte wundern Sie sich nicht, dass bei Ihnen die SchaltflächeSchaltflächen anders angeordnet sind! Mit jedem Betriebssystem-Update kann sich deren Anordnung ändern.

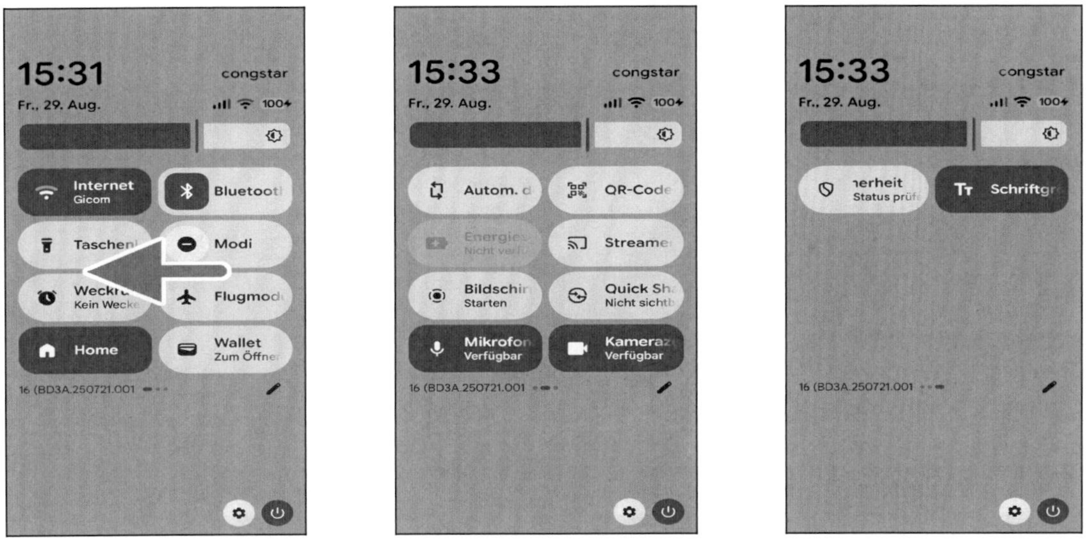

❶❷ Weitere Funktionen stehen mit einer Wischgeste nach links zur Verfügung:

- *Automatisch drehen*: Wenn *Automatisch drehen* aktiv ist, passt sich die Bildschirmorientierung automatisch an die Geräteausrichtung an. Deaktivieren Sie *Automatisch drehen,* wenn sich die Bildschirmorientierung nie ändern soll.
- *QR-Code scannen*: Einen QR-Code lesen und dessen Inhalt anzeigen. Siehe Kapitel *28.10 QR-Code scannen.*
- *Energiesparmodus*: Erhöht die Akkubetriebsdauer. Dabei reduziert das Handy unter anderem die Displayhelligkeit und die Prozessorgeschwindigkeit.
- *Streamen*: Bildschirminhalt wird über WLAN an ein anderes Gerät gesendet. Dafür müssen beide Geräte den gleichen Zugangspunkt nutzen (kein Gastmodus) und Chromecast unterstützen.
- *Bildschirmaufzeichnung*: Zeichnet ein Video Ihrer Aktivitäten auf dem Handy auf.
- *Quick Share*: Dient der Dateiübertragung mit einem weiteren Android-Handy, das sich in räumlicher Nähe befindet.
- *Mikrofonzugriff*; *Kamerazugriff*: Damit Sie das Handy ohne Einschränkungen nutzen können, müssen beide Schaltflächen aktiviert sein.

❸ Auf der dritten Bildschirmseite, die Sie mit einer weiteren Wischgeste erreichen:

- *Datenschutz*: Informiert über den Sicherheitsstatus und gibt Empfehlungen, zum Beispiel, dass Sie das Gerät mit einem Passwort schützen.
- *Schriftgröße*: Diese Schaltfläche erscheint nur, wenn Sie in den Einstellungen die Schriftgröße geändert haben.

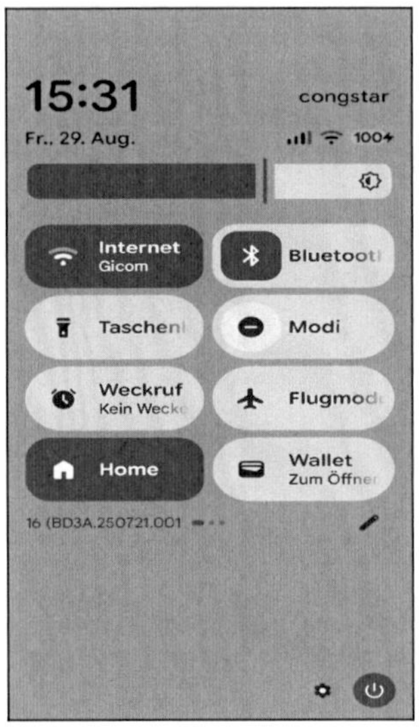

❶❷ Alternativ wischen Sie mit zwei Fingern von oben außerhalb des Displays nach unten für das erweiterte Benachrichtigungsfeld.

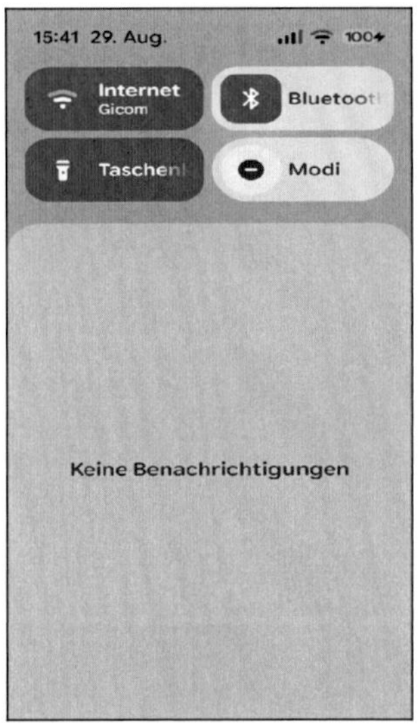

❶❷ Antippen eines Symbols im Benachrichtigungsfeld schaltet die dahinterstehende Funktion, hier die *Taschenlampe* (Kamera-LED), ein/aus.

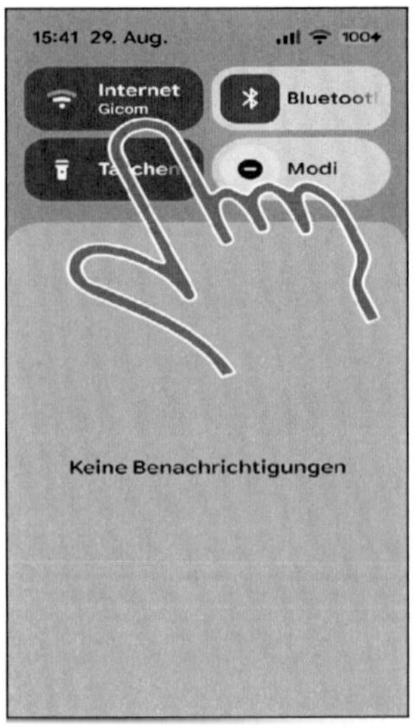

❶❷ Bei einigen Schaltflächen ruft kurzes Antippen der Schaltfläche ein Popup-Menü beziehungsweise die zugehörige Anwendung auf.

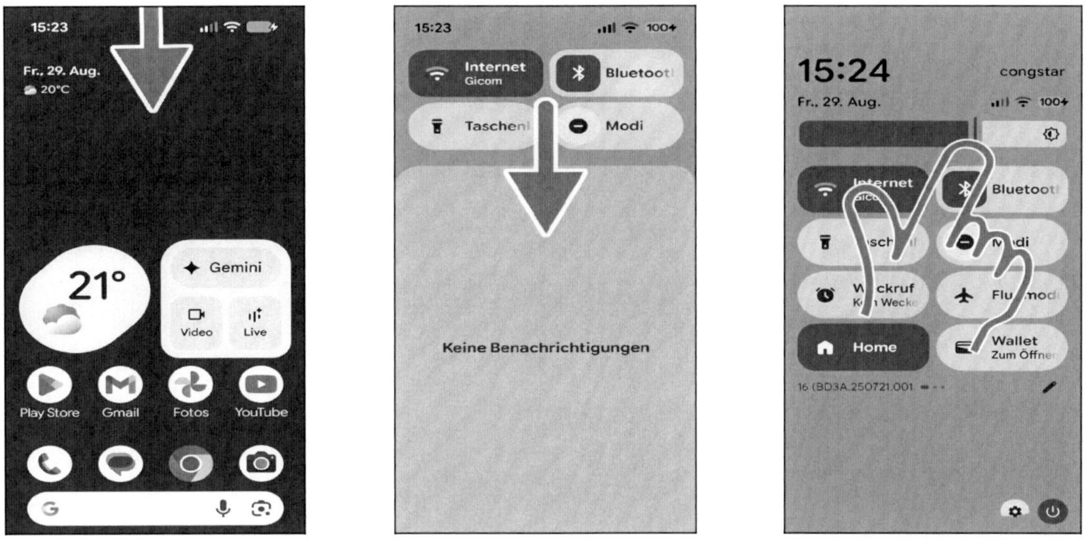

❶❷❸ So legen Sie die Displayhelligkeit fest: Öffnen Sie das Benachrichtigungsfeld und wischen darüber nach unten. Sie können nun die Helligkeit über den Regler am oberen Bildschirmrand einstellen.

4.11 Längs- und Querdarstellung

In manchen Situationen ist es sinnvoll, die Displaydarstellung zu drehen, beispielsweise, wenn Sie den Webbrowser nutzen. Dazu brauchen Sie nur das Gerät in Ihrer Hand zu drehen, denn über den Bewegungssensor weiß das Handy jederzeit, in welcher Position Sie das Gerät halten. In manchen Anwendungen stehen nach dem Drehen zusätzliche Bedienelemente zur Verfügung.

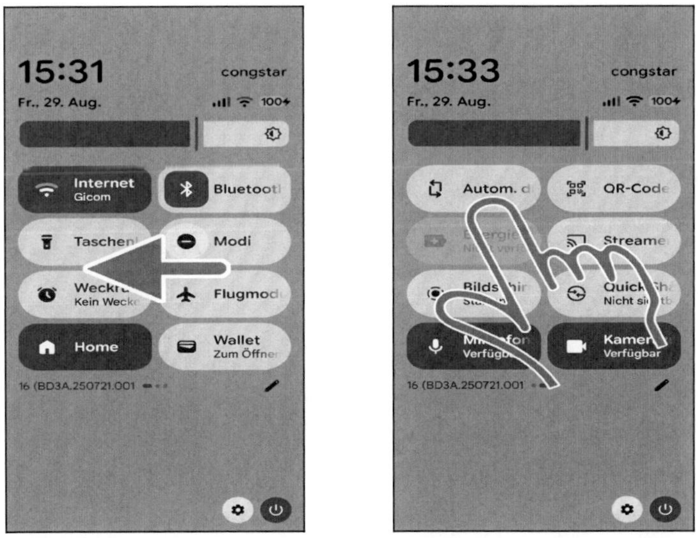

❶❷ Damit der Bildschirm sich passend zur Halteposition dreht, muss das automatische Drehen eingeschaltet sein. Im erweiterterten Benachrichtigungsfeld wischen Sie nach links für die zweite Bildschirmseite, wo Sie *Autom. drehen* aktivieren.

❶❷ Beispiel: Anzeige eines Fotos im Hochformat und wenn man das Gerät um 90 Grad dreht.

4.11.1 Intelligente automatische Drehung

Sofern Sie die automatische Drehung aktiviert haben, dürfte schon aufgefallen sein, dass diese nicht immer schnell auf die Änderung der Halteposition reagiert. Google bietet deshalb eine Optimierung an, die Sie aber selbst aktivieren müssen.

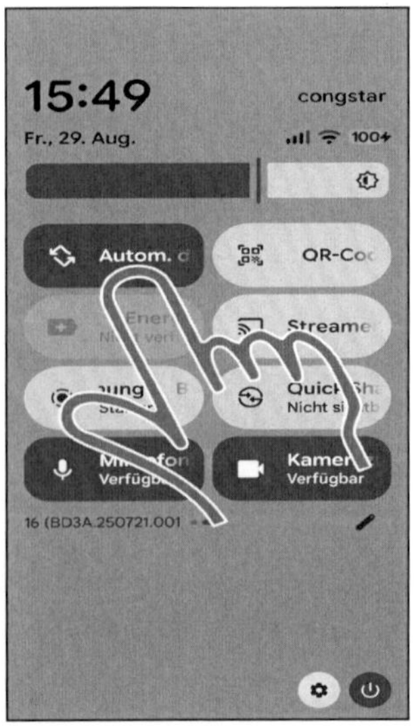

❶ Öffnen Sie das erweiterte Benachrichtigungsfeld, dann tippen und halten Sie den Finger auf *Automatisch drehen*, bis der Konfigurationsbildschirm erscheint.

❷ Es muss natürlich *„Automatisch drehen" verwenden* aktiviert sein. Aktivieren Sie zusätzlich *Gesichtserkennung*. Künftig nutzt das Handy die Kamera für die Ermittlung der Halteposition.

4.12 Menü

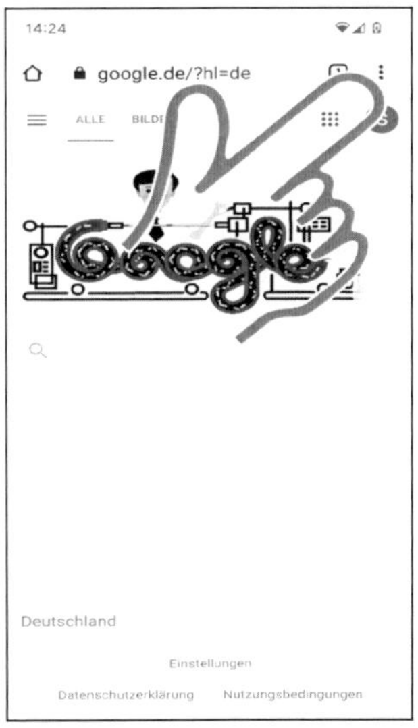

❶❷ In vielen Anwendungen – hier der Webbrowser – finden Sie zusätzliche Funktionen in einem Menü, das Sie über ein ⋮-Symbol aufrufen.

In diesem Buch finden Sie sehr häufig genaue Anweisungen, welchen Menüs Sie folgen müssen. ⋮*/Einstellungen/Display* heißt zum Beispiel, dass Sie erst mit ⋮ das Menü aufrufen, dann auf *Einstellungen*, anschließend auf *Display* usw. gehen.

4.13 Die Einstellungen

Die *Einstellungen,* worin Sie alle wichtigen Parameter für die Bildschirmanzeige, die Signaltöne, Internetverbindungen usw. konfigurieren, spielen eine wichtige Rolle in diesem Buch.

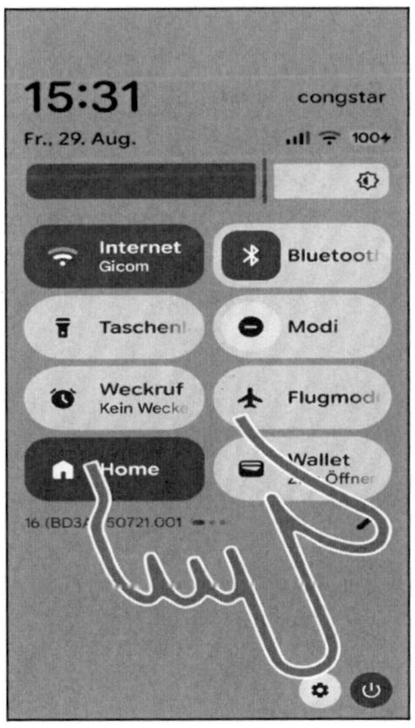

❶❷ Die *Einstellungen* finden Sie im Benachrichtigungsfeld unter ⚙ (Pfeil) und im Hauptmenü unter *Einstellungen.*

❸ In diesem Buch gehen jeweils die einzelnen Kapitel bei Bedarf auf die Menüs in den Einstellungen ein.

Die Einstellungen-Anwendung zeigt das zuletzt aufgerufene Menü an. Betätigen Sie ein- oder mehrmals die ◀-Taste, um ins Hauptmenü zurückzukehren.

4.14 Zuletzt genutzte Anwendungen

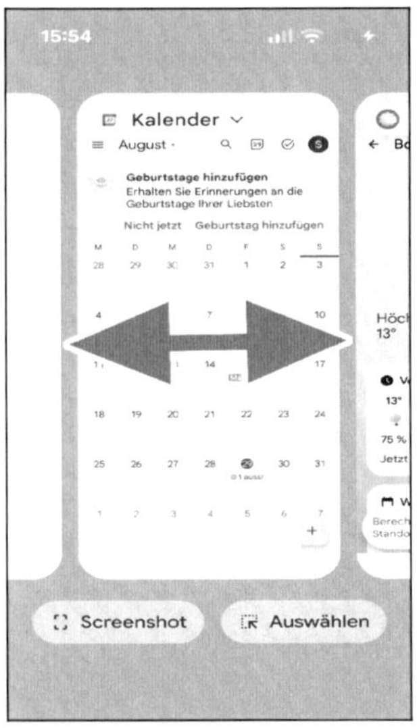

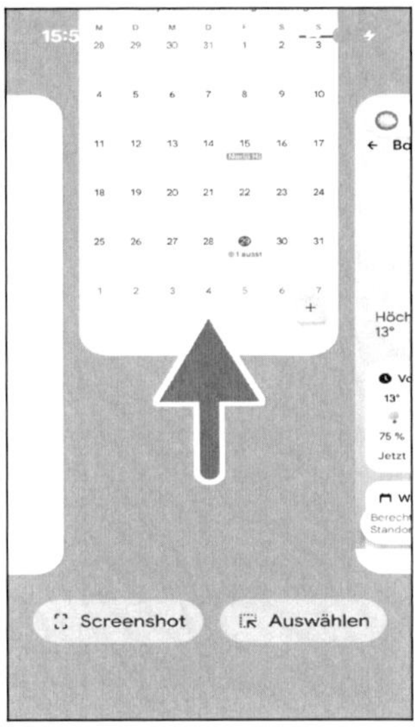

❶ Die zuletzt genutzten Programme erhalten Sie nach Betätigen der ■-Taste unterhalb des Displays angezeigt. Rollen Sie mit einer Wischgeste links/rechts durch die Programme und tippen Sie eines an, das Sie starten möchten.

❷ Ziehen Sie mit dem Finger einen Eintrag nach oben, um ihn aus der Liste zu entfernen.

Wie bereits erwähnt, bringt Sie ein kurzer Druck auf die ●-Taste wieder auf den Startbildschirm zurück, wenn Sie sich gerade in einer anderen Anwendung befinden.

4.15 Hauptmenü

❶ Es ist natürlich weder möglich, noch sinnvoll, alle auf dem Handy vorhandenen Anwendungen direkt im Startbildschirm einzublenden. Deshalb können Sie mit einer Wischgeste nach oben im Startbildschirm auf das Hauptmenü umschalten.

❷ Mit einer Wischgeste auf dem Bildschirm blättern Sie in der Programmauflistung.

❸ Häufig genutzte Anwendungen listet das Handy zudem als erste auf (Pfeil).

4.16 Google-Suche

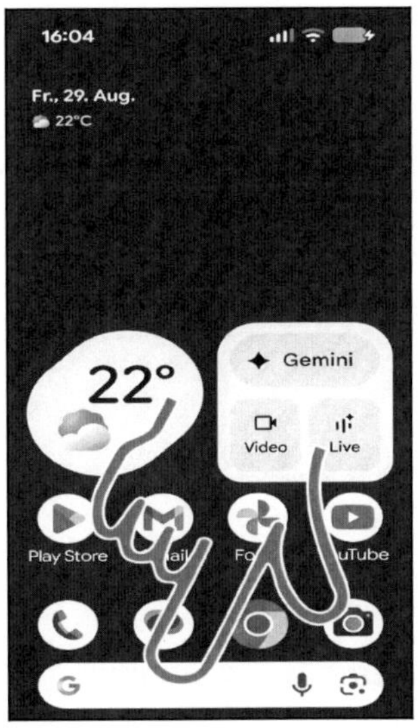

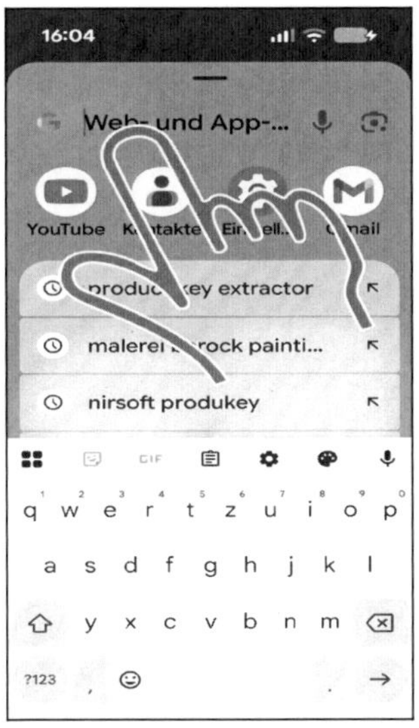

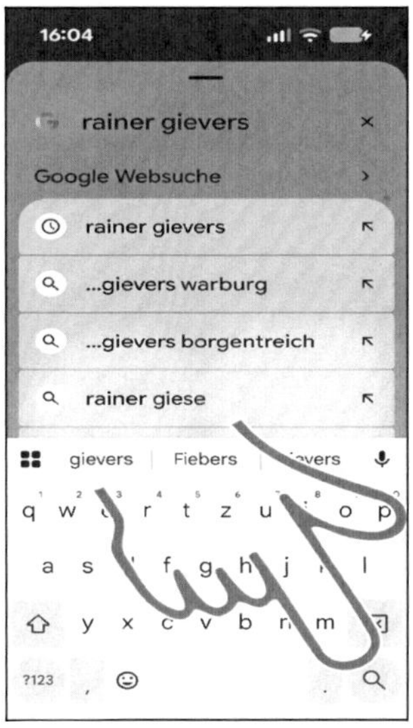

➊ Über die *Google*-Schaltfläche (Pfeil) starten Sie die globale Suche, mit der Sie alle Anwendungen, Termine, Kontakte usw. durchsuchen.

➋➌ Tippen Sie gegebenenfalls oben ins Eingabefeld. Schon während der Eingabe eines Suchbegriffs werden passende Fundstellen, beispielsweise Wortvorschläge aus der Google-Suchmaschine und Kontakteinträge aus dem Telefonbuch, aufgelistet. Die eigentliche Suche starten Sie mit 🔍 auf dem Tastenfeld (Pfeil).

➊➋ Blättern Sie mit einer Wischgeste durch die Suchergebnisse und tippen Sie eine Fundstelle an, um sie anzuzeigen.

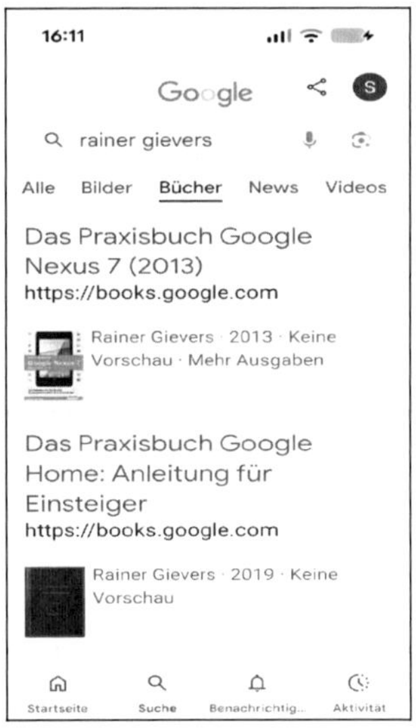

❶ Rollen Sie dann mit dem Finger durch die Schaltflächenreihe am oberen Bildschirmrand und tippen Sie eine der Schaltflächen an.

❷ Beispiel für die Suchergebnisse nach Betätigen von *Bücher.*

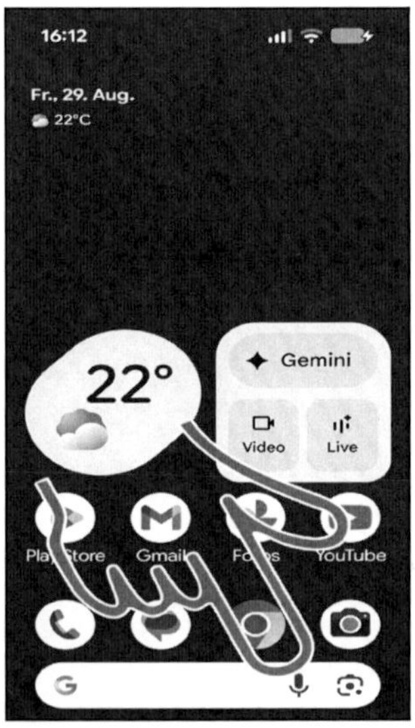

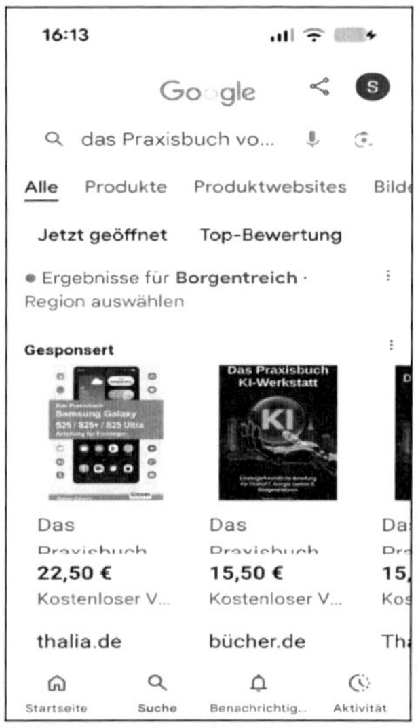

❶❷❸ Eine Besonderheit verbirgt sich hinter der -Schaltfläche (Pfeil): Sie können dann einfach einen oder mehrere Begriffe sprechen, nach denen Google anschließend im Internet sucht.

Neben befindet sich die -SchaltflächeSchaltfläche, worauf noch Kapitel *19.13 Google Lens* eingeht.

4.17 App-Vorschläge

Die App-Vorschläge listen die jeweils zuletzt genutzten Anwendungen im Startbildschirm auf.

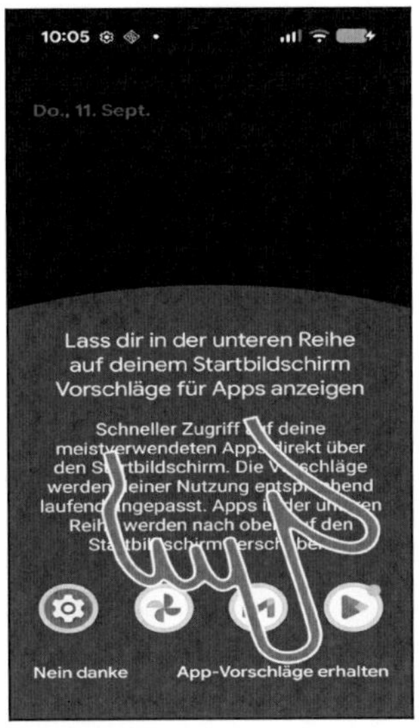

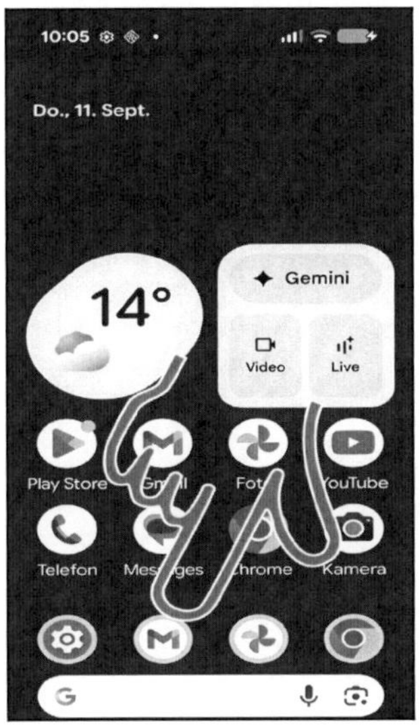

➊ Irgendwann wird bei Ihnen dieses Popup erschienen, in dem Sie *App-Vorschläge erhalten* betätigen.

➋ Die untere Schaltflächenleiste rutscht dann um eine Position nach oben und unten listet das Handy alle Anwendungen, die Sie zuletzt verwendet haben.

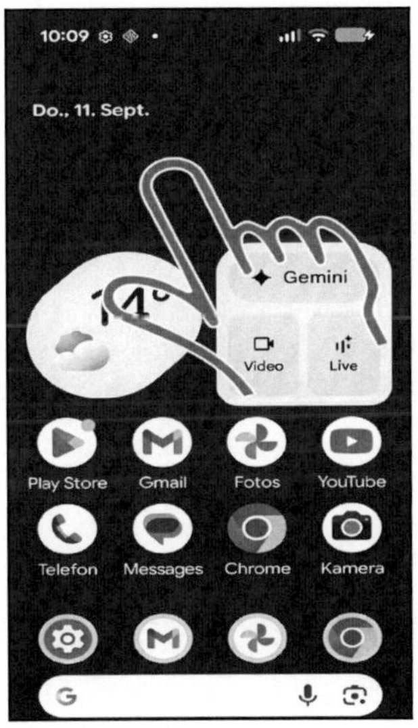

➊➋ Gehen Sie folgendermaßen vor, um diese Funktion zu (de)aktivieren: Halten Sie den Finger auf einer freien Position des Startbildschirms gedrückt, bis das Popup erscheint. Dort gehen Sie auf *Einstellungen.*

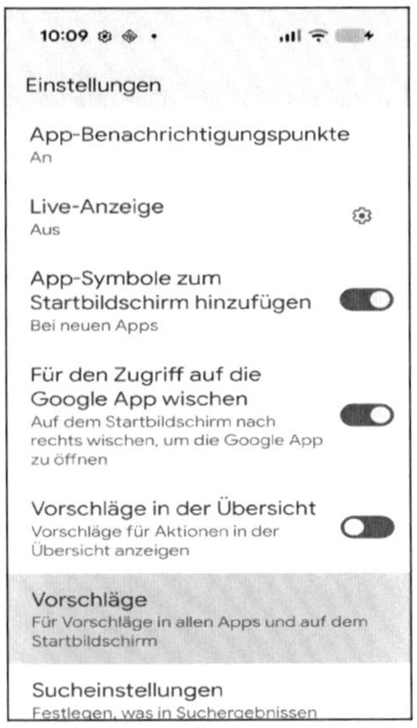

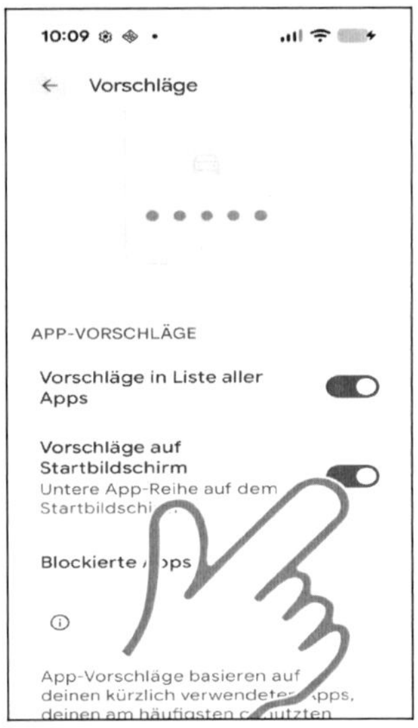

❶❷ Gehen Sie auf *Vorschläge* und (de)aktivieren Sie *Vorschläge auf Startbildschirm.*

4.18 Handy ausschalten

Auch wenn viele Anwender ihr Handy über Nacht ausschalten, ist dies in der Praxis nicht sinnvoll. Wenn Sie Nachts nicht durch Anrufe oder Benachrichtigungen gestört werden möchten, dann empfehlen wir die im Kapitel *15.2 Ruhemodus (Bitte nicht stören)* beschriebene Funktion. Auch Funktionen wie der Wecker (siehe Kapitel *23.2.1 Alarm*) funktionieren natürlich nur, wenn das Handy eingeschaltet ist.

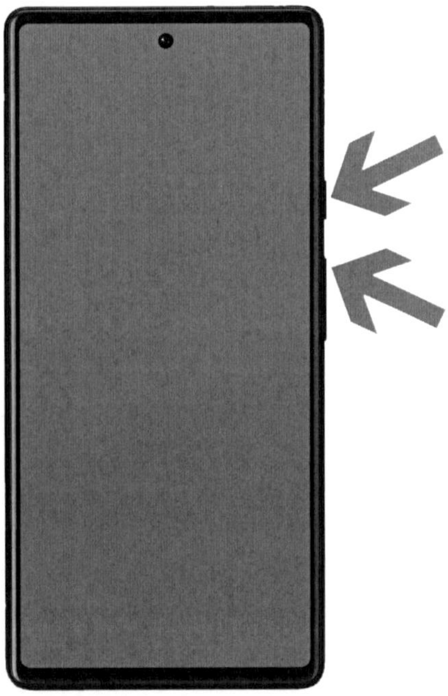

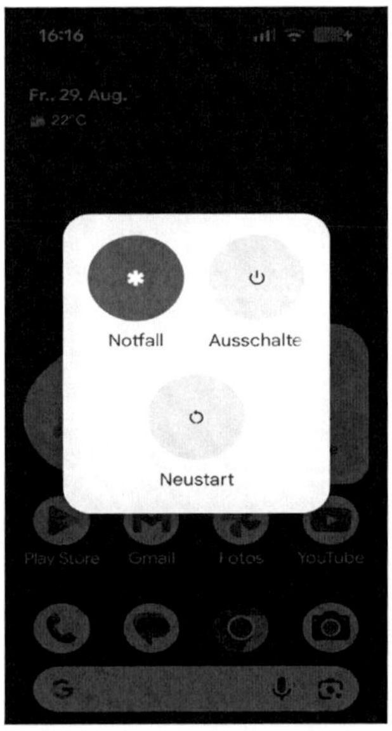

Zum Ausschalten halten Sie den Ein-/Ausschalter und die Lautstärke-hoch-Taste auf der rechten Geräteseite gedrückt, bis ein Popup erscheint, in dem Sie *Ausschalten* antippen. Eventuell benötigen Sie dazu mehrere Versuche, denn die genutzten Tasten sind mehrfach belegt.

Langes Drücken des Ein-/Ausschalters schaltet das Handy später wieder ein.

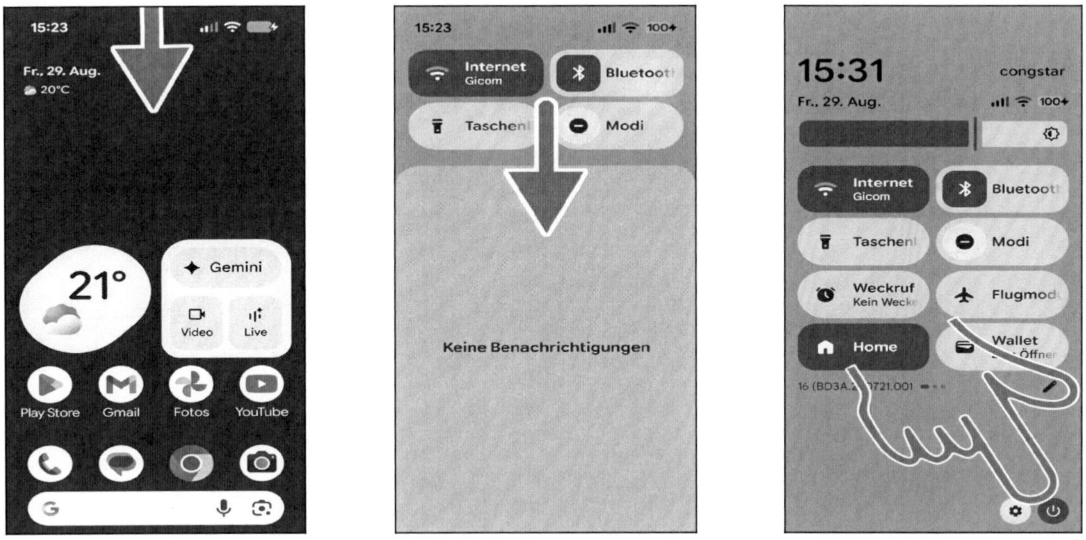

❶ Alternativ öffnen Sie zunächst das Benachrichtigungsfeld mit der Wischgeste vom oberen Bildschirmrand nach unten.

❷❸ Führen Sie über den Schaltflächen eine weitere Wischgeste nach unten durch für das erweiterte Benachrichtigungsfeld und betätigen Sie ⏻.

4.19 Medienlautstärke und Signaltöne

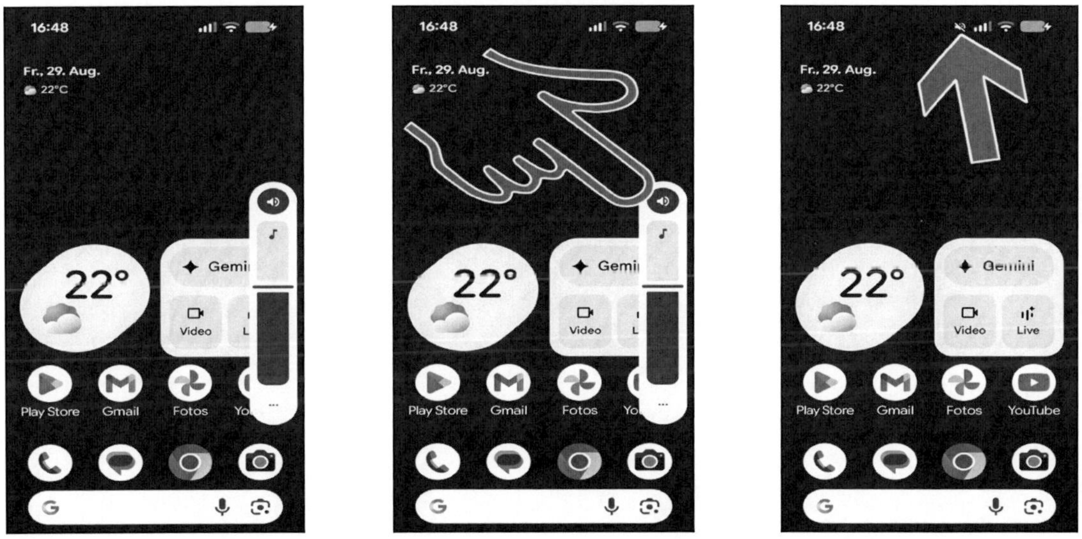

❶ Über die Lautstärketasten auf der rechten Geräteseite beeinflussen Sie die Medienlautstärke (beispielsweise von YouTube, YouTube Music oder die Audiowiedergabe im Webbrowser).

❷ Antippen der Schaltfläche über der Lautstärkeanzeige beeinflusst den Klingelton. Sie schalten damit um zwischen: Standard (🔊, Klingelton aktiv), Lautlos (🔇) und Vibration (📳).

❸ Ein Symbol (Pfeil) in der Titelleiste informiert über den aktiven Vibrationsmodus.

Der Wecker (siehe Kapitel *23.2 Wecker und Uhr*) ist im Lautlos- beziehungsweise Vibrationsmodus weiterhin aktiv.

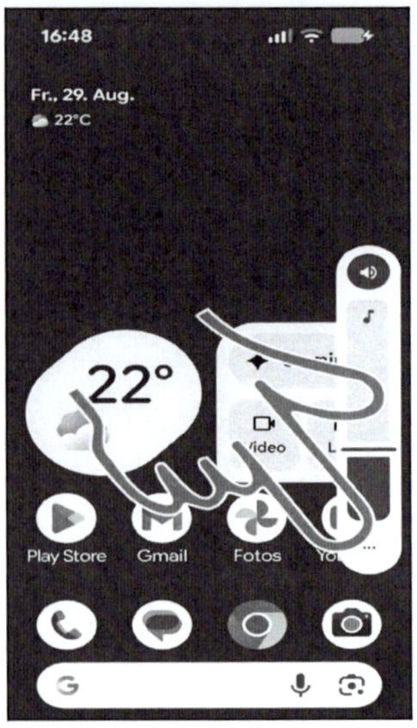

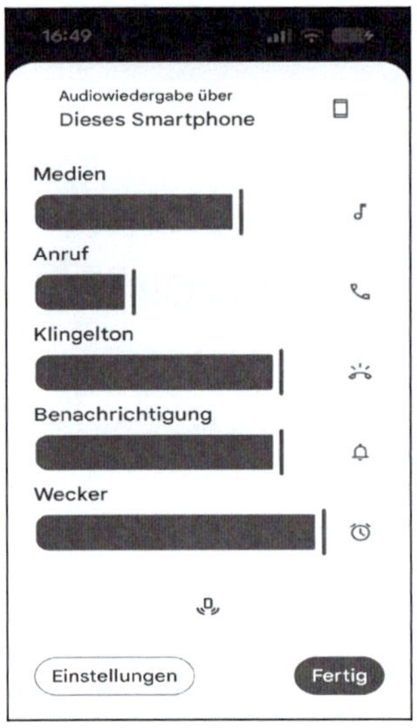

❶ Um die Lautstärke für den Klingelton, Benachrichtigungstöne usw. zu ändern, tippen Sie ••• (Pfeil) an.

❷ Sie ändern hiermit:

- *Medien*: Stellt die Lautstärke bei Multimedia-Anwendungen, beispielsweise von YouTube oder Spielen ein.
- *Anruf*: Gesprächslautstärke.
- *Klingelton*: Der Klingelton bei eingehenden Anrufen.
- *Benachrichtigung*: Signal bei neu vorhandenen E-Mails, SMS, WhatsApp-Nachrichten usw.
- *Wecker*: Signalton des Weckers (siehe Kapitel *23.2 Wecker und Uhr*).

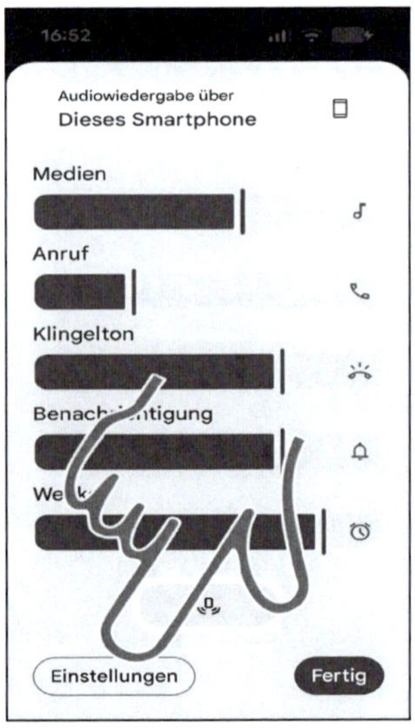

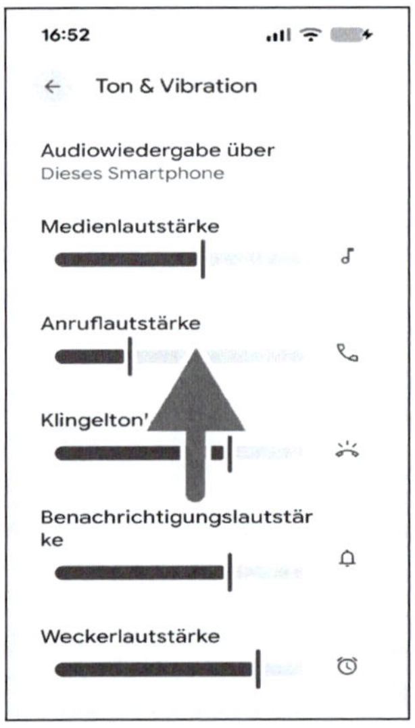

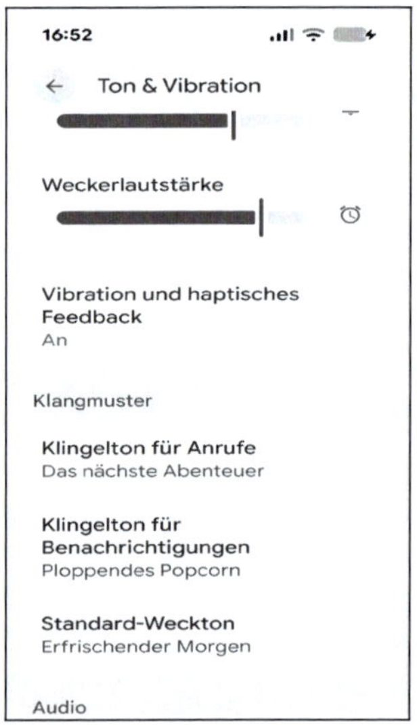

❶ Die weiteren Optionen erhalten Sie nach Betätigen der *Einstellungen*-Schaltfläche.

❷ Blättern Sie mit einer Wischgeste durch die bereits beschriebenen Lautstärkeeinstellungen für die weiteren Optionen:

- *Vibration und haptisches Feedback*:
  - *Vibration & haptisches Feedback verwenden*: Vibration ein-/ausschalten.
  - *Vibration bei Klingeln*: Eingehende Anrufe.
  - *Erst vibrieren, dann immer lauter klingeln*
  - *Vibration bei Benachrichtigungseingang*: Das Gerät vibriert, wenn eine neue Benachrichtung vorliegt, beispielsweise über eine neu empfangene SMS oder E-Mail.

  - *Vibration bei Weckerklingeln*: Der Wecker vibriert zusätzlich bei einem Alarm (siehe Kapitel *23.2 Wecker und Uhr*).
  - *Adaptive Vibration*: Abhängig von der Umgebung in der sich das Handy befindet, vibriert das Gerät stärker, zum Beispiel in einer Hosentasche.
  - *Haptisches Feedback*: Haptisches Feedback, wenn Sie Schaltflächen auf dem Bildschirm betätigen.
  - *Vibration für Medien*: Nicht von Google dokumentiert.
  - *Tastenvibration*: Vibration bei der Betätigung von Schaltflächen.

Unter *Klangmuster:*

- *Klingelton für Anrufe*: Klingelton bei eingehenden Anrufen festlegen.
- *Klingelton für Benachrichtigungen*: Signal, das bei Benachrichtigungen, beispielsweise über neue SMS, WhatsApp-Nachrichten oder E-Mails abgespielt wird.
- *Standard-Weckton*: Auf den Wecker geht Kapitel *23.2.1 Alarm* ein.

Unter *Audio*:

- *Automatische Untertitel*: Alle Sprachausgaben auf dem Gerät erfolgen mit einem Untertitel für Gehörlose.
- *Spatial Audio*: Sofern Audiomedien in speziellen Formaten wie Dolby Atomos abgespielt werden, erfolgt die Wiedergabe dreidimensional im Raum. Dies funktioniert am besten mit Kopfhörern.
- *Medien*: Bei der Wiedergabe von Audio wird der Mediaplayer im Benachrichtigungsfeld beziehungsweise auf dem Sperrbildschirm angezeigt.
- *Glasklare Anrufe*: Reduziert Hintergrundgeräusche beim Telefonieren (Geräuschunterdrückung)

Unter *Systemtöne & vibrationen*:

- *Wähltastentöne*: Wenn Sie das Tastenfeld in der Telefon-Anwendung (siehe Kapitel *5 Telefonie*) nutzen, hören Sie jeweils einen Klickton.
- *Ton bei Displaysperre*: Signalton beim Aktivieren/Deaktivieren der Displaysperre.
- *Töne und Vibration beim Aufladen*: Ton bei Anschluss an das Netzteil.
- *Töne bei Berührung*: Diese hört man beim Antippen des Bildschirms.
- *Im Vibrationsmodus immer Symbol anzeigen*: Sofern Sie die Vibration aktiviert haben, erscheint in der Titelleiste ein Symbol, das Sie hiermit ausschalten können.
- *Now Playing*: Das Handy erkennt automatisch in der Umgebung abgespielte Musik und zeigt die Musiktitel in der Displaysperre an. Beachten Sie, dass dies die Akkulaufzeit reduziert.

Falls Sie eigene Musikdateien als Klingel- und Benachrichtigungstöne verwenden möchten, beachten Sie bitte Kapitel *28.9 Eigene Klingel- und Benachrichtigungstöne*.

4.20 Das Ausklappmenü

Ähnlich wie auf einem Windows PC haben auch auf dem Handy praktisch alle Programme damit zu kämpfen, die verfügbaren Funktionen in einer übersichtlichen Form bereitzustellen. Unter Windows hat sich dafür die Menüleiste eingebürgert. Weil auf dem Handy dagegen nur extrem wenig Bildschirmfläche verfügbar ist, nutzen die Anwendungen hier häufig das sogenannte Ausklappmenü.

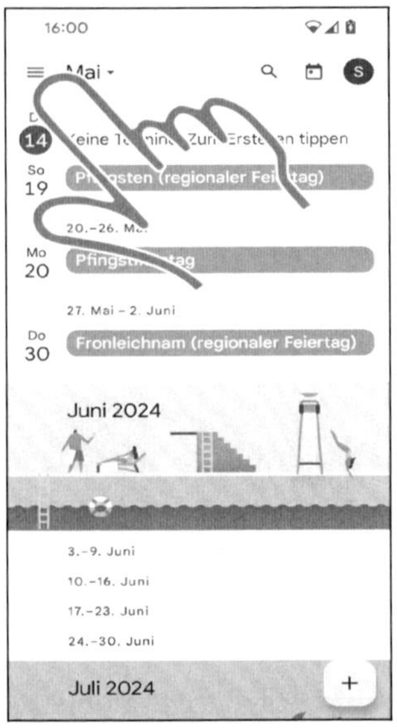

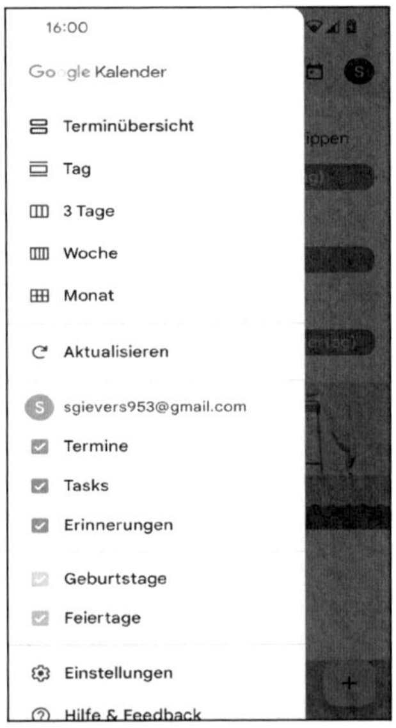

❶ Das Ausklappmenü rufen Sie beispielsweise im Kalender (siehe Kapitel *21 Kalender*) mit einem Antippen der ≡-Schaltfläche oben rechts (Pfeil) auf.

❷ Sie schließen das Ausklappmenü, indem Sie entweder darin eine Funktion auswählen oder die ◀-Taste unterhalb des Displays betätigen.

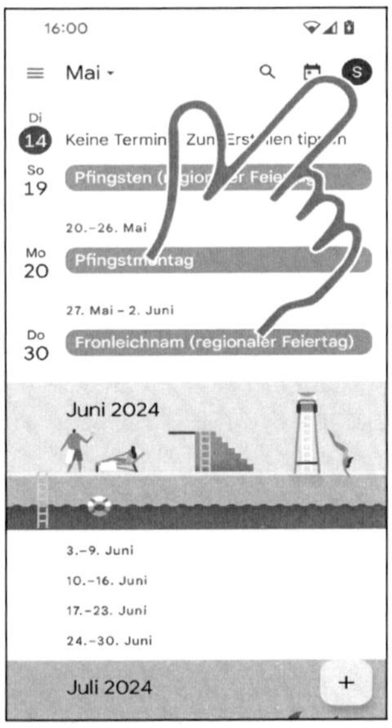

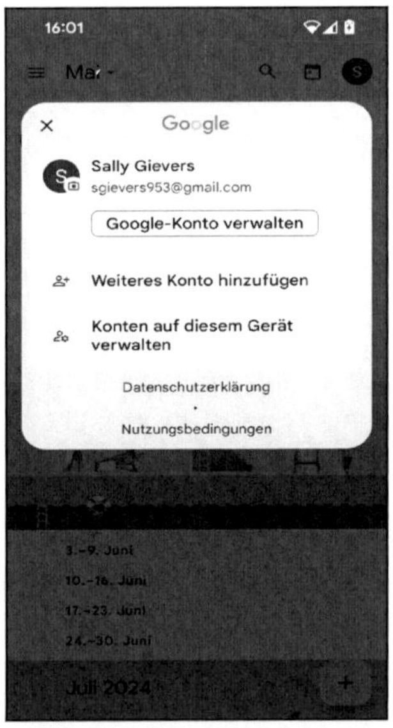

❶❷ Es gibt auch Anwendungen mit Ausklappmenüs, die Sie über das runde Kontosymbol oben rechts aufrufen.

4.21 Aktionen zulassen

Bei vielen der vorinstallierten Anwendungen auf dem Handy erscheint früher oder später ein Dialog, der Sie nach Ihrer Genehmigung fragt, eine Aktion durchführen zu dürfen.

❶ Im Beispiel benötigt ein Programm die Erlaubnis, Ihren Standort zu ermitteln.

❷ Die meisten vorinstallierten Programme bitten zudem einmalig um Erlaubnis, Benachrichtigungen zuzulassen. Hier sollten Sie immer *Zulassen* betätigen.

Bitte antworten Sie **immer** mit *Bei Nutzung der App*, *Immer zulassen*, *Zulassen* beziehungsweise *Aktivieren*. Andernfalls steht die betreffende Funktion im Programm nicht zur Verfügung. Manche Anwendungen beenden sich auch einfach, wenn Sie die Genehmigung verweigern.

5. Telefonie

Die Bedienungsführung des Handys ist so aufgebaut, dass Sie mit wenig Aufwand einen Kontakt anrufen können.

❶ Die Telefonoberfläche öffnen Sie im Startbildschirm mit der *Telefon*-Schaltfläche am unteren Bildschirmrand (Pfeil).

❷ Schließen Sie den einmaligen Hinweis mit ×.

Hinweis: Google führt seine neue Benutzeroberfläche schrittweise ein. Daher sehen Sie möglicherweise noch das bisherige Design. Die Aktualisierung sollte Sie in den kommenden Tagen erreichen.

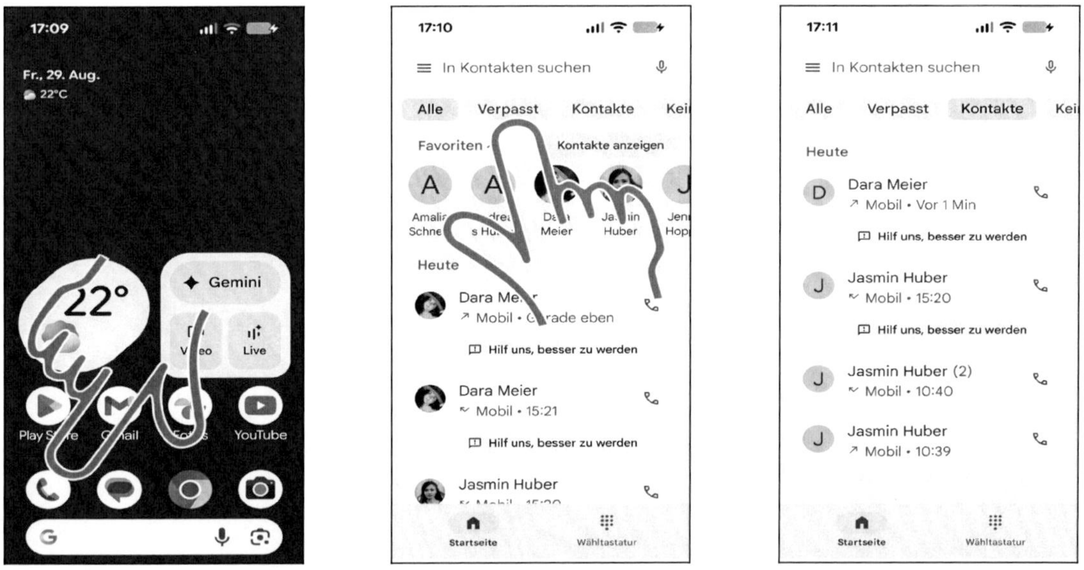

❶❷ Über die Schaltflächen am oberen Bildschirmrand schalten Sie die Anruferanzeige um zwischen:

- *Alle*
- *Verpasst*: Verpasste oder von Ihnen geblockte Anrufe.
- *Kontakte*: Anrufe von/mit Kontakten aus dem Telefonbuch (siehe Kapitel *7 Telefonbuch*).
- *Kein Spam; Spam*: Sie können Rufnummern als unerwünscht markieren, die dann unter *Spam* erscheinen.

❶ Wenn Sie Rufnummern direkt eingeben möchten, schalten Sie auf *Wähltastatur* (Pfeil) um.

❷ *Startseite* aktiviert dagegen die Anzeige der Anrufliste.

5.1 Anruf durchführen

❶❷ Aktivieren Sie zunächst über die *Wähltastatur*-Schaltfläche das Tastenfeld (die ◀-Taste an der Displayunterseite blendet das Tastenfeld wieder aus).

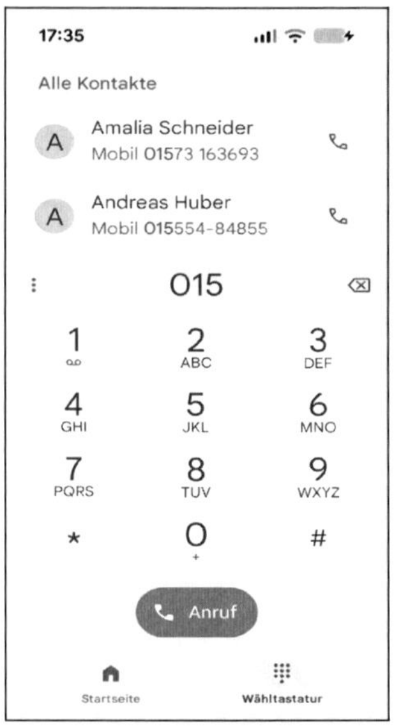

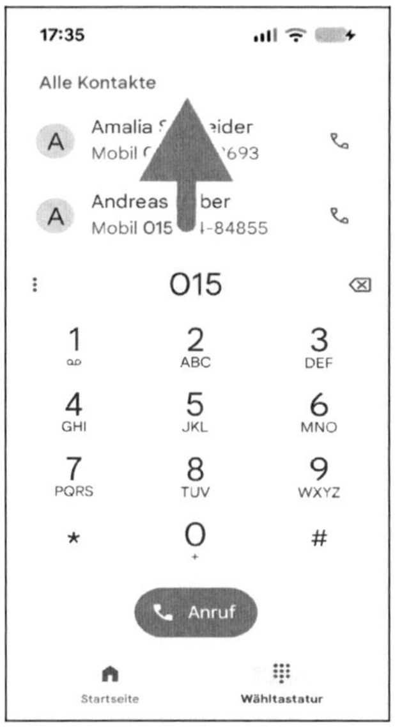

➊ Tippen Sie die gewünschte Telefonnummer über das Tastenfeld auf dem Display ein. Starten Sie den Anruf, indem Sie die *Anruf*-Schaltfläche antippen. Falls im Telefonbuch bereits Kontakte vorhanden sind, die zur eingegebenen Nummer passen, werden diese automatisch oberhalb des Eingabefelds angezeigt.

➋ In den Fundstellen blättern Sie mit einer Wischgeste. Das Handy schaltet dann das Tastenfeld aus.

5.1.1 Suche

Auch eine direkte Namenssuche ist möglich. Tippen Sie dafür die Nummern ein, die den Buchstaben entsprechen (»2«=a, b, c; »3«=d, e, f; usw.). Betätigen Sie ⌫ neben dem Eingabefeld, um eine Fehleingabe zu löschen.

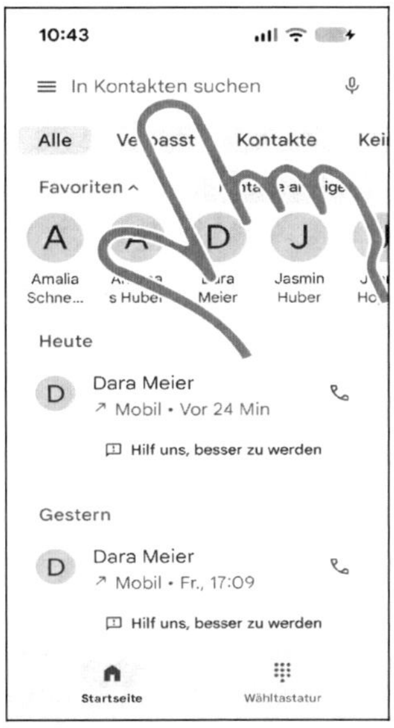

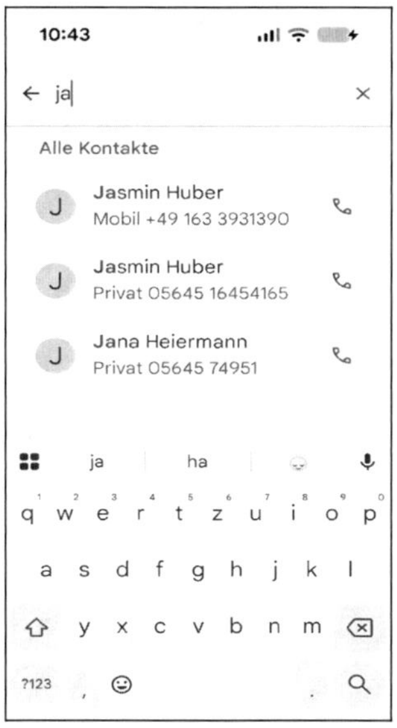

❶❷ Auch in der *Startseite* ist die Suche möglich: Dort tippen Sie oben ins Eingabfeld und geben die gesuchten Namen ein.

5.1.2 Letzte Rufnummer wählen

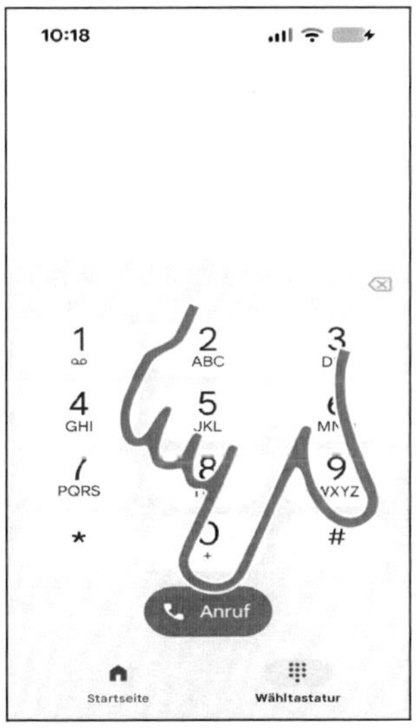

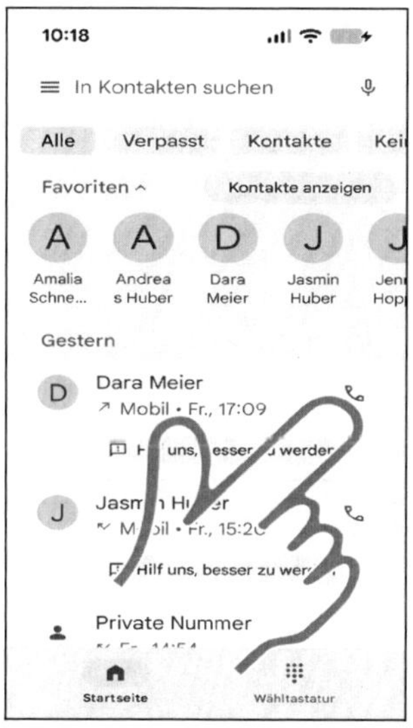

❶❷ Betätigen Sie die *Anruf*-Schaltfläche, um die zuletzt gewählte Nummer in das Rufnummernfeld zu übernehmen.

❸ Alternativ tippen Sie einfach 📞 hinter einem Eintrag im Anrufprotokoll an.

5.1.3 Funktionen während eines Gesprächs

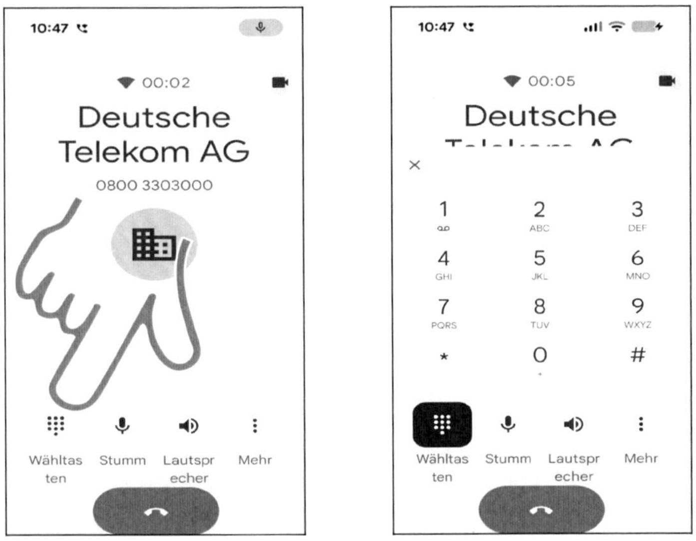

❶❷ Während des Gesprächs zeigt das Handy die angewählte Rufnummer beziehungsweise den Kontakt an. Betätigen Sie die ⠿-Schaltfläche (Pfeil), um das Tastenfeld zu aktivieren, was sinnvoll ist, wenn Sie DTMF (Tonwahl)-Töne benötigen, zum Beispiel für die Bedienung eines Anrufbeantworters oder einer Tonwahl-gesteuerten Service-Hotline. Betätigen der X-Schaltfläche oben links schließt das Tastenfeld später wieder.

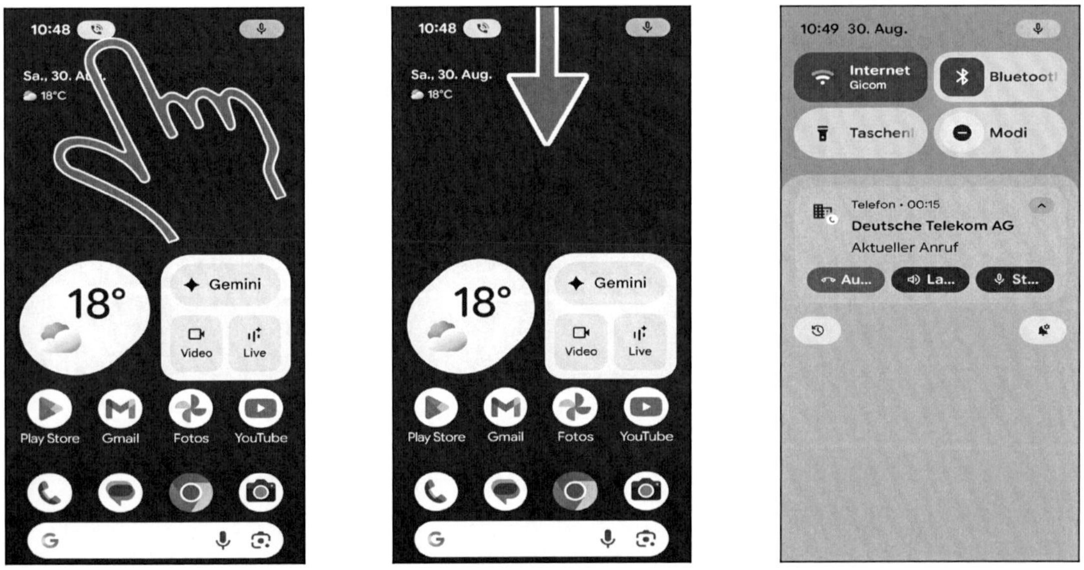

❶ Interessant ist die Möglichkeit, jederzeit während eines aktiven Gesprächs eine andere Anwendung zu nutzen. Dazu betätigen Sie die ●-Taste für den Startbildschirm. Sie können dann, wie gewohnt, diverse Anwendungen auf dem Handy starten, während das Gespräch im Hintergrund weiterläuft. Antippen des eingeblendeten Symbols (Pfeil) öffnet ein Popup mit Bedienelementen.

❷❸ Alternativ steuern Sie den aktiven Anruf über das Benachrichtigungsfeld (siehe Kapitel *4.10 Titelleiste und Benachrichtigungsfeld*).

❶ Weitere Funktionen während eines Gesprächs:

- *Wähltasten:* Tastenfeld einschalten.
- *Stumm*: Deaktiviert/aktiviert das Mikrofon, wobei man weiter hört, was der Gesprächsteilnehmer von sich gibt.
- *Lautsprecher*: Aktiviert/Deaktiviert die Freisprecheinrichtung.
- *Mehr* (❷):
  - *Hinzufügen*: Dem Gespräch einen weiteren Teilnehmer hinzufügen, was aber nur funktioniert, wenn Ihr Handyvertrag Telefonkonferenzen beinhaltet.
  - *Halten*: Schickt den Anrufer in eine Warteschleife.

5.1.3.a Hörerlautstärke

Während eines Gesprächs können Sie die Hörerlautstärke an Ihre Bedürfnisse anpassen. Drücken Sie einfach auf der rechten Geräteseite die Tasten Lautstärke-hoch/runter.

5.1.4 Anruf aus dem Telefonbuch

❶ Zum Anwählen eines Kontakts direkt in der Kontaktauflistung des Telefonbuchs (siehe Kapitel *7 Telefonbuch*) tippen Sie den Kontakt an.

❷ Tippen Sie auf die anzuwählende Nummer.

5.2 Mobilbox abrufen

Die Mobilnetzbetreiber bieten jedem Kunden eine »Mailbox« an, in der Anrufer wie auf einem Anrufbeantworter ihre Nachrichten hinterlassen können. Zum Abruf der Nachrichten wählen Sie entweder auf der Telefonoberfläche die Mailboxnummer, oder Sie nutzen die vom Handy angebotene Abruffunktion.

Zum Abruf der Mailbox tippen und halten Sie die »1«-Taste auf dem Telefontastenfeld, bis die Anwahl erfolgt.

Die Mailbox ist auf der Kurzwahl »1« vordefiniert. Normalerweise wird die Mailbox-Rufnummer korrekt eingerichtet, wenn Sie eine neue SIM-Karte einlegen und die automatisch erscheinende Konfigurationsaufforderung bestätigen. Falls Sie dennoch eine andere Mailboxrufnummer eintragen möchten, lesen Sie bitte im Kapitel *5.10 Anrufeinstellungen* weiter.

5.3 Anruf annehmen

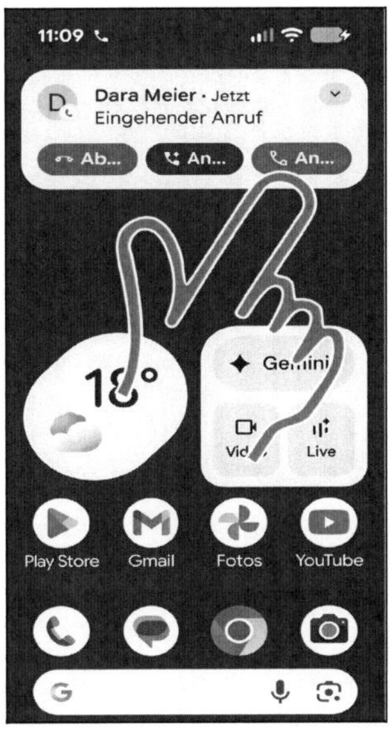

Auf eingehende Anrufe macht ein Popup aufmerksam. Es gibt dann zwei mögliche Anzeigen:

- Rufnummer ist nicht im Telefonbuch vorhanden: Das Handy zeigt nur die Rufnummer an (❶).
- Rufnummer ist im Telefonbuch vorhanden: Das Handy zeigt den Kontaktnamen an (❷).

❸ Tippen Sie wahlweise auf:

- *Ablehnen*: Der Anrufer hört ein »besetzt« oder wird auf Ihre Mailbox weitergeleitet.
- *Anrufer prüfen*: Der Anruf wird von einer Sprachansage begrüßt. Sie können dann entscheiden, ob Sie das Gespräch entgegennehmen möchten. Siehe Kapitel *5.3.1 Assistent*.
- *Annehmen*, wenn Sie mit dem Anrufer sprechen möchten.

Betätigen der Lautstärke-leiser-Taste auf der rechten Geräteseite schaltet einen eingehenden Anruf stumm.

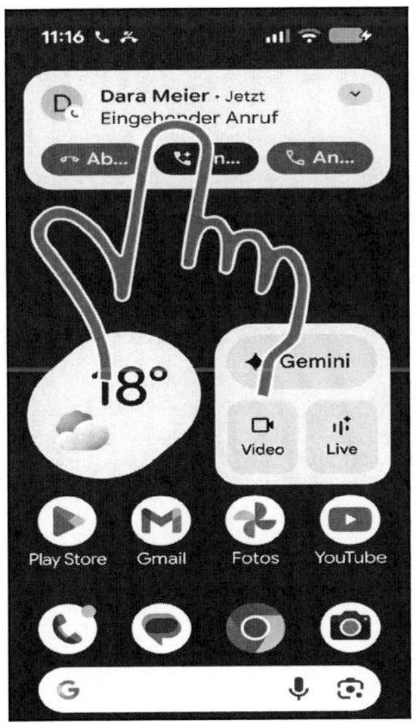

❶❷ Antippen des Popups (nicht der Schaltflächen!) öffnet die Vollbildansicht mit weiteren Optionen, auf die wir als Nächstes eingehen.

Wenn Sie bei ausgeschaltetem Display angerufen werden, erscheint sofort die Vollbildansicht.

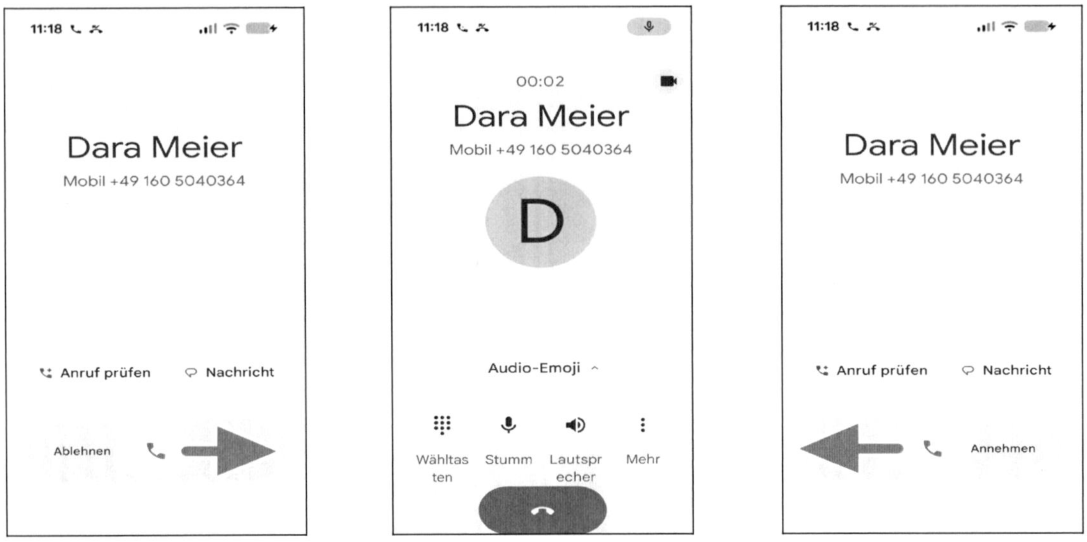

Zum Annehmen eines Gesprächs »schieben« Sie die Schaltfläche mit einer Wischgeste nach rechts. Während des Gesprächs stehen dann die gleichen Funktionen zur Verfügung, welche bereits im Kapitel *5.1.3 Funktionen während eines Gesprächs* vorgestellt wurden.

Umgekehrt »schieben« Sie die grüne Schaltfläche nach links, um einen Anruf zu blocken. Der geblockte Anruf landet trotzdem im Anrufprotokoll, sodass sie später zurückrufen können.

Betätigen Sie Antworten, um einen vorgegebenen Text an den Anrufer zu senden.

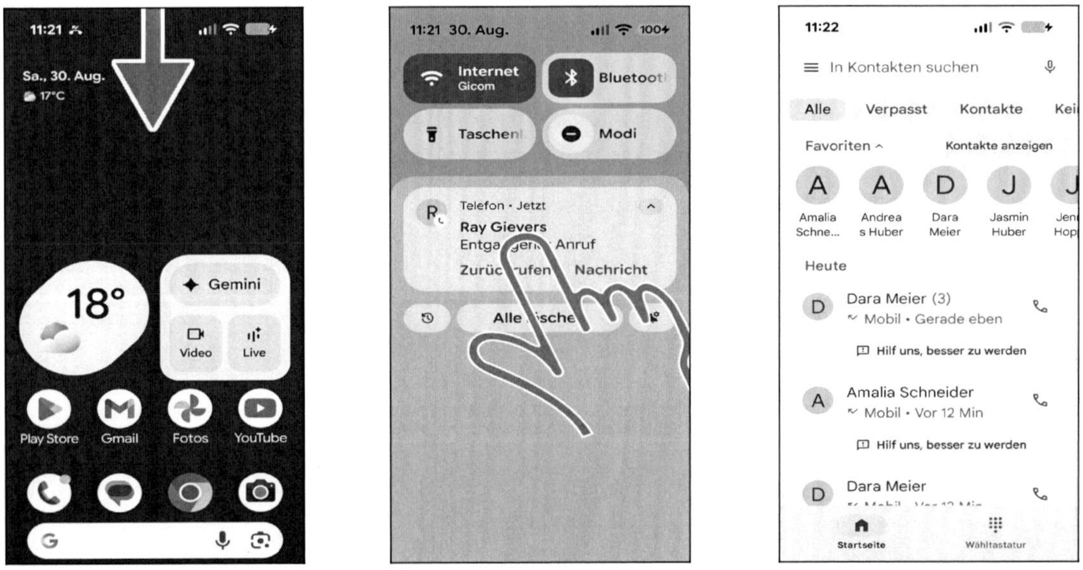

Weitere Infos zum verpassten Anruf erhalten Sie, indem Sie das Benachrichtigungsfeld öffnen (Siehe Kapitel *4.10 Titelleiste und Benachrichtigungsfeld*). Tippen Sie den Listeneintrag an, um die Telefonoberfläche anzuzeigen.

Wenn nur ein Anruf in Ihrer Abwesenheit stattgefunden hat, können Sie direkt aus dem Benachrichtigungsfeld über die Schaltfläche zurückrufen oder eine SMS schreiben (*Nachricht*).

5.3.1 Assistent

Bei unbekannten Anrufern ist die Assistentenfunktion sinnvoll. Diese stellt dem Anrufer Fragen und Sie entscheiden anhand der Antworten, ob Sie das Gespräch annehmen oder beenden.

➊ Betätigen Sie *Anruf prüfen*.

➋ Das Handy nimmt den Anruf an und spielt eine Begrüßung ab.

➌ Nutzen Sie die Schaltflächen am unteren Bildschirmrand, beispielsweise *Ist es dringend?* Dem Anrufer wird die Frage angesagt, worauf die gesprochenen Antworten des Anrufers in Text übersetzt angezeigt werden. Wahlweise beenden Sie dann den Anruf mit der roten Schaltfläche oder nehmen ihn mit der grünen Schaltfläche an.

5.3.2 Mit SMS antworten

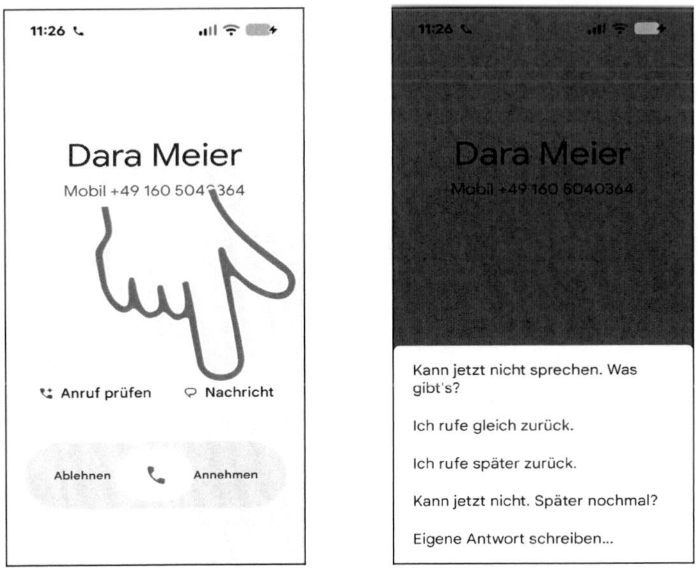

➊ Falls Sie gerade nicht sprechen können, betätigen Sie die *Nachricht*-Schaltfläche.

➋ Wählen Sie dann eine Nachricht aus, die per SMS verschickt wird.

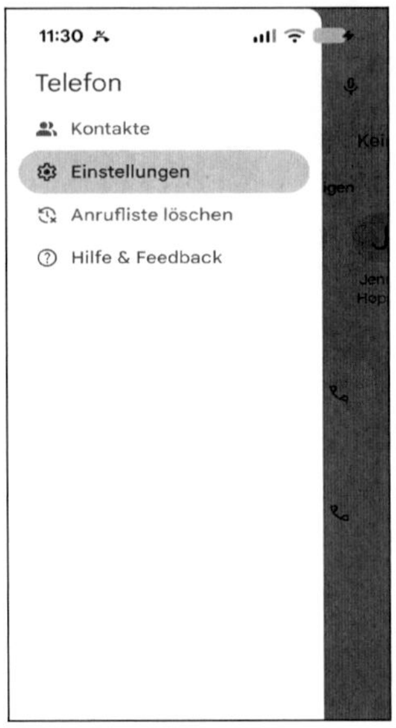

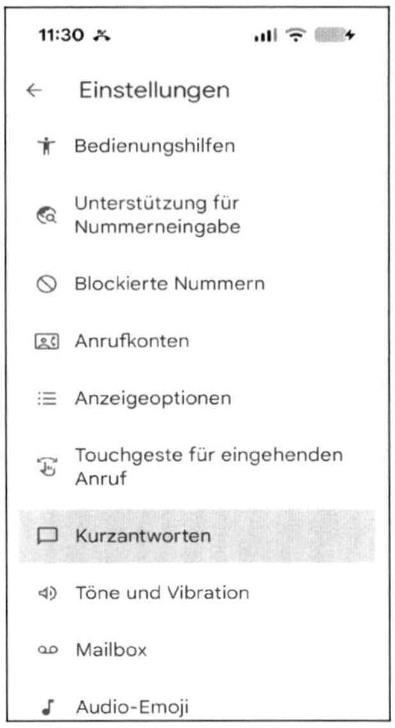

❶ Die vorgefertigten Nachrichten lassen sich anpassen. In der Telefon-Anwendung rufen Sie dazu das Ausklappmenü auf (Pfeil).

❷❸ Gehen Sie auf *Einstellungen* und dann *Kurzantworten.*

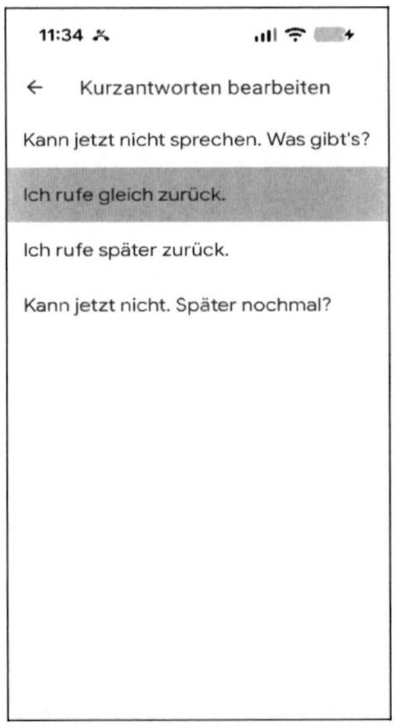

❶❷ Tippen Sie einfach einen der vorgefertigten Texte an, den Sie ändern möchten.

5.3.3 Klingelton und Klingeltonlautstärke

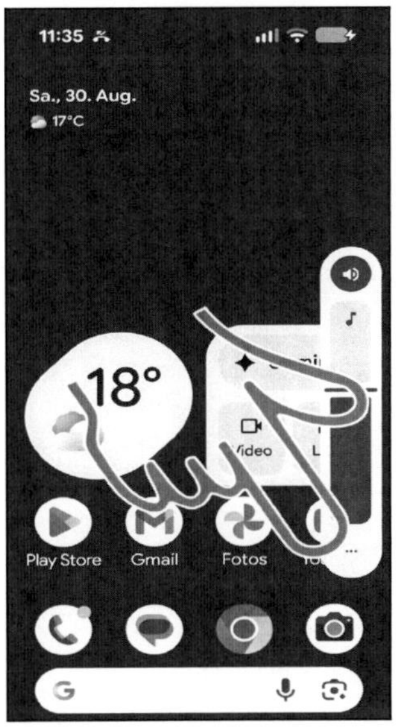

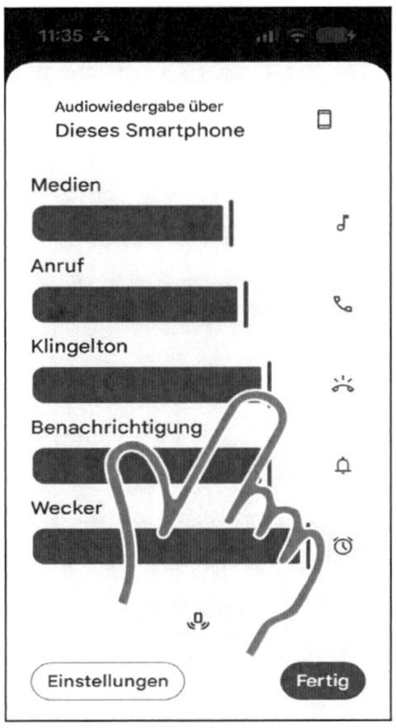

❶ So ändern Sie die Klingeltonlautstärke: Betätigen Sie eine der Lautstärketasten auf der rechten Geräteseite. Dann tippen Sie ••• (Pfeil) an.

❷ Hier verschieben Sie den Regler bei *Klingelton.*

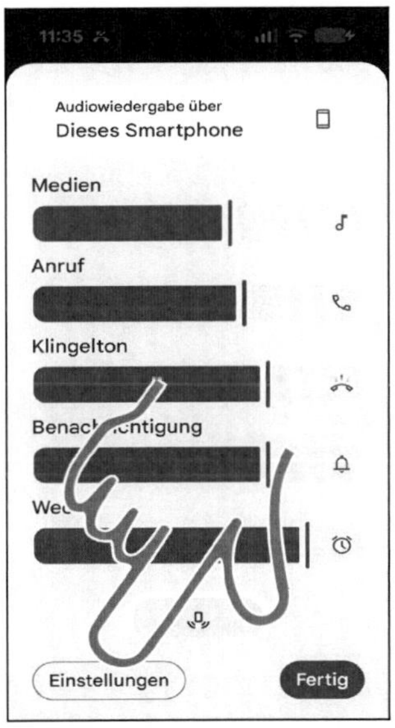

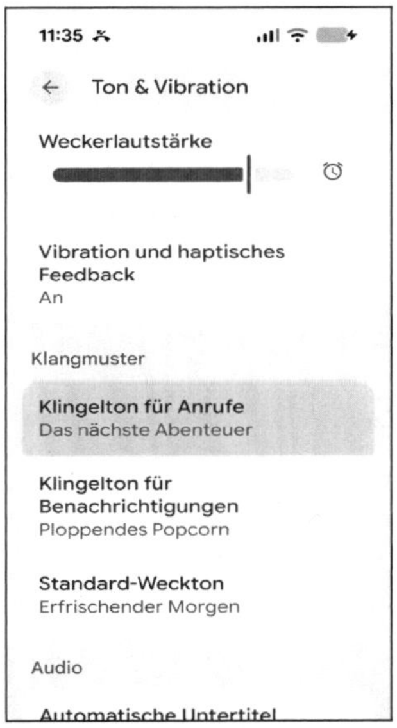

❶ Zum Ändern des verwendeten Klingeltons rufen Sie im Popup-Menü *Einstellungen* auf.

❷ Gehen Sie auf *Klingelton für Anrufe.*

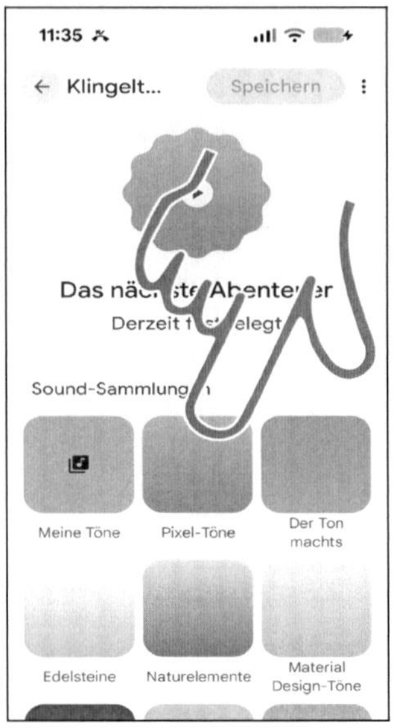

❶ Wählen Sie eine Kategorie aus.

❷ Stellen Sie den gewünschten Klingelton ein und schließen Sie den Bildschirm mit *Speichern* (oben rechts).

> Sie können auch jedem Kontakt einen eigenen Klingelton zuweisen, der dann statt dem Standard-Klingelton vom Handy verwendet wird. Siehe dazu Kapitel *7.5 Kontaktfoto.*

5.4 Anrufliste (Protokoll)

In der Anrufliste legt das Handy alle ein- und ausgegangenen Anrufe, auch die nicht entgegengenommenen, ab.

5.4.1 Anrufliste in der Telefonoberfläche

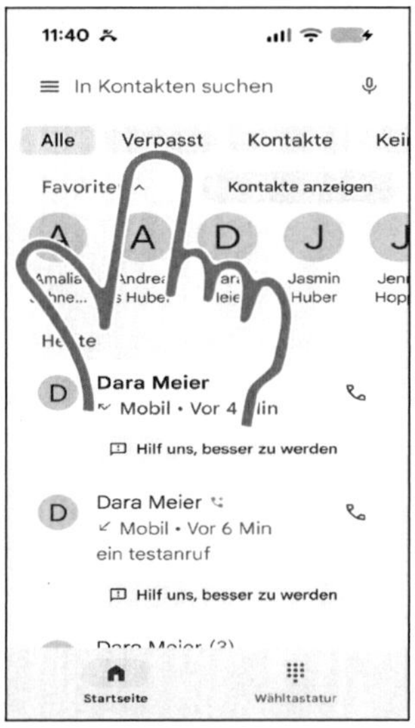

❶ In der Startseite listet die Telefonie-Anwendung alle Ein- und ausgegangenen Anrufe auf. Dabei fasst das Handy Anrufe von und zu einer Rufnummer jeweils in einem Eintrag zusammen. Am Symbol (Pfeil) erkennen Sie jeweils die letzte Aktion:

- ↙: Angenommener Anruf
- ↗: Ausgehender Anruf
- ↖↗: Verpasster Anruf

❷❸ Wohl nur für Nutzer mit extrem vielen Anrufen sind die Schaltflächen am oberen Bildschirmrand interessant, mit denen man die Auflistung zum Beispiel auf verpasste Anrufe

(*Verpasst*) oder Anrufen von Kontakten (*Kontakte*) eingrenzen kann.

5.4.2 Anzeige verpasster Anrufe

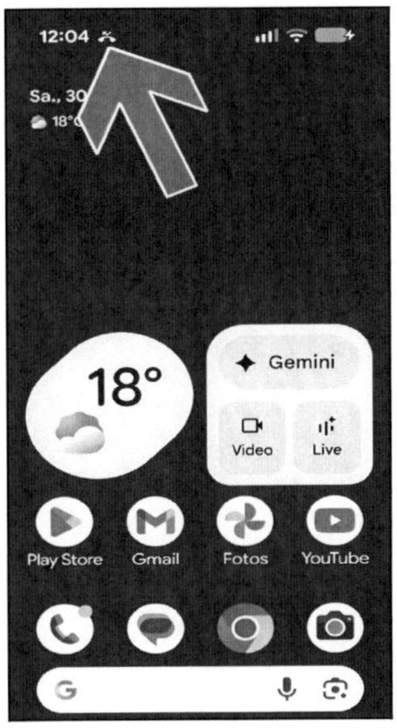

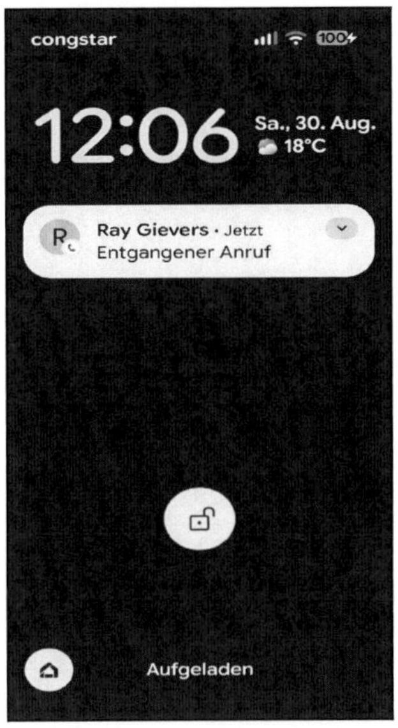

❶ Auf verpasste Anrufe macht ein Symbol in der Titelleiste aufmerksam.

❷ Auch in der Displaysperre (siehe Kapitel *4.1 Displaysperre*) erscheint ein Hinweis.

❸ Infos über den verpassten Anrufer erhalten Sie, indem Sie das Benachrichtigungsfeld öffnen (siehe Kapitel *4.10 Titelleiste und Benachrichtigungsfeld*).

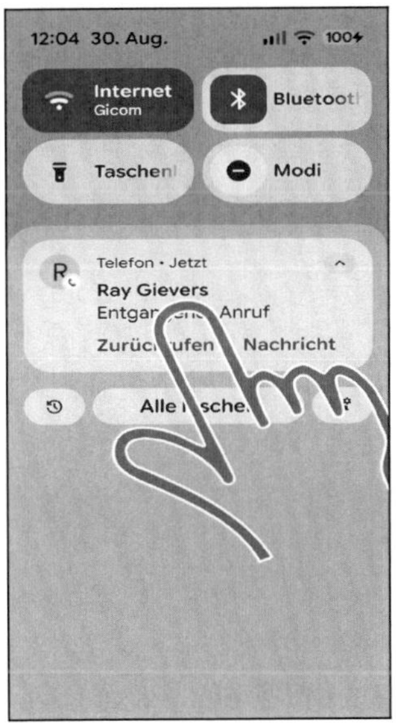

❶❷ Tippen Sie auf den Hinweis, um die Anrufliste in der Telefonoberfläche anzuzeigen.

5.4.3 Funktionen in der Anrufliste

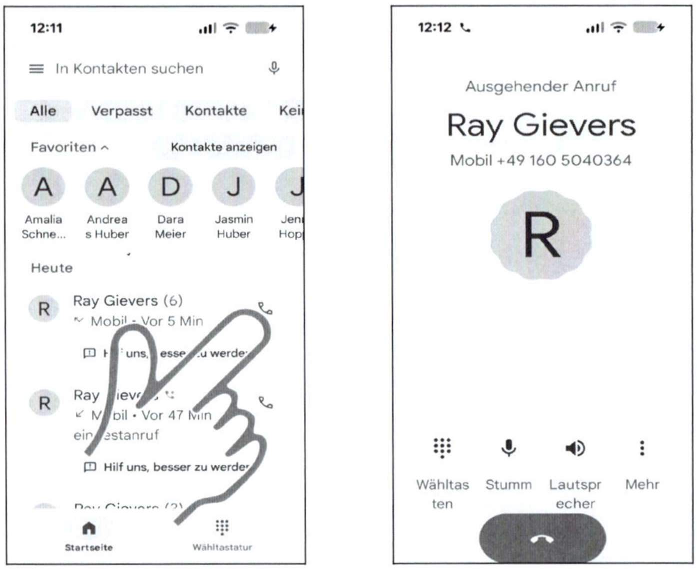

❶❷ Tippen Sie hinter einem Eintrag im Anrufprotokoll an, worauf der Anruf erfolgt.

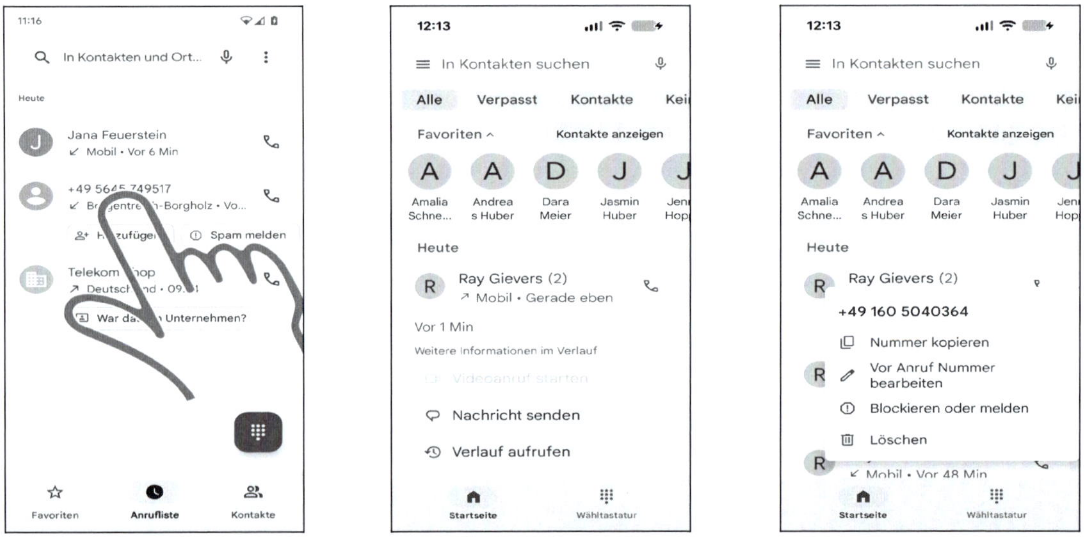

❶❷ Weitere Funktionen erhalten Sie, wenn Sie kurz mit dem Finger auf einen Eintrag tippen:

- *Hinzufügen*: Dieser Menüeintrag erscheint nur bei Rufnummern, die sich noch nicht im Telefonbuch befinden. Erstellt mit der Rufnummer einen neuen Kontakt im Telefonbuch oder fügt die Nummer dort einem Kontakt hinzu (siehe Kapitel *7 Telefonbuch*).
- *Nachricht senden*: Erstellt eine SMS (siehe Kapitel *6 SMS mit Messages*).
- *Verlauf aufrufen*: Listet alle ein- und ausgegangenen Anrufe zu einer Rufnummer auf.
- *Suchen*: Wenn sich die Rufnummer nicht im Telefonbuch befindet, können Sie sie über Google im Internet suchen. Auf diesem Wege finden Sie schnell heraus, ob eine Rufnummer seriös ist oder nicht, denn es gibt spezielle Webseiten, die betrügerische Anrufer sammeln.

❸ Halten Sie dagegen den Finger auf einem Eintrag gedrückt, so erscheint das Popup:

- *Nummer kopieren*: Kopiert die Rufnummer in die Zwischenablage, von der Sie sie später in einer anderen Anwendung wieder einfügen können. Siehe auch Kapitel *27.3 Texte kopieren, ausschneiden und einfügen*.
- *Vor Anruf Nummer bearbeiten*: Übernimmt die Rufnummer in die Telefonoberfläche, wo Sie sie noch bearbeiten können. Nützlich, wenn beispielsweise jemand in einer Firma unter einer Durchwahl nicht erreichbar ist und Sie dann die Zentrale anrufen möchten.
- *Blockieren oder melden*: Die Rufnummer landet in einer Sperrliste, worauf der Anrufer

bei einem erneuten Anruf nur ein Besetztzeichen erhält. Siehe Kapitel *5.6 Filter gegen Belästigung (Sperrliste).*

- *Löschen*: Eintrag aus der Anrufliste entfernen.

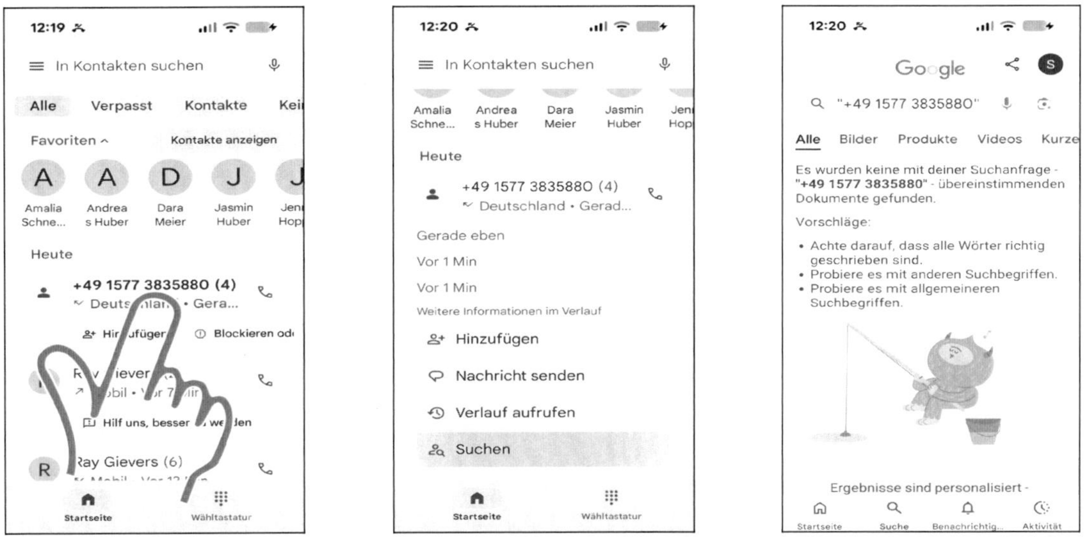

❶❷ Eine praktische Funktion: Wenn Sie bei über eine unbekannte Rufnummer mehr wissen möchten, tippen Sie sie kurz an und gehen auf *Suchen.*

❸ Daraufhin führt Google eine Websuche nach der Rufnummer aus. Sollte die Rufnummer für Spam-Anrufe genutzt werden, werden Ihnen zahlreiche Warnhinweise aufgelistet.

5.5 Flugmodus (Offline-Modus)

In manchen Umgebungen, zum Beispiel Flugzeugen und Krankenhäusern, ist der Einsatz eines Handys untersagt. Für diesen Fall können Sie die Telefon-Funktionalität deaktivieren. Im Flugmodus sind neben dem Telefon auch WLAN und Bluetooth abgeschaltet.

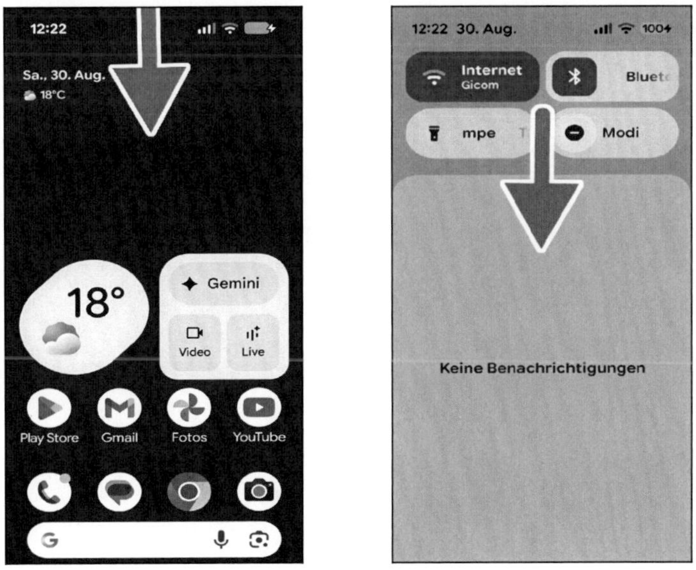

❶ Öffnen Sie das Benachrichtigungsfeld.

❷ Wischen Sie erneut auf den Schaltflächen nach unten für das erweiterte Benachrichtigungsfeld.

❶❷ Aktivieren Sie *Flugmodus*. Erneutes Antippen dieser Schaltfläche deaktiviert den Flugmodus wieder.

❸ Ein ✈-Symbol macht auf den aktiven Flugzeugmodus in der Titelleiste aufmerksam (Pfeil).

> Für den Netzbetreiber erscheint der Flugmodus technisch so, als ob Sie Ihr Handy ausgeschaltet haben.

5.6 Filter gegen Belästigung (Sperrliste)

Wer kennt es nicht? Immer wieder stören gewisse Leute mit ihren Anrufen... Damit Sie dauerhafte Ruhe finden, unterstützt das Handy eine Anrufer-Sperrliste (»Blacklist«). Neben den Anrufen werden dabei auch eingehende SMS herausgefiltert.

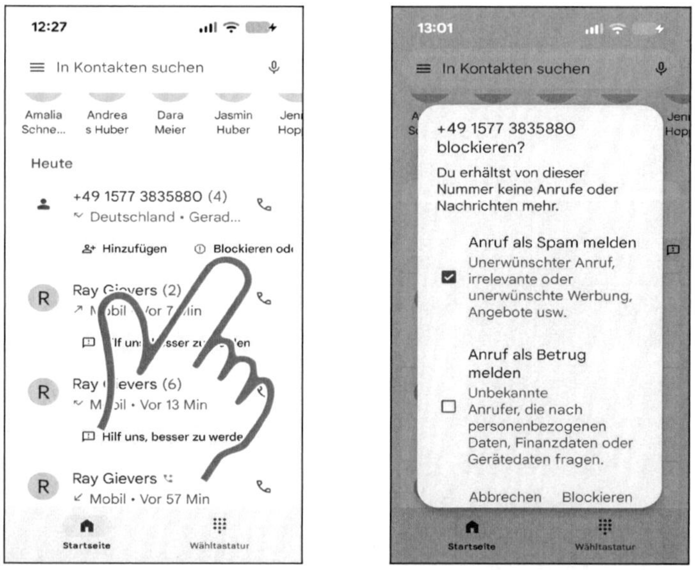

❶❷ Bei unbekannten Rufnummern können Sie einfach mit *Blockieren oder melden* die Blockierung aktivieren. Schließen Sie das Popup mit *Blockieren.*

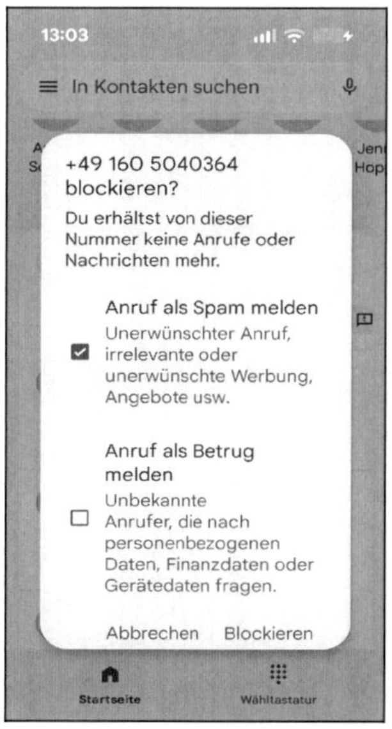

❶ Befindet sich die zu blockierende Rufnummer im Telefonbuch, dann müssen Sie anders vorgehen: Tippen und halten Sie den Finger auf einem Eintrag in der Anrufliste, bis das Popup erscheint.

❷❸ Gehen Sie auf *Blockieren oder Spam melden* und schließen Sie das Popup mit *Blockieren*.

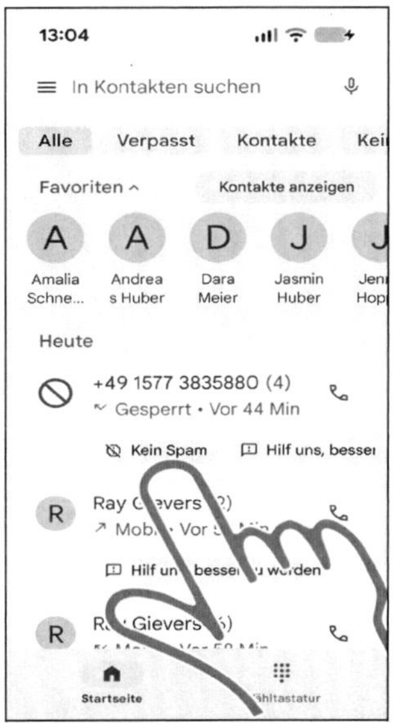

❶❷❸ Sie möchten die Blockierung wieder rückgängig machen? Dann tippen Sie auf *Kein Spam* unter den Rufnummerneintrag. Das Popup schließen Sie mit *Bestätigen*.

Geblockte Anrufe erscheinen nicht im Anrufprotokoll und ähnliches gilt auch für SMS, die ebenfalls geblockt werden und nicht in der SMS-Anwendung angezeigt werden.

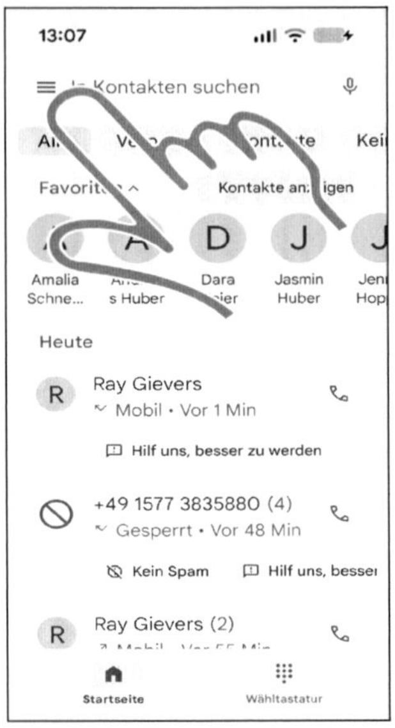

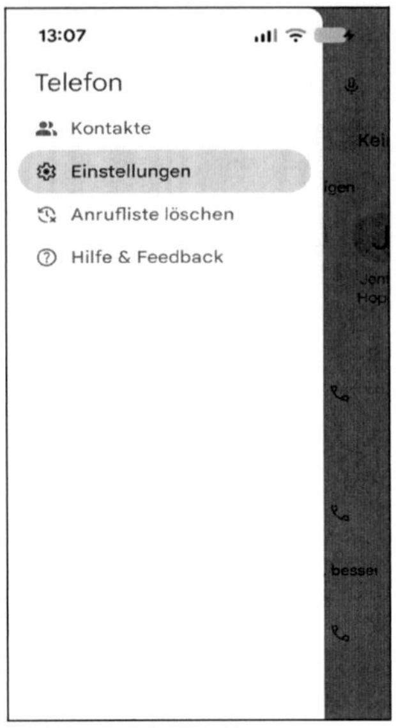

❶❷ Die geblockten Rufnummern verwalten Sie über ein Menü. Aktivieren Sie dafür das Ausklappmenü und rufen Sie *Einstellungen auf.*

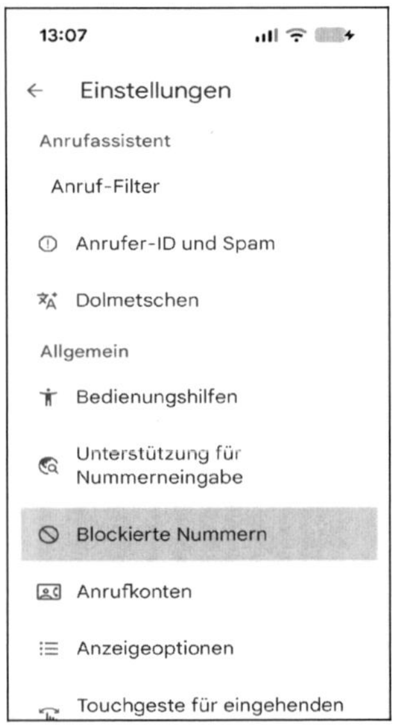

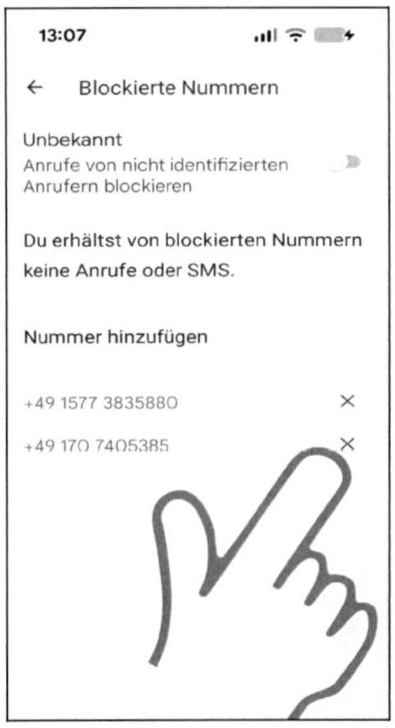

❶ Wählen Sie *Blockierte Nummern*.

❷ Über die ✕-Schaltleiste geben Sie eine blockierte Rufnummer wieder frei.

5.7 Favoriten

Die sogenannten Favoriten sind häufig angerufene Kontakte, die Sie deshalb im schnellen Zugriff haben möchten.

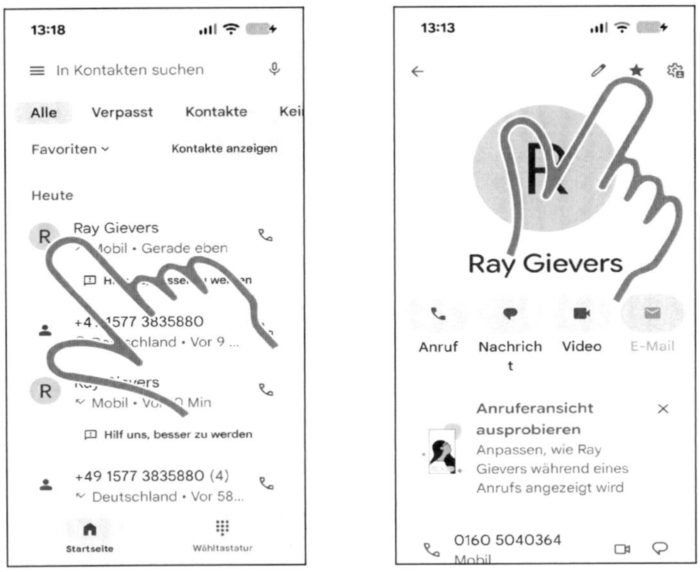

❶ So weisen Sie einen Kontakt den Favoriten zu: Tippen Sie auf das runde Kontaktsymbol.

❷ Aktivieren Sie ★ oben rechts. Sie können dann die Ansicht verlassen.

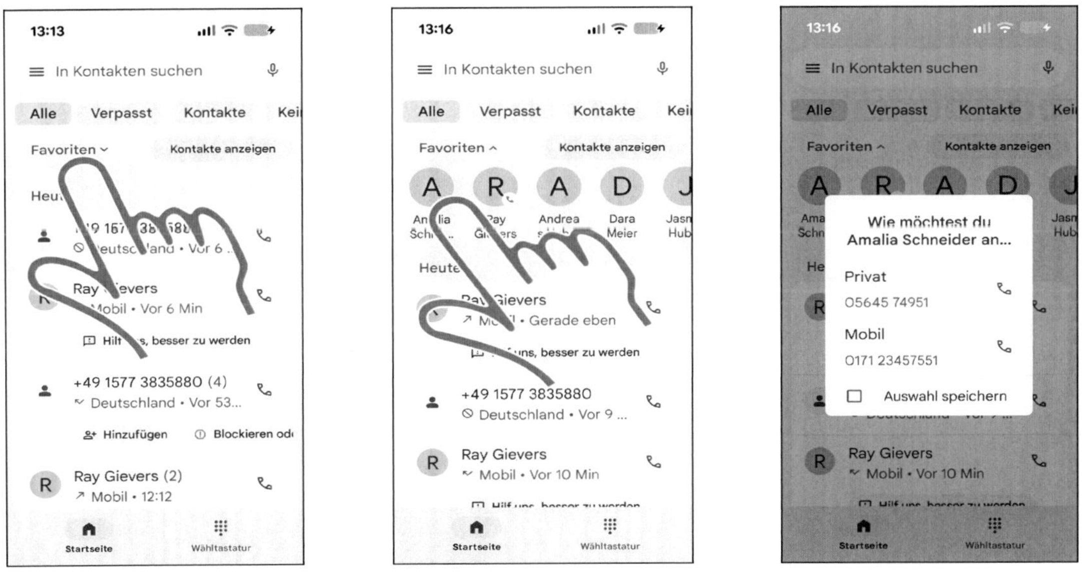

❶ Aktivieren Sie *Favoriten* für eine Auflistung aller Favoriten.

❷ Zum Anrufen tippen Sie auf einen Favoriten.

❸ Sofern der Kontakt mehrere Rufnummern hat, müssen Sie die Gewünschte auswählen. Aktivieren Sie vorher *Auswahl speichern*, damit das Popup nicht mehr erneut erscheint.

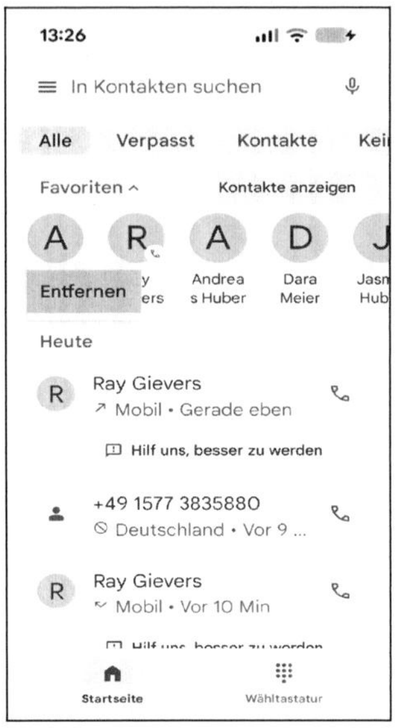

❶❷ Tippen und halten Sie den Finger über einem Favoriten für das Popup. *Entfernen* wirft einen Kontakt wieder aus den Favoriten (der Kontakt wird aber nicht aus dem Telefonbuch gelöscht und lässt sich später jederzeit wieder einfügen).

5.8 Dolmetscher

Dies Funktion ist für Nutzer interessant, die häufiger mit ausländischen Anrufern zu tun haben. Die Gespräche werden dazu zwischen den beiden Gesprächspartnern automatisch übersetzt.

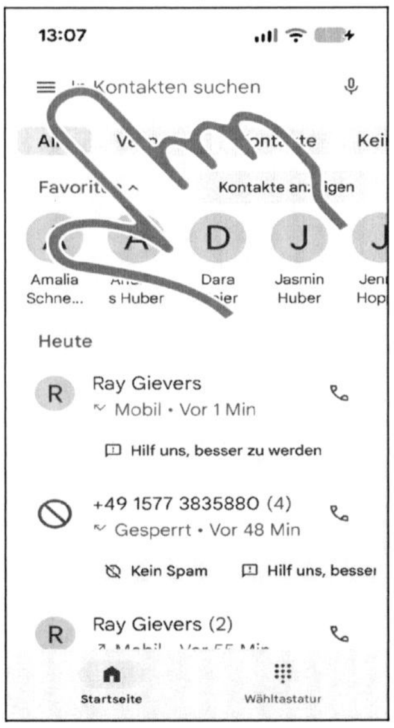

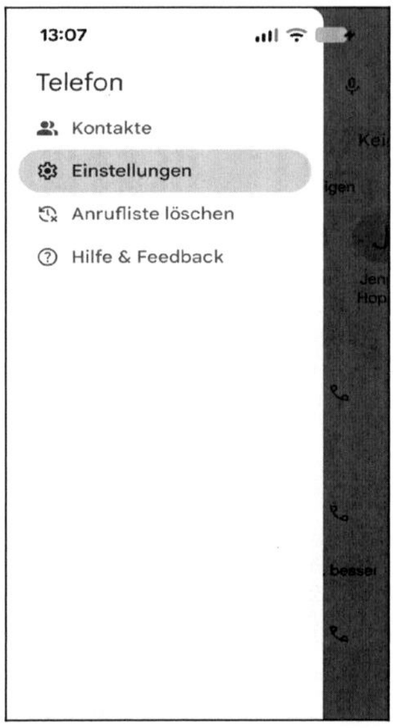

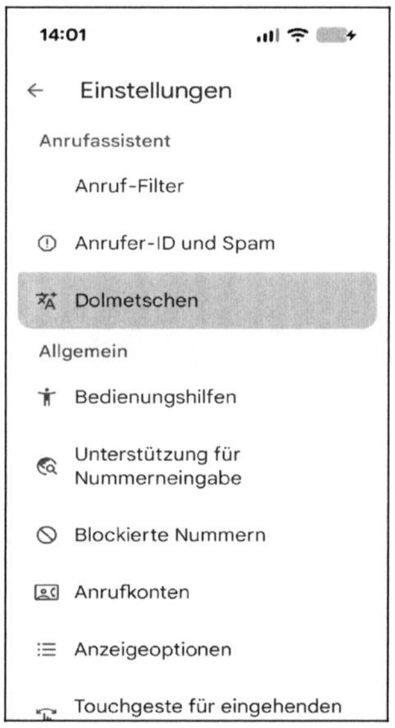

❶❷ Zunächst müssen Sie die Funktion aktivieren. Rufen Sie das Ausklappmenü und gehen Sie auf *Einstellungen.*

❸ Wählen Sie *Dolmetschen.*

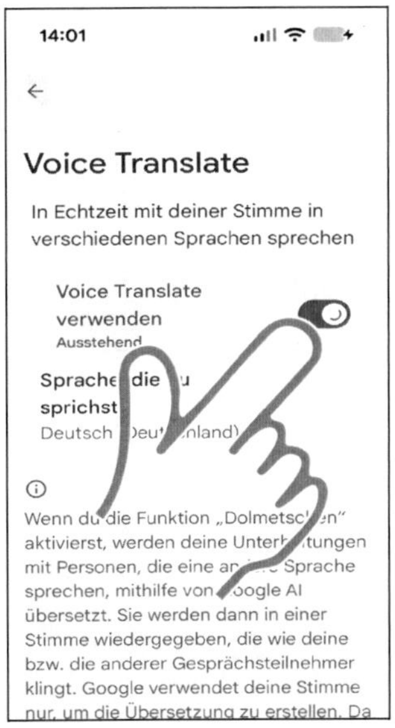

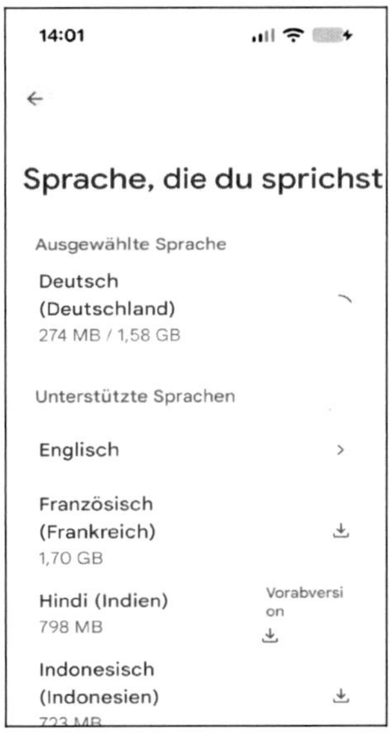

➊ Aktivieren Sie den Schalter.

➋➌ Voreingestellt ist Englisch als Konversationssprache. Falls Ihre Gesprächspartner andere verwenden, rufen Sie *Sprache, die du sprichst* auf und wählen die nötigen Sprachpakete aus. Bitte beachten Sie, dass die Sprachpakete sehr viel Speicherplatz benötigen und es deshalb keinen Sinn macht, alle Sprachen zu installieren.

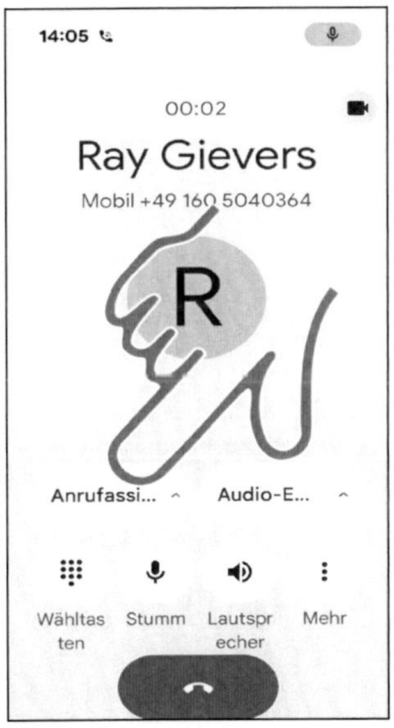

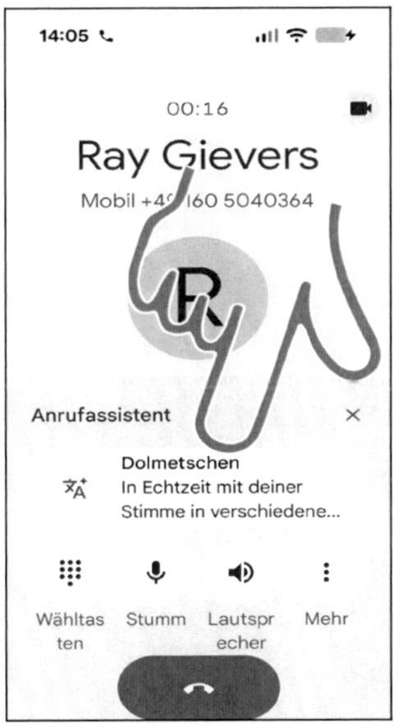

➊ Gehen Sie auf *Anrufassistent.*

➋➌ Wählen Sie *Dolmetschen* und dann die Sprache des Gegenübers (amerikanisches oder britisches Englisch).

❶❷ Das Gespräch wird automatisch übersetzt und als Text angezeigt.

5.9 Anrufhintergrund

Der Anrufhintergrund ist eine mehr oder weniger sinnvolle Dekoration, mit der Sie Anrufe individualisieren.

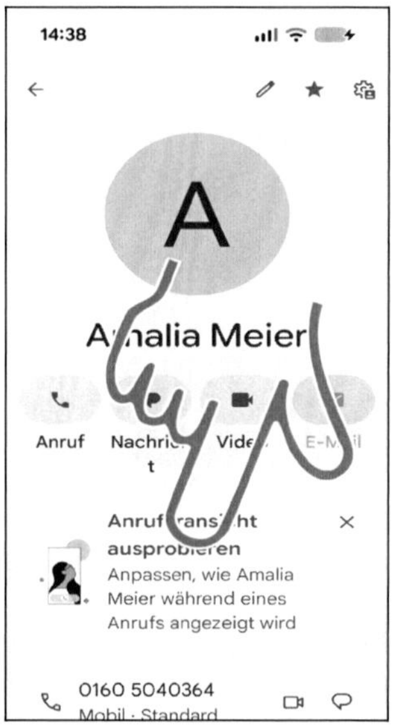

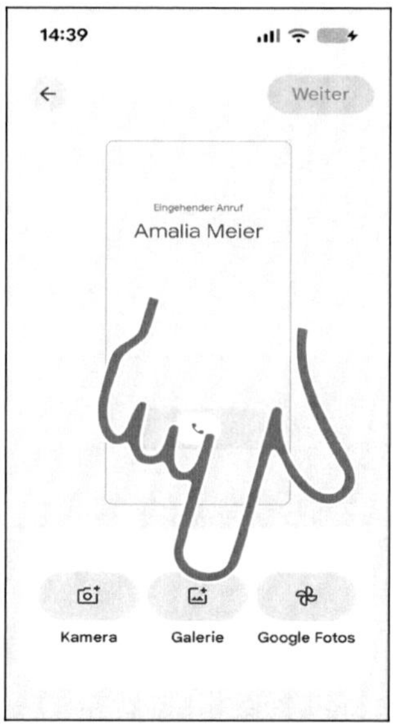

❶ Tippen Sie in der Anrufliste auf ein Kontaktsymbol.

❷ Gehen Sie auf *Anrufansicht ausprobieren.*

❸ In unserem Beispiel möchten wir ein mit der Kamera (siehe Kapitel *18 Kamera*) erstelltes Foto verwenden und wählen daher *Galerie.*

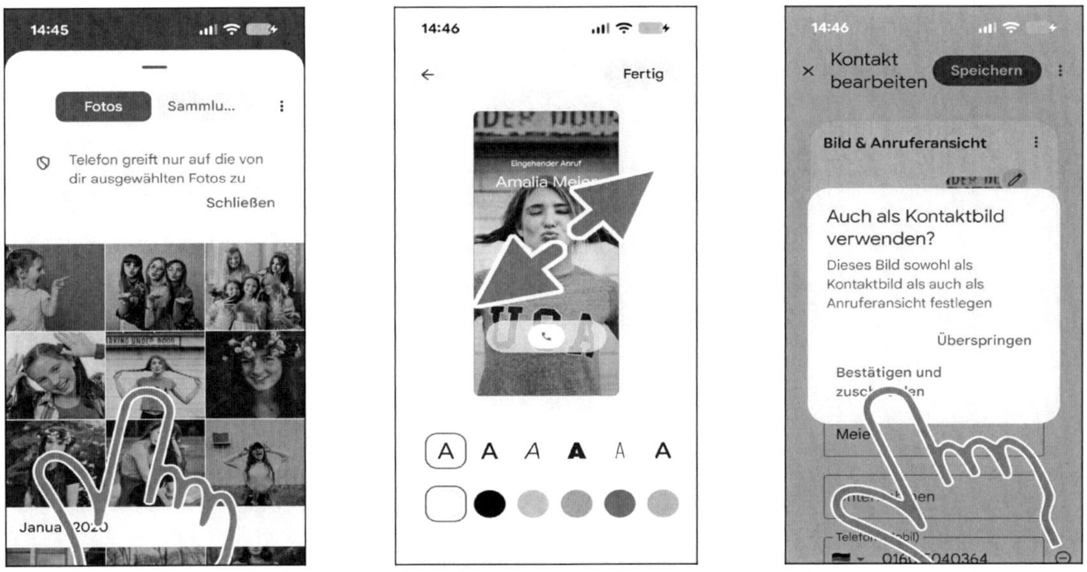

➊➋ Wählen Sie das Foto aus, welches Sie dann mit einer Kneif/Wischgeste passend zuschneiden. Betätigen Sie zum Schluss *Fertig.*

➌ Bei dieser Gelegenheit weisen Sie das Bild auch gleich als Kontaktfoto zu (darauf gehen wir im Kapitel *7.5 Kontaktfoto* noch ein). Falls Ihnen das zu kompliziert erscheint, gehen Sie hier auf *Überspringen.*

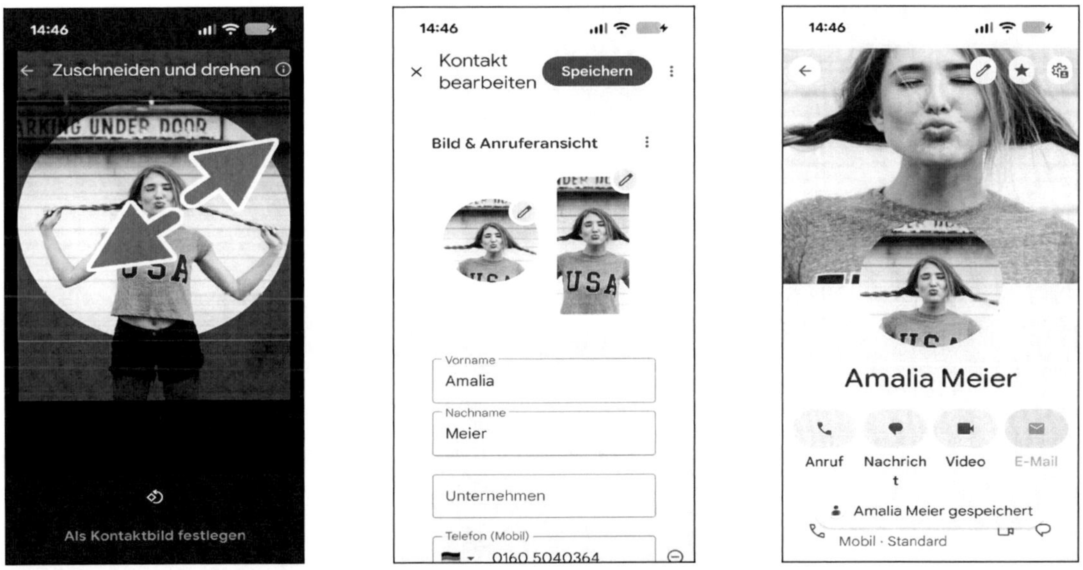

➊ Stellen Sie mit einer Kneif/Wischgeste den Bildausschnitt ein und betätigen Sie *Als Kontaktbild festlegen.*

➋➌ Betätigen Sie *Speichern* und verlassen Sie den Bildschirm.

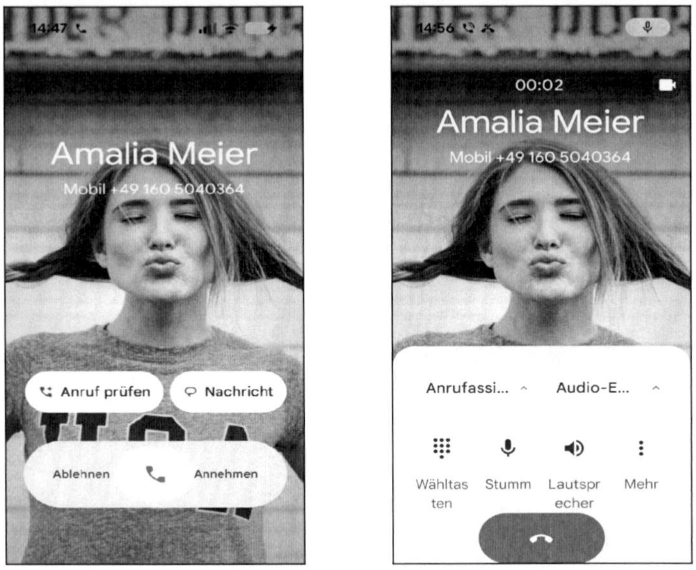

❶❷ Künftig zeigt das Handy im Anrufbildschirm das Foto an.

5.10 Anrufeinstellungen

In den Anrufeinstellungen finden Sie viele Funktionen, die meist nur selten benötigt werden, trotzdem aber sehr nützlich sein können.

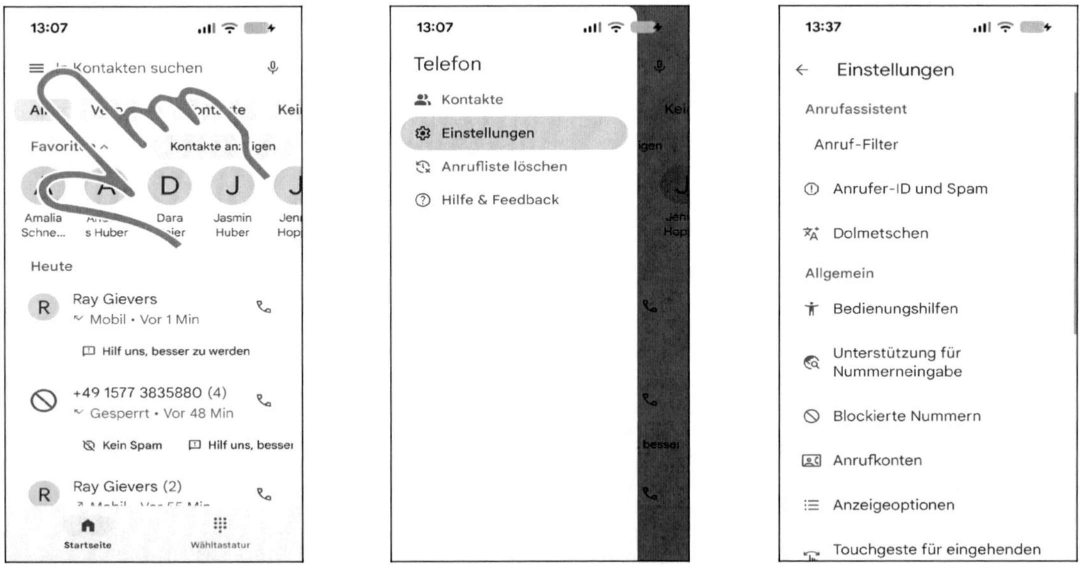

❶❷ Aktivieren Sie das Ausklappmenü und gehen Sie auf *Einstellungen.*

❸ Die Optionen:

Unter *Anrufassistent*:

- *Anruf-Filter*: Informationen zu dem im Kapitel *5.3.1 Assistent* vorgestellten Anruf-Assistenten.
- *Anrufer-ID und Spam*: Über einen von Google betriebenen Dienst erfahren Sie, zu welcher Firma eine unbekannte Rufnummer gehört. Bei Anrufen von betrügerischen Rufnummern erhalten Sie zudem eine Warnung.
- *Dolmetschen*: Übersetzt ihre Gespräche mit fremdsprachlichen Anrufern in Echtzeit.

Unter *Allgemein*:

- *Bedienungshilfen*: Der *TTY-Modus* ist für Blinde mit separater Hardware gedacht.
- *Unterstützung für Nummerneingabe*: Die Telefonoberfläche fügt bei der Anwahl automatisch die Ländervorwahl hinzu, wenn Sie im Ausland telefonieren.

- *Blockierte Nummern*: Darauf geht Kapitel *5.6 Filter gegen Belästigung (Sperrliste)* ein.
- *Anrufkonten*: Verwaltet das sogenannte SIP-Konto und einige Anrufsignale.
- *Anzeigeoptionen*:
  - *Sortieren nach*: Die Sortierung ist nach Vor- oder Nachnamen möglich.
  - *Namensformat*: zur Auswahl stehen *Vorname zuerst* und *Nachname zuerst.*
  - *Dunkles Design*: Sie können die Bildschirmanzeige verdunkeln.
- *Touchgeste für eingehenden Anruf*: Wenn Sie in der Vollbildanrufanzeige einen Anruf entgegen nehmen möchten, müssen Sie auf dem Bildschirm einen Schalter nach rechts ziehen. Falls Sie das stört, können Sie hiermit auf eine Schaltfläche umschalten, die mit Antippen den Anruf entgegen nimmt.
- *Kurzantworten*: Darauf geht Kapitel *5.3.2 Mit SMS antworten* ein.
- *Töne und Vibration*: Verzweigt auf das bereits im Kapitel *4.19 Medienlautstärke und Signaltöne* vorgestellte Menü.
- *Mailbox*: Konfiguriert die Mobilboxnummer sowie einige Benachrichtigungseinstellungen über neu vorliegende Sprachnachrichten.
- *Audio-Emoji*: Sie können damit während eines Telefonats über extra Schaltflächen sechs verschiedene Geräusche (Applaus, Lachen, Party, Weinen, Furzen, Trommelwirbel) abspielen.
- *Klingeltöne für Kontakte*: Sie weisen über das Menü einzelnen Kontakten einen individuellen Klingelton zu. Wenn Ihr Telefon klingelt wissen Sie sofort, wer dran ist, ohne auf das Display schauen zu müssen.
- *Anruferansicht*: Sie können bei den Kontakten ein Bild hinterlegen, das bei Anrufannahme als Hintergrund angezeigt wird.

Unter *Erweitert*:

- *Ansage der Anrufer-ID*: Bei eingehenden Anrufen erfahren Sie Namen beziehungsweise Rufnummer des Anrufers. Diese Funktion ist für Nutzer eines Headsets interessant, die sich damit den Blick auf das Handydisplay ersparen.
- *Phone umdrehen, um „Pssst" zu aktivieren*: Legen Sie das klingelnde Handy umgedreht auf einen Tisch, um es stumm zu schalten.

5.10.1 Anrufkonten

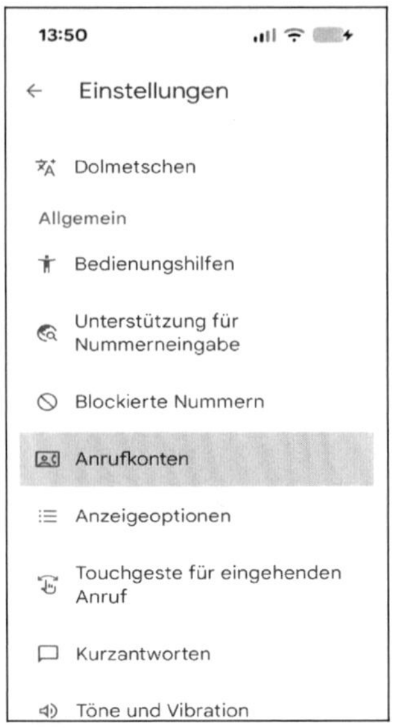

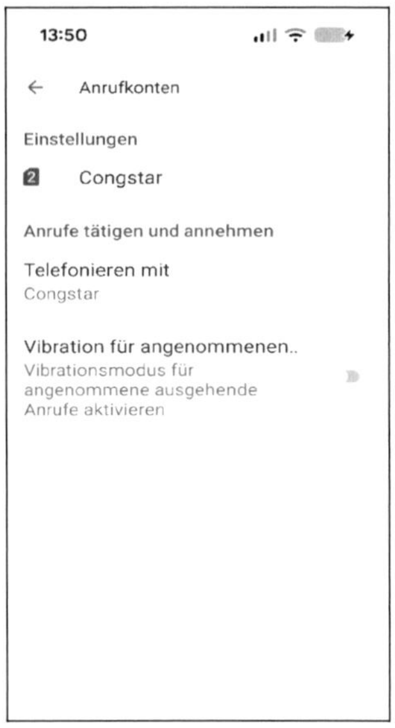

❶❷ *Anrufkonten* konfiguriert:

Unter *Einstellungen*:

- *(Name des Mobilfunkanbieters)*: Einstellungen anzeigen (❸):
  - *Rufnummernbeschränkung*:
    - *Rufnummernbeschränkung aktivieren*: Sie können festlegen, dass nur bestimmte Nummern angerufen werden können. Die vorgenommenen Einstellungen werden auf der SIM-Karte abgelegt; es wird die PIN2 benötigt, die für einige Mobilfunkverträge nicht bekannt ist.
    - *PIN2 ändern*: Die PIN2 wird für einige Spezialfunktionen des Netzbetreibers benötigt, aber nicht immer gibt der Netzbetreiber diese seinem Kunden bekannt.
    - *Zugelassene Rufnummern*: Listet die unter *Rufnummernbeschränkung aktivieren* eingegebenen Nummern.
  - *WLAN-Call*: Für Telefonie nutzt das Handy – sofern möglich – nicht die Mobilfunkverbindung, sondern WLAN. Dadurch können Sie auch an Standorten telefonieren, wo normalerweise kein Mobilfunkempfang möglich ist, beispielsweise in Stahlbetongebäuden. Eine gültige SIM-Karte muss aber trotzdem eingelegt sein.
  - *Rufweiterleitung*: Meistens nutzt man die Rufweiterleitung, um eingehende Anrufe auf die Mobilbox des Netzbetreibers umzuleiten. Sie können natürlich beispielsweise auch Ihre Festnetznummer eingeben. Beachten Sie aber, dass der Anrufer nur die Kosten für den Anruf zu Ihrer Mobilnetznummer, Sie dagegen die Weiterleitung bezahlen müssen. Weiterleitungen auf die Mailbox sind dagegen für Sie kostenlos.
  - *Zusätzliche Einstellungen*:
    - *Anrufer-ID*: stellt ein, ob von Ihnen Angerufene Ihre Rufnummer sehen (»Rufnummernübermittlung«). Zur Auswahl stehen *Netzwerk-Standardeinstellung* (vorgegebene Einstellung des Mobilnetzbetreibers), *Rufnummer unterdrücken* und *Rufnummer anzeigen*.
    - *Anklopfen*: Damit Sie während eines Gesprächs über einen weiteren eingehenden Ruf informiert werden, gibt es das Anklopfen-Merkmal: Geht, während Sie gerade ein Gespräch führen, ein weiterer Anruf ein, erscheint ein Hinweisdialog. Viele Handyverträge unterstützen leider kein Anklopfen.
- *Telefonieren mit*: Nicht von Google dokumentiert.
- *Vibration für angenommene Anrufe*: Wenn Sie einen Anruf durchführen und der Angerufene abnimmt, vibriert das Handy kurz.

6. SMS mit Messages

In der Messages-Anwendung (Messages = engl. »Nachrichten«) verwalten Sie Ihre SMS.

Dass WhatsApp (siehe Kapitel *12 WhatsApp*) die Nutzung von SMS erfolgreich ablösen konnte, hat auch mit der Geldgier und Behäbigkeit der Mobilnetzbetreiber zu tun. Während WhatsApp kostenlos ist, wird jede SMS – je nach Vertrag – mit 9 Cent oder mehr berechnet. Trotzdem sollte man die SMS nicht völlig abschreiben, denn inzwischen wurde die SMS um RCS erweitert, das den Versand über das Internet vorsieht. Dabei fallen keine weitere Kosten an. Im Kapitel *6.3 RCS* gehen wir darauf noch näher ein. SMS haben auch weiterhin den Vorteil, dass jedes noch so einfache Handy dessen Empfang unterstützt.

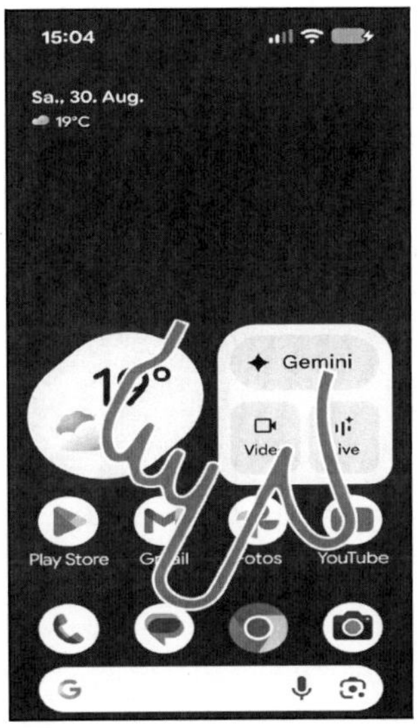

❶ Sie rufen die *Messages*-Anwendung aus dem Startbildschirm auf (Pfeil).

❷ Schließen Sie das Popup mit *Weiter als xxx.*

❸ Eventuell weist Sie das Programm zwischendurch auf einige neue Funktionen hin – betätigen Sie dann einfach *Nicht jetzt*, *Ok* oder *Jetzt nicht*, bis die Benutzeroberfläche erscheint.

6.1 Nachrichtenanzeige

Die von älteren Handys gewohnte Aufteilung nach den Ordnern »Posteingang« und »Postausgang« gibt es hier nicht. Stattdessen werden alle Nachrichten nach Kontakt sortiert abgelegt.

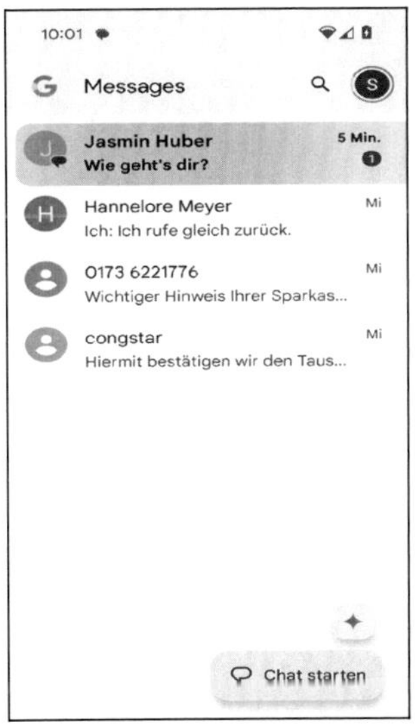

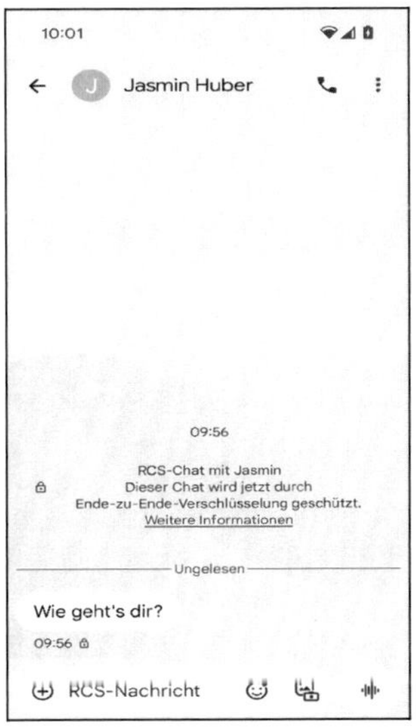

❶❷ Bereits im Hauptbildschirm zeigt die Messages-Anwendung alle Kontakte an, mit denen man geschrieben hat. Wählt man einen Kontakt aus, so zeigt das Handy alle empfangenen und gesendeten Nachrichten des Kontakts als Verlauf an.

Im weiteren Verlauf der nächsten Kapitel erfahren Sie, wie man die Nachrichten verwaltet.

Kontakte beziehungsweise Rufnummern mit noch ungelesenen Nachrichten sind in Fettschrift hervorgehoben.

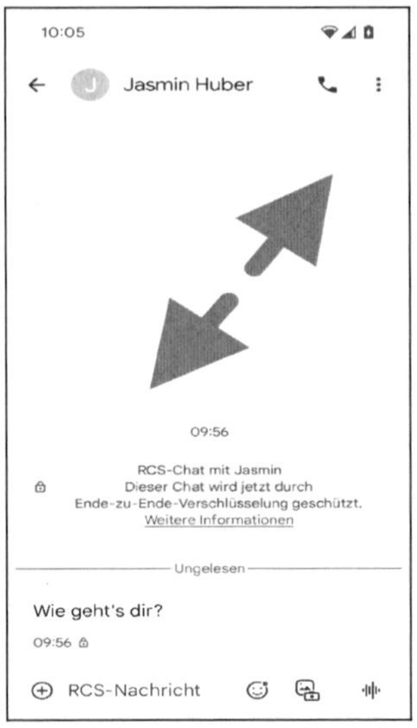

❶❷ Tipp: Sie können die Anzeige mit einer Kneifgeste verkleinern/vergrößern. Dazu halten Sie zwei Finger auf das Display und ziehen diese zusammen oder auseinander.

6.2 Nachricht senden

SMS lassen sich beispielsweise aus dem Telefonbuch oder aus der Anrufliste senden.

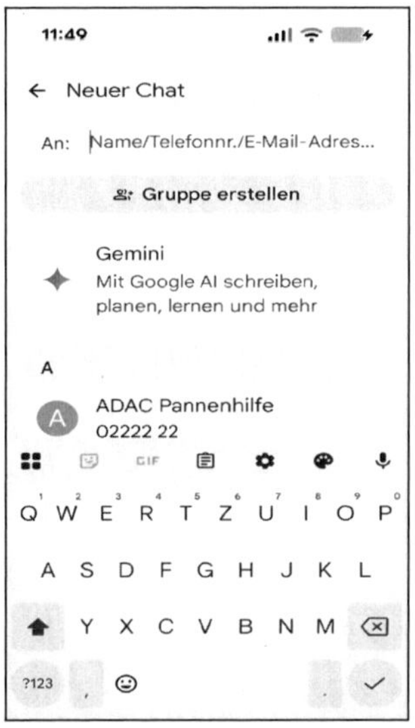

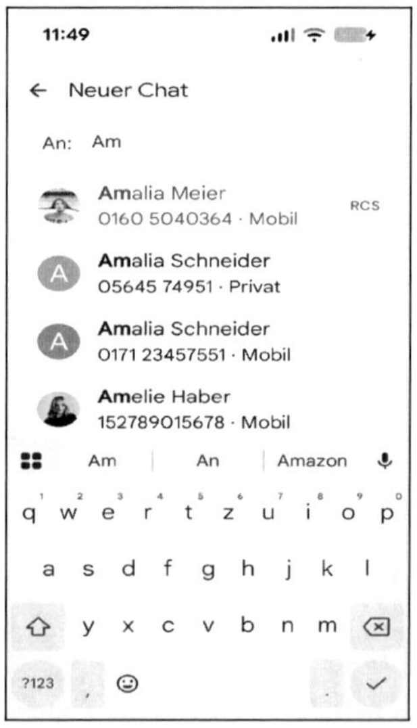

❶ Gehen Sie in der Messages-Anwendung auf *Chat starten.*

❷ Der Eingabebildschirm erscheint, wobei das Handy Rufnummern/Kontakte vorschlägt, mit denen Sie bereits geschrieben haben. Tippen Sie gegebenenfalls einen davon an.

❸ Alternativ tippen Sie in das *An*-Feld und geben Sie dort den Empfängernamen ein. Während der Eingabe listet das Handy alle Kontakte auf, in denen der Name vorkommt. Wählen Sie einen davon aus.

❶ Manchmal ist die Fundstellenliste sehr lang. In solchen Fällen tippen und halten Sie den Finger auf der Liste, danach ziehen Sie den Finger nach oben oder unten zum Durchrollen.

❷ Der von Ihnen in der Liste angetippte Kontakt erscheint im *An*-Feld.

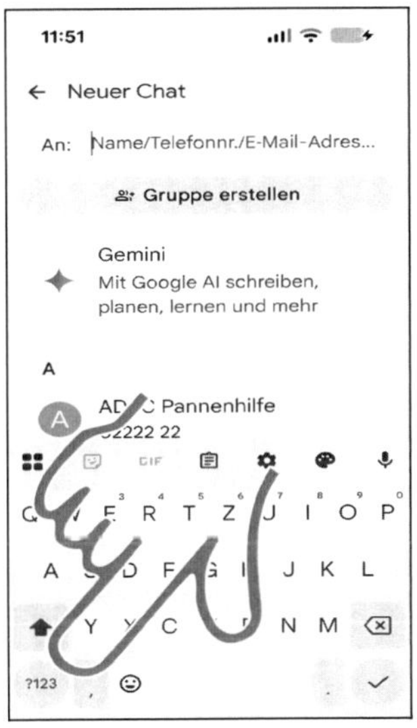

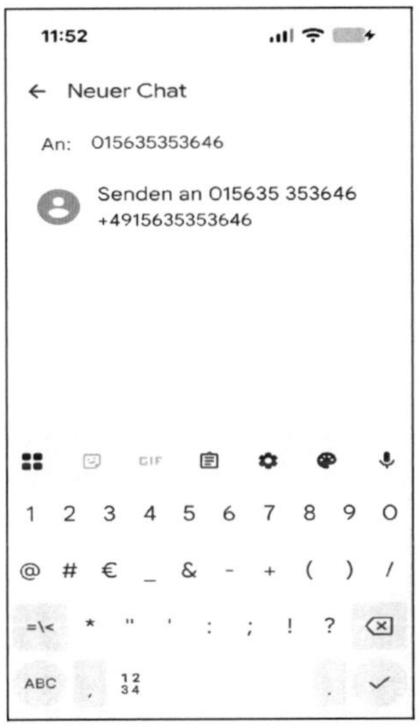

❶❷ Sie möchten eine Rufnummer eingeben, die sich noch nicht im Telefonbuch befindet? Dann aktivieren Sie mit der ?123-Taste die Zahlentasten und tippen die Rufnummer damit ein.

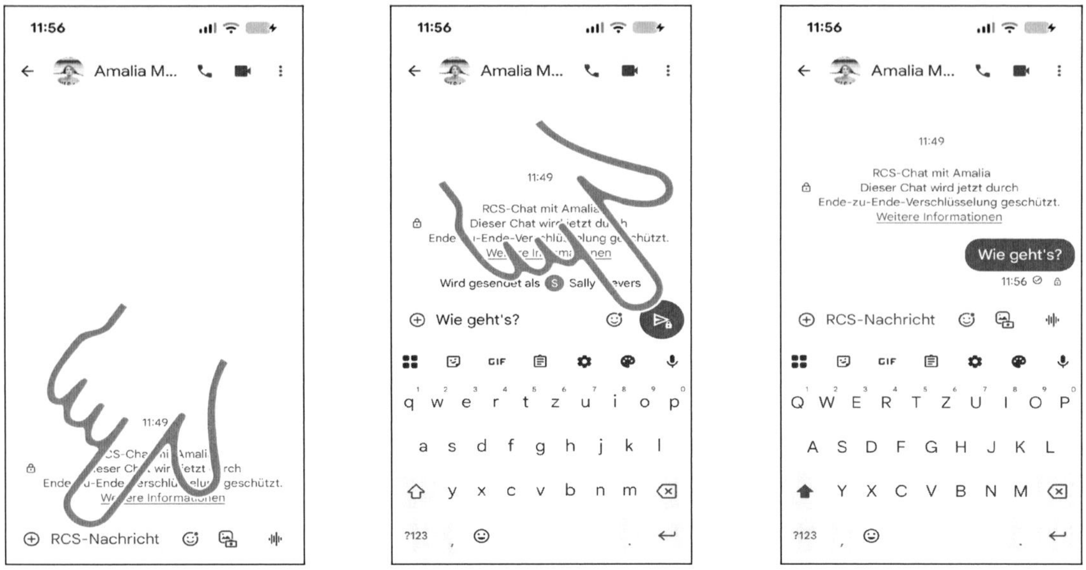

❶❷ Um den Nachrichtentext zu erfassen, müssen Sie zunächst in das Eingabefeld tippen. Nach Betätigen der ⊳ -Schaltfläche (Pfeil) erfolgt der Versand und die Messages-Anwendung schaltet auf den Nachrichtenverlauf um.

❸ Zweimaliges Antippen der ▼- beziehungsweise ◀-Taste unterhalb des Bildschirms (beim ersten Antippen schließt sich das Tastenfeld) bringt Sie wieder in den Hauptbildschirm zurück.

6.2.1 Mehrere Empfänger eingeben

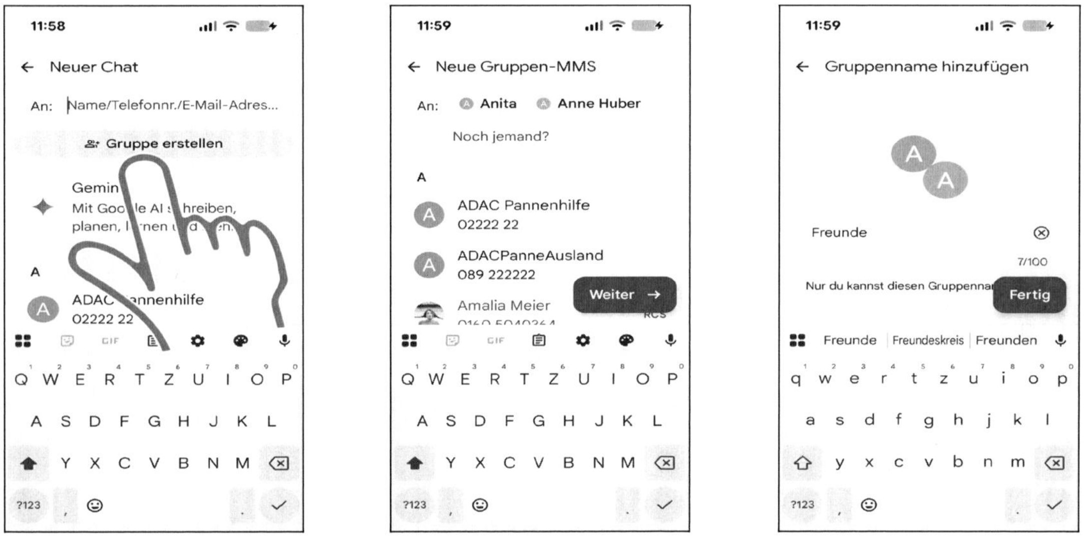

❶ Manchmal kommt es vor, dass eine Nachricht an mehrere Empfänger gehen soll. In diesem Fall tippen Sie auf *Gruppe erstellen* (Pfeil).

❷ Markieren Sie alle gewünschten Empfänger und gehen Sie auf *Weiter.*

❸ Zum Schluss vergeben Sie der Gruppe noch einen Namen und betätigen *Fertig.*

❶ Sie können nun die Nachricht erstellen und an alle Gruppenmitglieder versenden.

❷ In der Nachrichtenauflistung erscheint die Gruppe. Beachten Sie, dass Antworten auf Ihre Gruppen-SMS als einzelne Nachricht in der Auflistung erscheinen.

6.2.2 Kontakt aus Telefonbuch

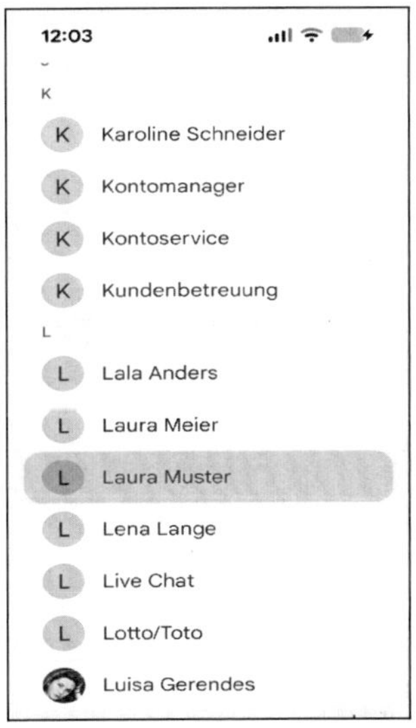

❶❷ Im einfachsten Fall tippen Sie im Telefonbuch (siehe Kapitel *7 Telefonbuch*) auf einen Kontakt, worauf die Kontaktdetails erscheinen. Tippen Sie auf .

6.2.3 Nachricht aus Nachrichtenverlauf

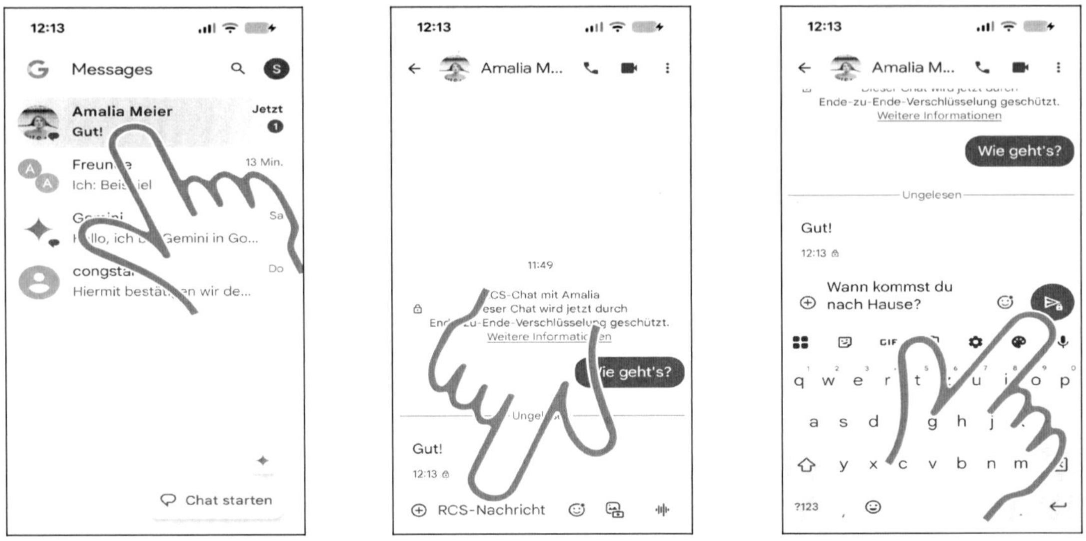

❶ Auch im Nachrichtenverlauf können Sie direkt eine Nachricht eingeben. Dazu tippen Sie den Verlauf an.

❷❸ Tippen Sie in das Eingabefeld und erfassen Sie Ihre Nachricht. Betätigen Sie nun ⊳. Damit ist Ihre SMS verschickt.

Ihre SMS sollte nicht länger als 160 Zeichen sein. Wenn Sie dennoch einen längeren Text eingeben, erzeugt das Handy beim Versand automatisch mehrere Nachrichten, die beim Empfänger wieder zusammengesetzt werden. Der Netzbetreiber berechnet davon aber jede SMS einzeln, was zu sehr hohen Kosten führen kann.

6.2.4 Nachricht aus Anrufliste

In der Anrufliste der Telefonieoberfläche (siehe Kapitel 5 *Telefonie*) ist ebenfalls der SMS-Versand möglich.

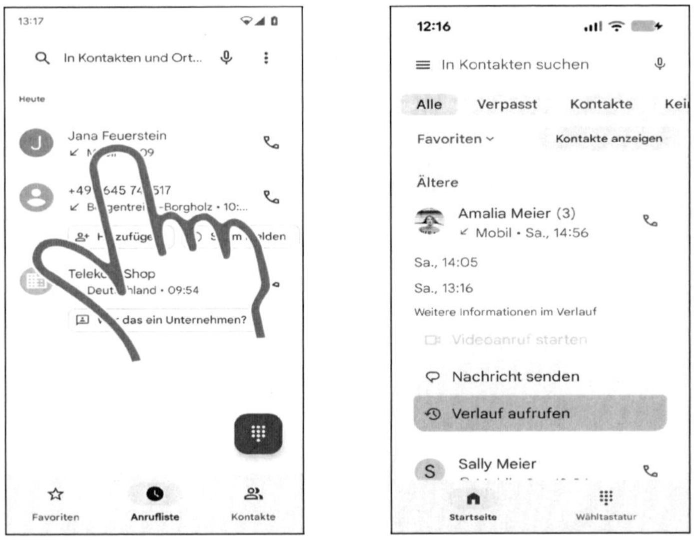

❶ Tippen Sie einen Eintrag an.

❷ Wählen Sie dann im Popup *Nachricht senden* aus.

SMS sind nicht nur ins Mobilnetz, sondern auch an Festnetznummern möglich. Wenn ein Festnetzanschluss mit SMS-fähigen Endgeräten (in der Regel DECT-Telefone) ausgestattet ist, lassen sich die Kurznachrichten dort abrufen und beantworten. Bei Festnetzanschlüssen ohne SMS-Unterstützung ruft eine Mailbox des Netzbetreibers an und liest die Kurznachricht vor.

6.2.5 Senden planen

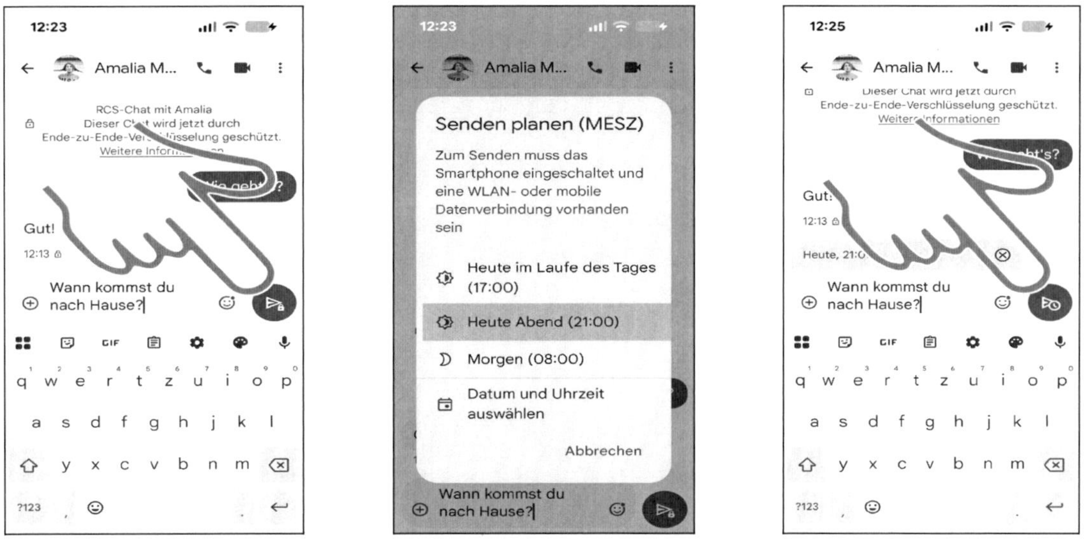

❶ Für das zeitverzögerte Senden tippen und halten Sie ▷.

❷ Wählen Sie dann einen der angebotenen Zeitpunkte aus.

❸ Betätigen Sie ▷.

Mit der ⏲-Schaltfläche bearbeiten Sie die Nachricht beziehungsweise löschen sie (falls Sie die geplante Nachricht nicht sehen, müssen Sie erst die Schaltfläche *Geplante Nachrichten* antippen).

6.3 RCS

Bis vor etwa fünf Jahren schien es unwahrscheinlich, dass die SMS ernsthafte Konkurrenz durch Messenger-Dienste wie WhatsApp, Telegram oder Signal bekommen würde. Um ihre Gewinne zu maximieren, führten Mobilfunkanbieter sogar die SMS-Erweiterung MMS ein. Diese ermöglichte den Versand von Fotos, kurzen Videos und Dateien, war jedoch mit Kosten von mindestens 0,39 Euro pro Nachricht verbunden. Aufgrund dieser hohen Gebühren konnte sich die MMS nie wirklich durchsetzen – insbesondere, da der Dateiversand über Dienste wie WhatsApp oder E-Mail nahezu kostenlos ist. Mittlerweile haben alle deutschen Netzbetreiber die MMS-Unterstützung eingestellt. Im Ausland könnte MMS teilweise noch unterstützt werden.

Als Reaktion auf WhatsApp & Co wurde deshalb **RCS (Rich Communication Services)** entwickelt. Sobald Sie mit jemandem SMS austauschen, dessen Endgerät ebenfalls RCS unterstützt, schaltet Ihr Handy automatisch in den RCS-Modus. Sie dürfen dann auch Fotos und andere Dateien dem Gesprächspartner senden beziehungsweise empfangen. Im Gegensatz zur SMS beziehungsweise MMS erfolgt die Kommunikation nicht über einen separaten Datenkanal, sondern über das Internet. Die übertragenen Daten rechnet Ihr Netzbetreiber daher auf Ihr im Mobilfunkvertrag inkludiertes Datenvolumen an.

RCS hat im Vergleich zur SMS den Nachteil, dass eine Internetverbindung vorhanden sein muss, was in vielen Gegenden nicht der Fall ist. SMS können Sie dagegen fast immer empfangen, sofern eine halbwegs stabile Mobilfunkverbindung besteht. Uns liegen leider keine Erfahrungen vor, ob bei Empfangsschwierigkeiten eine automatische Umschaltung von RCS auf SMS erfolgt, Sie können RCS allerdings in den Einstellungen deaktivieren (siehe Kapitel *6.9 Konfiguration*).

Für WhatsApp und die anderen Messenger-Dienste spricht im Vergleich zur RCS der größere Bedienkomfort. So lassen sich beispielsweise Fotos vor dem Senden noch bearbeiten. Auf jedem Handy sieht zudem die WhatsApp-Benutzeroberfläche gleich aus, während Sie sich beim Wechsel des Handyherstellers eventuell an eine neue SMS/RCS-Anwendung gewöhnen müssen.

❶ Ob Ihr Handy gerade RCS nutzt, lässt sich am Hinweis *RCS-Chat mit xxx* (Pfeil) erkennen.

❷ Unterstützt das Handy eine Kommunikationspartners dagegen nur SMS, so finden Sie den Hinweis *SMS/MMS-Austausch mit xxx (Pfeil).*

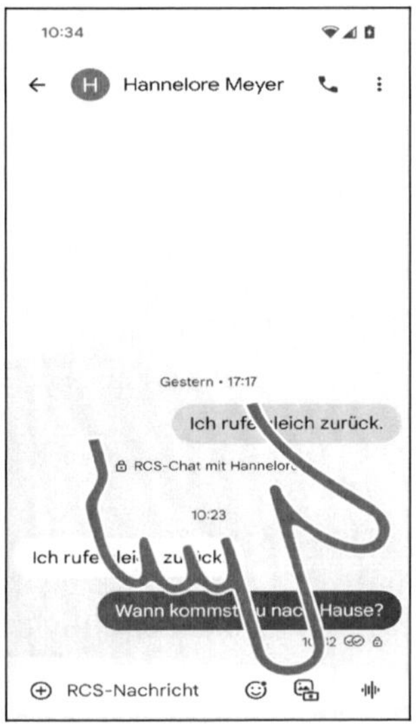

❶❷ Die Dateifunktionen rufen Sie im Nachrichteneditor über + beziehungsweise (Pfeil) auf.

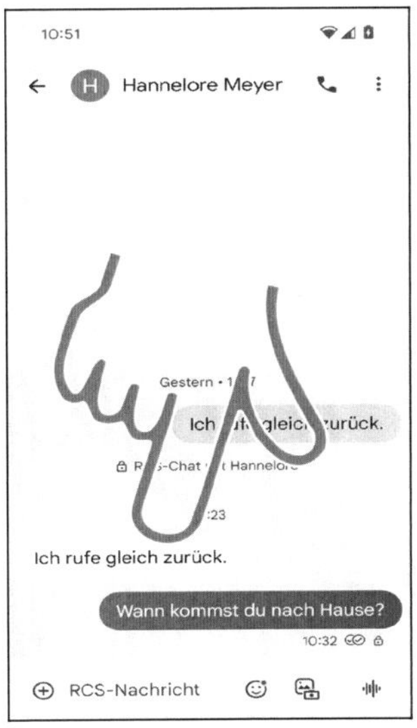

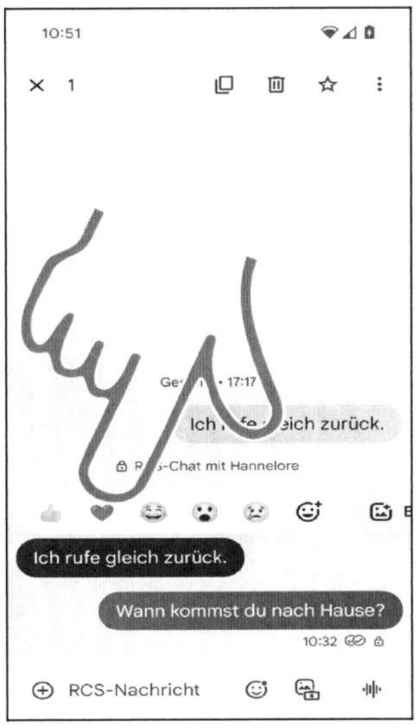

❶ Sie können Nachrichten auch mit einem sogenannten Emoticon beantworten. Dazu tippen und halten Sie mit dem Finger auf einer Nachricht, bis das Popup erscheint.

❷❸ Wählen Sie ein Emoticon aus, das dann unter der Nachricht angezeigt wird.

6.4 Entwürfe

❶ Manchmal ist es notwendig, eine Nachricht, die man erst später absenden möchte, als Entwurf zwischenzuspeichern. In diesem Fall geben Sie die Nachricht wie gewohnt ein, betätigen dann aber die ◀-Taste (sofern das Tastenfeld eingeblendet ist, müssen Sie erst die ▼-Taste betätigen).

❷ Die Nachrichtenanwendung wechselt nun in den Hauptbildschirm zurück. Die zuvor erstellte SMS wurde nicht gesendet und *Entwurf* (Pfeil) weist auf den Entwurfsstatus hin. Zum Versenden tippen Sie den Nachrichtenverlauf erneut an und betätigen dann ➤ zum Senden.

6.5 Empfangsbestätigung (Zustellungsbericht)

Nicht immer stellen die Netzbetreiber die SMS sofort zu. Wir haben schon häufig erlebt, dass eine SMS erst einen Tag später ankam, obwohl wir sie nicht zu »Stoßzeiten« wie beispielsweise Silvester versandt hatten. Deshalb bieten die Netzbetreiber eine kostenlose Empfangsbestätigung an, die auch als »Zustellungsbericht« oder »Übermittlungsbestätigung« bezeichnet wird. Zu beachten ist allerdings, dass damit noch nicht sicher ist, dass der Empfänger Ihre SMS auch liest und versteht!

Beachten Sie bitte, dass die Zustellungsbestätigung nur einen Effekt bei der Kommunikation mit einfachen Handys hat. Bei vielen Smartphones kommt inzwischen der Chat über RCS zum Einsatz, bei dem standardmäßig der Empfang automatisch bestätigt wird. Siehe Kapitel *6.3 RCS*.

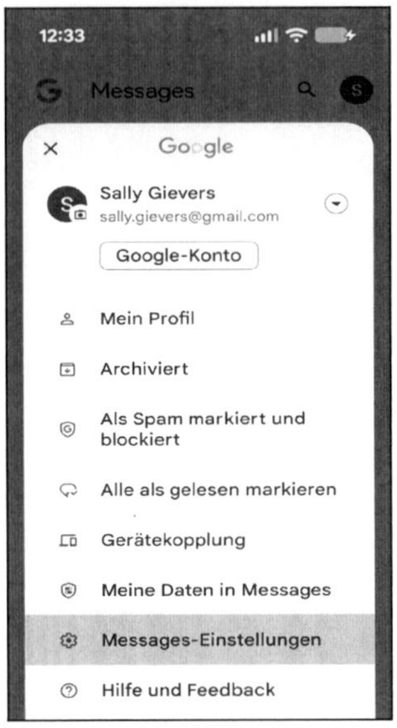

❶ So aktivieren Sie die Empfangsbestätigung: Tippen Sie auf das runde Kontosymbol.

❷ Wählen Sie *Messages-Einstellungen.*

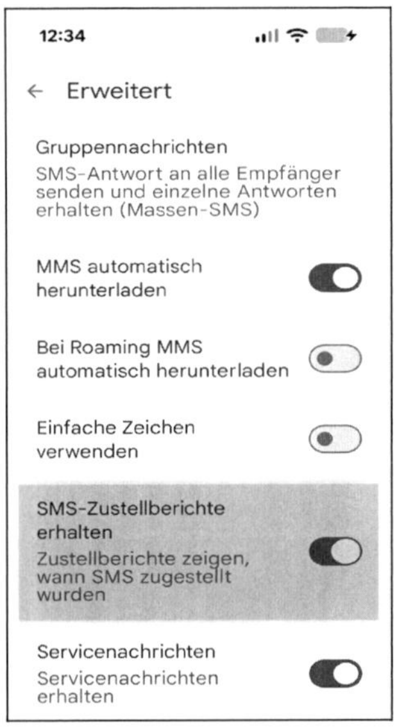

❶ Gehen Sie auf *Erweitert.*

❷ Aktivieren Sie *SMS-Zustellberichte erhalten.* Sie können danach den Bildschirm schließen.

❸ erscheint, sobald Ihre Nachricht den Empfänger erreicht hat. Es ändert sich zu , sobald der Empfänger die Nachricht liest.

6.6 Alte Nachrichten löschen

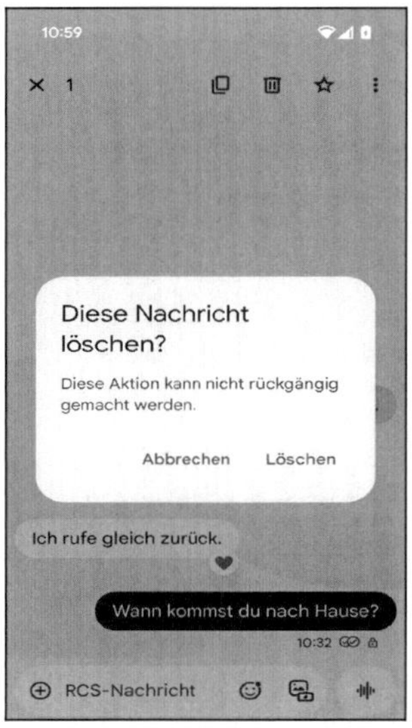

❶ Markieren Sie eine SMS zum Löschen, indem Sie den Finger darauf gedrückt halten, bis sie markiert ist (das Popup mit den sogenannten Emoticons können Sie ignorieren).

❷ Gehen Sie dann auf 🗑.

❸ Den Vorgang bestätigen Sie mit *Löschen*.

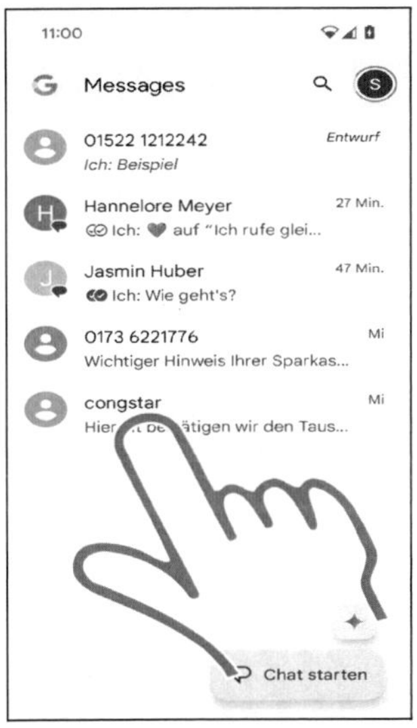

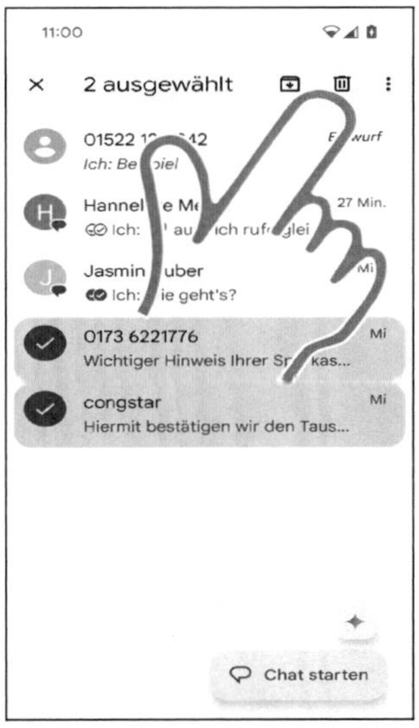

❶❷ Im Hauptmenü lassen sich einzelne oder mehrere Nachrichtenverläufe durch Tippen und Halten markieren und dann über 🗑 löschen.

6.7 Weitere Funktionen

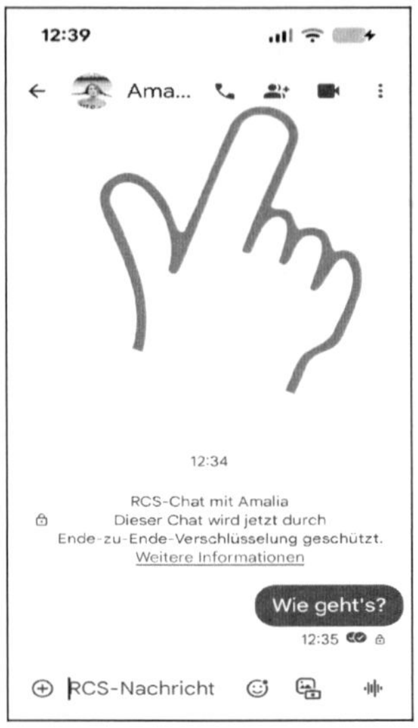

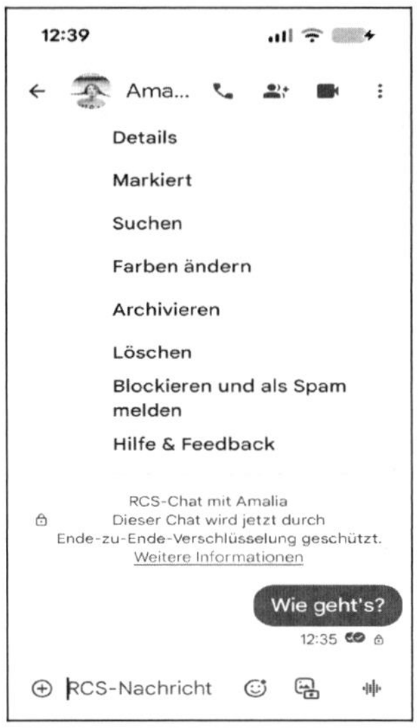

❶ Die Bedeutung der Schaltflächen am oberen Bildschirmrand:

- : Telefongespräch durchführen.
- : Weitere Person der Konversation hinzufügen (beachten Sie, dass alle SMS an die weiteren Teilnehmer separat abgerechnet werden!)
- : Videotelefonie über Google Meet starten (siehe Kapitel *10.6 Meet*). Diese Schaltfläche wird nur angezeigt, wenn der Kontakt ebenfalls ein Android-Handy nutzt.

❷ Das ⋮-Menü:

- *Anrufen*
- *Videoanruf starten*: Videotelefonie über Google Meet
- *Kontaktdaten*: Kontaktdaten im Telefonbuch (siehe Kapitel *7 Telefonbuch*) anzeigen.
- *Suchen*: In der Konversation suchen.
- *Details* (❸):
  - *Farben ändern*: Hintergrund- und Schriftfarbe für diesen Chat anpassen.
  - *Chat vorübergehend stummschalten*: Sie erhalten für den eingestellten Zeitraum keine Benachrichtigungen, wenn die Person Ihnen geschrieben hat.
  - *Benachrichtigungen*: Stellen Sie die Benachrichtigungsform ein. Wir raten von Änderungen ab, weil Sie sonst keine Infos zu neu vorliegenden SMS erhalten.
  - *Nur SMS und MMS senden*: Wie im Kapitel *6.3 RCS* erläutert, schaltet das Handy automatisch auf die RCS-Funktion um, wenn Ihr Kommunikationspartner diesen Standard unterstützt. Möchten Sie weiterhin nur SMS senden, dann aktivieren Sie hier *Nur SMS und MMS senden*. Wir raten allerdings davon ab.
  - *Blockieren und als Spam melden*: Sie erhalten keine Anrufe und SMS mehr von der jeweiligen Person. (siehe Kapitel *6.8.1 Schwarze Liste*).
  - *Ende-zu-Ende-Verschlüsselung; Verschlüsselung prüfen*: Die Kommunikation über RCS erfolgt verschlüsselt, das heißt kein Dritter hat Zugriff auf die ausgetauschten Nachrichten. Vor dem Austausch wichtiger Nachrichten können Sie über die mit *Verschlüsselung prüfen* angezeigten Zahlenfolge die Sicherheit überprüfen. Bei Ihrem Gesprächspartner müssen dazu die gleichen Zahlen angezeigt werden.
  - *Gruppe erstellen*: Der Konversation weitere Teilnehmer hinzufügen.
- *Markiert:* Sucht im Chatverlauf nach von Ihnen markierten Nachrichten und listet sie auf.
- *Suchen:* In den ausgetauschten Nachrichten nach einem Text suchen.
- *Farben ändern: Hintergrund- und Schriftfarbe für diesen Chat anpassen.*

- *Archivieren*: Den Nachrichtenverlauf ins Archiv übernehmen. Wir gehen darauf nicht ein, weil Sie alte Nachrichten in der Regel löschen werden.
- *Löschen*: Nachrichtenverlauf entfernen.
- *Videoanruf starten*: Videotelefonie über Google Meet. Darauf geht Kapitel 10.6 Meet ein.
- *Blockieren und als Spam melden*: Künftig erhalten Sie keine Nachrichten mehr vom Absender.
- *Hilfe & Feedback*

Abhängig vom Gesprächspartner, mit dem Sie Nachrichten austauschen, sieht das Menü etwas anders aus. Dies hängt davon ab, ob der Gesprächspartner ein modernes Smartphone oder nur ein Handy ohne Smartphone-Funktionen nutzt.

6.8 SMS empfangen

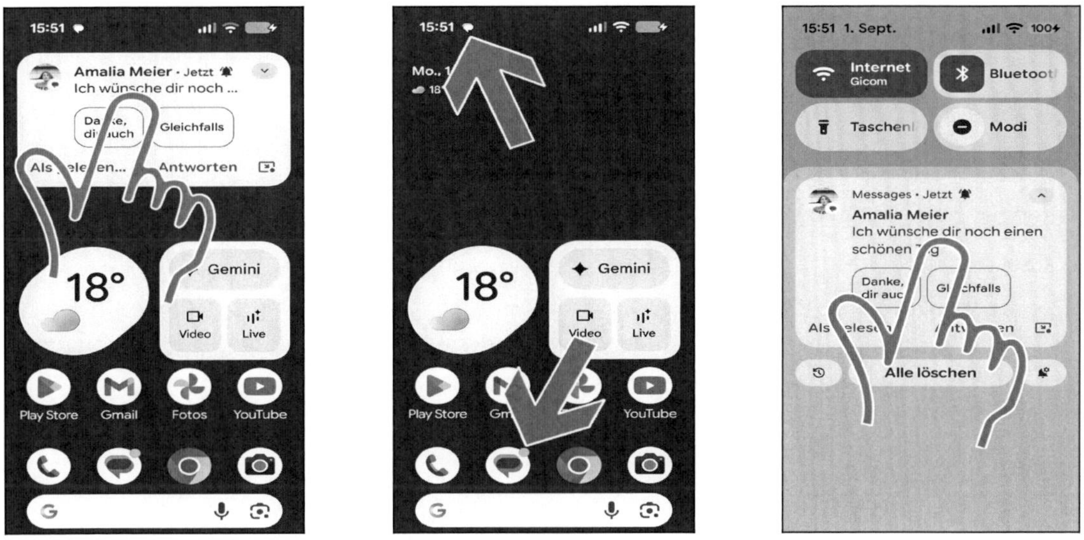

❶ Wenn Sie eine neue SMS erhalten haben, erscheint für einige Sekunden ein Popup, das Sie Antippen, um die Nachricht zu beantworten.

❷ In der Titelleiste zeigt das Handy ein 💬-Symbol an (Pfeil) und bei der Messaging-Anwendung erscheint ebenfalls eine Markierung (Pfeil).

❸ Alternativ erhalten Sie auch über das Benachrichtigungsfeld Infos zu den empfangenen Nachrichten. Das Benachrichtigungsfeld erscheint, wenn Sie den Finger auf die Titelleiste setzen und dann herunterziehen. Gehen Sie nun auf die Nachricht, was den zugehörigen Nachrichtenverlauf anzeigt.

Über die SchaltflächeSchaltflächen schlägt Ihnen das Handy passende Antworten, im Beispiel »Danke, gut« und »Gut danke«, vor.

6.8.1 Schwarze Liste

Sofern Sie Ihre Handynummer an viele Kontakte weitergeben, wird früher oder später der Zeitpunkt kommen, ab dem Sie SMS von einigen Leuten erhalten, die nur nerven. Solche Personen setzen Sie einfach auf die »schwarze Liste«.

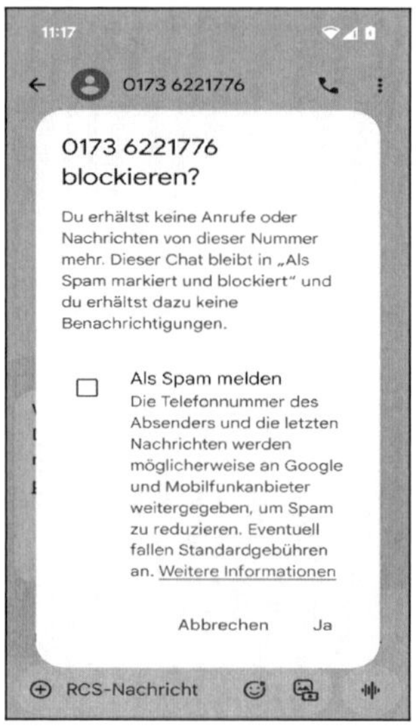

❶ Rufen Sie im Chat das ⋮-Menü auf.

❷ Wählen Sie *Details.*

❸ Nach Betätigen von *xxx blockieren und als Spam melden* landen künftig alle SMS des Absenders nicht mehr in der Messaging-Anwendung, sondern in der schwarzen Liste. Den folgenden Spam-Hinweis schließen Sie mit *OK.*

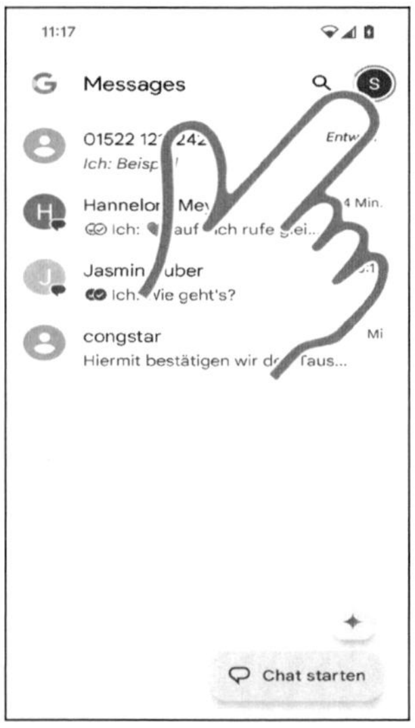

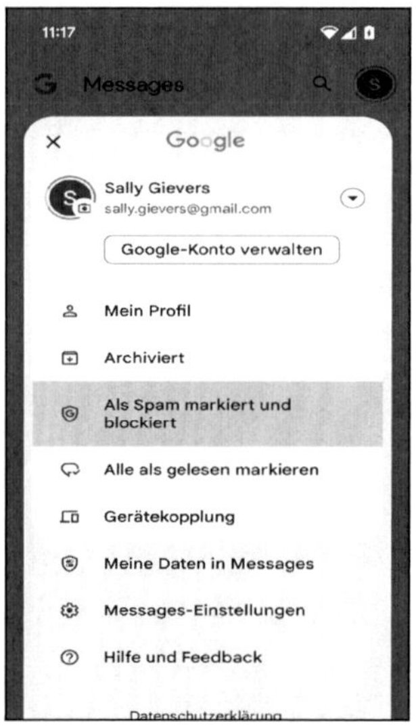

❶❷❸ Die schwarze Liste verwalten Sie, indem Sie durch Antippen des Kontosymbols das Ausklappmenü aktivieren und dort auf *Als Spam markiert* gehen.

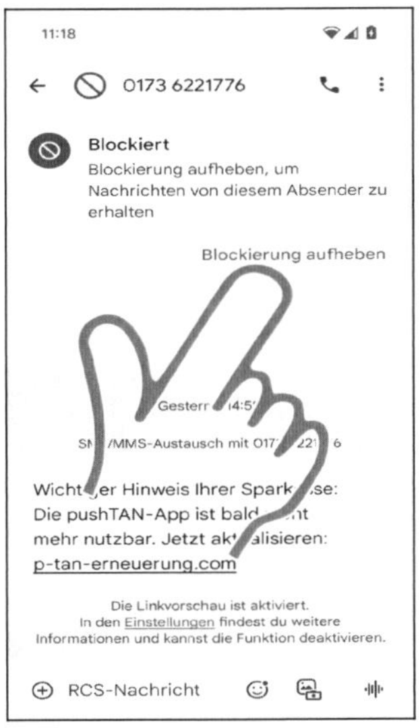

❶ Sie möchten wissen, was ein blockierter Kontakt geschrieben hat? Dann wählen Sie den zugehörigen Eintrag aus.

❷ Über *Blockierung aufheben* heben Sie die Filterung wieder auf.

6.9 Konfiguration

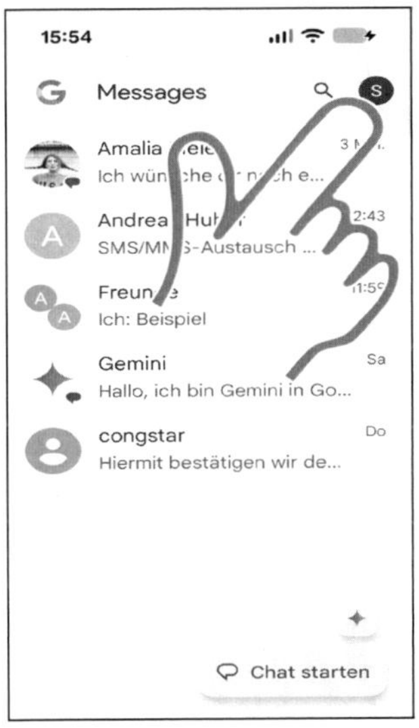

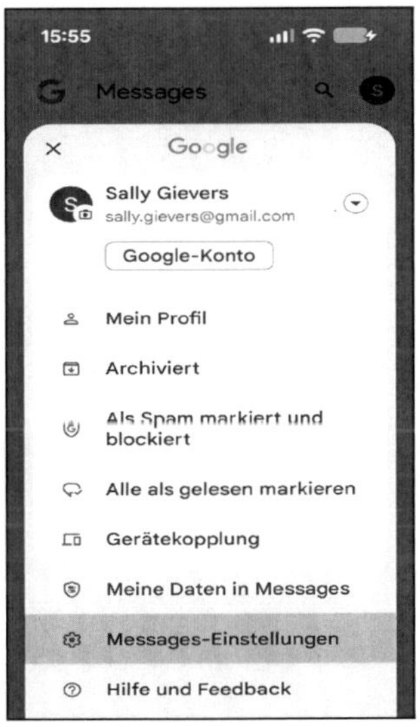

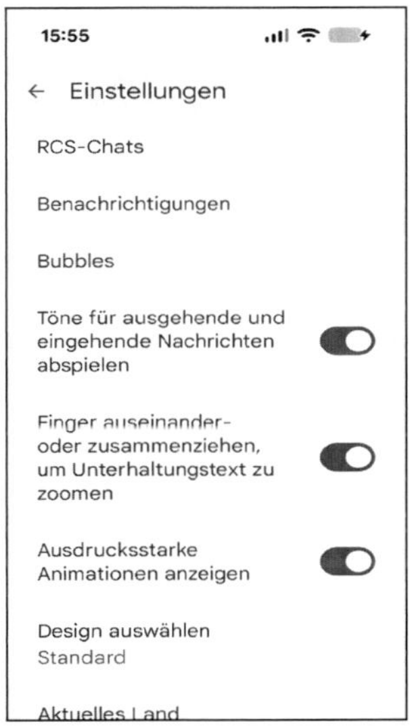

❶ Tippen Sie auf das runde Kontosymbol.

❷❸ Wählen Sie *Messages-Einstellungen.* Die Optionen:

- *RCS-Chats*: Auf die Chatfunktion geht Kapitel *6.3 RCS* ein. Lassen Sie sie aktiviert.
- *Benachrichtigungen*: Legt fest, in welcher Form Sie über neue SMS informiert werden. Wir empfehlen, nichts zu ändern.
- *Bubbles*: In den sogenannten Blasen informiert das Handy über neue SMS. Hier sollten Sie nichts ändern.
- *Töne für ausgehende und eingehende Nachrichten abspielen*: Ein Signal weist auf erfolgreichen SMS-Versand hin.
- *Finger auseinander- oder zusammenziehen, um Unterhaltungstext zu zoomen*: Über die im Kapitel *6.1 Nachrichtenanzeige* beschriebene Kneifgeste können Sie die Anzeige verkleinern/vergrößern.
- *Ausdrucksstarke Animationen anzeigen*: Standardmäßig werden diese Emoticons nach dem Einfügen automatisch animiert: – Daumen hoch; – Rotes Herz; – Gesicht mit Freudentränen; – Gesicht mit offenem Mund; – Wütendes Gesicht; – Daumen runter; – Pile of Poo; – Party-Popper; – Wütendes

Gesicht; 😢 – Weinendes Gesicht.

- *Design auswählen*: Sie können zwischen der hellen und invertierten Bildschirmdarstellung wählen.
- *Aktuelles Land*: Die Messaging-Anwendung verwendet im Ausland automatisch ein geeignetes Mobilfunknetz.
- *Transkript von Sprachnachrichten*: Google stellt automatisch zu Sprachnachrichten eine Transkription bereit.
- *Gemini in Messages*: Sie können die Gemini-Schaltleiste (der Stern) im Hauptmenü deaktivieren, falls Sie ihn nicht nutzen.
- *Vorschläge*: Die Messages-Anwendung schlägt automatisch bei der Eingabe mögliche Antworten vor. Deaktivieren Sie *Intelligente Antwort* beziehungsweise *Vorschläge für Aktionen*, wenn Sie das stört.
- *Automatische Vorschau*: Ihnen zugesandte Webseitenlinks zeigt die Messages-Anwendung als Vorschaubild.
- *Sicherheit und Datenschutz*: Filtert unerwünschte SMS, beispielsweise Werbung. In Deutschland spielen allerdings Werbe-SMS kaum eine Rolle.
- *Aktionen beim Wischen*: Wischen Sie auf einer Nachricht im Hauptmenü nach rechts oder links, um sie zu löschen oder zu archivieren.
- *Erweitert*:
  - *Gruppennachrichten*: Sofern Sie mehrere Empfänger in einer SMS angegebenen haben, erhalten alle Gruppenmitglieder Ihre Nachrichten. Bitte beachten Sie, dass für jedes Mitglied der übliche SMS-Versandtarif anfällt, was sehr teuer werden kann.
  - *MMS automatisch herunterladen; Bei Roaming MMS automatisch herunterladen*: Auf die MMS geht dieses Buch nicht ein, da dieser Dienst von den Mobilnetzen inzwischen weitgehend eingestellt wurde.
  - *Einfache Zeichen verwenden*: Lassen Sie die Voreinstellung deaktiviert. Diese Einstellung ist nur für fremdsprachliche Nachrichten eventuell nötig.
  - *SMS-Zustellberichte verwenden*: Sie bekommen, sobald Ihre SMS beim Empfänger eingetroffen ist, einen Zustellhinweis.
  - *Servicenachrichten*: Der Netzbetreiber sendet gegebenenfalls eine Konfigurationsnachricht, wenn Sie die SIM-Karte wechseln.
  - *iPhone-Reaktionen als Emoji anzeigen*: Passt die Anzeige der von iPhones empfangenen Nachrichten an.
  - *Notfallbenachrichtigungen für Mobilgeräte*: Die Behörden senden über den sogenannten Cell-Broadcast Katastrophenhinweise.
  - *Nachrichten auf SIM-Karte*: Falls Sie ein alte SIM-Karte nutzen, finden Sie hier vielleicht noch einige dort gespeicherte SMS. Android unterstützt das Speichern von SMS auf SIM-Karte dagegen nicht.
  - *Telefonnummer*
  - *SMSC*: Hier sollten Sie nichts ändern, weil die Voreinstellungen zum Senden/Empfangen automatisch anhand der eingelegten SIM-Karte vorgenommen werden.

7. Telefonbuch

Das Telefonbuch speichert, wie der Name schon sagt, alle Kontakte und deren Rufnummern, E-Mail-Adressen und Adressen. Andere Anwendungen, beispielsweise die SMS-Anwendung und die Telefonoberfläche, greifen auf diese Daten zurück.

Ihre angelegten Kontakte werden dann im Google-Konto gesichert und lassen sich nach einem Zurücksetzen beziehungsweise Datenverlust jederzeit wieder herstellen.

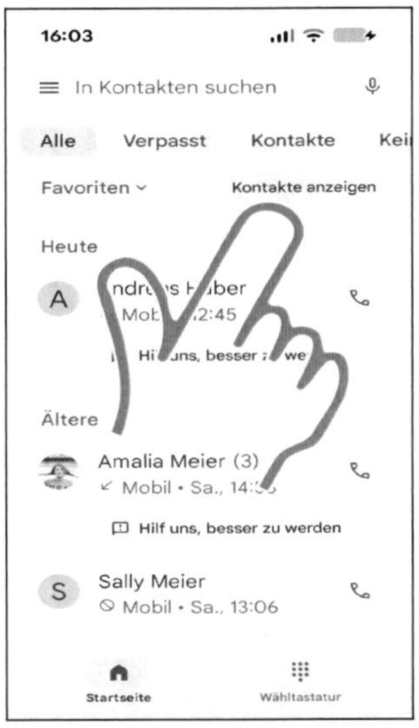

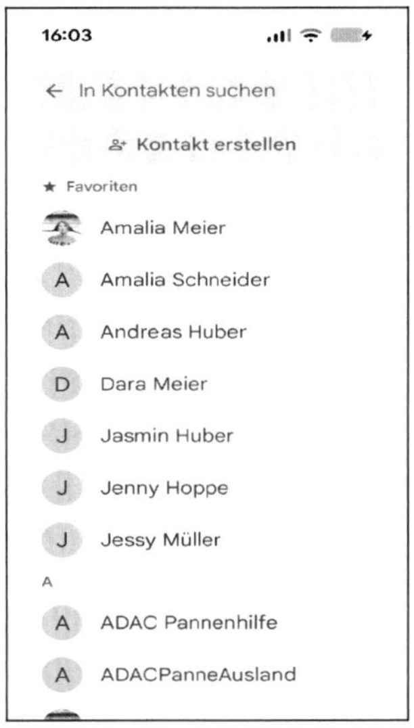

❶ So gelangen Sie ins Telefonbuch: Gehen Sie im Hauptmenü auf *Kontakte* (Pfeil).

❷❸ Alternativ betätigen Sie in der Telefonoberfläche (siehe Kapitel *5 Telefonie*) die *Kontakte anzeigen*-Schaltfläche (Pfeil). **Bitte beachten Sie aber, dass dann nicht alle in diesem Kapitel beschriebenen Funktionen zur Verfügung stehen.**

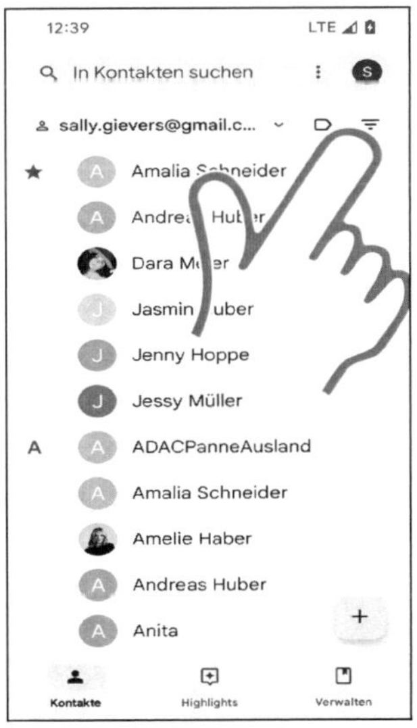

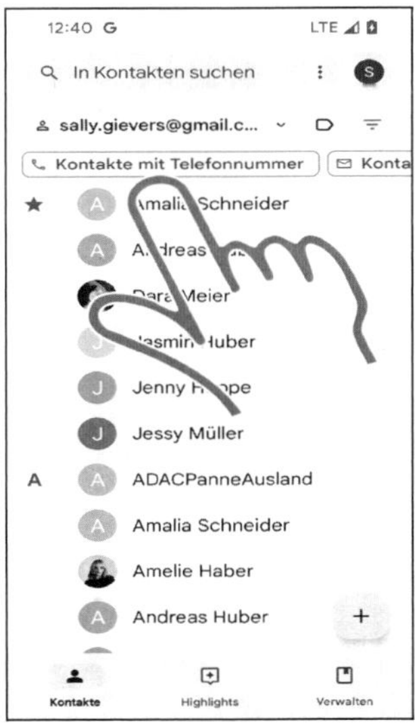

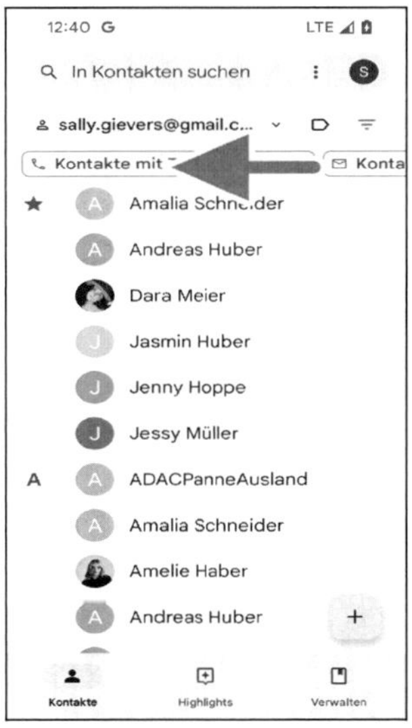

❶ Bei Bedarf beschränken Sie die Anzeige auf bestimmte Kontakte: Betätigen Sie dazu die ≡-Taste.

❷ Betätigen Sie dann beispielsweise *Kontakte mit Rufnummer.* Tippen Sie die jeweilige Schaltfläche erneut an, um wieder alle Kontakte anzuzeigen.

❸ Weitere Schaltflächen erreichen Sie mit einer Wischgeste.

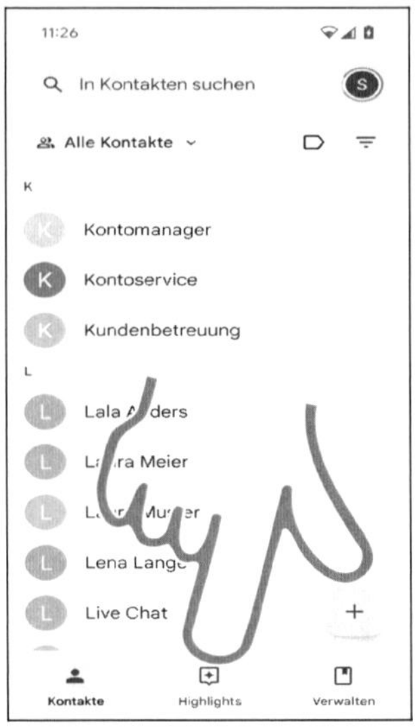

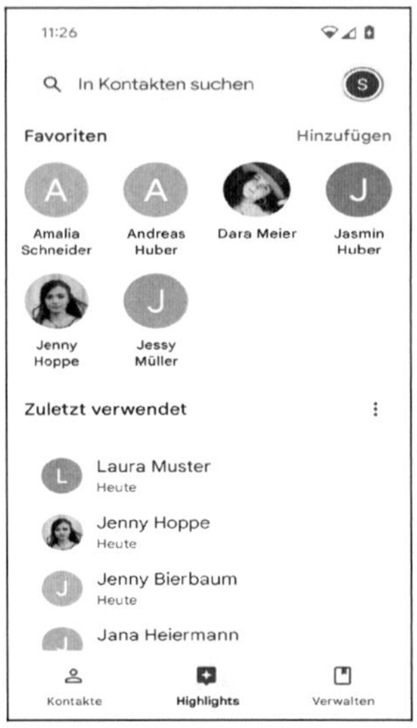

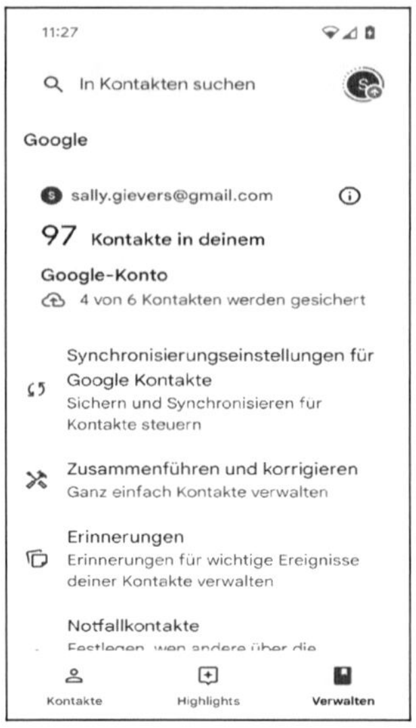

❶ Am unteren Bildschirmrand schalten Sie über die Register um zwischen:

- *Kontakte*: Auflistung aller Kontakte.
- *Highlights* (❷): Kontakte, die als Favoriten markiert beziehungsweise zuletzt angezeigt wurden, sowie deren Geburtstage.
- *Verwalten* (❸): Damit importieren Sie beispielsweise Kontakte von einer eingelegten SIM-Karte oder führen doppelte Kontakte zu einem zusammen.

7.1 Kontakterfassung

Im Folgenden erfahren Sie, wie Sie Rufnummern im Telefonbuch speichern. Wie Sie dagegen Rufnummern auf der SIM-Karte ablegen, erfahren Sie im Kapitel *7.4 Die SIM-Karte.*

7.1.1 Kontakt im Telefonbuch eingeben

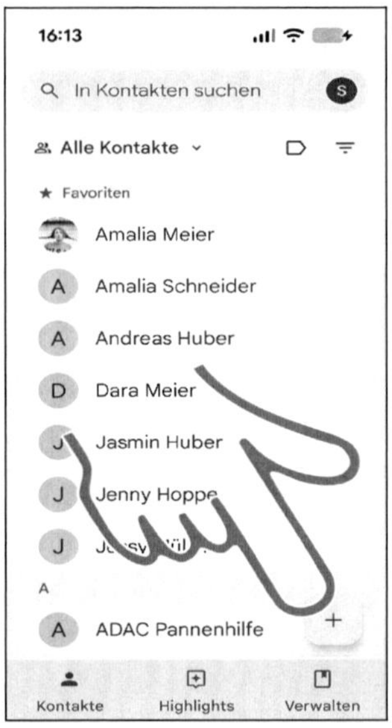

❶ Neue Kontakte werden über + (Pfeil) angelegt.

❷ Falls das Handy nach dem Standardkonto fragt, wählen Sie Ihr Google-Konto.

❸ Füllen Sie nun die Eingabefelder aus.

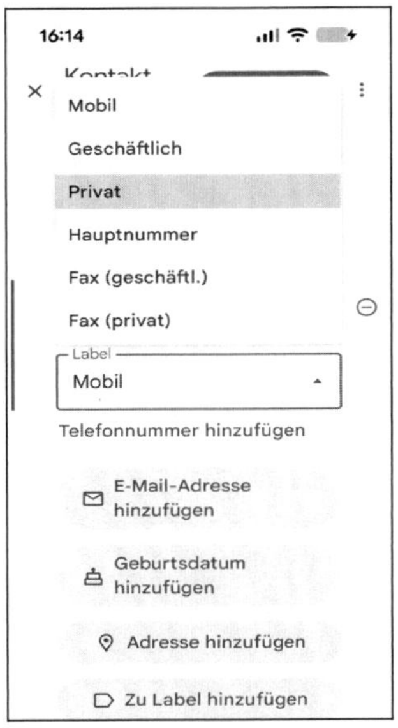

❶ Nachdem Sie eine Rufnummer eingegeben haben, tippen Sie auf den Rufnummerntyp (Pfeil).

❷ Stellen Sie die Art der Rufnummer ein, zum Beispiel *Privat.*

❸ Danach geben Sie die Nummer ein. Um das automatisch aufklappende Tastenfeld wieder zu schließen, betätigen Sie die ◀-Taste unterhalb des Bildschirms.

Betätigen Sie *Speichern* am oberen rechten Bildschirmrand, was den Kontakt ins Telefonbuch übernimmt.

Sie können beliebig viele Telefonnummern und E-Mail-Adressen erfassen. Sobald Sie eines dieser Eingabefelder ausgefüllt haben, blendet das Telefonbuch ein weiteres ein.

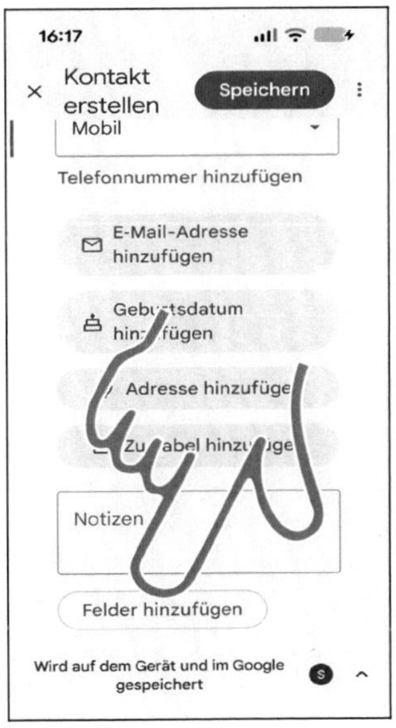

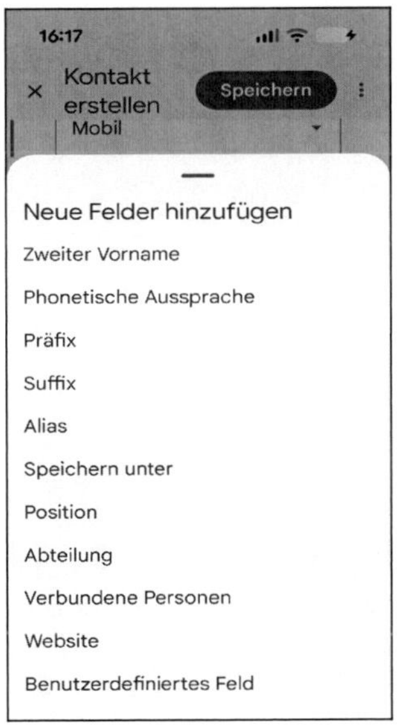

❶❷ Über *Felder hinzufügen* stehen bei Bedarf zusätzliche Datenfelder zur Verfügung.

7.1.2 Kontakt aus Telefonoberfläche übernehmen

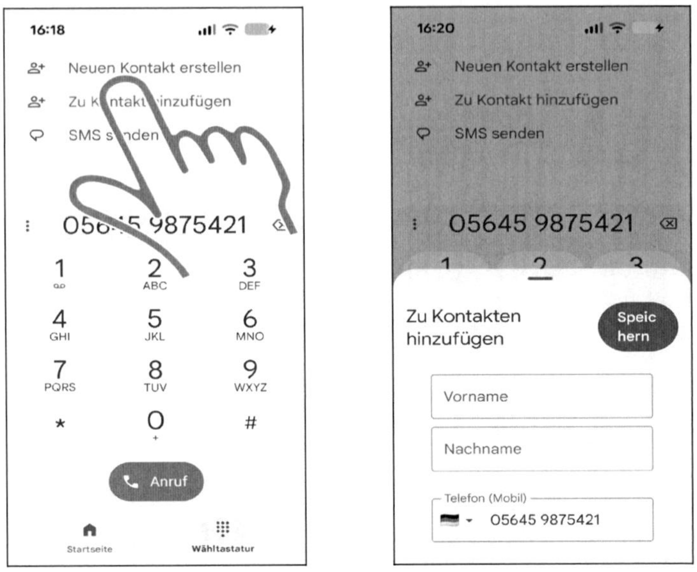

❶ Sie können in der Telefonoberfläche eine von Ihnen eingegebene Rufnummer über die *Neuen Kontakt erstellen* beziehungsweise *Zu Kontakt hinzufügen*-Schaltfläche (Pfeil) ins Telefonbuch übernehmen.

❷ Erfassen Sie die Kontaktdaten.

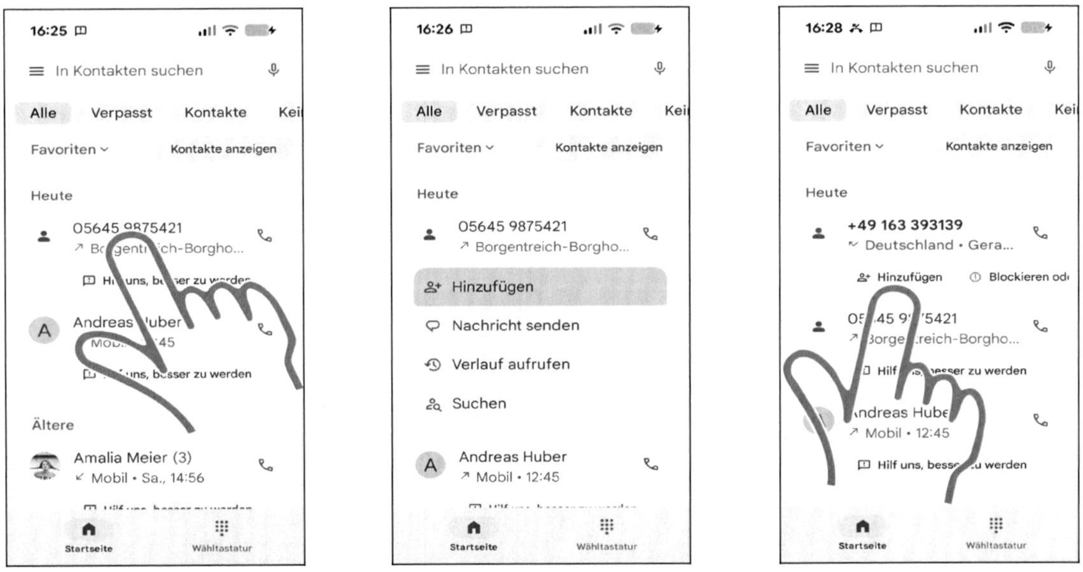

❶ Über die Anrufliste (siehe Kapitel *5.4 Anrufliste (Protokoll)*) der Telefonoberfläche ist es ebenfalls möglich, Rufnummern in die Kontaktverwaltung zu übernehmen. Tippen Sie dafür auf einen Rufnummerneintrag.

❷ Wählen Sie *Hinzufügen* aus.

❸ Häufig steht auch die *Hinzufügen*-Schaltfläche direkt unter dem Nummerneintrag zur Verfügung (bei eingegangenen Anrufen).

7.2 Kontakt bearbeiten

❶ Tippen Sie kurz einen Kontakt für die Kontaktdetails an.

❷❸ Betätigen Sie ✏, um den Kontakt zu ändern.

7.3 Listen- und Detailanzeige

❶ Die Kontakte werden standardmäßig in einer alphabetisch sortierten Liste, nach Namen sortiert, angezeigt. Tippen Sie einen Eintrag an.

❷❸ Es erscheinen nun die Kontaktdetails. Das ⚙-Menü:

- *Standardeinstellungen festlegen*: Legen Sie fest, welche Rufnummer beispielsweise in der Suche der Telefonoberfläche angezeigt wird (siehe Kapitel *5.1.1 Suche*). Dieser Menüeintrag ist nur sichtbar, wenn ein Kontakt mehrere Rufnummern besitzt.
- *Klingelton für den Kontakt*: Weist dem Kontakt einen eigenen Klingelton zu. Siehe Kapitel *7.5 Kontaktfoto*.
- *Erinnerungen*: Fügen Sie Termine wie den Geburtstag des Kontakts hinzu, an die Sie erinnert werden möchten.
- *Schlüssel bestätigen*: Nicht von Google dokumentiert.
- *Kontakt teilen*: Kontakt per SMS (siehe Kapitel *6 SMS mit Messages*), E-Mail (siehe Kapitel *10Gmail*) oder Bluetooth versenden oder in Google Drive als Datei ablegen

(siehe Kapitel *23.4 Google Drive*).

- *Zum Startbildschirm hinzufügen*: Legt einen Schnellzugriff auf den Kontakt im Startbildschirm an.
- *An Mailbox weiterleiten*: Anrufe des Kontakts landen grundsätzlich in der Mailbox Ihres Netzbetreibers. Bitte denken Sie daran, dass dies nicht für Anrufe mit unterdrückter Rufnummer gilt.
- *Nummern blockieren*: Anrufe und SMS des Kontakts werden nicht angenommen.
- *Löschen*

❶❷ Antippen einer Rufnummer (Pfeil) ruft den Kontakt an. E-Mails verschicken Sie durch Betätigen der E-Mail-Adresse. 🗨 sendet eine SMS (siehe Kapitel *6 SMS mit Messages*) beziehungsweise ▭◂ führt ein Videochat über Google Meet (siehe Kapitel *10.6 Meet*) durch.

7.3.1 Verknüpfung auf dem Startbildschirm

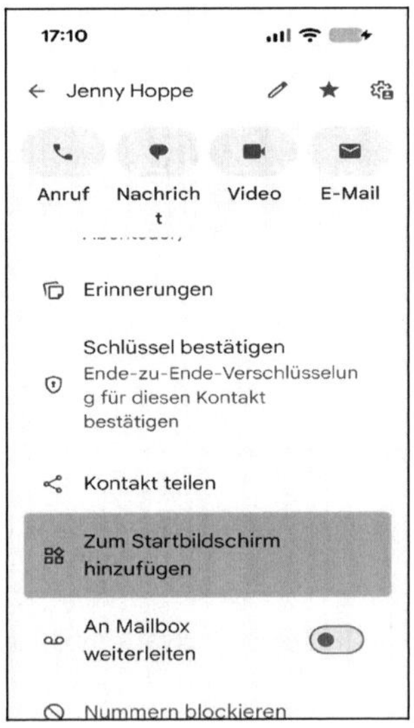

❶ Betätigen Sie ⚙.

❷ Wählen Sie *Zum Startbildschirm hinzufügen* aus.

❸ Schließen Sie das Popup mit *Zum Startbildschirm hinzufügen*.

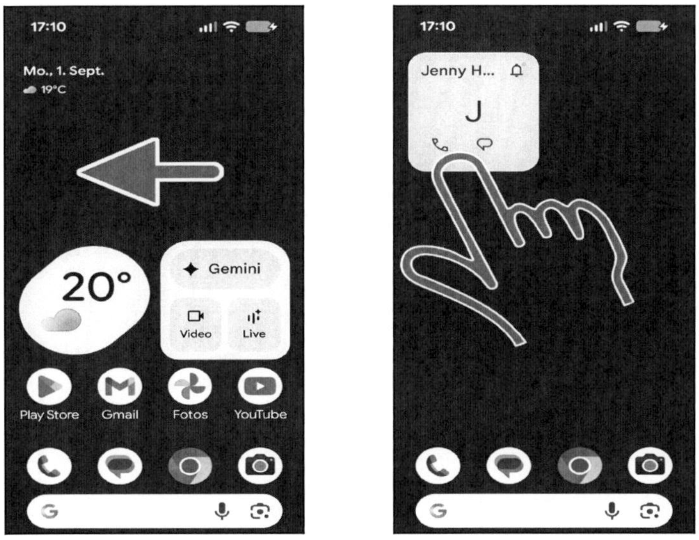

❶❷ Sie finden den Schnellzugriff auf der zweiten Seite des Startbildschirms. Wischen Sie dazu einmal von rechts nach links. Tippen Sie den Schnellzugriff für die Kontaktdetails an.

7.4 Die SIM-Karte

Im Telefonbuch werden die Telefonnummern auf der SIM-Karte (»SIM-Kontakte«) **nicht** angezeigt. Sie können die SIM-Kontakte allerdings ins Telefonbuch übernehmen.

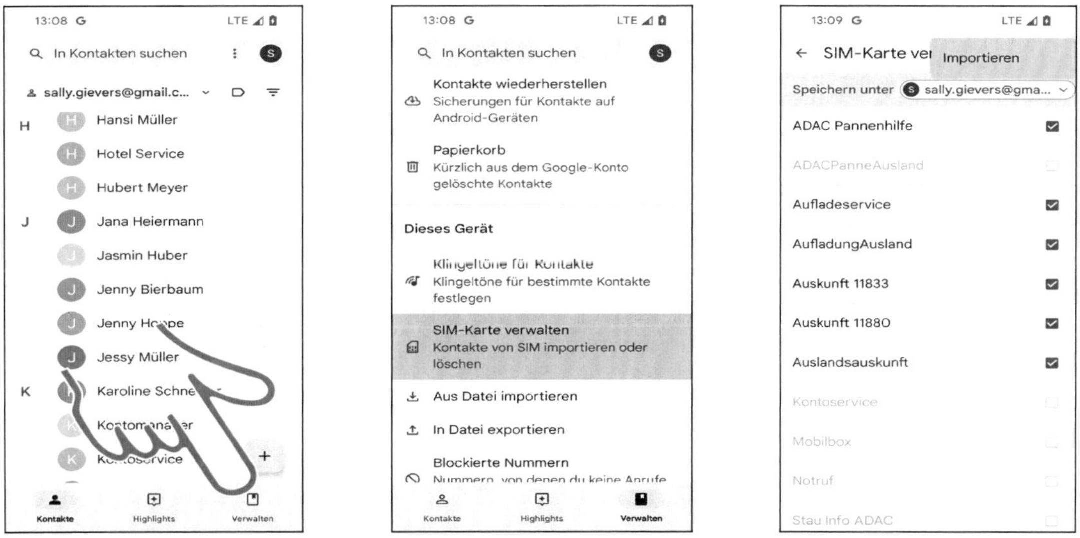

❶ Aktivieren Sie das *Verwalten*-Register am unteren Bildschirmrand.

❷ Gehen Sie auf *SIM-Karte verwalten*.

❸ Standardmäßig sind alle noch nicht ins Google-Konto übernommenen SIM-Kontakte markiert. Sie brauchen nur ⁝/*Importieren* aufzurufen. Bitte beachten Sie, dass Sie in der Regel die importierten Kontakte noch einzeln bearbeiten müssen, beispielsweise weil Namen in die falschen Eingabefelder übernommen werden.

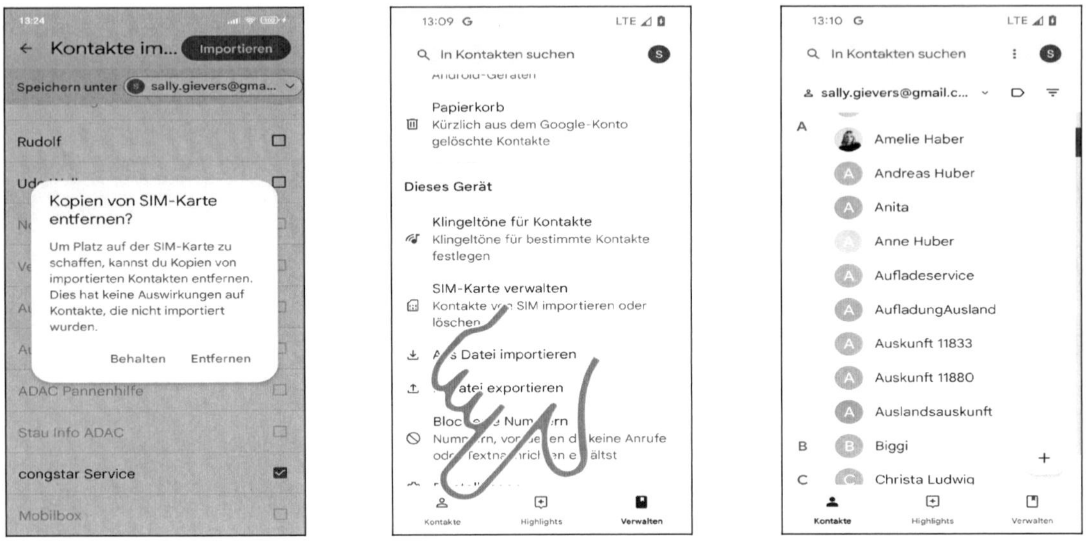

❶ Wählen Sie nun aus, ob die importierten SIM-Kontakte gelöscht werden sollen. Wir empfehlen *Behalten.*

❷❸ Anschließend bringt Sie *Kontakte* wieder in die standardmäßige Kontaktauflistung.

7.5 Kontaktfoto

Jedem Kontakt können Sie ein Kontaktfoto zuordnen, was insbesondere bei Personen interessant ist, mit denen Sie nur selten zu tun haben.

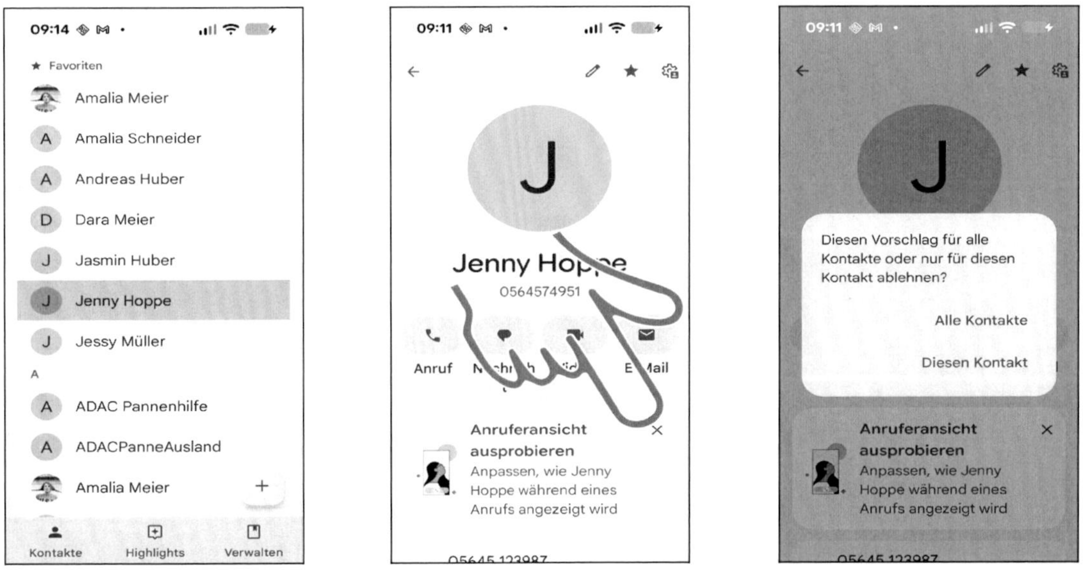

❶ Rufen Sie in der Kontaktauflistung einen Kontakt auf.

❷❸ Den Hinweis auf die Anruferansicht – die wir gleich noch vorstellen – können Sie mit ✕ schließen. Betätigen Sie im Popup dann *Alle Kontakte.*

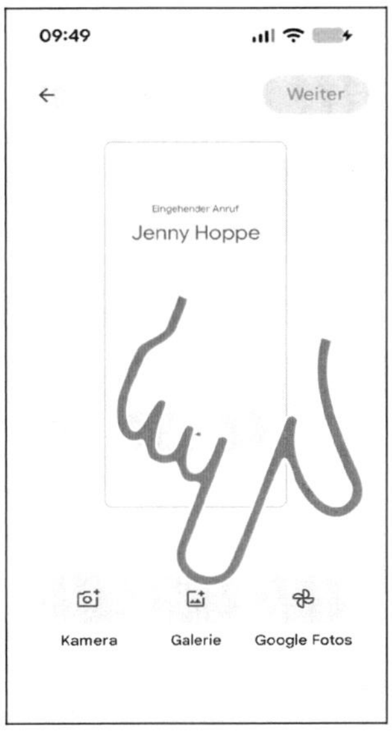

➊ Betätigen Sie in der Kontaktanzeige die ✏-Schaltfläche.

➋ Tippen Sie auf das **rechte** Symbol.

➌ Hier wählen Sie zwischen *Kamera* (Foto von der Person erstellen), *Galerie* und *Google Fotos.* Wir wählen *Galerie.*

Auf die Funktion von *Google Fotos* gehen wir später im Kapitel *19 Google Fotos* ein. In *Galerie* finden Sie alle Fotos die Sie mit der Kamera des Handys erstellt haben. *Google Fotos* ermöglicht es, Fotos und Videos automatisch online zu sichern, sodass sie geräteübergreifend verfügbar sind. In *Google Fotos* finden Sie auch alle Fotos, die Sie mal mit Ihrem alten Android-Handy erstellt haben.

➊➋ Wischen Sie durch die Liste und wählen Sie ein Foto aus.

➌ Mit dem Finger können Sie nun den Bildausschnitt verschieben, oder falls nötig, mit einer Kneifgeste (zwei Finger auf den Bildschirm setzen und auseinander/zusammenziehen) den Bildausschnitt anpassen. Schließen Sie den Bildschirm mit *Fertig.*

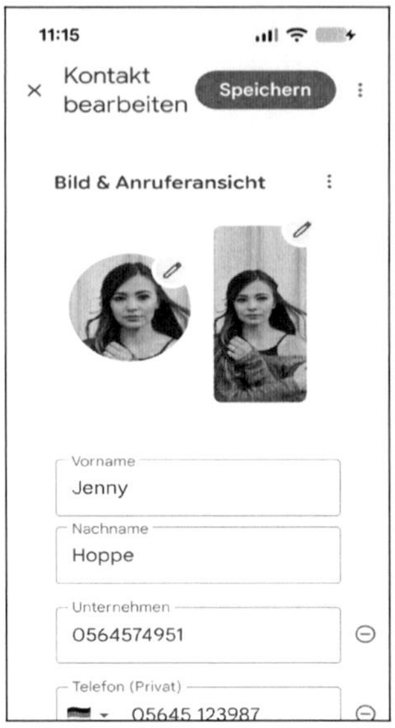

❶ Betätigen Sie nun *Bestätigen und Zuschneiden.*

❷ Mit dem Finger können Sie nun den Bildausschnitt verschieben, oder falls nötig, mit einer Kneifgeste (zwei Finger auf den Bildschirm setzen und auseinander/zusammenziehen) den Bildausschnitt anpassen. Schließen Sie den Bildschirm mit *Als Kontaktbild auswählen*.

❸ Vergessen Sie bitte nicht, dann die Kontaktänderung mit *Speichern* zu bestätigen.

❶ In den Kontaktdetails und der Kontaktauflistung erscheint das Kontaktfoto.

❷ Das Bild wird auch bei Anrufen angezeigt.

7.6 Klingelton für Kontakt

Wichtigen Kontakten sollten Sie einen individuellen Klingelton zuweisen. Wenn dann das Telefon klingelt, brauchen Sie noch nicht mal auf das Handy zu schauen, um zu wissen, wer Sie anruft.

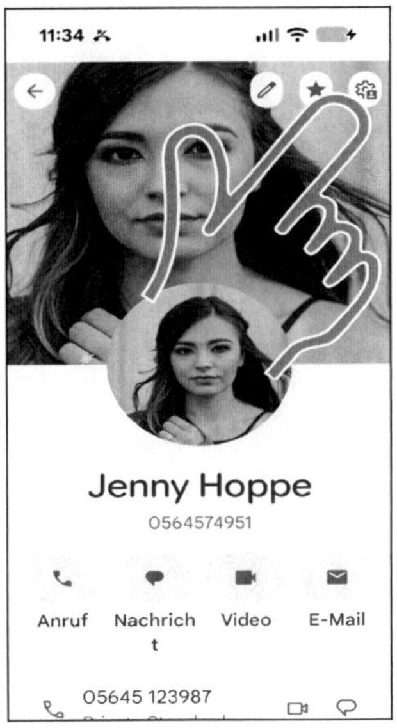

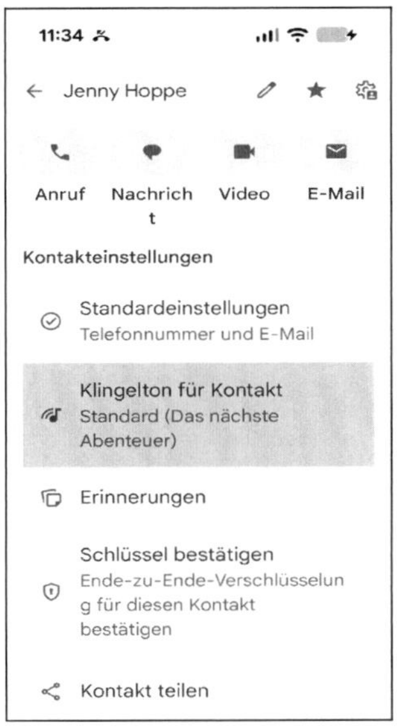

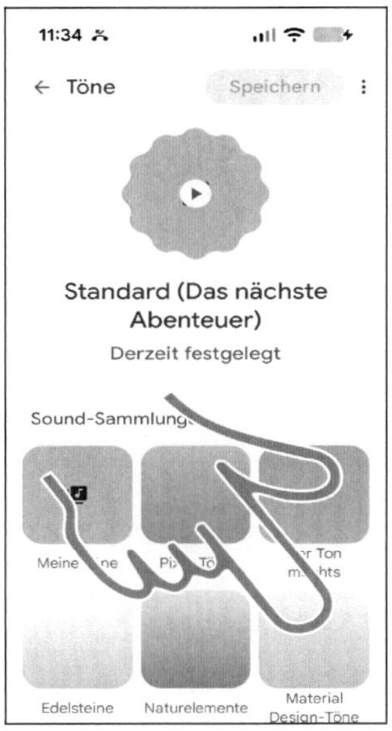

➊➋ Gehen Sie auf und dann auf *Klingelton für Kontakt.*

➌ Wählen Sie eine Kategorie, im Beispiel *Material Design-Töne*, aus.

Stellen Sie einen Klingelton ein und betätigen Sie *Speichern* (oben rechts)

Der kontaktabhängige Klingelton funktioniert natürlich nur, wenn der Anrufer seine Rufnummer nicht unterdrückt.

7.7 Suchen

❶ Es ist nicht unbedingt notwendig, umständlich durch Halten und Ziehen des Fingers in der Kontaktauflistung zu blättern. Tippen Sie oben auf 🔍 (Pfeil) und geben Sie den aufzufindenden Namen ein.

❷ Zu den eingegebenen Buchstaben beziehungsweise Namen zeigt das Handy die passenden Kontakte an. Dabei werden Nach- und Vorname der Kontakte durchsucht. Tippen Sie eine der Fundstellen an, um dessen Details anzuzeigen. Die Suche beenden Sie mit der ✕-Schaltfläche neben dem Suchfeld.

7.8 Favoriten

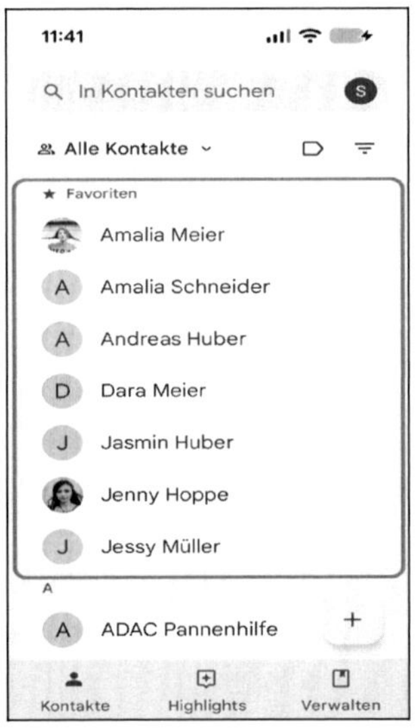

❶ Über ★ in den Kontaktdetails markieren Sie einen Kontakt als Favoriten. Durch erneutes Antippen lässt sich der Kontakt wieder aus der Favoritenliste nehmen.

❷ Alle Favoriten listet das Telefonbuch vor den eigentlichen Kontakten.

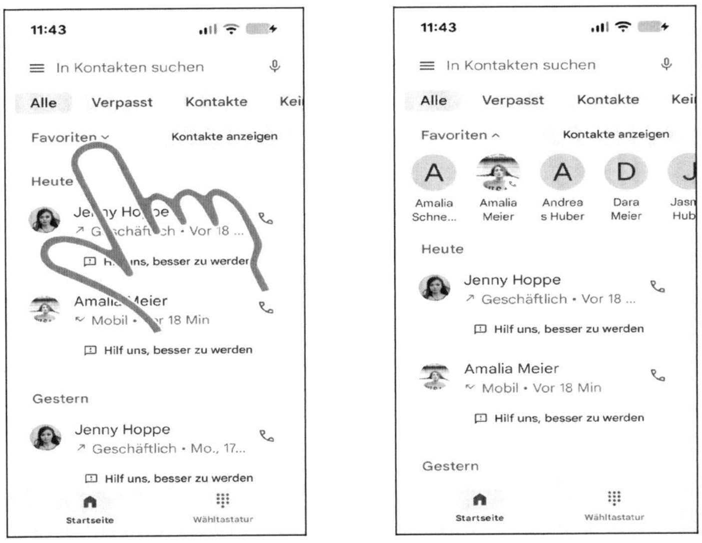

❶❷ Auch in der Telefonoberfläche haben Sie direkten Zugriff auf die *Favoriten*.

7.9 Weitere Funktionen

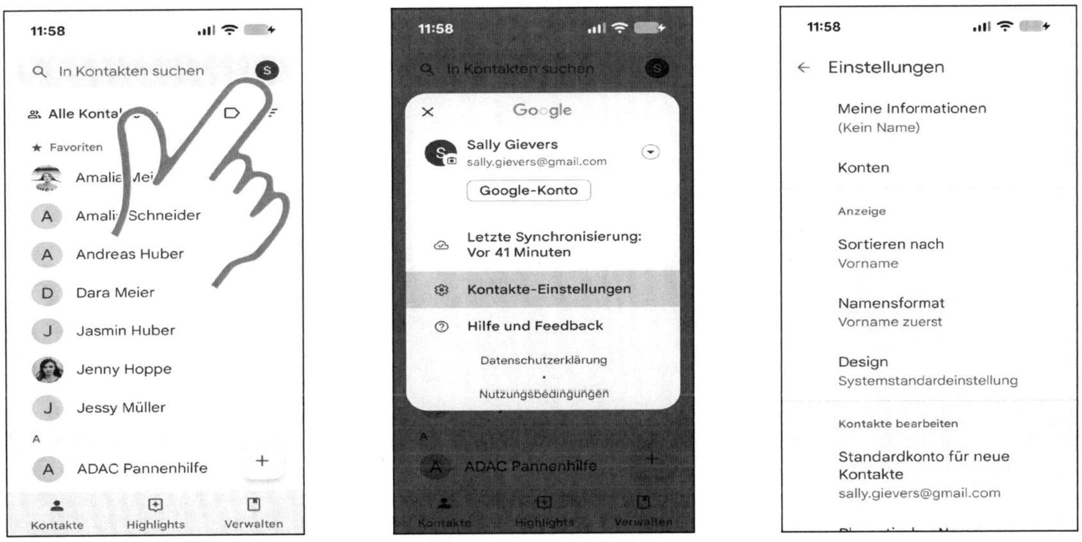

❶❷❸ Für die Einstellungen tippen Sie auf das runde Symbol (Pfeil) und gehen dann auf *Kontakte-Einstellungen*:

- *Meine Informationen*: Legen Sie hier Ihre Kontaktdaten an, die Sie später anderen Personen senden können.
- *Konten*: Listet die verwendeten Google-Konten auf. Siehe Kapitel *14 Das Google-Konto*.

Unter *Anzeige*:

- *Sortieren nach*: Kontakte nach Vor- oder Nachname sortieren.
- *Namensformat*: Zur Auswahl stehen *Vorname zuerst* und *Nachname zuerst*.
- *Design*: Wählen Sie zwischen der normalen Anzeige oder einem dunklen Design, das Akkustrom spart. Standardmäßig wird das dunkle Design bei fast leerem Akku aktiviert. Siehe dazu auch Kapitel *28.11 Gerätedesign*.

Unter *Kontakte bearbeiten*:

- *Standardkonto für neue Kontakte*: Sofern Sie mehrere Google-Konten auf Ihrem Handy verwenden, wählen Sie hier aus, welche das Telefonbuch standardmäßig nutzt.
- *Phonetischer Name*: In einigen, insbesondere asiatischen, Ländern entspricht der geschriebene Name nicht dem Gesprochenen. Bei Bedarf blenden Sie den phonetischen Namen ein.

- *Änderungen rückgängig machen*: Falls Sie mal aus Versehen Kontakte geändert oder gelöscht haben, machen Sie dies hier wieder rückgängig.

Unter *Berechtigungen*:

- *Anrufliste; SMS*: Die hiermit verwalteten Zugriffsberechtigungen sollten Sie nicht ändern.

Unter *Erweitert*:

- *Nicht bearbeitbare Kontakte aus verbundenen Apps*: Einige Anwendungen nutzen möglicherweise das Telefonbuch für die Kontaktverwaltung, erlauben aber nicht die Bearbeitung in der Kontakte-Anwendung. Die betroffenen Kontakte werden deshalb standardmäßig ausgeblendet.

8. Internet einrichten und nutzen

Ihr Pixel-Handy ist ein wahres Kommunikationsgenie. Sie können damit im Web surfen, E-Mails, SMS und MMS verarbeiten. Um die Konfiguration des Internetzugangs brauchen Sie sich in der Regel nicht zu kümmern, da dies vom Pixel-Handy automatisch erledigt wird.

Sie brauchen dieses Kapitel nicht durchzuarbeiten, um Internet über Ihren Mobilnetzbetreiber zu nutzen. Lesen Sie aber mindestens Kapitel *8.2 Umschaltung WLAN und Mobilfunk-Internet* durch, wo erklärt wird, wie Sie zwischen WLAN- und Mobilfunk-Internet umschalten.

8.1 Internetzugang einrichten

Sie können das Internet über WLAN oder über ein Mobilfunknetz nutzen.

8.1.1 WLAN

Heutzutage stehen Ihnen an zahlreichen Orten – etwa an Flughäfen, in Hotels oder Bars – kostenlose WLAN-Hotspots zur Verfügung, über die Sie einfach online gehen können. Auch in vielen Innenstädten finden sich an stark frequentierten Plätzen frei zugängliche WLAN-Zugangspunkte. Diese werden häufig von Geschäften, Cafés oder durch private Initiativen wie Freifunk bereitgestellt und ermöglichen Ihnen einen kostenlosen Internetzugang.

Sobald Sie Ihr Handy manuell mit einem WLAN-Zugangspunkt verbunden haben, stellt es künftig automatisch eine Verbindung her, sobald Sie sich erneut in dessen Reichweite befinden. Weitere Einstellungen sind dafür nicht erforderlich.

8.1.2 Datenflatrate des Netzbetreibers

Das Pixel-Handy ist wegen seiner Kommunikationsfunktionen auf eine dauerhafte Internetverbindung über das Mobilfunkinternet angewiesen. Sofern Sie ihr Gerät im Handy-Shop erworben haben, wird Sie der Verkäufer mit Sicherheit darauf aufmerksam gemacht haben, eine ausreichende Datenflatrate mit zu buchen. Für die meisten Nutzer reichen unserer Ansicht nach übrigens 2 GB/Monat an inkludiertem Übertragungsvolumen aus.

Sobald das im Paket enthaltene Datenvolumen überschritten wird, reduzieren die Netzbetreiber in der Regel die Übertragungsgeschwindigkeit auf ein niedrigeres Niveau. Dies macht sich im Webbrowser beispielsweise durch einen sehr langsamen Seitenaufbau bemerkbar.

Damit Sie den Datenverbrauch nachverfolgen können, empfehlen wir Ihnen, die von Ihrem Netzbetreiber bereitgestellte Anwendung aus dem Play Store (siehe Kapitel *17 Play Store*) zu installieren, welche den monatlichen Datenverbrauch anzeigt.

Zwar ist es möglich, die Option »*Mobile Daten*« zu deaktivieren (siehe Kapitel *8.2.2 Mobilfunk-Internet aktivieren/deaktivieren*), damit kein Mobilfunk-Internet genutzt wird, damit geht aber ein großer Teil des Charmes vom Pixel-Handy verloren.

8.1.3 Automatische Einrichtung

Sobald Sie das Handy nach dem Einlegen einer neuen SIM-Karte einschalten, werden alle Mobilnetz-abhängigen Einstellungen, darunter Mailbox, SMS-Konfiguration und mobiles Internet automatisch konfiguriert.

8.2 Umschaltung WLAN und Mobilfunk-Internet

Sie können festlegen, ob Ihr Gerät ausschließlich über WLAN oder auch über das Mobilfunknetz eine Internetverbindung herstellt. Bedenken Sie jedoch, dass Sie unterwegs nur mit einer aktiven Mobilfunkverbindung jederzeit online sind, da WLAN-Zugänge lediglich an bestimmten Orten wie Hotels, Bars oder Flughäfen verfügbar sind. An solchen Standorten weisen in der Regel Schilder auf das vorhandene WLAN-Angebot hin.

8.2.1 WLAN aktivieren/deaktivieren

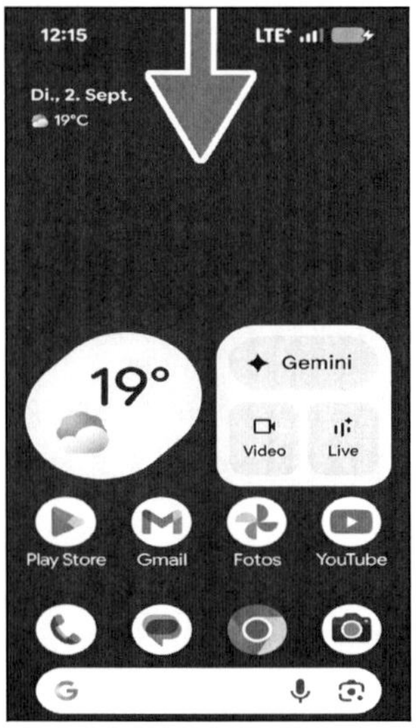

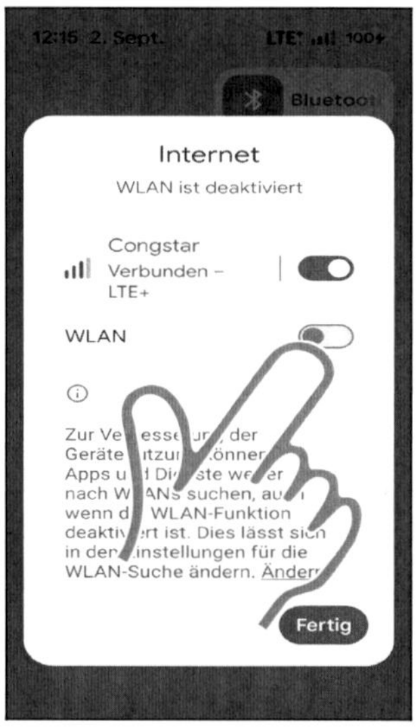

❶ Öffnen Sie mit einer Wischgeste das Benachrichtigungsfeld.

❷ Tippen Sie kurz auf die *Internet*-Schaltfläche.

❸ Den *WLAN*-Schalter aktivieren Sie, was WLAN am Handy aktiviert.

❶ Falls mehr als drei WLAN-Zugangspunkte vorhanden sind – was sehr häufig der Fall ist – sollten Sie auf *Alle ansehen* gehen.

❷ Wählen Sie einen WLAN-Zugangspunkt aus, den Sie nutzen möchten.

❸ Sofern dieser verschlüsselt ist, fragt Sie das Pixel-Handy nach dem Passwort, das Sie eventuell vom WLAN-Betreiber erfragen müssen. Betätigen Sie *Verbinden*.

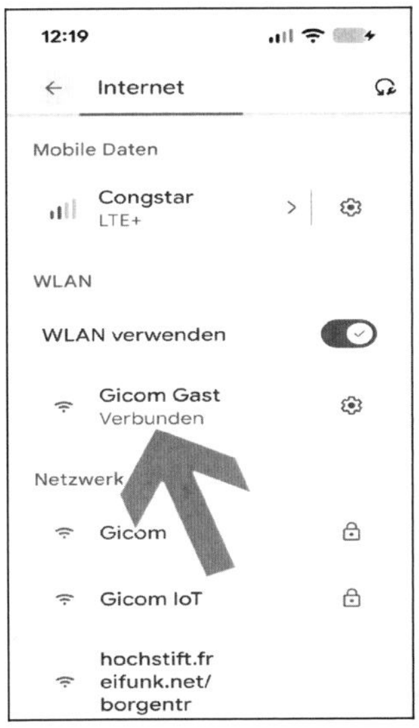

❶ Beim WLAN-Zugangspunkt erscheint nach einigen Sekunden der Hinweis *Verbunden*. Sie können nun Internet über WLAN nutzen. Über die ●-Taste verlassen Sie den WLAN-Bildschirm.

❷ Auf eine genutzte WLAN-Verbindung weist das ᯤ-Symbol in der Titelleiste hin (Pfeil).

Vielleicht haben Sie bereits einen WLAN-Zugangspunkt auf dem Galaxy eingerichtet? In diesem Fall erscheint nicht das WLAN-Auswahlmenü, sondern das Handy baut sofort die Verbindung zum WLAN-Zugangspunkt auf.

Weitere Hinweise zur WLAN-Nutzung finden Sie im Kapitel *9 WLAN*.

Wenn Sie WLAN am Pixel deaktivieren und dann nochmals eine Verbindung zu einem verschlüsselten WLAN aufbauen, wird das benötigte Passwort nicht erneut abgefragt.

Falls Sie sich bei der Passworteingabe vertan haben, erscheint eine Fehlermeldung. Wählen Sie dann den WLAN-Zugangspunkt erneut in der Liste aus und geben Sie das korrekte Passwort ein.

8.2.2 Mobilfunk-Internet aktivieren/deaktivieren

Haben Sie keinen Mobilfunkvertrag mit Datenflatrate, dann sollten Sie das Mobilfunk-Internet am Pixel-Handy ausschalten.

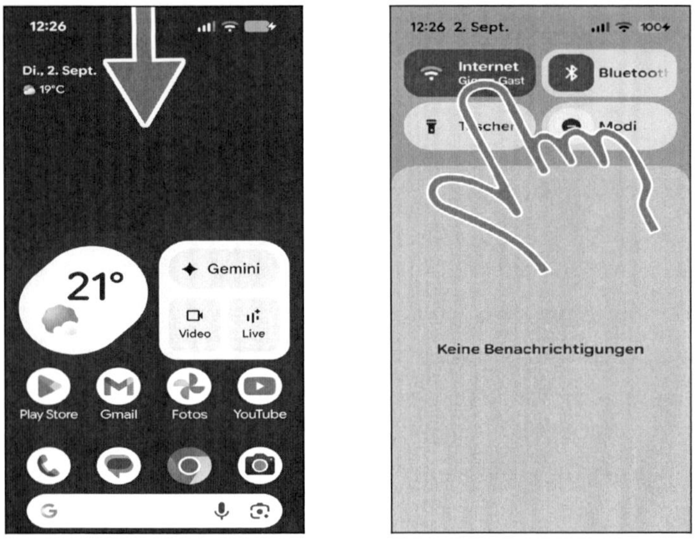

❶❷ Öffnen Sie – wie Sie es bereits gelernt haben – das Benachrichtigungsfeld und betätigen Sie die *Internet*-Schaltfläche.

❶ Jetzt deaktivieren Sie den Schalter hinter dem Namen des Mobilnetzbetreibers.

❷ Die einmalige Sicherheitsabfrage beantworten Sie mit *Deaktivieren.* Das Mobilfunk-Internet ist damit ausgeschaltet. Auf dem gleichen Wege aktivieren Sie das Mobilfunk-Internet später wieder.

❸ Hinter dem Mobilfunk-Symbol in der Titelleiste weist ein »!« auf das deaktivierte Mobilfunk-Internet hin.

8.3 Empfangsstärke Mobilfunk und WLAN

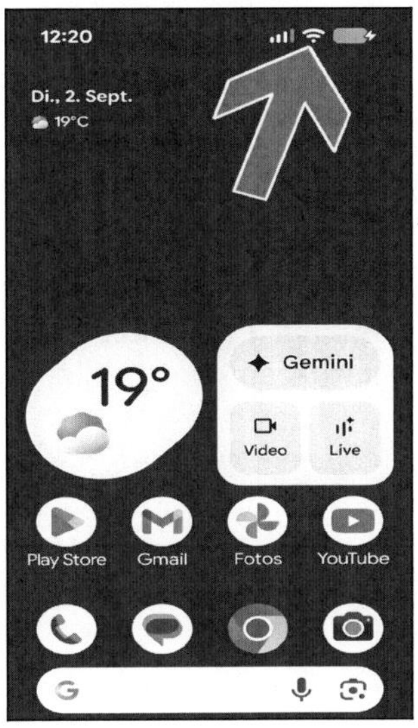

Für eine gute und unterbrechungsfreie Datenübertragung über WLAN oder Mobilfunknetz ist eine hohe Signalstärke jeweils Voraussetzung.

Die Signalstärke erkennen Sie an den Symbolen (für WLAN) und (für Mobilfunknetz) in der Titelleiste (Pfeil). Wenn die Symbole nicht voll ausgefüllt sind, besteht kein optimaler Empfang, das heißt, Sie befinden sich etwas weiter vom WLAN-Zugangspunkt/Mobilfunkmast entfernt oder ein Hindernis wie Hügel oder Häuser stehen zwischen Ihnen und dem nächsten Mobilfunkmast. Die Balkenangaben sind naturgemäß recht ungenau, was aber meistens keinen Beinbruch darstellt.

9. WLAN

In den meisten Haushalten und Büros ist ein WLAN-Zugangspunkt anzutreffen, denn heute erhält man mit der Einrichtung eines Internetanschlusses, egal ob über Kabel, DSL oder Glasfaser auch gleich ein Zugangsgerät (»Router«) mit WLAN-Unterstützung.

9.1 WLAN-Verbindung aufbauen

Wenn Sie das erste Mal WLAN nutzen, müssen Sie erst das WLAN-Modul am Pixel einschalten und dann eine Verbindung zum WLAN-Router (WLAN-Zugangspunkt) aufbauen, was in diesem Kapitel beschrieben wird.

Beachten Sie auch Kapitel *8.2 Umschaltung WLAN und Mobilfunk-Internet*, in dem erläutert wird, wie Sie zwischen WLAN- und Mobilfunk-Internet umschalten.

9.1.1 WLAN über die Einstellungen einrichten

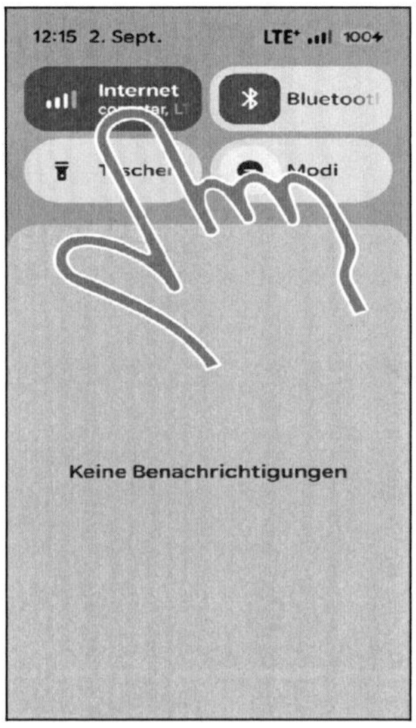

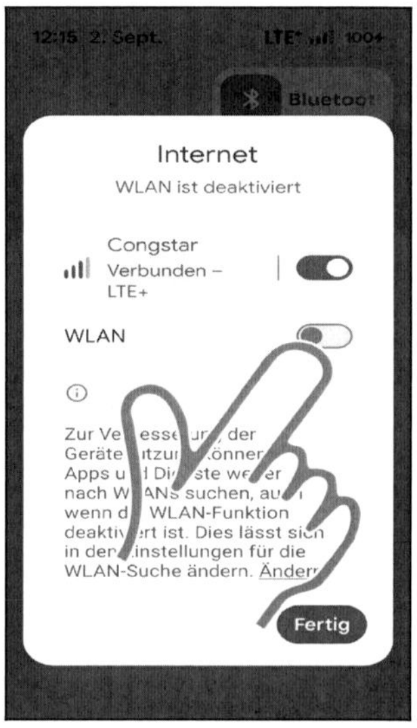

❶ Öffnen Sie mit einer Wischgeste das Benachrichtigungsfeld.

❷ Tippen Sie kurz auf die WLAN-Schaltfläche.

❸ Den *WLAN*-Schalter aktivieren Sie, wodurch WLAN am Handy aktiviert wird.

❶ Falls mehr als drei WLAN-Zugangspunkte vorhanden sind – was sehr häufig der Fall ist – sollten Sie auf *Alle ansehen* gehen.

❷ Wählen Sie einen WLAN-Zugangspunkt aus, den Sie nutzen möchten.

❸ Sofern dieser verschlüsselt ist, fragt Sie das Pixel-Handy nach dem Passwort, das Sie eventuell vom WLAN-Betreiber erfragen müssen. Betätigen Sie *Verbinden*.

❶ Beim WLAN-Zugangspunkt erscheint nach einigen Sekunden der Hinweis *Verbunden*. Sie können nun Internet über WLAN nutzen. Über die ●-Taste verlassen Sie den WLAN-Bildschirm.

❷ Auf eine genutzte WLAN-Verbindung weist das -Symbol in der Titelleiste hin (Pfeil).

Falls Sie sich bei der Passworteingabe vertan haben, erscheint eine Fehlermeldung. Wählen Sie dann den WLAN-Zugangspunkt erneut in der Liste aus und geben Sie das korrekte Passwort ein.

9.1.2 WLAN über QR-Code einrichten

Einige kommerzielle WLAN-Betreiber ersparen dem Nutzer das umständliche Eintippen des Passworts.

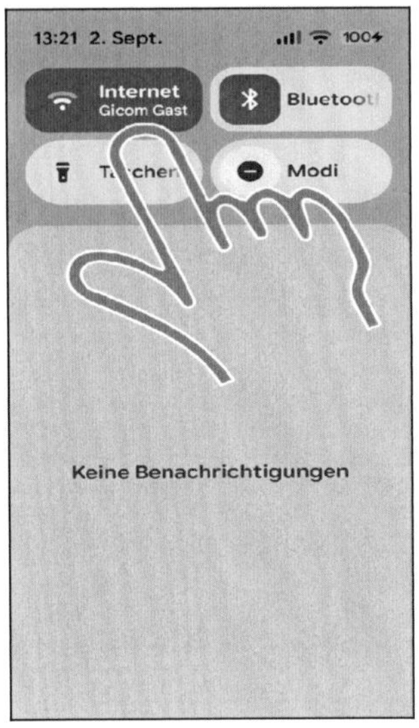

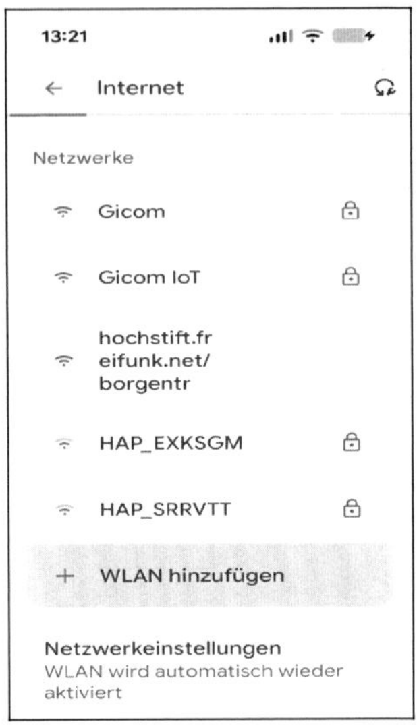

❶ Beispiel für einen WLAN-QR-Code, wie Sie ihn mancherorts auf Flyern oder Plakaten vorfinden.

❷❸ Öffnen Sie das Benachrichtigungsfeld, dann tippen und halten Sie den Finger auf der *Internet*-Schaltfläche, bis der WLAN-Bildschirm erscheint. Gehen Sie hier auf *WLAN hinzufügen.*

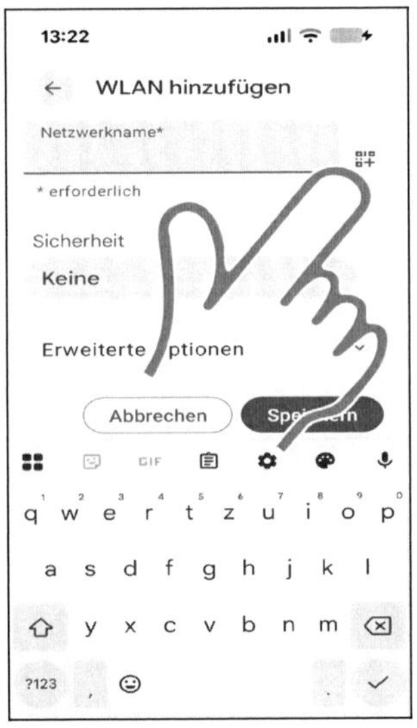

❶❷ Tippen Sie auf und halten Sie die Kamera auf den QR-Code. Die WLAN-Verbindung wird hergestellt.

9.2 WLAN-Zugangspunkte verwalten

Im *WLAN*-Menü wechseln Sie unter anderem zwischen den genutzten WLAN-Zugangspunkten.

❶ Öffnen Sie das Benachrichtigungsfeld, dann tippen und halten Sie den Finger auf der *Internet*-Schaltfläche, bis das Handy zur WLAN-Auflistung umschaltet.

❷ Sind mehrere WLAN-Zugangspunkte verfügbar, so können Sie sehr einfach zwischen diesen wechseln: Tippen Sie einfach auf einen der Zugangspunkte, worauf entweder nach dem zugehörigen Passwort gefragt oder sofort die Verbindung aufgebaut wird.

9.2.1 WLAN-Einstellungen

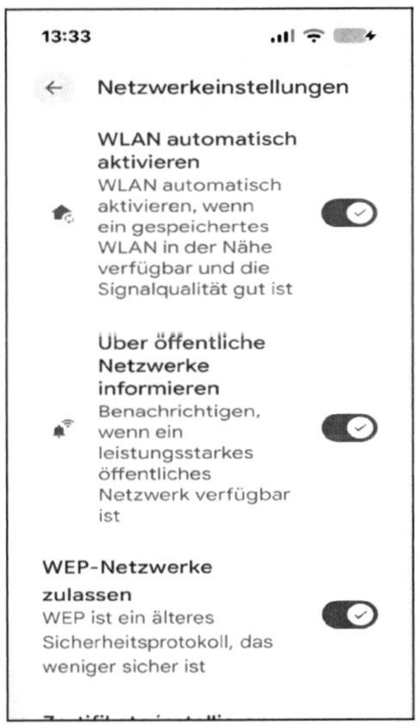

❶❷ Rufen Sie, wie bereits in den vorherigen Kapiteln beschrieben, das WLAN-Menü auf. Unterhalb der Auflistung der WLAN-Zugangspunkte öffnen Sie das Menü *Netzwerkeinstellungen*:

- *WLAN automatisch aktivieren*: Wenn Sie WLAN am Handy ausgeschaltet haben, aktiviert es sich automatisch in der Nähe von WLAN-Zugangspunkten, die bereits mal mit dem Handy verbunden waren.
- *Über öffentliche Netzwerke informieren*: Wenn Sie diese Option aktivieren, baut das Handy automatisch nach einer Sicherheitsabfrage eine Verbindung zu unverschlüsselten WLAN-Zugangspunkten auf.
- *WEP-Netzwerke zulassen*: Einige ältere WLAN-Zugangspunkte nutzen noch WEP für die Verschlüsselung, das inzwischen als unsicher gilt.
- *Zertifikate installieren*: Einige Programme benötigen spezielle Verschlüsselungszertifikate, beispielsweise in Unternehmensnetzwerken, welche Sie hiermit installieren.
- *Wi-Fi Direct*: Dateiübertragung zu einem anderen Android-Gerät per WLAN. Weil dies per WhatsApp oder E-Mail einfacher ist, wird Wi-Fi Direct in der Praxis nie genutzt.

10. Gmail

Wie bereits im Kapitel *2.1 Das ist bei Android anders* erläutert, dient das von Ihnen angelegte Google-Konto – im Format *(Ihr Name)@gmail.com* auch als E-Mail-Adresse. Mit der in diesem Kapitel vorgestellten Gmail-Anwendung können Sie E-Mails senden, empfangen und verwalten.

Falls Sie bereits eine eigene E-Mail-Adresse (beispielsweise von Ihrem Arbeitgeber, oder ein E-Mailkonto bei GMX, T-Online usw.) besitzen, verwenden Sie am besten die vom jeweiligen Anbieter im Google Play Store (siehe Kapitel *17 Play Store*) bereitgestellte Anwendung. Suchen Sie dort beispielsweise nach »*GMX*«, um die »GMX-Mail & Cloud«-Anwendung zu installieren.

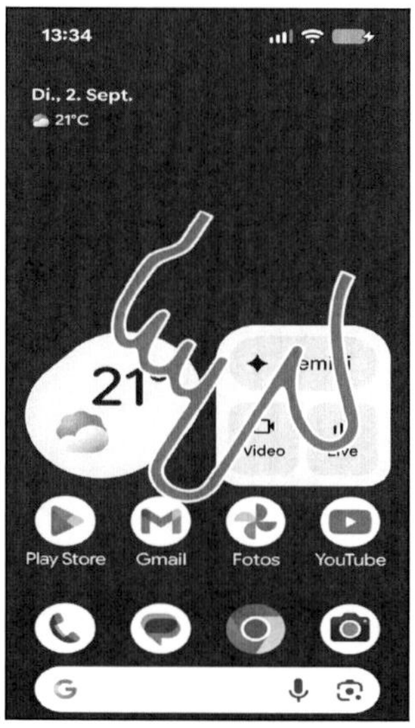

➊ Gehen Sie im Startbildschirm oder Hauptmenü auf *Gmail.*

➋➌ Betätigen Sie beim ersten Start *OK* und dann *WEITER ZU GMAIL.*

➊ Das einmalig angezeigte Popup beantworten Sie mit *Zulassen.* Falls Sie aus Versehen die *Nicht zulassen*-Schaltfläche betätigen, ist das auch kein Beinbruch: Im Kapitel *28.1 Benachrichtigungen aktivieren* erfahren Sie, wie Sie diesen Fehler korrigieren.

➋➌ Zwischendurch – wenn Sie die Gmail-Anwendung bereits einige Zeit nutzen – werden Sie gefragt, ob Sie die Automatiken nutzen möchten. Betätigen Sie dann *Weiter* und *Speichern.*

Google wertet künftig die E-Mail-Inhalte aus und ordnet beispielsweise E-Mails den Kategorien *Werbung* oder *Soziale Netzwerke* zu.

10.1 Meet-Funktion

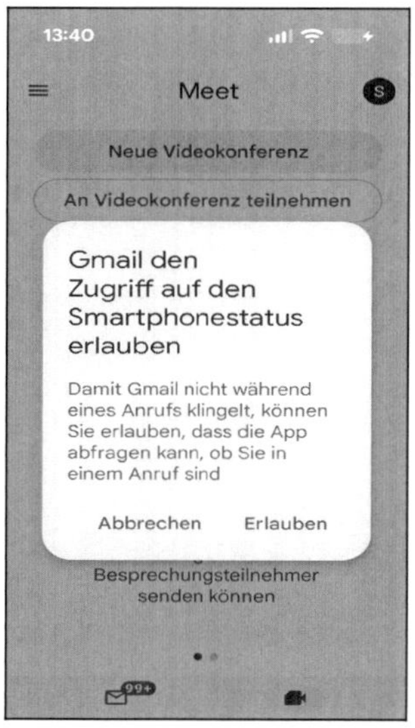

➊ Beim ersten Gmail-Aufruf erscheint ein Popup, das Sie mit *OK* schließen.

➋➌ Am unteren Bildschirmrand sind zwei Register vorhanden, mit denen Sie zwischen *E-Mail* und der Videokonferenzfunktion *Meet* umschalten. Wir gehen auf Letzteres noch im Kapitel *10.6 Meet* ein.

10.2 Gmail in der Praxis

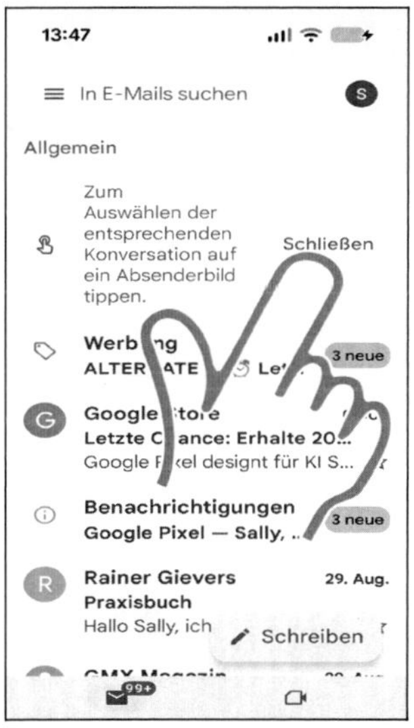

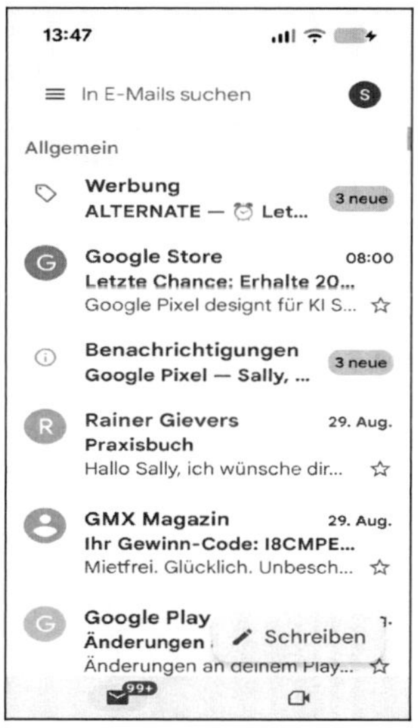

➊ Ab und zu erscheinen Hinweise, bei denen Sie einfach *Schließen* oder *Nein danke* betätigen.

➋ Die großen bunten Symbole vor den einzelnen Nachrichten enthalten jeweils den ersten Buchstaben des Absenders, im Beispiel also »G« für Google usw.

Bitten Sie Bekannte, Ihnen E-Mails an Ihr Gmail-E-Mail-Adresse (= Ihr Google-Konto) zu senden. Auf diesem Wege können Sie die folgenden Anweisungen direkt nachvollziehen.

10.2.1 E-Mails abrufen

➊ Für die Synchronisierung der E-Mails in der Gmail-Anwendung mit dem E-Mail-Konto führen Sie eine Wischgeste von oben nach unten in der E-Mail-Oberfläche durch (dies ist in der Regel aber nicht nötig, weil neue Nachrichten automatisch abgerufen werden).

➋➌ Alternativ können Sie sich die neuen E-Mails auch auf einem weiteren Wege anzeigen: Wenn neue Nachrichten vorliegen, erscheint in der Titelleiste ein M-Symbol (Pfeil). Öffnen Sie das Benachrichtigungsfeld (siehe Kapitel *4.10 Titelleiste und Benachrichtigungsfeld*) und tippen Sie auf die neue Nachricht, worauf der Gmail-Posteingang angezeigt wird. Sofern nur eine neue Nachricht empfangen wurde, zeigt Gmail diese statt des Posteingangs an. Auch das Archivieren (siehe Kapitel *10.3.3 Archivieren*) und Beantworten einer Nachricht ist direkt über zwei Schaltflächen im Benachrichtigungsfeld möglich.

Die Gmail-Anwendung arbeitet speicheroptimiert, das heißt beim Blättern in der Nachrichtenauflistung lädt sie automatisch die als nächstes anzuzeigenden Mails nach. Dies kann bei einer langsamen Mobilfunkverbindung manchmal einige Sekunden dauern. Sie sehen dann »*Konversationen werden geladen*«.

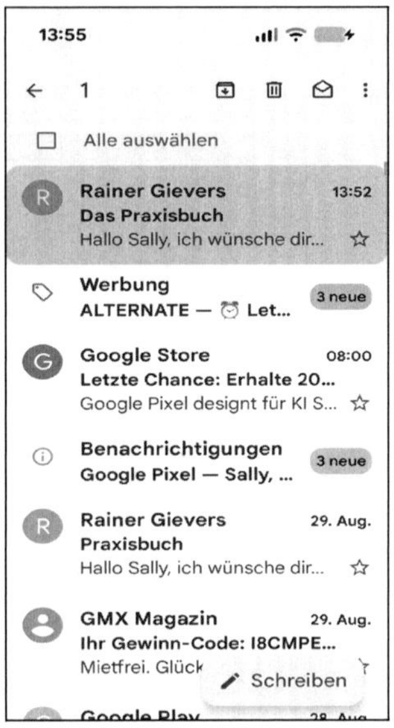

➊ Alle noch ungelesenen Nachrichten erscheinen in Fettschrift. Tippen Sie nun eine Nachricht an, die Sie lesen möchten.

➋ Die Bedeutung der Schaltflächen am oberen Bildschirmrand:

- (Archivieren): Entfernt eine Nachricht aus dem Posteingang, ohne sie zu löschen. Siehe auch Kapitel *10.3.3 Archivieren*.
- : Nachricht löschen.

- ✉ (Ungelesen): Setzt den Nachrichtenstatus auf »ungelesen« und schaltet wieder auf den Posteingang um.

❸ Über eine Kneifgeste (zwei Finger, beispielsweise Daumen und Zeigefinger, gleichzeitig auf das Display drücken), können Sie die Ansicht vergrößern/verkleinern. Verschieben Sie bei Bedarf dann mit dem Finger den angezeigten Bildschirmausschnitt. Alternativ tippen Sie zweimal schnell hintereinander auf den Nachrichtentext.

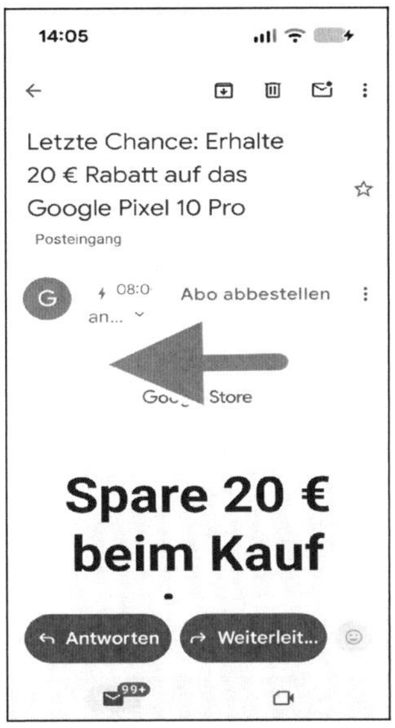

❶ Ziehen Sie mit angedrücktem Finger nach links/rechts, um zur nächsten älteren/neueren Nachricht zu blättern.

❷ Die ↰-Schaltfläche erstellt eine Antwort-Nachricht an den Absender.

❶❷ Das ⋮-Menü:

- *Allen antworten*: Sofern die E-Mail mehrere Empfänger enthält, können Sie Ihre Antwort-Nachricht an alle Empfänger senden. Wir raten davon aber ab, weil dies unter Umständen zu peinlichen Situationen führen kann, beispielsweise, wenn ein Kunde die interne Kommunikation eines Unternehmens zugesandt bekommt.
- *Weiterleiten*: Erstellt eine neue Nachricht mit dem Nachrichtentext.
- *Markieren; Markierung entfernen*: Markiert eine Nachricht als Favoriten beziehungsweise entfernt die Markierung wieder. Siehe Kapitel *10.3.6 Markierungen.*
- *Ab hier als ungelesen markieren*: Setzt den »Gelesen«-Status für diese und alle früher empfangenen Nachrichten wieder zurück.

- *Übersetzen*: Fremdsprachlichen E-Mail-Text nach Deutsch übersetzen.
- *Drucken*: Auf die Druckausgabe geht dieses Buch nicht ein.
- *Ab hier als ungelesen markieren*: Setzt den »Gelesen«-Status für diese und alle früher empfangenen Nachrichten wieder zurück.
- *xxx blockieren*: Künftig landen alle E-Mails des Absenders im *Spam*-Ordner.
- *Spam melden*: Blockieren und bei Google als Spam melden.

❶❷ Weitere wichtige Funktionen finden Sie am Ende der E-Mail: Mit den Schaltleisten können Sie die Nachricht beantworten oder weiterleiten.

❸ Die ☺-Schaltleiste fügt der Nachricht eine Reaktion hinzu, die dann beim Absenders erscheint, zum Beispiel ein »Daumen hoch«. Falls der Absender kein Gmail nutzt, erhält er eine separate Nachricht mit dem Hinweis auf Ihre Reaktion (»*xxx hat über Gmail reagiert*«).

10.2.2 Dateianlagen

❶❷ Nachrichten mit Dateianlagen erhalten einen Hinweis (Pfeil) in der Nachrichtenauflistung. Tippen Sie sie an für die Anzeige.

❸ Alternativ tippen Sie einen Dateianhang in der Nachrichtenanzeige an.

Heruntergeladene Dateianlagen landen im Verzeichnis *Download* auf dem Handy

10.2.3 Labels

Labels haben bei Gmail die gleiche Funktion wie Ordner. Deshalb werden auch die klassischen E-Mail-Ordner *Postausgang*, *Entwürfe*, *Gesendet* usw. bei Gmail als »Label« bezeichnet. Man darf einer Mail mehrere Labels gleichzeitig zuweisen.

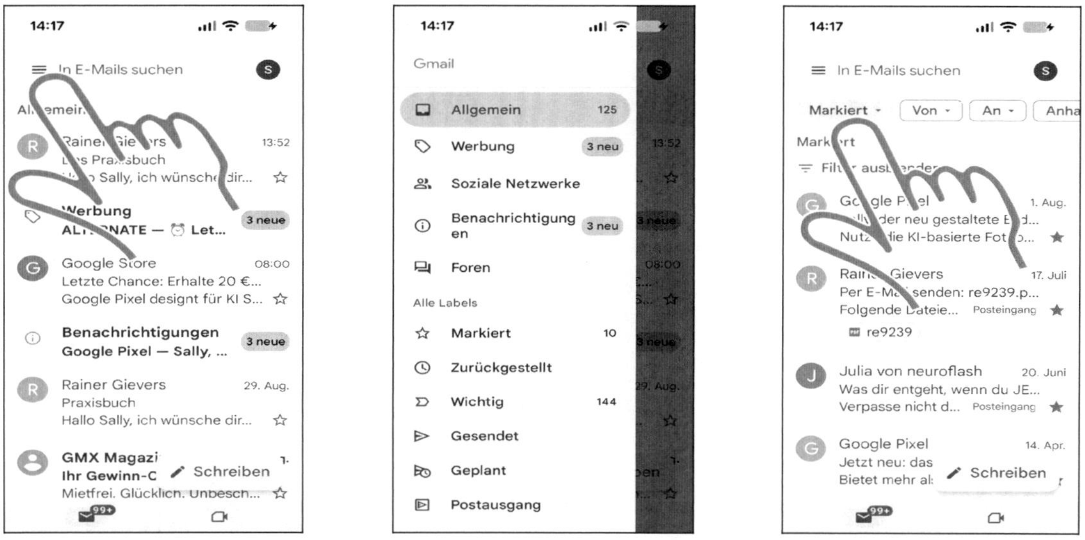

❶❷ Zur Anzeige der E-Mails eines Labels tippen Sie oben links (Pfeil) für das Ausklappmenü:

Die Nachrichten sind eingeteilt nach:

- *Alle Posteingänge*: Falls Sie mehrere Google-Konten nutzen, zeigen Sie diese alle zusammen an.
- *Allgemein:* Nachrichten von Freunden und Verwandten sowie sonstige Nachrichten, die nicht in einem der anderen Labels angezeigt werden.
- *Werbung*: Werbeaktionen, Angebote und sonstige Werbe-E-Mails.
- *Soziale Netzwerke*: E-Mails aus sozialen Netzwerken, Plattformen zum Teilen von Inhalten, Online-Partnervermittlungen, Spieleplattformen oder anderen sozialen Websites.
- *Benachrichtigungen:* Benachrichtigungen wie Bestätigungen, Belege, Rechnungen und Kontoauszüge.
- *Foren:* E-Mails aus Online-Gruppen, Diskussionsforen und Mailinglisten.

Unter *Alle Labels* finden Sie:

- *Markiert*: Der »Markiert«-Status kann Nachrichten oder Konversationen zugewiesen werden. Siehe dazu auch Kapitel *10.3.6 Markierungen*.
- *Zurückgestellt*: Sie können sich an Nachrichten, die Sie erst später bearbeiten wollen, erinnern lassen. Siehe Kapitel *10.3.2 Zurückstellen*.
- *Wichtig*: Gmail erkennt automatisch Nachrichten, die für Sie interessant oder wichtig sind und ordnet sie unter *Wichtig* ein. Siehe auch Kapitel *10.3.5 Wichtig-Ordner*.
- *Gesendet*: Versandte Nachrichten.
- *Postausgang*: Zum Versand bereitstehende Nachrichten.
- *Entwürfe*: Nachrichten, die bereits vorbereitet, aber noch nicht versandt wurden.
- *Alle E-Mails*: Zeigt alle Mails sortiert als sogenannte Konversationen an.
- *Spam*: Als Spam erkannte Mails.
- *Papierkorb*: Von Ihnen gelöschte Mails.

Tippen Sie ein Label, deren zugeordneten E-Mails Sie ansehen möchten, an.

❸ Am oberen Bildschirmrand (Pfeil) sehen Sie, in welchem Ordner Sie sich gerade befinden.

Auf die Funktion der einzelnen Label gehen die folgenden Kapitel ein. Nicht genutzte Label blendet die Gmail-Anwendung aus.

Befinden Sie sich in einem anderen Ordner als *Allgemein*, dann kehren Sie mit der ◀-Taste wieder zu *Allgemein* zurück.

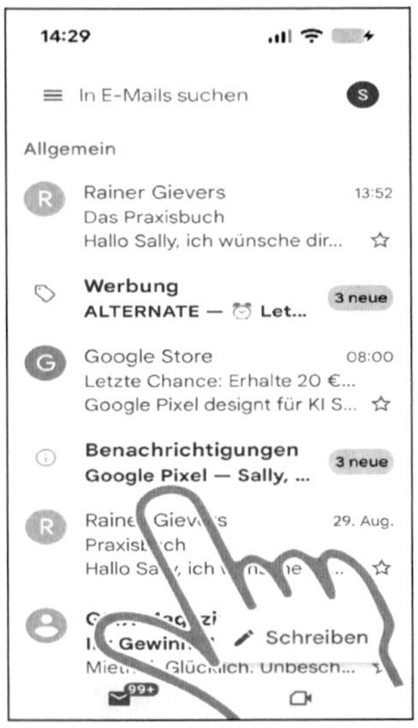

❶❷ Im Beispiel wurden E-Mails von Gmail automatisch dem Label *Benachrichtigungen* zugewiesen. Tippen Sie ein Label an, um dessen Inhalt aufzulisten.

❶❷ Alternativ gehen Sie im Ausklappmenü auf das Label.

Die ◀-Taste bringt Sie wieder in die E-Mail-Gesamtansicht zurück.

10.2.4 E-Mails beantworten

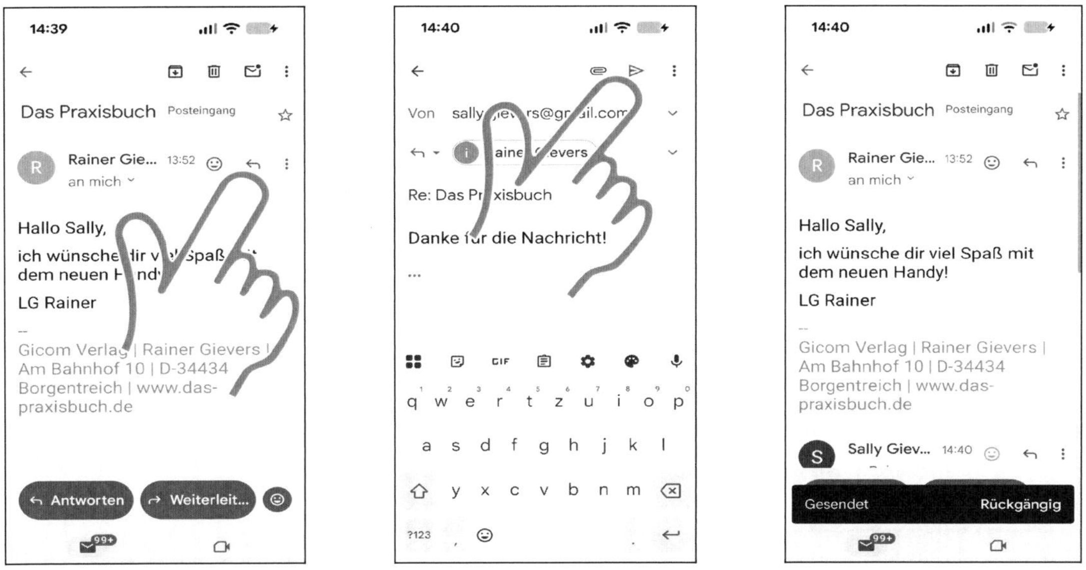

❶ Zum Beantworten einer gerade angezeigten E-Mail betätigen Sie einfach die ↰-Schaltfläche (Pfeil). Alternativ gehen Sie auf *Antworten* am Ende des E-Mail-Textes.

❷ Geben Sie nun den Nachrichtentext ein und betätigen Sie ▷. Es erscheint dann für einige Sekunden der Hinweis »*Nachricht wird gesendet*«, während die Nachricht verschickt wird.

❸ Die von Ihnen verschickte E-Mail erscheint unter dem Nachrichtentext der beantworteten. Verlassen Sie den Bildschirm mit der ◀-Taste.

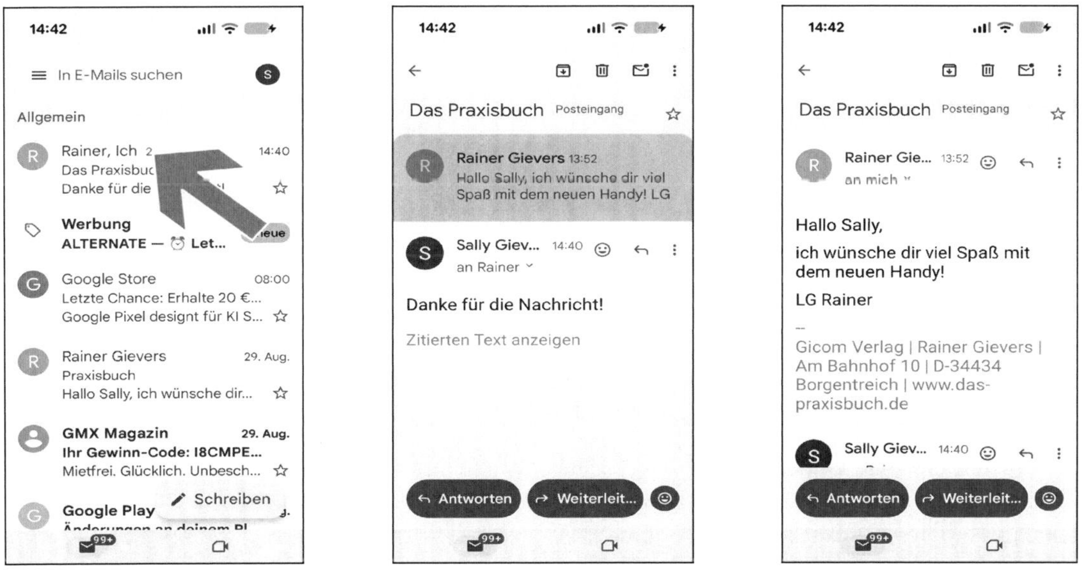

❶ Gmail verwaltet die Nachrichten als »Konversationen«, das heißt, alle Nachrichten, die Sie mit einem Kommunikationspartner austauschen, werden unter einem Eintrag zusammengefasst. Sie erkennen die Konversationen daran, dass beim Betreff ein »*ich*« und die Zahl der ausgetauschten Nachrichten erscheint. Tippen Sie den Betreff an, um die Konversation anzuzeigen.

❷❸ Es erscheinen Karteireiter mit den Nachrichten, die Sie mit dem Kommunikationspartner ausgetauscht haben. Tippen Sie einen Karteireiter an, um die zugehörige Nachricht auszufalten. Erneutes Antippen eines Karteireiters blendet die Nachricht wieder aus. Mit einer vertikalen Wischgeste können Sie zudem durch die aufgeklappten Nachrichten rollen.

10.2.5 E-Mail neu schreiben

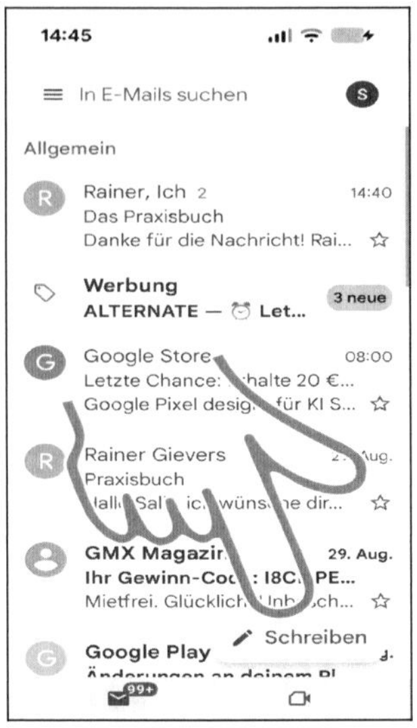

❶ Betätigen Sie die bunte *Schreiben*-Schaltfläche (Pfeil).

❷ Im *An*-Feld erfassen Sie nun den Empfänger.

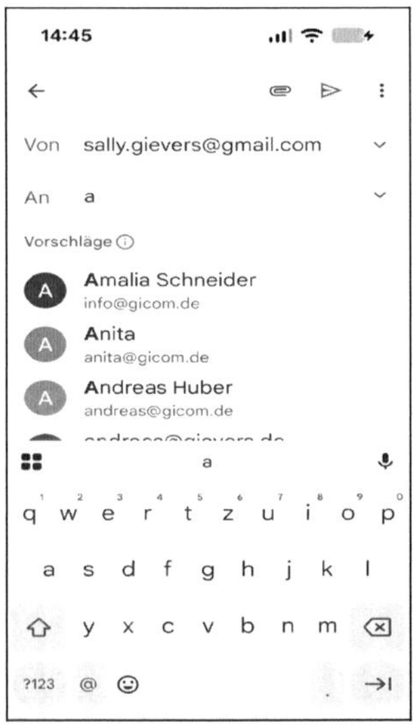

❶ Gmail sucht bereits bei der Eingabe des Kontaktnamens passende E-Mail-Adressen und listet diese auf. Tippen Sie einfach die Gewünschte an.

❷ Die E-Mail-Adresse landet im Empfängerfeld. Falls Sie einen weiteren Empfänger hinzufügen möchten, geben Sie diesen einfach dahinter ein. Geben Sie nun Betreff und Nachrichtentext ein und betätigen Sie ▷ (oben rechts) zum Senden.

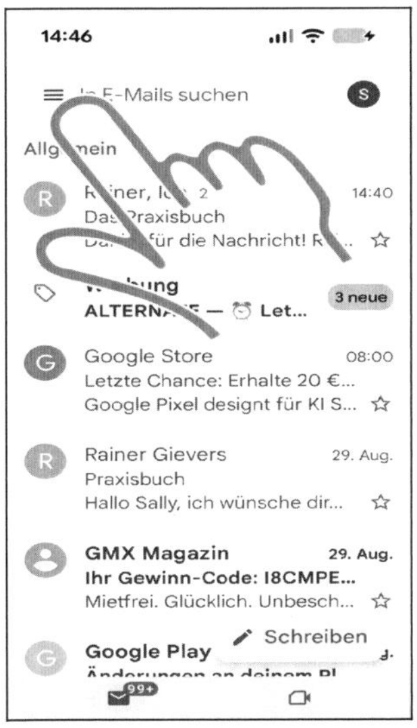

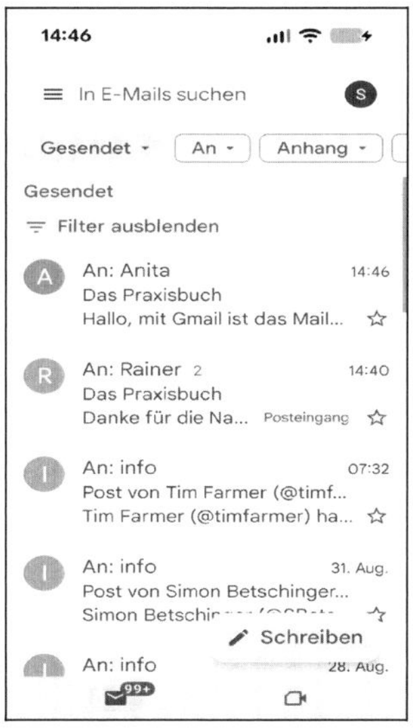

➊ Die versandte Mail finden Sie im *Gesendet*-Ordner. Aktivieren Sie dafür das Ausklappmenü (Pfeil).

➋➌ Wählen Sie *Gesendet* aus, worauf die versandten Nachrichten aufgelistet werden.

10.2.6 Weitere Funktionen bei der E-Mail-Erstellung

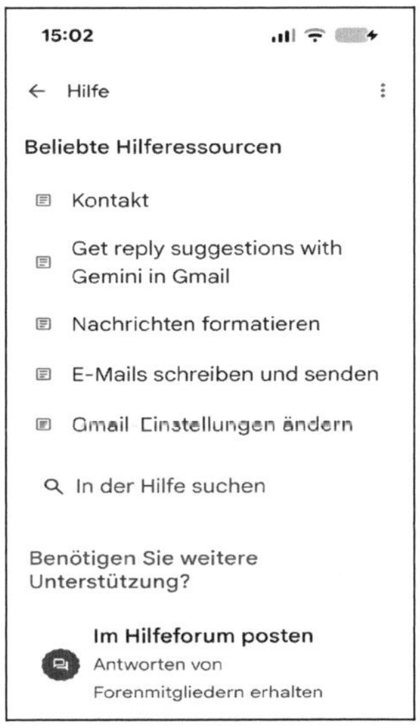

➊ Im E-Mail-Editor finden im ⋮-Menü folgende Optionen:

- *Senden planen*: E-Mail nicht sofort versenden, sondern zu einem anderen Zeitpunkt.
- *Aus Kontakten hinzufügen*: Weiteren Empfänger hinzufügen (nur wenn Sie sich gerade im Empfänger-Eingabefeld befinden).
- *Modus "Vertraulich"*: Damit schränken Sie den Handlungsspielraum des Empfängers ein. Dies kann die E-Mail nicht weiterleiten und benötigt zum Öffnen gegebenenfalls einen Sicherheitscode. Hat der Empfänger keine Gmail-Adresse, so erhält er einen Link, über den er die E-Mail auf der Gmail-Webseite öffnet.
- *Entwurf speichern*: Speichert die E-Mail als Entwurf. Siehe Kapitel *10.2.7 Entwürfe*.
- *Verwerfen*: Nachricht ohne zu senden verwerfen.
- *Einstellungen*: Die Einstellungen beschreibt bereits Kapitel *10.4 Einstellungen*.
- *Hilfe und Feedback* (➋): Ausführliche Hilfeseiten. Falls Ihnen etwas an Gmail auffällt, das Ihnen nicht gefällt können Sie es außerdem an Google senden.

10.2.6.a Cc/Bcc

❶❷ Über ✓ (Pfeil) hinter dem *An*-Eingabefeld aktivieren Sie zusätzliche Eingabefelder. Deren Bedeutung:

- *Cc*: Der Begriff Cc steht für »Carbon Copy«, zu deutsch »Fotokopie«. Der ursprüngliche Adressat (im *An*-Eingabefeld) sieht später die unter *Cc* eingetragenen weiteren Empfänger. Die *Cc*-Funktion ist beispielsweise interessant, wenn Sie ein Problem mit jemandem per E-Mail abklären, gleichzeitig aber auch eine zweite Person von Ihrer Nachricht Kenntnis erhalten soll.
- *Bcc*: Im *Bcc* (»Blind Carbon Copy«)-Eingabefeld erfassen Sie weitere Empfänger, wobei der ursprüngliche Adressat im *An*-Feld nicht mitbekommt, dass auch noch andere Personen die Nachricht erhalten.

10.2.6.b Dateianlage

❶ Mit 📎 (Pfeil) fügen Sie Ihrer E-Mail eine Datei als Anhang hinzu.

❷ Wählen Sie dann aus:

- *Foto*: Ein mit der Kamera erstelltes Foto verwenden.
- *Kamera*: Foto mit der Kamera erstellen und einfügen.
- *Dateien*: Eine beliebige Datei (zum Beispiel ein Word-Dokument).
- *Drive*: Eine Datei aus dem Online-Speicherdienst Google Drive (siehe Kapitel *23.4 Google Drive*) übernehmen.

In unserem Beispiel gehen wir auf *Dateien*.

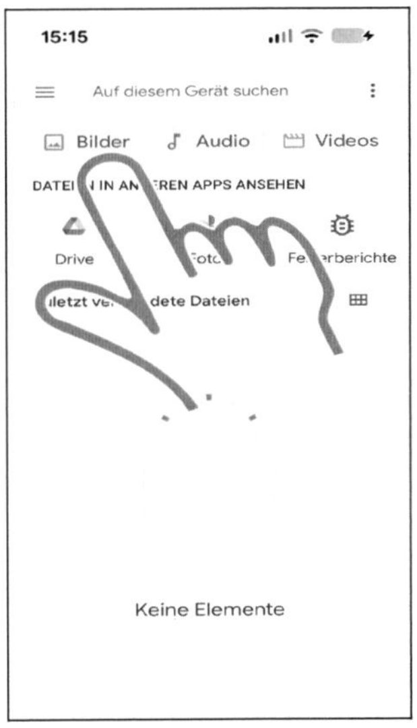

❶ Gmail listet die zuletzt auf das Gerät kopierten beziehungsweise genutzten Dateien auf, wovon Sie die gewünschte antippen. Alternativ wählen Sie einen Dateityp aus, in unserem Beispiel *Bilder.*

❷ Tippen und halten Sie den Finger über der ersten Datei, bis diese markiert ist, danach markieren Sie weitere Dateien durch kurzes Antippen. Betätigen Sie dann oben rechts im Bildschirm *Auswählen.*

❸ Zum Entfernen der Bilddatei tippen Sie auf die **X**-Schaltfläche (Pfeil).

10.2.7 Entwürfe

Manchmal kommt es vor, dass man eine fertige Nachricht erst später verschicken möchte. Dafür bietet sich die Entwürfe-Funktion an.

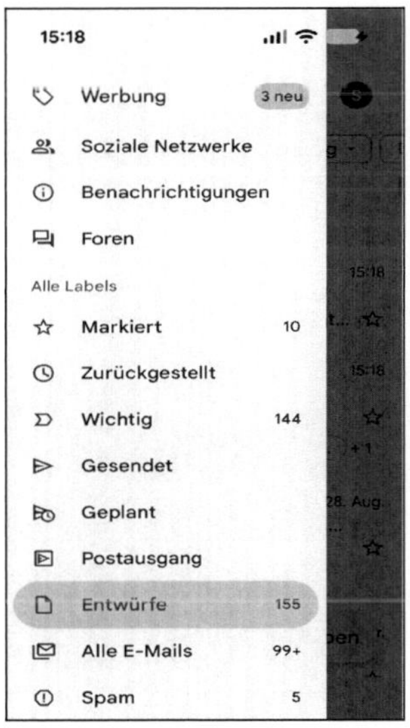

❶ Geben Sie die Nachricht wie gewohnt ein. Danach betätigen Sie zweimal die ▼- beziehungsweise ◀-Taste, worauf die Meldung »*Nachricht als Entwurf gespeichert*« erscheint und Gmail zur Nachrichtenübersicht zurückkehrt.

❷❸ Aktivieren Sie das Ausklappmenü und rufen Sie darin *Entwürfe* auf.

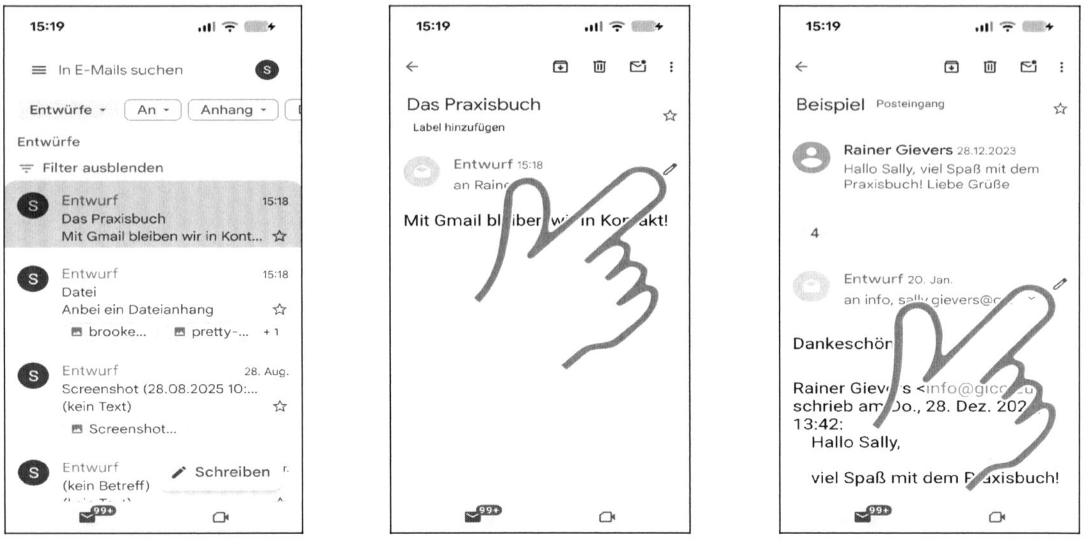

➊ Tippen Sie in der Auflistung des *Entwürfe*-Ordners eine Nachricht an, die Sie bearbeiten und später verschicken möchten.

➋ Zum Bearbeiten und späteren Senden des Entwurfs tippen Sie 🖉 an.

➌ Eine Besonderheit gibt es bei Nachrichten, die man als Antwort geschrieben hat und dann als Entwurf speichert: In diesem Fall wird der Entwurf in die Konversation eingebettet und es erscheint dort der Hinweis »*Entwurf*«.

10.2.8 E-Mails löschen

➊ Zum Entfernen einer E-Mail oder Konversation verwenden Sie in der E-Mail-Detailansicht 🗑.

➋ Die Nachricht ist dann entfernt und Gmail schaltet in den Posteingang um. Falls Sie sich mit dem Löschen vertan haben, ist es noch möglich, den Löschvorgang durch Antippen von *Rückgängig machen* am unteren Bildschirmrand rückgängig zu machen. Dieser Hinweis verschwindet allerdings, wenn Sie im E-Mail-Programm weiterarbeiten, also beispielsweise eine Nachricht öffnen oder den E-Mail-Ordner wechseln.

Wenn Sie zum ersten Mal eine Nachricht löschen, fragt Sie das Handy, wie nach dem Löschen verfahren werden soll. Tippen Sie *Konversationsliste* an, damit Gmail dann in die Nachrichtenansicht zurückkehrt.

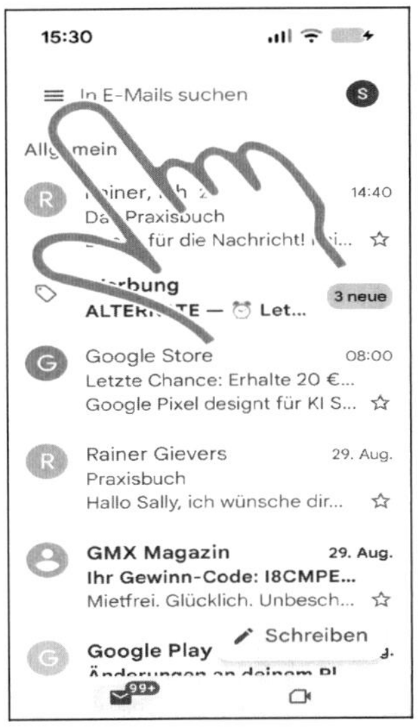

❶❷ Die gelöschten Mails sind aber noch nicht verloren, sondern werden im *Papierkorb*-Ordner zwischengespeichert. Diesen erreichen Sie, indem Sie ins Ausklappmenü gehen (Pfeil), dann das *Papierkorb*-Label auswählen.

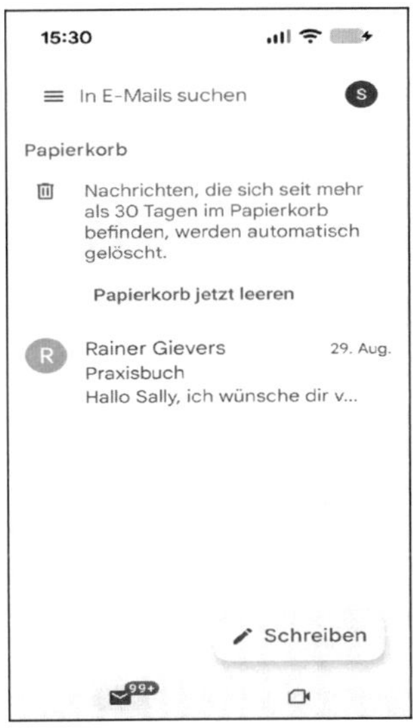

❶ Im Prinzip verhält sich der *Papierkorb*-Ordner ähnlich wie der *Posteingang*, das heißt Sie können hier die Nachrichten noch einmal ansehen. Die gelöschten Nachrichten werden im Papierkorb für 30 Tage vorgehalten.

❷❸ Zum »Retten« einer Nachricht aus dem Papierkorb verschieben Sie sie einfach wieder in den Posteingang. Gehen Sie in der Nachrichtenansicht auf ⋮/*Verschieben nach* und wählen Sie *Allgemein* aus.

10.3 Weitere Funktionen

10.3.1 Nachrichten durchsuchen

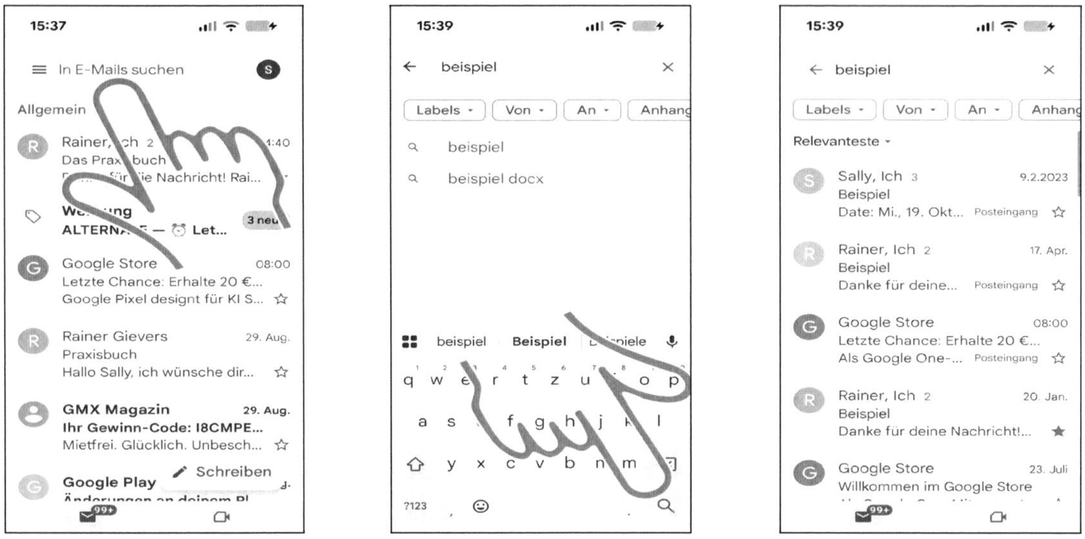

❶ Tippen Sie in das Eingabefeld am oberen Bildschirmrand, wenn Sie die Nachrichten eines Ordners durchsuchen möchten.

❷ Die 🔍-Taste (Pfeil) im Tastenfeld führt dann die Suche durch. Alternativ wählen Sie einen der Suchvorschläge aus.

❸ Tippen Sie eine Nachricht an, die Sie lesen möchten. Die ◀-Taste bringt Sie wieder in die Nachrichtenauflistung zurück.

10.3.2 Zurückstellen

Sie kennen das Szenario, dass Sie häufig Nachrichten erhalten, die zum aktuellen Zeitpunkt nicht relevant sind. Damit Sie nicht den Überblick verlieren, können Sie sie zurückstellen. Die jeweilige Nachricht verschwindet dann für einen einstellbaren Zeitraum aus dem Posteingang.

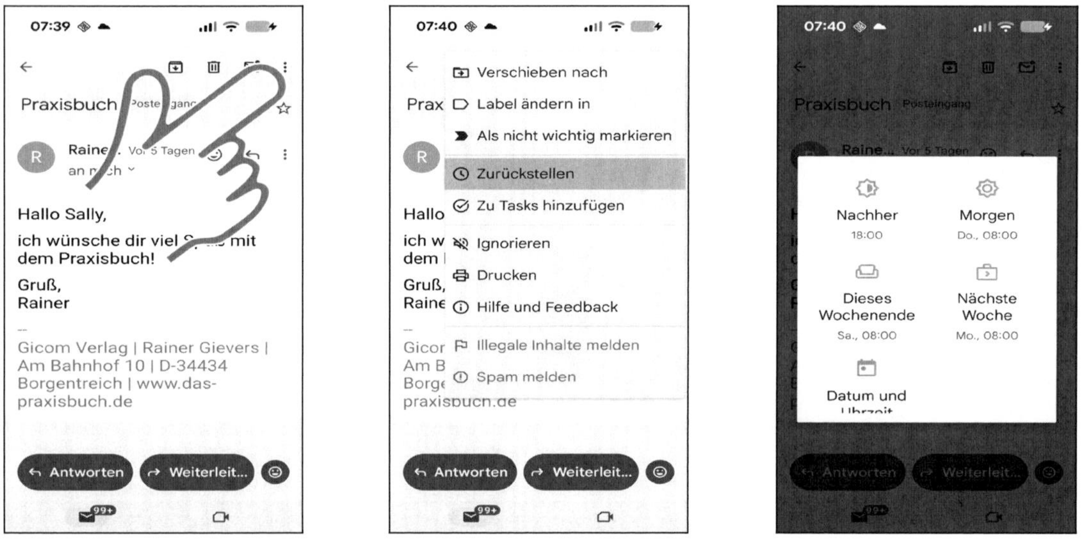

❶❷ In der Nachricht gehen Sie auf ⋮/*Zurückstellen.*

❸ Wählen Sie den Zeitraum aus. Die Nachricht verschwindet aus dem Posteingang und wird nach einiger Zeit wieder eingeblendet.

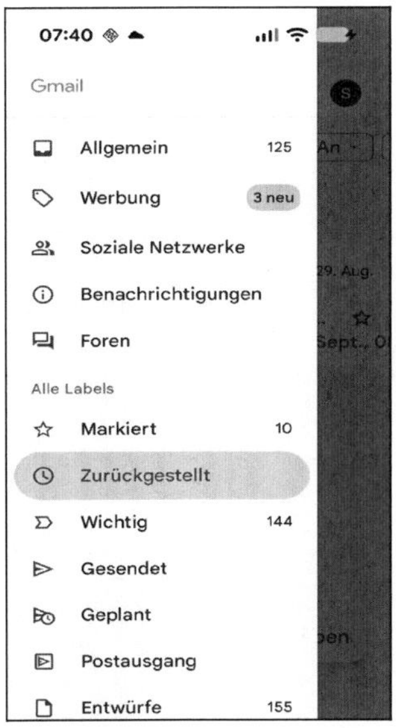

❶❷ Die zurückgestellten Nachrichten finden Sie im Ausklappmenü unter *Zurückgestellt.* Dort können Sie sie auch bearbeiten beziehungsweise beantworten.

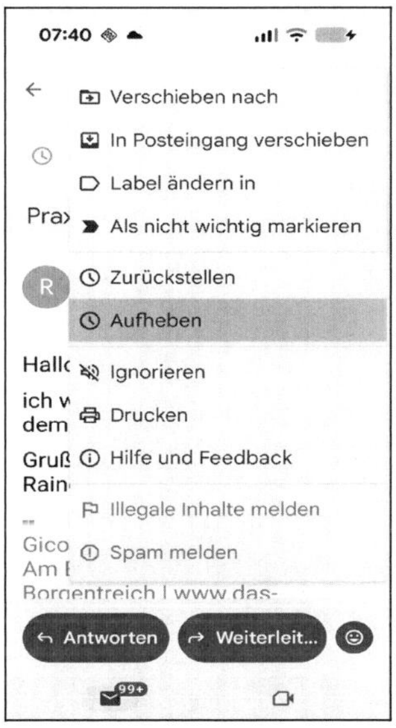

❶❷ Eine zurückgestellte Nachricht können Sie über ⁝/*Aufheben* vorzeitig wieder in den Posteingang zurückbefördern. Alternativ ändern Sie mit ⁝/*Zurückstellen* den Zurückstellungszeitpunkt.

10.3.3 Archivieren

Obwohl Gmail Nachrichten, die mit dem gleichen Empfänger ausgetauscht wurden als »Konversationen« in einem Eintrag zusammenfasst, kann der Posteingang unübersichtlich werden. Unwichtige Nachrichten/Konversationen lassen sich deshalb im Posteingang ausblenden, was mit der Archivieren-Funktion geschieht.

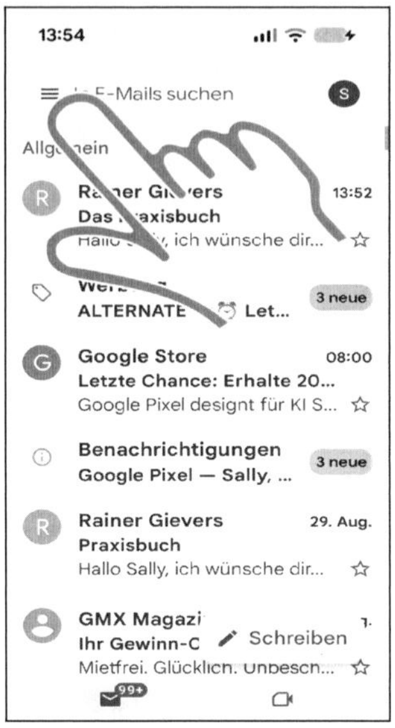

❶ Betätigen Sie in der E-Mail-Detailansicht (Pfeil). Die Nachricht ist nun »archiviert« und Gmail schaltet wieder auf den Posteingang um.

❷ Zum Anzeigen der archivierten Nachrichten aktivieren Sie das Ausklappmenü.

❸ Wählen Sie *Alle E-Mails* aus.

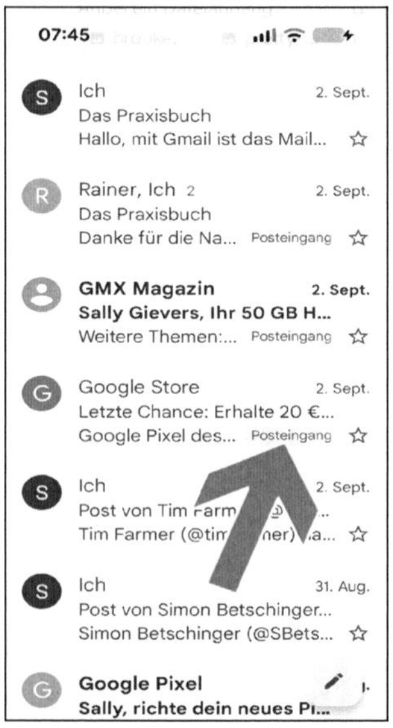

Gmail zeigt nun alle Nachrichten, das heißt, neben den archivierten auch die aus *Entwürfe*, *Gesendet* usw. an (Pfeil).

> Alle Nachrichten, die im Posteingang vorhanden sind, sind mit einem grauen »*Posteingang*« markiert.
>
> Betätigen der ◀-Taste oder erneutes Aktivieren des Ausklappmenüs und Auswahl von *Allgemein* bringt Sie wieder in den Posteingang zurück.
>
> Antwortet jemand auf eine archivierte Nachricht/Konversation, so verschiebt Gmail diese automatisch wieder in den Posteingang.

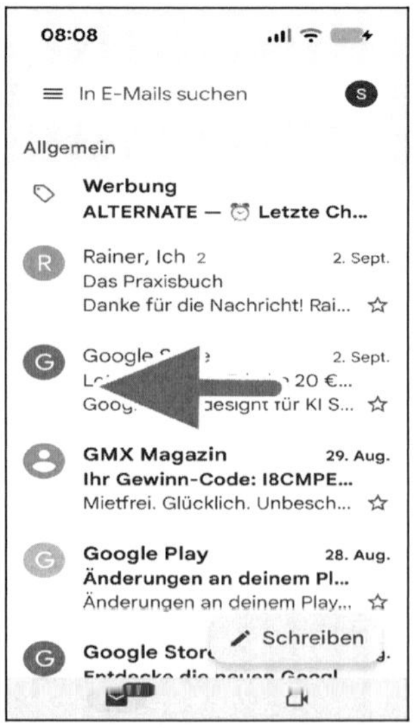

❶❷ Das Archivieren ist auch über eine Wischgeste in der Nachrichtenauflistung möglich.

Wischen Sie dort einfach über einem E-Mail-Eintrag von rechts nach links oder umgekehrt.

10.3.4 Unterdrücken

Die zuvor erwähnte Archivieren-Funktion mag zwar sehr praktisch sein, wenn Sie aber laufend Nachrichten einer Konversation (beispielsweise auf einer Mailing-Liste) erhalten, die Sie überhaupt nicht interessieren, ist es sehr lästig, immer wieder erneut die einzelnen Nachrichten zu archivieren.

Mit der Unterdrücken-Funktion lassen sich dagegen alle Nachrichten einer Konversation automatisch archivieren, das heißt, wenn neue Nachrichten in einer unterdrückten Konversation eingehen, werden diese automatisch ebenfalls archiviert. Sie sollten die Unterdrücken-Funktion aber vorsichtig einsetzen, weil Sie ja von neuen Nachrichten einer unterdrückten Konversation nichts mitbekommen. Dies ist aber meist nicht weiter schlimm, denn ist Ihre E-Mail-Adresse im Feld »*An*« oder »*Cc*« enthalten, wird die Konversation wieder in Ihren Posteingang eingeordnet. Sie verpassen also keine Nachrichten, die direkt an Sie adressiert sind.

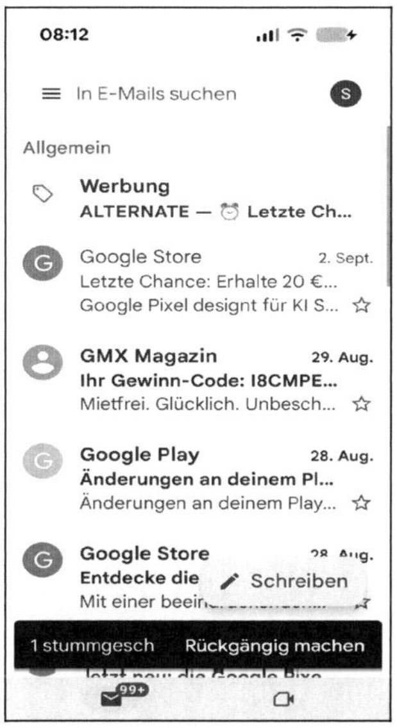

❶❷ In der Nachrichtenansicht rufen Sie ⁝/*Ignorieren* auf. Die Nachricht/Konversation verschwindet aus dem Posteingang.

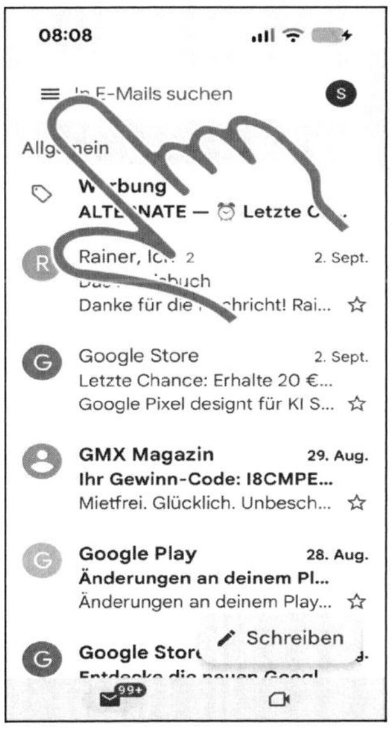

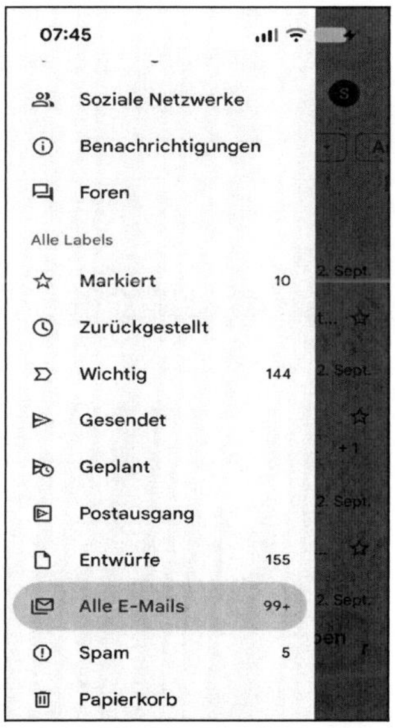

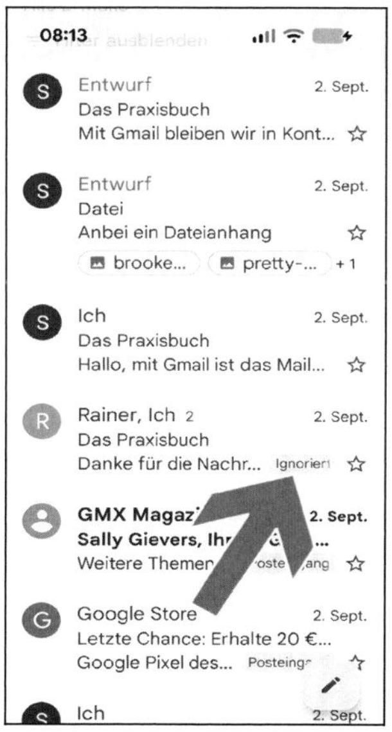

❶ Zum Anzeigen der ignorierten Nachrichten aktivieren Sie das Ausklappmenü (Pfeil).

❷ Wählen Sie *Alle E-Mails* aus.

❸ Unterdrückte Nachrichten sind mit dem Label *Ignoriert* markiert (Pfeil).

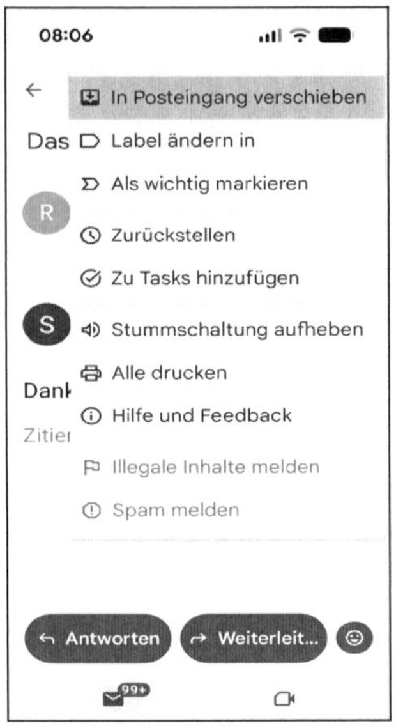

So verschieben Sie unterdrückte Nachrichten wieder in den Posteingang: Gehen Sie in die Nachrichtenansicht und rufen Sie ⁝/*In den Posteingang verschieben* auf.

10.3.5 Wichtig-Ordner

Erhalten Sie extrem viele Nachrichten, unterstützt Sie Gmail dabei, die lesenswerten von den weniger lesenswerten Nachrichten zu unterscheiden. Die Lesenswerten landen dann im *Wichtig*-Ordner. Aber wie funktioniert diese Filterung genau? Dazu schreibt Google in seiner Online-Hilfe (*support.google.com/mail/answer/186543*):

Gmail berücksichtigt automatisch eine Reihe von Signalen, um festzustellen, welche eingehenden Nachrichten wichtig sind, unter anderem:

- An wen Sie E-Mails senden: Falls Sie viele E-Mails an Thomas senden, sind E-Mails von Thomas höchstwahrscheinlich wichtig.
- Welche Nachrichten Sie öffnen: Nachrichten, die Sie öffnen, sind höchstwahrscheinlich wichtiger als ungeöffnete Nachrichten.
- Welche Themen Ihre Aufmerksamkeit wecken: Falls Sie Nachrichten über Fußball immer lesen, ist eine E-Mail zum Thema Fußball höchstwahrscheinlich wichtig.
- Welche E-Mails Sie beantworten: Falls Sie Nachrichten von Ihrer Mutter immer beantworten, sind ihre Nachrichten an Sie höchstwahrscheinlich wichtig.
- Wie Sie die Funktionen "Markieren", "Archivieren" und "Löschen" verwenden: Nachrichten, die Sie markieren, sind höchstwahrscheinlich wichtiger als Nachrichten, die Sie ungeöffnet archivieren.

❶❷ Über ⋮/*Als wichtig markieren* beziehungsweise ⋮/*Als nicht wichtig markieren* in der Nachrichtenansicht nehmen Sie Einfluss auf die automatische Einordnung weiterer E-Mails vom gleichen Absender.

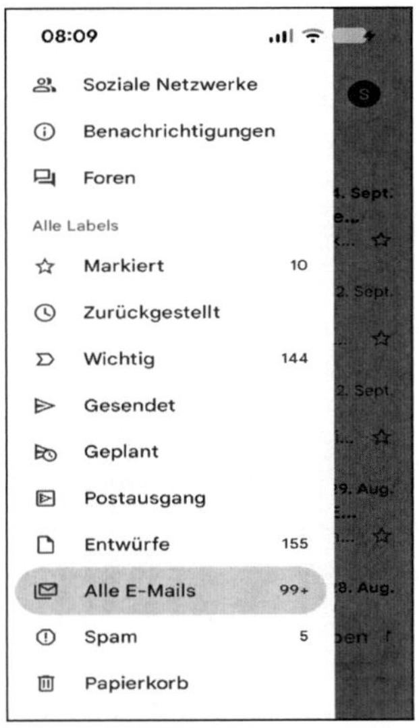

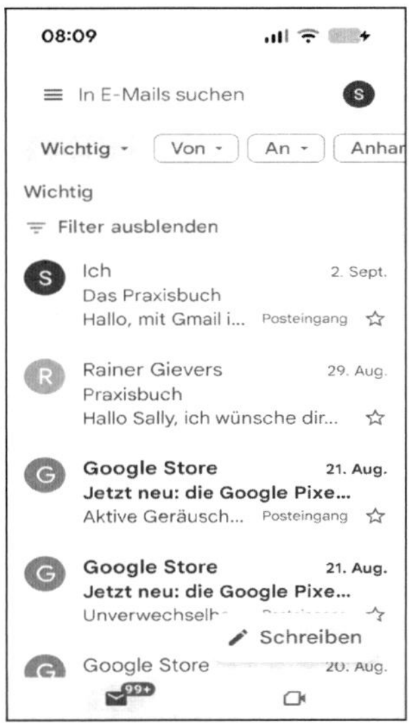

❶❷❸ Möchten Sie, dass Gmail nur die als wichtig eingestuften Nachrichten auflistet, dann rufen Sie das Ausklappmenü auf und wählen *Wichtig*. Umgekehrt zeigen Sie mit *Allgemein* wieder alle Nachrichten an.

10.3.6 Markierungen

Nachrichten, die für Sie wichtig sind, heben Sie einfach durch Markierung mit einem »Stern« hervor.

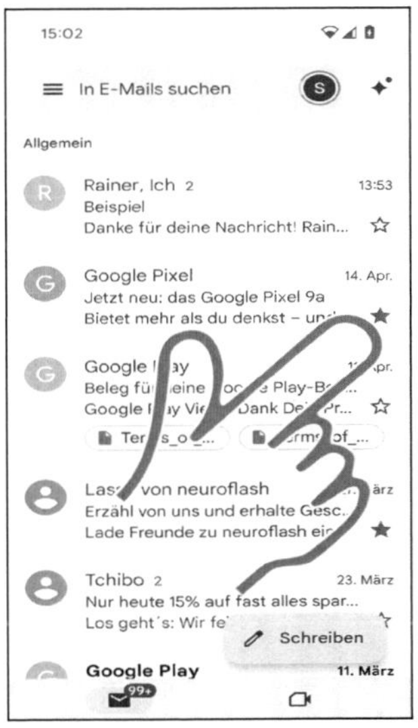

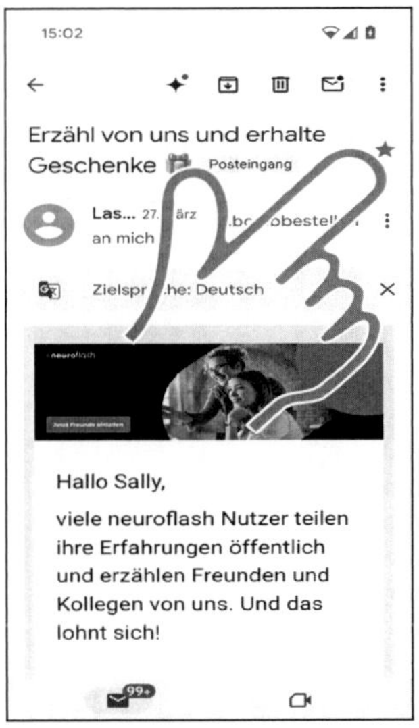

❶ Um einen Stern zu setzen, tippen Sie einfach den ausgeblendeten Stern hinter einer Nachricht an. Ein zweites Antippen deaktiviert den Stern wieder.

❷ Auch in der Nachrichtenanzeige können Sie den Stern setzen/entfernen (Pfeil).

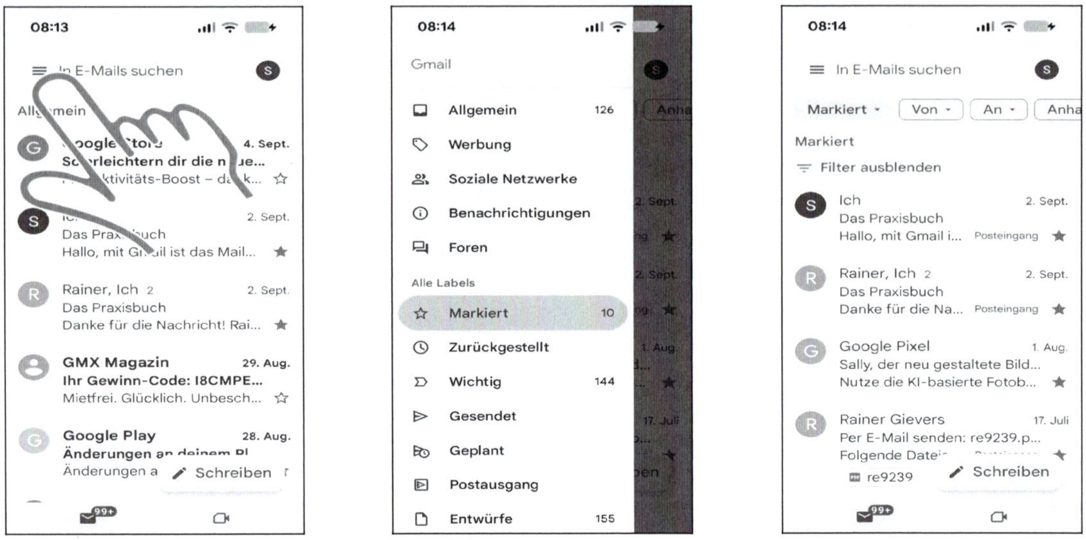

❶❷❸ Die Anzeige beschränken Sie mit *Markiert* im Label-Ausklappmenü auf die markierten Nachrichten.

10.3.7 Spam

Unter Spam versteht man unerwünschte Werbemails. Abhängig davon, ob Sie Ihre E-Mail-Adresse irgendwo mal auf einer Website hinterlassen haben oder durch Zufall ein Spam-Versender Ihre Gmail-Adresse mit Ausprobieren erraten hat, können pro Tag einige dutzend oder hundert Werbemails in Ihrem E-Mail-Konto auflaufen. Damit Ihre wichtige Kommunikation nicht im ganzen Spam untergeht, verfügt Ihr Gmail-Konto über einen automatischen Spam-Filter. Alle Spam-Mails landen dabei im *Spam*-Ordner.

Damit Google weiß, was für Sie Spam ist, müssen sie die unerwünschten Mails einzeln als Spam markieren.

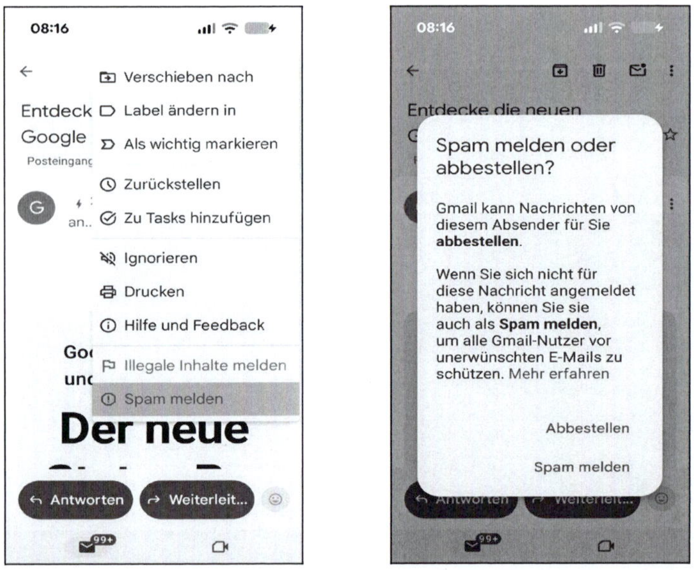

❶ Rufen Sie in der Nachrichtenansicht ⋮/*Spam melden* auf.

❷ Sollte es sich um einen seriösen Absender handeln, so wird Sie Gmail darauf hinweisen. *Abbestellen* führt in dem Fall eine Abmeldung von einem Newsletterversender durch. In unserem Fall betätigen wir aber *Spam melden*, um den weiteren Empfang von unerwünschten E-Mails zu verhindern. Die betreffende Nachricht wird aus dem *Posteingang* entfernt und landet im *Spam*-Ordner.

> Nutzen Sie ⋮/*Illegale Inhalte melden* bei Nachrichten, die ganz offenbar auf Ihre Daten aus sind. Beliebt sind unter anderem vorgeschobene Warnungen vor Kontosperrungen, weshalb man seine Kontodaten eingeben müsse.

❶❷❸ So zeigen Sie den *Spam*-Ordner an: Aktivieren Sie das Label-Ausklappmenü, worin Sie *Spam* auswählen.

Wenn Sie meinen, dass eine Nachricht doch kein Spam ist, dann rufen gehen Sie in die Nachricht und betätigen die *Kein Spam*-Schaltfläche.

> Es ist sehr **wichtig**, dass im *Spam*-Ordner wirklich nur unerwünschte Mails enthalten sind. Gmail vergleicht nämlich eingehende Nachrichten mit denen im Spam-Ordner und ordnet sie als Spam ein, wenn eine große Ähnlichkeit besteht. Schauen Sie deshalb ab und zu mal in Ihren *Spam*-Ordner, um falsche Einordnungen wieder rückgängig zu machen.

10.3.8 Stapelvorgänge

Wenn eine Aktion, wie Label ändern, Löschen, Markierung hinzufügen usw. auf mehrere Nachrichten anzuwenden ist, verwenden Sie die Stapelvorgänge.

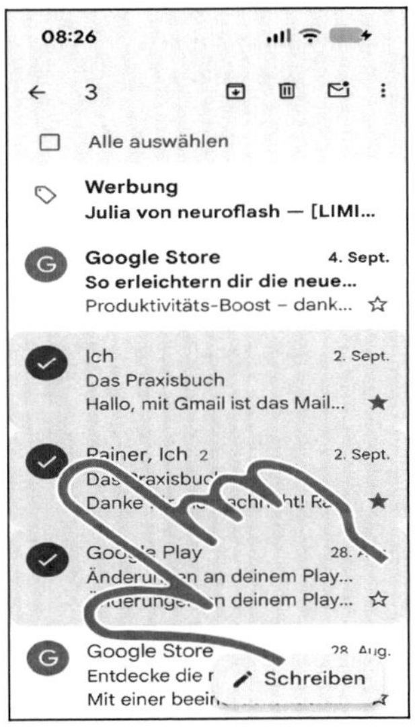

❶ Zum Markieren tippen Sie auf die bunten Symbole vor den Nachrichten. Über die Schaltflächen am oberen Bildschirmrand können Sie dann die Nachrichten archivieren, löschen, einem Label zuweisen, auf gelesen/ungelesen setzen oder als Favoriten markieren.

❷ Den Markierungsmodus verlassen Sie gegebenenfalls mit der ←-Schaltfläche (Pfeil). Alternativ betätigen Sie die ◀-Taste.

Die Funktion »Stapelvorgänge« können Sie in den Einstellungen über *Kontrollkästchen ausblenden* deaktivieren, siehe Kapitel *10.4 Einstellungen*.

10.3.9 Wischgeste zum Archivieren

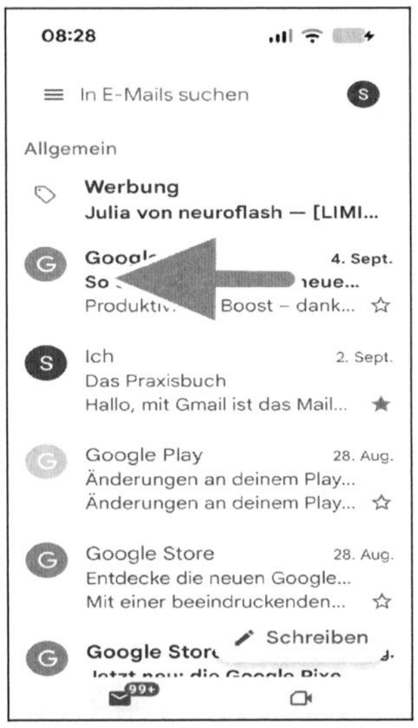

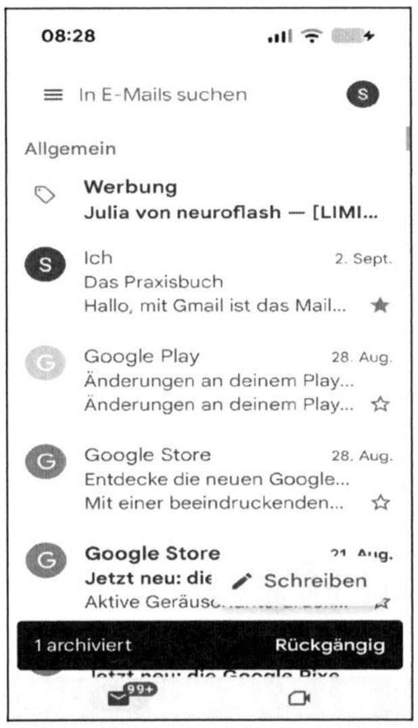

❶ Mit einer Wischgeste nach links oder rechts über einer Nachricht archivieren Sie diese.

❷ Über die *Rückgängig*-Schaltfläche können Sie den Vorgang wieder zurücksetzen.

Welche Aktion die Wischgeste durchführt, legen Sie in ⋮*/Einstellungen/Allgemeine Einstellungen* fest. Gehen Sie dort auf *Gmail-Standardaktion,* bei der Sie die Wahl zwischen *Löschen* und *Archivieren* haben.

10.4 Einstellungen

10.4.1 Allgemeine Einstellungen

❶❷❸ Rufen Sie zunächst *Einstellungen* im Ausklappmenü auf und gehen dann auf *Allgemeine Einstellungen*.

- *Design*: Schaltet die Bildschirmanzeige um zwischen heller und invertierter Darstellung. Letzteres ist sinnvoll, wenn Sie das Handy in einer dunklen Umgebung nutzen, um nicht geblendet zu werden. Siehe auch Kapitel *28.11 Gerätedesign*.
- *Standardaktion für Benachrichtigungen:* Nicht von Google dokumentiert.
- *Benachrichtigungen verwalten*: Hier können Sie einstellen, ob bei eingegangenen Nachrichten ein Signalton ertönt und ein Hinweis in der Titelleiste erscheint. Wir raten davon ab, Änderungen an den Voreinstellungen vorzunehmen.
- *Konversationsansicht*: Wenn Sie E-Mails beantworten beziehungsweise jemand auf Ihre E-Mails antwortet, so fasst Gmail diese in einer sogenannten Konversation zusammen.
- *Kompaktheitsgrad der Konversationsliste*: Wählen Sie die Auflistung im Posteingang aus:
    - *Standard*: Zeigt die Kontaktsymbole vor den Nachrichten und enthaltene Dateianhänge an.
    - *Normal*: Dateianhänge werden nicht in der Auflistung angezeigt.
    - *Schmal*: Verzichtet auf die Kontaktsymbole in der Auflistung.
- *Aktionen beim Wischen*: Konfiguriert die Wischgeste (siehe *10.3.9 Wischgeste zum Archivieren*). Wählen Sie aus, was passiert, wenn Sie in der Nachrichtenauflistung auf einem Eintrag nach links oder rechts wischen. Standardmäßig ist *Archivieren* aktiv.
- *Navigation am unteren Rand beim Scrollen ausblenden*: Beim Durchrollen der Nachrichtenauflistung erscheinen Schaltflächen für die einfachere Navigation.
- *Standardaktion beim Antworten*: Sofern in einer beantworteten Nachricht mehrere weitere Empfänger enthalten sind, können Sie diesen mit der *Allen-Antworten*-Option neben dem ursprünglichen Empfänger ebenfalls Ihre Antwort-Mail zukommen lassen. Wir raten allerdings davon ab, *Allen Antworten* zu aktivieren, da sonst Außenstehende Ihre E-Mails erhalten könnten, die nicht für sie bestimmt sind.
- *Nachrichten automatisch anpassen*: Normalerweise zeigt die Gmail-Anwendung alle Nachrichten in Originalgröße an, sodass Sie im Nachrichtentext mit dem Finger rollen müssen. Aktivieren Sie *Nachrichten autom. anpassen,* wenn stattdessen die Nachrichten auf Bildschirmbreite verkleinert werden sollen.
- *Automatisch fortfahren*: Konfiguriert, wie sich Gmail verhält, wenn Sie eine Nachricht archivieren oder löschen. Standardmäßig landen Sie dann wieder in der Nachrichtenauflistung (*Konversationsliste*).
- *Weblinks in Gmail öffnen*: Die Anzeige von angetippten Links erfolgt nicht in einem Webbrowser, sondern direkt in der Gmail-Anwendung.

Unter *Aktionsbestätigungen:*

- *Vor dem Löschen bestätigen; Vor dem Archivieren bestätigen; Vor dem Senden bestätigen*: Die Aktionen Archivieren, Löschen und Senden erfolgen bei Gmail ohne Rückfrage. Falls Sie das stört, aktivieren Sie hierüber die Sicherheitsabfrage.

10.4.1.a Kompaktheitsgrad der Konversationsliste

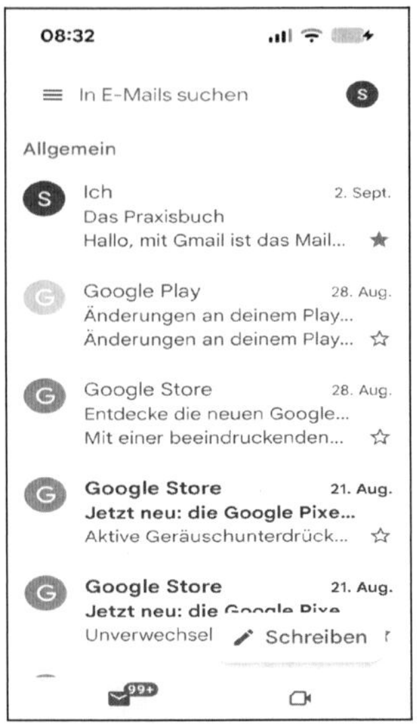

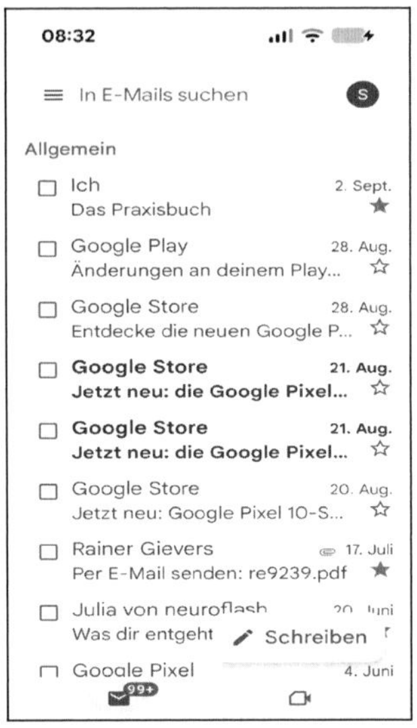

Die Unterschiede zwischen *Standard* (❶) und *Schmal* (❷) bei der Option *Kompaktheitsgrad der Konversationsliste.*

10.4.2 Konto-Einstellungen

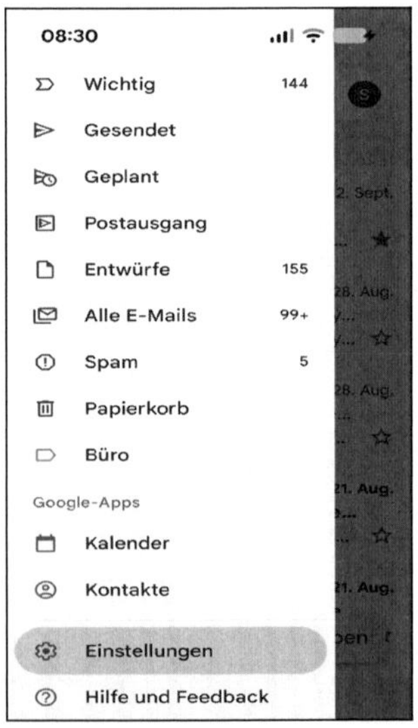

❶ Aktivieren Sie das Ausklappmenü und wählen Sie *Einstellungen.*

❷❸ Über *(Ihr Google-Konto)* konfigurieren Sie:

Unter *Konto*:

- *Google-Konto verwalten*: Diverse Sicherheitseinstellungen, die nichts mit der Gmail-Anwendung zu tun haben.

Unter *Posteingang:*

- *Art des Posteingangs*: Wählen Sie darin *Sortierter Eingang*, dann zeigt Gmail nicht mehr alle erhaltenen Nachrichten an, sondern nur solche, die als *Wichtig* markiert sind (siehe dazu Kapitel *10.3.5 Wichtig-Ordner*).
- *Posteingangskategorien:* Gmail sortiert Werbung, Nachrichten sozialer Netzwerke usw. automatisch unter bestimmte Label ein. Siehe auch Kapitel *10.4.2.b Automatisch zugewiesene Labels.*

Unter *Benachrichtigungen*:

- *Benachrichtigungen*: Wenn neue Nachrichten empfangen wurden, meldet Gmail dies in der Titelleiste. Deaktivieren Sie *E-Mail-Benachrichtigung*, um diese Benachrichtigungen auszuschalten.

- *Posteingangsbenachrichtigungen*: Benachrichtigungseinstellungen für Gmail.
  - *Labelbenachrichtigungen*: Muss aktiv sein, damit Sie Gmail über neue Nachrichten informiert.
  - *Bei jeder E-Mail benachrichtigen*: Nicht von Google dokumentiert.
- *Labels verwalten*: Legen Sie fest, welche Label mit Ihrem Gmail-Konto synchronisiert werden. Normalerweise brauchen Sie hier nichts zu ändern.
- *Benachrichtigungstöne*: Wählen Sie aus, auf welche Art Sie über neue E-Mails benachrichtigt werden.
- *Benachrichtigungen verwalten*: Hier können Sie einstellen, ob bei eingegangenen Nachrichten ein Signalton ertönt und ein Hinweis in der Titelleiste erscheint. Wir raten davon ab, Änderungen an den Voreinstellungen vorzunehmen.

Unter *Allgemein*:

- *Chat*: Die Chat (engl. Gespräch)-Funktion dient dem Austausch von Textnachrichten, ähnlich WhatsApp.
- *Standardaktion beim Antworten*: Die Voreinstellung *Antworten* sollten Sie nicht ändern. In E-Mails können mehrere Empfänger enthalten sein, die ihre Antwort, ebenfalls erhalten, wenn Sie *Allen antworten* einstellen. Dies kann den unerwünschten Effekt haben, dass Außenstehende Ihre Nachricht erhalten.
- *Mobile Signatur*: Die Signatur ist ein Text, den Gmail automatisch beim Erstellen einer neuen Nachricht einfügt. Nutzen Sie sie, um den Empfängern Ihrer E-Mails weitere Kontaktmöglichkeiten wie Telefonnummern oder Ähnliches mitzuteilen.
- *Konversationsansicht*: Wenn Sie E-Mails beantworten beziehungsweise jemand auf Ihre E-Mails antwortet, fasst Gmail diese in einer sogenannten Konversation zusammen.
- Smarte Funktionen: Nutzt die Daten aus Ihren E-Mails in anderen Google-Anwendungen. Beispielsweise werden beispielsweise Restaurant-Reservierungen in Google Maps (siehe Kapitel *13 Google Maps*) angezeigt oder Sie werden auf die Fälligkeit von Rechnungen hingewiesen.
- *Smarte Funktionen in Google Workspace*: Aktivieren Sie in diesem Menü die Option *Smarte Funktionen in Google Workspace aktiviert lassen*, damit die einzelnen Google-Anwendungen Daten untereinander austauschen können.
- *Paketverfolgung*: Falls Sie im Google Store einen Artikel bestellt haben, erhalten Sie Informationen zur Sendungsverfolgung.
- *Intelligentes Schreiben*: Gmail lernt aus Ihren Eingaben und macht Ihnen nach einiger Zeit Textvorschläge, die Sie übernehmen können.
- *Intelligente Antwort*: Wenn Sie eine Nachricht anzeigen, schlägt Gmail automatisch drei mögliche Antworten vor. Diese sind vom Nachrichtenkontext abhängig. Derzeit ist diese Funktion nur in englischer Sprache verfügbar.
- *Abwesenheitsnotiz*: Ein sehr nützliches Feature, wenn Sie mal nicht erreichbar sind und Personen, die Ihnen geschrieben haben, automatisch über Ihre Abwesenheit informiert werden sollen.

Unter *Meet*:

- *Google Meet-Tab für Videoanrufe anzeigen*: damit deaktivieren Sie die beiden Register *E-Mail* und *Meet* am unteren Bildschirmrand in der Benutzeroberfläche.
- *Weitere Diagonoseinformationen*: Sendet Meet-Nutzungsdaten an Google.
- *Datennutzung beschränken*: Reduziert die übertragenen Daten, falls Ihr Mobilfunkvertrag die monatliche Datenmenge begrenzt.
- *Anrufe ohne Teilnehmer verlassen*: Anrufe ohne Teilnehmer werden nach einiger Zeit automatisch beendet.
- *Unterwegs-Modus automatisch*: Nicht von Google dokumentiert.

- *Klingelton*: Der Ton, der ertönt, wenn Sie über Google Meet zu einem Gespräch eingeladen werden.

Unter *Automatische Erinnerungen*:

- *Antworten und abklären*: Gmail erkennt den Nachrichtenkontext und macht Ihnen Beantwortungsvorschläge. Diese Funktion wird derzeit nur im englischen Sprachraum unterstützt.

Unter *Tipps im Posteingang:*

- *Einstellungen für Inbox-Tipps*: Bei einigen Massen-E-Mail-Sendungen blendet Gmail eine Schaltfläche ein, über die Sie sich aus dem E-Mail-Verteiler abmelden können.

Unter *Datenverbrauch:*

- *Gmail synchronisieren*: Diese Schaltfläche führt Sie in die Kontenverwaltung, welche Kapitel *14.2 Google-Konto entfernen* beschreibt, worin Sie unter anderem den Datenabgleich mit dem Google-Konto steuern können. Für die meisten Nutzer dürfte es aber keinen Sinn machen, dort den E-Mail-Abruf vom Google-Mail-Konto zu deaktivieren.
- *E-Mails: Zu synchronisierende Tage*: Legt fest, wie lange empfangene Nachrichten von der Gmail-Anwendung aufbewahrt werden. Ältere Nachrichten werden natürlich nicht gelöscht, sondern sind weiterhin über die Weboberfläche von Gmail (*mail.google.com*) im Webbrowser anzeigbar.
- *Anhänge herunterladen*: Dateianhänge sind häufig mehrere Megabyte groß, weshalb diese nur automatisch heruntergeladen werden, wenn eine WLAN-Verbindung besteht. Lassen Sie diese Option am Besten aktiviert, da sonst beim Öffnen von Dateianhängen längere Wartezeiten entstehen.
- *Bilder*: Standardmäßig lädt Gmail immer alle eingebetteten Bilder aus dem Posteingang herunter und zeigt diese an. Dies betrifft vor allem Werbe-E-Mails von Unternehmen (Newsletter, u.ä.). Sie können aber auch diese Einstellung auf *Vor dem Anzeigen erst fragen* stellen, sodass Sie die Bilderanzeige in jeder betroffenen E-Mail erst bestätigen müssen.
- *Dynamische E-Mails aktivieren*: Der Absender Mail kann interaktive Inhalte in einer E-Mail bereitstellen, beispielsweise Kataloge, die man durchblättern kann oder editierbare Dokumente. In der Praxis machen nach unseren Informationen nur einige wenige Werbetreibende Unternehmen davon Gebrauch.

10.4.2.a Abwesenheitsnotiz

❶❷ Unter *Abwesenheitsnotiz* geben Sie einen Text ein, der während des eingestellten Zeitraums an alle E-Mail-Sender geschickt wird. Aktivieren Sie *Nur an meinen Kontakte senden*, damit nur Ihnen bekannte (im Telefonbuch gespeicherte) Kontakte die Abwesenheitsnotiz erhalten. Vergessen Sie nicht, zum Schluss die Abwesenheitsnotiz über den Schalter oben rechts zu aktivieren!

10.4.2.b Automatisch zugewiesene Labels

➊➋ Gmail weist Nachrichten, die von einem bestimmten Typ sind, automatisch Labeln zu. Dazu zählen laut Google:

- *Allgemein*: Nachrichten von Freunden und Verwandten sowie sonstige Nachrichten, die nicht in einem der anderen Tabs angezeigt werden
- *Werbung*: Werbeaktionen, Angebote und sonstige Werbe-E-Mails
- *Soziale Netzwerke*: E-Mails aus sozialen Netzwerken, Plattformen zum Teilen von Inhalten, Online-Partnervermittlungen, Spieleplattformen oder anderen sozialen Websites
- *Benachrichtigungen*: Benachrichtigungen wie Bestätigungen, Belege, Rechnungen und Kontoauszüge
- *Foren*: E-Mails aus Online-Gruppen, Diskussionsforen und Mailinglisten.

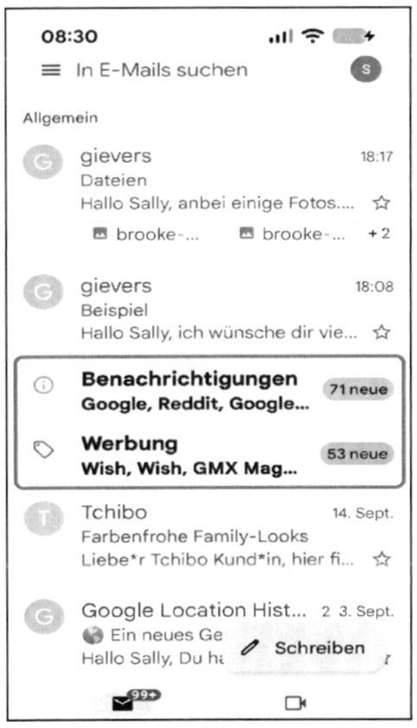

Die automatisch zugewiesenen Labels listet Gmail als erstes im Ausklappmenü auf. Labels, die keine Nachrichten enthalten, werden ausgeblendet.

Haben Sie dagegen alle automatisch zugewiesenen Labels deaktiviert, ordnet Gmail die empfangenen Nachrichten dem Label *Posteingang* zu.

❶❷ Der *Allgemein*-Ordner erscheint sehr aufgeräumt, wenn die automatisch zugewiesenen Labels aktiv sind. Schaltflächen weisen dann im Allgemein-Ordner auf neu vorhandene Nachrichten in den Labels hin. Wählen Sie ein Label aus, um die zugewiesenen Nachrichten anzuzeigen.

10.5 Zugriff auf Gmail vom Startbildschirm

Auf dem Pixel-Handy lässt sich ein direkter Zugriff auf die Gmail-Ordner/Labels vom Startbildschirm aus einrichten.

Beachten Sie zu den Widgets auch Kapitel *4.8.2 Widgets*.

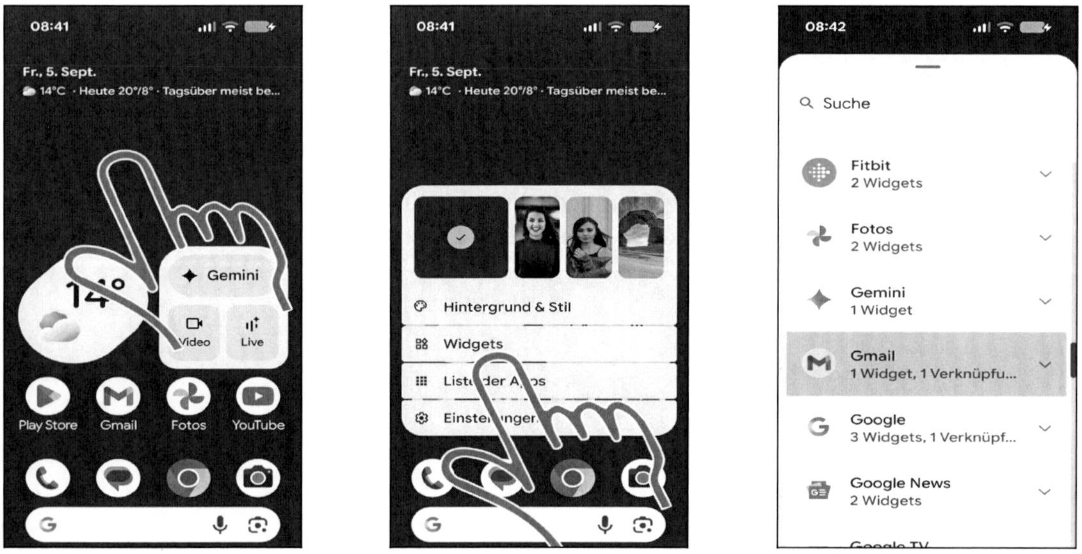

❶ Blättern Sie mit einer Wischgeste nach links oder rechts im Startbildschirm zu einem noch freien Bildschirm beziehungsweise entfernen Sie nicht benötigte Widgets (siehe auch Kapitel *4.8.2 Widgets*). Halten Sie den Finger auf eine freie Position im Startbildschirm gedrückt, bis das Popup erscheint

❷ Hier wählen Sie *Widgets* (Pfeil).

❸ Blättern Sie mit Wischgesten durch die Widgets-Kategorien und wählen Sie nun *Gmail* aus.

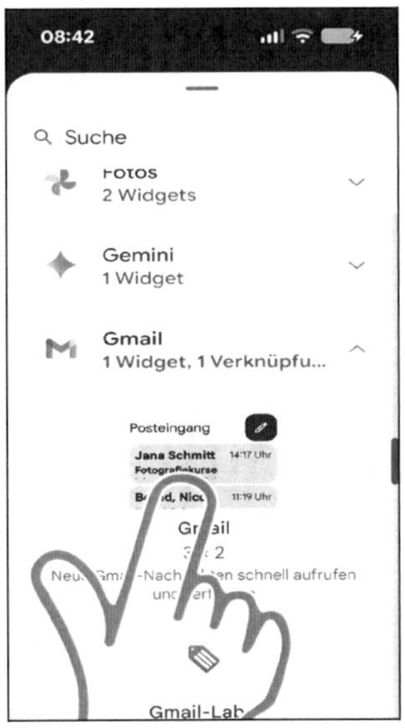

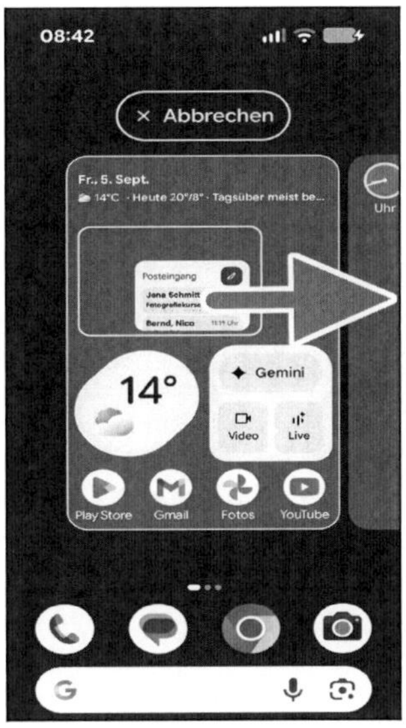

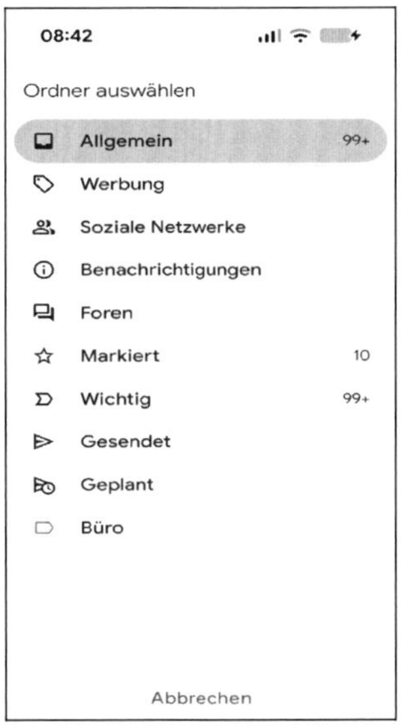

❶ Zur Auswahl stehen *Gmail* und *Gmail-Label*. Während *Gmail* die empfangenen E-Mails direkt im Startbildschirm anzeigt, können Sie über das *Gmail-Label* die Gmail-Anwendung starten und dort den Posteingang anzeigen lassen. In unserem Beispiel wählen Sie *Gmail* aus, indem Sie den Finger darauf gedrückt halten.

❷ In unserem Beispiel möchten wir das Widget nicht auf der aktuellen Startbildschirmseite anlegen, sondern auf einer neuen Seite. Deshalb ziehen wir das Widget an den rechten Rand, worauf die nächste Bildschirmseite angezeigt wird. Dies wiederholen Sie nochmals. Lassen Sie den Finger dann los.

❸ Wählen Sie einen Ordner, idealerweise *Allgemein*, aus.

❶ Betätigen Sie die ◀-Taste, damit die Markierung verschwindet.

❷ Das Widget ist angelegt.

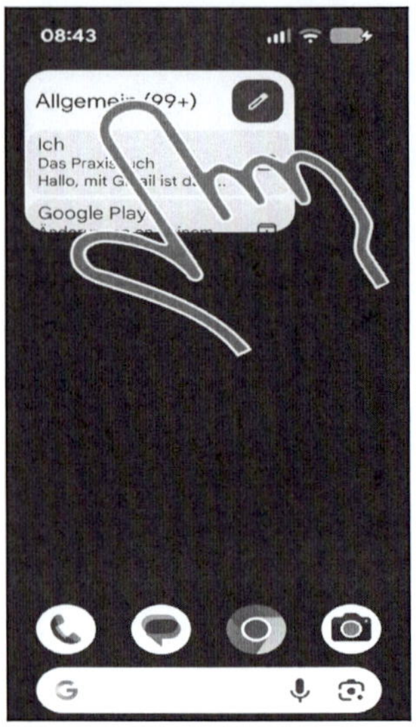

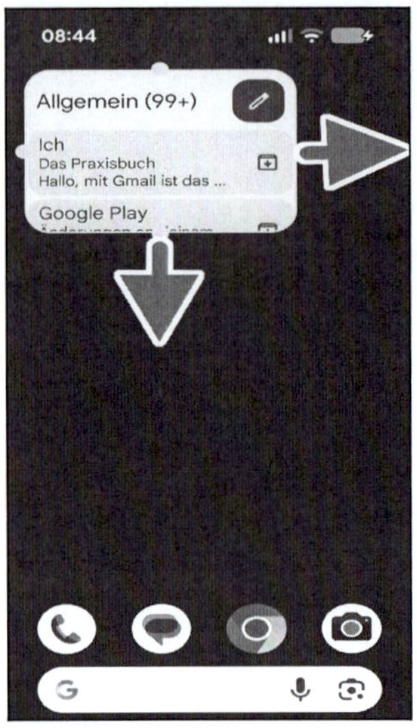

❶ Anschließend soll die Widget-Größe angepasst werden. Deshalb tippen und halten Sie den Finger auf dem Widget und lassen dann los.

❷ Ziehen Sie an den Seiten die Ränder nach außen. Schließen Sie mit der ●-Taste den Vorgang ab.

Auch nachträglich ist jederzeit eine Größenänderung des Gmail-Widgets möglich, indem Sie den Finger auf dem Widget halten, bis es hervorgehoben ist und dann loslassen.

❶❷ Zur Anzeige der Bildschirmseite mit dem Gmail-Widget wischen Sie im Startbildschirm einfach mehrfach nach links.

10.6 Meet

Meet (englisch für »Treffen«) ist eine Videotelefonielösung für bis zu 100 Teilnehmer (in der Profiversion werden bis zu 250 Teilnehmer unterstützt). Videotelefonie hat gegenüber normalen Telefonaten den Vorteil größerer Intimität, da man sich ja von Angesicht zu Angesicht sieht. Kosten fallen keine an, da die Übertragung über das Internet erfolgt.

Damit andere mit Ihnen über Meet kommunizieren können, müssen sie Gmail auf Ihrem Handy installiert haben. Dies ist bei Android immer der Fall; auf dem iPhone muss Gmail aus dem App Store installiert werden. Alternativ nutzt man Meet im Webbrowser, wobei der jeweilige PC mit Kamera und Mikrofon ausgestattet sein muss. Ideal sind dafür deshalb Notebooks, die in der Regel bereits damit ausgestattet sind.

➊➋➌ Wenn Sie das erste Mal das *Meet*-Register aktivieren, erscheint ein Popup. Betätigen Sie darin *Erlauben* und dann *Zulassen*. Sie verhindern damit, dass Ihre Meet-Anrufe durch andere Anrufe gestört werden.

10.6.1 Videokonferenz einleiten

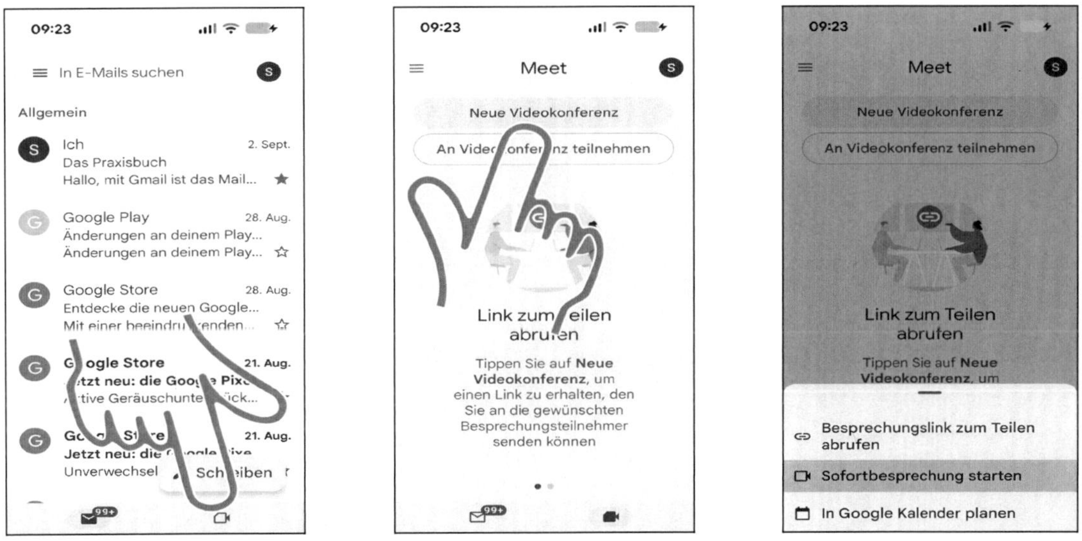

➊ Aktivieren Sie das *Meet*-Register.

➋ In unserem Fall möchten wir selbst ein Videotelefonat beginnen und gehen daher auf *Neue Videokonferenz*.

➌ Wählen Sie *Sofortbesprechung starten*. In den zwei einmalig angezeigten Popups wählen Sie *Bei Nutzung der App*.

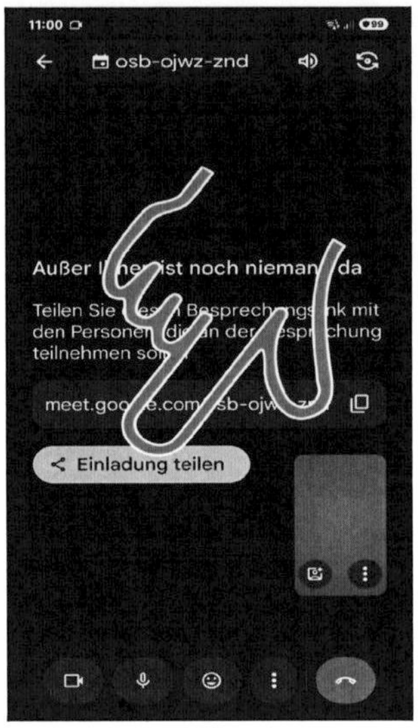

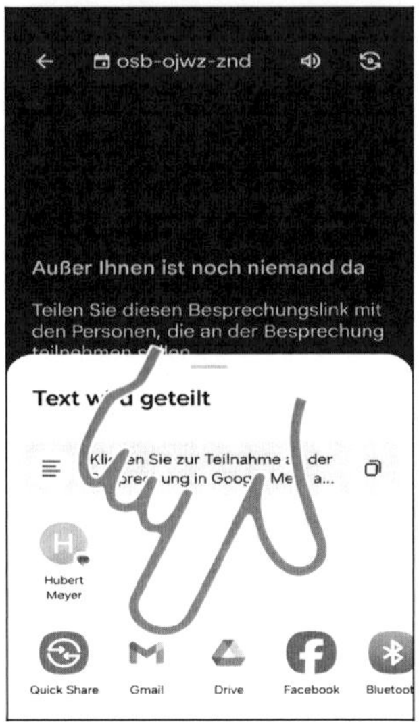

❶ Sie erhalten eine Webadresse angezeigt, über die andere Personen teilnehmen können (Pfeil).

❷❸ Wenn Sie möchten, geben Sie die Webadresse über *Einladung teilen* beispielsweise per E-Mail weiter.

Die angezeigte Webadresse *meet.google.com/osb-ojwz-znd* enthält übrigens den Freigabecode, in unserem Beispiel *osb-ojwz-znd*. Darauf kommen wir noch zurück.

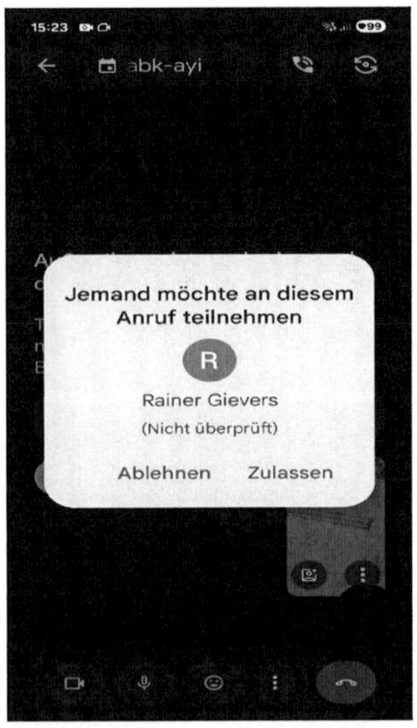

❶ Sobald jemand anders sich an Ihrer Videokonferenz anmeldet, müssen Sie ihn erst mit *Zulassen* freigeben.

❷ Über die vier Schaltflächen am unteren Bildschirmrand steuern Sie das Telefonat:

- Eigenes Kamerabild ein/ausschalten
- Mikro ein/ausschalten
- Emoticon
- Auflegen (Videokonferenz beenden)

Achtung: Machen Sie die anderen Teilnehmer darauf aufmerksam, dass sie ihr Mikro immer ausgeschaltet lassen und es erst aktivieren, wenn sie sprechen möchten. Danach sollten sie es wieder ausschalten. Es kommt sonst zu sehr unangenehmen Rückkopplungen.

10.6.2 An Videokonferenz teilnehmen

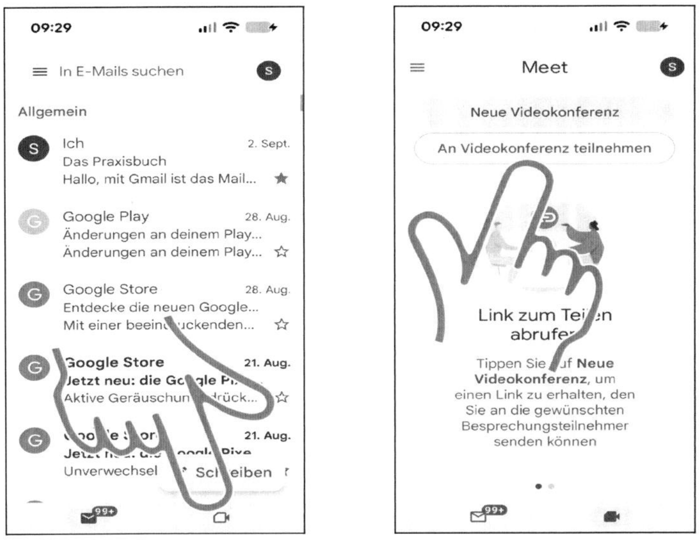

❶❷ So nimmt jemand Ihre Videokonferenz an: Nach dem Gmail-Aufruf aktiviert er das *Meet*-Register und betätigt *An Videokonferenz teilnehmen.*

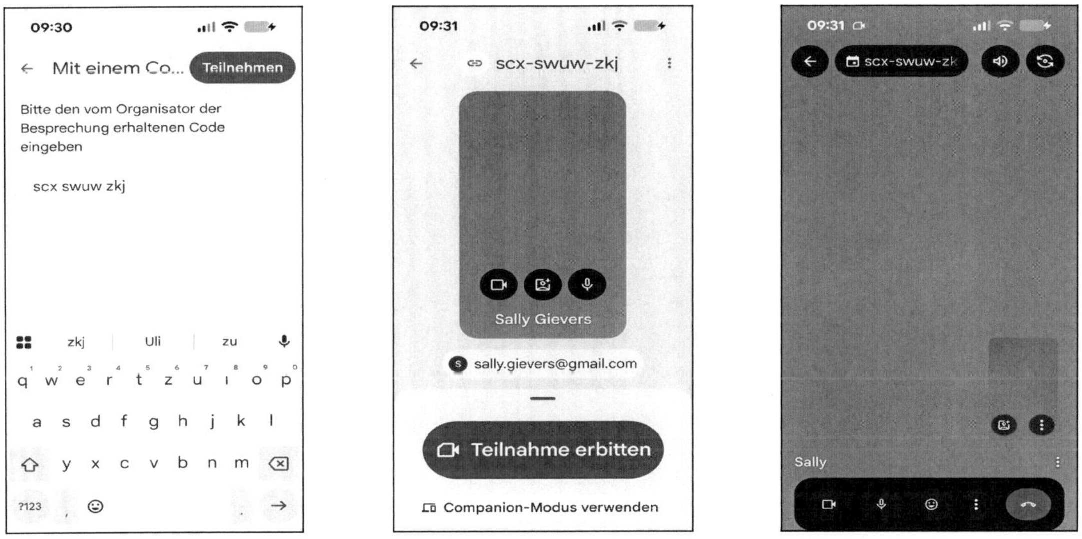

❶ Nun ist der oben erwähnte Code einzugeben und *Teilnehmen* zu betätigen.

❷❸ *Teilnahme erbitten* aktiviert die Videokonferenz.

11. Chrome-Webbrowser

Den Chrome-Browser werden Sie vermutlich bereits auf dem PC nutzen.

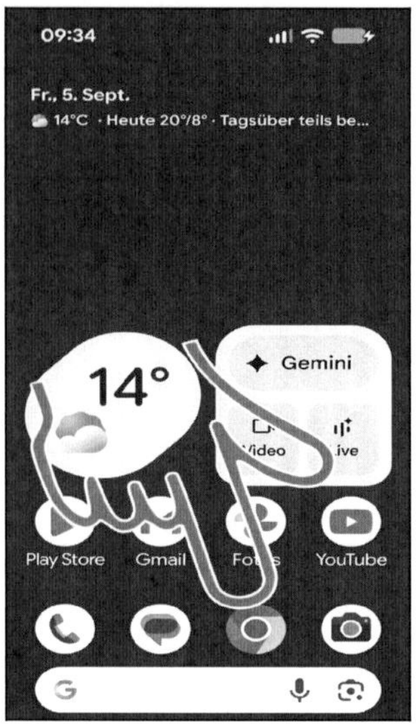

❶ Rufen Sie im Startbildschirm *Chrome* auf.

❷ Beim ersten Aufruf gehen Sie auf *Als xxx fortfahren.*

❸ Betätigen Sie *Ok*.

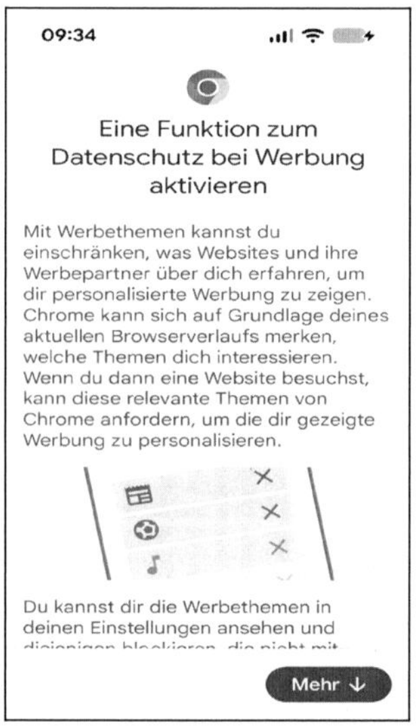

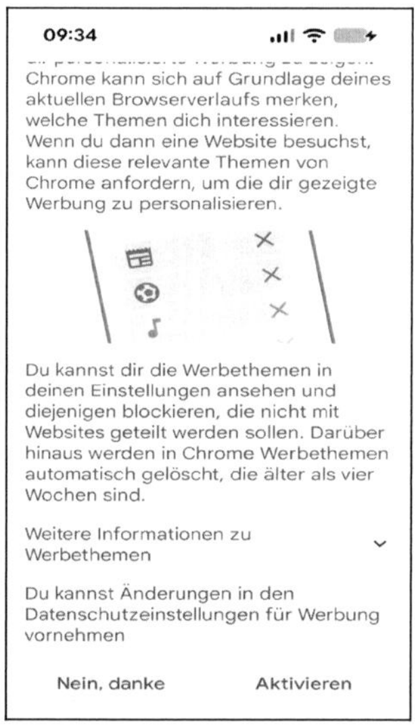

❶❷ Zwischendurch fragt der Chrome-Browser, ob Sie Datenschutzfunktionen aktivieren möchten. Betätigen Sie *Mehr* und dann *Aktivieren.*

❸ Die folgenden Hinweise schließen Sie mit *Mehr* und *OK*.

11.1 Erster Start

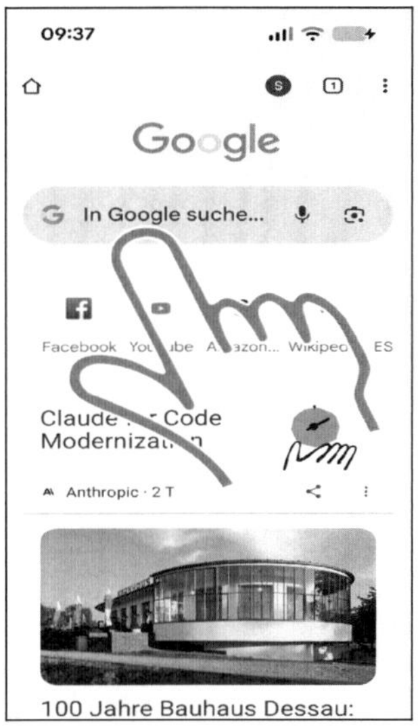

❶ Tippen Sie ins das Eingabefeld.

❷❸ Geben Sie einen Suchbegriff oder eine Webadresse ein und betätigen Sie die →-Taste auf dem Tastenfeld. Alternativ wählen Sie einen der Vorschläge in der Auflistung an.

11.2 Weitere Nutzung

❶ Das Adressfeld steht Ihnen immer am oberen Bildschirmrand zur Verfügung. Tippen Sie einfach dort hinein, wenn Sie eine andere Webseite aufrufen möchten.

❷❸ Wird eine umfangreichere Webseite angezeigt, müssen Sie später eventuell erst mit dem Finger auf dem Bildschirm nach unten ziehen (Wischgeste), um die Adressleiste anzuzeigen. Tippen Sie dann in das Eingabefeld.

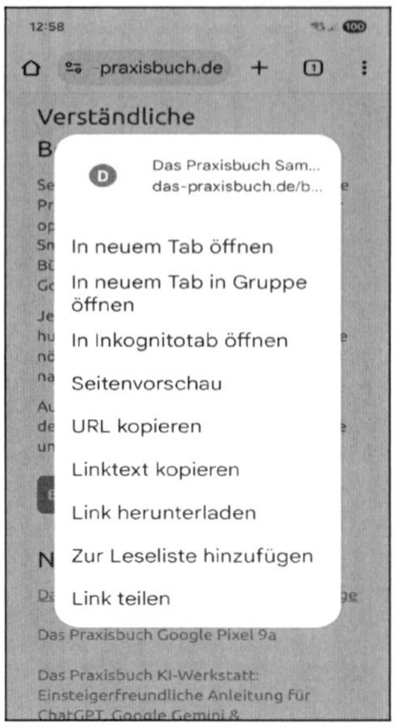

❶ Durch »Kneifen« ändern Sie die Anzeige: Tippen und halten Sie Mittelfinger und Daumen gleichzeitig auf dem Bildschirm und ziehen Sie beide auseinander, was in die Webseite hereinzoomt. Ziehen Sie dagegen die beiden Finger zusammen, zoomen Sie wieder heraus. Es ist egal, ob Sie nun vertikal oder waagerecht »kneifen«.

❷ Einem Link folgen Sie, indem Sie ihn antippen.

❷ Tippen und halten Sie den Finger über einem Link für weitere Funktionen:

- *In neuem Tab in Gruppe öffnen*: Öffnet den Link in einem neuen Browser-Tab als Gruppe. Diese werden separat von den »normalen« Browser-Tabs verwaltet. Siehe Kapitel *11.3 Tabs*.
- *In neuem Tab öffnen*: *Öffnet den Link in einem neuen Browser-Tab.*
- *In Inkognito-Tab öffnen*: Öffnet den Link im privaten Modus, bei der alle Cookies oder andere Daten wieder gelöscht werden, wenn man den Tab später schließt.
- *Seitenvorschau*: Verlinkte Seite in einem Vorschaufenster anzeigen.
- *URL kopieren; Linktext kopieren*: Kopiert die Webadresse beziehungsweise den Linktext in die Zwischenablage, von wo man sie später in andere Anwendungen wieder einfügt.
- *Link herunterladen*: Speichert die Webseite auf dem Gerät im Verzeichnis *download.*
- *Zur Leseliste hinzufügen*: Der Chrome-Browser fügt die Webseite den Lesezeichen hinzu, sodass Sie sie später noch aufrufen können. Siehe Kapitel *11.7 Leseliste.*
- *Link teilen*: Webadresse an jemand anders per E-Mail, Bluetooth usw. senden.

Verwenden Sie die ◀-Taste, um zur letzten angezeigten Seite zurückzukehren. Beachten Sie aber, dass der Browser verlassen wird, wenn Sie die ◀-Taste drücken, während die zuerst aufgerufene Seite angezeigt wird.

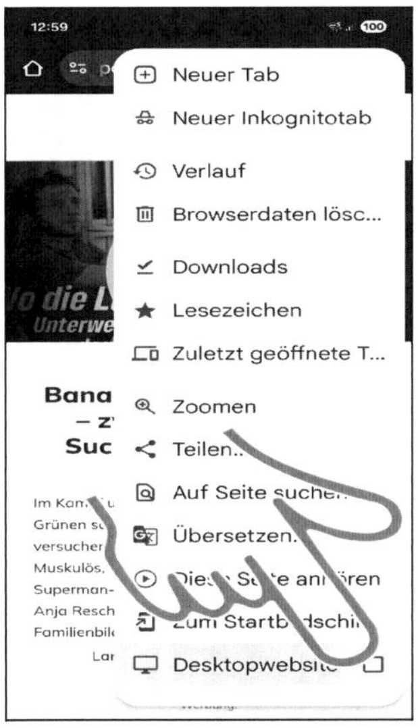

➊ Viele Websites werten den verwendeten Browser aus und optimieren dann die Webseiten für die Besucher entsprechend für die Handy- oder PC-Anzeige.

➋➌ Eine vollwertige Anzeige erhalten Sie im Browser, wenn Sie *⁝/Desktopwebsite* aktivieren. Beachten Sie, dass sich dann die Ladezeiten erhöhen.

11.3 Tabs

Jeder PC-Webbrowser bietet die Möglichkeit, mehrere Webseiten gleichzeitig anzuzeigen, wobei die sogenannten Tabs zum Einsatz kommen. Dies ist auch mit dem Chrome-Browser möglich.

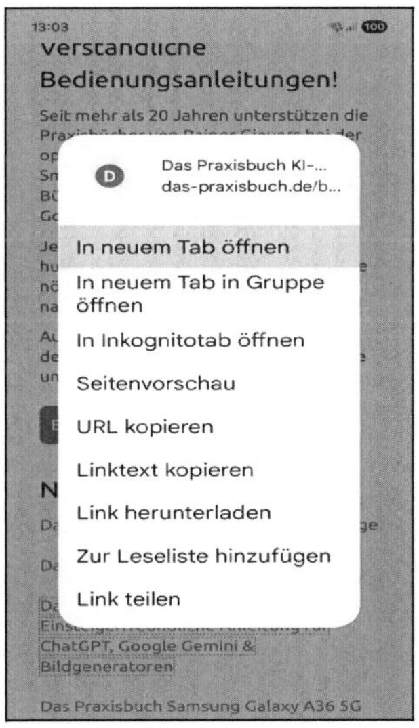

➊ Im einfachsten Fall öffnen Sie einen neuen Tab, indem Sie den Finger auf einem Link gedrückt halten, bis das Popup erscheint.

➋ Wählen Sie darin *In neuem Tab öffnen.*

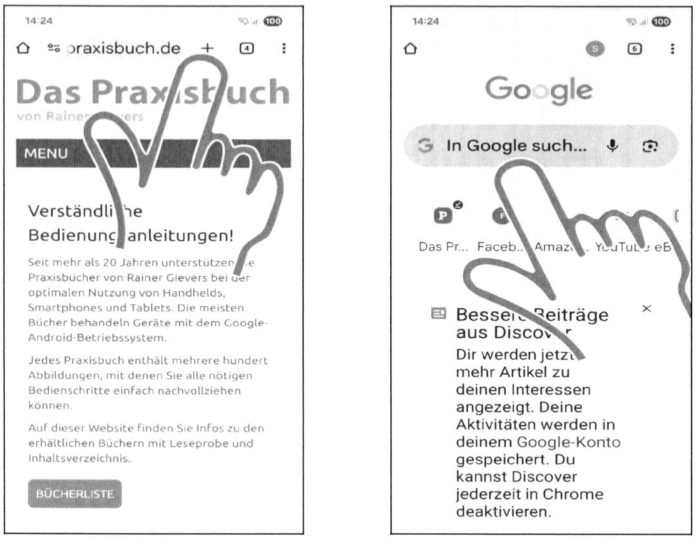

❶ Alternativ tippen Sie auf +, was einen leeren Tab öffnet.

❷ Im Eingabefeld erfassen Sie dann eine Webadresse oder Suchbegriffe.

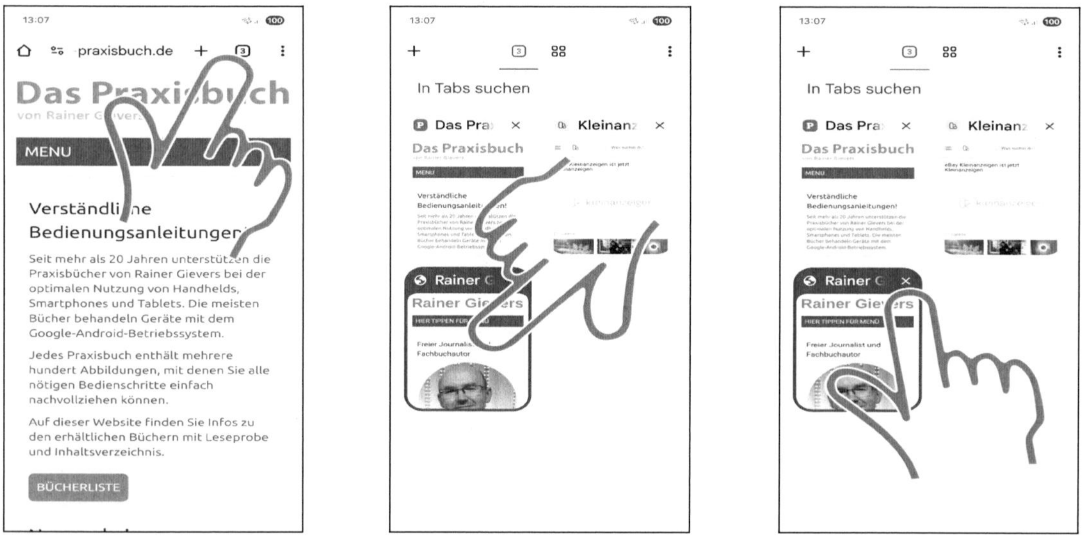

❶ Die geöffneten Tabs zeigt dann die 2-Schaltfläche (Pfeil) an.

❷ Tippen Sie einen Tab an, den Sie wieder im Browser anzeigen möchten.

❸ Die ✕-Schaltflächen löschen Tabs.

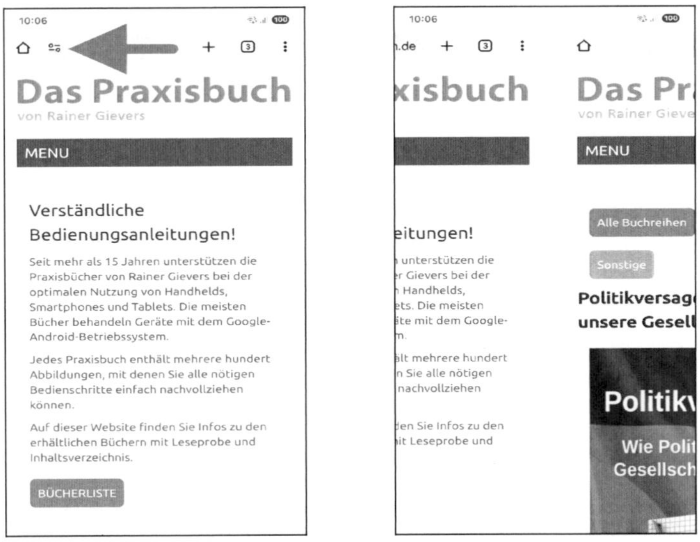

❶❷ Auch mit einer Wischgeste über die Adressleiste ist der Wechsel zwischen den Tabs möglich.

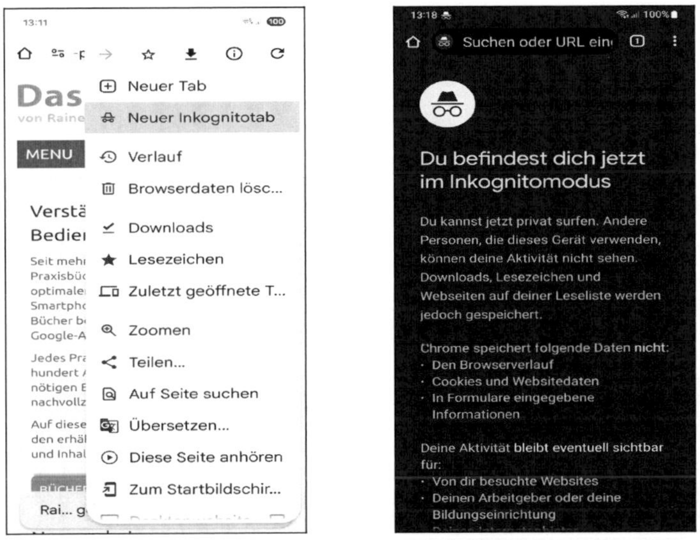

❶❷ Eine Besonderheit ist der Inkognito-Modus, den Sie über ⁝/*Neuer Inkognito-Tab* aktivieren: In diesem Tab surfen Sie anonym, das heißt, der Browser speichert nach Verlassen des Inkognito-Tabs keine Daten und löscht von Websites angelegte Cookies.

❶❷ Den Inkognito-Modus verlässt man, indem Sie die 2-Schaltfläche (Pfeil) antippen und dann die ✕-Schaltfläche betätigen.

11.4 Gruppen-Tabs

Die Gruppen-Tabs verwaltet der Chrome-Browser separat von den im vorherigen Kapitel vorgestellten Tabs.

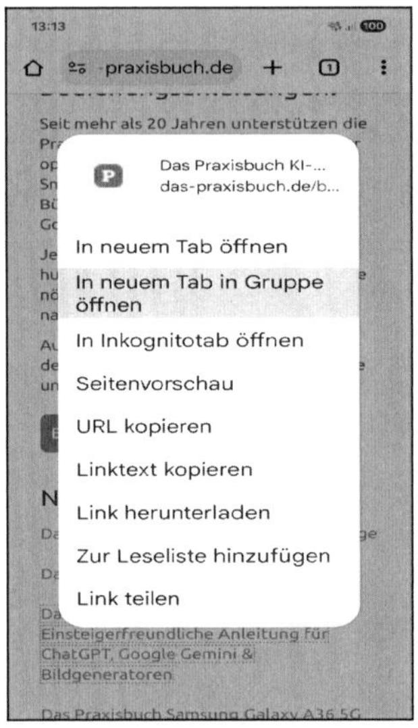

❶❷ Tippen und halten Sie einen Finger über dem Link, bis das Popup-Menü erscheint. Wählen Sie dann *In neuem Tab in Gruppe öffnen*. Der Browser-Tab wird im Hintergrund geöffnet.

Einen leeren Tab öffnen Sie mit ⋮/*Neuer Tab*.

❶ Zwischen den Tabs wechseln Sie über die Schaltflächen am unteren Bildschirmrand.

❷ Den jeweils aktiven (gerade angezeigten) Tab löschen Sie mit der ✕-Schaltfläche.

❸ Einen leeren Tab fügt + hinzu.

11.5 Lesezeichen

Häufig besuchte Webseiten werden Sie als sogenanntes Lesezeichen abspeichern, damit Sie die entsprechende Webadresse nicht immer neu eingeben müssen. Stattdessen rufen Sie einfach das Lesezeichen auf.

❶ So speichern sie ein Lesezeichen: Aktivieren Sie das ⋮-Menü und tippen Sie darin ★ an. Das Lesezeichen wird angelegt.

❷❸ Falls Sie es noch bearbeiten möchten (zum Beispiel einen anderen Namen geben) dann betätigen Sie die Schaltfläche am unteren Bildschirmrand. Schließen Sie den Bildschirm über die ←-Schaltfläche oben links.

❶ Mit ⋮/*Lesezeichen* öffnen Sie die Lesezeichenverwaltung.

❷ Gehen Sie auf *Mobile Lesezeichen*, sofern Sie sich noch nicht darin befinden.

❶ Tippen Sie in der Lesezeichenverwaltung ein Lesezeichen an, damit die zugehörige Webadresse im Browser geladen wird.

❷ Halten Sie den Finger über einem Lesezeichen für den Markierungsmodus gedrückt. Bei Bedarf können Sie nun weitere Lesezeichen durch kurzes Antippen markieren. Die Bedeutung der Schaltflächen:

- ✎: Lesezeichen bearbeiten (es darf nur ein Lesezeichen markiert sein).
- ⮊: Lesezeichen in einen anderen Ordner verschieben. Auf die Ordner-Funktion geht dieses Buch nicht ein.
- 🗑: Lesezeichen löschen.

Die ◀-Taste beendet den Markierungsmodus.

> Die Lesezeichen werden mit Ihrem Google-Konto synchronisiert, das heißt, wenn Sie sich auf einem anderen Android-Gerät bei Ihrem Google-Konto anmelden, sind dort im Browser Ihre Lesezeichen verfügbar.

11.6 Dateien herunterladen

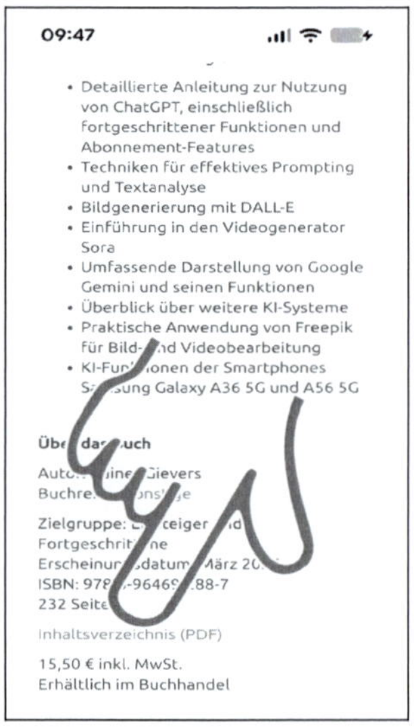

❶❷ Wenn Sie einen Link antippen, der auf eine Datei verweist, lädt der Browser diese automatisch herunter und öffnet sie im passenden Programm.

Alle heruntergeladenen Dateien landen im Verzeichnis *Download* im Gerätespeicher.

Nach dem Download fragt Sie das Pixel eventuell nach dem Programm, mit dem Sie die Datei öffnen möchten. Dies geschieht immer dann, wenn mehr als eine vorinstallierte Anwendung den gleichen Dateityp verarbeiten kann. Wählen Sie eine der Optionen aus.

11.7 Leseliste

Sie stoßen häufig auf interessante Webseiten, die Sie später mal genauer durchlesen möchten, weil Sie gerade keine Zeit haben. Webseiten, die Sie ohnehin nur einmal ansehen und dann nie wieder benötigen, werden Sie nicht dauerhaft als Lesezeichen speichern wollen. In diesem Kapitel stellen wir mit der Leseliste eine Alternative dazu vor.

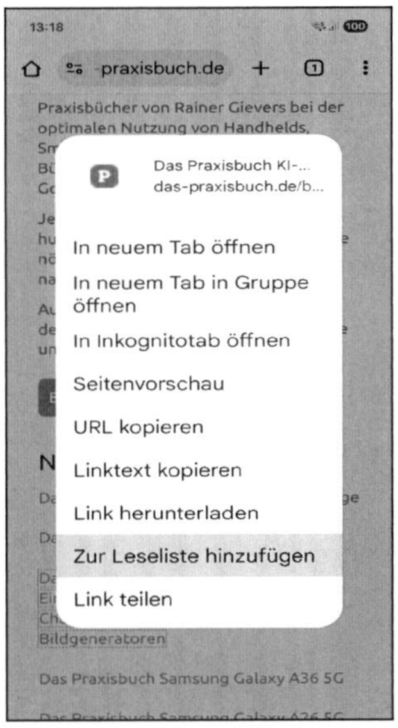

❶❷ Halten Sie den Finger über einem Link gedrückt, dessen zugehörige Webseite Sie speichern möchten. Im Popup wählen Sie *Zur Leseliste hinzufügen.*

❶❷ Mit ⋮/*Lesezeichen* öffnen Sie die Lesezeichenverwaltung.

❸ Falls nicht die Lesezeichenübersicht angezeigt wird, gehen Sie auf ←.

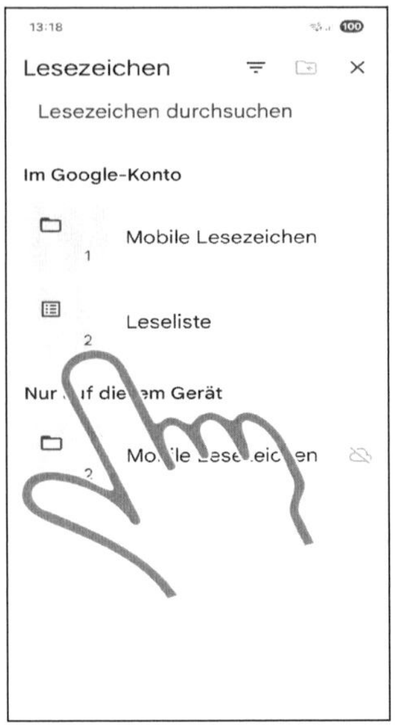

❶ Gehen Sie auf *Leseliste.*

❷ Wählen Sie eine Webseite in der Liste aus, die Sie ansehen möchten.

11.8 Zum Suchen tippen

Die »Zum Suchen tippen«-Funktion liefert zu von Ihnen in Webseiten markierten Wörtern Suchergebnisse.

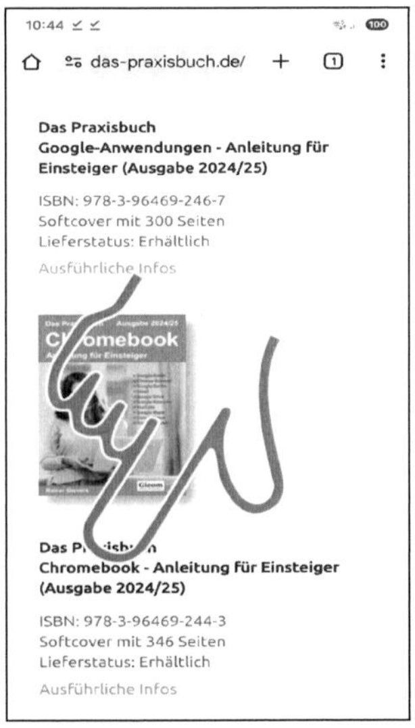

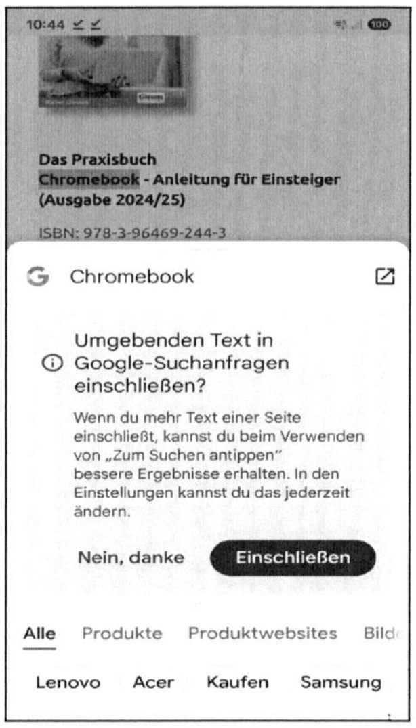

❶ Tippen und halten Sie den Finger auf einer Webseite über einem Wort, zu dem Sie mehr wissen möchten.

❷ Am unteren Bildschirmrand gehen Sie dann auf den Begriff.

❸ Betätigen Sie die *Einschließen*-Schaltfläche.

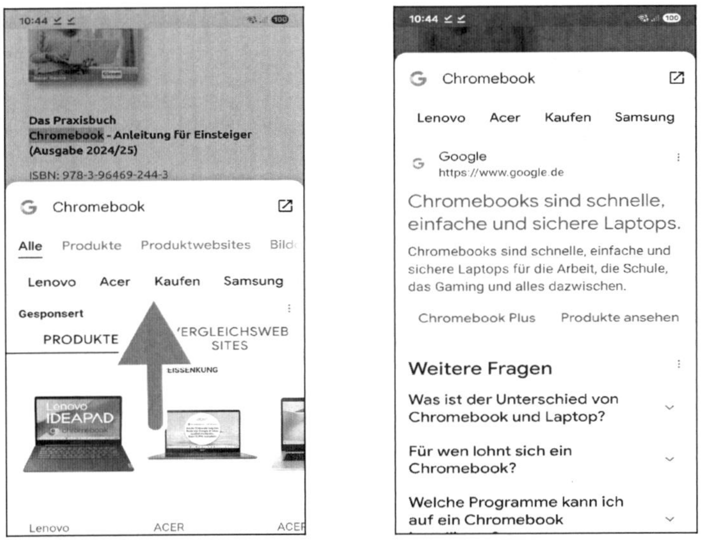

❶❷ Der Webbrowser zeigt die Google-Suchergebnisse an. Ziehen Sie diese mit einer Wischgeste nach unten, um sie zu schließen, oder nach oben, was sie im Vollbildschirm anzeigt.

11.9 Einstellungen

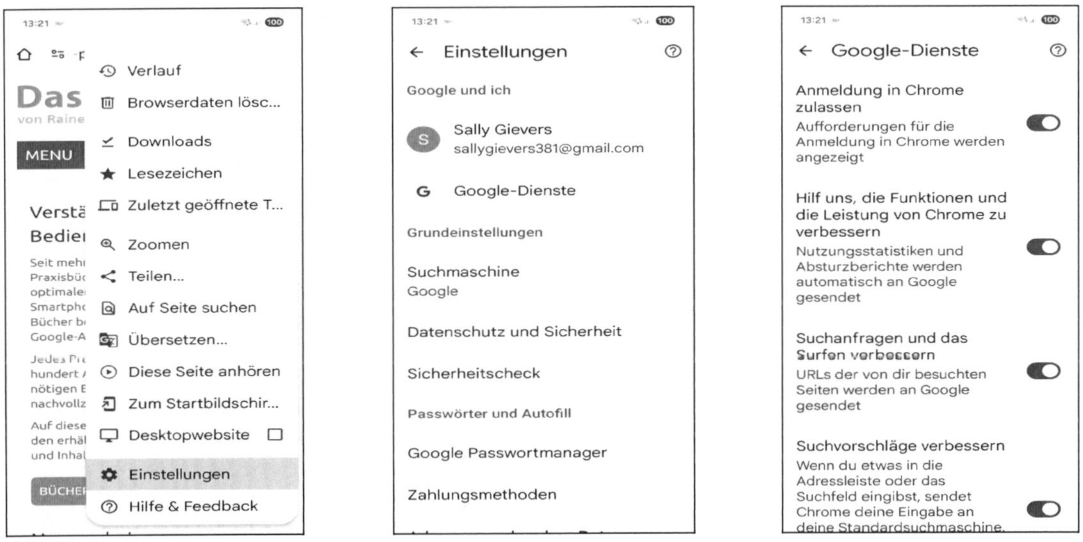

❶ Für die Browserkonfiguration gehen Sie auf ⁝/*Einstellungen.*

❷ Die hier angebotenen Optionen:

- *(Ihr Konto)@gmail.com*: Verwaltet die Synchronisation der Lesezeichen mit Ihrem Google-Konto.
- *Synchronisierung*: Hier können Sie festlegen, welche Daten im Google-Konto abgelegt werden. Die Option *Alles synchronisieren* sollten Sie nicht ändern.
- *Google-Dienste* (❸):
  - *Anmeldung in Chrome zulassen*: Muss aktiv sein, damit Lesezeichen und Einstellungen des Chrome-Browsers in Ihrem Google-Konto gesichert werden.
  - *Hilf uns, die Funktionen und die Leistung von Chrome zu verbessern:* Legt fest, ob der Chrome-Browser anonyme Nutzungsberichte an Google senden darf, die Google dann für Optimierungen verwendet.
  - *Suchanfragen und das Surfen verbessern*: Überträgt alle Ihre besuchten Webseiten an Google.
  - *Suchvorschläge verbessern*: Google macht anhand Ihrer Eingaben in der Adressleiste Vorschläge für möglicherweise passende Webseiten.
  - *Zum Suchen antippen*: Infos zu einem angetippten Begriff anzeigen. Siehe Kapitel

11.8 Zum Suchen tippen.

Unter *Grundeinstellungen*:

- *Suchmaschine*: Stellt die zu verwendende Suchmaschine ein (die Suche erfolgt automatisch, wenn Sie einen Begriff in der Browser-Adresszeile eingeben).
- *Datenschutz und Sicherheit*: Löschen Sie hier vom Chrome-Browser gespeicherte Daten und stellen Sie ein, ob der Browser bei der Adresseingabe Vorschläge macht.
- *Sicherheitscheck*: Überprüft, ob der Chrome-Browser aktuell ist und ob Ihre Passwörter sicher sind.

Unter *Passwörter und Autofill*:

- *Google Passwortmanager*: Verwaltet alle Passwörter, die zwischengespeichert und das nächste Mal automatisch eingefügt werden. Sofern das Handy von mehreren Personen genutzt wird, sollten Sie diese Option deaktivieren.
- *Zahlungsmethoden*: Wenn Sie online einkaufen, füllt Ihnen der Chrome-Browser automatisch Eingabefelder aus, in denen nach Ihrer Kreditkarte gefragt wird. Da in Europa meistens per Überweisung oder PayPal bezahlt wird, ist dieses Menü überflüssig .
- Adressen und andere Daten: Die hier erfassten Texte mit Ihren Adressdaten schlägt der Browser automatisch vor, wenn Sie in ein passendes Eingabefeld tippen (zum Beispiel Adressfelder in einem Online-Shop).
- *Adressen und andere Daten*: Die hier erfassten Texte mit Ihren Adressdaten schlägt der Browser automatisch vor, wenn Sie in ein passendes Eingabefeld tippen (zum Beispiel Adressfelder in einem Online-Shop).
- *Autofill-Services*: Sie können externen Anwendungen die Verwaltung der Logins und Passwörter übertragen. Wir raten aus Sicherheitsgründen davon ab.

Unter *Erweitert:*

- *Tabs*: Der Browser öffnet beim Start automatisch Tabs, die in einem Chrome-Browser auf einem anderen Gerät geöffnet sind. Dazu müssen Sie in allen Browsern mit dem gleichen Google-Konto angemeldet sein.
- *Verknüpfung in Symbolleiste*: Der Browser zeigt oben in der Symbolleiste kontextabhängig bestimmte Schaltflächen an. Sie können allerdings stattdessen auch eine immer angezeigte Schaltfläche auswählen. Nützlich sind beispielsweise die Favoriten- oder Übersetzungfunktion.
- *Benachrichtigungen*: Die Benachrichtigungen sollten Sie nicht ändern, zumal sie ohnehin nur selten stattfinden.
- *Design*: Anzeige zwischen dunkel und hell umschalten. Standardmäßig verwendet der Browser die Systemeinstellung.
- *Bedienungshilfen*: Standardschriftgröße bei den angezeigten Webseiten.
- *Website-Einstellungen*: Cookies, Übermittlung des Standorts, JavaScript usw. zulassen.
- *Sprachen*: Bei jedem Abruf einer Webseite übermittelt der Chrome-Browser die gewünschte Sprachversion, in der Regel *Deutsch*. Einige Websites werten dies aus und stellen dann die deutsche Sprachversion zur Verfügung.
- *Downloads*: Legen Sie fest, in welchem Verzeichnis heruntergeladene Dateien (siehe Kapitel *11.6 Dateien herunterladen*) abgelegt werden.
- *Über Google Chrome*

11.9.1 Datenschutz und Sicherheit

❶❷ Das *Datenschutz und Sicherheit*-Menü konfiguriert:

- *Browserdaten löschen*: Darauf gehen wir unten ein.
- *Datenschutz-Leitfaden*: Ein Assistent unterstützt Sie bei der Konfiguration des Browsers.
- *Drittanbieter-Cookies*: Webseiten können im Inkognito-Modus aus Datenschutzgründen keine Cookies speichern. Auf den Inkognito-Modus geht Kapitel *11.3 Tabs* (am Ende des Kapitels) ein.
- *Datenschutz bei Anzeigen*: Google plant eine umstrittene Umstellung bei Werbung auf Webseiten. Künftig können Sie selbst festlegen, welche Daten für Werbezwecke verwendet werden.
- *"Do Not Track'-Anfrage senden"*: Der Browser sendet an aufgerufene Webseiten einen Befehl, dass diese keine Benutzerdaten auswerten darf (beispielsweise für Werbung). In der Praxis hat dies aber keine Auswirkungen, weil sich kein Webseitenbetreiber daran hält.
- *Seiten vorab laden*: Der Browser lädt alle verlinkten Webseiten vorab, die Sie vermutlich als nächstes durch Antippen öffnen.
- *Inkognito-Tabs beim Verlassen von Chrome sperren*: Wenn Sie den Chrome-Browser verlassen, werden Inkognito-Tabs automatisch gesperrt und erst nach Eingabe einer PIN oder per Fingerabdruck wieder freigegeben. Dazu muss die Gerätesperre des Handys aktiviert sein.

Unter *Sicherheit*:

- *Safe Browsing*: Schützt Sie vor Angriffen durch bösartige Webseiten. Die Voreinstellung sollten Sie nicht ändern.
- *Warnen, wenn ein Passwort nach einer Datenpanne nicht mehr sicher ist*: Google führt eine Liste mit von Hackern veröffentlichten Passwörtern. Wenn Sie sich auf einer Website mit einem Passwort anmelden, das in Googles Passwortliste enthalten ist, erhalten Sie einen Warnhinweis. Sie sollten dann überlegen, das Passwort zu ändern.
- *Immer sichere Verbindungen verwenden*: Der Aufruf Websites ohne Unterstützung von verschlüsselten Verbindungen wird mit einem Warnhinweis quittiert. Wir raten von der Aktivierung dieser Option ab, da sie keine zusätzliche Sicherheit bietet, denn fast alle Websites, die Verschlüsslung unterstützen, schalten automatisch beim ersten Aufruf darauf um.
- *Sicheres DNS verwenden*: Das DNS-Protokoll wird verwendet, um Websites im Internet zu finden und anzuzeigen (Umsetzung von Website-Namen in IP-Adressen). Sie sollten die Voreinstellung nicht ändern.
- V8-Sicherheit verwalten: Vereinfacht erklärt, optimiert der Browser automatisch auf den Webseiten ablaufende Skripte. Sie sollten die Voreinstellung nicht ändern.

- *Auf Zahlungsmethoden zugreifen*: Nicht von Google dokumentiert.

❸ Rufen Sie *Browserdaten löschen* auf für das Auswahlmenü:

- *Browserverlauf*: Die Adressen einmal besuchter Seiten speichert der Browser zwischen und zeigt sie dann als Auswahl an, wenn Sie eine ähnliche Webadresse in der Adresszeile angeben.
- *Cookies und Websitedaten*: Cookies sind Daten, die von Webseiten auf Ihrem Gerät abgelegt werden, um Sie bei einem späteren Besuch wiedererkennen zu können. Es dürfte nur sehr selten Sinn machen, die vom Browser angelegten Cookies zu löschen.
- *Bilder und Dateien im Cache*: Zwischengespeicherte Dateien.
- *Tabs*: Schließt alle weiteren geöffneten Tabs.
- *Gespeicherte Passwörter*: Der Chrome-Browser »merkt« sich von Ihnen eingegebene Logins, damit Sie sich beim nächsten Besuch einer Website schneller anmelden können.
- *Autofill-Formulardaten*: Chrome erkennt wiederkehrende Eingaben in Formularen und füllt diese dann automatisch aus.
- *Website-Einstellungen*: Dies betrifft Funktionen wie die Erlaubnis, dass eine Website Sie mit Popups über Aktualisierungen informieren darf.

Nachdem Sie die gewünschten Optionen eingestellt haben, betätigen Sie *Daten löschen*. Beachten Sie, dass standardmäßig nur die letzte Stunde Ihrer Aktivitäten gelöscht werden. Sie können aber einen anderen Zeitraum einstellen (Pfeil).

11.9.2 Bedienungshilfen

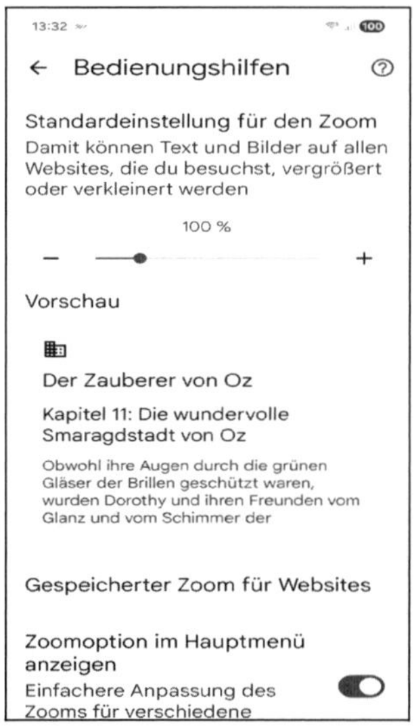

❶❷ Das *Bedienungshilfen*-Menü sind für Personen mit eingeschränkter Sehkraft gedacht:

- *Standardeinstellung für den Zoom*: Vergrößert die Textdarstellung.
- *Gespeicherter Zoom für Websites*: Nicht von Google dokumentiert.
- *Zoomoption im Hauptmenü anzeigen*: Im ⋮-Menü finden Sie die Option *Zoomen*.
- *Zoom zwingend aktivieren*: Manche für Handys optimierte Webseiten lassen sich nicht durch Doppeltippen oder eine Kneifgeste vergrößern. Wenn Sie das stört, aktivieren Sie diese Option.
- *Vereinfachte Ansicht für Webseiten*: Sofern eine Webseite bestimmte Merkmale aufweist, können Sie über eine Schaltfläche neben der Adressleiste auf eine reine Textansicht umschalten.
- *Untertitel*

11.9.3 Website-Einstellungen

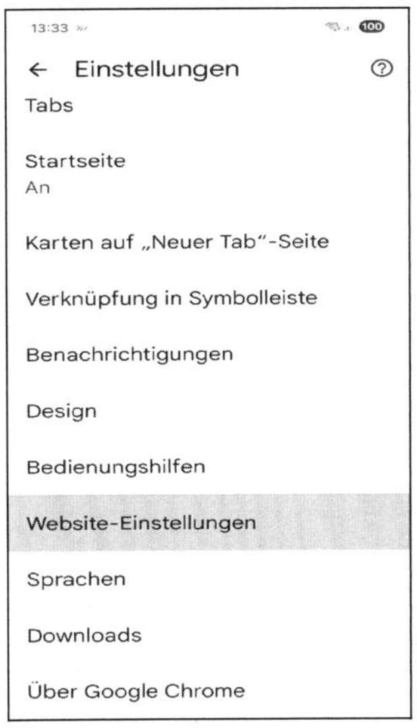

❶❷ *In den Website-Einstellungen legen Sie fest, welche Daten oder Funktionen von Ihnen besuchte Websites nutzen dürfen. Sie sollten die Voreinstellungen nicht verändern.*

11.10 Lesezeichen auf dem Startbildschirm

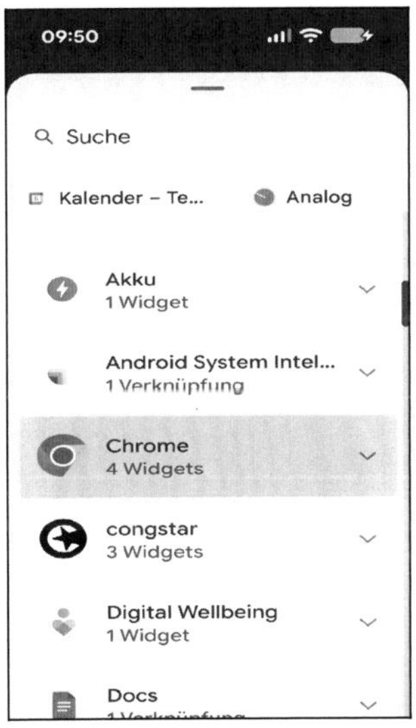

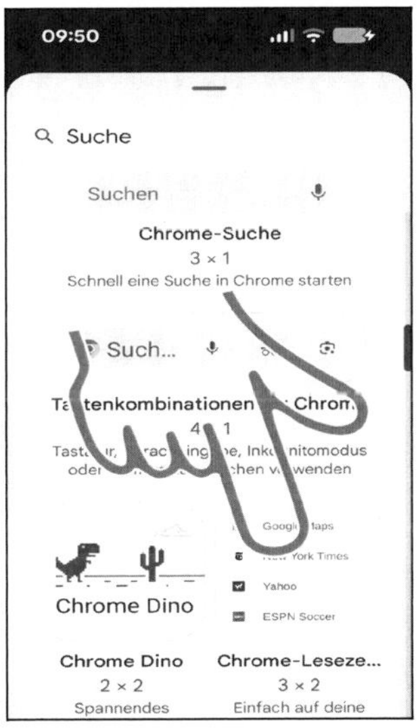

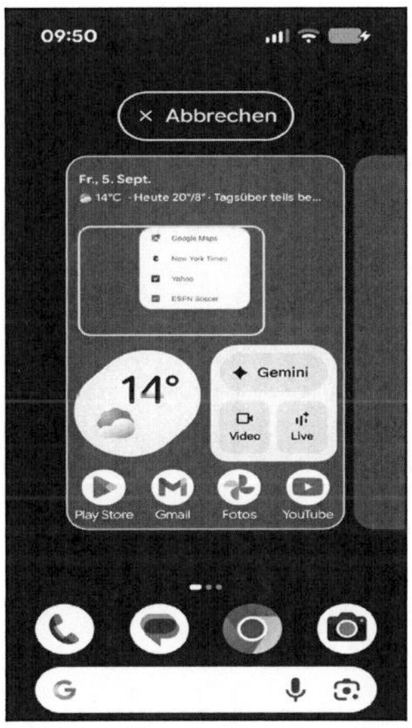

❶❷ Der schnelle Aufruf von Lesezeichen aus dem Startbildschirm ist über das *Chrome-Lesezeichen*-Widget aus der Chrome-Kategorie möglich. Wie Sie Widgets auf dem Startbildschirm anlegen, erfahren Sie im Kapitel *4.8.2 Widgets*.

❸ Das Chrome-Widget ist aktiv.

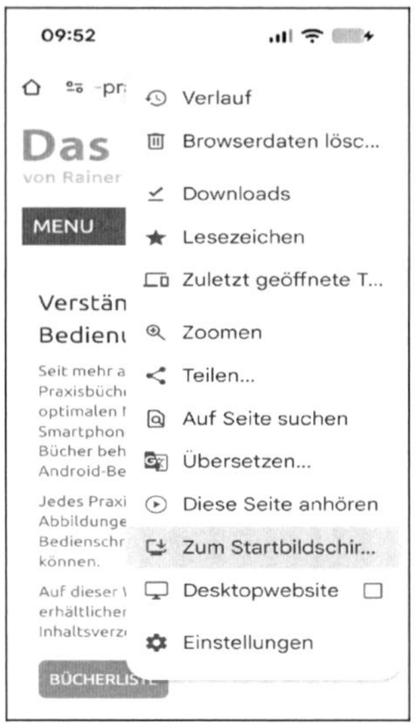

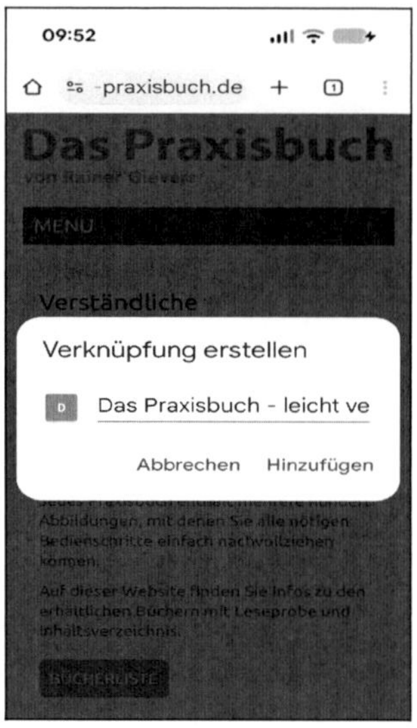

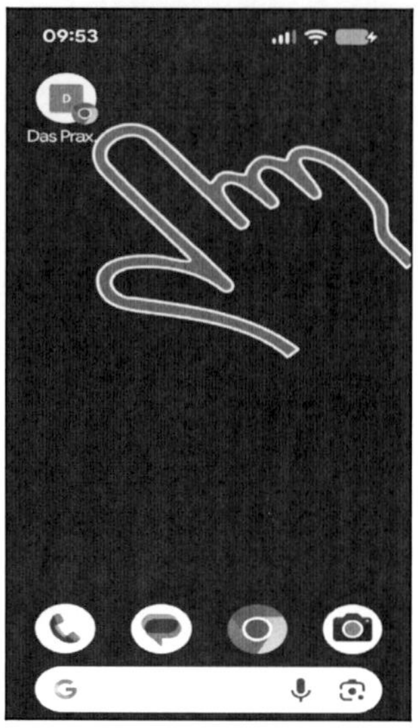

❶❷ Alternativ rufen Sie ⋮/*Zum Startbildschirm hinzufügen* auf, während eine Webseite angezeigt wird. Ändern Sie gegebenenfalls den Namen und betätigen Sie *Hinzufügen* und dann *Zum Startbildschirm hinzufügen.*

❸ Die Webseite können Sie nun direkt über den Schnellzugriff im Startbildschirm aufrufen.

12. WhatsApp

WhatsApp ist eine beliebte Anwendung, mit der man ganz einfach Nachrichten, Bilder, Videos und Sprachnachrichten an Freunde senden kann. Damit ersetzt WhatsApp die früher beliebte SMS, ist im Gegensatz dazu aber kostenlos, solange man mit dem WLAN verbunden ist oder ausreichend mobiles Datenvolumen hat.

WhatsApp ist einfach zu bedienen und weltweit verbreitet. Man braucht nur eine Handynummer zur Anmeldung, und die Anwendung synchronisiert automatisch die Kontakte aus dem Telefonbuch. Außerdem gibt es Funktionen wie Status-Updates, die ähnlich wie Stories auf Instagram oder Facebook funktionieren.

12.1 Erster Start

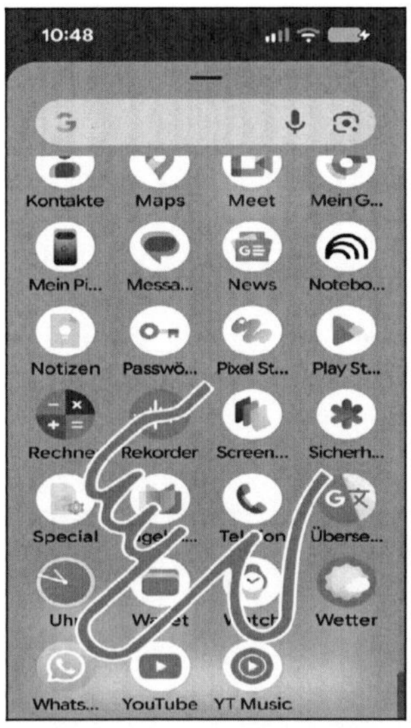

❶ Suchen und installieren Sie *WhatsApp Messenger* aus dem Google Play Store (siehe Kapitel *17 Play Store*).

❷❸ Sie finden das installierte Programm im Hauptmenü. Blättern Sie gegebenenfalls mit einer Wischgeste durch die Programme. Dort starten Sie dann *WhatsApp.*

❶ Gehen Sie auf *Zustimmen und fortfahren.*

❷ Schließen Sie das Popup mit *Zulassen.*

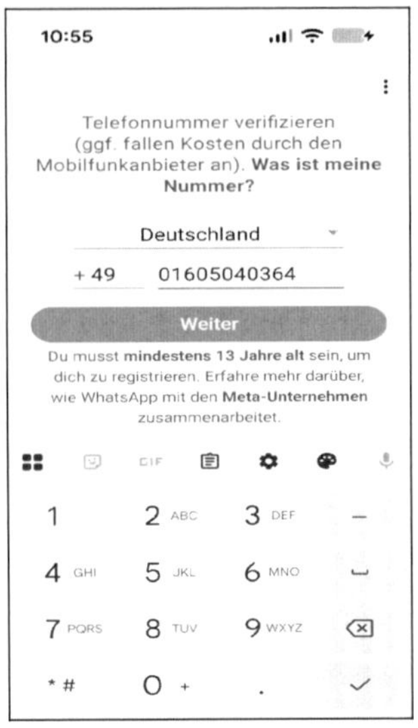

➊ Dann müssen Sie sich erst beim WhatsApp-Netzwerk identifizieren, was über eine SMS geschieht. Geben Sie Ihre Handynummer ein und schließen Sie den Vorgang mit der *Weiter*-Schaltfläche ab.

➋ Betätigen Sie die Sicherheitsabfrage mit *OK*.

➌ Die Bestätigung Ihrer Handynummer kann unterschiedlich erfolgen. Bei neuen Nutzern erfolgt in der Regel der Versand einer SMS oder ein Anruf im Hintergrund. Folgen Sie einfach den Anweisungen!

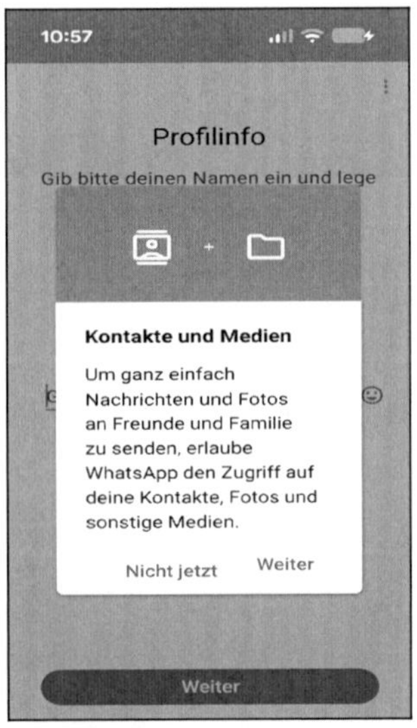

➊ Betätigen Sie *Weiter.*

➋ Schließen Sie die folgenden Popups mit *Zulassen* beziehungsweise *Vollen Zugriff zulassen.*

➌ Falls Sie bisher noch kein WhatsApp genutzt hatten, betätigen Sie hier *Überspringen*, sonst *Berechtigung gewähren.*

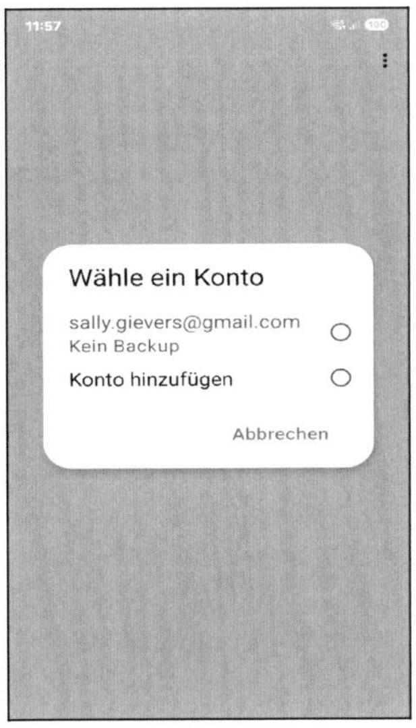

Sofern Sie zuvor *Berechtigung gewähren* gewählt hatten, erscheint ein Popup, in dem Sie das Google-Konto auswählen, wo die Datensicherung hinterlegt ist. Folgen Sie dann den Anweisungen.

In diesem Fall wurde keine Datensicherung gefunden, weshalb Sie auf *Abbrechen* gehen (worauf Sie wieder im vorherigen Dialog landen, den Sie nun mit *Überspringen* schließen).

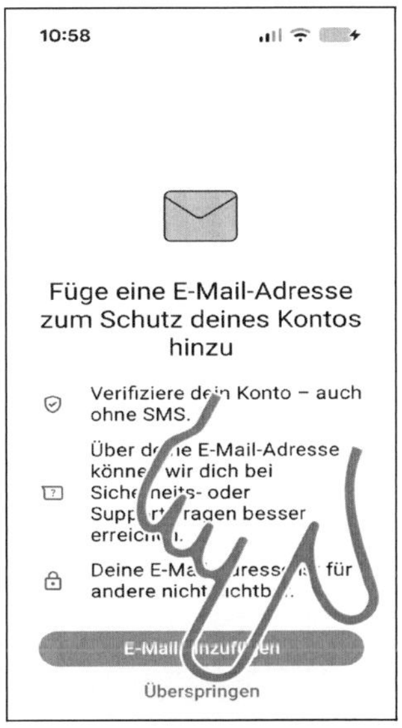

❶ Erfassen Sie Ihren Namen und tippen Sie auf *Weiter.*

❷ Das Angebot, eine E-Mail-Adresse zu hinterlegen, können Sie mit *Überspringen* ablehnen.

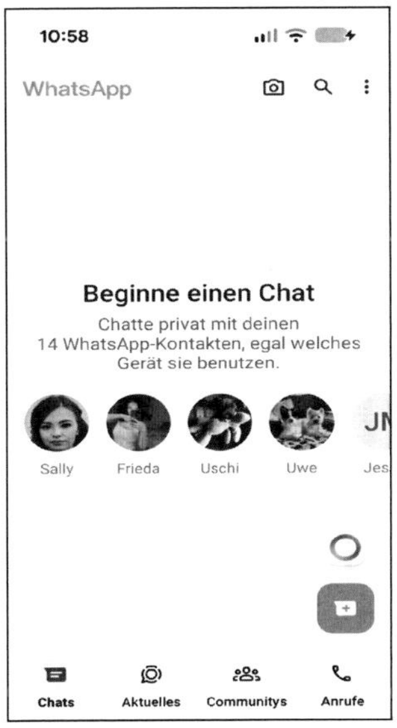

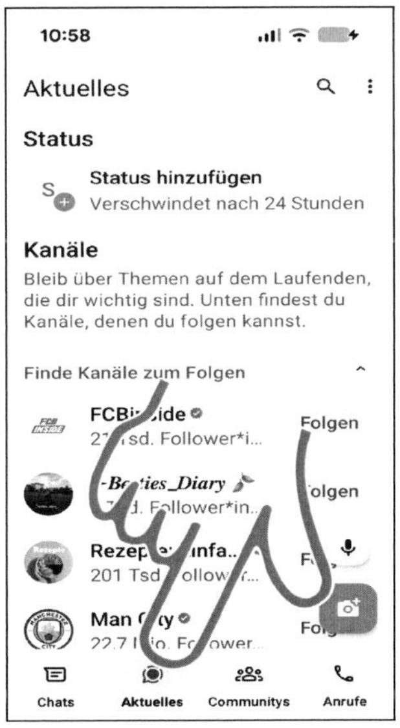

❶ Sie können nun das Programm nutzen!

❷ Die Register am unteren Bildschirmrand schalten um zwischen:

- *Chats*: Schreiben Sie mit anderen WhatsApp-Nutzern. Dabei ist es auch möglich, Sprachaufnahmen und Dateien zu versenden.
- *Aktuelles*: WhatsApp-Nutzer haben die Option, Fotos, Videos und Texte einzustellen, die dann für alle ihrer Kontakte für 24 Stunden angezeigt werden.
- *Communitys*: Verwaltet Gruppen, in denen sich mehrere WhatsApp-Nutzer austauschen können.
- *Anrufe*: Sie können mit anderen WhatsApp-Nutzern telefonieren. Dabei baut das Handy keine Sprachverbindung über das Mobilfunknetz auf, sondern die Sprachübertragung erfolgt über das Internet. Deshalb fallen keine Telefonkosten an.

12.2 Datensicherung wiederherstellen

Falls Sie WhatsApp zuvor auf einem anderen Handy genutzt haben, können Sie dessen Chatverläufe sehr einfach auf dem neuen Handy wiederherstellen. Kontrollieren Sie bitte vorher, ob Sie nicht die Chatverläufe bereits wiederhergestellt haben, als Sie WhatsApp auf dem neuen Handy eingerichtet haben. Das erkennen Sie ganz einfach daran, dass die Benutzeroberfläche alle zuletzt durchgeführten Chats inklusive Bildern auflistet.

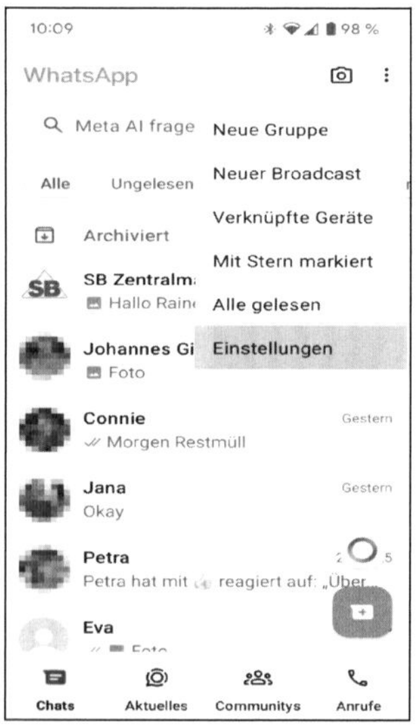

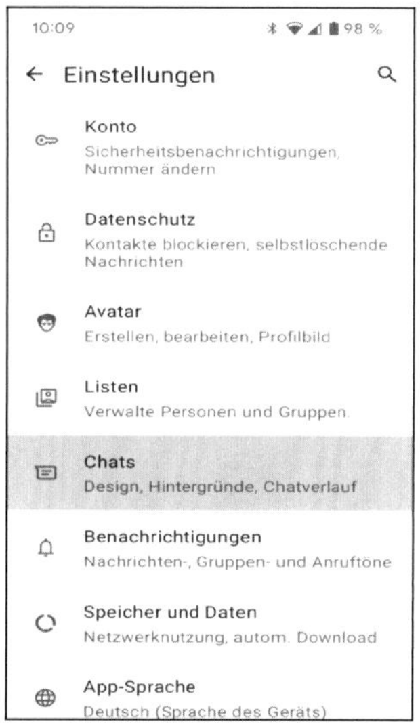

Kontrollieren Sie zunächst, ob auf Ihrem alten Handy die Datensicherung im Google-Konto durchgeführt wurde. Dazu müssen Sie gegebenenfalls noch mal die SIM-Karte aus dem neuen Handy herausnehmen und im alten Handy einlegen.

❶ Rufen Sie auf Ihrem alten Handy WhatsApp auf und gehen Sie auf ⋮/*Einstellungen*.

❷ Wählen Sie *Chats* und dann *Chat-Backup*.

Deaktivieren Sie auf jeden Fall die Option *Inklusive Videos*! Diese benötigen viel Speicherplatz und können dazu führen, dass die Datensicherung misslingt. Fotos sichert WhatsApp natürlich weiterhin. Danach betätigen Sie *Sichern* und warten, bis das Backup durchgelaufen ist.

Danach können Sie die SIM-Karte aus dem alten Handy entfernen und wieder in das neue Handy einstecken.

Tipp: Sie finden Ihre mit WhatsApp empfangenen und gesendeten Dateien auf dem alten (und neuen) Handy im Verzeichnis *media\com.whatsapp\WhatsAppMedia*. Sie können sie von dort auf Ihren PC kopieren (siehe Kapitel *16 Gerätespeicher*).

So geht es auf dem neuen Handy weiter: Deinstallieren Sie WhatsApp, falls Sie es bereits installiert hatten und installieren Sie es erneut. Beim erneuten Aufruf gehen Sie die oben beschriebenen Einrichtungsschritte durch und bekommen dann die Option zur Wiederherstellung angeboten.

12.3 Nachrichten schreiben

Damit Sie einer anderen Person per WhatsApp schreiben können, muss er sich mit seiner Handynummer in Ihrem Telefonbuch (siehe Kapitel *7 Telefonbuch*) befinden. Außerdem ist es notwendig, auf seinem Handy oder Tablet ebenfalls WhatsApp zu installieren.

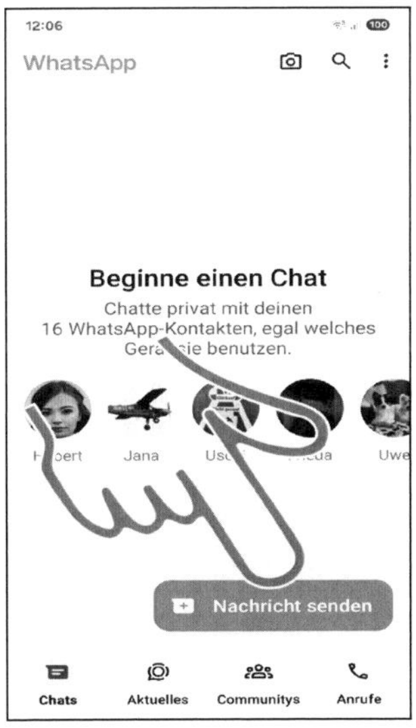

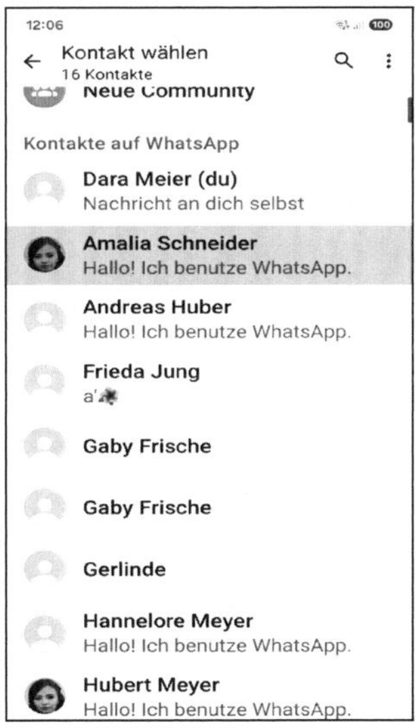

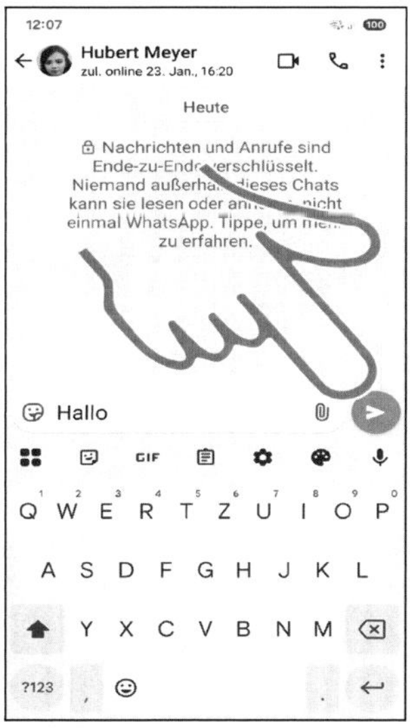

❶ Betätigen Sie .

❷ WhatsApp listet alle Kontakte auf, die das soziale Netzwerk nutzen, aus denen Sie einen auswählen.

❸ Nach Eingabe eines Textes versenden Sie ihn mit ➤.

❶ Ein Haken hinter jeder Ihrer Nachrichten informiert über den Versandstatus:

- ✓: Nachricht wurde erfolgreich versandt, aber noch nicht dem Empfänger zugestellt (beispielsweise weil er sich gerade in einem Funkloch befindet oder sein Handy ausgeschaltet hat).
- ✓✓: Der Doppelhaken erscheint zunächst grau, sobald die Nachricht den Empfänger erreicht. Hat der Empfänger sie gelesen, wird der Doppelhaken blau eingefärbt.

❷ Der Hinweis »online« beziehungsweise die Uhrzeit (Pfeil) informiert am oberen Bildschirmrand darüber, ob und wann der Empfänger zuletzt online war.

Wenn die Häkchen bei Ihnen grau bleiben, kann das folgende Gründe haben:

- Lesebestätigungen deaktiviert: Sowohl Sie als auch der Empfänger können in den Einstellungen von WhatsApp die Lesebestätigungen deaktivieren. Prüfen Sie bitte unter *Einstellungen/Datenschutz/Lesebestätigungen*, ob die Funktion bei Ihnen aktiviert ist. Wichtig: Wenn Sie die Lesebestätigungen deaktivieren, können Sie auch nicht sehen, ob andere Ihre Nachrichten gelesen haben.
- Der Empfänger hat die Lesebestätigungen deaktiviert: Auch wenn Ihre Einstellungen korrekt sind, werden die Häkchen grau bleiben, wenn der Empfänger die Funktion deaktiviert hat.
- Der Empfänger hat WhatsApp nicht geöffnet: Blaue Häkchen erscheinen erst, wenn der Empfänger WhatsApp öffnet und die Nachricht ansieht. Falls er die App längere Zeit nicht benutzt, bleiben die Häkchen grau.
- Gruppenchats: In Gruppenchats erscheinen blaue Häkchen erst, wenn alle Teilnehmer die Nachricht gelesen haben. Solange nicht alle die Nachricht angesehen haben, bleiben die Häkchen grau.

12.4 Nachrichten empfangen

➊ Sie müssen die WhatsApp-Anwendung nicht permanent geöffnet haben, da auch wenn Sie gerade nicht damit arbeiten, informiert Sie das Handy mit akustischem Signal und Popup über neu vorliegende Nachrichten.

➋➌ Starten Sie dann entweder die WhatsApp-Anwendung oder gehen Sie im Benachrichtigungsfeld auf den WhatsApp-Eintrag.

12.5 Weitere Funktionen

➊➋ Auf die Konversationen mit Ihren Kontakten greifen Sie über die Auflistung im Hauptmenü zu.

❶ Besonders beliebt ist die Option, Fotos oder Sprachaufnahmen zu verschicken, was über die Schaltflächen am unteren Bildschirmrand (Pfeil) erfolgt.

❷❸ Beim Fotoversand knipsen Sie zunächst mit der runden Schaltfläche (Pfeil) ein Bild, danach erfolgt mit ➤ der Versand.

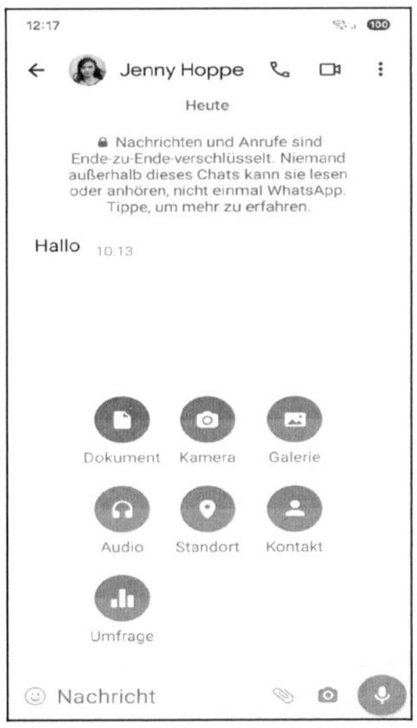

❶❷ Andere Dateien, darunter auch bereits auf dem Handy vorhandene Fotos, verschicken Sie dagegen über die 📎-Schaltfläche.

12.6 Telefonie mit WhatsApp

Wie bereits erwähnt, bietet WhatsApp eine Telefonie-Funktion, welche über das Internet statt über eine Mobilfunk-Sprachverbindung erfolgt und deshalb kostenlos ist.

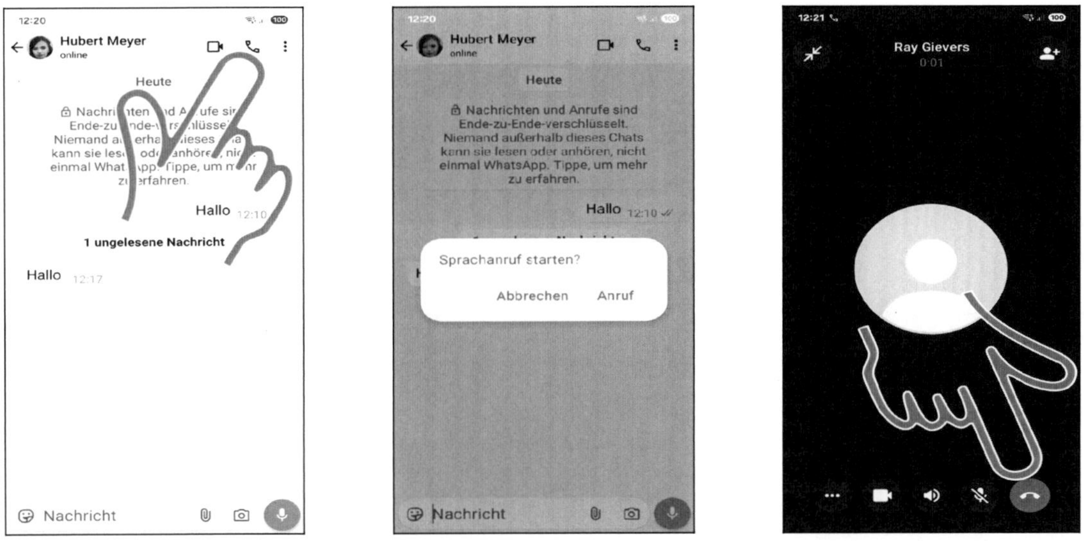

❶❷ Anrufe führen Sie jederzeit in einem Chat über die ☏-Schaltfläche (Pfeil) durch (die Schaltfläche daneben dient Videoanrufen). Schließen Sie die folgenden Popups mit *Anruf* beziehungsweise *Weiter* und *Bei Nutzung der App*.

❸ Die rote Schaltfläche im unteren Bildschirmdrittel beendet später das Gespräch.

❶❷ Die durchgeführten Anrufe listet das *Anrufe*-Register (Pfeil) auf.

❸ Nehmen Sie eingehende Anrufe über *Annehmen* im Popup am oberen Bildschirmrand an.

12.7 Videotelefonie mit WhatsApp

Die Videotelefonie ähnelt der oben vorgestellten Telefonie, allerdings sehen Sie die beiden Kommunikationspartner. Dadurch wird das Gespräch persönlicher.

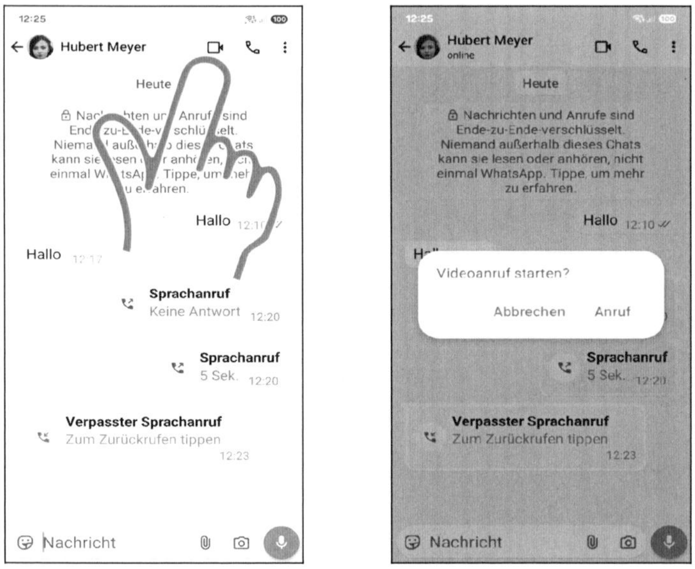

❶❷ Betätigen Sie die ▭-Schaltfläche und bestätigen Sie mit *Anruf*. Die folgenden Abfragen beantworten Sie mit *Weiter* beziehungsweise *Bei Nutzung der App*.

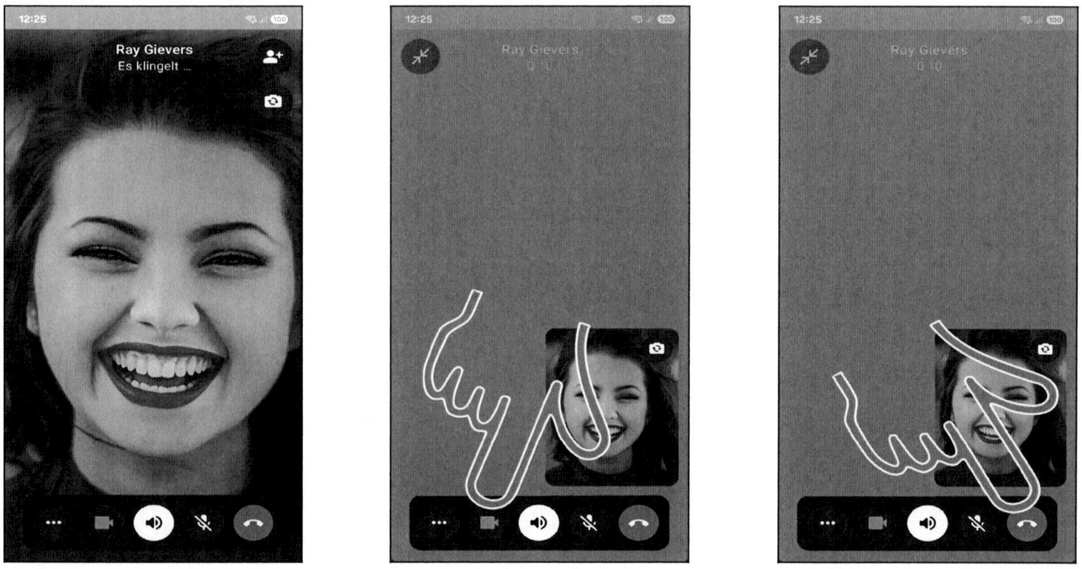

❶ Während Sie warten, dass der Angerufene annimmt, sehen Sie bereits Ihr eigenes Videobild.

❷ Antippen Ihres Videobilds bringt Ihr eigenes Bild in den Vordergrund, während das Bild Ihres Gegenübers als »Briefmarke« erscheint.

Die Schaltflächen am unteren Bildschirmrand:

- 📷: Videoanzeige umschalten
- 📹: Eigenes Videobild ausschalten
- 🎤: Eigenes Video stumm schalten

❸ Die rote Schaltfläche beendet das Gespräch.

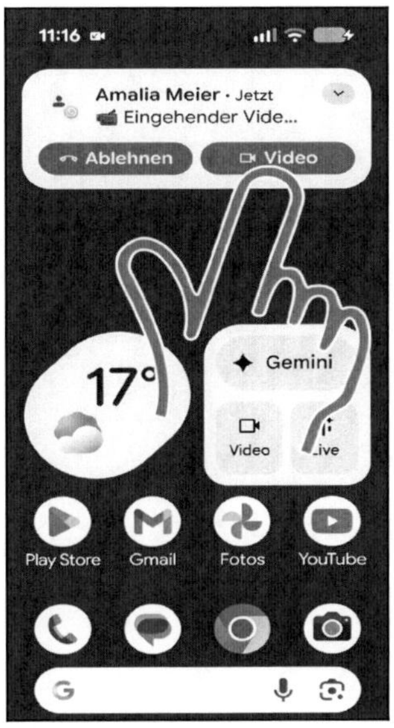

Das Handy informiert über eingehende Videoanrufe mit einem Popup. Betätigen Sie dort *Video*.

12.8 Eigene Kontaktinfos

Sie haben die Möglichkeit, Ihr eigenes WhatsApp-Konto zu personalisieren.

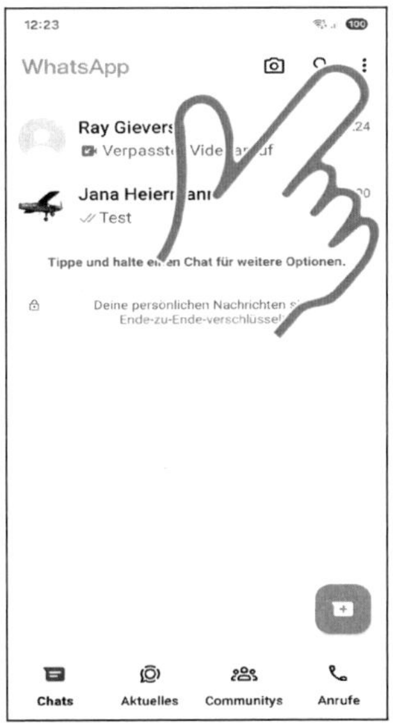

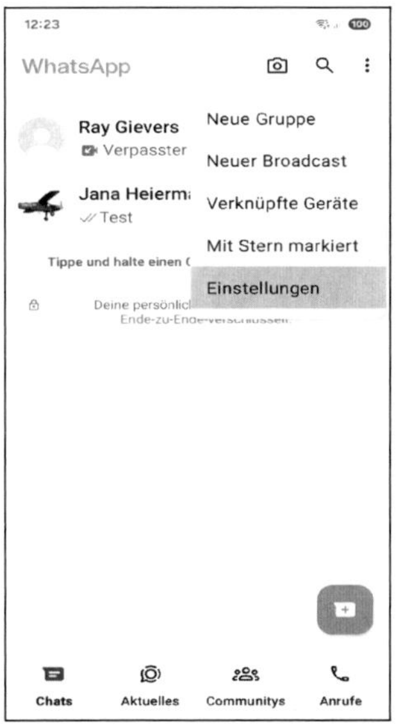

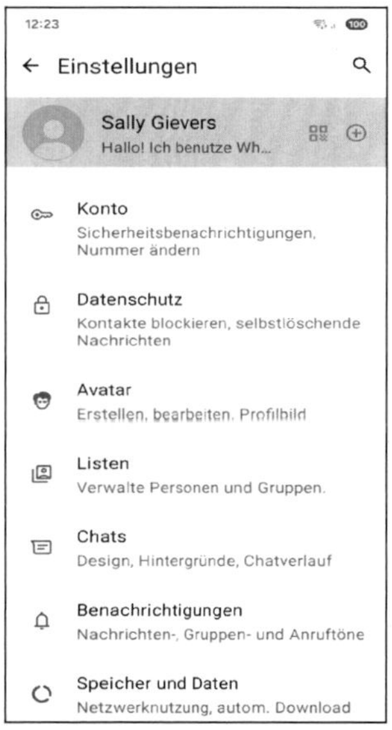

❶❷ Rufen Sie ⁝/*Einstellungen* auf.

❸ Hier gehen Sie auf das erste Menü.

❶ In diesem Bildschirm können Sie bei Bedarf Ihren Namen (den Sie bei der Ersteinrichtung von WhatsApp eingegeben hatten) ändern. Unter *Info* erfassen Sie weitere Infos, beispielsweise Hinweise zur Erreichbarkeit oder über Ihre Person.

❷ Sie möchten Ihr Foto bei WhatsApp hinterlegen, damit Gesprächspartner sofort wissen, wer Sie sind? Dann tippen Sie oben ins runde Kontaktsymbol.

❸ Folgende Optionen stehen zur Auswahl:

- *Kamera*: Foto mit der Kamera erstellen.
- *Galerie*: Ein bereits zuvor geknipstes Foto verwenden.
- *Avatar*: Eine Art Comicfigur erstellen.

In unserem Beispiel verwenden wir *Kamera*.

❶ Halten Sie die Kamera auf das Motiv und betätigen Sie die weiße Schaltfläche.

❷ Falls Sie mit dem Foto nicht zufrieden sind, tippen Sie auf ✕, sonst erneut auf die weiße Schaltfläche.

❶ Verschieben Sie die Begrenzungen auf den gewünschten Bildausschnitt und gehen Sie auf *Fertig*.

❷ Das Profilfoto ist nun bei allen Ihren Gesprächspartnern sichtbar.

13. Google Maps

Google Maps zeigt nicht nur Straßenkarten, sondern auch Satellitenansichten an und dient als mobiles Navigationsgerät. Beachten Sie, dass Google Maps die Kartenausschnitte jeweils aus dem Internet lädt, also eine WLAN- oder Mobilfunkverbindung bestehen muss.

Google Maps können Sie auch auf dem Desktop-PC im Webbrowser nutzen: Geben Sie dort *maps.google.de* als Webadresse ein.

13.1 Google Maps nutzen

❶ Gehen Sie auf *Maps* im Hauptmenü.

❷❸ Damit Google Maps Ihre Position auswerten kann, müssen Sie dies erst gestatten. Dazu tippen Sie auf ⊙ und wählen *Bei Nutzung der App.*

❶❷ Falls die Abfrage *Zeitachse aktivieren* erscheint, blättern Sie mit einer Wischgeste durch die Hinweise und gehen auf *Aktivieren.*

Die Google Maps Zeitachse ist eine Art digitales Tagebuch Ihrer Bewegungen. Wenn die Funktion aktiviert ist, zeichnet sie die Orte, die Sie besuchen, und die Routen, die Sie zurücklegen, auf.

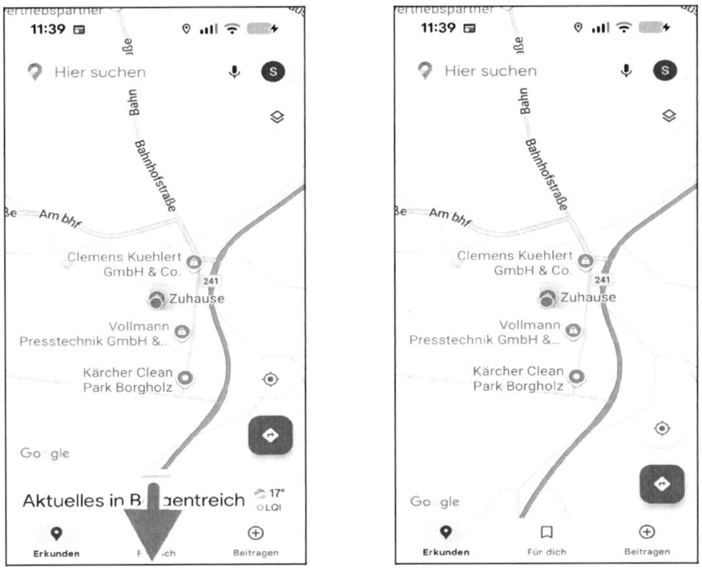

❶❷ Schließen Sie das Ausklappmenü mit einer Wischgeste nach unten.

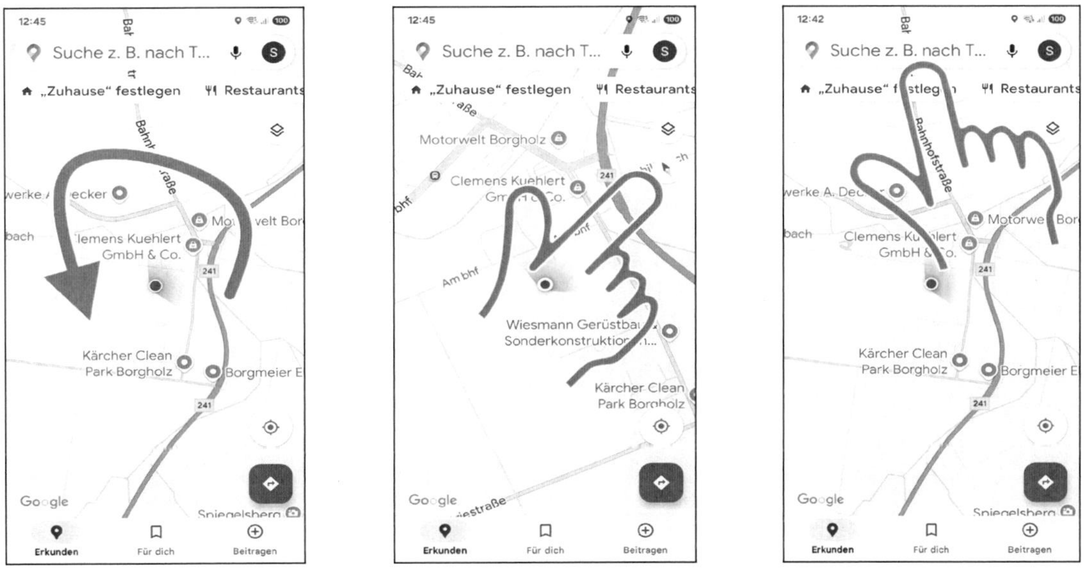

❶ Bei Google Maps ist Norden standardmäßig oben. Fußgänger dürften deshalb die Drehfunktion begrüßen: Tippen Sie mit zwei Fingern, zum Beispiel Daumen und Zeigefinger, auf das Display und drehen Sie beide Finger dann um sich selbst. Der Kartenausschnitt dreht sich mit. Als Fußgänger richten Sie so den Kartenausschnitt genau in Gehrichtung aus.

❷ Eine Kompassnadel oben rechts zeigt nun die Nord/Süd-Achse an. Tippen Sie darauf, richtet sich der Kartenausschnitt wieder nach Norden aus.

❸ Die Bedienelemente:

- Suchfeld (Pfeil): Nach Orten, Firmen, Adressen oder Sehenswürdigkeiten suchen.
- (im Suchfeld): Sprechen Sie einen Ort oder einen Point of Interest, nach dem Google Maps suchen soll.
- (»Mein Standort«, unten rechts im Bildschirm): Zeigt nach Antippen Ihre vom GPS-Empfänger ermittelte Position auf der Karte an. Dazu muss allerdings der GPS-Empfang (siehe nächstes Kapitel) aktiviert sein.
- (»*Los*«): Plant eine Route und gibt Ihnen eine Wegbeschreibung.

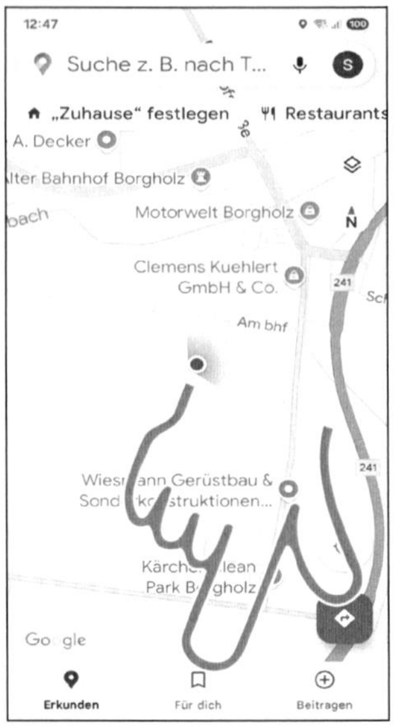

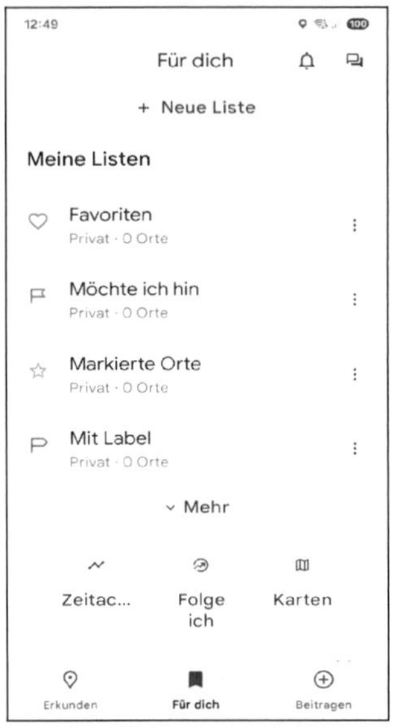

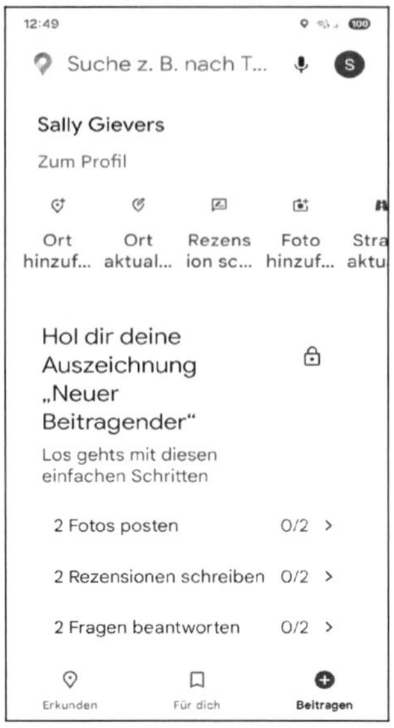

❶ Die Register am unteren Bildschirmrand:

- *Erkunden*: Die standardmäßige Kartenanzeige.
- *Für dich* (❷): Verwaltet die von Ihnen als Favoriten markierten Points of Interest, worauf Kapitel *13.8.1 Markierungen* noch eingeht.
- *Beitragen* (❸): Google legt großen Wert auf Nutzerbeteiligung. Beispielsweise dürfen Sie fehlerhafte Daten melden und Rezensionen zu Restaurants, Läden usw. schreiben.

Für die in diesem Buch beschriebene Kartennutzung aktivieren Sie das *Erkunden*-Register.

❶❷ Google Maps kennt fast alle Firmen, Geschäfte und Gastronomiebetriebe. Die Schaltflächen am oberen Bildschirmrand listen diese auf – aber darauf kommen wir noch später (Kapitel *13.8 Google Local*).

13.2 Eigene Position

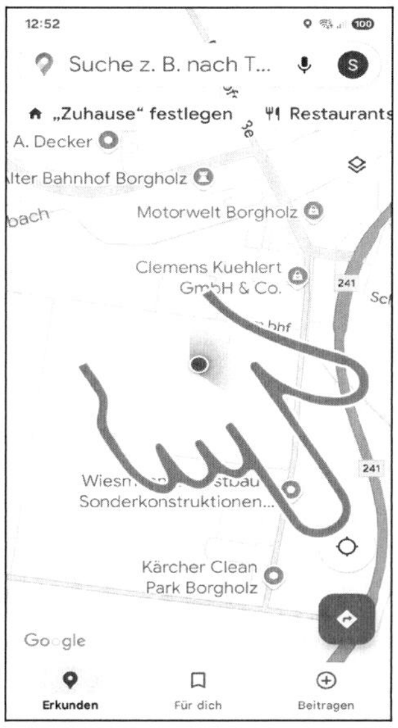

❶ Vielleicht ist Ihnen schon der kleine blaue Punkt aufgefallen, der Ihren aktuellen Standort anzeigt. Der vom blauen Punkt ausgehende Schweif zeigt Ihre ungefähre Blickrichtung (genauer: die Richtung, in die Sie das Handy halten) an.

❷ Sie haben mit Wischgesten die Kartenansicht geändert? Dann bringt Sie einmaliges Antippen von ⊕ wieder zum aktuellen Standort zurück.

❸ Beim ersten Mal wird Sie das Handy zur Kompasskalibrierung auffordern, dem Sie nachkommen sollten. Betätigen Sie danach *Fertig.*

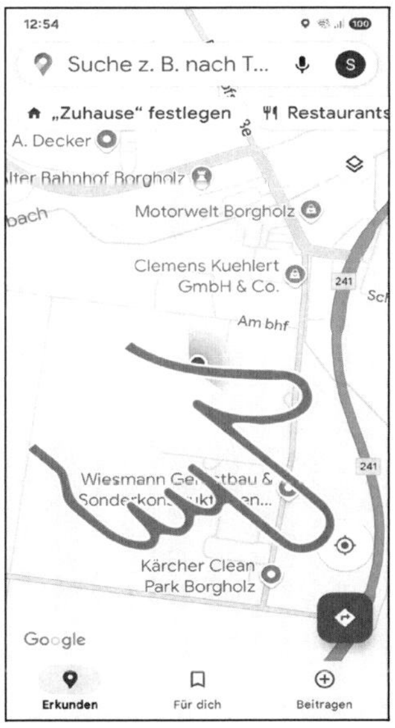

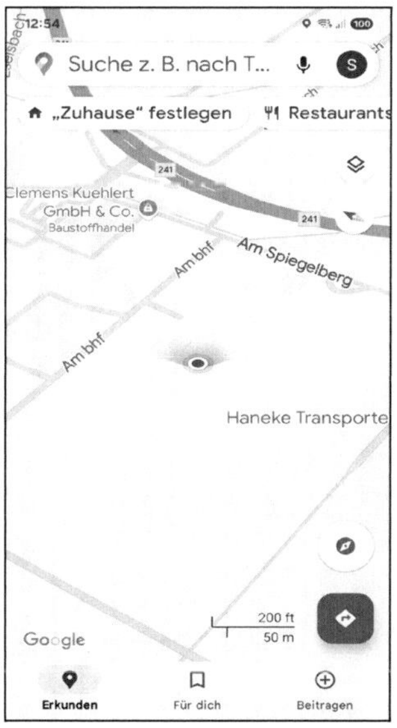

❶❷ Falls Sie zu Fuß unterwegs sind, dürfte die sogenannte isometrische Ansicht für Sie interessant sein: Tippen Sie auf ⊕, worauf sich die Bildschirmanzeige an die Richtung orientiert, in die Sie das Handy halten. Betätigen von ⊘ schaltet wieder auf die Standardansicht um.

13.3 Parken

Falls Sie häufiger an verschiedenen Orten mit Ihrem Auto parken müssen, dürften Sie manchmal nach Ihrem Gefährt später länger gesucht haben. Abhilfe schafft die Parken-Funktion von Google Maps.

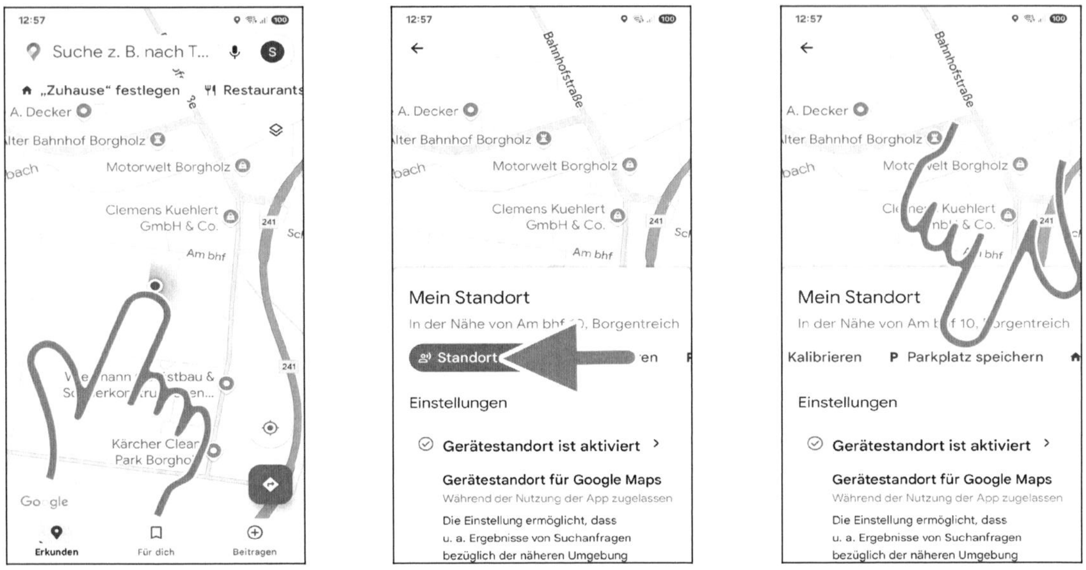

❶ Tippen Sie auf die blaue Standortanzeige.

❷❸ Wischen Sie auf den Schaltflächen nach links und gehen Sie auf *Parkplatz speichern.*

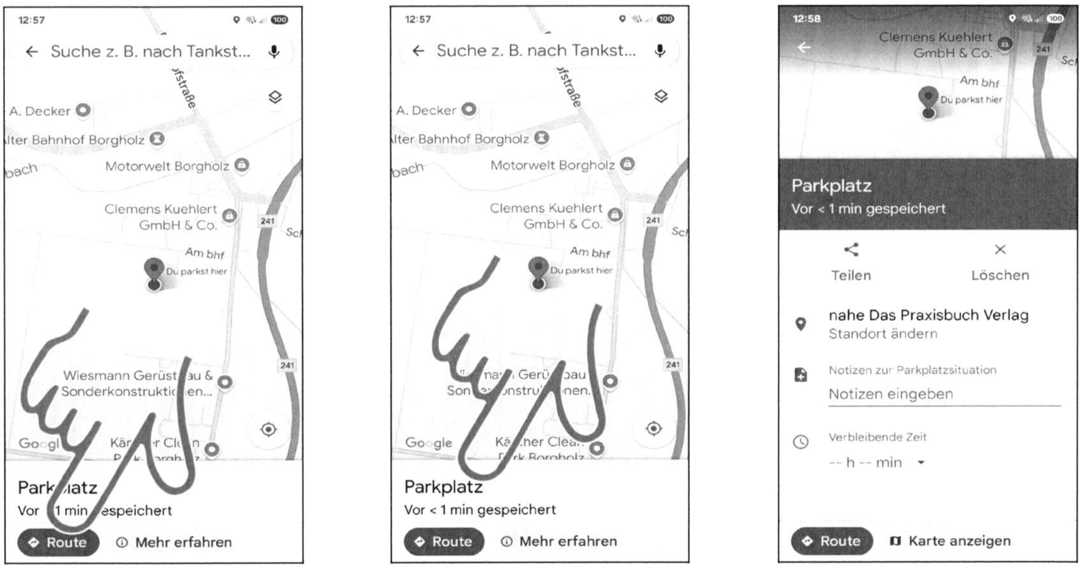

❶ Google Maps informiert mit einer Markierung in der Karte über Ihren Parkplatz. *Route* am unteren linken Bildschirmrand führt Sie später wieder zu Ihrem Gefährt zurück.

❷❸ Antippen von *Parkplatz* öffnet das Menü, in dem Sie unter *Verbleibende Zeit* einen nützlichen »Wecker« einstellen, damit Sie sich kein Bußgeld für die Überziehung der Parkzeit einhandeln. *Löschen* beendet die Parkplatz-Funktion.

13.4 Kartenausschnitt auf dem Gerät speichern

Google Maps hat gegenüber normalen Navis den Vorteil, immer tagesaktuelle Karten bereitzustellen, welche aus dem Internet nachgeladen werden. Problematisch wird es nur, wenn man das Handy unterwegs nutzt, da dann ja das Fehlen des WLAN-Empfangs die Kartenaktualisierung verlangsamt, denn häufig steht dann nur eine langsame Mobilfunkverbindung zur Verfügung, mit der Google Maps kaum Spaß macht. Deshalb unterstützt Google Maps die lokale Speicherung der Kartendaten auf dem Gerät.

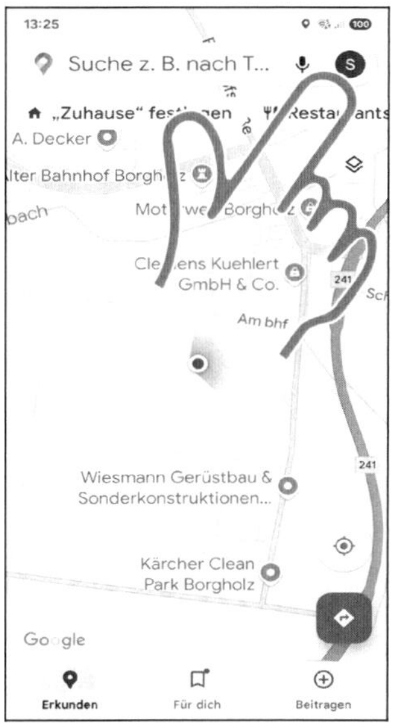

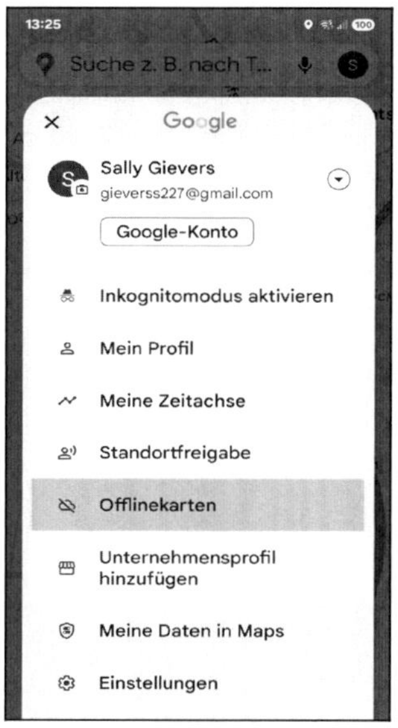

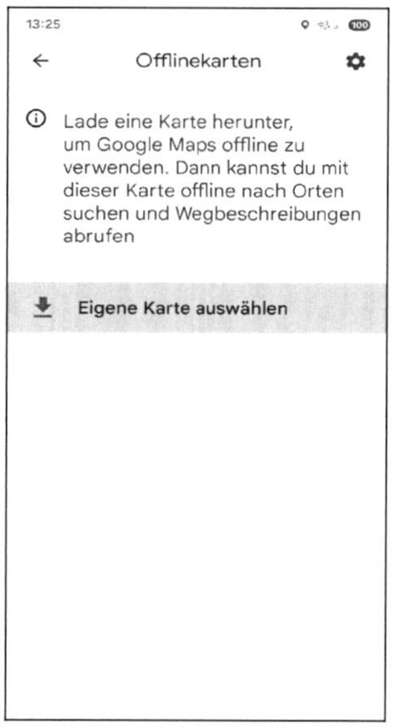

➊ Tippen Sie auf das runde Kontosymbol.

➋ Rufen Sie *Offlinekarten* auf.

➌ Tippen Sie auf *Eigene Karte auswählen.*

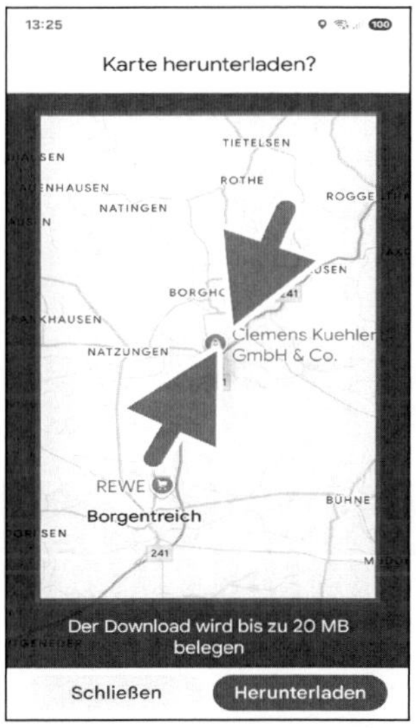

➊➋ Die Größe des lokal gespeicherten Kartenausschnitts stellen Sie ein, indem Sie den Kartenausschnitt vergrößern oder verkleinern (mit zwei Fingern auf das Display halten und dann beide auseinander-/zusammenziehen). Betätigen Sie dann *Herunterladen.* Schließen Sie den Bildschirm mit der ◀-Taste. Das Herunterladen geschieht im Hintergrund.

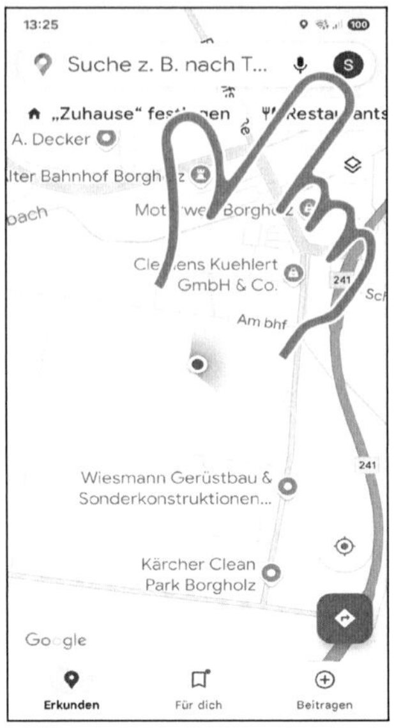

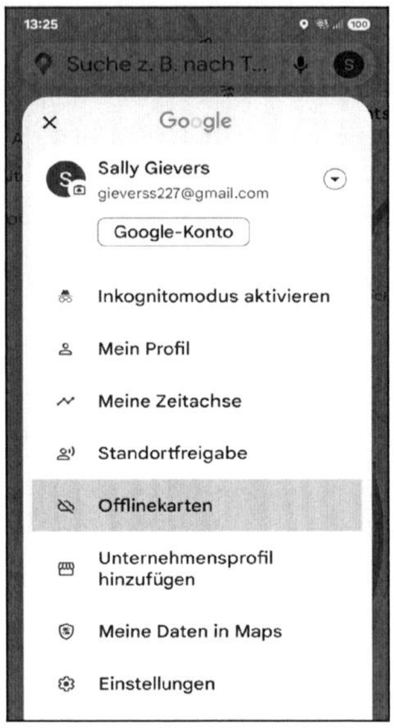

❶ So aktualisieren beziehungsweise löschen Sie die Kartendaten: Tippen Sie auf das runde Kontosymbol.

❷ Rufen Sie *Offlinekarten* auf.

❶❷ Öffnen Sie das ⋮-Menü. Sie können die Kartendaten nun löschen oder aktualisieren.

13.5 Suche

❶ Gehen Sie ins Suchfeld (Pfeil), um Adressen oder Sehenswürdigkeiten (Points of Interest) aufzufinden.

❷ Geben Sie eine Adresse ein und bestätigen Sie mit 🔍 im Tastenfeld. Google Maps macht hier während der Eingabe auch Vorschläge, die Sie direkt auswählen können.

❶ Google Maps zeigt die Adresse mit einer Markierung in der Karte an. Am unteren Bildschirmrand erscheint ein Ortshinweis, daneben die Fahrtzeit mit dem Auto. Tippen Sie auf den Ortshinweis (Pfeil).

❷ Es öffnet sich ein Dialog mit weiteren Bedienelementen:

- *Route*: Fahrtrouten vorschlagen.
- *Starten:* Zum Ort navigieren (siehe Kapitel *13.6 Navigation*).
- *Speichern*: Den Ort als Favorit speichern. Siehe Kapitel *13.8.1 Markierungen*.
- *Teilen*: GPS-Position als Web-Link per Bluetooth, SMS oder E-Mail versenden.

❶ Häufig findet Google Maps auch mehrere Orte oder Points of Interest, die dann aufgelistet werden. Führen Sie in der Liste eine Wischgeste von unten nach oben durch, um die Listeneinträge zu durchblättern. Tippen Sie einen Eintrag für weitere Infos an.

❷❸ Umgekehrt schließen Sie die Liste, indem Sie (gegebenenfalls mehrfach) von oben nach unten wischen, worauf Sie wieder zur Kartenansicht gelangen. Hier stellt Google Maps alle Fundstellen mit Symbolen dar. Wenn Sie weitere Infos über einen Point of Interest haben möchten, tippen Sie ihn an. Zum Löschen der Suchergebnisse in der Karte tippen Sie oben rechts neben dem Suchfeld die ✕-Schaltfläche an.

Möchten Sie beispielsweise wissen, welche Sehenswürdigkeiten es in einer bestimmten Region/Stadt gibt, dann wechseln Sie zuerst den entsprechenden Kartenausschnitt (Sie können auch die Stadt suchen) und geben im Suchfeld einen allgemeinen Begriff wie »Museum« ein.

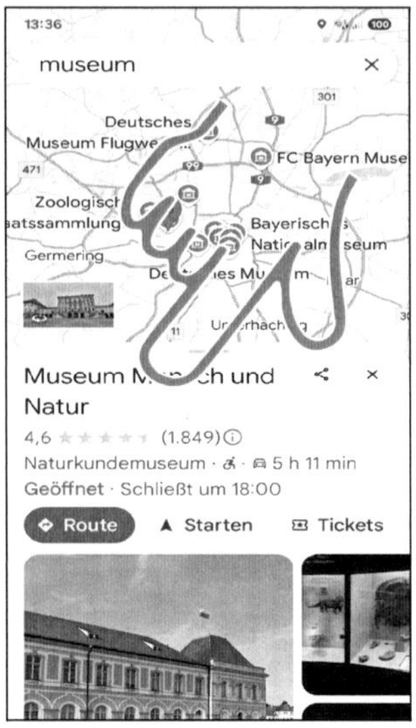

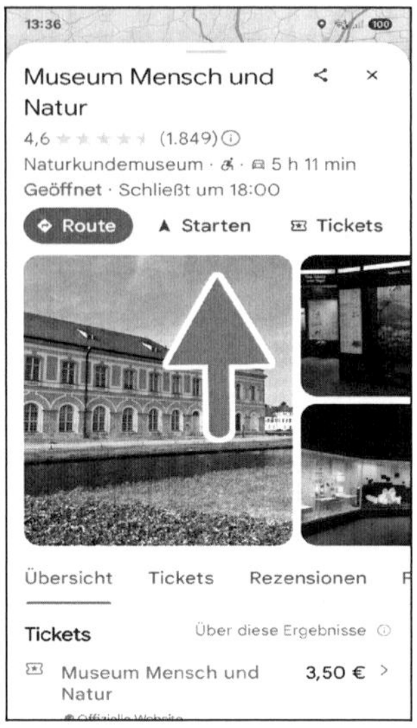

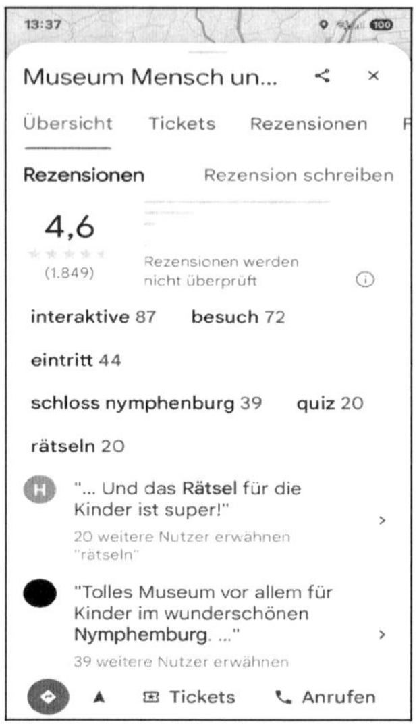

❶ Tippen Sie in der Auflistung auf einen Namen – im Beispiel auf ein Museum – für weitere Infos zum Standort, Öffnungszeiten, Bewertungen usw.

❷❸ Weitere Infos stehen Ihnen mit einer Wischgeste von unten nach oben zur Verfügung.

✕ (Pfeil) beendet die Suche.

13.5.1 Suche über Schaltflächen

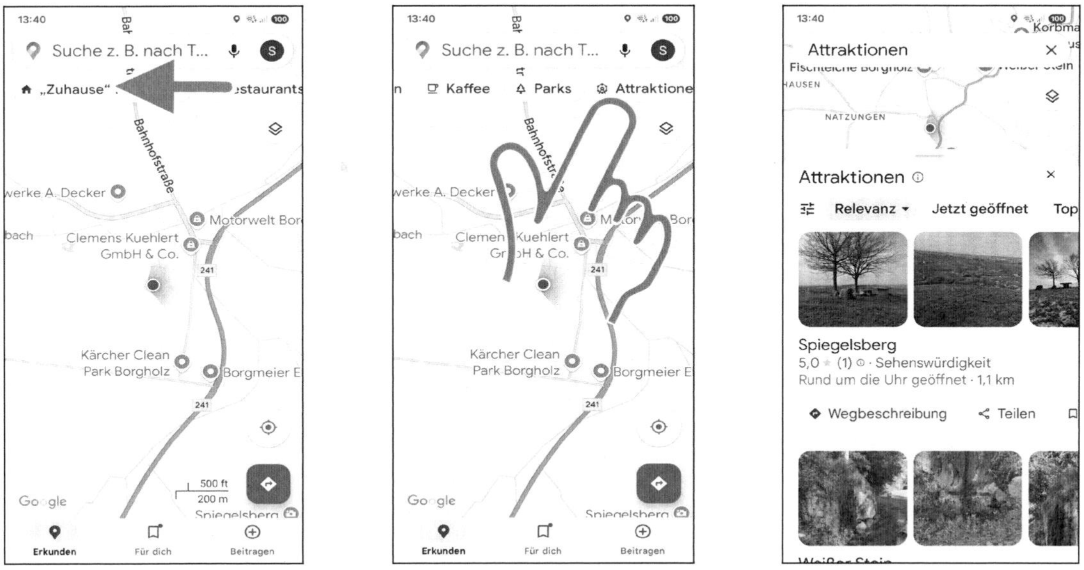

❶ Häufig gesuchte Handels- und Gastronomiebetriebe zeigen die Schaltflächen am oberen Bildschirmrand an. Mit einer Wischgeste nach links/rechts blättern Sie darin.

❷❸ Tippen Sie den gesuchten Begriff, im Beispiel *Attraktionen*, für die Auflistung aller touristischen Aktivitäten an.

13.6 Navigation

Google Maps Navigation stellt eine vollwertige Alternative zu normalen Autonavigationsgeräten dar, wobei man allerdings den Nachteil in Kauf nehmen muss, dass laufend Kartenmaterial aus dem Internet nachgeladen wird. Man kommt also um einen Datenvertrag, den viele Netzbetreiber für wenige Euro anbieten, nicht vorbei. Dafür ist allerdings das Kartenmaterial immer auf dem aktuellsten Stand. Für den Praxiseinsatz empfiehlt sich der Kauf einer Universal-Halterung für das Auto.

13.6.1 Routenplaner

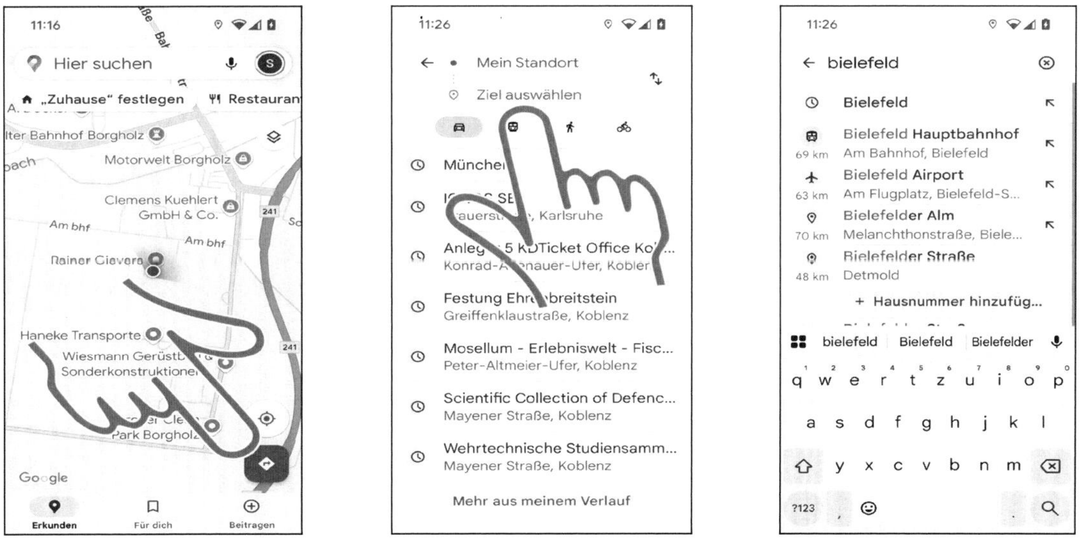

❶ ◆ (Pfeil) berechnet den optimalen Fahrtweg zwischen zwei Orten.

❷ Tippen Sie auf *Ziel auswählen.*

❸ Geben Sie auch hier eine Adresse beziehungsweise eine Stadt ein und schließen mit 🔍 auf dem Tastenfeld ab.

❶❷ Die Route wird berechnet und angezeigt. Bei längeren Strecken existieren häufig Alternativrouten, die Sie durch Antippen in der Kartenansicht auswählen.

Hinweis: Die farbigen Strecken (rot oder orangefarbig) weisen auf die aktuelle Verkehrslage hin. Die Daten stammen von anderen Android-Handys, welche in anonymer Form ihre Position und Geschwindigkeit an Google-Server übermitteln, woraus Google den Verkehrsfluss berechnet.

❶❷ Über die Piktogramme am oberen Bildschirmrand (Pfeil) wählen Sie die Art Ihres Fahrzeugs (Auto, öffentliche Verkehrsmittel, Fußgänger oder Fahrrad), was direkte Auswirkungen auf die empfohlene Route hat.

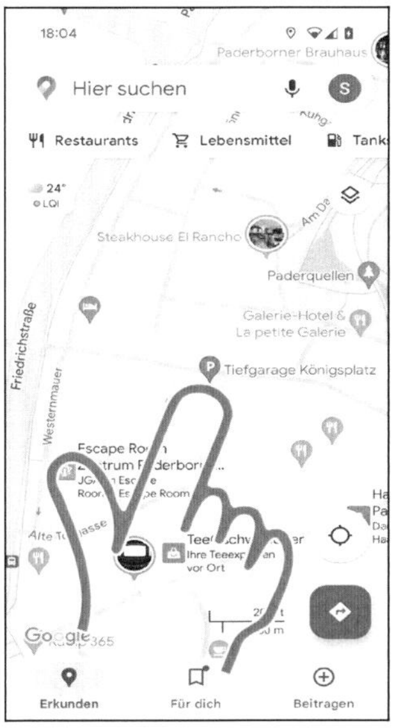

❶ Alternativ tippen und halten Sie den Finger auf einem Point of Interest beziehungsweise Kartenbereich, bis am unteren Bildschirmrand das Popup erscheint.

❷ Danach gehen Sie auf *Route*, worauf der zuvor im Popup angezeigte Ort als Zielort übernommen wird. Wählen Sie, falls nötig wie zuvor bereits beschrieben, einen der Routenvorschläge aus.

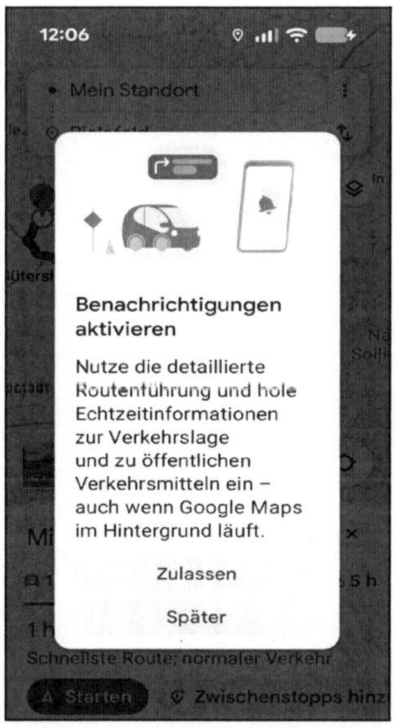

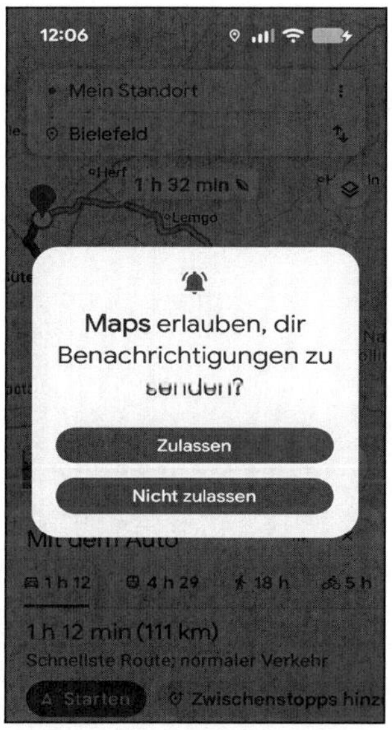

❶ Betätigen Sie *Starten*, worauf Google Maps in den Navigationsmodus wechselt.

❷❸ Beim ersten Aufruf der Navigationsfunktion schlägt Google vor, die Benachrichtigungen zu aktivieren. Bestätigen Sie mit *Zulassen* und betätigen Sie auch *Zulassen* im Popup.

Da die Navigation innerhalb von Google Maps abläuft, stehen dort viele der bereits ab Kapitel *13 Google Maps* beschriebenen Funktionen zur Verfügung. Zum Beispiel können Sie mit angedrücktem Finger den Kartenausschnitt verschieben, oder durch »Kneifen« mit zwei Fingern im Kartenmaterial heraus- und hineinzoomen.

Praktisch: Ist ein Unternehmen, Restaurant oder eine Freizeitattraktion zur Ankunftszeit bereits geschlossen, erfolgt ein entsprechender Hinweis.

Eine Streckenänderung während der Navigation ist nicht möglich. Sie müssen für diesen Fall den Navigationsmodus mit der X-Taste unten links beenden und dann die Routenplanung erneut aufrufen.

13.6.2 Navigation in der Praxis

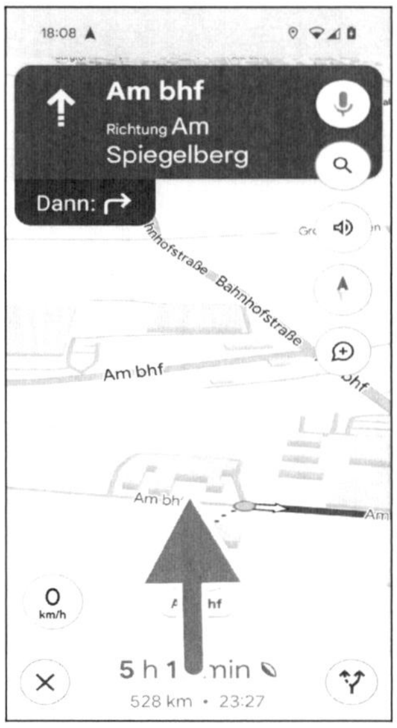

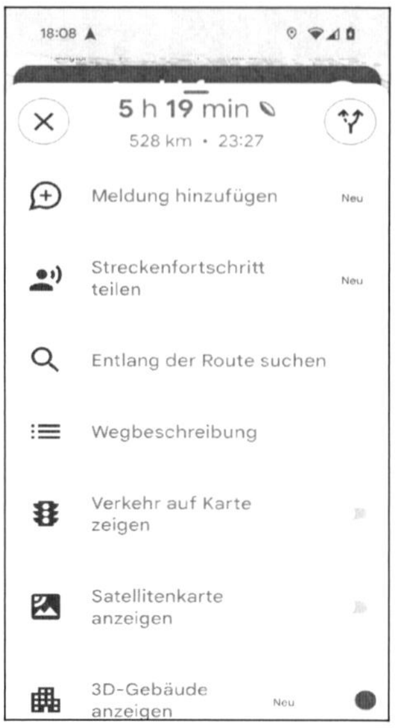

❶ X (unten links) beendet die Navigation.

❷❸ Wischen Sie auf der Fahrtzeitanzeige nach oben für weitere Optionen (alternativ tippen Sie einmal auf die Fahrzeit):

- *Meldung hinzufügen*: Google wertet für die Routenplanung die Fließgeschwindigkeit des Verkehrs sowie offizielle Quellen aus. Falls Sie auf eine Verkehrsbehinderung stoßen, die nicht auf Google Maps verzeichnet ist, können Sie Google darüber in Kenntnis setzen.
- *Streckenfortschritt teilen*: Ausgewählte Personen sehen Ihre aktuelle Position.
- *Entlang der Route suchen*: Lassen Sie sich Tankstellen, Restaurants usw. in Routennähe auf der Karte anzeigen.
- *Wegbeschreibung*: Auflistung der Fahrtanweisungen
- *Verkehr auf Karte anzeigen*: Google Maps informiert in der Karte mit Symbolen über das Verkehrsgeschehen.
- *Satellitenkarte anzeigen*: Satellitenbild einblenden. Beachten Sie, dass dabei das aus dem Internet übertragene Datenvolumen stark ansteigt!
- *3D-Gebäude anzeigen*: Die eingeblendeten Gebäude erleichtern die Orientierung.
- *Einstellungen*: Darauf gehen wir unten ein.

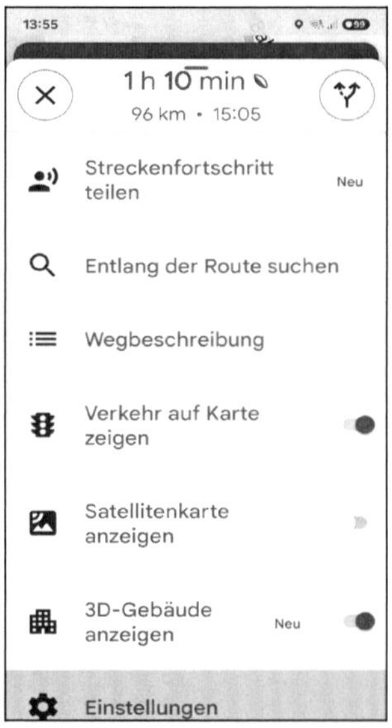

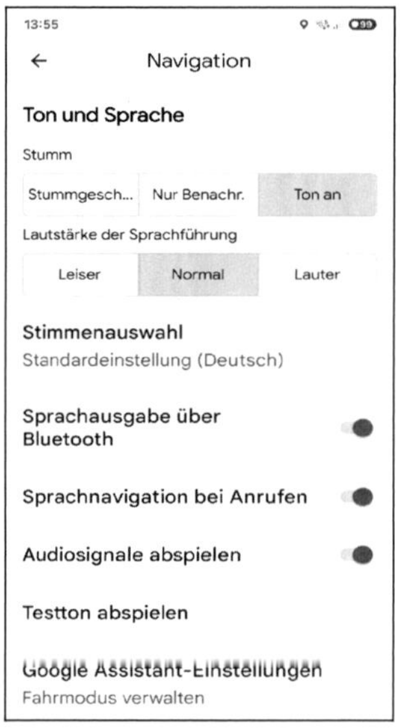

❶❷ Im *Einstellungen*-Menü finden Sie die Optionen:

Unter *Ton und Sprache*:

- *Stumm*: Wählen Sie aus, wie gesprächig die Navigation abläuft.
- *Lautstärke der Sprachführung*: Die Lautstärke lässt sich in drei Stufen einstellen.
- *Stimmenauswahl*: Stellt die verwendete Sprache ein.
- *Sprachausgabe über Bluetooth*: Die Navigationsanweisungen werden über ein Bluetooth-Gerät abgespielt (siehe Kapitel *25.2 Bluetooth-Headset/Freisprecheinrichtung verwenden*).
- *Sprachnavigation bei Anrufen*: Auch während Sie telefonieren erfolgen Sprachanweisungen durch Google Maps.
- *Audiosignale abspielen*: Nicht von Google dokumentiert.
- *Testton abspielen*: Prüfen Sie die Lautstärke der Sprachanweisungen.
- *Google Assistant-Einstellungen*: Legen Sie fest, ob die Sprachsteuerung während der Navigation aktiv ist.
- *Standardmedienanbieter für Assistant*: Wählen Sie eine Musikanwendung aus, die während der Navigation aktiv ist.

Unter *Routenoptionen* können Sie bestimmte Strecken von der Navigation ausschließen:

- *Autobahnen vermeiden*
- *Mautstraßen vermeiden*
- *Fähren vermeiden*
- *Kraftstoffsparende Routen bevorzugen*: Es werden Routen bevorzugt, die aufgrund der nötigen Fahrweise Sprit sparen. Dazu werden beispielsweise Strecken mit vielen Ampeln oder zähflüssigem Verkehr werden gemieden.
- *Meine Fahrzeuge*: Wählen Sie einen Motortyp Ihres Autos aus, für den die Routenvorschläge optimiert werden.

Unter *Kartendarstellung*:

- *Farbschema*: Google Maps schaltet automatisch – abhängig von der Uhrzeit – zwischen Tag- und Nachtansicht um. Letztere verwendet eine dunkle Farbgebung, um Blendung im dunklen Auto zu vermeiden.
- *Entfernungseinheiten:* Entfernungsangaben in der Sprachausgabe beziehungsweise in den Bildschirmanzeigen richten sich nach dem Land, in dem Sie sich befinden. Bei Bedarf können Sie aber auch *Kilometer* oder *Meilen* fest einstellen.
- *Norden immer oben*: Kartenansicht folgt nicht Richtungsänderungen. Wir raten von dieser Einstellung ab.
- *3D-Gebäude anzeigen*: Die eingeblendeten Gebäude erleichtern die Orientierung.

Unter *Schnellinfos zur Info beim Navigieren*:

- *Aktualisierte voraussichtliche Ankunftszeiten...*: Google Maps informiert Sie über die Ankunftszeit und über den Zeitpunkt der nächsten Abzweigung.

Unter *Optionen für Kraftfahrzeuge:*

- *Tachometer*: Blendet die aktuelle – per GPS ermittelte – Geschwindigkeit ein.
- *Benachrichtigungen beim Fahren*: Nicht von Google dokumentiert.
- *Bluetooth-Beacons für Tunnel*: Einige Tunnelbetreiber betreiben spezielle Bluetooth-Sender für GPS-Signale.

Unter *Fußwegoptionen*:

- *Live View*: Im Fußgängermodus zeigt Google Maps Fotos von Straßenansichten an.
- *Detailierte Sprachführung*: Diese Funktion ist nur bei der Fußgängernavigation aktiv.

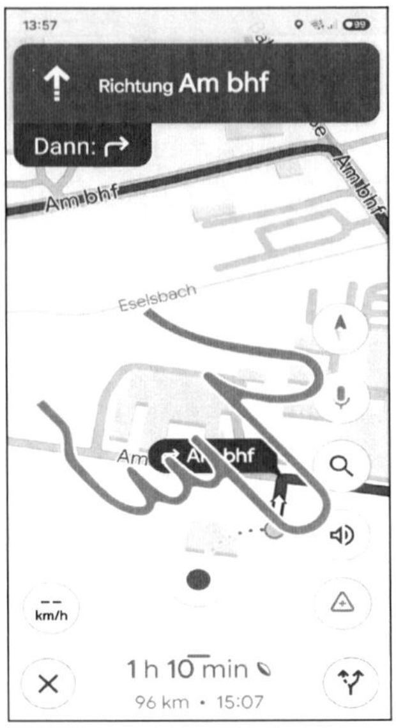

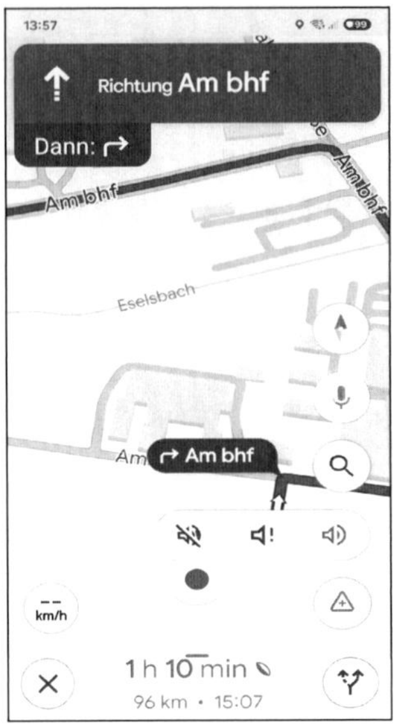

❶❷ 🔊 (Pfeil) klappt zwei Schaltflächen aus, mit denen Sie die Sprachausgabe abschalten oder nur Benachrichtigungen zulassen (beispielsweise »*Kein Empfang*«) oder alle Ansagen wieder erlauben.

13.6.3 Schnelle Navigation

Die Strecke zwischen Wohnort und Arbeit dürften die meisten Anwender am häufigsten fahren. Während Pendler, die nur wenige Kilometer zur Arbeitsstelle zurücklegen, dafür kein Navi brauchen, sieht es für längere Strecken anders aus. Häufig lohnt es sich dann, die Navigation über Google Maps zu nutzen, weil es dies das aktuelle Verkehrsgeschehen berücksichtigt.

13.6.3.a Ersteinrichtung

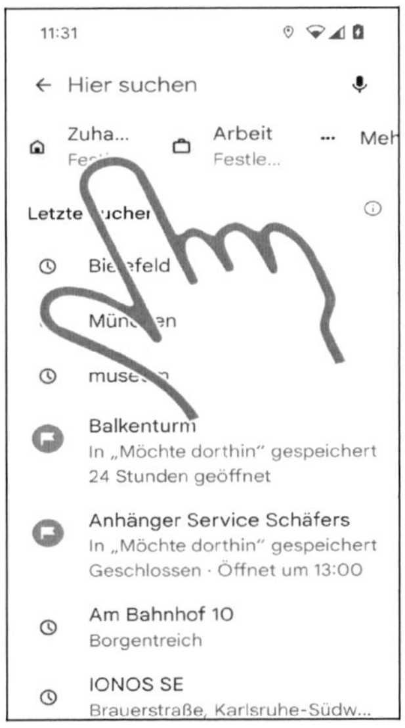

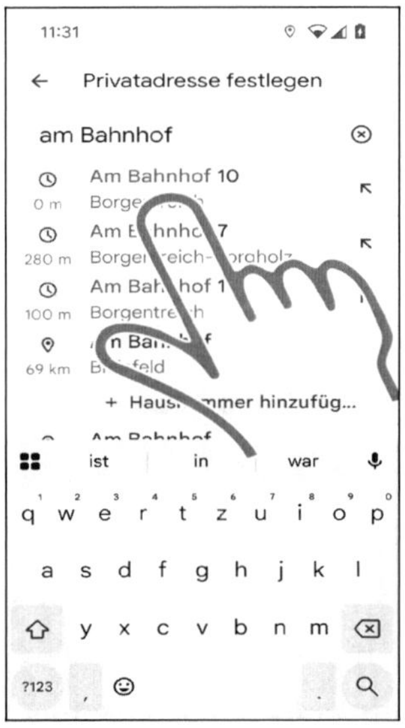

❶ Tippen Sie ins Suchfeld.

❷❸ Hier gehen Sie auf *Zuhause* und erfassen Ihre Privatadresse im Format »Straße Hausnummer PLZ Ort«. Google Maps schlägt unter dem Eingabefeld passende Adressen vor, von denen Sie eine auswählen können.

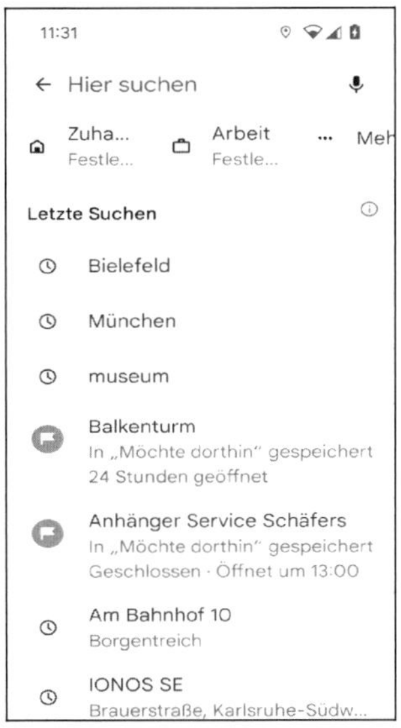

➊ Schließen Sie den Bildschirm mit *Fertig.*

➋ Sie befinden sich wieder im Suchbildschirm, wo Sie auf *Arbeit* gehen und die Adresse Ihres Arbeitsplatzes erfassen.

➌ Verlassen Sie den Bildschirm mit der ◀-Taste.

> Wenn Sie später mal die beim *Arbeitsplatz* hinterlegte Adresse ändern möchten, dann tippen Sie einfach darauf und geben Sie die neue Adresse ein.

13.6.3.b Praxiseinsatz

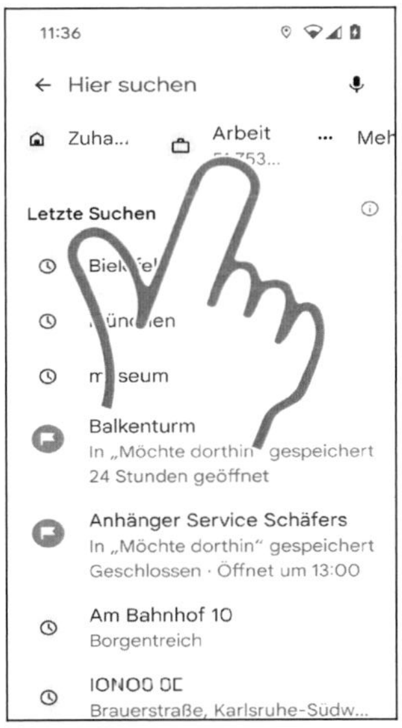

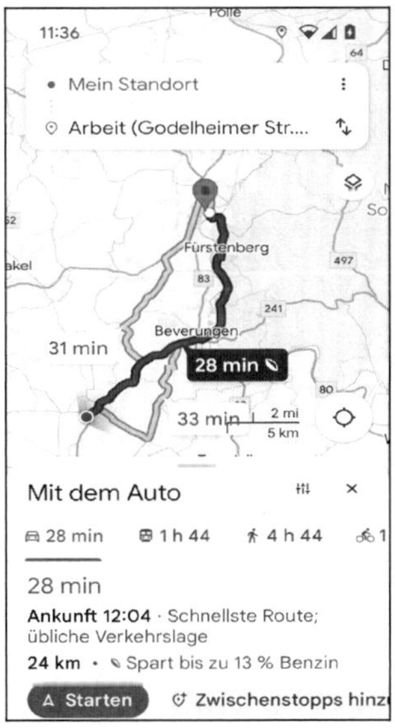

➊➋ Zum Navigieren gehen Sie ins Suchfeld und tippen auf *Zuhause* beziehungsweise *Arbeit.*

➌ Betätigen Sie *Starten*, worauf die Navigation startet.

13.7 Ansichten

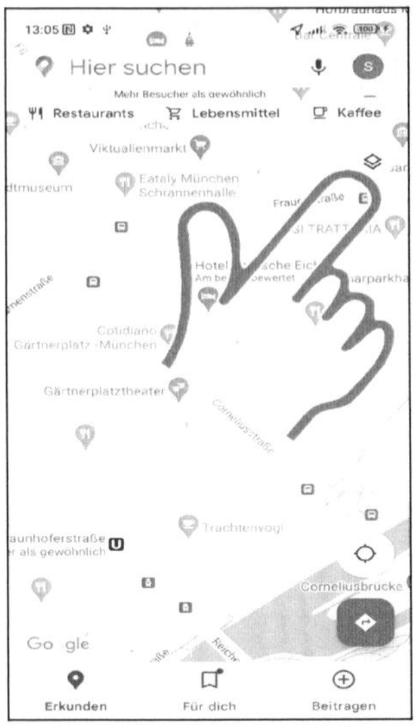

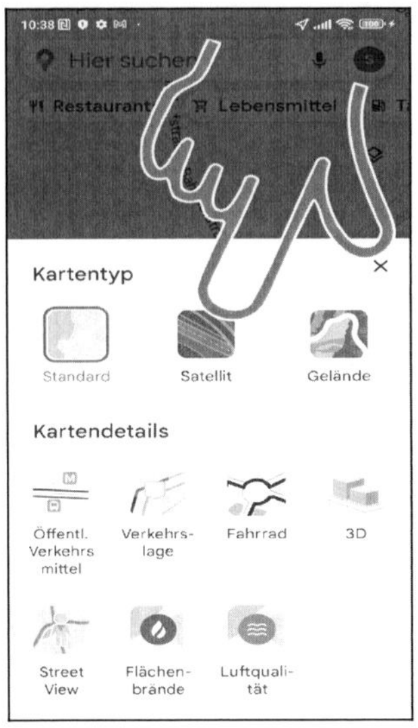

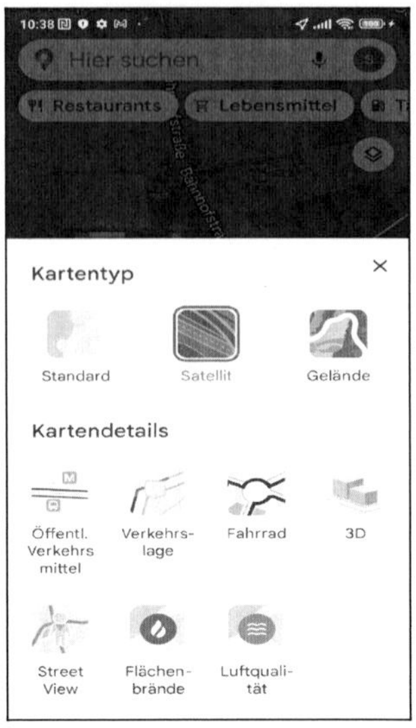

❶❷ Aktivieren Sie über ◈ (Pfeil) das Menü, worin Sie auf *Satellit* gehen. Die Satellitenansicht ist insbesondere dann praktisch, wenn Sie sich genau orientieren wollen, weil die normale Kartenansicht kaum Hinweise auf die Bebauung und markante Geländemerkmale gibt.

❸ Das Popup-Menü schließen Sie mit der ◀-Taste – alternativ tippen Sie auf einen Kartenbereich neben dem Popup.

> Um die eingestellten Ansichten wieder auszuschalten, tippen Sie einfach im Popup erneut darauf.
>
> Die Optionen *Flächenbrände* und *Luftqualität* werden in Deutschland nicht unterstützt.
>
> Beachten Sie, dass die Satellitenansicht auf einige Jahre alten Luftbildern basiert. Sensible Zonen und Gebäude, darunter Militär- und Regierungsgebäude, sind teilweise digital verfälscht, damit potenzielle Angreifer keine Planungsgrundlage erhalten.

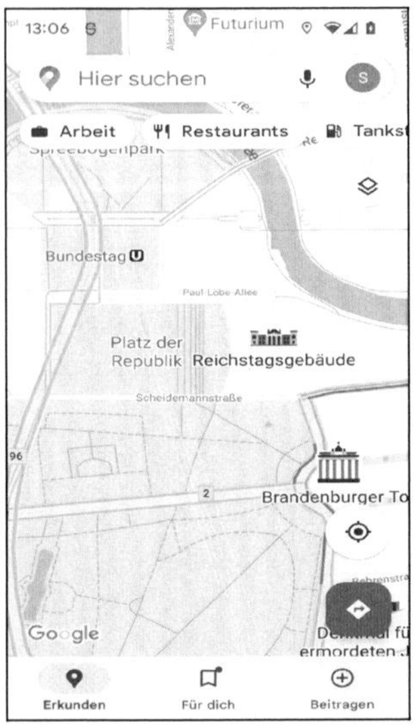

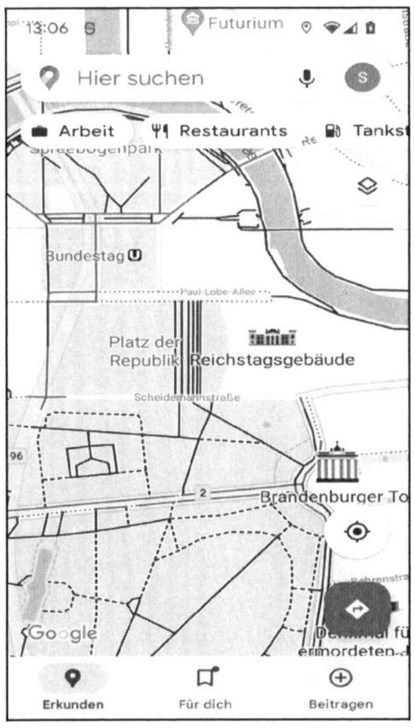

❶ *Verkehrslage* aus dem Dialog blendet die aktuelle Straßenlage in der Kartenanzeige ein, wobei das Verkehrsgeschehen mit orange/rot (zähflüssig/Stau) oder grün (freie Fahrt) bewertet wird. Für die Staudaten, welche Google Maps im Minutentakt aktualisiert, wertet Google das Bewegungsprofil von Android-Handys aus. Jedes Android-Gerät sendet ja in anonymisierter Form im Minutenabstand seine aktuelle, per GPS ermittelte Position an die Google-Server, woraus sich dann ein Bewegungsmuster errechnen lässt.

❷ Verwenden Sie *Fahrrad* aus dem Dialog, um Fahrradtouren anhand der ausgewiesenen Fahrradwege zu planen.

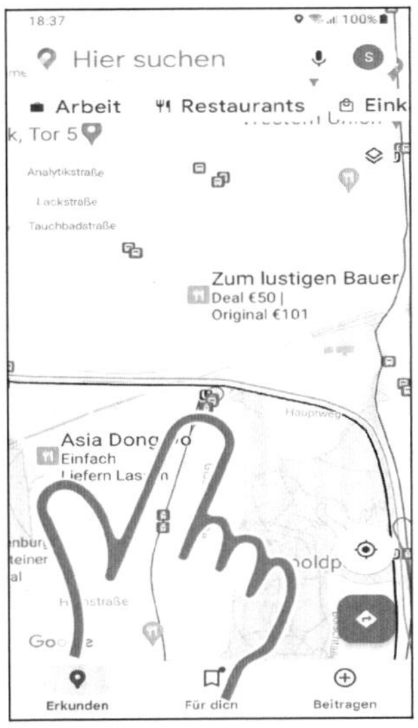

❶ Ebenfalls praktisch ist die Ansicht *ÖPV/ÖPNV.* Google Maps zeichnet dann alle Routen und Haltestellen öffentlicher Verkehrsmittel ein. Tippen Sie auf eine Haltestelle in der Kartenansicht.

❷❸ Tippen Sie eine Linie an, zu der Sie die Route erfahren möchten.

13.8 Google Local

Der Suchmaschinenbetreiber Google führt eine riesige Datenbank mit den Standorten von »Points of Interest« (POIs), darunter Unternehmen, Sehenswürdigkeiten, Restaurants usw. Wenn Sie eine Suche, beispielsweise nach »Restaurant«, in Google Maps durchführen, greift Google Maps auf diese Datenbank zurück und listet die Fundstellen auf. Mit einem Fingerdruck kann man sich dann die Position eines Restaurants in der Karte, sowie weitere Infos, darunter auch Kundenbewertungen, Öffnungszeiten und Telefonnummern anzeigen. Diese Suche beschreibt bereits Kapitel *13.5 Suche*. Google Local vereinfacht die Suche und arbeitet mit Google Maps zusammen, um die Kartenposition anzuzeigen.

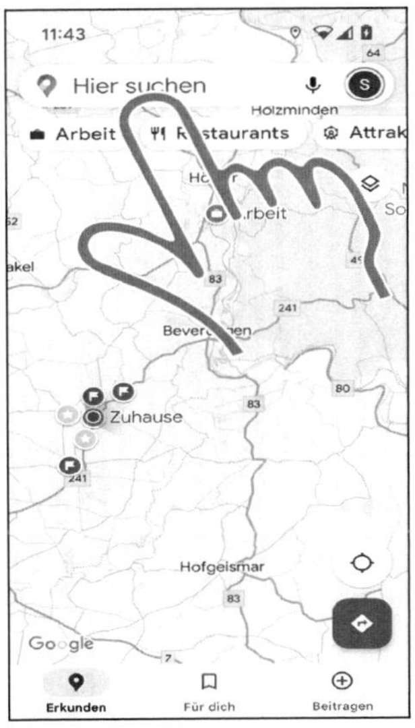

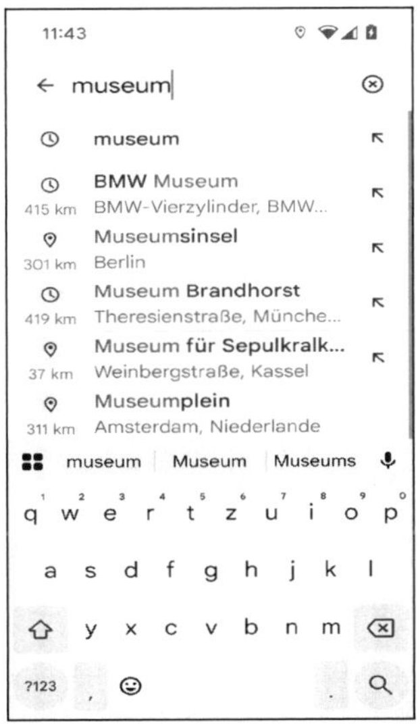

❶ Die Funktionen von Google Local stehen automatisch nach Antippen der Suchleiste zur Verfügung.

❷ Geben Sie einen Suchbegriff ein beziehungsweise wählen Sie einen Vorschlag aus.

❸ Blättern Sie mit einer Wischgeste und wählen Sie einen Eintrag aus, zu dem Sie mehr Infos wünschen. Alternativ beschränken Sie über die Filter am oberen Bildschirmrand jeweils die Anzeige auf eine bestimmte Kategorie, beispielsweise *Jetzt geöffnet* oder *Top bewertet*.

Etwas simpler ist die Option, einfach in den Kartenbereich zu wechseln, für den Sie Points of Interest suchen (zum Beispiel mit der im Kapitel *13.5 Suche* beschriebenen Suchfunktion), die Suche mit X beenden, die Suchleiste erneut antippen und dann eine der Schaltflächen, beispielsweise für *Restaurants* zu betätigen.

Alle Points of Interest erscheinen zudem direkt in der Karte, wenn Sie tief genug hereinzoomen.

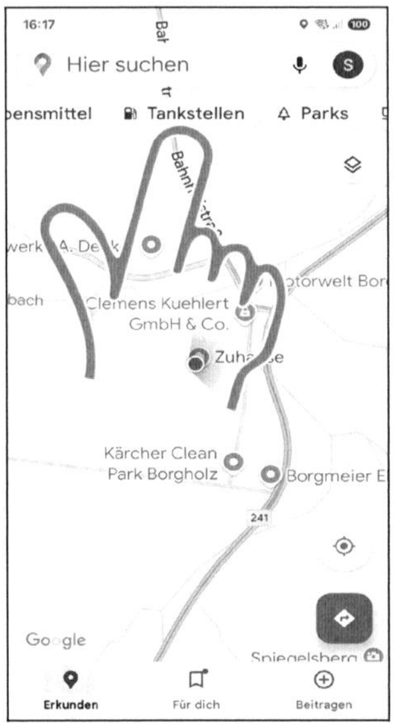

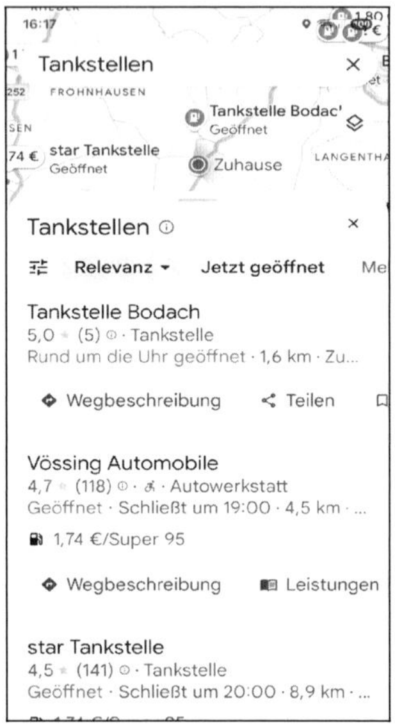

❶ Häufig gesuchte Handels- und Gastronomiebetriebe zeigen die Schaltflächen am oberen Bildschirmrand an. Mit einer Wischgeste nach links/rechts blättern Sie darin.

❷❸ Tippen Sie den gesuchten Begriff, im Beispiel *Kaffee*, für die Auflistung aller Cafés an.

13.8.1 Markierungen

Points of Interest, die Sie häufiger benötigen, können Sie für spätere Verwendung markieren. Die Markierungen werden dann in Ihrem Google-Konto gespeichert und nicht nur lokal auf Ihrem Pixel-Handy.

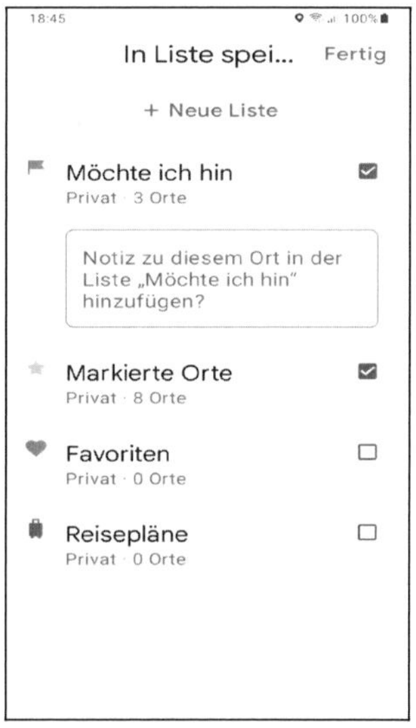

❶❷ In der Auflistung wischen Sie auf den Schaltflächen nach links und betätigen Sie *Speichern.*

❸ Anschließend wählen Sie die Favoriten-Art aus.

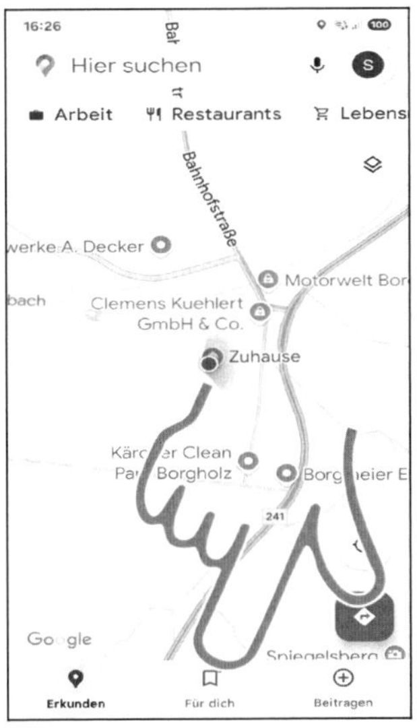

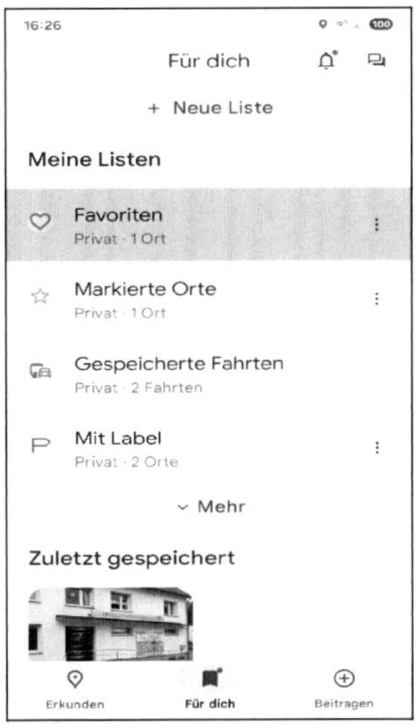

❶ Die von Ihnen gespeicherten Orte finden Sie im *Für dich*-Register.

❷❸ Wählen Sie einen Favoritentyp aus, worauf Sie die Favoritenauflistung erhalten.

13.9 Adressen aus dem Telefonbuch

Google verknüpft alle von Ihnen auf dem Handy verarbeiteten Daten. Dies trifft auch auf Ihre Kontakte zu, die in Google Maps angezeigt werden.

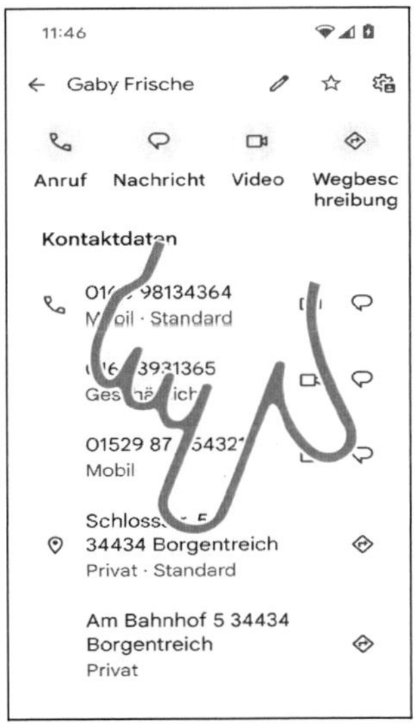

❶❷ Haben Sie zu einem Kontakt im Telefonbuch eine Adresse hinterlegt, dann können Sie direkt dort hin navigieren, indem Sie diese antippen.

13.10 Einstellungen

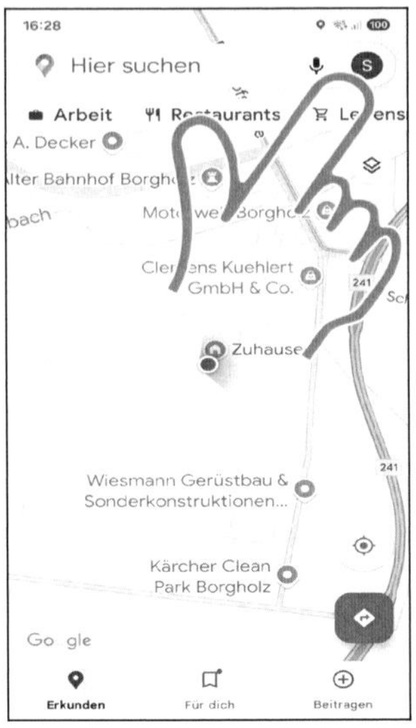

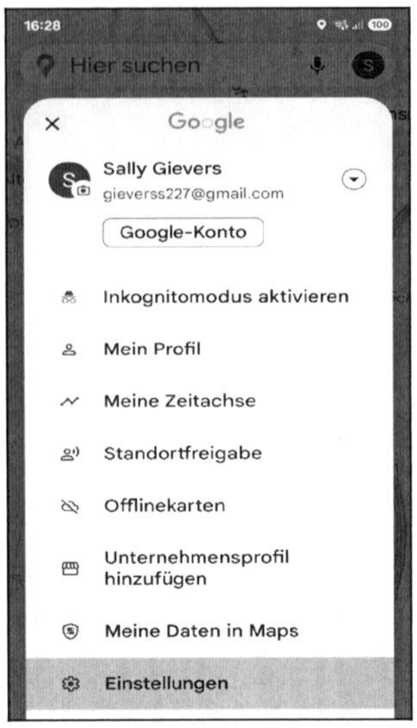

➊ Tippen Sie auf das runde Profilsymbol.

➋ Gehen Sie auf *Einstellungen*.

➌ Die verfügbaren Optionen:

- *App-Sprache*: Anwender, die des Deutschen nicht mächtig sind, können die Benutzeroberfläche inklusive Sprachausgabe auf eine andere Sprache umstellen.
- *Einstellungen für Offlinekarten*: Google Maps hält sein Kartenmaterial nicht auf dem Handyspeicher vor, sondern lädt es aus dem Internet. Damit das Kartenmaterial auch zur Verfügung steht, wenn Sie mal keinen Internetzugang haben (zum Beispiel bei der Navigation wichtig), sollten Sie die Offline-Einstellungen aktiviert haben.
  - *Offlinekarten automatisch aktualisieren*: Durch die Aktualisierung berücksichtigt Google auch das aktuelle Verkehrsgeschehen und gesperrte Straßen in der Navigation.
  - *Offline-Karten automatisch herunterladen*: Lädt Kartendaten automatisch bei Bedarf herunter. Dies geschieht, sobald Sie sich einen Kartenausschnitt ansehen oder die Navigationsfunktion verwenden.
  - *Downloadeinstellungen*: Falls dies Ihr Mobilfunkvertrag hergibt, können Sie Aktualisierung von Offline-Karten (siehe Kapitel *13.4 Kartenausschnitt auf dem Gerät speichern*) nicht nur über WLAN, sondern auch über Mobilfunkinternet durchführen lassen.
  - *Über Offlinekarten*: Weitere Informationen anzeigen.
- *Nur WLAN*: Hiermit reduzieren Sie die über eine Mobilfunkverbindung heruntergeladene Datenmenge. Beachten Sie, dass dann unterwegs keine Kartenanzeige erfolgt. Sie sollten die Option deshalb nicht aktivieren.
- *Design*: Das Aussehen der Benutzeroberfläche lässt sich zwischen einem hellen und dunklen Design umschalten. Siehe auch Kapitel *28.11 Gerätedesign* .
- *Adressen bearbeiten*: Legen Sie für die einfachere Routenberechnung (siehe Kapitel *13.6 Navigation*) Heim- und Arbeitsadresse fest. Diese werden dann bei der Routeneingabe vorgeschlagen.
- *Videoeinstellungen*: Nicht von Google dokumentiert.
- *Einstellungen für gespeicherte Fahrten*: Nicht von Google dokumentiert.
- *Google-Standorteinstellungen*: Diverse Einstellungen für Google Local, auf die Kapitel *13.8 Google Local* eingeht.
- *Persönliche Inhalte*: Darauf gehen wir weiter unten ein.
- *Bedienungshilfe-Einstellungen*: Liefert Infos über die Zugänglichkeit von gesuchten oder angezeigten Orten für Menschen mit Behinderung.

- *Tipps zur Standortgenauigkeit*: Sofern das Handy Ihre Position nicht exakt orten kann, gibt das Gerät hier Hinweise.
- *Google Maps-Verlauf:* Listet alle Orte auf, nach denen Sie gesucht beziehungsweise zu denen Sie navigiert haben. Auch als Favoriten markierte Orte (siehe Kapitel *13.8.1 Markierungen*) werden hier aufgelistet.
- *Meine Fahrzeuge*: Die hier vorgenommene Auswahl des Ladesteckers wird derzeit nicht von Google Maps ausgewertet.
- *Benachrichtigungen*: Informiert über Veranstaltungen (zum Beispiel Sportereignisse), welche die Verkehrssituation in Ihrer Nähe beeinflussen.
- *Chat*: Nicht von Google dokumentiert.
- *Entfernungseinheiten*: Sie können die Anzeige zwischen Meilen und Kilometer umschalten.
- *Maps in Satellitenansicht starten*: Die Satellitenansicht benötigt eine schnelle Internetverbindung und verbraucht in kurzer Zeit ein hohes Datenvolumen, weshalb wir von deren Nutzung abraten.
- *Maßstab auf der Karte anzeigen*: Informiert beim Zoomen in der Karte über den gerade aktiven Kartenmaßstab.
- *Navigation*: Auf diese Einstellungen geht Kapitel *13.6 Navigation* ein.
- *Einstellungen verwalten*: Legen Sie Themen fest, die Sie besonders interessieren oder nicht interessieren, sodass Google Maps dies bei den Navigationsvorschlägen berücksichtigen kann.
- *Gebietseinstellungen verwalten*: Zu den hier vorgenommenen Eingaben erhalten Sie später in Google Maps gegebenenfalls Vorschläge.“
- *Schütteln, um Feedback zu senden*: Falls Sie Verbesserungsvorschläge haben oder auf einen Programmfehler stoßen, können Sie ihn den Entwicklern melden.
- *Infos, Datenschutz & Bedingungen*
- *Aus Google Maps abmelden*: Über das Menü wechseln Sie das Google-Konto, in dem Google Maps Ihre Nutzungsdaten ablegt.

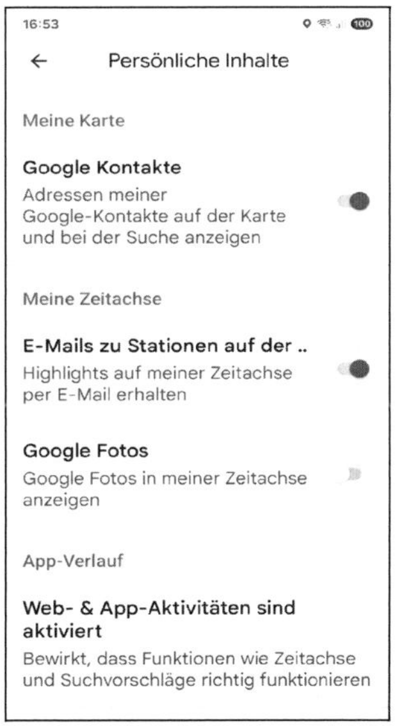

❶❷ Die Optionen in *Persönliche Inhalte* beziehen sich zum großen Teil auf die sogenannte Zeitachse. Dies ist eine Funktion, die genau auflistet, wo Sie sich zu bestimmten Zeitpunkten befunden haben. Wegen des damit verbundenen Eingriffs in Ihre Privatsphäre müssen Sie die Zeitachse erst im Ausklappmenü unter *Meine Zeitachse* aktivieren, bevor Sie sie nutzen können.

Unter *Meine Karte*:

- *Google-Kontakte*: Sofern Sie bei Ihren Kontakten im Telefonbuch (siehe Kapitel *7*

Telefonbuch) eine Adresse eingegeben haben, erscheinen diese in Google Maps.

Unter *Meine Zeitachse:*

- *E-Mails zu Stationen auf der Zeitachse*: Falls es neues zu Standorten gibt, die Sie mal besucht haben, erhalten Sie eine E-Mail.
- *Google Fotos*: Fotos, die Sie mit der Kamera erstellt haben, werden in der Zeitachse eingeblendet.

Unter *App-Verlauf:*

- *Web- & App-Aktivitäten sind aktiviert*: Steuert, welche Aktivitäten in der Zeitachse verzeichnet werden.

Unter *Standorteinstellungen:*

- *Standorterfassung ist aktiviert; Zeitachse ist aktiviert*: Erlaubt die Speicherung Ihres Standorts in der Zeitachse.
- *Alle Zeitachsendaten löschen; Teil der Zeitachsendaten löschen*: Verwaltet Ihren Standortverlauf, der in der Zeitachse erscheint.
- *Zeitachse automatisch löschen*: Nach Verstreichen des von Ihnen ausgewählten Zeitraums (3 Monate, 18 Monate oder nie) löscht Google automatisch die aufgezeichneten Standortdaten.

Unter *Profileinstellungen*:

- *Eingeschränktes Profil*: Google erlaubt die Bewertung von Geschäften und Institutionen. Von Ihnen geschriebene Bewertungen erscheinen in der Karte.

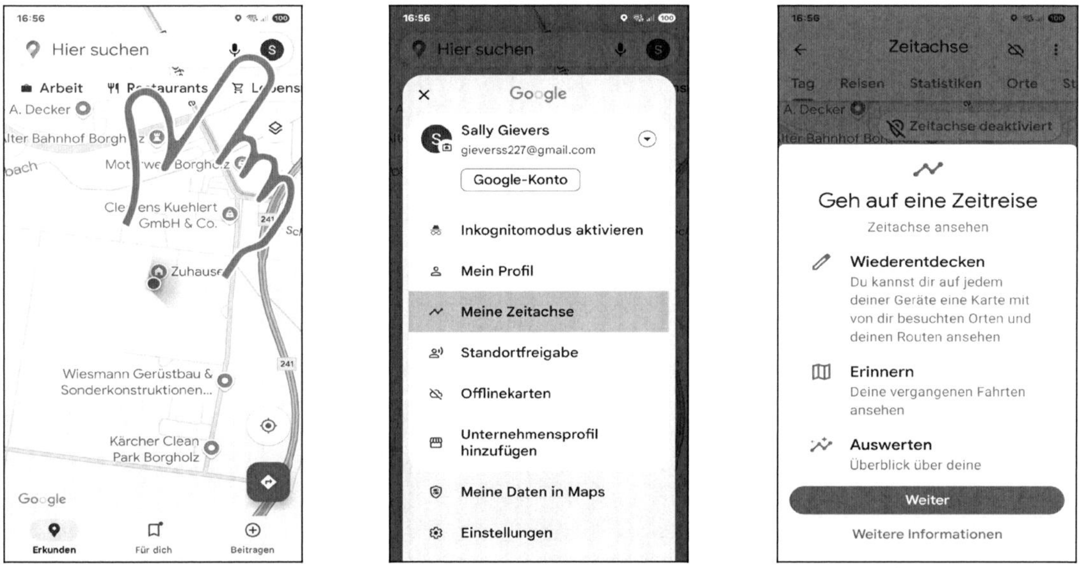

❶❷❸ Die oben erwähnte Zeitachse finden Sie im Ausklappmenü unter *Meine Zeitachse.*

14. Das Google-Konto

Google betreibt im Internet zahlreiche kostenlose Online-Dienste, wovon natürlich die Google-Suchmaschine die bekannteste ist. Weitere Web-Anwendungen sind unter anderem Gmail (E-Mail), Google Maps (Karten und Navigation), YouTube (Videos) und Google Fotos (Bilder und Videos). Android bietet mit den gleichnamigen Anwendungen die Möglichkeit, Googles Web-Anwendungen direkt auf dem Handy zu nutzen.

Damit Sie Fotos, Dokumente, Kontakte, Termine usw. auf verschiedenen Geräten (PC-Webbrowser, Android-Handy und Android-Tablet) nutzen können, hat Google das sogenannte **Google-Konto** ersonnen: Sie sind dabei permanent mit Ihrem Google-Konto auf dem Tablet/Handy angemeldet. Legen Sie beispielsweise auf dem Handy einen neuen Kontakt oder einen neuen Termin an, so wird dieser im Google-Konto gespeichert und steht auch auf allen anderen Android-Geräten und dem PC-Webbrowser zur Verfügung. Der dazu nötige Datenabgleich erfolgt automatisch über Googles Internetserver im Hintergrund. Einzige Voraussetzung ist, dass Sie auf den anderen Geräten ebenfalls mit Ihrem Google-Konto angemeldet sind.

Ein anderes Beispiel: Sie können tagsüber während der Arbeit auf dem Handy E-Mails mit der Gmail-Anwendung verarbeiten, und am Abend loggen Sie sich auf dem Desktop-PC-Webbrowser in die Gmail-Oberfläche ein und sehen den gleichen Nachrichtenstand wie auf dem Handy.

Auch wenn Sie kein Fan von Google sind, kommen Sie nicht darum herum, ein Google-Konto zu eröffnen, denn Sie benötigen es spätestens, wenn Sie über den Google Play Store (siehe Kapitel *17 Play Store*) weitere Spiele oder Anwendungen auf dem Gerät installieren wollen.

14.1 Einrichtung in einer Google-Anwendung

Wenn Sie eine Google-Anwendung wie Gmail, Play Store usw. starten, werden Sie aufgefordert, sich mit Ihrem Google-E-Mail-Konto anzumelden, sofern Sie dies nicht schon vorher getan hatten. Die Anmeldung mit der Gmail-Adresse ist nur einmalig notwendig. Danach können Sie Gmail, Google Play Store usw. ohne erneute Anmeldung nutzen.

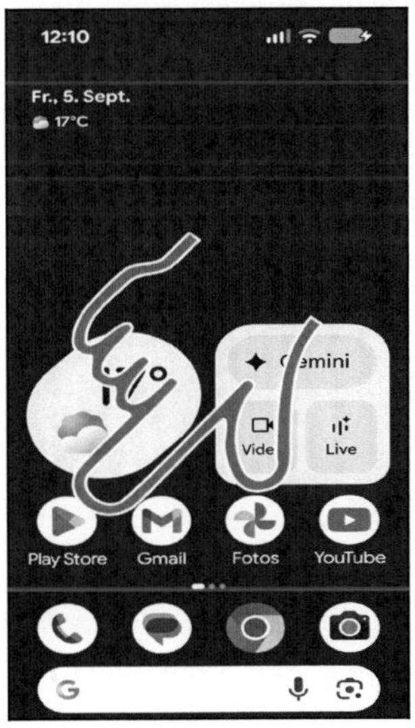

❶ Starten Sie jetzt eine Anwendung, die ein Google-Konto benötigt, im Beispiel *Play Store*, aus dem Startbildschirm.

❷ Betätigen Sie *Anmelden.*

Falls direkt die Benutzeroberfläche des Programms angezeigt wird, ohne dass Ihre Kontodaten abgefragt werden, dann haben Sie bereits die nur einmalig notwendige Anmeldung durchgeführt, beispielsweise bei der Inbetriebnahme (siehe Kapitel *3 Erster Start*).

❶❷ Nach Antippen des entsprechenden Eingabefelds erfassen Sie Ihr Google-Konto und betätigen Sie *Weiter* (falls Sie die *Weiter*-Schaltfläche nicht sehen, müssen Sie das Tastenfeld mit der ▼-Taste schließen).

❸ Erfassen Sie das Passwort Ihres Google-Kontos und gehen Sie auf *Weiter.*

Sie brauchen nur den ersten Teil Ihrer Google-Mail-Adresse vor dem »@« einzugeben, denn »@gmail.com« wird automatisch ergänzt, wenn Sie ins Passwortfeld wechseln.

Die Anmeldung mit der Gmail-Adresse ist nur einmalig notwendig. Danach können sie Gmail, Google Play Store usw. ohne erneute Anmeldung nutzen.

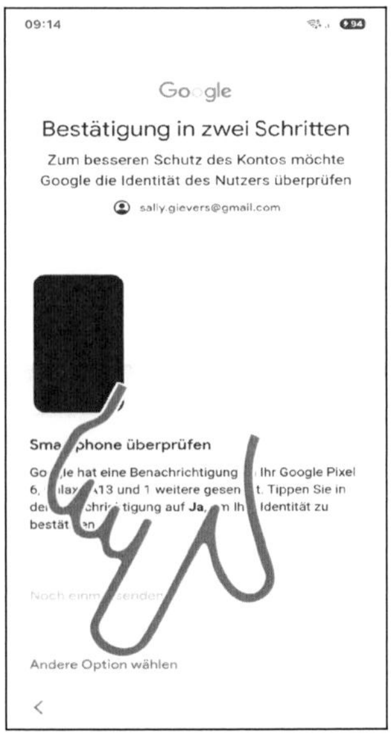

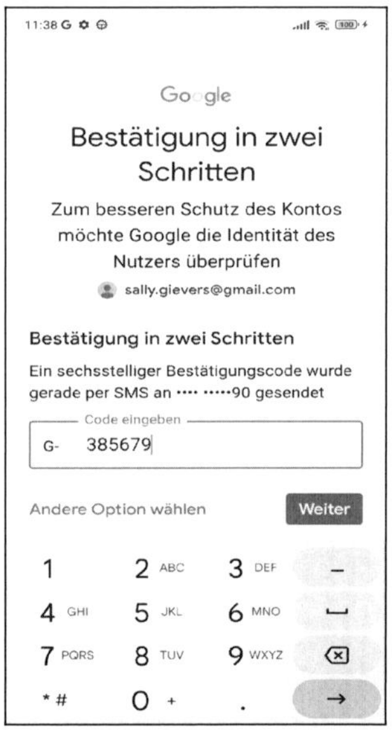

Google möchte sicherstellen, dass kein Unbefugter Ihr Google-Konto nutzt. Deshalb wird eine Authentifizierung verlangt.

❶ Das Google-Konto haben Sie ja bereits auf Ihrem alten Handy genutzt. Dort können Sie es mit *Ja, das bin ich* freigeben. Falls Sie das alte Handy nicht zur Verfügung haben und deshalb eine andere Authenfizierung nötig ist, gehen Sie auf *Andere Option wählen* (Pfeil).

❷ In unserem Beispiel haben wir uns für die dritte Option entschieden: Der Code wird per SMS an unsere Handynummer gesendet. Die Handynummer hat Google bei der Erstanmeldung Ihres Google-Kontos erfahren.

❸ Den empfangenen Code geben Sie ein und betätigen *Öffnen* (auf dem Tastenfeld) beziehungsweise *Weiter.*

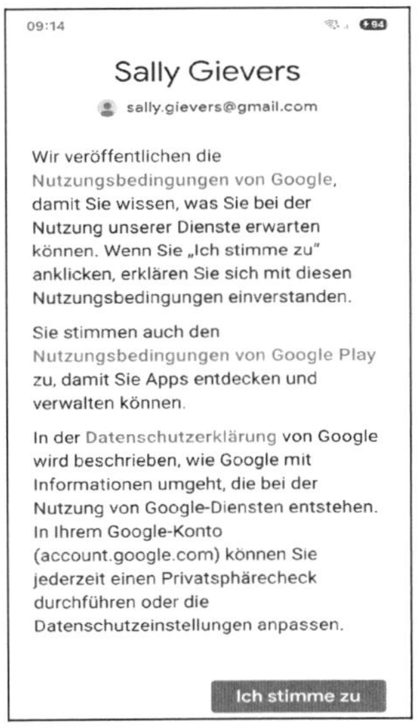

➊ Betätigen Sie *Ich stimme zu.*

➋ Falls dieser Hinweis erscheint, haben Sie bereits Daten auf dem Gerät eingegeben, die noch nicht im Google-Konto gesichert werden. *Sicherung aktivieren* behebt das Problem.

➌ Betätigen Sie *Nicht jetzt.*

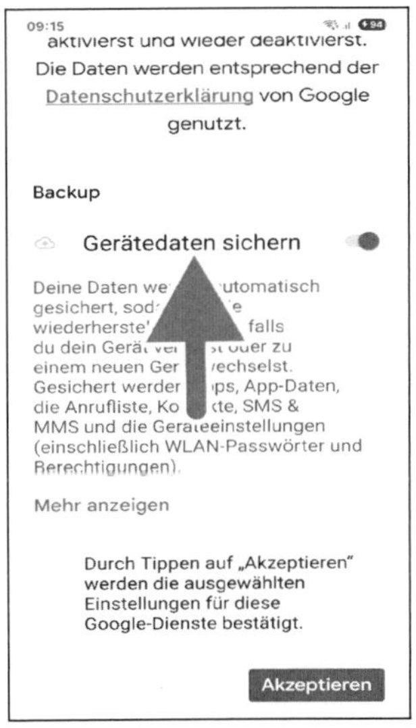

➊ Im nächsten Bildschirm wischen Sie einmal nach oben und gehen auf *Akzeptieren.*

➋ Der Google Play Store schützt Sie vor Betrug, indem Sie Käufe jedes Mal mit dem Passwort freigeben müssen. Betätigen Sie *Passwort verwenden* und bestätigen Sie mit Ihrem Ihres Google-Konto-Passwort.

➌ Sie befinden sich im Play Store.

14.2 Google-Konto entfernen

Es dürfte nur sehr selten nötig sein, das eigene Google-Konto zu entfernen. Alle in Ihrem Google-Konto im Internet hochgeladenen Daten bleiben erhalten und werden auf einem anderen Gerät wieder hergestellt, wenn Sie sich dort erneut mit dem gleichen Google-Konto anmelden.

Falls Sie vorhaben, Ihr Handy an einen Dritten abzugeben, dann sollten Sie nicht nur Ihr Google-Konto vom Gerät entfernen, weil sich dann noch alle Daten im Gerätespeicher befinden, sondern das Handy, wie im Kapitel *28.6 Handy zurücksetzen* beschrieben, komplett auf den Werkszustand zurücksetzen.

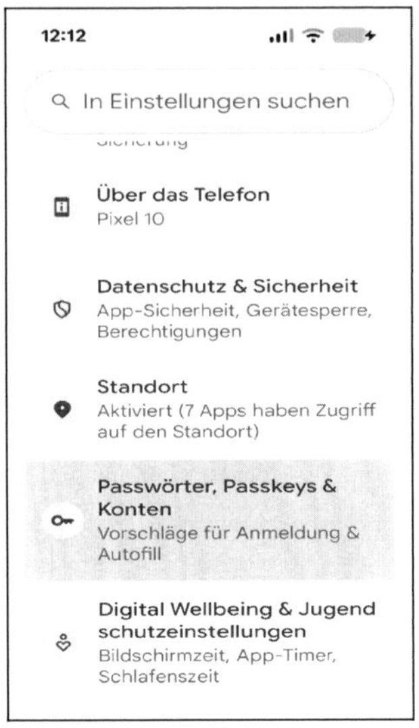

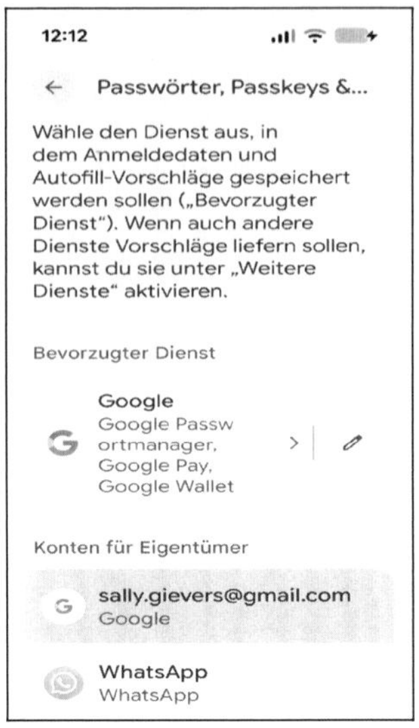

❶ Rufen Sie *Einstellungen* im Hauptmenü auf.

❷❸ Rollen Sie mit einer Wischgeste durch die Menüauflistung und gehen Sie auf Passwörter & *Konten* und dann auf Ihr Google-Konto.

Die *Einstellungen*-Anwendung zeigt das zuletzt genutzte Menü an. Falls Sie hier eine andere Bildschirmanzeige haben, betätigen Sie einfach mehrfach die ◀-Taste unterhalb des Bildschirms.

❶❷ Betätigen Sie *Konto entfernen* und im Popup erneut *Konto entfernen.*

15. Benutzeroberfläche optimal nutzen

In diesem Kapitel werfen wir einen Blick auf die zahlreichen Optionen, mit denen Sie das Pixel-Handy an Ihre Bedienweise anpassen.

15.1 Bildschirmanzeige anpassen

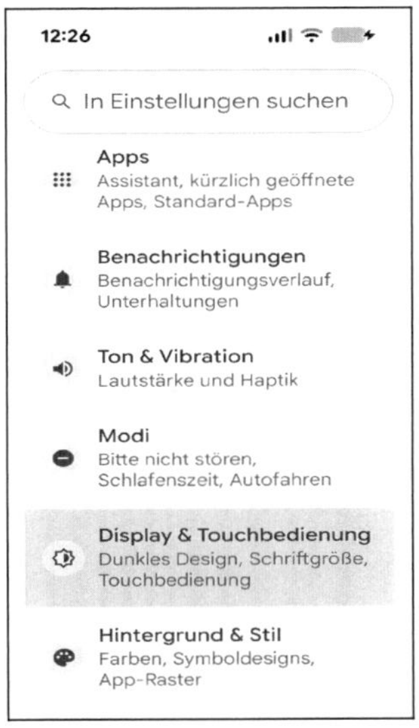

❶❷ In *Einstellungen/Display & Touchbedienung* konfigurieren Sie die Bildschirmanzeige.

> Hinweis: Die Einstellungen-Anwendung zeigt immer das zuletzt genutzte Menü an. Betätigen Sie gegebenenfalls mehrfach die ◀-Taste unterhalb des Displays, um in das Hauptmenü zurückzukehren.

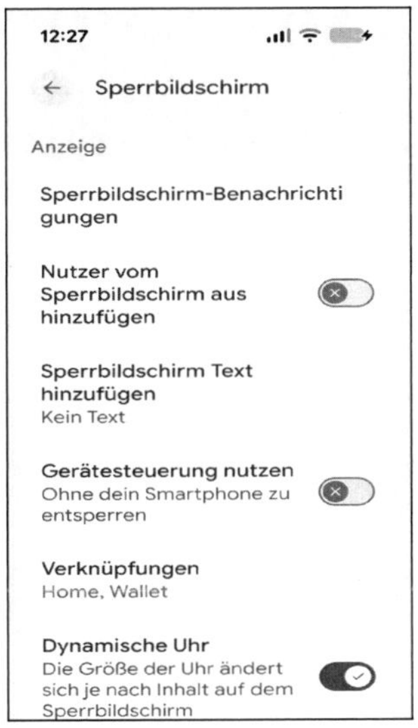

❶ Die verfügbaren Optionen:

Unter *Helligkeit*:

- *Helligkeit:* Diese können Sie einfacher über den Helligkeitsregler im Benachrichtigungsfeld anpassen.
- *Automatische Helligkeit*: Das Handy analysiert die Umgebungshelligkeit mittels eines Lichtsensors und passt entsprechend die Displayhelligkeit an.

Unter *Displaysperre*:

- *Sperrbildschirm* (❷): Hier legen Sie die Anzeige für die Displaysperre beziehungsweise Gerätesperre fest (dieser erscheint, wenn Sie das ausgeschaltete Display wieder einschalten):

  - *Sperrbildschirm-Benachrichtigungen*: Entscheiden Sie, ob alle oder keine Benachrichtigungen auf dem Sperrbildschirm angezeigt werden sollen. Für Rechtsanwälte, Beamte und andere Personen mit Vertraulichkeitspflichten kann es ratsam sein, die Benachrichtigungen zu deaktivieren.
  - *Nutzer vom Sperrbildschirm hinzufügen*: Sie können auf dem Handy mehrere Nutzer einrichten, die einen eigenen Datenbereich verwenden. In der Praxis macht das aber keinen Sinn.
  - *Sperrbildschirm Text hinzufügen*: Das Handy zeigt einen von Ihnen erstellten Text auf dem Sperrbildschirm an. Sinnvoll ist die Angabe einer Adresse oder Rufnummer, damit ein Finder Ihnen das Handy wieder zurückgeben kann, falls Sie es mal verlieren.
  - *Gerätesteuerung nutzen*: Nicht von Google dokumentiert.
  - *Verknüpfungen*: In der Gerätesperre verfügbare Funktionen.
  - *Dynamische Uhr*: Nicht von Google dokumentiert.
  - *Now Playing*: Das Handy analysiert permanent Hintergrundgeräusche und zeigt in der Gerätesperre erkannte Musiktitel an. Aus Datenschutzgründen und wegen des damit verbundenen Akkuverbrauchs raten wir dringend von der Nutzung ab!
  - *Durch Tippen auf dem Bildschirm Display aktivieren*: Zweimaliges Displayantippen schaltet den Sperrbildschirm an.
  - *Beim Hochheben Display aktivieren*: Anheben des Handys von einem Tisch schaltet das Display mit dem Sperrbildschirm ein.
  - *Display bei Benachrichtigungen aktivieren*: Bei Benachrichtigungen, zum Beispiel über neu empfangene SMS, E-Mails oder WhatsApp-Nachrichten, schaltet sich das Display ein.
- *Always-on-Display*: Viele Handys zeigen auch bei ausgeschaltetem Display die Uhrzeit und neue Benachrichtigungen an. Beim Pixel-Handy ist diese Anzeige standardmäßig deaktiviert. Beachten Sie, dass mit dem Einschalten ein erhöhter Stromverbrauch einher geht.
- *Display automatisch ausschalten*: Nach der eingestellten Zeitspanne schaltet sich das Display aus. Alternativ betätigen Sie dafür den Ein/Ausschalter.

Unter *Darstellung*:

- *Dunkles Design*: Standardmäßig passt das Handy automatisch die Darstellung der Bedienelemente an die Farbe des Hintergrunds an. Sie können hier aber auch selbst *Hell* oder *Dunkel* festlegen. Darauf geht noch Kapitel *28.11 Gerätedesign* ein.
- *Anzeigegröße und Text*: Wählen Sie zwischen mehreren Schriftgrößen, die in den Menüs und Anwendungen zum Einsatz kommen.
- *Navigationsmodus*: Das Handy bietet wahlweise eine Bedienung mit Wischgesten oder über die Navigationstasten am unteren Bildschirmrand an. Bei der Ersteinrichtung haben Sie die Navigationstasten aktiviert (siehe Kapitel *4.2 Erste Einrichtung*).
- *Bildschirmschoner*: Stellt die in der Displaysperre sichtbaren Bildschirmelemente ein.

Unter *Farbe*:

- *Adaptiver Farbton*: Passt die Farbdarstellung an die Umgebungshelligkeit (kühles oder warmes Licht) an.
- *Nachtlicht*: Blaues Licht wird von vielen Personen als unangenehm empfunden, weshalb man das Handy veranlassen kann, einen Teil des blauen Farbspektrums herauszufiltern. Das Display sieht dann leicht gelbstichig aus. Die Filterung lässt sich ebenso frei einstellen wie auch eine Zeitsteuerung, falls Sie nur Abends ein gelbliches Display bevorzugen.
- *Farben*: Die hier vorgenommenen Einstellungen haben nur einen geringen Einfluss auf die Farbdarstellung.

- *Farbkontrast*: Durch einen erhöhten Kontrast werden Bedienelemente deutlich besser sichtbar, was insbesondere bei schwierigen Lichtverhältnissen von Vorteil ist. Testen Sie diese Funktion gerne selbst aus und überzeugen Sie sich vom Unterschied.

Unter *Berührung*:

- *Berührungsempfindlichkeit*: Falls Sie eine dickere Displayschutzfolie einsetzen erkennt das Handy Ihre Berührungen nicht mehr korrekt. In dem Fall können Sie die Empfindlichkeit hochsetzen.
- *Touchsensoren-Diagonse*: Anhand Ihrer Fehlerangabe führt das Handy eine Hardware-Diagnose des Displays durch.

Unter *Andere Displaysteuerelemente*:

- *Bildschirm automatisch drehen*: Bewegungssensoren erkennen, wann Sie das Handy gedreht halten und passen die Bildschirmanzeige an. Diese Einstellung können Sie einfacher über das Benachrichtungsfeld vornehmen (siehe Kapitel *4.10.1 Schaltflächen im Benachrichtigungsfeld*).
- *Smooth Display*: Für eine ruckelfreie Darstellung passt das Handy automatisch die Bildwiederholrate an. Sie sollten die Einstellung nicht ändern.

Die *Display automatisch ausschalten*-Option hat großen Einfluss auf die Akkubetriebsdauer, weshalb Sie sie nicht zu hoch einstellen sollten. Beachten Sie, dass die Displayhelligkeit, die Sie über den Regler im Benachrichtigungsfeld einstellen, ebenfalls enormen Einfluss auf die Akkubetriebsdauer hat.

15.1.1 Bildschirmschoner

Der sogenannte Bildschirmschoner ist aktiv, wenn Sie Ihr Handy an einer Stromquelle, sei es Netzteil, PC oder optionale Dockingstation anschließen. Standardmäßig erscheint die Uhrzeit.

Als PCs vor Jahrzehnten noch mit röhrenbasierten Monitoren ausgestattet waren, konnte sich der Bildschirminhalt in der Phosphorschicht der Bildröhre einbrennen. Deshalb aktivierte sich nach einigen Minuten der Bildschirmschoner, welcher den Monitor dunkel schaltete oder Farbwechsel anzeigte. Bei modernen PCs wird dagegen meistens das Display abgeschaltet, um Energie zu sparen. Die Gefahr, dass sich der über längere Zeit angezeigte Bildschirminhalt »einbrennt« ist bei modernen Displays eher als gering einzustufen.

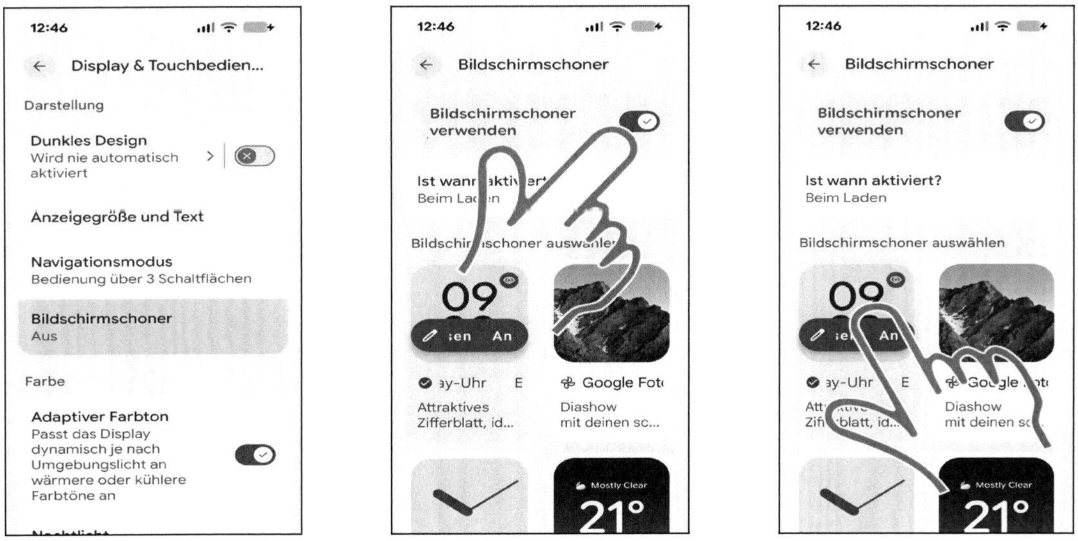

➊ Gehen Sie auf *Bildschirmschoner.*

➋ Aktivieren Sie *Bildschirmschoner verwenden.*

➌ Blättern Sie mit einer Wischgeste durch die angebotenen Optionen und wählen Sie eine aus, dann tippen Sie auf *Anpassen* für weitere Einstellungen.

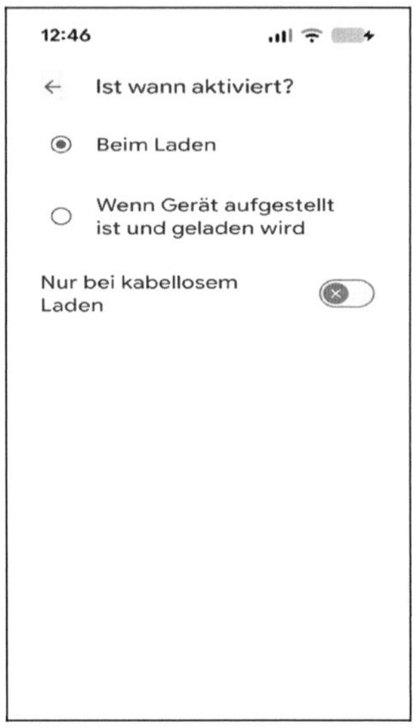

❶❷ *Ist wann aktiviert?* legt fest, unter welchen Bedingungen der Bildschirmschoner aktiv ist.

15.2 Ruhemodus (Bitte nicht stören)

In bestimmten Fällen, beispielsweise, wenn man außerhalb seiner Arbeitszeit keine Anrufe annimmt, ist es sinnvoll, die Signaltöne des Pixel zu deaktivieren. Damit Sie nicht am nächsten Morgen vergessen, die Signaltöne wieder einzuschalten, besitzt das Handy dafür eine Zeitsteuerung. Der Ruhemodus ist eine interessante Alternative zum abendlichen Ausschalten des Handys, wie Sie es vielleicht mit ihrem alten Handy gehalten haben.

Es gibt zwei Arten des Ruhmodus:

- Stundenweise, beziehungsweise bis zur Deaktivierung
- Automatisch zu bestimmten Uhrzeiten

Wir richten als Erstes einen stundenweise aktiven Ruhemodus ein. Interessant ist dies beispielsweise, wenn Sie für eine Stunde ungestört arbeiten möchten oder gerade in einer wichtigen Besprechung sind.

15.2.1 Stundenweiser Ruhemodus

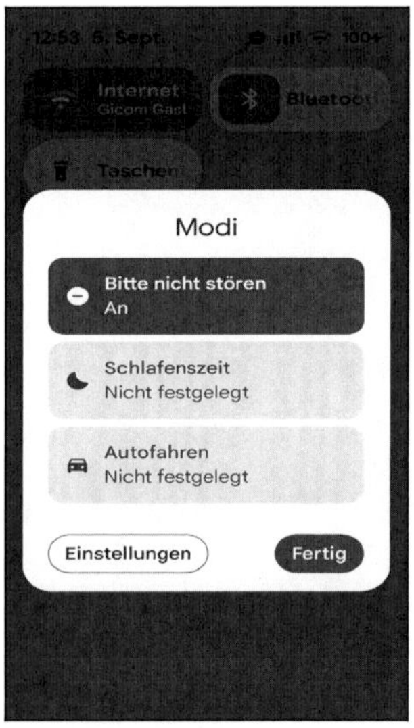

❶❷ Öffnen Sie das erweiterte Benachrichtigungsfeld, dann tippen Sie auf *Modi* (auf die Schrift und nicht das Symbol tippen!) und wählen *Bitte nicht stören.* Schließen Sie das Popup mit *Fertig.*

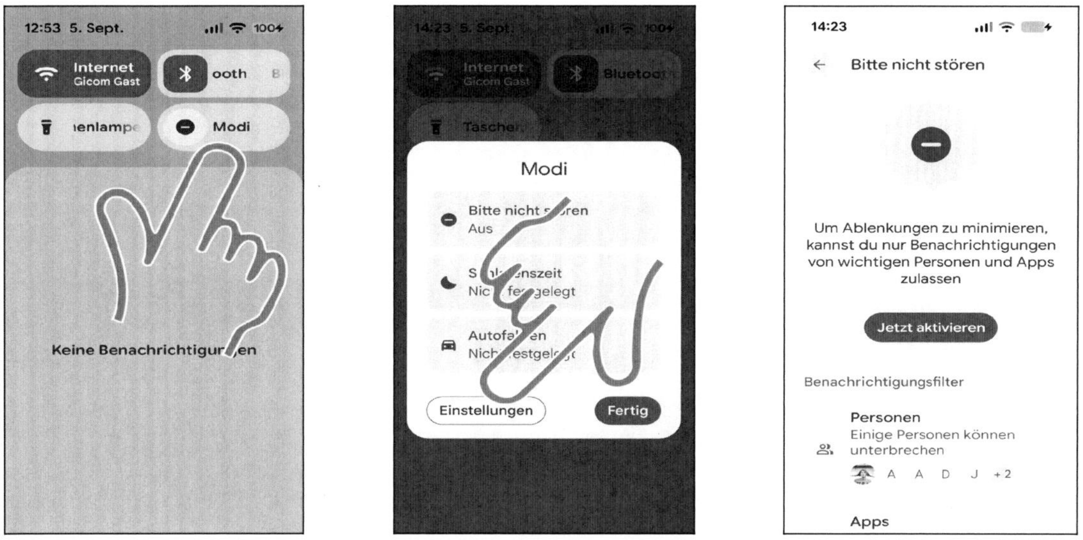

❶ Für die Einstellungen gehen Sie im Benachrichtigungsfeld ebenfalls auf *Modi.*

❷ Dort betätigen Sie *Einstellungen.*

❸ Hier legen Sie fest, ob und welche Anrufe, SMS oder WhatsApp-Benachrichtigungen nicht unterdrückt werden (bitte führen Sie jetzt noch **keine** Änderungen an den Einstellungen durch):

- *Personen*:
  - *Nachrichten*: Hier legen Sie fest, ob Nachrichten von bestimmten Kontakten gefiltert werden oder nicht.
  - *Anrufe*: Wählen Sie aus, ob alle Anrufe, nur Kontakte, nur markierte Kontakte (siehe Kapitel *7.8 Favoriten*) oder keine Anrufe zugelassen sind.
- *Apps*: Legen Sie Programme fest, deren Benachrichtigungen im Benachrichtigungsfeld den Nicht stören-Modus beenden.
- *Wecker & sonstige Unterbrechungen*:
  - *Wecker*: Auf den Wecker geht Kapitel *23.2 Wecker und Uhr* ein. Es ist natürlich sinnvoll, dass der Wecker auch im Nicht stören-Modus funktioniert.
  - *Medientöne*: Audio von Videos, Spiele und anderen Medien muss ebenfalls aktiviert bleiben.
  - *Töne bei Berührung*: Audioausgabe beim Betätigen von Schaltflächen.
  - *Erinnerungen; Kalendertermine*: Erinnerungen und Termine verwalten Sie in der im Kapitel *21 Kalender* beschriebenen Anwendung.

Unter *Weitere Einstellungen*:

- *Anzeigeeinstellungen*: Wählen Sie aus, auf welchem Wege das Handy trotzdem auf unterdrückte Benachrichtigungen aufmerksam macht.
- *Gültigkeit der Schnelleinstellungen*: Unabhängig von der Zeitsteuerung dürfen Sie den Nicht stören-Modus auch jederzeit zwischendurch von Hand einschalten. Das kann beispielsweise bei spontanen Besprechungen der Fall sein. Wir gehen darauf noch ein.

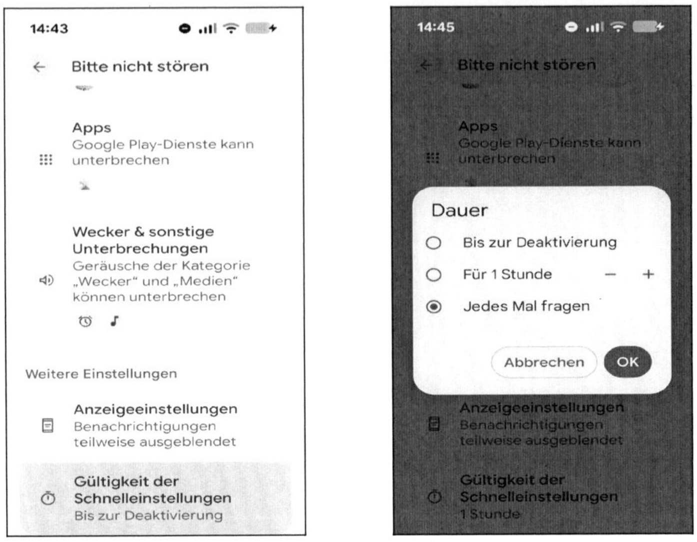

❶ Zunächst sollten Sie eine wichtige Einstellung ändern: Gehen Sie auf *Gültigkeit der Schnelleinstellungen.*

❷ Die Option *Jedes Mal fragen* aktivieren als als Nächstes. Schließen Sie mit *OK* ab.

❶ Für die Aktivierung des Ruhemodus betätigen Sie im Benachrichtigungsfeld die ⊖-Schaltfläche (**nicht** auf Modi tippen, weil Sie damit – wie oben gezeigt – die Einstellungen aufrufen).

❷ Wählen Sie im Popup den Zeitraum aus, in dem der Ruhemodus aktiv bleibt. Erneutes Antippen von ⊖ deaktiviert den Ruhemodus vorzeitig

❸ Ein ⊖-Symbol weist in der Titelleiste (Pfeil) auf den aktiven »Nicht stören«-Modus hin.

15.2.2 Zeitgesteuerter Ruhemodus

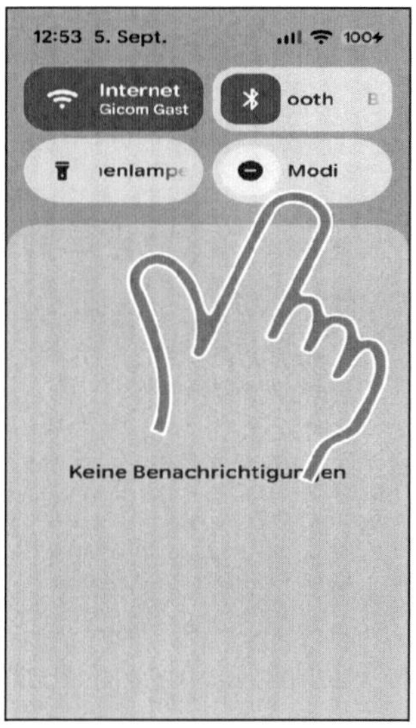

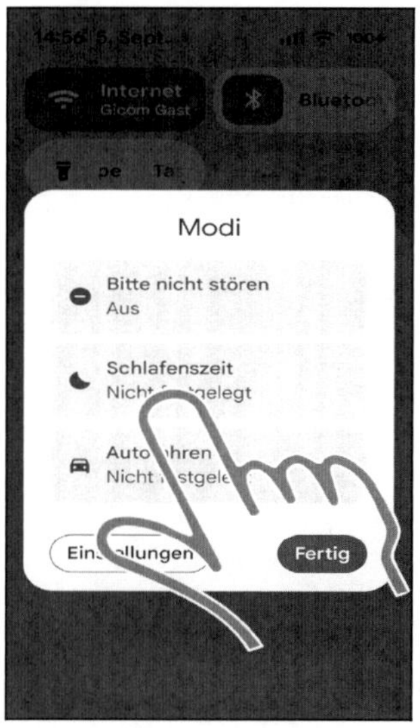

❶❷ Öffnen Sie das erweiterte Benachrichtigungsfeld, dann tippen Sie auf *Modi* (auf die Schrift und nicht das Symbol tippen!) und wählen *Schlafenszeit.*

❶ Für die Einstellungen gehen Sie im Benachrichtigungsfeld ebenfalls auf *Modi.*

❷ Dort betätigen Sie *Schlafenszeit einrichten.*

❸ Sie finden hier alle Einstellungen wieder, die bereits das vorherige Kapitel *15.2.1 Stundenweiser Ruhemodus* beschreibt. Einziger Unterschied ist das *Schlafenszeitmodus*-Menü, das Sie aufrufen. Wählen Sie die Uhrzeit und die Tage aus, in denen Sie nicht gestört werden möchten.

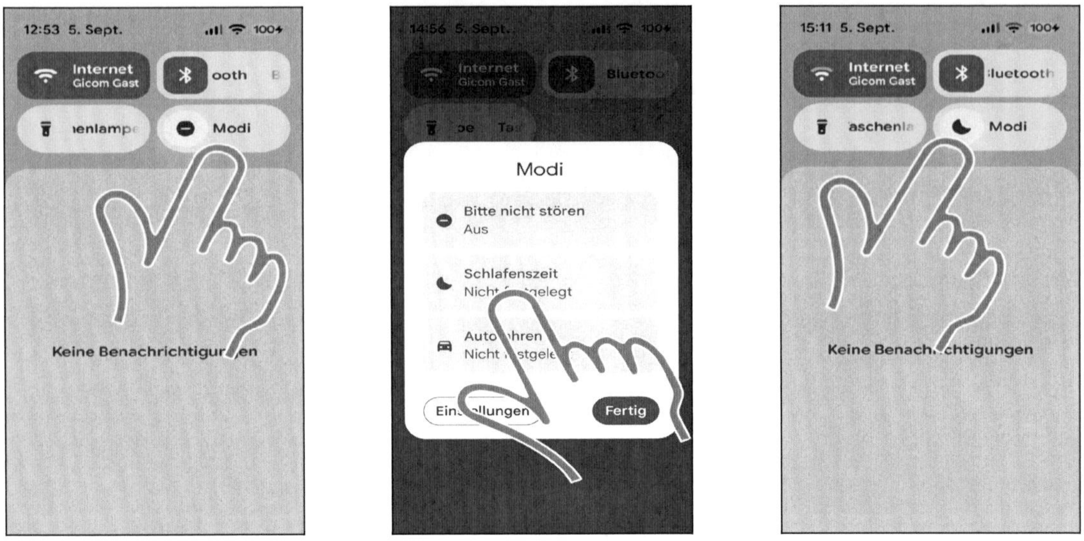

➊➋ Zum Aktivieren des automatischen Ruhemodus gehen Sie im Benachrichtigungsfeld auf *Modi* (nicht das Symbol antippen) und aktivieren *Schlafenszeit.*

➌ Künftig schaltet Antippen des ⏾-Symbols den zeitgesteuerten Ruhemodus ein/aus.

15.3 Schnellaufruf

Einige vorinstallierte Anwendungen unterstützen ein Menü, über das Sie sehr einfach häufig benötigte Funktionen erreichen. Probieren Sie einfach, wie unten beschrieben, aus, ob die von Ihnen verwendeten Anwendungen das Menü besitzen.

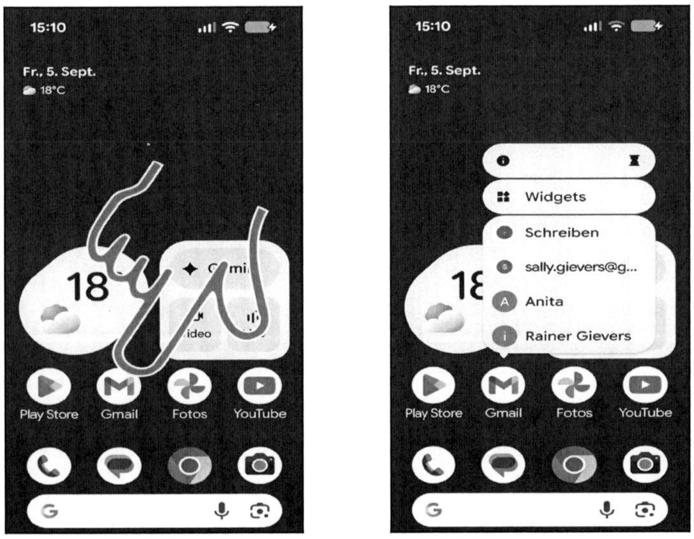

➊➋ Beispiel *Gmail*-Anwendung: Tippen und halten Sie den Finger auf dem Programmsymbol im Startbildschirm oder Hauptmenü, worauf das Schnellmenü erscheint.

15.4 Gestensteuerung

Den Bewegungssensor, das berührungsempfindliche Display und ausgefuchste Software versetzen das Handy in die Lage, bestimmte Gesten in Aktionen umzusetzen. Allerdings werden Sie viele der unterstützten Bewegungssteuerungen wohl nie nutzen, da sie einfach zu umständlich sind, oder gewohnte Abläufe stören.

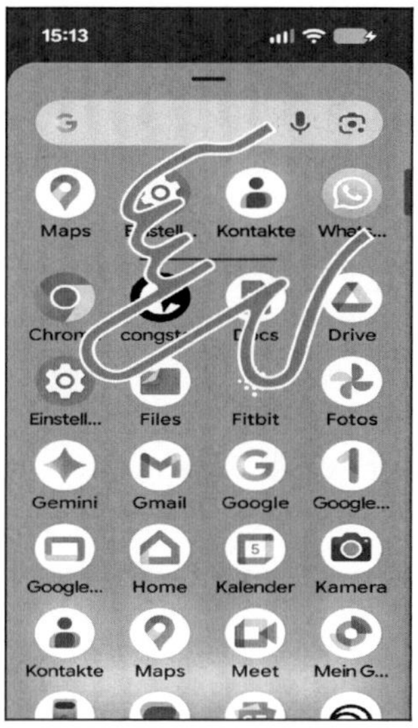

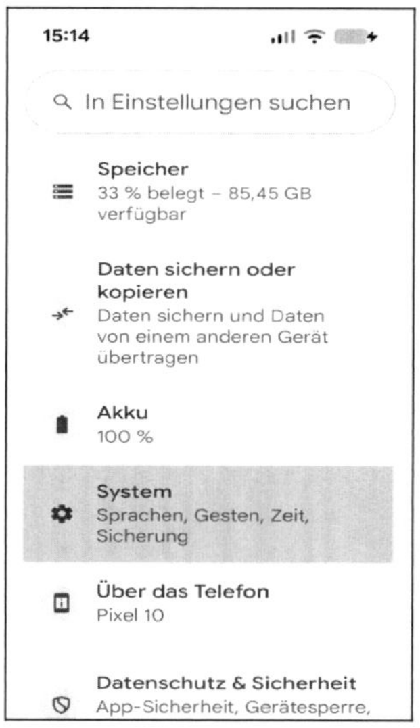

❶ Rufen Sie die *Einstellungen* aus dem Hauptmenü auf.

❷❸ Gehen Sie auf *System/Touch-Gesten und Bewegungen.*

Hinweis: Die Einstellungen-Anwendung zeigt immer das zuletzt genutzte Menü an. Mehrfaches Betätigen der ◀-Taste unterhalb des Displays bringt Sie in das Hauptmenü zurück. Danach können Sie das gewünschte Menü aufrufen.

❶ Die Gesten:

- *Schnelltippen, um Aktionen zu starten* (❷): Tippen Sie zweimal schnell hintereinander auf die Geräterückseite, um eine Aktion auszulösen:
  - *Screenshot erstellen*: Erstellt eine Bildschirmkopie. Siehe Kapitel *28.5 Screenshots (Bildschirmkopien).*
  - *Digitalen Assistenten aufrufen*: Ruft die Sprachsteuerung auf.
  - *Medien wiedergeben oder pausieren*: Steuert die Medienwiedergabe, beispielsweise von YouTube (siehe Kapitel *23.3 YouTube*) oder YouTube Music (siehe Kapitel *22 Musik*).

  - *Kürzlich geöffnete Apps ansehen*: Entspricht der ■-Taste unterhalb des Displays, mit der Sie die zuletzt genutzten Programme anzeigen.
  - *Benachrichtigungen anzeigen*: Öffnet das Benachrichtigungsfeld.
  - *Taschenlampe ein-/ausschalten*: LED auf der Geräterückseite ein/ausschalten.
  - *App öffnen*: Wählen Sie ein Programm aus, das geöffnet werden soll.
  - *Stärkeres Tippen erforderlich*: Verringert die Tippempfindlichkeit und verhindert so versehentliches Auslösen der gewählten Funktion.
- *Zweimal die Ein/Aus-Taste drücken*: Zweimaliges schnelles Betätigen des Ein-/Ausschalters öffnet die Kamera-Anwendung (siehe Kapitel *18 Kamera*). Dies funktioniert auch, wenn das Display ausgeschaltet oder die Displaysperre aktiv ist.
- *Für Selfie-Modus Handgelenk drehen*: In der Kamera-Anwendung schaltet das zweimalige Drehen des Handys auf die Front (Selfie)-Kamera um. Sie ersparen sich damit das Betätigen der entsprechenden Schaltfläche in der Kamera-Anwendung.
- *Durch Tippen auf den Bildschirm Display* aktivieren: Tippen Sie das ausgeschaltete Display zweimal schnell an, damit die Displaysperre (siehe Kapitel *4.1 Displaysperre*) angezeigt wird.
- *Beim Hochheben Display* aktivieren: Displaysperre kurz anzeigen, wenn Sie das Handy von einem Tisch aufnehmen.
- *Einhandmodus*: Mit einer Wischgeste »rollen« Sie den Bildschirm nach unten, sodass Sie das Handy mit einer Hand bedienen können. Sie müssen dafür zuvor festlegen, mit welcher Taste Sie den Einhandmodus ein- beziehungsweise ausschalten.
- *Ein-/Aus-Taste gedrückt halten*: Standardmäßig ruft langes Drücken des Ein-/Ausschalters auf der rechten Geräteseite den Google Assistant auf. Alternativ aktivieren Sie stattdessen das Ein/Aus-Menü.
- *Phone umdrehen, um "Pssst" zu aktivieren*: Legen Sie das Handy mit dem Display zuerst auf den Tisch, um Anrufe und Alarmtöne stumm zu schalten.

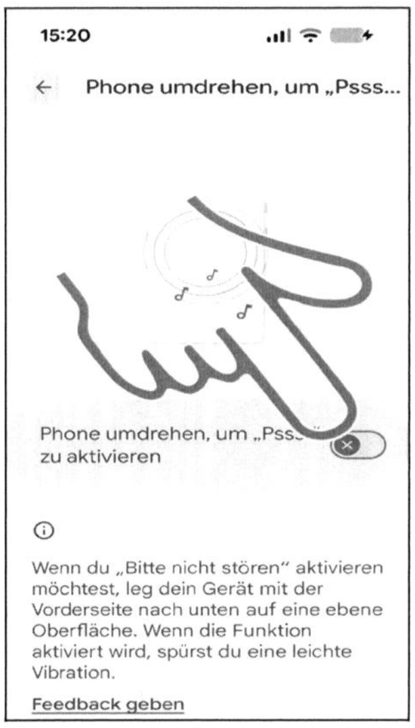

❶❷ Wählen Sie jeweils einen Menüpunkt aus und aktivieren Sie den Schalter, damit die gewünschte Funktion zur Verfügung steht.

15.5 Circle to Search

Ihr Handy bietet bereits eine Suchfunktion, die den Inhalt von Fotos (siehe Kapitel *19.13 Google Lens*) auswertet, sowie eine Kontextsuche für Webseitentexte (*11.8 Zum Suchen tippen*). Die Funktion »Circle to Search« (engl. »umkreisen für Suche« geht noch einen Schritt weiter, da sie zu jedem beliebigen Bildschirmausschnitt eine Suche oder Übersetzung durchführen kann.

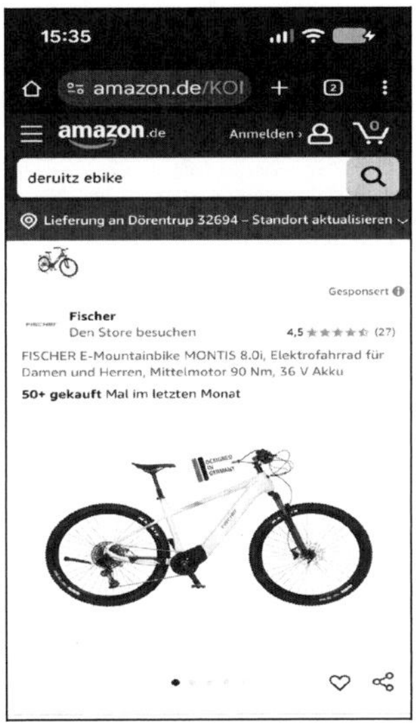

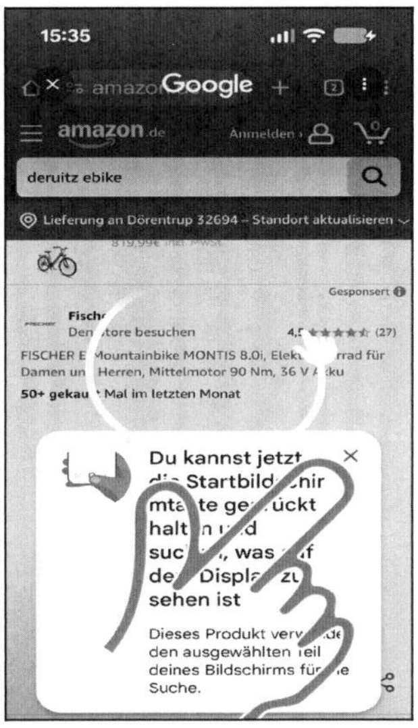

❶❷ Tippen und halten Sie die ●-Taste unterhalb des Bildschirms, bis der Circle to Search-Hinweis erscheint, den Sie mit ✕ schließen.

❸ Sie haben nun zwei Möglichkeiten: Entweder tippen Sie einfach ein Objekt auf dem Bildschirm an oder Sie markieren es, indem Sie es mit dem angedrückten Finger umkreisen.

❶❷ In diesem Fall listet Google das baugleiche E-Bike direkt im ersten Suchergebnis auf. Tippen Sie es an für weitere Infos.

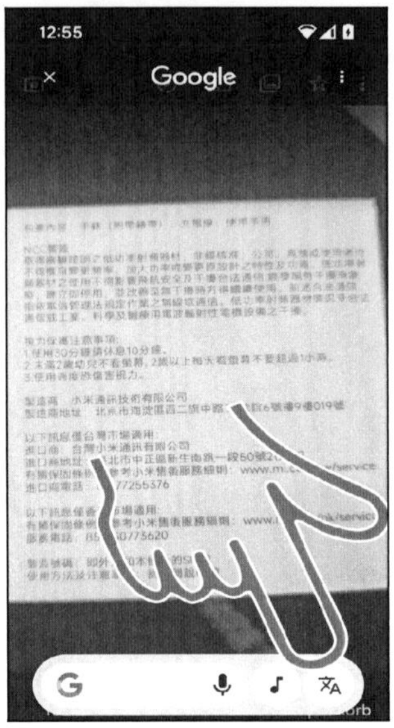

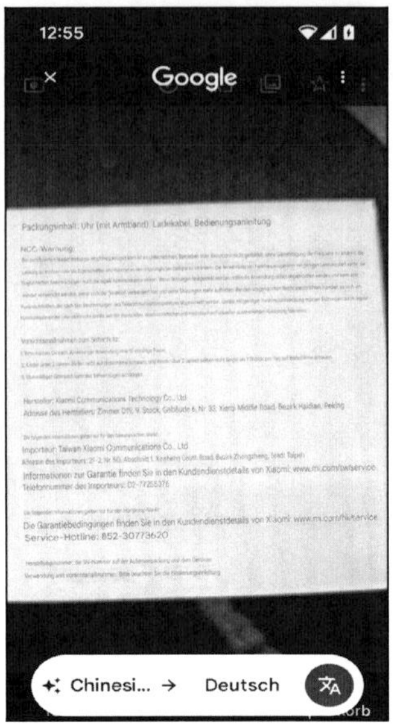

❶ Ein weiteres Beispiel: Sie haben einen fremdsprachlichen Text, beispielsweise ein Schild oder eine Verpackung, fotografiert, den Sie sich (siehe Kapitel *19 Google Fotos*) anzeigen.

❷❸ Betätigen Sie die 文A-Schaltfläche, worauf automatisch die Übersetzung erscheint.

16. Gerätespeicher

Der Speicher des Pixel-Handys ist in zwei Bereiche unterteilt:

- *Telefonspeicher*: Hier speichert das Gerät beispielsweise Kontaktdaten, Termine, Programme und sonstige Verwaltungsinformationen.
- *Gerätespeicher*: Freier Speicherbereich von 128 oder 256 Gigabyte (GB) für Fotos, Programme usw. Dieser Speicher ist fest im Gerät enthalten und lässt sich nicht austauschen.

Im Gegensatz zu vielen anderen Handys ist eine Erweiterung durch (Micro-SD-) Speicherkarten nicht vorgesehen.

16.1 Optionen nach PC-Anschluss

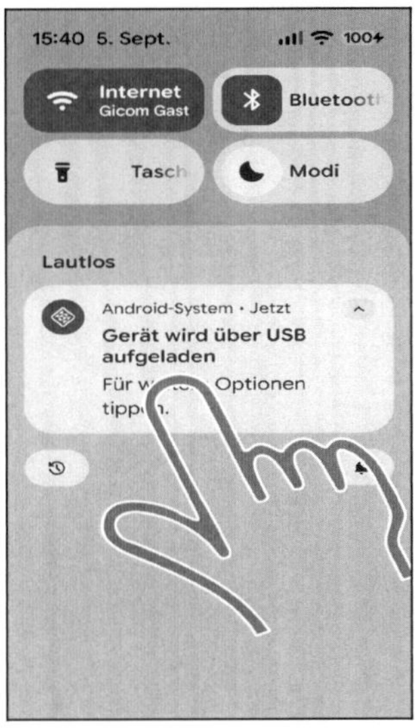

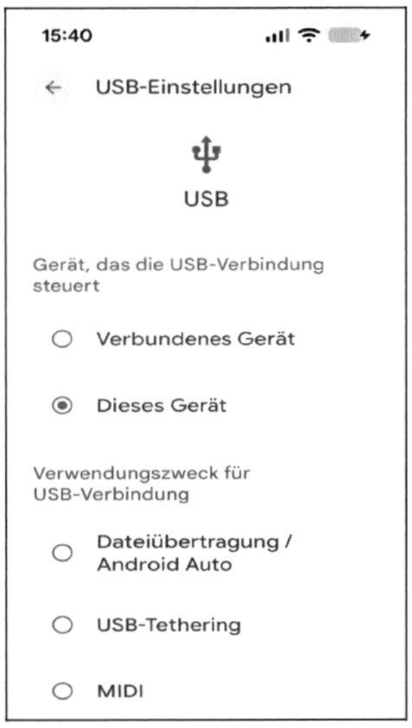

❶❷❸ Nach dem PC-Anschluss erscheint im Benachrichtigungsfeld der Hinweis *Gerät wird über USB aufgeladen*. Tippen Sie zweimal darauf für die Einstellungen:

Unter *Gerät, das die USB-Verbindung steuert*:

- *Verbundenes Gerät*: Der angeschlossene PC erhält vollen Zugriff auf Ihr Handy.
- *Dieses Gerät*: Auf dem Handy legen Sie selbst fest, ob und wie Daten übertragen werden.

Unter *Verwendungszweck für USB-Verbindung*:

- *Dateiübertragung/Android Auto*: Sie haben Zugriff auf alle Dateien, die sich auf dem Handy befinden.
- *USB-Tethering*: Das Handy stellt seinen Internetzugang einem PC wie eine Netzwerkkarte zur Verfügung. Folgen Sie danach den Hinweisen/Dialogen des PCs für die weitere Einrichtung.
- *MIDI*: Das Pixel als Musikgerät über die MIDI-Schnittstelle nutzen. Dafür benötigen entsprechende Software.
- *PTP*: Meldet das Handy als Digitalkamera am PC an. Sie haben vom PC aus nur Zugriff auf die Fotos/Videos, die Sie mit der Kamera-Anwendung des Handys erstellt hatten.
- *Webcam*: Das Handy wird am PC als Kamera registriert und lässt sich mit entsprechender Software als hochwertige Webcam einsetzen. Beachten Sie, dass Sie die Webcam-Funktion nach dem PC-Anschluss im Benachrichtigungsfeld des Handys freigeben müssen.
- *Keine Datenübertragung*: Das Handy wird nur geladen.

Damit Sie auf alle Dateien im Gerätespeicher des Handys zugreifen können, müssen Sie die Option *Dateiübertragung/Android Auto* aktiviert haben!

16.2 Speicherzugriff unter Windows

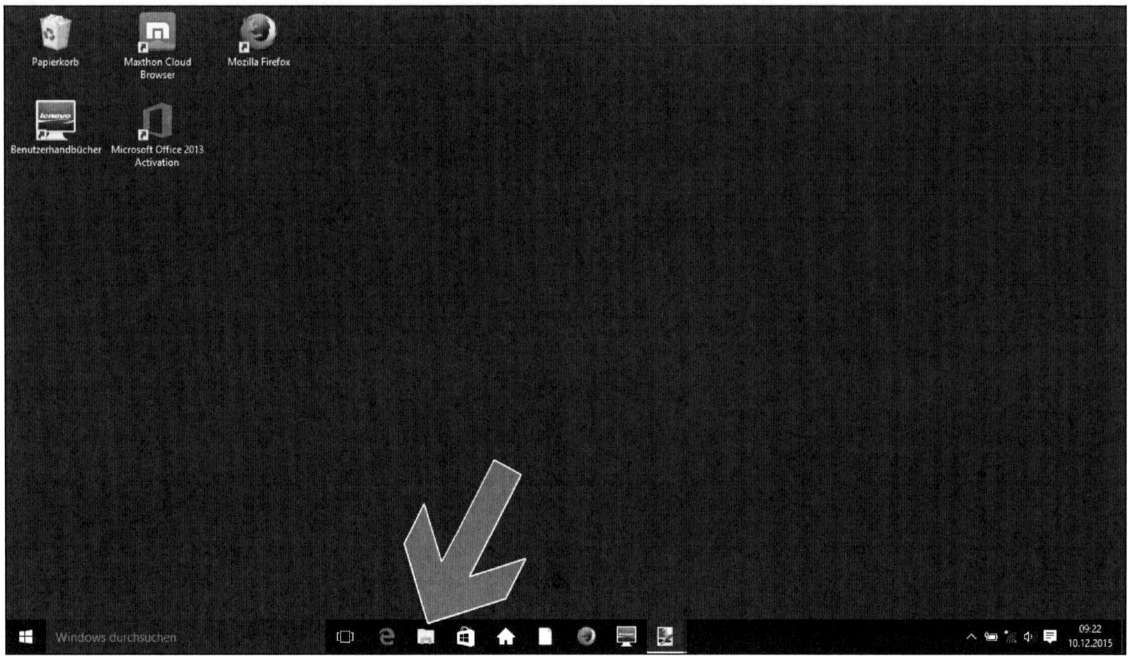

Im Desktop von Windows klicken Sie auf die Ordner-Schaltfläche am unteren Bildschirmrand.

Gehen Sie dort links im Verzeichnisbaum unter *Dieser PC* auf den Gerätenamen des Pixel-Handys. Der Gerätespeicher erscheint unter *Interner gemeinsamer Speicher.*

Erscheint das Pixel-Handy im Verzeichnisbaum, jedoch nur mit einem leeren Ordner, haben Sie möglicherweise vergessen, die Freigabe für den PC auf dem Handy zu erteilen. Die Vorgehensweise zur PC-Freigabe ist bereits am Anfang des Kapitels beschrieben.

16.3 Speicherverwaltung

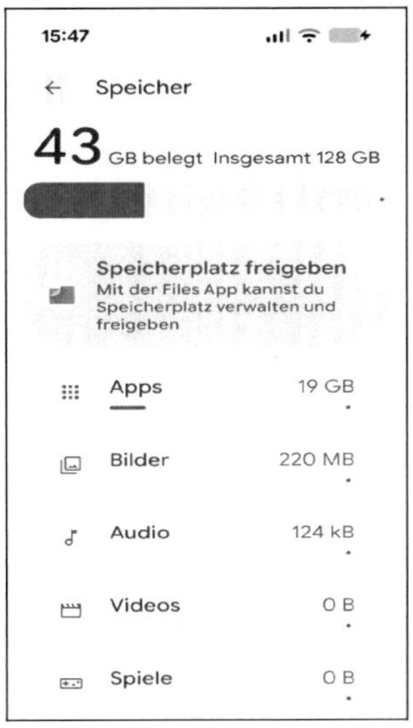

❶❷ Für die Speicherverwaltung rufen Sie das Hauptmenü auf, gehen auf *Einstellungen* und wählen *Speicher.*

❸ Der Bildschirm informiert Sie über den belegten Platz im Gerätespeicher.

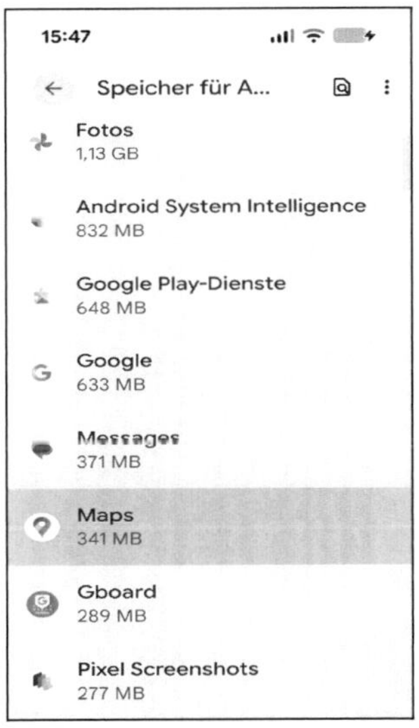

❶ Wählen Sie einen Eintrag aus für detaillierte Infos, im Beispiel auf *Apps.*

❷❸ Zu jedem Programm informiert das Handy über den belegten Speicherplatz. Es besteht zwar die Möglichkeit, hier Daten über *Speicherinhalt* löschen beziehungsweise *Cache* leeren zu entfernen, wir raten aber davon ab. Die Gefahr, dass dabei wichtige Programmfunktionen beeinträchtigt werden, ist zu groß.

Die größten Speicherplatzfresser sind Programme aus dem Play Store – insbesondere Spiele – sowie Fotos und Videos, die Sie mit der Kamera-Anwendung (siehe Kapitel *18 Kamera*) erstellt haben. Kopieren Sie am besten Fotos und Videos regelmäßig auf einen PC und löschen Sie sie dann auf dem Handy. Falls Sie sich dies nicht zutrauen, gibt es bestimmt jemanden in Ihrem Bekanntenkreis, der Ihnen dabei hilft.

Nicht benötigte Programme sollten Sie, wie im Kapitel *17.2 Programme deinstallieren* beschrieben, löschen, um Speicherplatz freizugeben.

16.4 Verzeichnisse

Die Anwendungen auf dem Pixel-Handy legen bei Bedarf die von ihnen benötigten Verzeichnisse selbst an. Wir weisen in diesem Buch in den jeweiligen Kapiteln darauf hin, falls Sie selbst mal ein Verzeichnis anlegen müssen. Beachten Sie bitte, dass Android bei Verzeichnis- und Dateinamen – im Gegensatz zu Windows auf dem PC – zwischen Groß- und Kleinschreibung unterscheidet.

Die wichtigsten Verzeichnisse:

- *DCIM*: Enthält die mit der Kamera (Kapitel *18 Kamera*) aufgenommenen Fotos und Videos.
- *Download*: Aus E-Mails (siehe Kapitel *10.2.2 Dateianlagen*) gespeicherte Dateien; im Webbrowser (siehe Kapitel *11.6 Dateien herunterladen*) gespeicherte Dateien.
- *Ringtones; Notifications; Alarms*: In diesen Verzeichnissen legt man zusätzliche Klingel- und Benachrichtigungstöne ab (siehe Kapitel *28.9 Eigene Klingel- und Benachrichtigungstöne*).

17. Play Store

Die mitgelieferten Programme auf Ihrem Handy decken bereits die wichtigsten Anwendungsfälle ab. Weitere Anwendungen und natürlich Spiele können Sie bei Bedarf über den sogenannten Play Store nachinstallieren, der mehrere Millionen (!) Programme enthält. Sie finden wirklich zu jedem noch so exotischen Anwendungsfall ein passendes Programm. Neudeutsch spricht man statt von Programmen auch von **Apps**, es ist damit aber das selbe gemeint.

Etwa Zweidrittel aller Programme sind kostenlos beziehungsweise finanzieren sich über eingeblendete Werbung. Im Vergleich zu PC-Software sind die kostenpflichtigen Android-Programme in der Regel mit Preisen von unter 5 Euro recht günstig.

Der Play Store ist leider sehr unübersichtlich, weil Sie dort neben Anwendungen auch Spiele und Ebooks herunterladen beziehungsweise erwerben können.

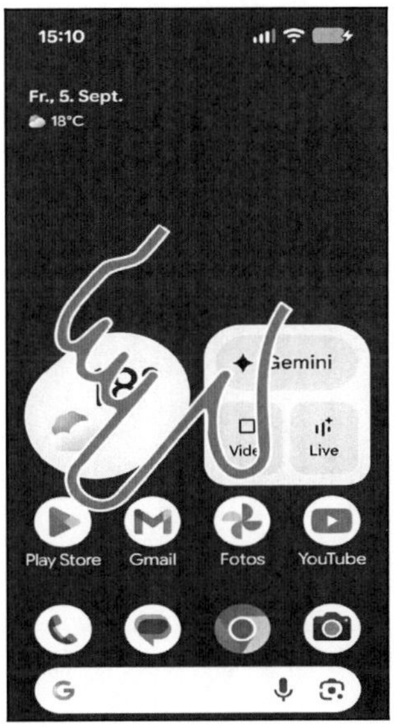

➊ Sie finden den *Play Store* im Startbildschirm und Hauptmenü.

➋➌ In den einmalig angezeigten Bildschirme und Popups betätigen Sie jeweils mit *Zustimmen*, *Jetzt nicht*, *Ok* oder *Später*. Die Reihenfolge und Art der Popups kann bei Ihnen abweichen. Bitte lesen Sie die angezeigten Hinweise genau durch, bevor Sie etwas zustimmen.

➊ Sofern Sie sich mit einem bereits auf einem alten Handy verwendeten Google-Konto angemeldet hatten, fragt der Google Store, ob die zuvor genutzten Programme auf diesem Handy ebenfalls zu installieren sind.

❷ Sie müssen eventuell einmalig festlegen, ob Sie später Käufe im Play Store per Biometrie (Fingerabdruck) oder per Passwort schützen möchten. Weil Sie zu diesem Zeitpunkt vermutlich noch nicht die Gerätesperre mit Fingerabdruck eingestellt haben, wählen Sie *Passwort verwenden* und geben anschließend das Passwort Ihres Google-Kontos ein – dieses haben Sie bei der ersten Einrichtung des Handys festgelegt. Eine Änderung auf Biometrie ist jederzeit später noch über die Play Store-Einstellungen möglich.

❶ Beim ersten Aufruf müssen Sie den Nutzungsbedingungen zustimmen.

❷❸ Falls Sie Google Sie auf zusätzliche Funktionen hinweist, gehen Sie jeweils auf *Nein danke* oder *Jetzt nicht.*

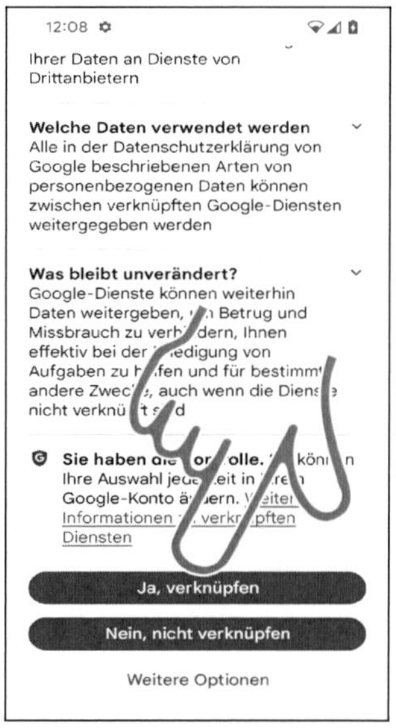

❶ Google unterliegt als marktberrschendes Unternehmen strikten EU-Regeln bezüglich Datenschutz und Wettbewerbsbedingungen. Betätigen Sie, wenn das Popup *Einige Google-Dienste sind nicht verknüpft* erscheint, die *Jetzt starten*-Schaltfläche.

❷❸ Blättern Sie mit einer Wischgeste durch die Hinweise und betätigen Sie *Ja verknüpfen.*

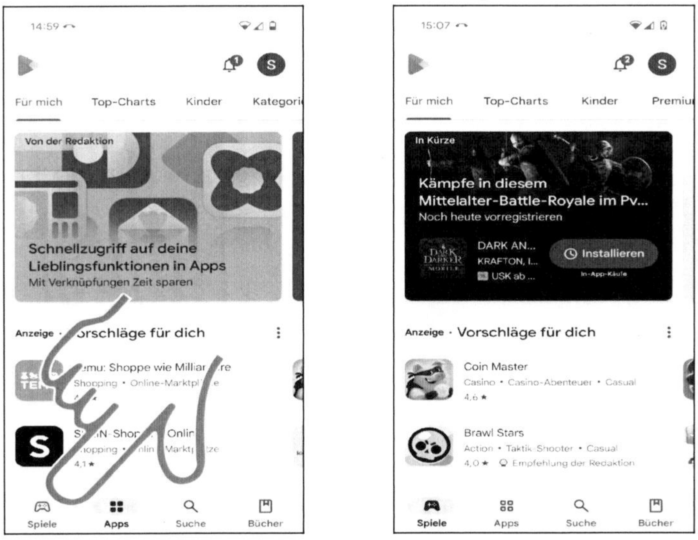

❶❷ Über die Register am unteren Bildschirmrand schalten Sie im Angebot um zwischen *Spiele*, *Apps* (Anwendungen) und *Bücher* (Ebooks).

❶ Die Benutzeroberfläche besitzt mehrere Register, über die Sie mit den Schaltflächen (Pfeil) wechseln:

- *Für mich*: Von Google zusammengestellte Empfehlungen.
- *Top-Charts* (❷)
- *Kinder*: Für Kinder und Jugendliche empfohlene Spiele und Anwendungen.
- *Kategorien* (❸): Alle Programme sind im Play Store nach Kategorien sortiert, die Sie einfach nach interessanten Anwendungen oder Spielen durchblättern können. Bitte beachten Sie, dass in den Kategorien auch viele Programme zu finden sind, welche keinerlei Nutzwert haben.

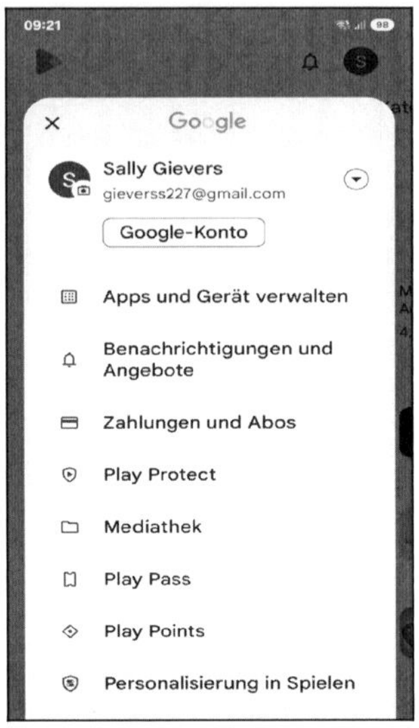

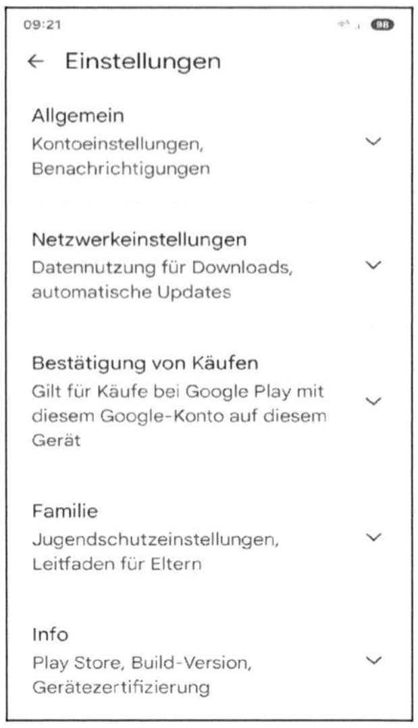

❶❷ Betätigen Sie im Hauptmenü Ⓢ oben rechts für das Ausklappmenü. Die Menüpunkte:

- *(Ihr Konto)@gmail.com*: Das Google-Konto, mit dem Sie angemeldet sind.
- *Apps und Gerät verwalten*: Zeigt die von Ihnen installierten Programme an und ermöglicht diese wieder zu deinstallieren. Außerdem sehen Sie hier, ob Updates zu installierten Programmen im Play Store vorliegen (❸).
- *Benachrichtigungen und Angebote*: Hier finden Sie Hinweise auf Sonderangebote im Play Store.
- *Zahlungen und Abos*: Einige Programme, beispielsweise aus dem Lernbereich, können »abonniert« werden, das heißt man muss regelmäßige Zahlungen leisten. Die Abos verwalten Sie in diesem Menü.
- *Play Protect*: Google überprüft Ihre installierten Programme auch nach der Installation auf Schadfunktionen. So wird beispielsweise verhindert, dass teure Telefonnummern angerufen oder Ihre persönlichen Daten ausgelesen werden. Sie sollten Play Protect deshalb nie deaktivieren.
- *Mediathek*: Die von Ihnen im Play Store erworbenen Ebooks.
- *Play Pass*: Google bietet ein kostenpflichtiges Abo für 4,99 Euro/Monat an, in dessen Rahmen Sie einige Anwendungen und Spiele kostenlos nutzen dürfen.
- *Play Points*: Die Play Points sind ein Kundenbindungsprogramm, für das Sie sich anmelden müssen. Für jeden Kauf im Play Store erhalten Sie Punkte, die Sie später für Rabatte nutzen.
- *Personalisierung in Spielen*: Legen Sie fest, ob Google Ihre Nutzungsdaten auswerten darf, um Ihnen bessere Empfehlungen für Spiele zu geben.
- *Einstellungen*: Auf die Einstellungen geht Kapitel *17.5 Einstellungen* ein.

17.1 Programme installieren

❶❷ Gehen Sie auf *Suchen* im Hauptbildschirm und tippen Sie ins Suchfeld.

❸ Geben Sie den Suchbegriff ein. Es werden der Name und die Beschreibung aller Programme durchsucht. Bereits während der Eingabe listet der Play Store einige Fundstellen auf, Sie können alternativ aber auch mit 🔍 im Tastenfeld eine Volltextsuche durchführen.

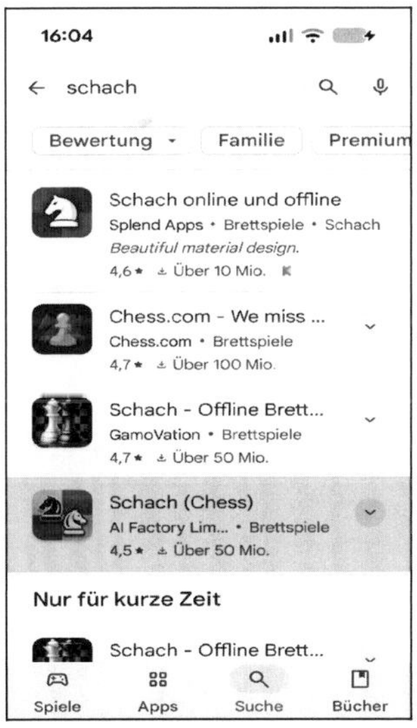

❶ Die Fundstellen werden mit Namen, Bewertung und Preis aufgelistet. Tippen Sie eines der angebotenen Programme an.

❷ Neben einer ausführlichen Beschreibung finden Sie hier die Bewertungen von anderen Benutzern, Infos zum Entwickler mit der Möglichkeit, seine weiteren Programme im Play Store anzuzeigen, sowie Kontaktmöglichkeiten zum Entwickler. Betätigen Sie *Installieren,* um das Programm auf dem Handy zu installieren. Der Download erfolgt anschließend im Hintergrund.

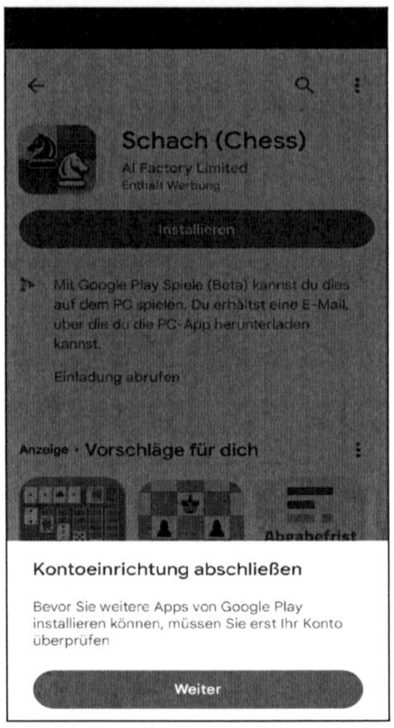

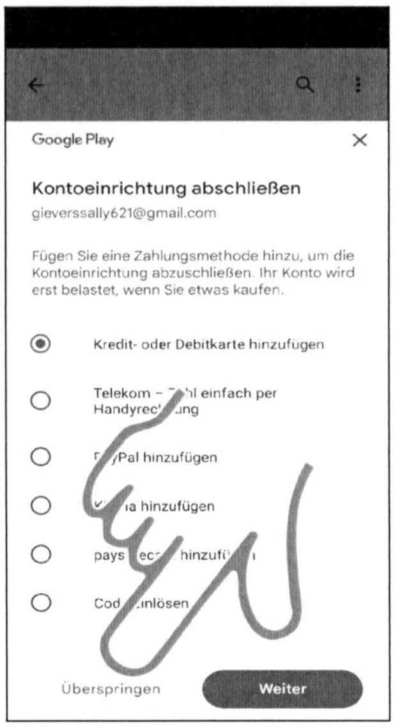

❶❷ Wenn Sie das erste Mal ein Programm installieren, erscheint einmalig der Hinweis *Kontoeinrichtung abschließen*. Betätigen Sie dann *Weiter* und dann *Überspringen*. Wie Sie kostenpflichtige Programme installieren, erläutert noch Kapitel *17.6 Softwarekauf im Google Play Store*.

Die Installation erfolgt im Hintergrund. Wenn Sie anderweitig das Handy nutzen möchten, dürfen Sie also die Play Store-Anwendung verlassen.

❸ Alternativ warten Sie, bis die Installation abgeschlossen ist und starten dann das Programm über die grüne Schaltfläche *Spielen* beziehungsweise *Öffnen*.

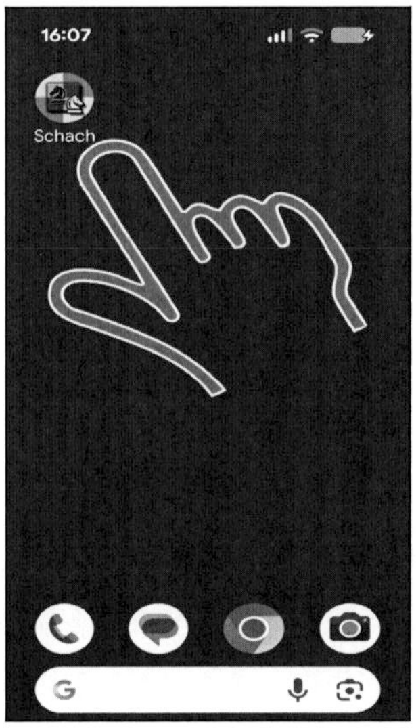

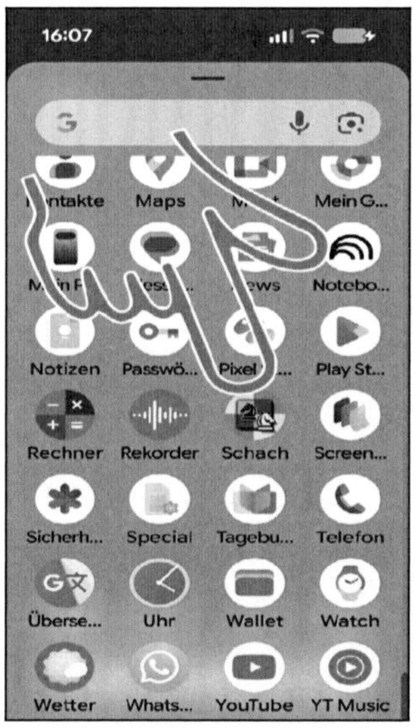

❶❷ Sie finden das neu installierte Programm auf der zweiten Seite des Startbildschirms.

❸ Alternativ rufen Sie das neue Programm im Hauptmenü auf.

17.2 Programme deinstallieren

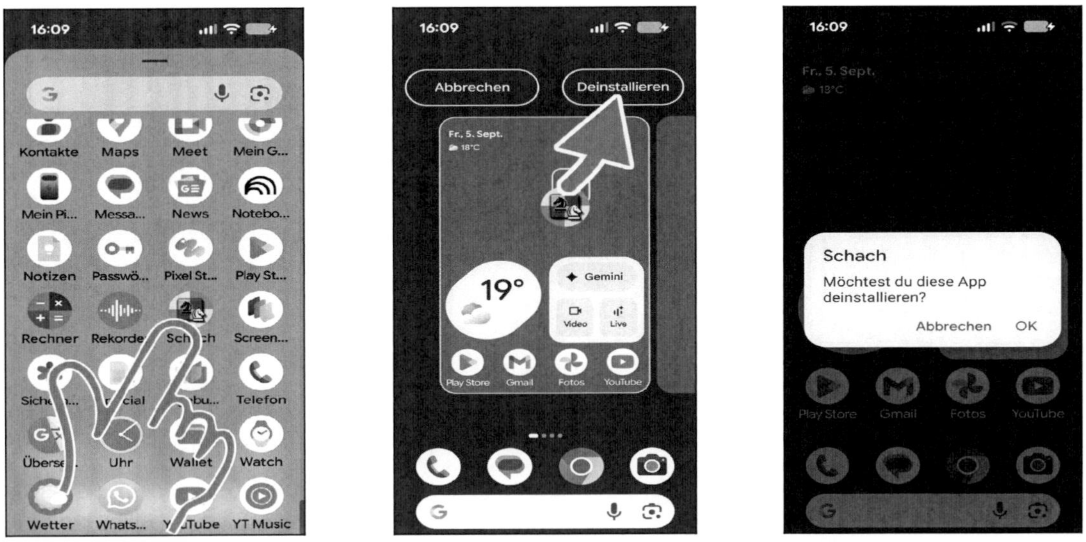

❶❷ Tippen und halten Sie den Finger auf einem Programmsymbol im Hauptmenü oder Startbildschirm gedrückt, anschließend ziehen Sie es nach oben. Das Handy schaltet auf den Startbildschirm um, worin Sie auf *Deinstallieren* ziehen.

❸ Beantworten Sie die Sicherheitsabfrage mit *OK.*

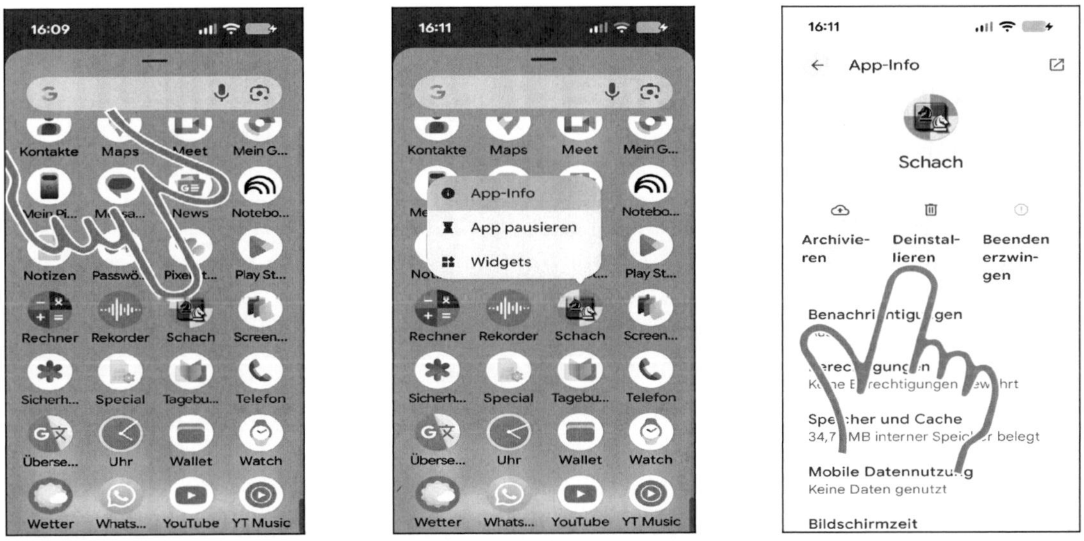

❶❷❸ Alternativ halten Sie den Finger auf dem Programmsymbol gedrückt, bis das Popup erscheint, in dem Sie *App-Info* betätigen. Gehen Sie dann auf *Deinstallieren.*

17.3 Ausgeblendete Navigationstasten

Bei Programmen, die den sogenannten Vollbildmodus unterstützen, werden die Navigationstasten automatisch deaktiviert.

❶❷ Bei diesem Spiel blendet das Handy die Navigationstasten aus. Wischen Sie von unten außerhalb des Displays nach oben, worauf die Navigationstasten wieder eingeblendet werden.

17.4 Gute von schlechter Software unterscheiden

- Häufig geladene (und damit meist gute) Software findet in den Kategorien *Top-Charts*, *Empfehlungen* usw. Eingang.
- Auch wenn Sie die Suchfunktion nutzen, erscheinen in der Auflistung zuerst die am häufigsten heruntergeladenen Programme.
- Zusätzlich finden Sie bei jedem Programm eine Sterne-Bewertung sowie Kommentare der Nutzer. Insbesondere bei Kaufprogrammen (die Sie ja nicht vorab testen können) sollten Sie sich die Nutzerbewertungen durchlesen.
- Manche Kaufprogramme sind auch als in der Funktion eingeschränkte Version kostenlos im Play Store erhältlich, sodass man zumindest einen groben Überblick über deren Tauglichkeit erhält. Es gibt übrigens häufig auch Programme, die sowohl kostenlos, als auch als Kaufversion erhältlich sind. Die kostenlose Version finanziert sich dann meistens durch Werbeanzeigen. Werbung hat allerdings den Nachteil, häufig aus dem Internet Daten nachzuladen (irgendwoher müssen die Werbegrafiken ja kommen) und teilweise den GPS-Empfänger zu aktivieren. Letzteres dient dazu, dem Nutzer für sein Land optimierte Werbung anzuzeigen. Leider reduziert sich dadurch die Handy-Akkulaufzeit...
- Die Softwareentwickler bestimmen selbst ob ihre Programme für bestimmte Handys und Tablets geeignet sind. Programme, die nicht auf Ihrem Handy funktionieren, werden erst gar nicht im Play Store angezeigt. Trotzdem werden Sie ab und zu auf Programme, insbesondere Spiele stoßen, die nicht gut angepasst sind, was sich u.a. in pixeliger Darstellung, verschobenen Schaltflächen, überstehenden Texten usw. bemerkbar macht. Falls Ihnen ein Programm trotzdem gefällt, sollten Sie es einfach installiert lassen. Der Play Store meldet zu jeder installierten Software automatisch im Benachrichtigungsfeld, wenn ein Update vorliegt, das vielleicht die Probleme beseitigt.

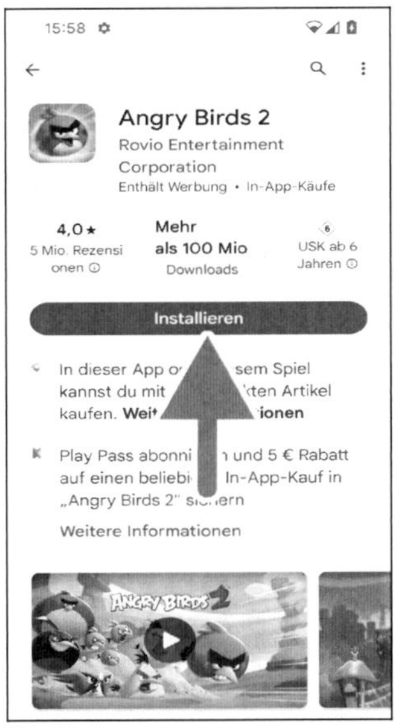

❶ Wählen Sie ein Programm in der Suchauflistung oder den Vorschlägen aus.

❷❸ Die Bewertungen erhalten Sie dann nach einer Wischgeste angezeigt.

Hohe Stern-Bewertungen und große Downloadzahlen führen manchmal auch in die Irre: Der Play Store fasst die weltweit auflaufenden Nutzerbewertungen zusammen. Beispielsweise wird ein Buchhaltungsprogramm, das in den USA entwickelt wurde, dort von den Anwendern hochgelobt und entsprechend bewertet werden, während es für deutsche Anwender nicht geeignet ist.

Einige Programme werden zudem nicht weiterentwickelt, weshalb unter Umständen eine hohe Bewertung heute nicht mehr gerechtfertigt wäre.

Der Play Store zeigt nur deutsche Bewertungstexte an. Es kann deshalb vorkommen, dass Sie bei einem international angebotenen Programm zwar viele Bewertungen, aber kaum Bewertungstexte sehen.

> Tipp: Von vielen höherwertigen Programmen wird im Play Store eine kostenlose Version mit beschnittenem Funktionsumfang angeboten. Sie können so das jeweilige Programm schon vorab auf Herz und Nieren testen und anschließend die Vollversion erwerben.

17.5 Einstellungen

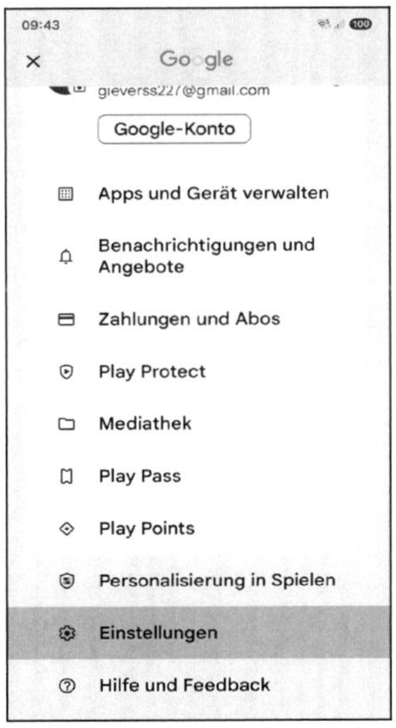

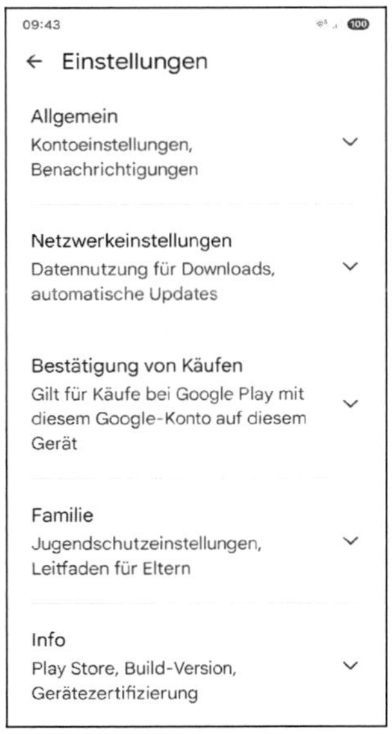

❶❷❸ Tippen Sie auf das runde Kontosymbol und gehen Sie auf *Einstellungen*:

Unter *Allgemein*:

- *Kontoeinstellungen*: Ihre E-Mail-Adresse und Herkunftsland.

- *Konto und Geräteeinstellungen*: Verwaltet die Zahlungsmethoden, die Sie für Käufe von Spielen und Anwendungen benötigen.
- *Benachrichtigungen*:
  - *Konto*: Über anstehende Abo-Abbuchungen oder Zahlungsprobleme werden Sie informiert.
  - *Updates verfügbar*: Wenn zu einem aus dem Play Store installierten Programm Updates vorliegen, erhalten Sie eine Benachrichtigung.
  - *Updates abgeschlossen*: Sie erhalten eine Benachrichtigung, sobald ein Update im Hintergrund installiert wurde.
  - *Vorregistrierung; Deals und Werbeaktionen*: Sie erhalten eine Benachrichtigung, wenn Entwickler neue Programme auf den Markt bringen, die für Sie interessant sein könnten.
- *Bevorzugte Downloadvariante für Apps*: Legen Sie fest, wie die Installation erfolgt:
  - *Über beliebiges Netzwerk*: Downloads erfolgen über Mobilfunkinternet, wenn kein WLAN zur Verfügung steht.
  - *Nur über WLAN*
  - *Jedes Mal fragen*: Wählen Sie aus, ob der Download über WLAN oder Mobilfunkinternet erfolgt.
- *Design*: Die Anzeige lässt sich zwischen *Hell* und *Dunkel* umschalten. Darauf geht bereits Kapitel *28.11 Gerätedesign* ein.
- *Google Play Instant*: Legen Sie fest, welchem Google-Konto die sogenannten Instant Apps zugeordnet werden. Instant Apps sind auf dem Handy installierte Programme, die sich auch über einem Link im Webbrowser aufrufen lassen. Derzeit haben Instant Apps noch keine große Bedeutung, zumal sie nicht alle Handys unterstützen.
- *Google Play Store-Feedback*
- *Apps automatisch archivieren*: Bei vollem Speicher entfernt das Handy automatisch wenig genutzte Programme. Google weist darauf hin, dass diese Funktion eventuell auf Handys mit angepasstem Betriebssystem wie dem von Samsung nicht korrekt funktioniert.
- *Optimierung der App-Installation*: Liefert eine Nutzungsstatistik an Google, von der andere Nutzer in Form einer schnelleren Installation profitieren.
- *Interessen*: Nicht von Google dokumentiert.

Unter *Netzwerkeinstellungen*:

- *Bevorzugte Downloadvariante für Apps*: Wählen Sie aus, ob das Herunterladen von neu zu installierenden Programmen über WLAN oder das Mobilfunkinternet zu erfolgen hat.
- *Apps automatisch aktualisieren*: Installierte Programme werden automatisch im Hintergrund aktualisiert.
- *Videos automatisch wiedergeben*: In der Produktvorschau sind ab und zu Videos eingebunden. Sie können hier festlegen, ob diese auch über Mobilfunkverbindungen wiedergegeben werden. Die Voreinstellung *Automatische Wiedergabe von Videos nur über WLAN zulassen* sollten Sie aber nicht ändern.

Unter *Bestätigung von Käufen*:

- *Biometrische Bestätigung*: Aktivieren Sie diese Option, damit Sie Käufe im Play Store einfach per Fingerabdruck durchführen können – beachten Sie, dass Sie dazu die Fingerabdrucksperre (siehe Kapitel *26.2.3 Fingerabdrucksperre*) aktiviert haben müssen. Standardmäßig müssen Sie für Käufe das Passwort Ihres Google-Kontos angeben.
- *Bestätigungshäufigkeit*: Wählen Sie aus, ob Sie *Immer* oder *Nie* die Kaufbestätigung per Passwort beziehungsweise Biometrie durchführen möchten. Alternativ stellen Sie *Alle 30 Minuten* ein.

Unter *Familie*:

- *Für Familienmediathek registrieren*: Die Familienmediathek ermöglicht es, Apps, Spiele, Ebooks, Filme und Serien mit bis zu 5 weiteren Personen zu teilen. In diesem Buch gehen wir nicht weiter darauf ein.
- *Jugendschutzeinstellungen*: Legen Sie fest, welche Programme und Medien der Play Store für jugendliche Nutzer ausblendet.
- *Leitfaden für Eltern*: Infos zur kinder- und jugendsicheren Nutzung des Play Stores.
- Unter *Info*: Diverse technische Informationen zum Play Store.

17.6 Softwarekauf im Google Play Store

Viele Programme im Play Store sind kostenpflichtig, wobei verschiedene Zahlungsmethoden, sowie Gutscheine akzeptiert werden (auf Letztere geht Kapitel *17.7 Google-Gutscheine* noch genauer ein). Damit Sie nicht die »Katze im Sack« kaufen, lassen sich Käufe innerhalb von 2 Stunden rückgängig machen. Eine Rückgabe ist beim erneuten Kauf dann aber nicht mehr möglich. Die erworbenen Programme werden mit Ihrem Google-Konto verknüpft und lassen sich beim Gerätewechsel ohne erneuten Kauf herunterladen und installieren.

> Gekaufte Software lässt sich immer nur auf einem Gerät gleichzeitig nutzen.
>
> Beachten Sie bitte, dass manche Software nur für bestimmte Geräte angeboten wird. Insbesondere Spiele unterstützten nicht alle Android-Handys und Tablets. Problematisch sind auch Programme, deren Entwicklung eingestellt wurde und daher nicht für neue Geräte freigegeben sind, obwohl sie darauf laufen könnten.

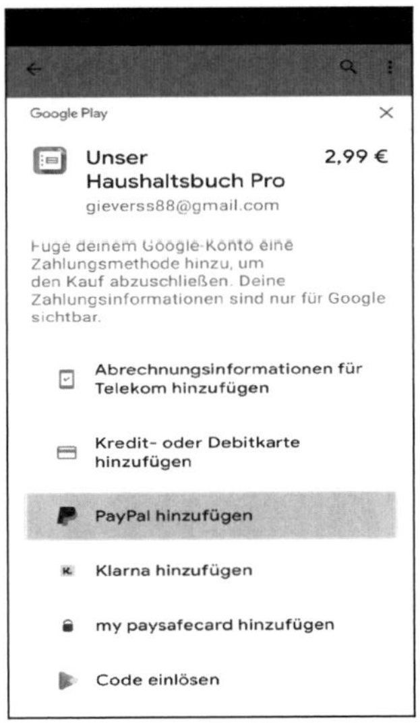

❶ Betätigen Sie bei einem Kaufprogramm die Preisschaltfläche (Pfeil).

❷ Wählen Sie nun eine der Zahlungsmethoden aus

- *Abrechnungsinformationen für xxx hinzufügen*: Die Zahlung erfolgt über Ihren Mobilnetzbetreiber und taucht dann auf Ihrer nächsten Mobilfunkrechnung auf. Beachten Sie bitte, dass nicht jeder Netzbetreiber mobile Zahlungen akzeptiert. Haben Sie beim Netzbetreiber »Inkasso von Dritten« deaktivieren lassen, ist ebenfalls kein Kauf über die Mobilfunkrechnung möglich.
- *Kredit- oder Debitkarte hinzufügen*: Zahlung über Ihre Kreditkarte.
- *Klarna hinzufügen*: Klarna ist ein unabhängiger Zahlungsabwickler, der verschiedene Bezahlmethoden unterstützt.
- *my paysafecard hinzufügen*: Nutzung eines aufladbaren Gutscheinkontos.
- *PayPal hinzufügen*: Zahlungsabwicklung über PayPal. Dieser Zahlungsabwickler wird bucht Rechnungen von Ihrem Bankkonto oder Ihrer Kreditkarte ab oder nutzt ein auf

PayPal überwiesenes Guthaben. Siehe auch die PayPal-Website unter *www.paypal.com.*

- *Code einlösen*: Einen im Handel gekauften Gutschein verwenden.

In diesem Beispiel wählen wir *PayPal hinzufügen.*

❸ Bei PayPal müssen Sie sich beispielsweise mit dem PayPal-Konto anmelden. Folgen Sie den weiteren Anweisungen.

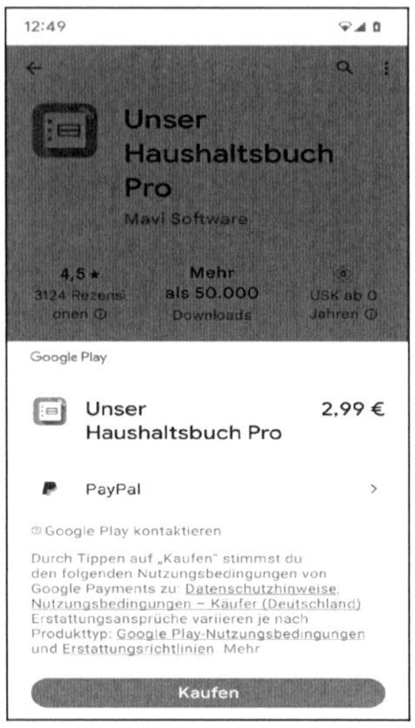

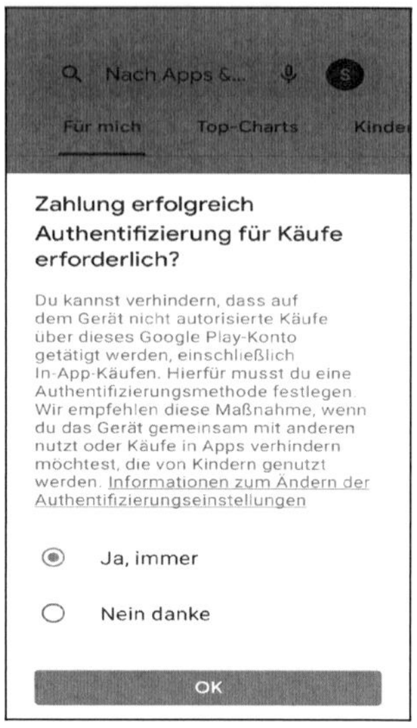

❶ Betätigen Sie *Kaufen.*

❷ Geben Sie das Passwort Ihres Google-Kontos ein und schließen Sie mit *Bestätigen* ab. Dies ist dann auch bei künftigen Käufen nötig.

❸ Einmalig erfolgt die Nachfrage, ob Sie jeden Kauf im Play Store mit Ihrem Passwort bestätigen möchten. Wir empfehlen aus Sicherheitsgründen *Ja, immer.* Schließen Sie das Popup mit *OK.* Gleiches gilt auch für das abschließende Popup.

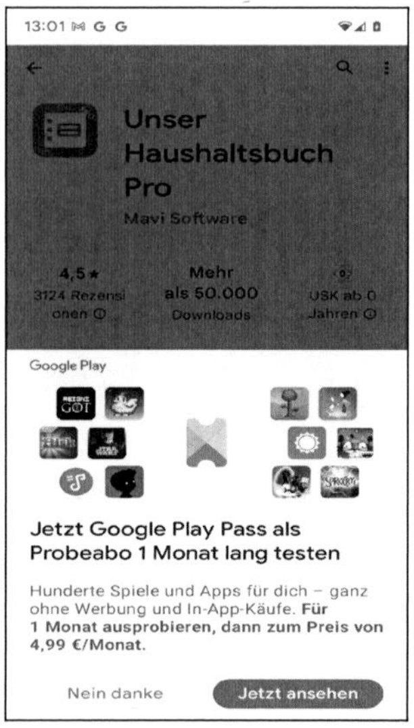

Schließen Sie den Hinweis auf das kostenpflichtige Google Play Pass-Abo mit *Nein danke.*

17.6.1 Kauf rückgängig machen

Wie bereits erwähnt, können Sie einen Kauf noch bis zu 15 Minuten später wieder stornieren. Dies kann beispielsweise sinnvoll sein, wenn ein Programm nicht wie angegeben funktioniert.

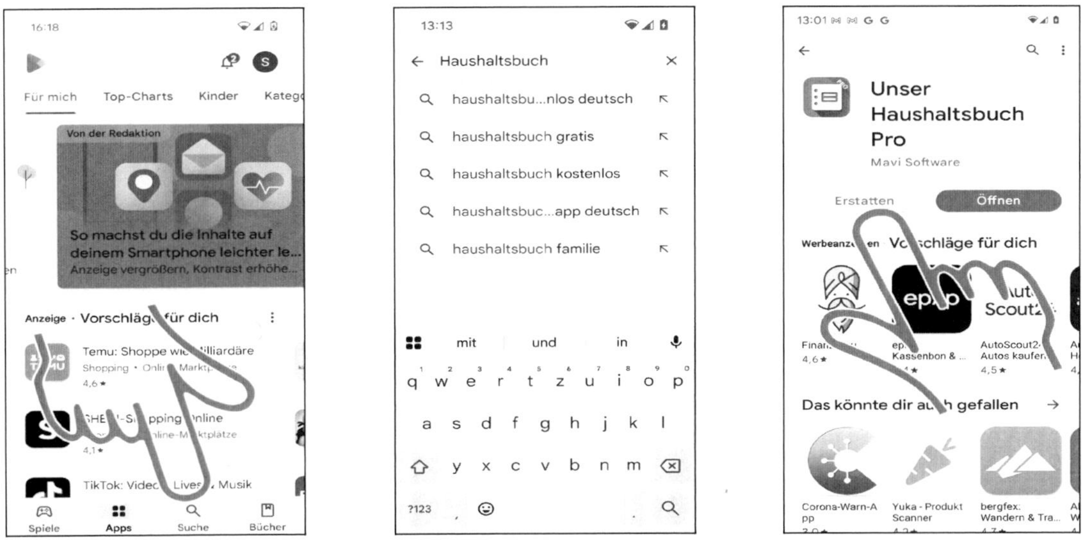

❶❷ Damit Sie die Erstattung erhalten, müssen Sie das betreffende Programm im Play Store suchen und anzeigen.

❸ Betätigen Sie *Erstatten.*

17.7 Google-Gutscheine

Es sind Gutscheine für den Google Play Store mit unterschiedlichen Beträgen bei diversen Tankstellen, in Supermärkten und Elektronikketten erhältlich.

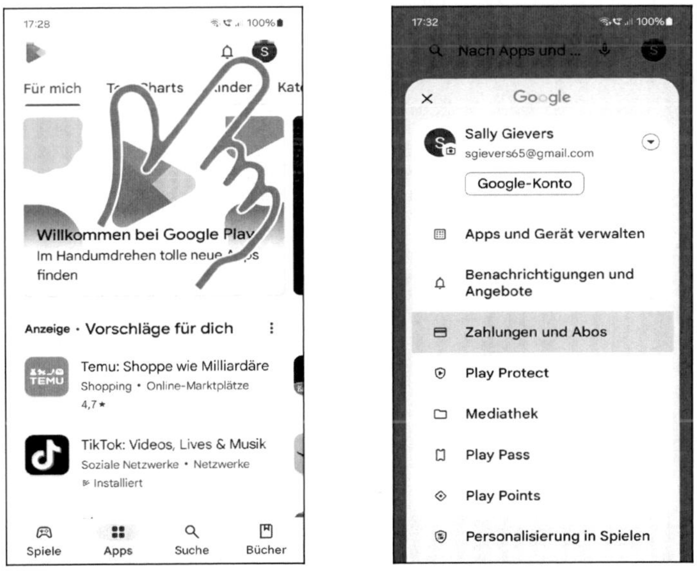

❶❷ Tippen Sie auf das runde Kontosymbol oben rechts und gehen Sie auf *Einstellungen.*

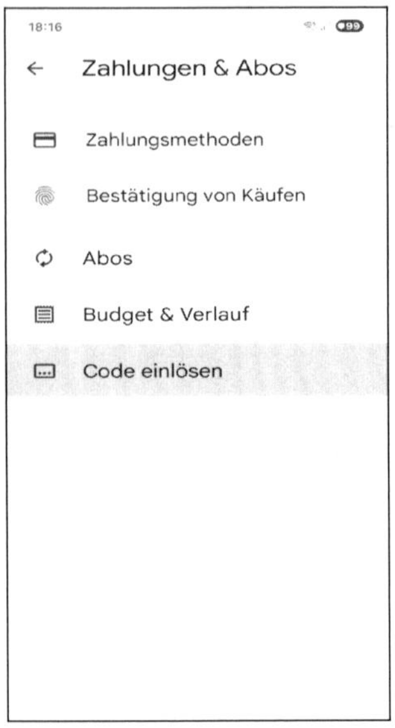

❶❷ Wählen Sie *Code einlösen*. Geben Sie dann den Code von der Karte ein.

❸ Wählen Sie gegebenenfalls während des Kaufvorgangs über *Zahlungsoptionen* das *Google Play*-Guthaben aus.

17.8 In-App-Käufe

Programmentwickler können sich grundsätzlich auf drei Arten finanzieren: Durch den Verkauf ihrer Programme, die Einblendung von Werbung oder durch ein Freemium-Modell (Wortspiel aus engl. Free = Frei und engl. Premium = kostenpflichtig). Freemium-Modelle kommen vorwiegend bei Computerspielen vor. Freemium heißt, dass das Programm kostenlos ist, Sie aber zusätzliche Inhalte oder Funktionen jederzeit erwerben dürfen. Dies können in einem Ballerspiel beispielsweise leistungsfähigere Waffen sein oder bei einem Fitness-Programm weitere Trainings. Für Kinder sind solche Programme ungeeignet, da sie die dadurch entstehenden Kosten nicht einschätzen können.

Damit wir uns nicht missverstehen: Grundsätzlich sind Freemium-Programme nicht immer schlecht, denn insbesondere bei Spielen leidet der Spaß nur geringfügig, wenn man auf In-App-Käufe verzichtet.

Gegenüber dem »normalen« Kauf im Play Store haben In-App-Käufe einige Nachteile (wörtlich übernommen von *support.google.com/googleplay/answer/1061913*):

- Es gibt kein zweistündiges Erstattungsfenster.
- Erstattungen werden im Allgemeinen nach dem Ermessen des App-Entwicklers gewährt.
- Für die Bereitstellung von In-App-Käufen sind die Entwickler zuständig.

18. Kamera

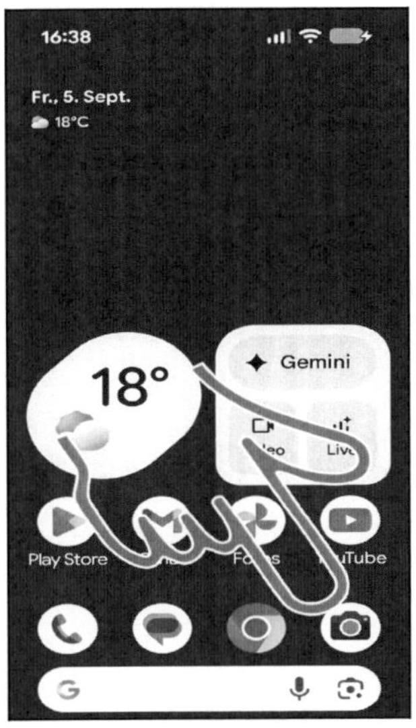

❶ Sie rufen die *Kamera*-Anwendung aus dem Startbildschirm auf.

Auch bei ausgeschaltetem Display oder wenn Sie sich gerade eine andere Anwendung auf dem Handy nutzen, ist der schnelle Kamera-Aufruf möglich: Betätigen Sie einfach zweimal schnell hintereinander den Ein-/Ausschalter auf der rechten Geräteseite.

❷ Falls Sie Standortabfrage erscheint, beantworten Sie sie mit *Bei Nutzung der App.*

❸ Auch das Popup schließen Sie mit *Mehr* und *Fertig.*

18.1 Bildschirmausrichtung

Tipp: Die Kamera-Anwendung dürften Sie häufig auch für Panorama-Aufnahmen und Videos im Querformat nutzen. Für diesen Fall bietet es sich an, die automatische Bildschirmausrichtung einzuschalten.

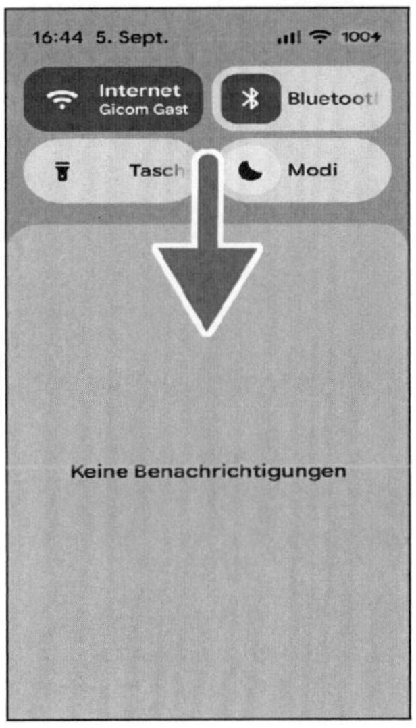

❶ Öffnen Sie mit einer Wischgeste das Benachrichtigungsfeld.

❷ Nun öffnen Sie das erweiterte Benachrichtigungsfeld mit einer Wischgeste über die Schaltflächen nach unten.

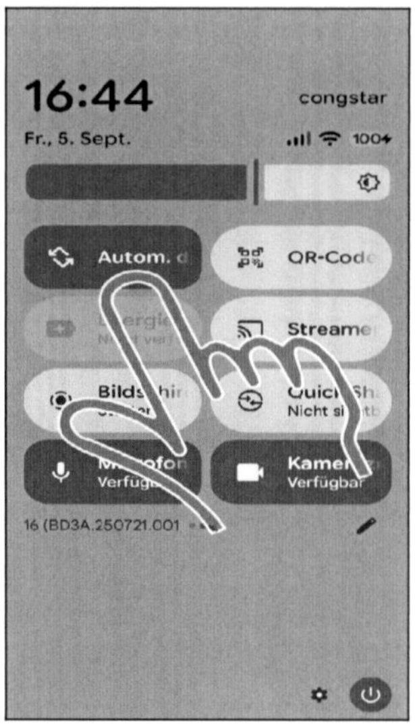

❶ Blättern Sie mit einer Wischgeste nach links.

❷ Aktivieren Sie *Automatisch drehen*. Künftig passt sich die Bildschirmausrichtung daran an, ob Sie das Handy aufrecht (zum Beispiel für Portraits) oder waagerecht (beispielsweise Landschaftsaufnahmen) halten.

Erneutes Betätigen von *Automatisch drehen* schaltet diese Funktion wieder ab.

18.2 Grundfunktionen

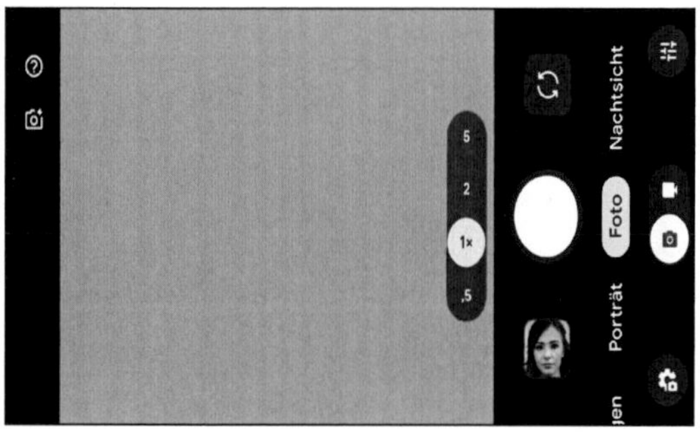

Die Schaltflächen rechts:

- (Vorschaufoto): Tippen Sie das Vorschaufoto an, um die letzte Aufnahme im Bildanzeiger zu öffnen.
- : Foto aufnehmen.
- : Zwischen Haupt- und Frontkamera umschalten.
- : Wechselt zwischen Foto- und Videomodus.

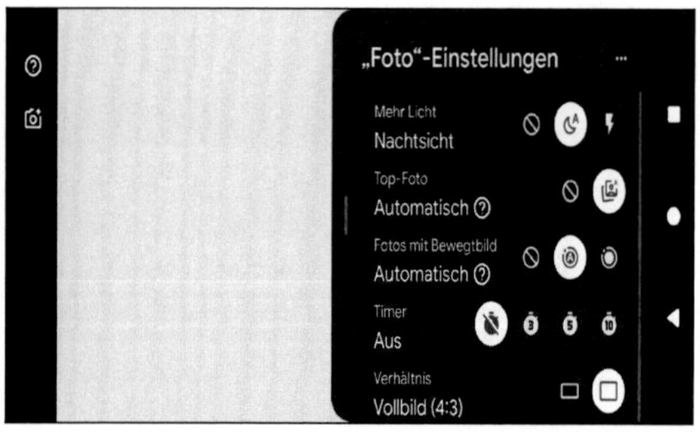

❶ Antippen der -Schaltfläche öffnet ein Popup mit weiteren Funktionen.

❷ Je nach Ihren Bildschirmeinstellungen passen die angebotenen Optionen nicht auf den Bildschirm. Verwenden Sie gegebenenfalls eine Wischgeste für die Anzeige der weiteren Funktionen.

- *Mehr Licht*: Fotolicht (LED) ein/ausschalten, automatisches Fotolicht, permanentes Fotolicht.
- *Top-Foto*: Das Handy nimmt zusammen mit dem Foto eine kurze Fotosequenz auf. Anschließend wird Ihnen das beste Foto aus der Sequenz vorgeschlagen.
- *Foto mit Bewegtbild*: Diese Funktion nimmt zusätzlich zum eigentlichen Foto eine kurze Videosequenz auf, die die Momente unmittelbar vor und nach dem Auslösen festhält. Beachten Sie, dass Sie die erzeugten Kurzvideos nur auf Pixel-Handys abspielen können.
- *Timer*: Zeitverzögerte Aufnahme.
- *Verhältnis*: Fotoformat zwischen 16:9 und 4:3 umschalten. Wir empfehlen 4:3, falls Sie später mal Fotos drucken möchten, weil beim Drucken auf DIN A4 kein Beschnitt erfolgt.

Schließen Sie das Popup durch Tippen auf einen Bildschirmbereich außerhalb des Popups.

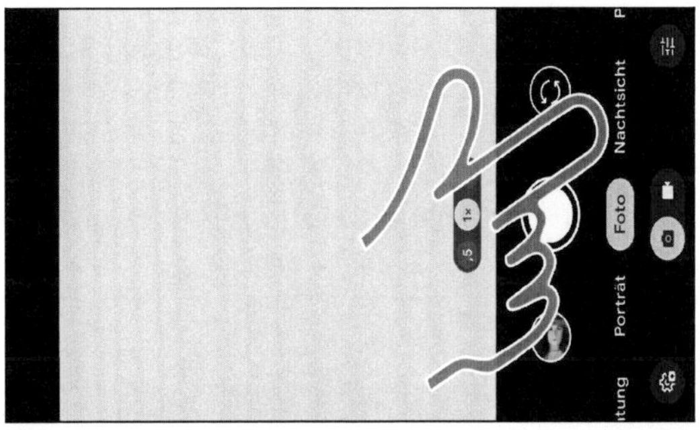

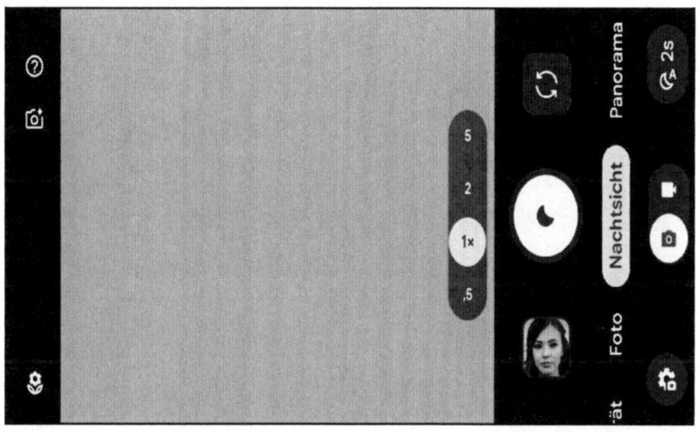

➊ Die Fotomodi (Pfeil) sind größtenteils selbsterklärend, weshalb wir nur auf einige wichtige in diesem Buch eingehen.

➋ Zur Modusauswahl wischen Sie einfach nach oben beziehungsweise unten oder wählen einen Modus durch Antippen des Registers aus.

- *Action-Foto*: Im Gegensatz zu normalen Aufnahmen bietet der Action-Foto-Modus eine höhere Chance auf ein scharfes, gelungenes Bild bei schnellen Bewegungen. Dazu erstellt die Kamera mehrere Fotos und erstellt daraus eine scharfe Aufnahme.
- *Langzeitbelichtung*: Erstellt ein Foto, auf dem alle bewegten Objekte absichtlich unscharf sind.
- *Mich hinzufügen*: Eine praktische Funktion für Gruppenfotos, wenn Sie niemanden zur Hand haben, der Ihre Gruppe fotografiert. Erstellen Sie zunächst ein Foto Ihrer Gruppe und lassen Sie dann ein anderes Gruppenmitglied ein Foto von Ihnen erstellen, das dann automatisch ins Foto eingefügt wird.
- *Portrait*: Personenfotografie.
- *Foto:* Der Standard-Fotomodus.
- *Nachtsicht*: Fotos bei extrem schlechten Lichtbedingungen. Halten Sie dabei das Handy möglichst ruhig.
- *Panorama*: Setzt aus mehreren Einzelfotos ein Panorama zusammen.

18.3 Foto erstellen

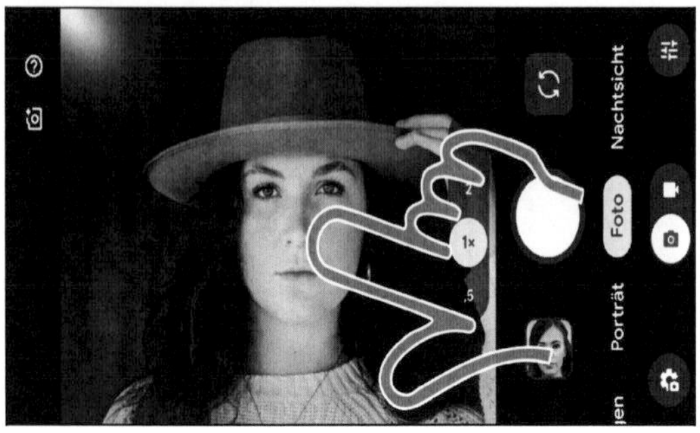

❶ Tippen Sie zuerst auf den scharf zu stellenden Bereich im Sucher.

❷ Anschließend betätigen Sie die -Schaltfläche auf der rechten Seite. Die Kamera speichert das Foto und kehrt sofort in den Fotomodus zurück.

> Beim Fotografieren gibt es angesichts der vollautomatischen Aufnahmesteuerung eigentlich nicht viel zu beachten. Trotzdem ruinieren viele Anwender ihre Aufnahmen. Unsere Tipps: Wischen Sie vor jedem Fotografieren die Kameralinsen mit einem fuselfreien Tuch ab, damit Ihre Aufnahmen nicht durch »Nebel« entstellt werden. Zum Zweiten sollten Sie nach Möglichkeit Ihre Motive immer so fotografieren, dass die Sonne in Ihrem Rücken steht. Sie überfordern sonst die Belichtungssteuerung.

❶ Das erstellte Foto erscheint unten rechts als Vorschau. Tippen Sie es für die Vollbildschirmansicht an.

❷ Tippen Sie auf das Foto, um die Bedienelemente zu aktivieren:

- (links oben): Schaltet wieder auf die Kamera-Anwendung um.
- (rechts oben): Kamera-Verzeichnis in Google Fotos (siehe Kapitel *19 Google Fotos* anzeigen.
- ⋮: Menü mit weiteren Funktionen.
- *Teilen*: Foto versenden per Bluetooth, als E-Mail usw.
- *Bearbeiten*: Fotoeffekt anwenden beziehungsweise Foto beschneiden.
- *Hinzufügen zu*: Fotoalbum erstellen oder das Foto/Video einem passwortgeschütztem Ordner hinzufügen.
- *Papierkorb*: Foto löschen.

Ältere/Neuere Fotos zeigen Sie mit einer Wischgeste nach links/rechts an.

❶❷ Die Kamera nimmt Ihnen zwar Aufgaben wie Fokus, Blende, Belichtung usw. ab, in manchen Situationen möchten Sie aber vielleicht selbst eingreifen. Tippen Sie dazu auf ⚙. Über den Regler stellen Sie dann die Helligkeit ein.

Weitere Schaltflächen am rechten Rand stellen *Kontast* und *Weißabgleich* ein.

18.4 Einstellungen

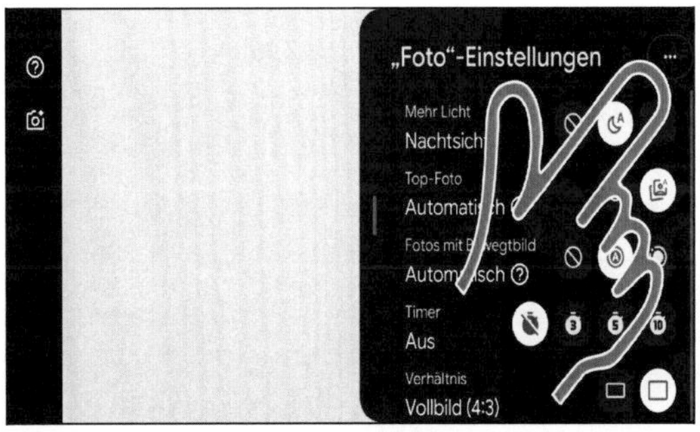

❶❷ Aktivieren Sie das *Popup* über die ⚙-Schaltfläche und tippen Sie auf •••.

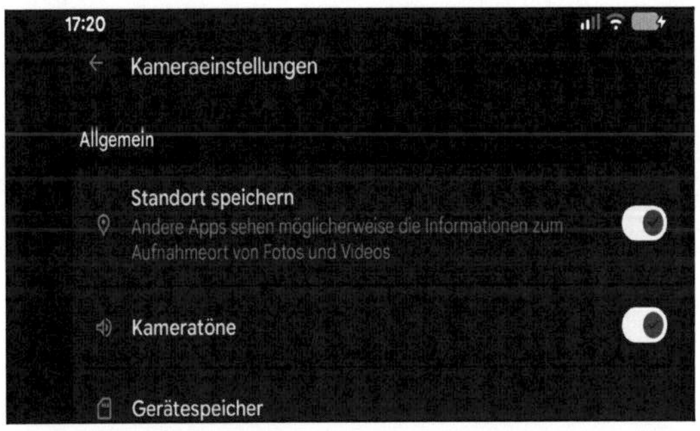

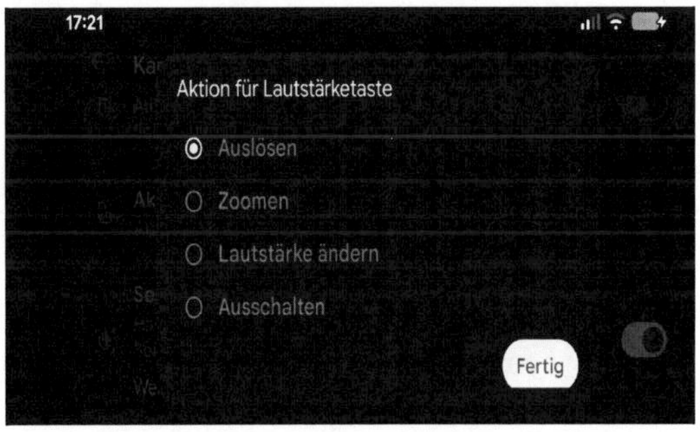

❶ Die Optionen:

Unter *Allgemein:*

- *Standort speichern*: Wenn eingeschaltet, werden in jedem Foto die GPS-Koordinaten Ihres aktuellen Standorts mitgespeichert. Später können Sie sich in der Google Fotos-Anwendung die Aufnahmeorte anzeigen lassen.
- *Kameratöne*: Knippsgeräusch deaktivieren.
- *Gerätespeicher*: Informiert darüber, wieviele Fotos Sie noch erstellen können. Außerdem können Sie darin nicht benötigte Dateien über *Speicherplatz freigeben* löschen.
- *Scannen via Kamera*: Halten Sie die Kamera auf einen QR-Code, worauf Sie die dort hinterlegte Webadresse im Browser aufrufen können.

Unter *Komposition*:

- *Tipps zur Bildkomposition:* Abhängig vom Motiv erhalten Sie Fotovorschläge.
- *Rastertyp*: Blendet ein Raster ein, was besonders für Architekturfotografie interessant ist. Alternativ aktivieren Sie Goldener Schnitt für ästhetische Bilder.
- *Selfies wie angezeigt speichern*: Entspiegelt die mit der Frontkamera erstellten »Selfies«

(engl. Kunstwort aus »self« = »selbst«).

- *Schritt-für-Schritt-Selfie*: Visuelle und akustische Hinweise bei der Selfie-Erstellung.
- *Kamera-Coach (Vorabversion)*: Ein Assistent unterstützt Sie bei der optimalen Fotoerstellung.

Unter *Schnellzugriff*:

- *Einstellungen für Schnellzugriff*: Wenn Sie mit der Kameraautomatik nicht zufrieden sind, können Sie die manuellen Einstellungen aktivieren. Diese zeigt die Kamera nach Antippen der Bildvorschau an.
- *Aktion für Lautstärketaste*: Sie haben die Wahl, ob Drücken einer der beiden Lautstärketasten auf der rechten Geräteseite den Auslöser bedient, zoomt oder die Lautstärke reguliert. Vorgegeben ist der Auslöser.
- *Selfie-Timer per Handzeichen*: Halten Sie eine angehobene Hand in die Kamera, worauf automatisch der Timer ausgelöst wird. Dies funktioniert allerdings nur bei guten Lichtverhältnissen.

Unter *Foto*:

- *Nuancenreiche Farbdarstellung in Fotos*: Ändert den verwendeten Farbraum, was für lebendigere Bilder sorgt. Beachten Sie, dass möglicherweise das erzeugte Bildformat auf anderen Geräten möglicherweise nicht unterstützt wird.
- *Ultra-HDR*: Das Handy optimiert automatisch die Farbdarstellung. Falls Sie feststellen, dass Ihre Fotos unnatürlich aussehen, kann die Deaktivierung dieser Option sinnvoll sein.
- *Automatische Beste Aufnahme*: In der Funktion *Top-Foto* stellt die Kamera automatisch auf »oft fotografierte Gesichter« scharf. Dazu analysiert und speichert das Handy in den anderen Fotomodi alle Gesichtsdaten direkt auf dem Gerät. Eine Datenübertragung an Google findet übrigens nicht statt.
- *Tiefendaten für Apps für soziale Medien*: Wenn Sie die Funktion Teilen in sozialen Netzwerken nutzen, entfernt die Kamera-Anwendung automatisch aus Datenschutzgründen in den Fotos/Videos enthaltene Daten wie GPS-Standort oder Aufnahmeparameter.
- *Automatische Beste Aufnahme*: Die *Automatische beste Aufnahme* ist eine Kamerafunktion, die bei Gruppenfotos automatisch eine Serie von Bildern aufnimmt und daraus ein optimiertes Einzelfoto erstellt, indem sie die besten Gesichtsausdrücke aller Personen aus den verschiedenen Aufnahmen kombiniert.
- *Oft fotografierte* Gesichter: Die Kamera-Anwendung merkt sich die Gesichter, die Sie am häufigsten fotografieren, um bei zukünftigen Aufnahmen automatisch den Fokus, die Belichtung und die Hauttöne für diese Personen zu optimieren.
- *Astrofotografie*: Für Nachtaufnahmen benötigen Sie ein Stativ:
  - *Zeitraffer für Astrofotografie aktivieren*: Speichert weitere Dateien im Astrofotografie-Modus.
  - *Animation für Astrofotografie aktivieren*: Eine Animation läuft im Astrofotografie-Modus ab.
- *„RAW/JPEG"-Steuerung*: Erzeugt neben der üblichen JPEG-Fotodatei eine weitere Datei mit Rohdaten, die sich allerdings außerhalb des Handys nur von Spezialprogrammen anzeigen lässt. Darüber hinaus belegen die Rohdaten sehr viel Speicherplatz.

Unter *Video*:

- *Videostabilisierung*: Gleicht kleine Ruckler aus.
- *Audio-Zoom*: Wenn Sie den Zoom verwenden, erhöht das Handy im Videomodus die Mikrofonempfindlichkeit.
- *Videoformat*: Wählen Sie ein Dateiformat für Ihre Video aus. Wir empfehlen die Voreinstellung *H.265/HEVC* nicht zu ändern.
- *Bilder pro Sekunde optimieren*: Bei Dunkelheit reduziert die Kamera automatisch die

Bildrate von 60 auf 30 Bilder pro Sekunde, um mehr Licht einzufangen und ein helleres Video zu erzeugen.

Erweiterte *Aufnahme*:

- *Timer-Licht*: Während des Aufnahme-Timers blinkt vorne die LED.
- *Warnung bei verschmutzter Linse*
- *Unterwasserfotos und videos*: Wiederherstellung der originalen Farben, wenn Sie das Handy unter Wasser nutzen.

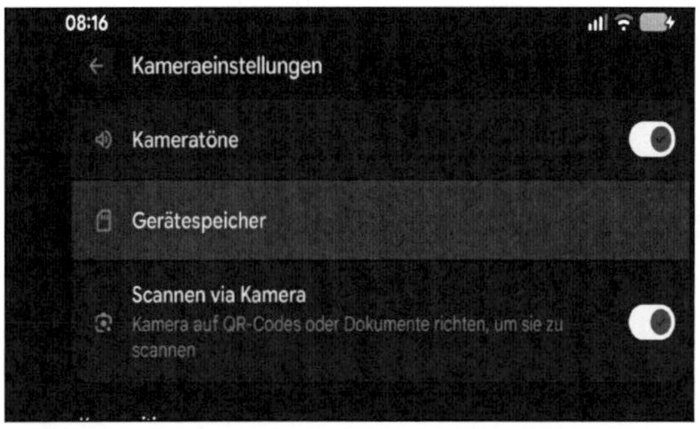

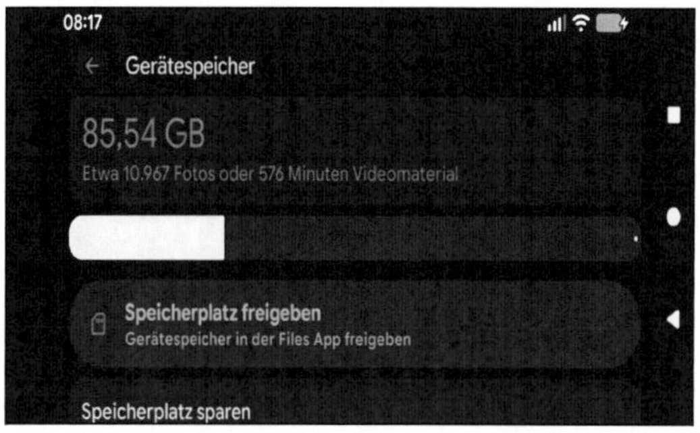

➊➋ Das *Gerätespeicher*-Menü informiert darüber, wieviele Fotos Sie machen können beziehungsweise die maximal verfügbare Videodauer. Sie gehen von einer intensiven Kamera-Nutzung aus? Dann sollten Sie *Speicherplatz sparen* aktivieren. Fotos und Videos werden dann unmerklich komprimiert.

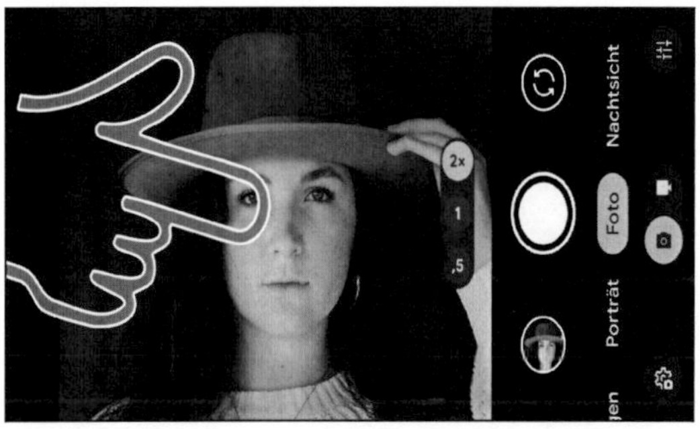

Die Einstellung *Einstellungen für Schnellzugriff* ist besonders nützlich für Anwender, die häufig mit ungünstigen Umgebungsbedingungen konfrontiert sind (Gegenlicht, Dunkelheit, farbige Beleuchtung) und sich deshalb nicht auf die automatische Steuerung der Kamera verlassen möchten.

➊ Tippen Sie auf Bildschirm.

➋ Sie können nun Belichtung, Kontrast und Farbtemperatur über die Regler einstellen.

18.5 Zoom

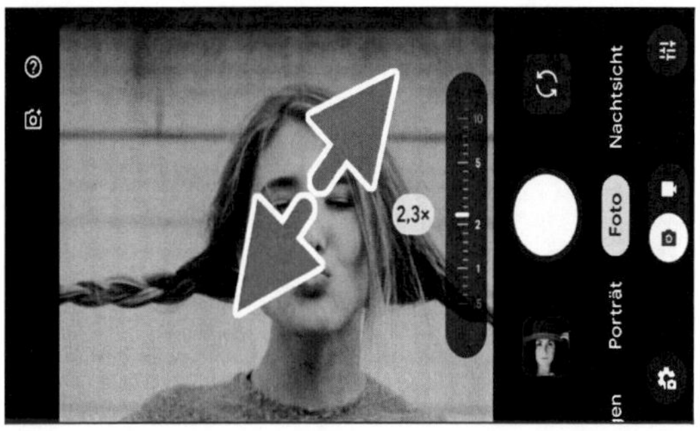

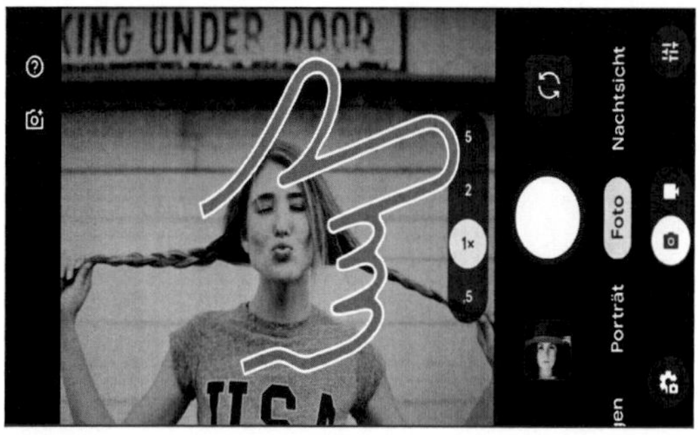

➊ Zoomen Sie mit einer Kneifgeste (zwei Finger gleichzeitig auf das Display halten und auseinander/zusammenziehen).

➋ Alternativ betätigen Sie eine der Zoom-Schaltflächen.

Wenn Sie beim Pixel 10 stärker als 5-fach und beim Pixel 10 Pro stärker als 10-fach zoomen, nimmt die Bildqualität ab. Ab diesen Stufen wird das Bild nicht mehr optisch, sondern nur noch digital vergrößert.

18.6 Video-Funktion

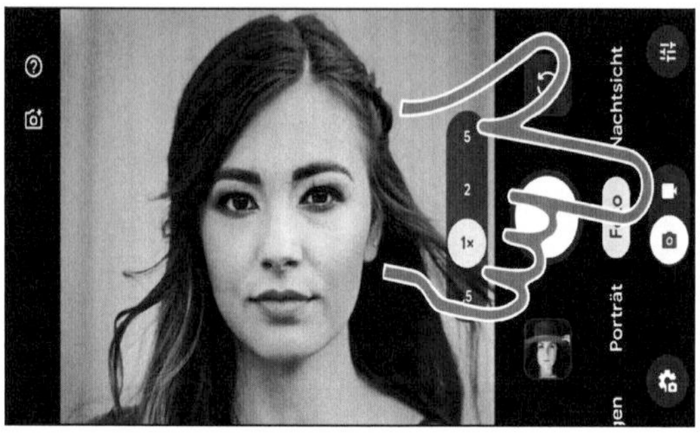

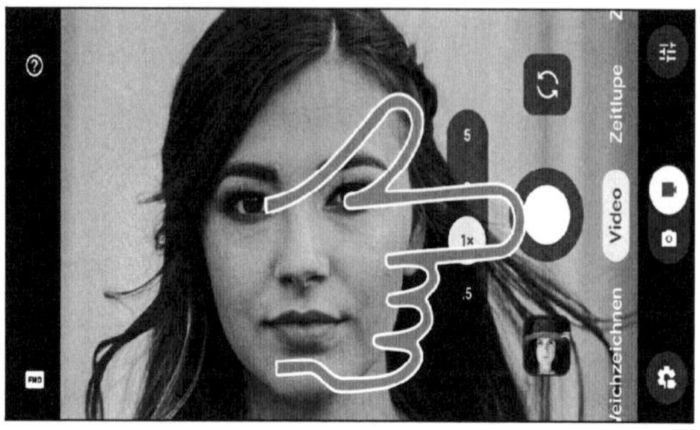

❶ Aktivieren Sie den Videomodus über die -Schaltfläche (Pfeil). schaltet später wieder in den Fotomodus um.

❷ Über die ○-Schaltfläche (Pfeil) starten und stoppen Sie die Videoaufnahme.

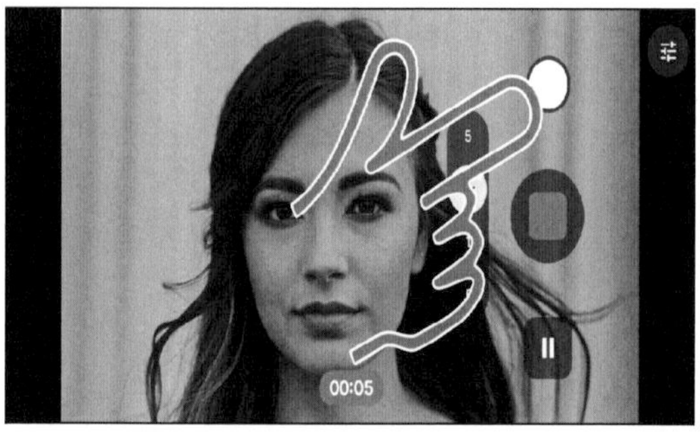

Über ○ (Pfeil) können Sie jederzeit während der Videoaufnahme ein Foto erstellen.

Viele Funktionen im Videomodus sind identisch zur Kamerafunktion, auf die bereits die vorhergehenden Kapitel eingehen.

19. Google Fotos

Das Pixel sichert alle Ihre mit der Kamera-Anwendung erstellten Fotos und Videos automatisch im Internet auf Google-Servern. Dabei werden die Mediendateien in Ihrem Google-Konto (siehe Kapitel *14 Das Google-Konto*) hinterlegt. Für Sie hat dies den Vorteil, auf jedem Android-Gerät, auf dem Sie mit Ihrem Google-Konto angemeldet sind, auf alle Ihre Fotos und Videos zugreifen zu können. Eine umständliche Datensicherung, beispielsweise vom Handy auf dem PC, ist deshalb nicht nötig.

19.1 Start und erste Einrichtung

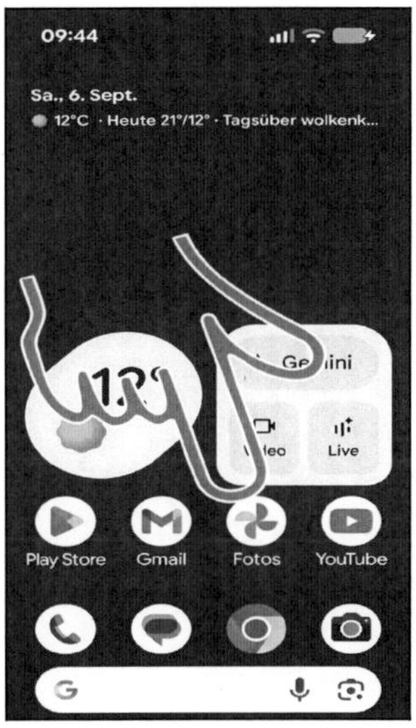

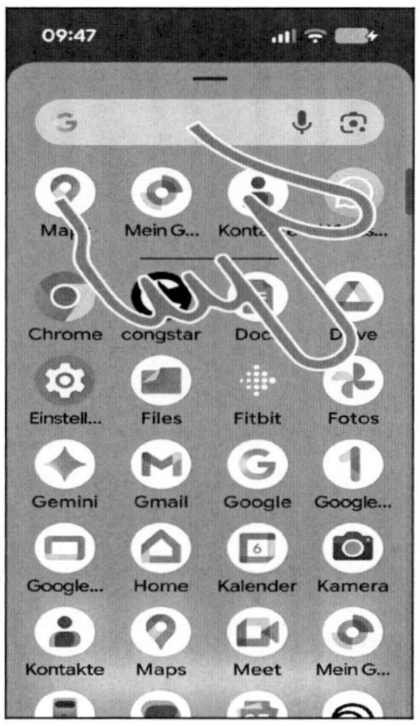

Rufen Sie *Fotos* im Startbildschirm (❶) oder Hauptmenü (❷) auf.

❸ Schließen Sie das Popup beim ersten Aufruf mit *Los gehts* und das Popup mit *Zulassen*.

Nach einiger Zeit erscheint diese Abfrage. Wenn Sie sehr häufig Personen fotografieren, sollten Sie die »Fotos nach Gesichtern gruppieren«-Funktion mit *Erlauben* aktivieren. Die Gesichtserkennungsdaten speichert die Google Fotos-Anwendung aus Datenschutzgründen auf dem Gerät und nicht im Internet auf Google-Servern.

Die Gesichtserkennung können Sie jederzeit in den Einstellungen (siehe Kapitel *19.11 Einstellungen*) ein/auschalten.

19.2 Speicherplatz sparen

Google Fotos sichert Ihre Fotos und Videos automatisch auf Google-Servern im Internet. Der kostenlose Speicherplatz ist auf 15 Gigabyte begrenzt, was jedoch kein großes Problem darstellt. Sollten Sie mehr als 15 Gigabyte an Fotos und Videos auf Ihrem Handy gespeichert haben, werden einfach keine weiteren Dateien mehr online gesichert. Im Kapitel *19.12 Das Speicherlimit von Google* erklären wir, wie Sie bei Bedarf zusätzlichen Speicherplatz bei Google erwerben können.

Mit einem einfachen Trick können Sie sicherstellen, dass die Fotos-App Ihre Dateien in komprimierter Form online speichert. Dabei werden Fotos auf 16 Megapixel komprimiert und Videos in HD umgewandelt. Laut Google ist die Fotoqualität dennoch ausreichend für Ausdrucke bis zu einer Größe von 60 × 40 cm.

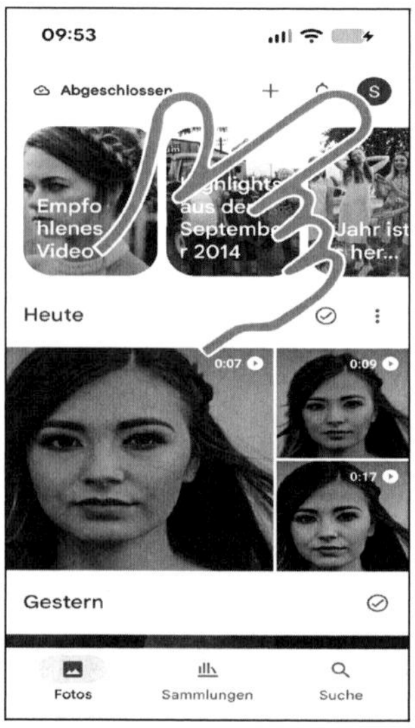

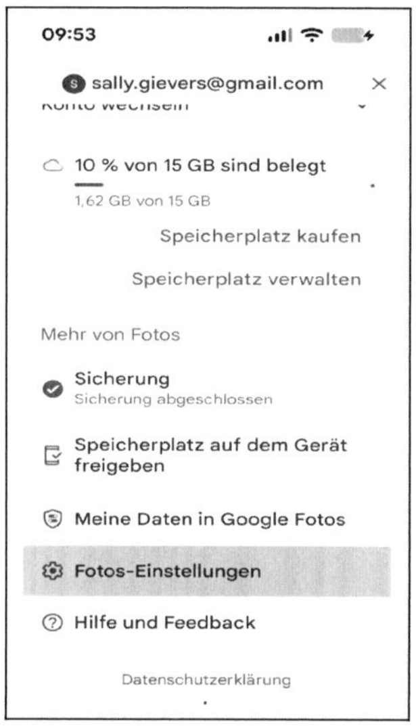

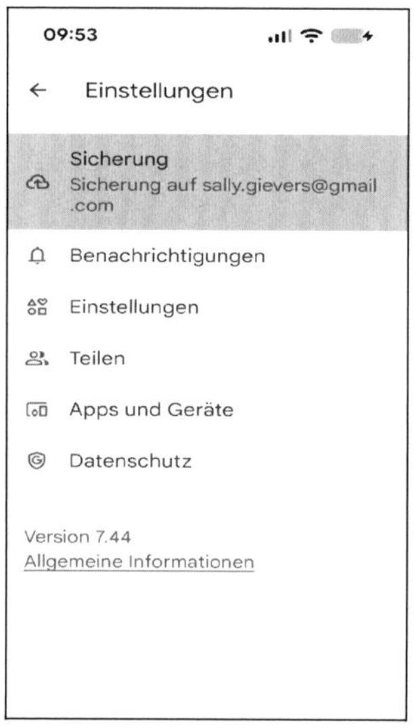

❶ Tippen Sie auf das Kontosymbol (Pfeil).

❷❸ Wählen Sie *Fotos-Einstellungen* und dann *Sicherung.*

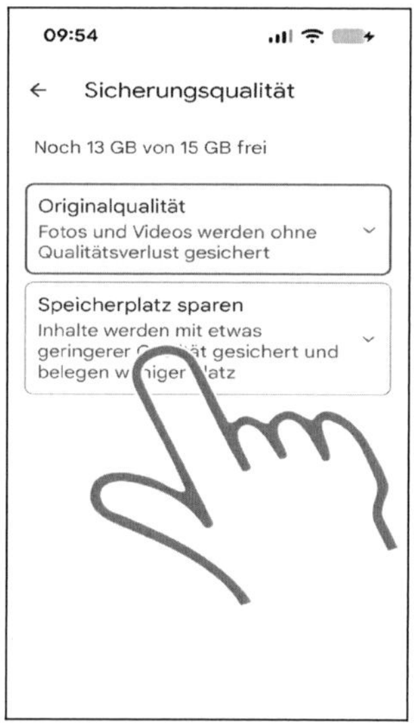

❶ Wählen Sie *Sicherungsqualität.*

❷❸ Gehen Sie auf *Speicherplatz sparen* und betätigen Sie *Auswählen.* Sie können dann den Bildschirm verlassen.

19.3 Die Benutzeroberfläche

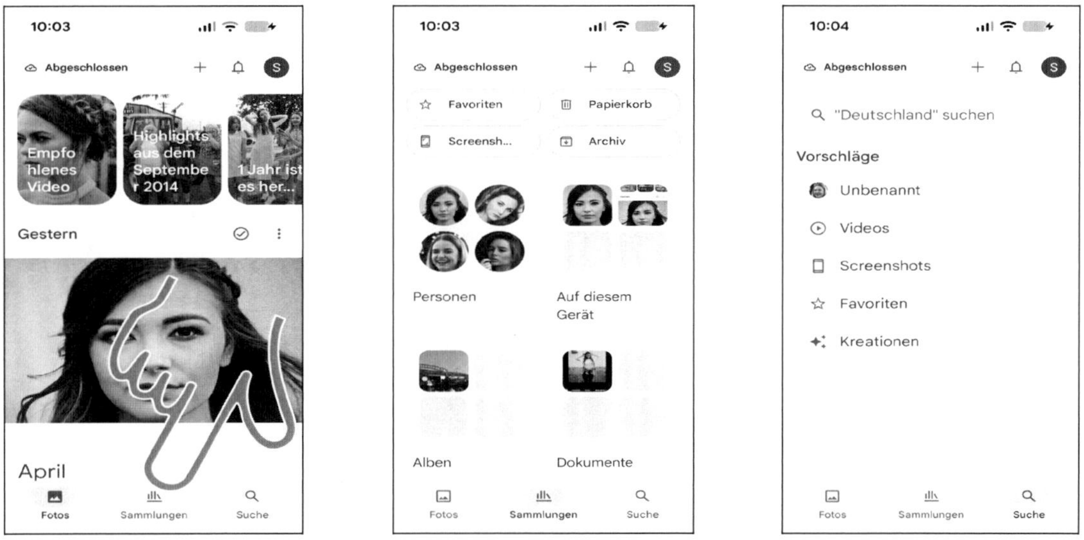

❶ Die Register am unteren Bildschirmrand schalten zwischen folgenden Ansichten um:

- *Fotos*: Verwaltet die auf Ihrem Gerät vorhandenen Fotos.
- *Sammlungen* (❷): Zeigt von Ihnen angelegte Alben, als Favoriten markierte und archivierte Fotos und Videos an.
- *Suche*: (❸) Google Fotos erkennt Bildinhalte, beispielsweise ob ein Foto ein Tier, Personen oder Landschaft als Motiv enthält. Sie können im *Suchen*-Register nach diesen Eigenschaften suchen.

In der Regel nutzen Sie fast ausschließlich das *Fotos*-Register.

❶ Für die Vollbildansicht tippen Sie ein Foto in der Auflistung an.

❷ Die verfügbaren Funktionen:

- Doppeltippen (zweimal schnell hintereinander auf den Bildschirm tippen): Vergrößert/Verkleinert die Bildschirmdarstellung. Mit einer Wischgeste ändern Sie in der vergrößerten Ansicht den Bildschirmausschnitt.
- Kneifgeste (zwei Finger einer Hand gleichzeitig auf den Bildschirm setzen und dann auseinander/zusammenziehen, wie im Bild gezeigt): Bild vergrößern oder verkleinern.

❸ In der Normalansicht (keine Bildvergrößerung aktiv) können Sie mit einer Wischgeste nach rechts/links das nächste/vorherige Foto anzeigen.

Tippen Sie auf die ←-Schaltfläche oben links für die Rückkehr ins Hauptmenü. Alternativ betätigen Sie die ◀-Taste unterhalb des Displays.

Die Schaltflächen (Sie müssen eventuell einmal auf das Bild tippen, um diese einzublenden):

- *Teilen*: Foto per E-Mail, Bluetooth usw. senden.
- *Bearbeiten*: Bild-Editor aufrufen, in dem Sie Farbe und Kontrast anpassen, sowie einige Bildeffekte anwenden können.
- *Hinzufügen*: Bild einem Album zuweisen, archivieren oder in einen gesperrten (passwortgeschützten) Ordner verschieben.
- *Papierkorb*: Bild löschen.

❶❷ Das Menü (Pfeil) oder ein Wischen nach oben öffnet einen Bildschirm mit Infos zum dem Aufnahmestandort und den Fotoparametern.

❶❷ Eine Kneifgeste (zwei Finger auf das Display halten und dann zusammen- oder auseinanderziehen) in der Fotoansicht verkleinert beziehungsweise vergrößert die Ansicht.

19.4 Bildbearbeitung

Google Fotos liefert zahlreiche Werkzeuge für die Bearbeitung Ihrer Fotos mit. An dieser Stelle können wir leider nicht alle möglichen Funktionen vorstellen.

Beachten Sie bitte, dass Google einige Funktionen möglicherweise in Zukunft nur noch Kunden anbietet, die ein kostenpflichtiges Speicherabo (siehe Kapitel *19.12.2 Google One*) abgeschlossen haben.

➊ Gehen Sie auf *Bearbeiten.*

➋ Schließen Sie die Hinweise mit → und *Fertig.*

➊➋ Mit den Schaltflächen am unteren Bildschirmrand wechseln Sie zwischen den Bildbearbeitungsmodi:

- *Automatisch*: Bild drehen, spiegeln und Farbe optimieren.
- *Aktionen*: Zuschneiden, Bildbereiche entfernen oder schärfen/weichzeichnen usw.
- *Markieren & Zeichnen*: Malen Sie auf Bildbereiche oder fügen Sie Beschriftung hinzu.
- *Filter*: Farbfilter, Himmel in Naturfotos bearbeiten.
- *Belichtung*: Ausleuchtung, Helligkeit, Farbton, Kontrast, Schwarz- und Weißpunkt usw.
- *Farbe*: Wärme, Färbung, Hautton, Blautöne.

Wir können Ihnen aus Platzgründen nur die wichtigsten Bearbeitungsfunktionen vorstellen. Die meisten erschließen sich allerdings durch etwas Probieren von selbst.

An dieser Stelle zeigen wir Ihnen die grundsätzliche Vorgehensweise:

❶ In unserem Beispiel möchten wir das Bild zuschneiden und ziehen an den äußeren Laschen nach innen.

❷ Wenn Sie fertig sind, betätigen Sie ✓ (Pfeil).

❸ In der Regel möchten Sie das Originalbild nicht ändern. Statt *Speichern* zu betätigen gehen Sie daher auf ⋮ und wählen *Als Kopie speichern.*

19.4.1 Automatisch

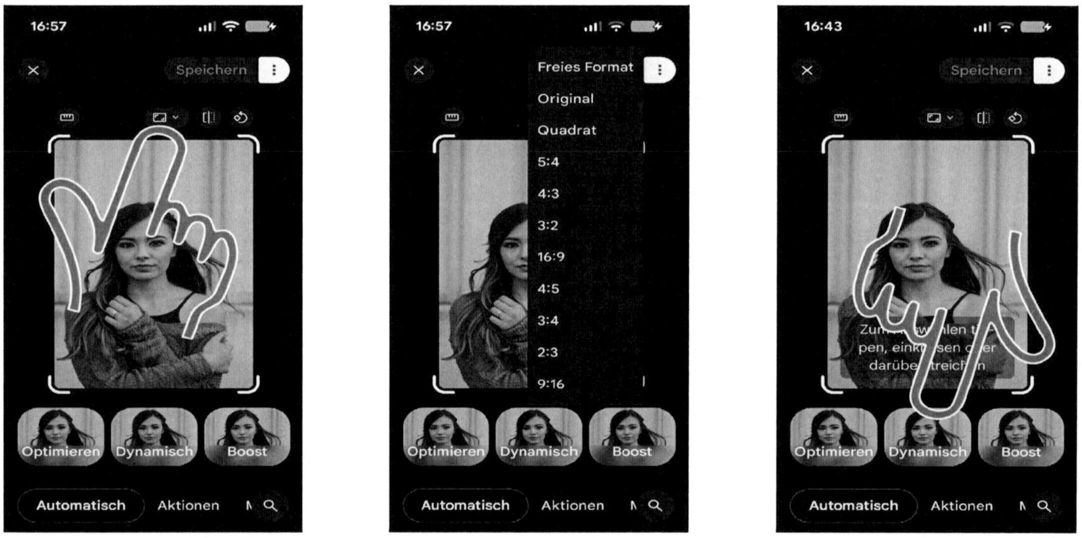

❶ Die Schaltflächen im *Automatisch*-Bildschirm:

- : Bild stufenlos drehen; Bester Bildausschnitt erweitert per KI einen Hintergrund.
- : Auf ein Standardbildformat zuschneiden (❷)
- : Bild spiegeln.
- : In 90-Grad-Schritten drehen.

❸ Nutzen Sie die Schaltflächen *Optimieren*, *Dynamisch* oder *Boost*, um dem Foto einen besonderen Schliff zu geben.

19.4.2 Aktionen

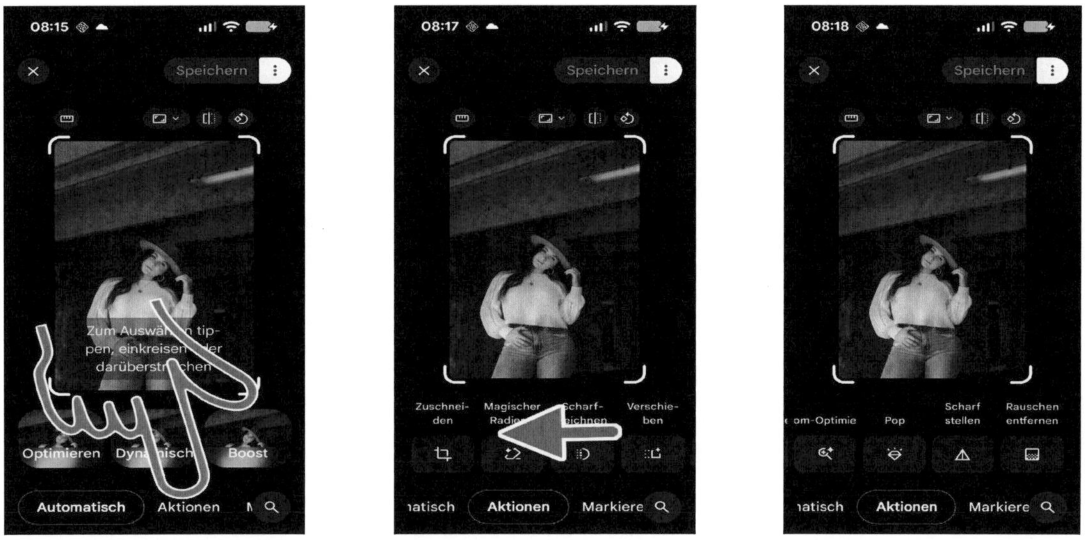

❶ Aktivieren Sie das *Aktionen*-Register.

❷❸ Die hier angebotenen Optionen greifen intensiv auf KI zurück:

- *Zuschneiden*
- *Magischer Radierer*: Entfernt unerwünschte Objekte oder Personen aus dem Foto.
- *Scharfzeichnen*
- *Verschieben*: Ein Objekt – in der Regel eine Person – im Bild verschieben.
- *Beste Aufnahme*: Sofern weitere Fotos aus der gleichen Aufnahmesituation vorliegen, nutzt die KI diese für die Optimierung des angezeigten Fotos.
- *Hintergrund weichzeichnen*: Die KI erkennt die Umrisse der Person und stellt den Hintergrund weich.
- *Zoom-Optimierung*: Vergrößert auf intelligente Weise zugeschnittene Bilder, wobei die KI Details dazuerfindet.
- *Pop*: Erhöht den Kontrast und hebt somit Details hervor.
- *Scharf stellen; Rauschen entfernen*

❶ Am häufigsten werden Sie Objekte oder Personen aus Fotos entfernen: Gehen Sie auf *Magischer Radierer.*

❷ Wir möchten die Person aus dem Bild löschen und wischen daher mit dem Finger um ihre Kontur.

➊ Die Person ist markiert. Betätigen Sie *Löschen.*

➋ Von der KI wird der ausgestanzte Bildbereich automatisch mit dem Hintergrund, in unserem Beispiel eine Fensterfront, ausgefüllt.

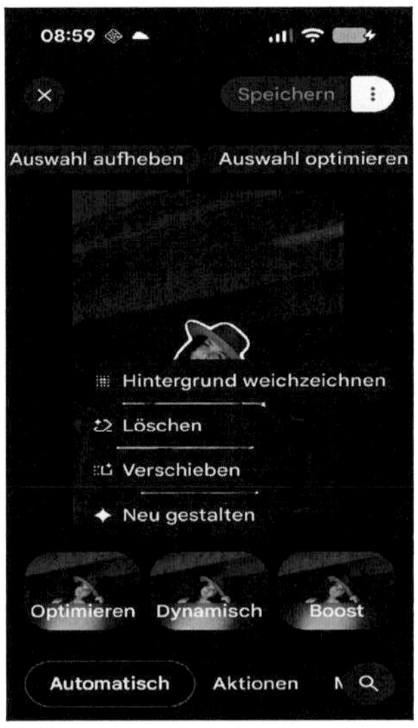

➊➋ Tipp: Auf einige Features des *Aktionen*-Bildschirms haben Sie auch im *Automatisch*-Bildschirm Zugriff. Tippen Sie dort auf ein Objekt oder eine Person beziehungsweise umkreisen Sie sie mit dem Finger. Es öffnet sich ein Popup, in dem Sie eine Funktion auswählen.

19.5 Medien verwalten

➊ Gehen Sie zunächst ins *Fotos*-Register.

➋ Tippen und halten Sie den Finger über einem Bild, bis es markiert ist, und markieren dann durch kurzes Antippen die weiteren Bilder.

➌ Tippen Sie unten eine der Schaltflächen an, um die markierten Fotos beispielsweise zu senden (Teilen) oder löschen. Eine Besonderheit stellt die *Erstellen*-Schaltfläche dar, auf das Kapitel *19.6 Spezialfunktionen* noch eingeht.

19.5.1 Fotos und Videos löschen

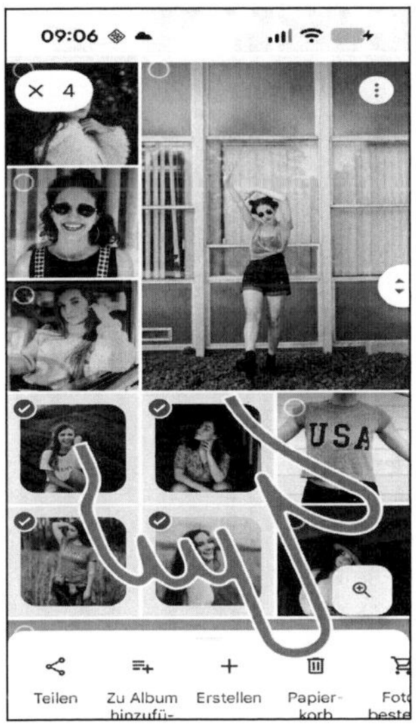

➊ Gehen Sie wie oben beschrieben vor, um Fotos/Videos zu markieren und betätigen Sie dann *Löschen*.

➋ Betätigen Sie *In den Papierkorb*.

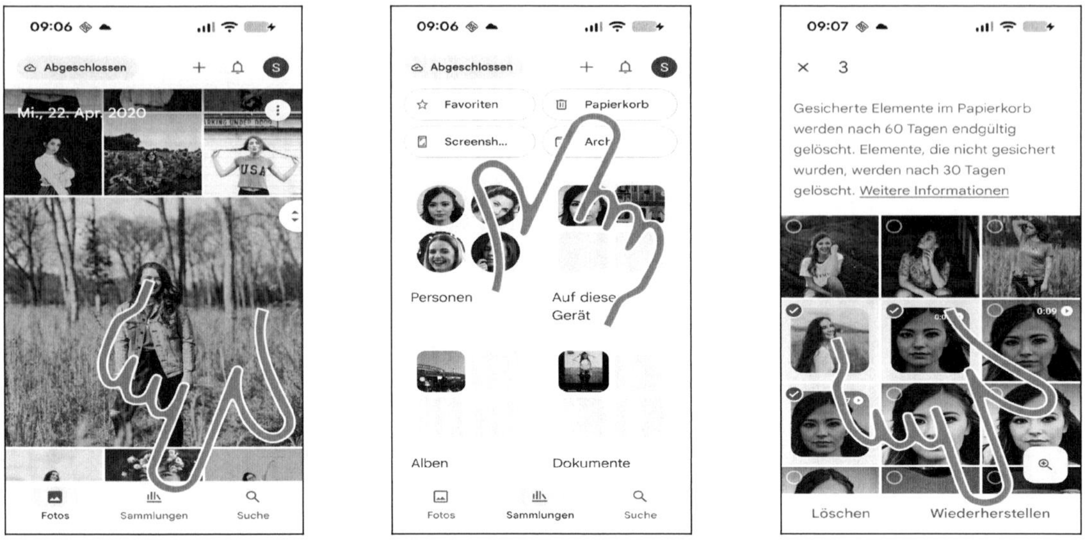

❶ Die »gelöschten« Dateien sind nicht sofort gelöscht, sondern werden erst nach 60 Tagen automatisch entfernt. Zum Wiederherstellen gehen Sie ins *Sammlungen*-Register.

❷ Rufen Sie den *Papierkorb* auf.

❸ Markieren Sie nun alle Dateien, die Sie behalten möchten (den Finger auf der ersten Datei lange gedrückt halten, bis sie markiert ist, die weiteren Dateien dann mit kurzem Antippen markieren) und gehen Sie auf *Wiederherstellen.*

← (Pfeil) bringt Sie wieder in das Hauptmenü zurück.

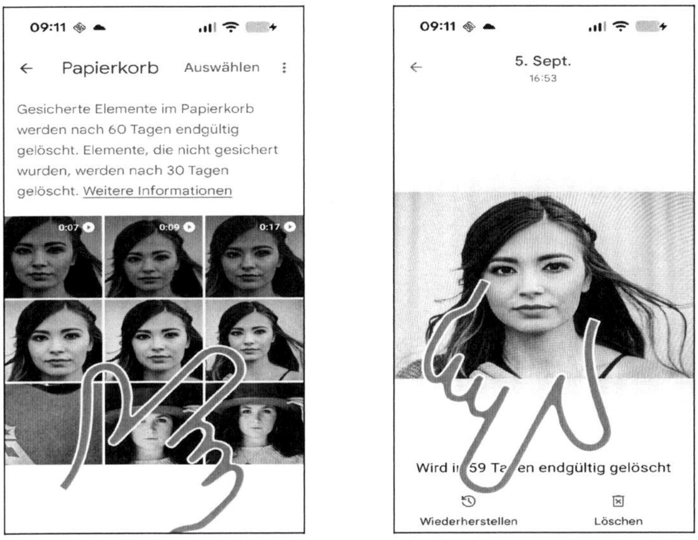

❶❷ Alternativ tippen Sie eine Datei für die Vollbildansicht an und betätigen *Wiederherstellen.*

19.6 Spezialfunktionen

❶❷ Damit Sie auf die Spezialfunktionen zugreifen können, müssen Sie erst einige Fotos/Videos markieren. Dazu tippen und halten Sie den Finger über einer Datei, bis diese markiert ist. Anschließend markieren Sie mit kurzem Antippen weitere Dateien.

❸ Betätigen Sie *Erstellen.*

Ihre Dateien werden bei den in diesem Kapitel beschriebenen Funktionen teilweise auf Google-Servern verarbeitet. Deshalb werden sie im Google-Konto gesichert.

Die verfügbaren Funktionen:

- *Album*: Wählen Sie Fotos aus, die Sie dann einem Album zuweisen.
- *Highlights-Video*: Erstellt aus bis zu 50 Fotos ein Video mit Musikuntermalung.
- *Animation*: Erstellt aus mehreren Fotos eine sogenannte GIF-Datei, deren Inhalt automatisch auf jedem Gerät wie ein Film abgespielt wird.
- *Collage*: Fügt mehrere Fotos in einem Bild zusammen.
- *Foto mit Filmeffekt*: Erstellt aus dem markierten Foto ein Video, bei dem der Hintergrund animiert ist. Funktioniert ab besten mit Portrait-Fotos.

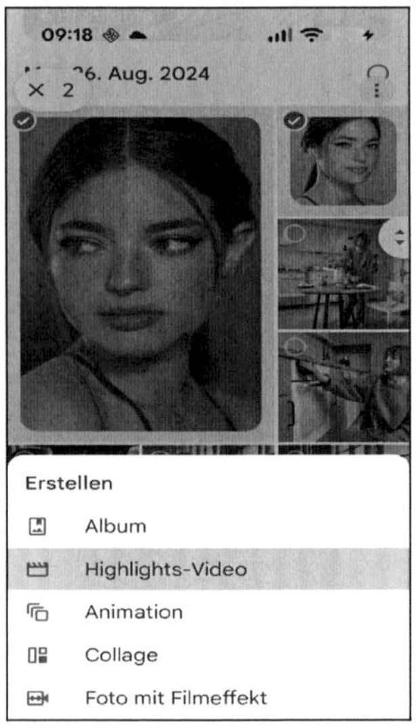

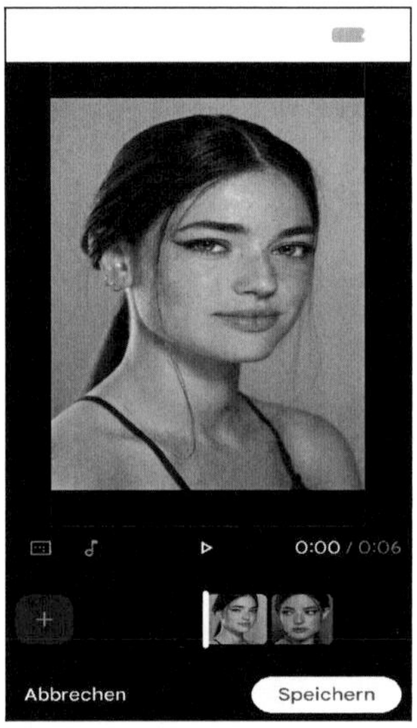

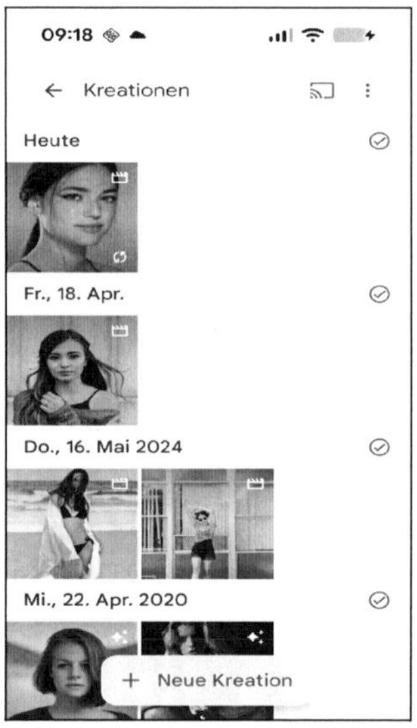

❶ In unserem Beispiel möchten wir aus den markierten Fotos ein *Highlights-Video* erstellen.

❷ Nach dem Bearbeiten – Sie können unter anderem Musik hinzufügen und die Abspieldauer einstellen – erstellt *Speichern* das Video.

❸ Sie befinden sich im *Kreationen*-Bildschirm, wo Sie das fertig Video abspielen.

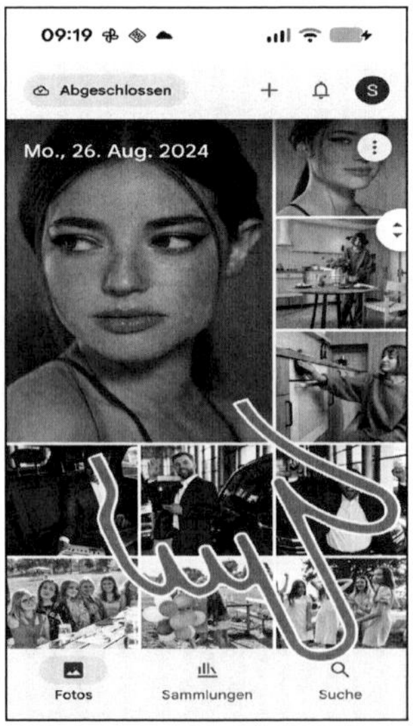

❶❷❸ Ihre »Projekte« finden Sie im *Suche*-Register unter *Kreationen*.

19.7 Suche

Eine Besonderheit von Google Fotos ist, dass Bildinhalte erkannt werden. Sie können daher in der Suche die aufzufindenden Fotos mit Wörtern beschreiben. Beispielsweise zeigt »Riesenrad« alle Fotos mit der Rummelplatzattraktion an. Weitere unterstützte Begriffe sind beispielsweise »Tanzen«, »Feier«, »Wald«, »Blumen«, »Kinder« usw.

Die Suche funktioniert nur, wenn Sie die Sicherung Ihrer Fotos im Google-Konto eingeschaltet haben. Grund dafür ist die Analyse der Bildinhalte auf Google-Servern. Siehe auch Kapitel *19.12 Das Speicherlimit von Google* .

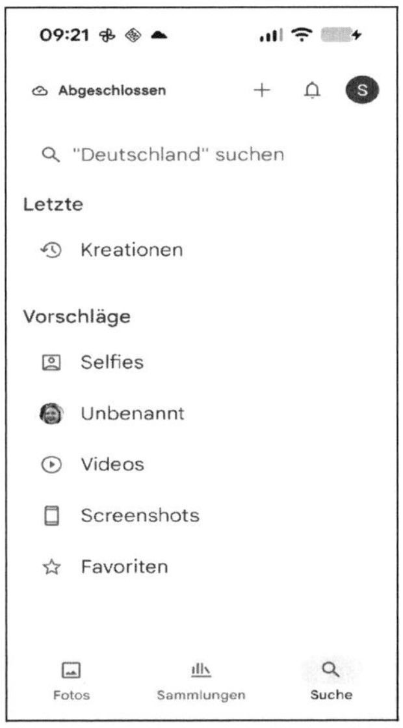

❶ Gehen Sie ins *Suche*-Register.

❷ Unterhalb des Suchfelds werden mehrere Bereiche angezeigt:

Unter *Letzte*: Die zuletzt verwendeten Suchbegriffe.

Unter Vorschläge:

- *(Name)*: Erkannte Personen (siehe Kapitel *19.10 Gesichtserkennung*)
- *Selfies*: Portrait-Fotos.
- *(Monat)*: In einem bestimmten Monat erstellte Fotos.
- *Videos*: Videoaufnahmen.
- *Screenshots*: Bildschirmaufnahmen. Siehe Kapitel *28.5 Screenshots (Bildschirmkopien).*
- *Favoriten*: Von Ihnen markierte Dateien.
- *Kreationen*: Listet von Ihnen gestaltete Filme und Videos auf. Siehe Kapitel *19.6 Spezialfunktionen.*

Die aufgelisteten Vorschläge sind von Fotoinhalten abhängig.

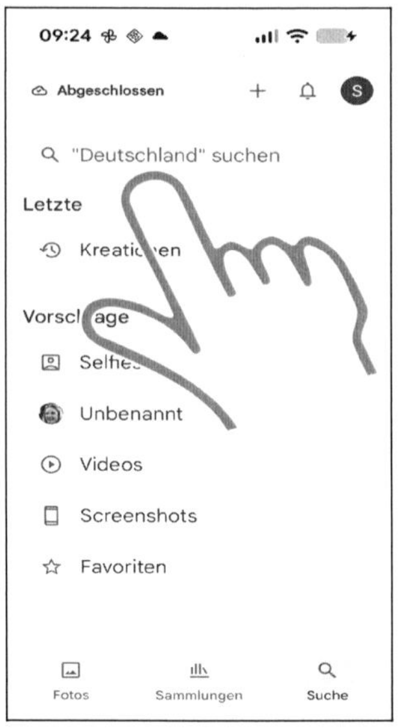

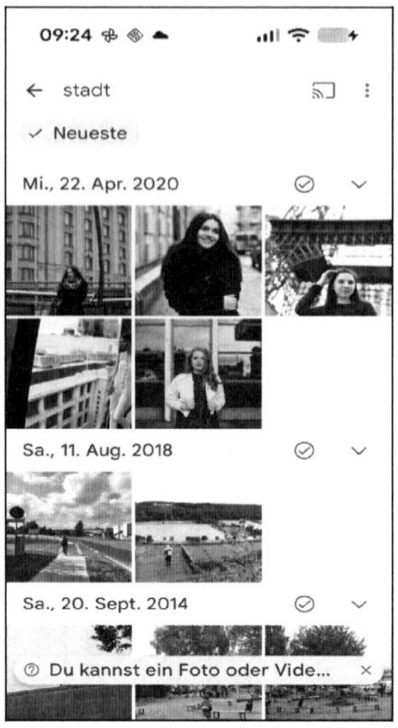

❶ Tippen Sie ins Eingabefeld.

❷ Nach dem Erfassen des Suchbegriffs, im Beispiel »*Stadt*«, betätigen Sie 🔍 auf dem Tastenfeld oder wählen einen der Vorschläge unter dem Eingabefeld aus.

❸ Google Fotos zeigt die passenden Fotos an.

19.8 Alben

❶❷ Die von Ihnen beziehungsweise Google Fotos automatisch angelegten Alben finden Sie im *Sammlungen*-Register:

- *Favoriten*: Von Ihnen markierte Dateien.
- *Papierkorb*: Hier finden Sie die von Ihnen gelöschten Mediendateien. Siehe Kapitel *19.5.1 Fotos und Videos löschen*.
- *Screenshots*: Bildschirmaufnahmen. Siehe Kapitel 28.5Screenshots (Bildschirmkopien).
- *Archiv*: Statt Mediendateien zu löschen, kann man sie auch archivieren. Gehen Sie dazu, wie im Kapitel *19.5.1 Fotos und Videos löschen* vor, wobei Sie statt *Löschen* auf *Ins Archiv verschieben* gehen. Die archivierten Dateien finden Sie im *Archiv*-Ordner.
- *Personen*: Erkannte Personen. Siehe Kapitel *19.10 Gesichtserkennung*.
- *Auf diesem Gerät*: Die Geräteordner, wozu *Kamera* und *Screenshots* zählen.
- *Alben*: Von Ihnen erstellte Alben. Siehe Kapitel *19.6 Spezialfunktionen*.
- *Dokumente*: Fotografierte Schilder, Dokumente oder Beschriftungen.

- *Orte*: Fotoauflistung nach Aufnahmestandort (im Foto abgelegte GPS-Koordinaten).

19.9 Fotos teilen

Heutzutage dürften die meisten Fotos wohl direkt über WhatsApp (siehe Kapitel *12 WhatsApp*) verschickt werden. Google Fotos selbst unterstützt so etwas natürlich auch über die Teilen-Funktion.

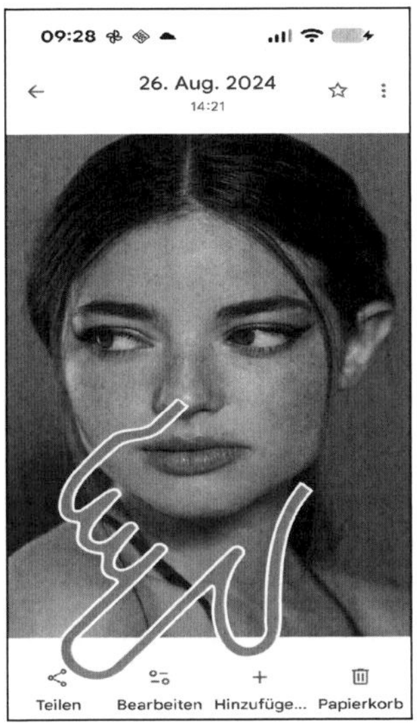

❶ In der Vollbildansicht gehen Sie auf *Teilen.*

❷ Wenn Sie es wünschen, können Sie das Bild noch optimieren, dann gehen Sie auf *Teilen*.

❸ Wählen Sie den Anwendung aus, im Beispiel *Gmail*, worauf das Bild als Anhang hinzugefügt wird.

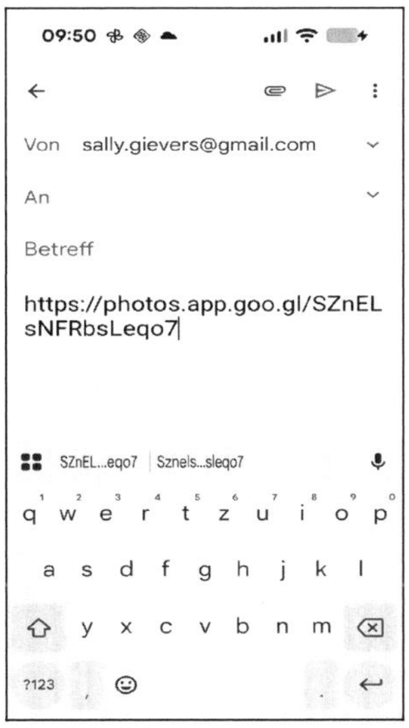

❶ Eine Besonderheit ist *Link teilen.*

❷❸ Nach Betätigen von *Link erstellen* wird eine Webadresse (Link auf die Datei) erstellt, den Sie anschließend beispielsweise per E-Mail versenden. Der Empfänger tippt beziehungsweise klickt dann den Link für die Bildanzeige in seinem Webbrowser an.

19.10 Gesichtserkennung

Google Fotos führt – sofern Sie dieses Feature aktiviert haben – automatisch eine Gesichtserkennung durch. Dabei werden automatisch Alben zu jeder ausgewerteten Person erstellt. Die angefallenen Daten bleiben auf dem Handy und werden nicht an Google übertragen.

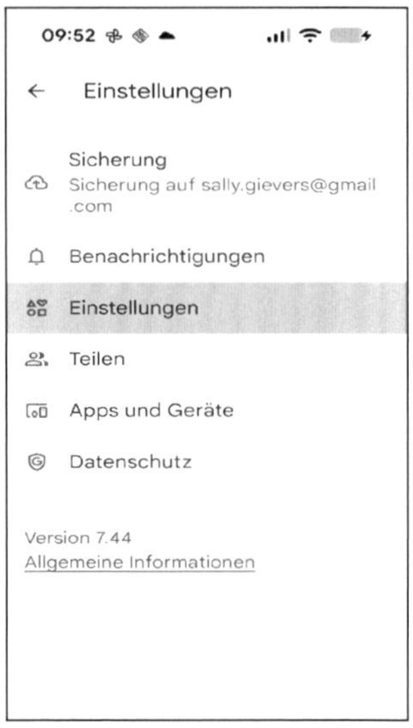

Bereits beim ersten Aufruf von Google Fotos hat Sie das Programm danach gefragt, ob Sie die Gesichtserkennung nutzen möchten. Falls Sie sich nicht sicher sind, ob diese aktiviert ist oder nicht, kontrollieren Sie die Einstellungen:

➊ Aktivieren Sie das Ausklappmenü, indem Sie das runde Kontosymbol antippen.

➋ Wählen Sie *Fotos-Einstellungen* aus.

➌ Gehen Sie auf *Einstellungen.*

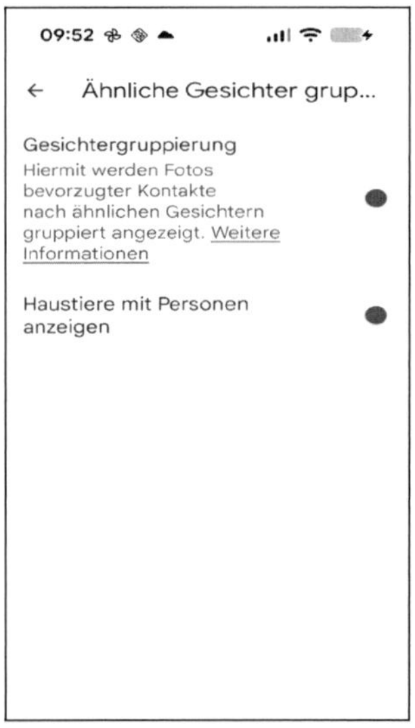

➊➋ Wählen Sie *Ähnliche Gesichter gruppieren* und stellen Sie sicher, dass *Gesichtergruppen* und *Haustiere mit Personen anzeigen* aktiv sind. Sie können nun das Menü verlassen.

19.10.1 Gesichter-Alben verwalten

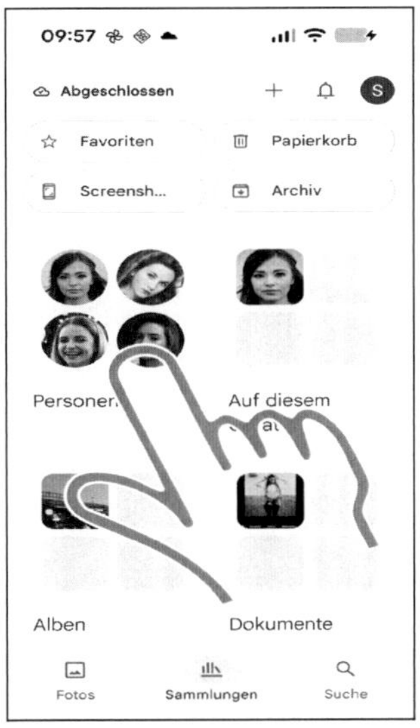

➊ Gehen Sie ins *Sammlungen*-Register.

➋ Tippen Sie auf *Personen*.

➌ Tippen Sie eines der Gesichter an.

➊➋ Wenn Sie möchten, nutzen Sie die *Name hinzufügen*-Funktion für den jeweilige Personen-Ordner.

❶❷ Manchmal werden Personen nicht korrekt erkannt und müssen aus dem Ordner entfernt werden. Rufen Sie dazu ⋮/*Fotos entfernen* auf.

❸ Markieren Sie durch kurzes Antippen die falschen Fotos und betätigen Sie *Entfernen*.

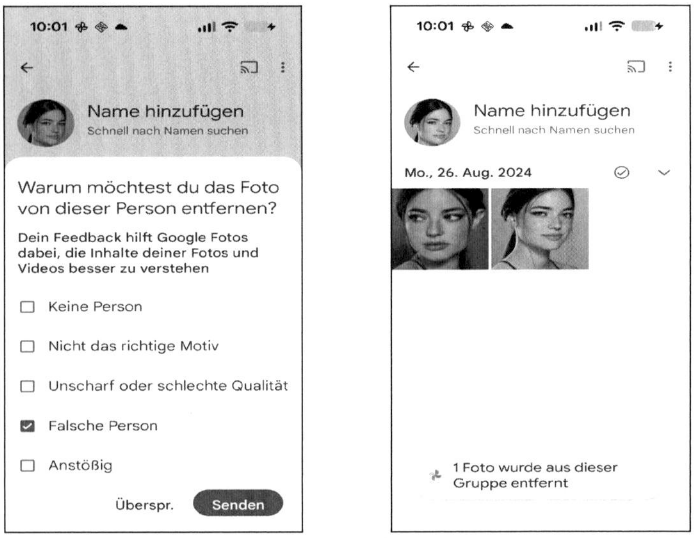

❶❷ Wenn Sie möchten, geben Sie im folgenden Popup an, warum Sie das Foto entfernen möchten und betätigen *Senden*. Sonst gehen Sie einfach auf *Überspr.*

❶❷ Das in der Personenauflistung als »Titelfoto« verwendete Bild wählt Google selbst aus. Falls es Ihnen nicht gefällt, rufen Sie ⋮/*Titelfoto ändern* auf.

❸ Tippen Sie das gewünschte Foto an. Das neue Titelfoto erscheint in der Personenauflistung (Pfeil).

19.11 Einstellungen

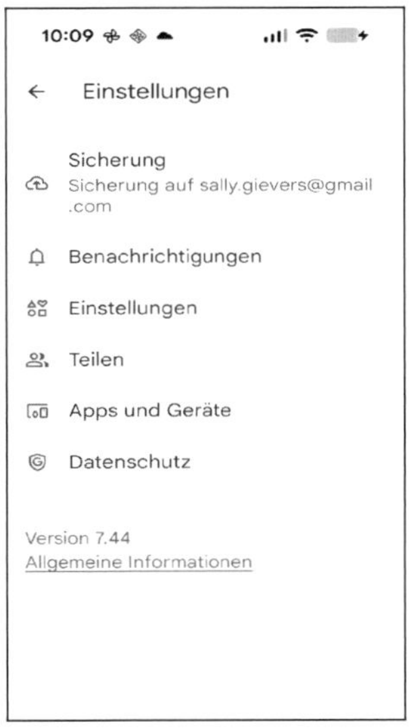

❶ Aktivieren Sie das Ausklappmenü, indem Sie das runde Kontosymbol antippen.

❷❸ Wählen Sie *Fotos-Einstellungen* aus. Die Parameter:

- *Sicherung*: Ruft die Synchronisationseinstellungen auf, auf die wir im Kapitel *19.12 Das Speicherlimit von Google* eingehen.
- *Benachrichtigungen*: Sie erhalten eine Benachrichtigung, sobald neue Fotos zum Freigeben an andere Personen zur Verfügung stehen. In diesem Buch gehen wir nicht weiter darauf ein.
- *Einstellungen*: Darauf gehen wir unten ein.
- *Teilen* bezieht sich auf das Senden von Fotos/Videos an Dritte – wir raten von der Verwendung wegen Bedenken zur Privatsphäre ab:
  - *Mit Partner teilen*: Eine andere Person erhält automatisch Zugriff auf Ihre Medien.
  - *Freigabeaktivitäten verwalten*: Listet von Ihnen geteilte Links auf Bilder in Google Fotos auf. Sie können diese löschen, um den Zugriff zu unterbinden.
  - *Video aus Fotos mit Bewegtbild ausblenden*: Entfernt aus geteilten Fotos möglicherweise enthaltene Videodaten.
  - *Übersprungene Vorschläge; Benachrichtigungen*: Nicht von Google dokumentiert.
  - *Schnellbearbeitung vor dem Teilen*: Vor dem Senden können Sie Fotos noch optimieren.
- *Apps und Geräte*:
  - *Dieses Gerät*: Sofern Sie die Option nutzen, Fotos und Videos in Ihr Google-Konto hochzuladen (siehe Kapitel *19.12 Das Speicherlimit von Google*), können Sie diese im Gerätespeicher löschen. Sie haben danach trotzdem noch Zugriff auf alle Ihre Dateien, die automatisch aus dem Google-Konto heruntergeladen werden, sobald Sie sie in Google Fotos anzeigen.
  - *Bilderrahmen*: Google unterstützt das Senden von Fotos an sogenannte digitale Bilderrahmen (Fotodisplays). Wir raten wegen des damit verbundenen Stromverbrauchs von solchen Produkten ab.
  - *Zugriff auf SD-Karte*: Das Pixel-Handy unterstützt keine SD-Karten, weshalb das Menü ohne Funktion ist.
  - *RAW-Editor*: Die Kamera-Anwendung kann im Pro-Modus Fotos als RAW-Dateien erstellen. Wählen Sie hier den für deren Bearbeitung genutzten Fotoeditor aus. RAW-

Dateien bringen dem normalen Nutzer keinerlei Vorteile.

   ◦ *Zugriffsrechte von Google Fotos*: Listet die Dateizugriffsrechte des Programm auf. Hier sollten Sie nichts ändern.

- *Datenschutz*: Google nimmt Rücksicht auf die Privatsphäre der Nutzer, die sehr stark Einfluss darauf nehmen dürfen, welche Daten in Google Fotos ausgewertet werden:
   ◦ *Standortoptionen*: Wählen Sie aus, ob die Kamera-Anwendung beziehungsweise Google Fotos die Standortdaten (GPS-Koordinaten) in den Fotos speichert beziehungsweise auswertet. Da Google Fotos den Standort für die automatische Erstellung von »Standort-Alben« nutzt, sollten Sie hier nichts ändern.
   ◦ *Google Lens*: Infos zur Datenverarbeitung mit Google Lens (siehe Kapitel *19.13 Google Lens*).
   ◦ *Freigabeoptionen*: Ruft das zuvor beschriebene *Teilen*-Menü auf.
   ◦ *Aktivitätsbasierte Personalisierung*: Bearbeitet die Datenschutzeinstellungen.
   ◦ *Gesichtergruppen; Haustiere mit Personen anzeigen*: Aktiviert die automatische Gesichtserkennung, auf die dieses Buch nicht eingeht. Dazu werden Alben erstellt, die jeweils Bilder enthaltenen, die den Kontaktfotos in Ihrem Telefonbuch ähneln. Siehe auch Kapitel *19.10 Gesichtserkennung*.
   ◦ *Bilderrahmen*: Der Handel verkauft sogenannte digitale Bilderrahmen, an die Google Ihre Fotos zur Anzeige senden kann. Wir raten wegen des Energieverbrauchs von solcher Hardware ab.

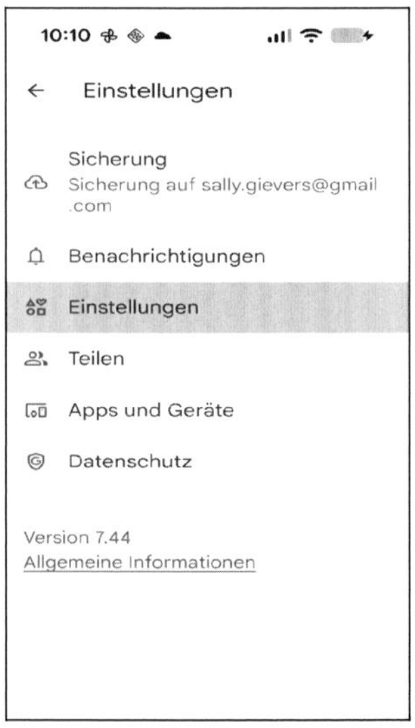

❶❷ *Einstellungen* konfiguriert:

- *Fotoansicht*: Legt fest, welche Bilder angezeigt werden. Beispielsweise lassen sich ähnliche Fotos gruppieren und Screenshots ausblenden.
- *Ähnliche Gesichter gruppieren*: Aktiviert die automatische Gesichtserkennung, auf die dieses Buch nicht eingeht. Dazu werden Alben erstellt, die jeweils Bilder enthaltenen, die den Kontaktfotos in Ihrem Telefonbuch ähneln. Siehe auch Kapitel *19.10 Gesichtserkennung*.
- *Erinnerungen*: Google Fotos erstellt automatisch »Erinnerungen«, also Fotoshows mit zeitlich oder örtlich zusammenhängenden Fotos.
- *Wiedergabe im Fotoraster*: Animierte Bilder und Videos spielt Google Fotos standardmäßig bereits in den Vorschaubildern ab.
- *KI-Funktionen von Labs*: Hier finden Sie experimentelle Funktionen von Google.
- *Aktivitätsbasierte Personalisierung*: Datenschutzeinstellungen Ihres Google-Kontos.

19.12 Das Speicherlimit von Google

Vorweg gesagt: Falls Sie Ihr Handy hauptsächlich zum Telefonieren nutzen, müssen Sie sich nicht mit diesem Kapitel auseinander setzen. Verwenden Sie dagegen intensiv Gmail für Ihre E-Mails (siehe Kapitel *10 Gmail*) oder erstellen Sie viele Fotos/Videos mit der Kamera-Anwendung (siehe Kapitel *18 Kamera*), müssen Sie sich früher oder später mit dem Speicherplatz beschäftigen.

Zusammen mit Ihrem Google-Konto (siehe Kapitel *14 Das Google-Konto*) erhalten Sie 15 GB (Gigabyte) Speicherplatz auf den Google-Servern. Dieser wird von allen Google-Anwendungen (Gmail, Kontakte, Google Fotos, Google Maps, Chrome-Webbrowser, Google Drive…) auf Ihrem Handy genutzt.

Achtung: Es ist zu unterscheiden zwischen dem **Gerätespeicher**, der je nach Ihrem Handymodell zwischen 128 GB (Gigabyte) bis 1 TB (Terrabyte) beträgt und dem **Speicherplatz Ihres Google-Kontos auf den Google-Servern**.

Die Datenspeicherung auf den Google-Servern läuft permanent automatisch im Hintergrund ab, weshalb Sie sich nicht damit beschäftigen müssen. Für Sie hat dies den angenehmen Effekt, dass Ihre Daten nicht verlorengehen können. Wenn Sie beispielsweise Ihr Handy verlieren oder es kaputt geht, kaufen Sie einfach ein neues und melden sich dort mit Ihrem Google-Konto bei der Ersteinrichtung an. Die Daten werden dann automatisch auf dem Handy wieder hergestellt.

Übrigens ist auch der Betrieb von mehreren Handys/Tablets mit einem Google-Konto möglich. Einzige Voraussetzung: Alle Geräte müssen Android als Betriebssystem verwenden. Wenn Sie nun auf einem Gerät beispielsweise einen neuen Kontakt im Telefonbuch anlegen, erscheint dieser auch auf allen anderen Geräten. Nicht unterstützt werden vom Google-Konto die Anwendungen von Dritten, die Sie aus dem Play Store installiert haben.

Wie erwähnt, stehen für Ihre Daten 15 GB (Gigabyte) Speicher zur Verfügung, die sich alle Google-Anwendungen teilen.

19.12.1 Speicherplatzinfo

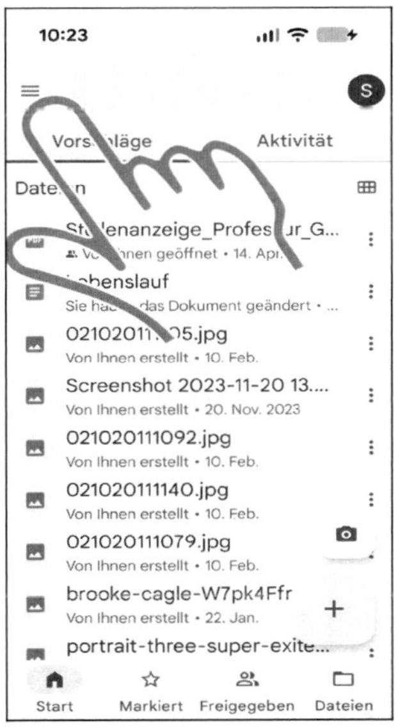

❶ So überprüfen Sie, wie viel Speicher im Google-Konto belegt ist: Im Hauptmenü gehen Sie auf *Drive*.

❷ Öffnen Sie das Ausklappmenü.

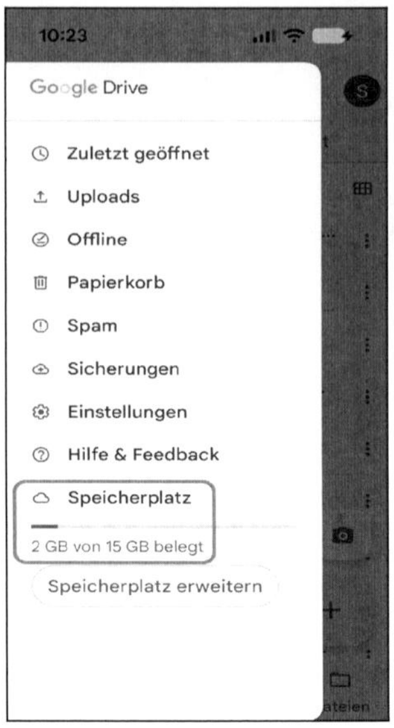

❶ In unserem Beispiel ist der Google-Speicher bereits mit 2 GB belegt.

❷ Antippen von *Speicherplatz* öffnet eine Übersicht.

❶❷ Gehen Sie auf *Weitere Details* für eine Speicherverbrauchsauflistung nach Anwendungen.

Unser Tipp: Damit Sie niemals in Speicherplatznöte beim Google-Konto geraten, sollten Sie nicht mehr benötigte E-Mails in Gmail (siehe Kapitel *10 Gmail*) immer sofort nach Kenntnisnahme löschen. Insbesondere E-Mails mit Dateianhängen (siehe Kapitel *10.2.2 Dateianlagen*) sind richtige Speicherfresser! Verzichten Sie auf die im Kapitel *10.3.3 Archivieren* vorgestellte Funktion.

19.12.2 Google One

Für die wenigsten Anwender dürfte das Angebot der hier vorgestellten Speicherplatzerweiterung Sinn machen. Zu Preisen zwischen 1,99 bis 9,99 Euro pro Monat lässt sich der Google-Speicherplatz auf 100 GB bis 2000 GB erweitern.

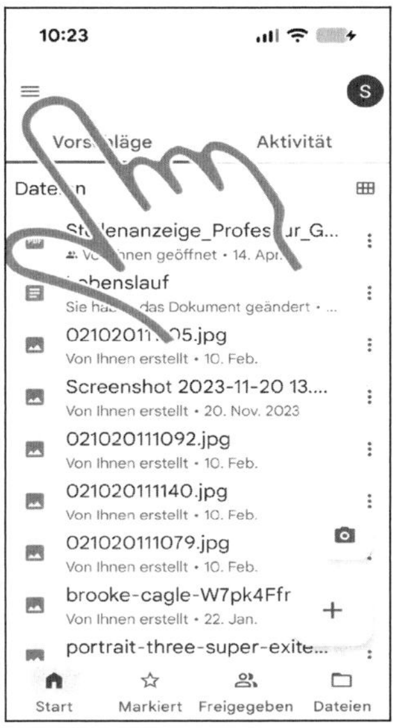

❶❷ Rufen Sie die Anwendung *Drive* auf und öffnen Sie das Ausklappmenü.

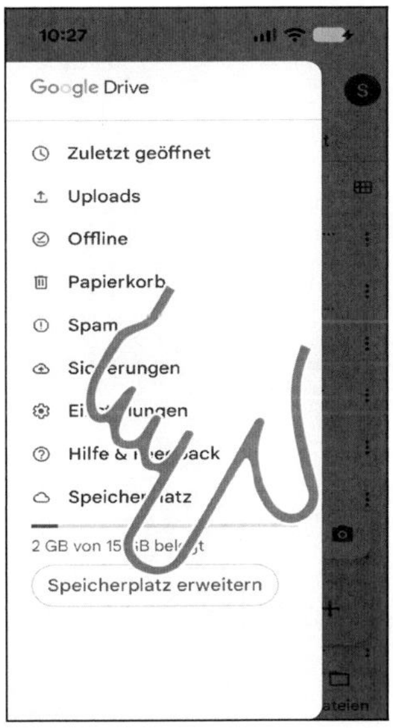

❶ Gehen Sie auf *Speicherplatz erweitern.*

❷ Wählen Sie einen Tarif und danach die Zahlungsmethode aus.

19.12.3 Speicherfunktion von Google Fotos ausschalten

Wie bereits im Kapitel *19.12.1 Speicherplatzinfo* beschrieben, empfehlen wir die Sicherung Ihrer Fotos und Videos im Google-Konto abzuschalten, sofern Sie nicht den Google One-Speichertarif gebucht haben. Das ist sehr einfach möglich.

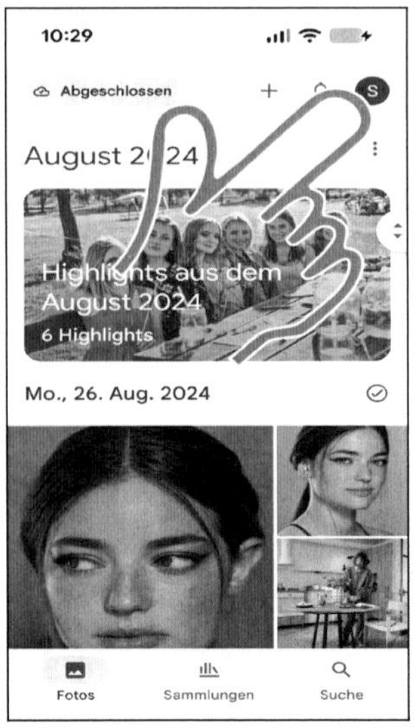

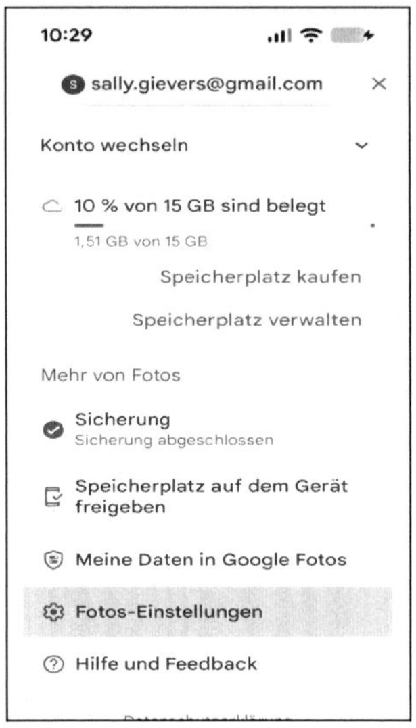

❶ Tippen Sie in Google Fotos auf das runde Kontosymbol.

❷ Wählen Sie *Fotos-Einstellungen.*

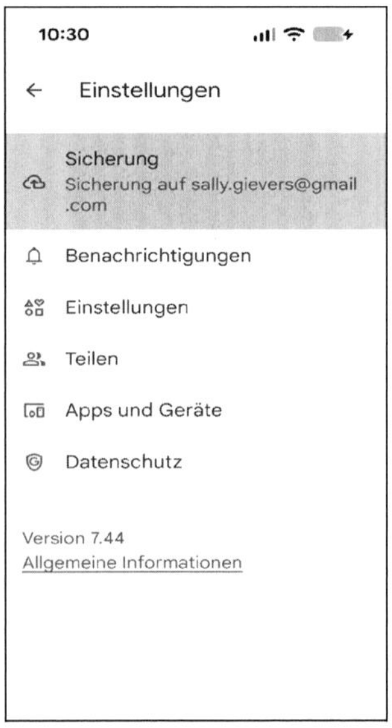

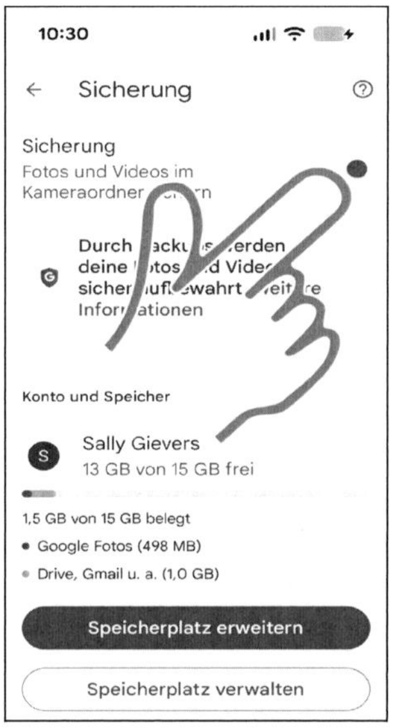

❶ Gehen Sie auf *Sicherung.*

❷ Deaktivieren Sie *Sicherung*, sofern es aktiv ist.

19.13 Google Lens

Google Lens analysiert Fotos und wertet Gegenstände, Orte, Barcodes und Texte aus. Je nach vermuteten Kontext schlägt Google Lens anschließend eine Aktion vor, beispielsweise bei Produkten eine Google-Suche nach der Produktbezeichnung. Weil Google Lens selbstlernend ist (»künstliche Intelligenz«), ändern sich mit der Zeit eventuell die Erkennungsergebnisse.

Laut Google werden unter anderem folgende Funktionen unterstützt:

- Visitenkarte: Telefonnummer oder Adresse für einen Kontakt speichern.
- Buch: Rezensionen oder andere Informationen abrufen.
- Sehenswürdigkeit oder Gebäude: Weitere Informationen recherchieren.

- Gemälde in einem Museum: Weitere Informationen recherchieren.
- Pflanze oder Tier: Weitere Informationen recherchieren.
- Flyer oder Plakat für Veranstaltung: Ereignis im Kalender hinzufügen.

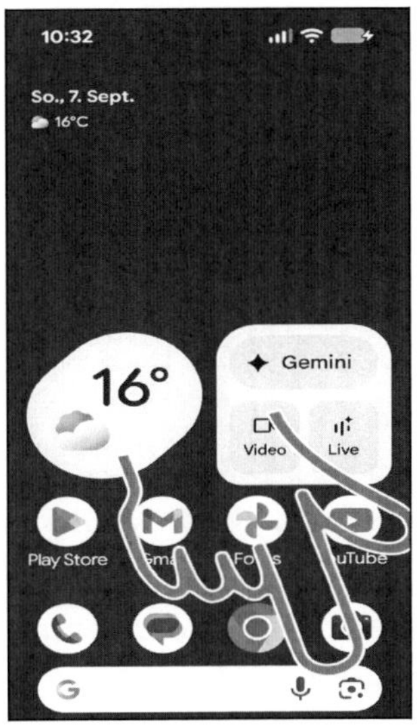

➊ Starten Sie die Google Lens-Funktion mit der -Schaltfläche im Startbildschirm.

➋ Betätigen Sie *Bei Nutzung der App.*

Die -Taste bringt Sie jederzeit in den Google Lens-Hauptbildschirm beziehungsweise in den Startbildschirm zurück.

19.13.1 Galerie-Bild untersuchen

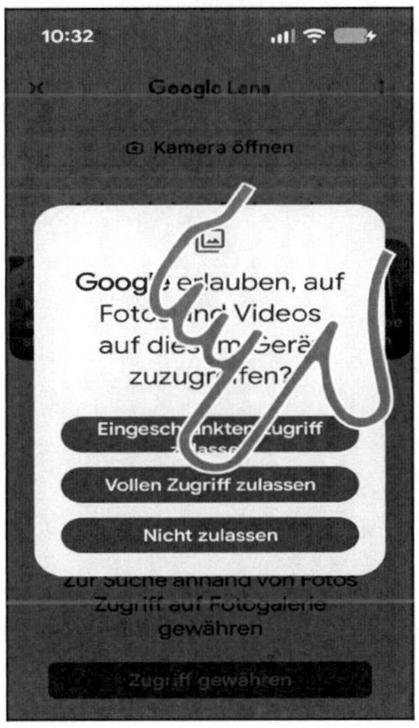

➊➋ Sofern die Galerie-Fotos noch nicht angezeigt werden, betätigen Sie die runde Schaltfläche. Dann gehen Sie auf *Vollen Zugriff zulassen.*

➊ Im Beispiel möchten wir ein bereits vorhandenes Bild, das wir mal mit der Kamera-Anwendung aufgenommen hatten, untersuchen. Tippen Sie es in der Auflistung an.

➋➌ Abhängig vom Bildtyp stehen weitere Bearbeitungsfunktionen am unteren Bildschirmrand bereit. Mit einer Wischgeste blättern Sie durch die Ergebnisse.

19.13.2 Kamera-Bild untersuchen

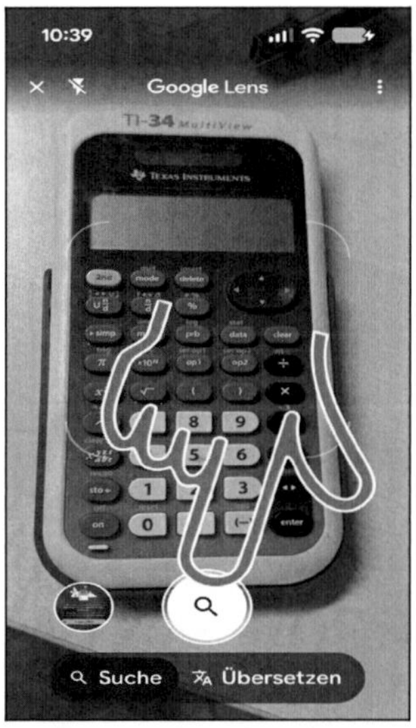

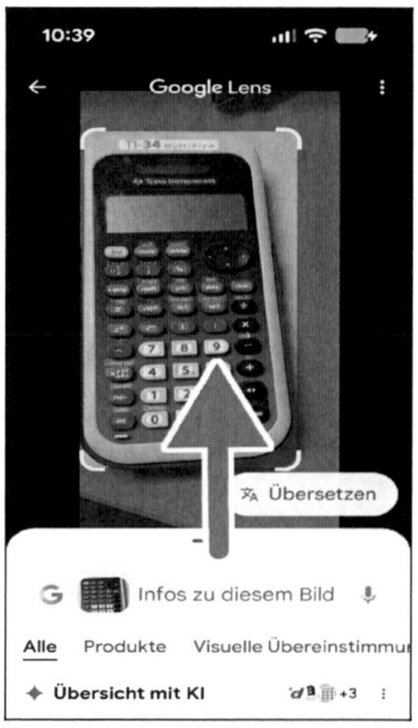

➊ Für die Auswertung der Liveanzeige von der Kamera gehen Sie auf *Kamera öffnen.*

➋ Halten Sie die Kamera auf einen Gegenstand und tippen Sie auf die weiße Schaltfläche.

➌ In diesem Beispiel wird der Gegenstand identifiziert und das Handy zeigt Fotos aus der Suche an. Eine Wischgeste nach oben listet weitere Fotos auf.

20. Google Gemini

Gemini, das auf künstlicher Intelligenz basiert, löst den bisher auf allen Android-Handys vorinstallierten Google Assistant ab. Es kann sowohl per Spracheingabe als auch über Texteingaben bedient werden. Ein Vorteil von Gemini ist, dass es nicht auf bestimmte Schlüsselwörter angewiesen ist, sondern auch den Kontext »versteht«.

Sofern Sie keine Sprachsteuerung auf Ihrem Handy nutzen möchten, dürfen Sie dieses Kapitel übrigens gerne überlesen.

20.1 KI-Warnhinweis

Google Gemini und andere KI-Modelle können gelegentlich falsche oder sogar frei erfundene (halluzinierte) Antworten liefern. Das liegt daran, dass Gemini **probabilistisch** arbeitet – es greift nicht auf eine feste Datenbank zurück, sondern generiert Antworten basierend auf Wahrscheinlichkeiten.

Da die KI auf bereits vorhandenen Daten trainiert wurde, können veraltete oder ungenaue Informationen einfließen. Besonders bei wenig dokumentierten oder spezialisierten Themen besteht die Gefahr, dass Lücken mit plausibel klingenden, aber erfundenen Inhalten gefüllt werden. Auch mehrdeutige oder unklare Fragen können dazu führen, dass die KI den Kontext falsch interpretiert und eine fehlerhafte – häufig auf den ersten Blick zunächst logische – Antwort liefert.

Um Fehlinformationen zu vermeiden, bleiben Sie kritisch und überprüfen Sie KI-generierte Antworten mithilfe vertrauenswürdiger Quellen. Eine klare und präzise Fragestellung hilft zudem, das Risiko von Halluzinationen zu reduzieren.

Trotz der erwähnten Einschränkungen werden Sie Google Gemini schon nach kurzer Zeit bei vielen Alltagsfragestellungen erfolgreich einsetzen. Insbesondere bei textbezogenen Aufgaben wie der Umformulierung von Texten, spart Gemini dem Nutzer sehr viel Zeit.

20.2 Einrichtung

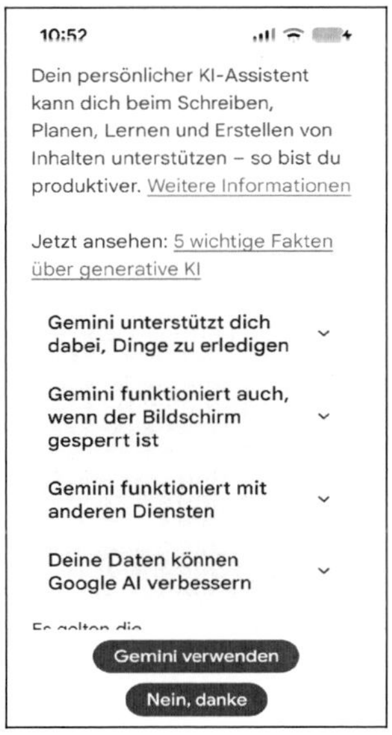

❶ So aktivieren Sie Gemini: Im Hauptmenü rufen Sie *Gemini* auf.

❷❸ In den folgenden Bildschirmen betätigen Sie gegebenenfalls *Mehr, Weiter* und zum Schluss *Gemini verwenden.*

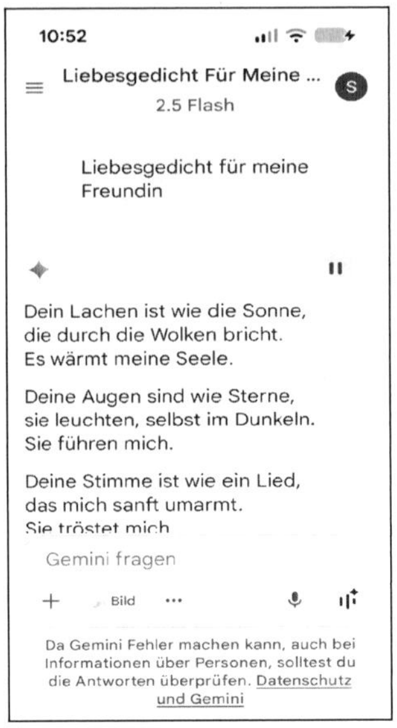

❶ Sie befinden sich in der Gemini-Benutzeroberfläche. Probieren Sie die Spracherkennung doch einfach mal aus! Betätigen Sie 🎙 und sagen Sie »*Kurzes Liebesgedicht für meine Frau*«

❷ Gemini stellt für Sie ein Gedicht zusammen (es wird von der KI selbst erstellt) und liest es Ihnen vor.

20.2.1 Sprachsteuerung aktivieren

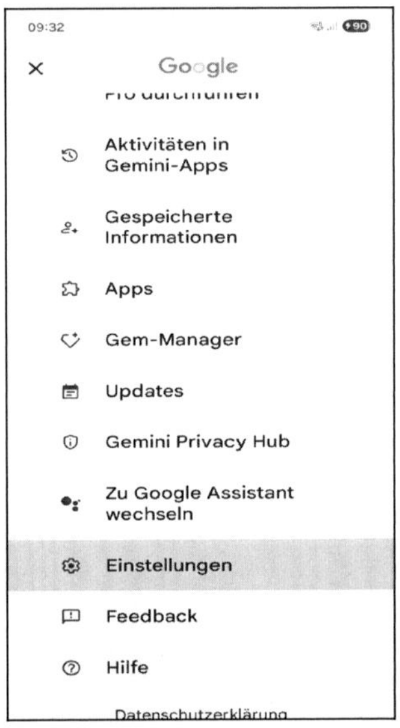

Für die optimale Gemini-Nutzung empfehlen wir, einige Einstellungen vorzunehmen:

❶ Tippen Sie in der Gemini-Anwendung auf das runde Kontosymbol.

❷❸ Rufen Sie *Einstellungen* auf und gehen Sie auf *„Hey Google" und Voice Match.*

➊ Aktivieren Sie *Hey Google.*

➋ Betätigen Sie in den folgenden Bildschirmen jeweils *Mehr* und *Ich stimme zu.*

Abhängig davon, ob die Sprachsteuerung von Ihnen bereits auf einem anderen Handy verwendet wurde, überspringt Google möglicherweise einige Konfigurationsbildschirme.

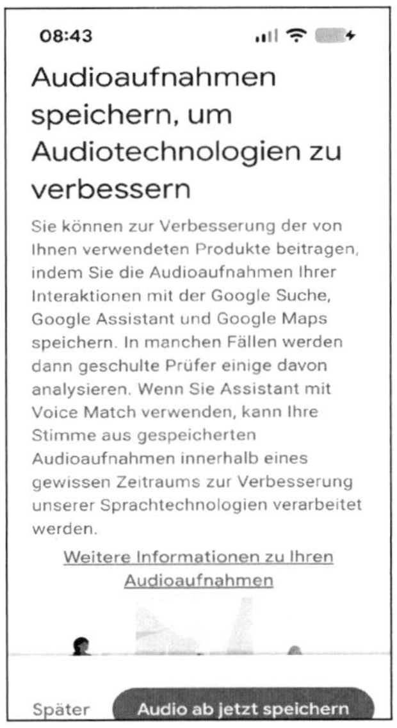

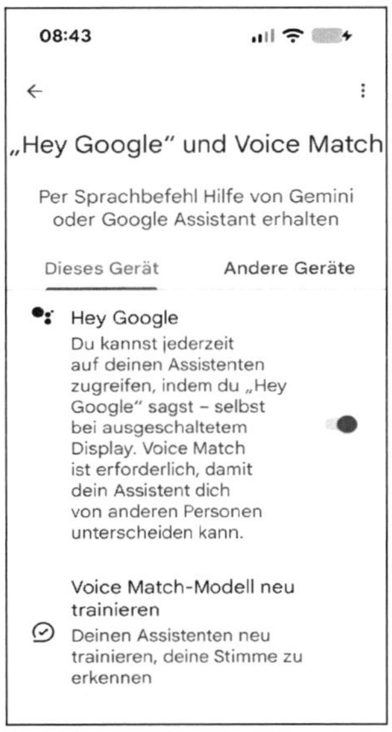

➊ Sprechen Sie die angezeigten Befehle nach, damit später die Spracherkennung optimal funktioniert. Den folgenden Bildschirm schließen Sie mit *Weiter.*

➋ Es ist Ihnen überlassen, ob Sie die Speicherung Ihrer Sprachaufnahmen zulassen.

➌ Verlassen Sie das Menü und kehren Sie durch mehrmaliges Betätigen der ◀-Taste in die Gemini-Anwendung zurück.

20.2.2 Funktionen freischalten

Standardmäßig darf Gemini auf einige Anwendungen und Datenquellen nicht zugreifen. Für die voll Funktionalität sollten Sie daher eine Datenfreigabe durchführen.

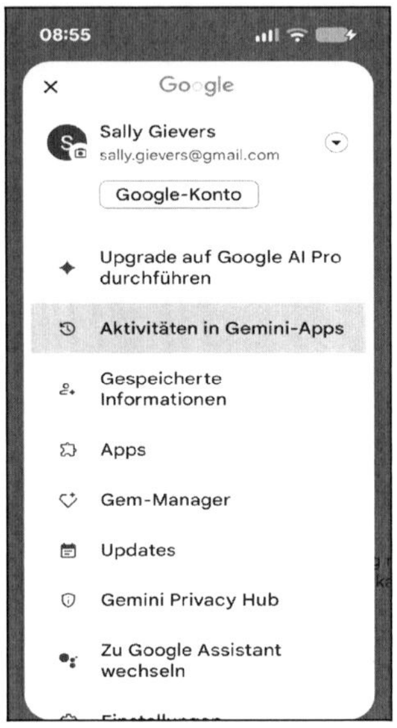

❶❷ Zuerst müssen Sie die von Gemini genutzten Anwendungen »freischalten«. Dazu tippen Sie auf das Kontosymbol und gehen auf *Aktivitäten in Gemini-Apps.*

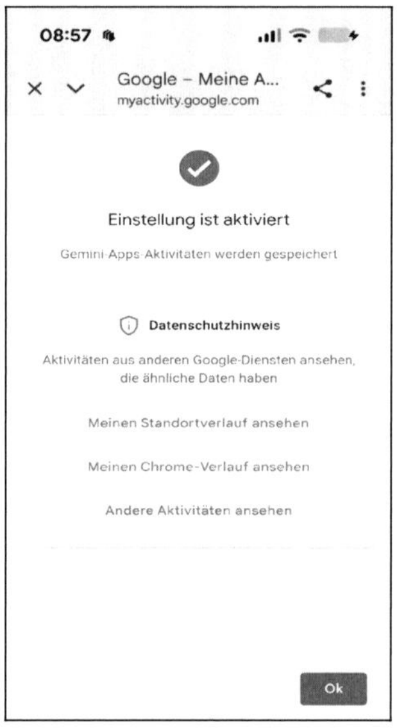

❶❷ In den folgenden zwei Bildschirmen tippen Sie auf *Aus* und betätigen Sie *Aktivieren* (sofern dort *An* steht, brauchen Sie nichts zu tun).

❸ Schließen Sie mit *OK* ab. Sie können dann die Bildschirme verlassen.

❶ Rufen Sie erneut die Gemini-Anwendung auf und tippen Sie auf das Kontosymbol.

❷ Rufen Sie *Apps* auf.

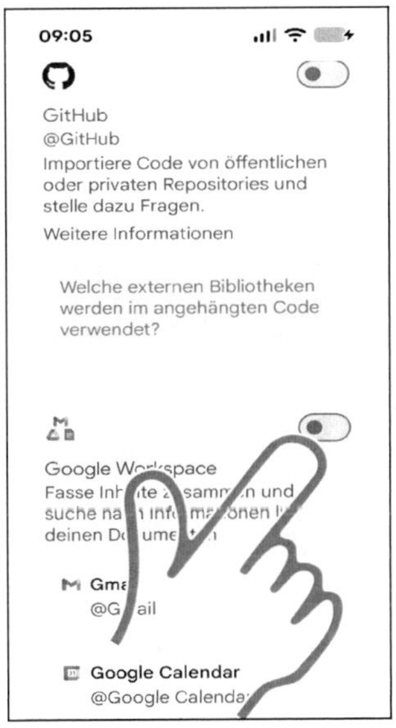

❶❷ Aktivieren Sie *Google Workspace* und gehen Sie auf *Verbinden.*

❸ Das Gleiche machen Sie bei *YouTube Music.*

20.3 Aufruf

Künftig rufen Sie Gemini mit »*Ok Google*« oder »*Hey Google*« auf. Dies funktioniert auch bei ausgeschaltetem Display. Die ◀-Taste beendet den Assistenten.

❶❷ Über das vorinstallierte Widget im Startbildschirm können Sie ebenfalls Gemini aufrufen.

20.3.1 Freigabe von Apps

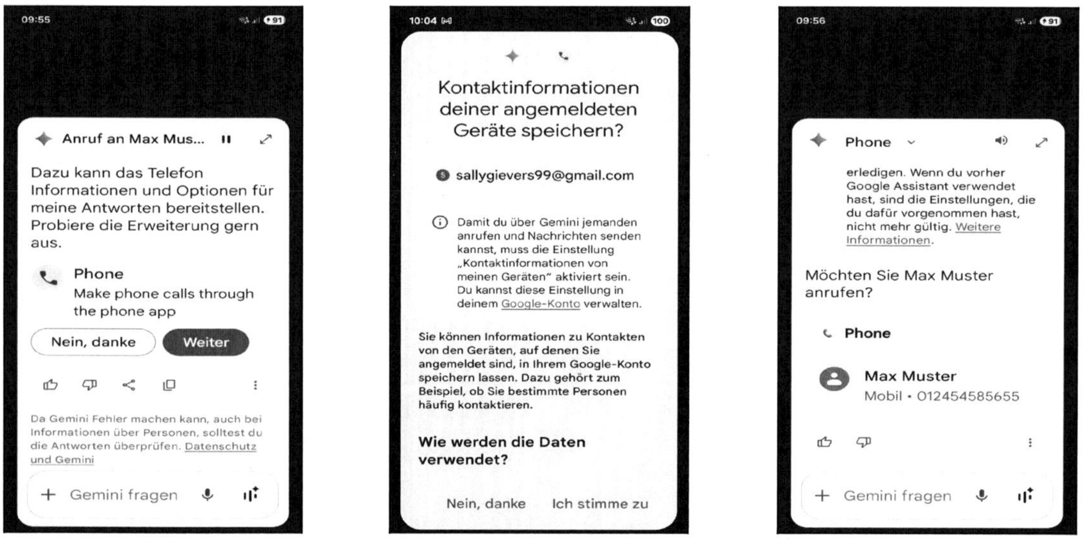

❶ Beachten Sie, dass Sie einige Anwendungen erst für den Zugriff einmalig freigeben müssen. Im Beispiel soll der Befehl »Anrufen Sally« ausgeführt werden. Im einmalig angezeigten Popup gehen Sie deshalb auf *Weiter.*

❷❸ Betätigen Sie *Ich stimme zu.* Die Anrufen-Funktion ist damit freigeschaltet.

20.4 Beispiele für Gemini-Befehle

Über Gemini lassen sich auch Dinge erledigen, für die Sie sonst erst umständlich auf dem Bildschirm eine Anwendung starten müssten. Einige Beispiele sollen die Möglichkeiten verdeutlichen. Rufen Sie mit »*Ok Google*« den Assistenten auf und sprechen Sie einen Befehl (**fett** jeweils die Schlüsselwörter):

- »**Ruf** Sally **an**«: *Sally* aus dem Telefonbuch anrufen (❶).
- »Antonia **mobil anrufen**«: Kontakt auf Handynummer aus dem Telefonbuch anrufen.
- »Hamburg **ansteuern**«, »**Weg zu** Hamburg«, »**Weg zu** Brandenburger Tor«: Startet die Navigation in Google Maps, berechnet die Route zum Zielort und startet die Routenführung (❷).
- »**Karte von** Berlin«: Den genannten Ort in Google Maps anzeigen.
- »**Zeige mir** Flughäfen (Restaurants/Tankstellen/Museen/...) **in** Berlin«: Points auf Interest in der Karte auflisten beziehungsweise anzeigen (❸).
- »**Spiele** Beatles«: Musikanwendung starten und dort nach den Interpreten/Song suchen und abspielen.
- »**Zeige** Beatles Yesterday **in YouTube**«: Sucht Songs von Bands/Interpreten in YouTube und listet diese auf.
- **Was steht heute an**: Kalender auswerten.
- **Öffne Kontakte**: Telefonbuch anzeigen.
- Die Spracherkennung beantwortet auch Ihre Fragen: »Wer ist Bundeskanzler in Deutschland?«, »Wetter in Berlin?«, »Wo ist der nächste Burger King?«
- Wecker einstellen: »Wecker auf 7 Uhr einstellen«
- Erinnerung einrichten: »Erinnern an: um 18.00 Uhr Max anrufen« oder »Erinnern an: Eisdiele am Marienplatz testen«
- Termin im Google Kalender erstellen: »Erstelle einen Termin in meinem Kalender: Abendessen in München, Samstag um 19.30 Uhr«
- SMS an einen Freund: »SMS an Stefan: Komme 5 Minuten später«
- E-Mail senden: »E-Mail senden an Kerstin: Betreff: neue Schuhe, Nachricht: Ich muss dir unbedingt meine neuen Schuhe zeigen«
- Routen abrufen: »Navigieren von Berlin nach Köln« oder »Wegbeschreibung von Berlin nach Frankfurt am Main«
- Orte in der Nähe finden: »Wo ist das nächste Café?«
- Nach der Uhrzeit fragen: »Wie spät ist es in London?«

- Nach dem Wetter fragen: »Wie ist das Wetter morgen Früh?«
- Interessante Antworten auf Fragen: »Wo wurde Albert Einstein geboren?« oder »Wie alt ist Beyonce?«
- Worte oder Sätze übersetzen: »Was heißt Gurke auf Spanisch?«
- Wort definieren: »Was bedeutet Adipositas?«
- Einheiten umrechnen: »Was sind 12 Zoll in Zentimeter?«
- Mathematische Gleichungen lösen: »Was ist die Wurzel aus 2209?«

Auch die Systemeinstellungen ändert die Sprachsteuerung:

- »Taschenlampe einschalten«; »Taschenlampe ausschalten«: Die Kamera-LED ein/ausschalten.
- »Bildschirm dunkler«; »Bildschirm heller«: Displayhelligkeit ändern.
- »Musik lauter/leiser«; »Klingelton lauter/leiser«: Lautstärke ändern.

Zusammenhängende Aufgaben:

- »Suche nach dem aktuellen Kinoprogramm und frage Sandra über WhatsApp, ob sie am Wochenende dafür Zeit hat«
- »Vergleiche den Gold- und Silberpreis und gebe mir eine Investitionsempfehlung«

Beachten Sie, dass Gemini recht neu ist und manches vielleicht nicht so funktioniert, wie es Google vorgesehen hat. Wir konnten in Tests zwar Anrufe über Gemini initieren, aber keine E-Mails erstellen.

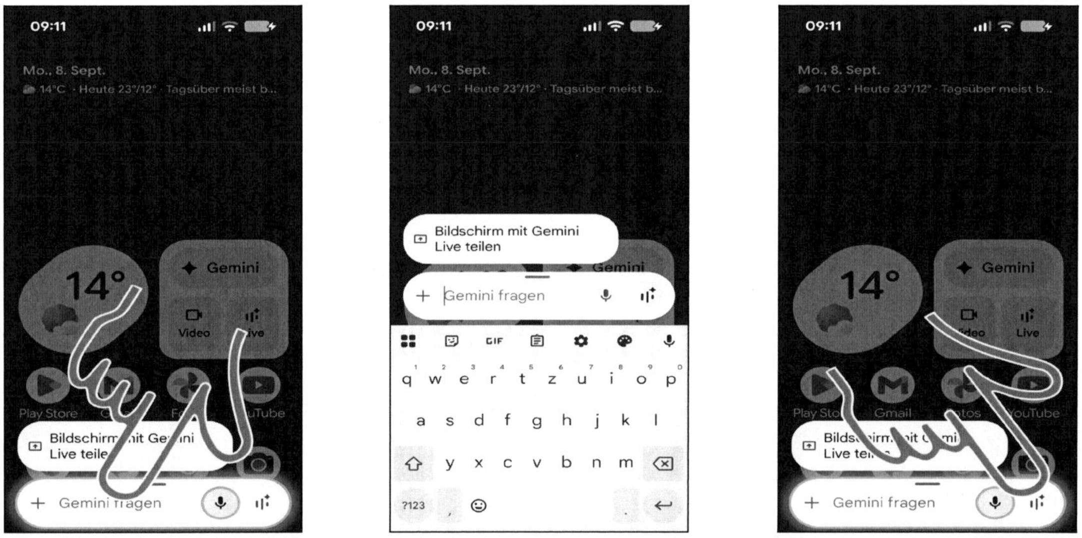

❶❷ Gemini lässt sich auch per Texteingabe steuern. Da hierbei keine Sprachausgabe erfolgt, eignet sich diese Methode besonders für Umgebungen, in denen Ruhe erforderlich ist.

❸ ıl (Pfeil) schaltet in den Dialogmodus um. Sie müssen dann zunächst eine Stimme auswählen. Im Dialogmodus arbeitet Gemini interaktiv, das heißt, durch Nachfragen vertiefen Sie ein Thema. Das Protokoll Ihres Dialogs zeigt Gemini später, wenn Sie es aus dem Hauptmenü aufrufen.

20.5 Gemini in der Praxis

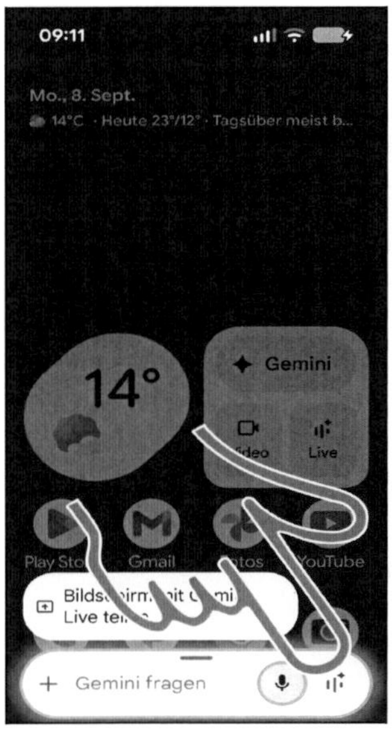

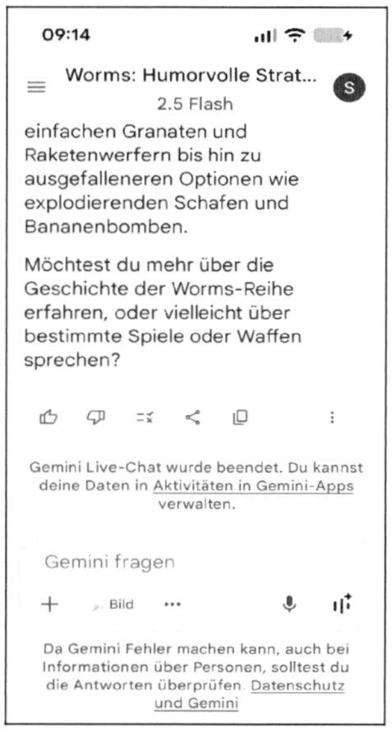

❶ Im Live-Modus, den Sie mit ı|ⁱ (Pfeil) aktivieren, unterhalten Sie sich mit Gemini. Hierbei wird dann auch der Kontext berücksichtigt. Beim ersten Aufruf können Sie eine Stimme auswählen.

❷ Im Live-Modus arbeitet Gemini interaktiv, das heißt, durch Nachfragen vertiefen Sie ein Thema. Über die -Schaltleiste am unteren Bildschirmrand geben Sie die Kamera für die KI frei, teilt den Bildschirm mit der KI.

Nach Betätigen der roten X-Schaltleiste wird Ihnen ein Gesprächsprotokoll (❸) angezeigt.

Texteingaben sind im Dialogmodus leider nicht möglich, was dessen Nutzen stark einschränkt.

20.5.1 *Bildgenerator*

❶❷ Ein Bild erzeugt Gemini mit dem Befehl »Erstelle Bild«, im Beispiel »*erstelle Bild eines Einhorns*«. Die -Schaltfläche versendet das Bild beziehungsweise öffnet es in einer anderen App auf dem Handy.

Es werden immer quadratische Bilder im 1:1-Format erzeugt. Andere Bildformate werden derzeit nicht unterstützt.

20.5.2 Fotos analysieren

Als sehr praktisch im Alltag erweist sich die in Gemini integrierte Bildverarbeitung.

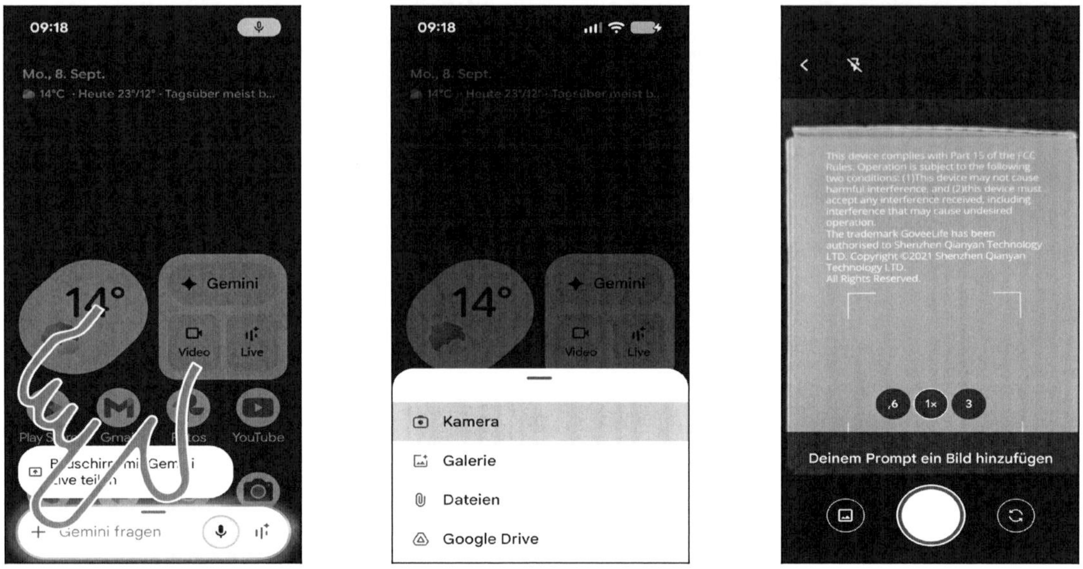

❶❷ Tippen Sie + an und wählen Sie *Kamera.*

❸ Machen Sie ein Foto von dem Text, den Sie übersetzt haben möchten. Betätigen Sie dann *Anhängen.*

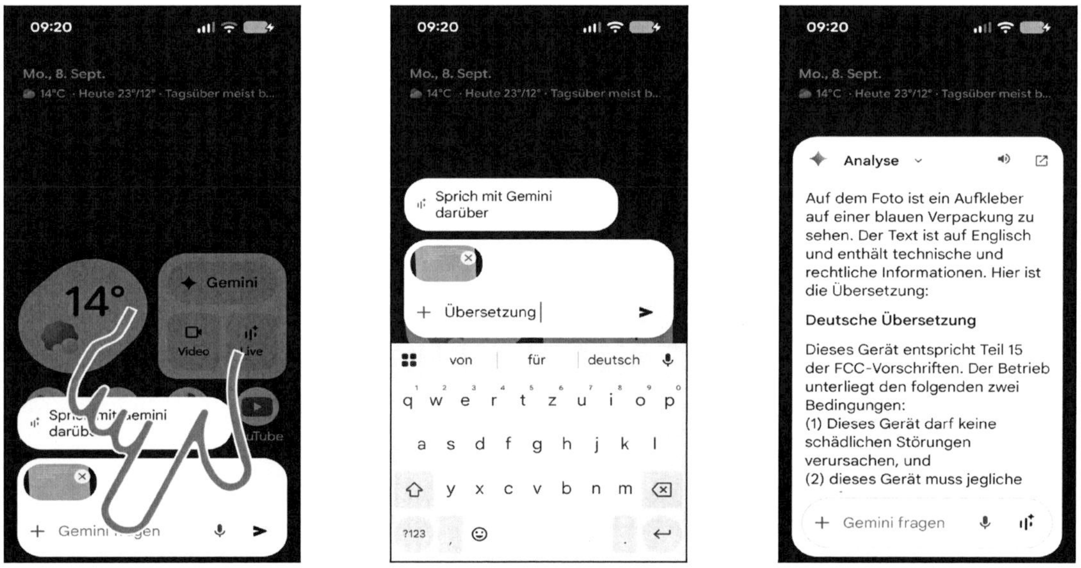

❶❷ Tippen Sie ins Eingabefeld und geben Sie *Übersetzung* ein. ➤ führt den Vorgang aus.

❸ Die Übersetzung wird angezeigt.

Als Alternative können Sie »Google Übersetzer« aus dem Play Store auf Ihrem Handy installieren, das nicht nur das Live-Kamerabild automatisch übersetzt, sondern auch Konversationsfunktionen anbietet.

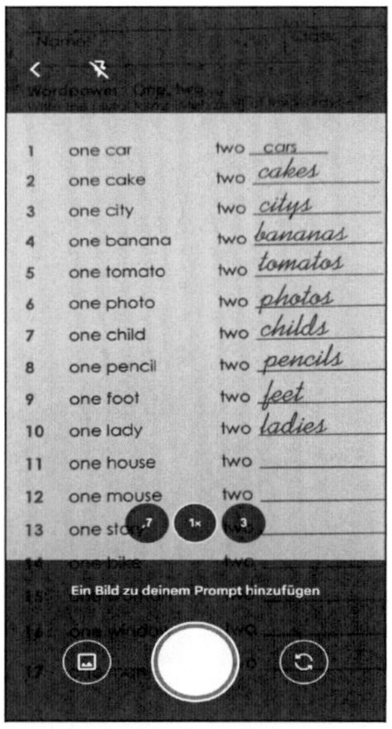

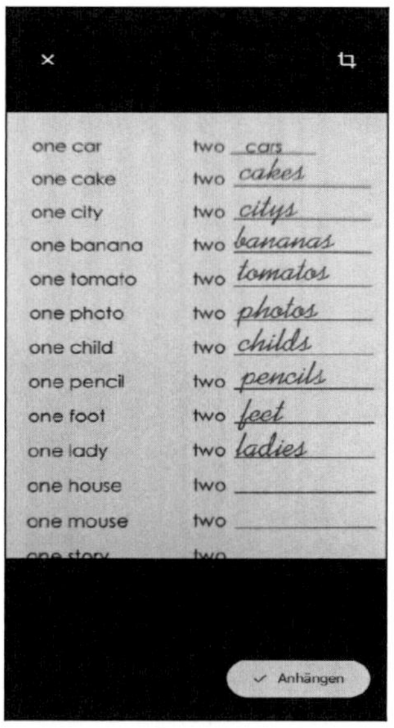

Seine Stärken zeigt Gemini beim Lösen und Überprüfen von Aufgaben. Im Beispiel soll die KI einen Englischtest mit unregelmäßigen Verben korrigieren.

❶❷ Fügen Sie, wie zuvor gezeigt, Gemini ein Foto hinzu.

❸ Geben Sie als Prompt »*überprüfe Richtigkeit*« ein.

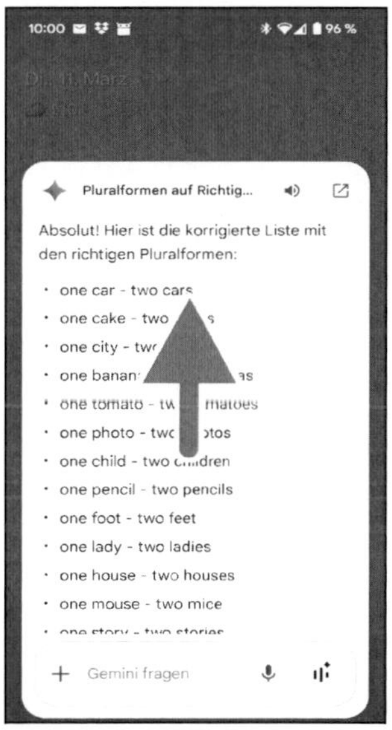

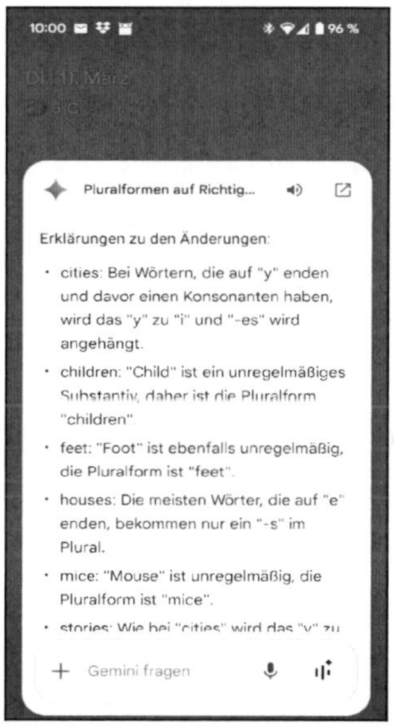

❶ Gemini erkennt den Kontext und löst die Aufgaben. Blättern Sie mit einer Wischgeste durch den Text.

❷ In diesem Fall gibt es sogar noch eine verständliche Erklärung zu den englischen Rechtschreibregeln.

Gemini löst auch die meisten Text- und Rechenaufgaben aus verschiedenen Schulfächern und Fachgebieten. Beachten Sie aber bitte, dass die KI Probleme mit der Unterscheidung von »7« und »1« hat (in vielen Ländern wird die »7« wie eine »1« geschrieben).

20.6 Die Gemini-Anwendung

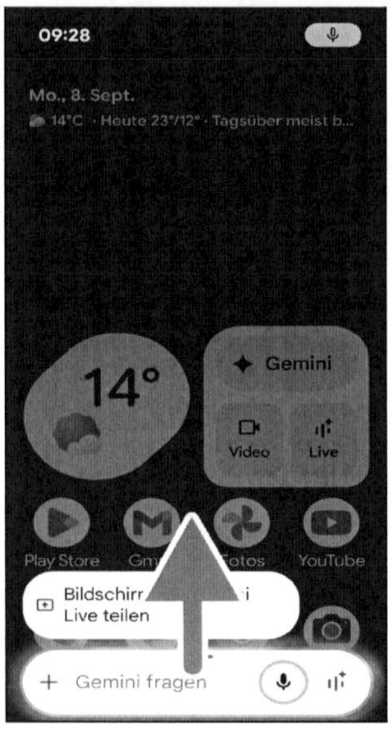

❶❷ Das per Sprachbefehl (»Hey Google« oder »Okay Google«) oder per Ein-/Ausschalter aufgerufene Gemini können Sie mit einer Wischgeste zur Vollbildanzeige »aufziehen«.

❸ Alternativ rufen Sie die *Gemini*-App aus dem Hauptmenü auf. Dies funktioniert auch mit dem Sprachbefehl »*Okay Google, öffne Gemini*«.

20.6.1 Kontext und Chatverlauf

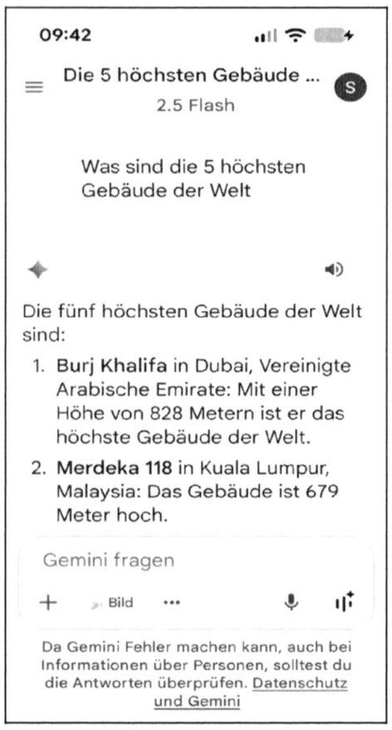

❶❷ Im Gegensatz zur Gemini-Sprachsteuerung bezieht die Gemini-Benutzeroberfläche den Kontext einer vorherigen Antwort mit ein, was ein Beispiel verdeutlichen soll: »*Was sind die fünf höchsten Gebäude der Welt?*« – »*Welche davon haben eine Aussichtsplattform?*«. Auf diesem Wege vertiefen Sie sehr einfach ein Thema.

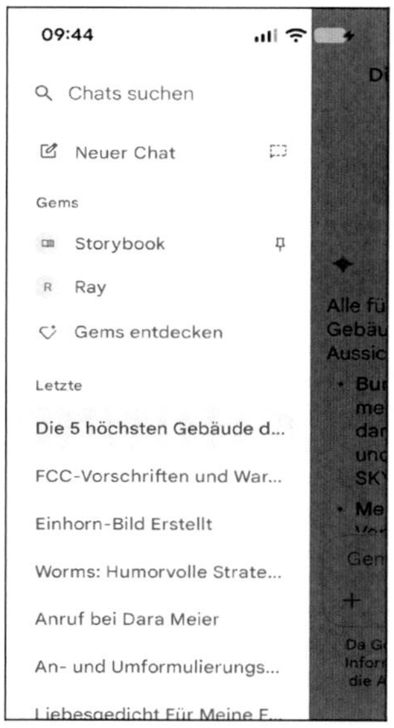

➊➋ Über das Ausklappmenü haben Sie Zugriff auf alte Chats.

Es ist wichtig, für jedes neue Thema auch einen neuen Chat mit *Neuer Chat* zu starten, damit die KI nicht ihre bisherigen Ausgaben in seinen Antworten berücksichtigt.

21. Kalender

Der Kalender verwaltet Ihre Termine, die sich mit dem Google-Kalender synchronisieren lassen.

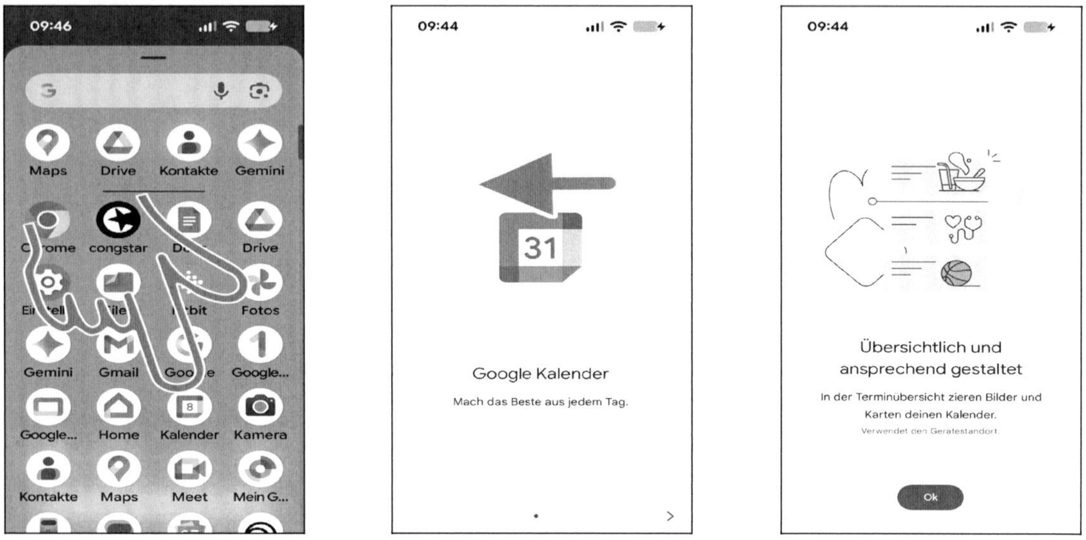

❶ Sie finden den *Kalender* im Hauptmenü (Pfeil).

❷❸ Wischen Sie mehrmals durch die Hinweisseiten und schließen Sie mit *Ok* ab.

21.1 Kalenderansichten

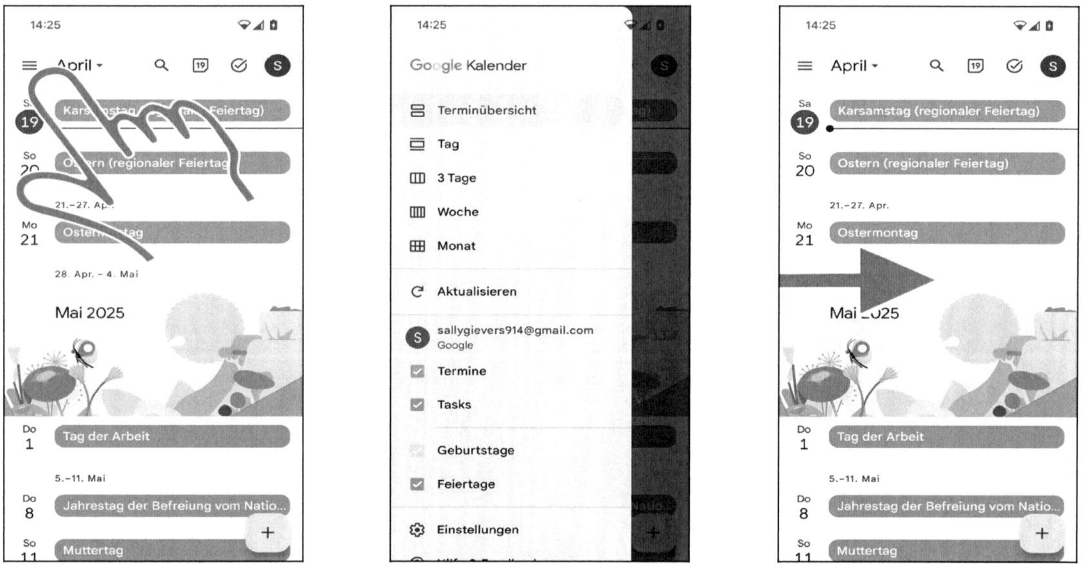

❶❷ Der Kalender zeigt beim Start standardmäßig die zuletzt genutzte Ansicht an. Um auf eine andere Kalenderansicht umzuschalten, aktivieren Sie über die Schaltfläche oben links im Bildschirm das Ausklappmenü und wählen einen der Menüeinträge aus.

❸ Das Ausklappmenü aktivieren/schließen Sie alternativ durch eine Wischgeste außerhalb des Displays nach rechts beziehungsweise durch Wischen nach links.

21.1.1 Terminübersicht

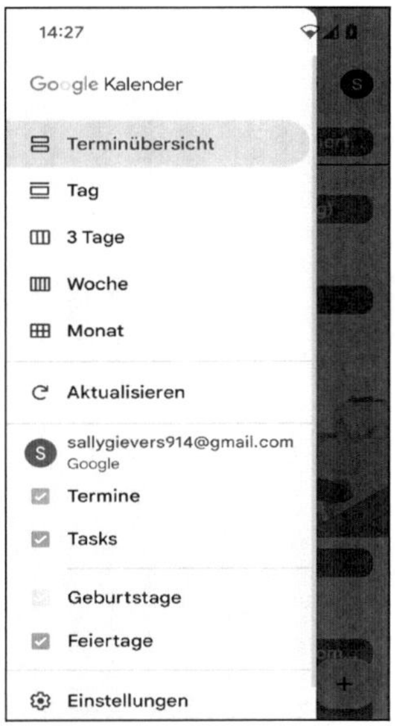

❶ Die Terminübersicht listet übersichtlich alle demnächst anstehenden Termine, sowie die Feiertage auf.

❷❸ Tippen Sie einen Eintrag für die Details an.

21.1.2 Monatsansicht

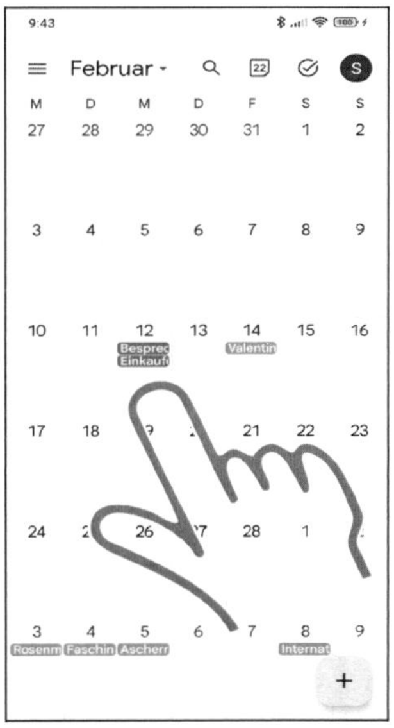

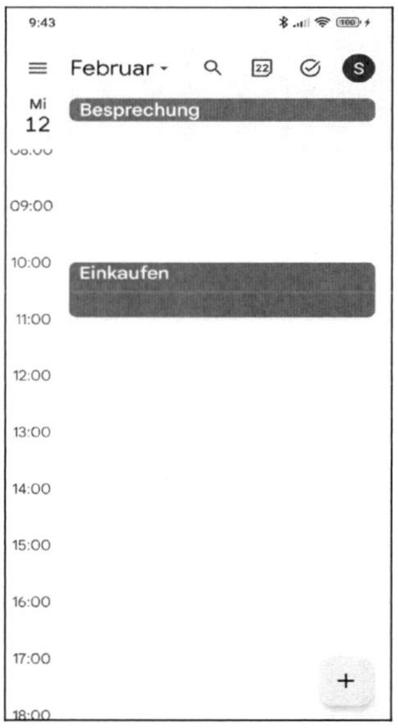

❶❷ Termine werden in den einzelnen Wochentagen angezeigt. Tippen Sie einen Tag an, zu dem Sie die Termine erfahren möchten.

21.1.3 Wochenansicht

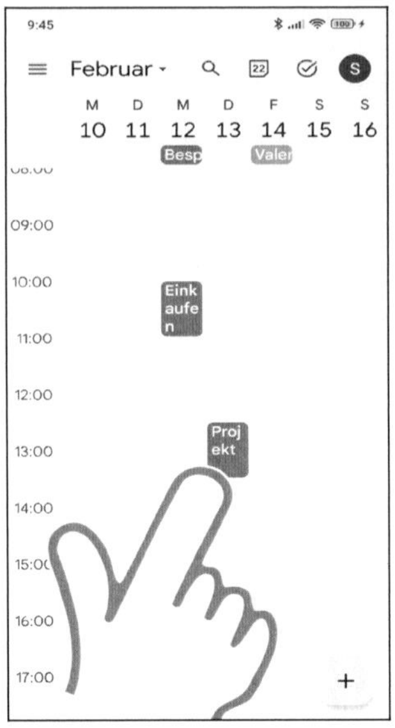

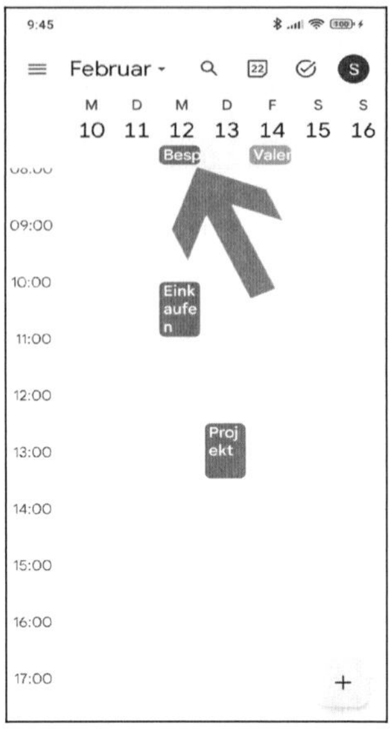

❶❷ In der Wochenansicht sind alle Termine als Balken auf einer Zeitachse angelegt. Man sieht auf diesem Wege sofort, ob und wo noch freie Zeiträume sind. Antippen eines Termins (Pfeil) zeigt diesen wiederum an.

❸ Ganztagstermine blendet der Kalender jeweils am oberen Bildschirmrand ein.

21.1.4 Tagesansicht

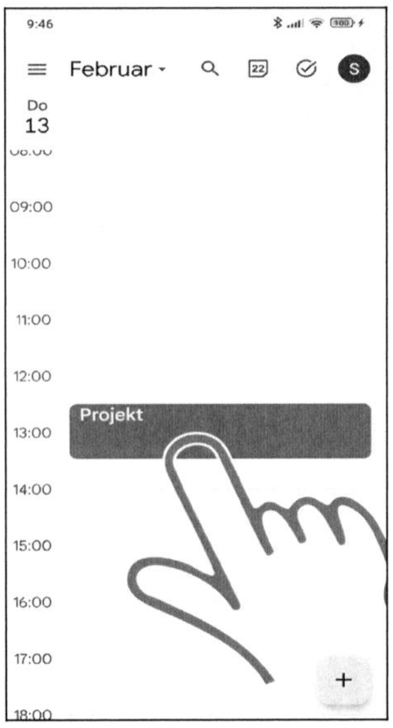

❶❷ Auch die Tagesansichten (*Tage* und *3 Tage*) stellen die Termine in einer Zeitachse dar. Tippen Sie einen Termin (Pfeil) an, worauf die Detailansicht erscheint.

21.2 Navigation im Kalender

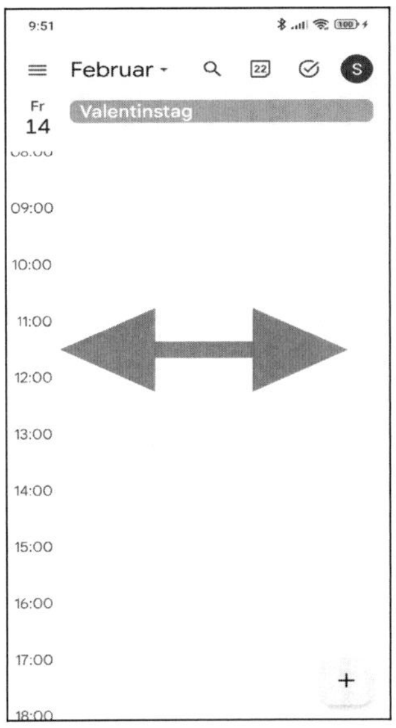

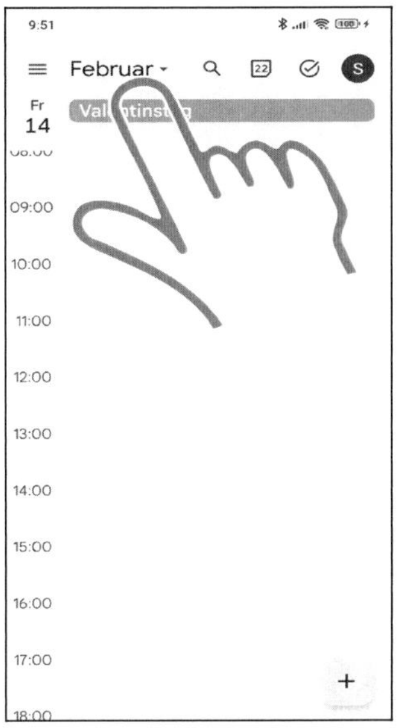

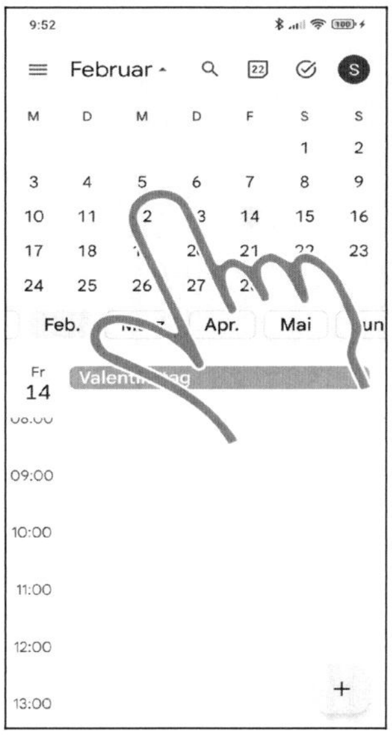

❶ Mit einer Wischgeste nach rechts/links blättern Sie vor oder zurück.

❷❸ Für den schnellen Sprung in ein bestimmtes Kalenderdatum aktivieren Sie das Auswahlmenü und tippen dort ein einen Monat an (nicht in der Monatsansicht möglich). Auch hier können Sie nach links/rechts wischen.

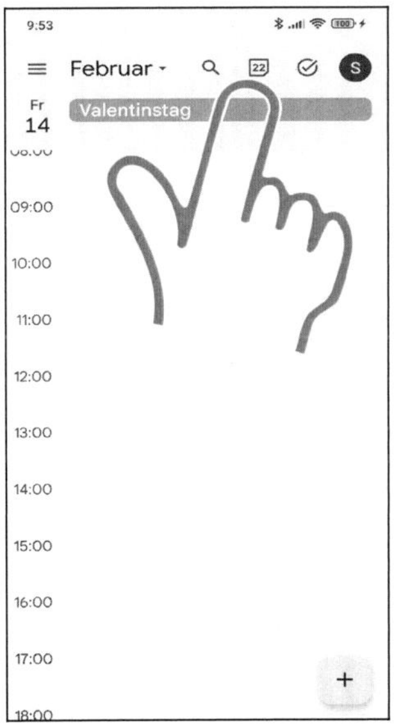

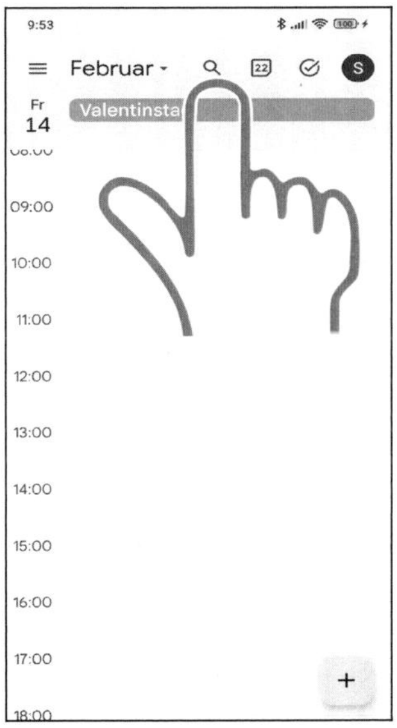

❶ in der Tages- und Wochenansicht schaltet (Pfeil) auf das aktuelle Datum um.

❷❸ zeigt zum eingegebenen Suchbegriff alle Fundstellen an, die Sie durch Antippen aufrufen können.

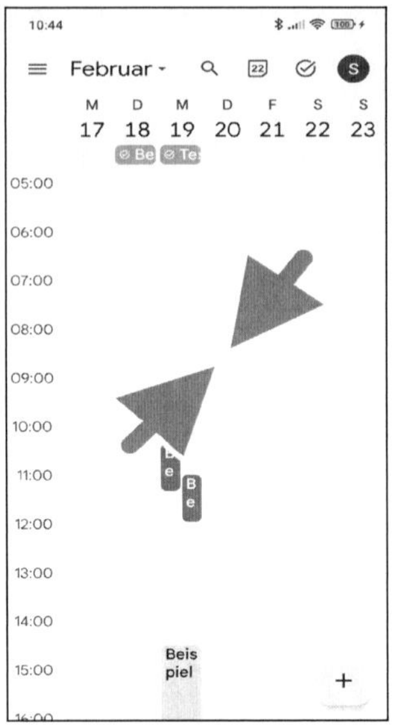

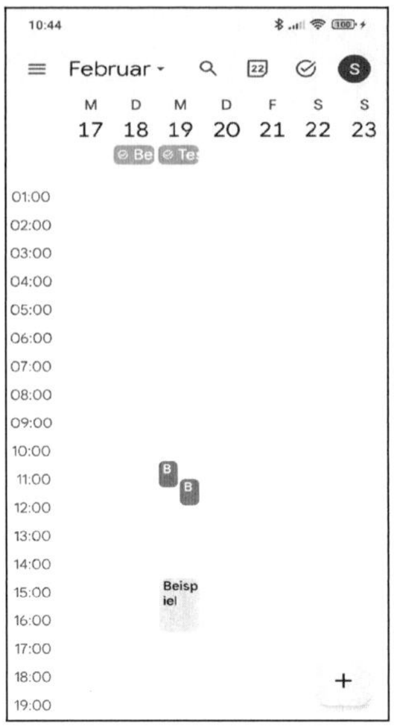

❶❷ In der Tages-, 3-Tage- und Wochenansicht lässt sich mit einer Kneifgeste die Ansicht verkleinern beziehungsweise vergrößern.

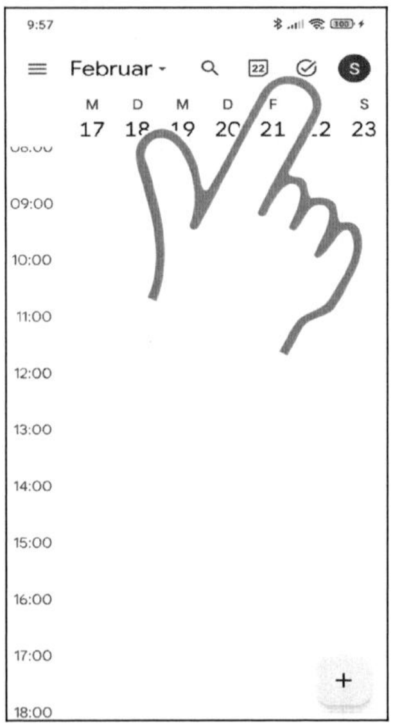

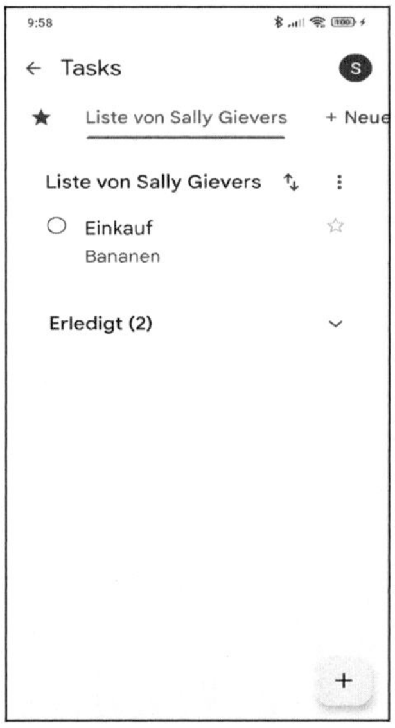

❶❷ ✓ öffnet die Tasks-Aufgabenverwaltung. Die hier verwalteten Einträge sind im Gegensatz zu den »Aufgaben« nicht im Kalender sichtbar.

21.3 Neuen Termin hinzufügen

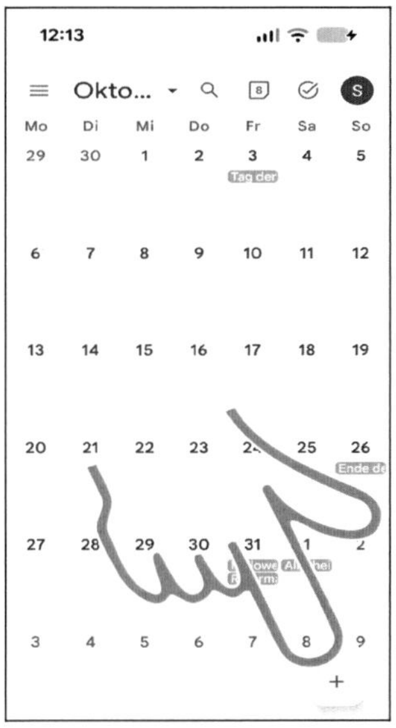

➊ In allen Kalenderansichten erzeugt die +-Schaltfläche einen neuen Termin.

➋ Anschließend wählen Sie aus:

- *Geburtstag*: Ganztagstermin mit Erinnerung eine Woche vorher.
- *Aufgabe*: Aufgaben sind meistens bis zu einem bestimmten Datum zu erledigen.
- *Termin*: Erstellt einen Kalendertermin, worauf wir im Folgenden genauer eingehen.

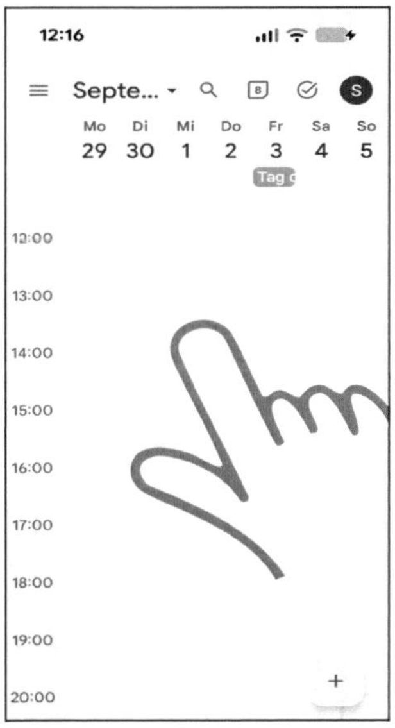

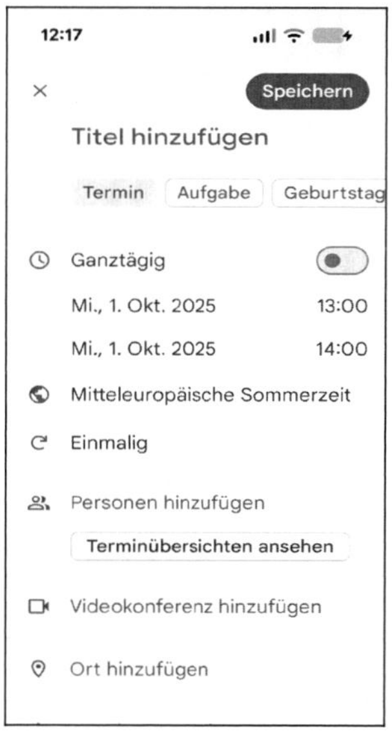

➊ Sie ersparen Sie übrigens etwas Arbeit, indem Sie in der Tages- oder Wochenansicht auf eine Uhrzeit tippen (Pfeil).

➋➌ Tag und Uhrzeit werden als Startzeit in den Termineditor übernommen. Mit einer Wischgeste öffnen Sie bei Bedarf den Eingabebildschirm.

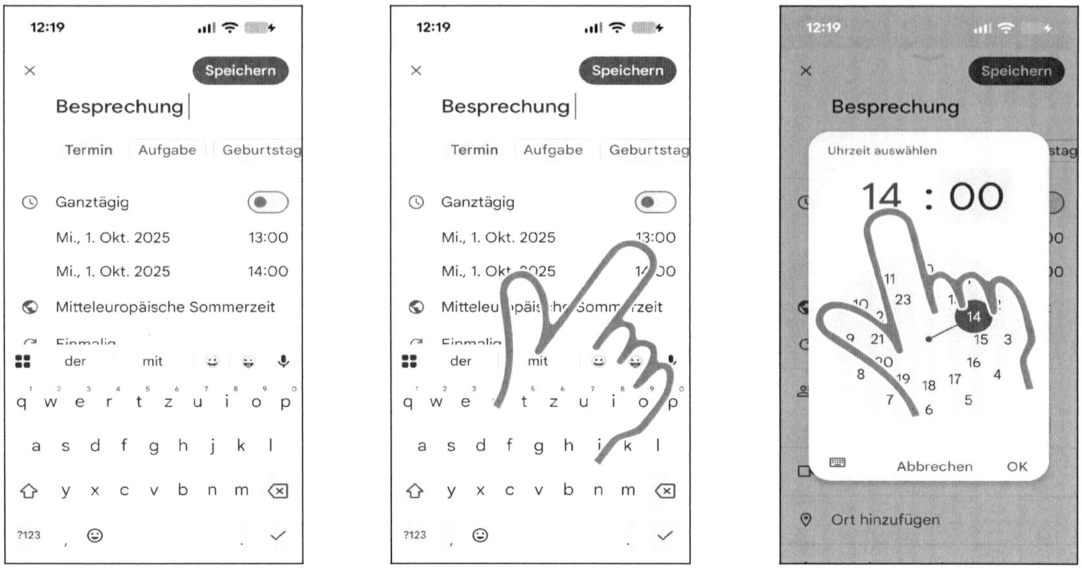

➊ Erfassen Sie im Bearbeitungsbildschirm die Termindaten.

➋ Tippen Sie jeweils Datum und Uhrzeit für den Terminstart und Terminende an.

➌ Nun wählen Sie nacheinander erst die Stunden, dann die Minuten aus und stellen Sie mit einer Wischgeste oder Antippen einer Zahl im Zahlenrad die Zeiten ein. Alternativ aktivieren Sie mit ⌨ (unten links im Popup) das Tastenfeld.

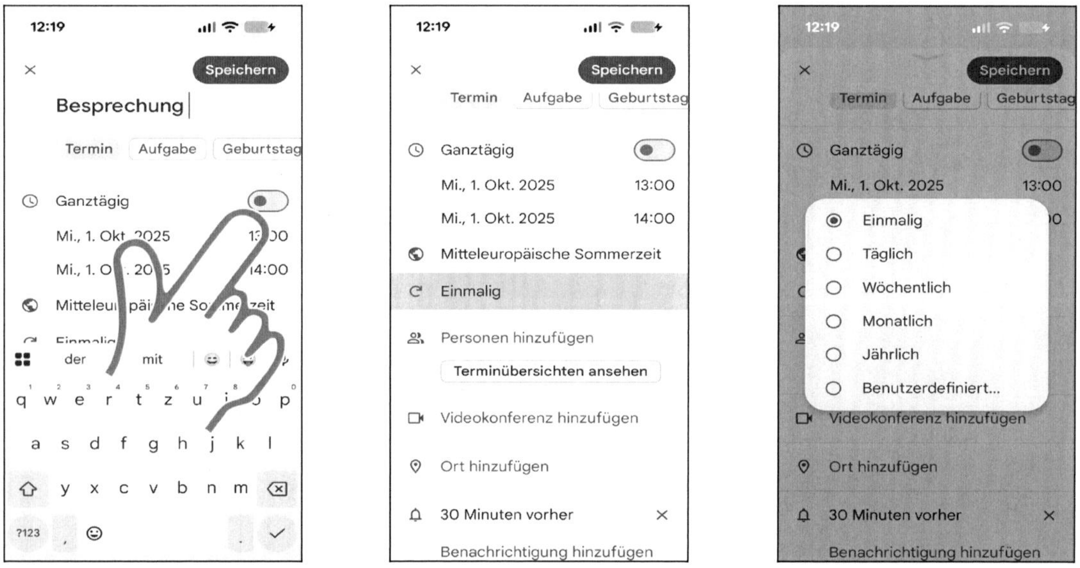

➊ Sofern es sich um einen Termin ohne feste Uhrzeit, beispielsweise einen Geburtstag, handelt, aktivieren Sie *Ganztägig*.

➋ Viele Termine sind keine einmaligen Angelegenheiten, sondern stehen regelmäßig an. Antippen von *Einmalig* öffnet ein Popup, worüber Sie die Wiederholung festlegen.

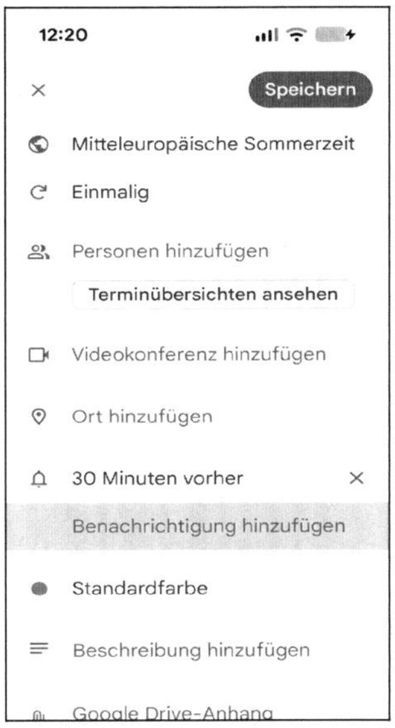

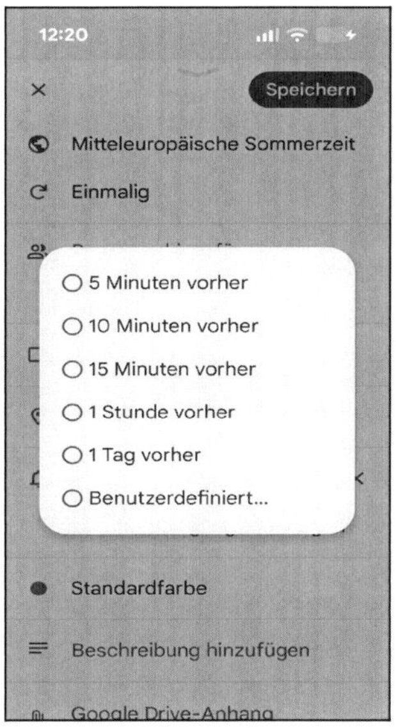

❶❷ Standardmäßig erfolgt die Terminbenachrichtigung 30 Minuten vorher (dies lässt sich pauschal festlegen, siehe Kapitel *21.6 Einstellungen*). Über *Benachrichtigung hinzufügen* legen Sie weitere Benachrichtigungen an.

Betätigen Sie anschließend *Speichern*.

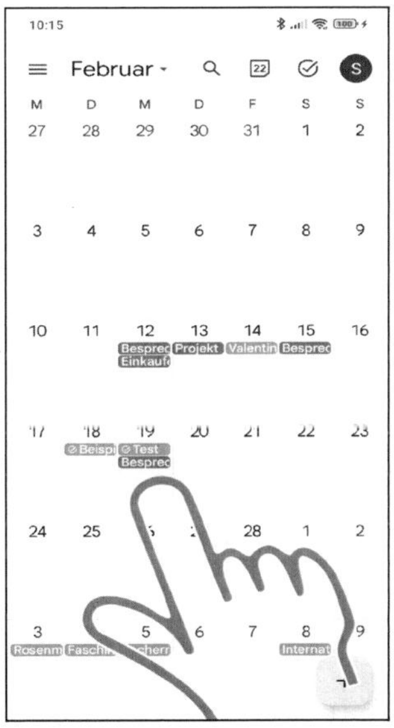

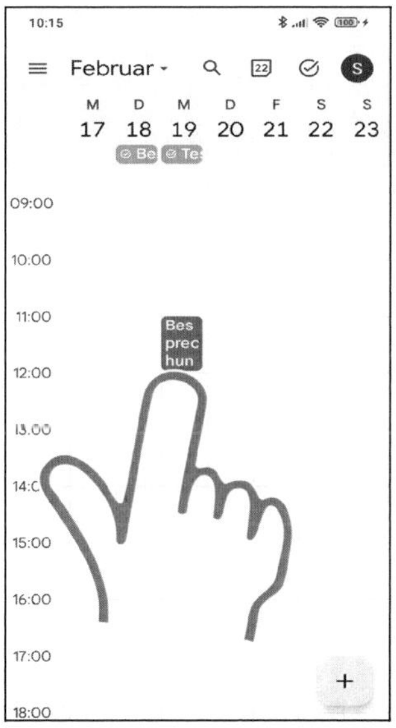

❶❷❸ Der Termin erscheint im Kalender. Im Beispiel der Monatsansicht tippen Sie auf das korrespondierende Datum und danach auf den Termineintrag für die Termindetails. Falls Sie ihn ändern möchten, betätigen Sie ✎.

21.3.1 Termine hervorheben

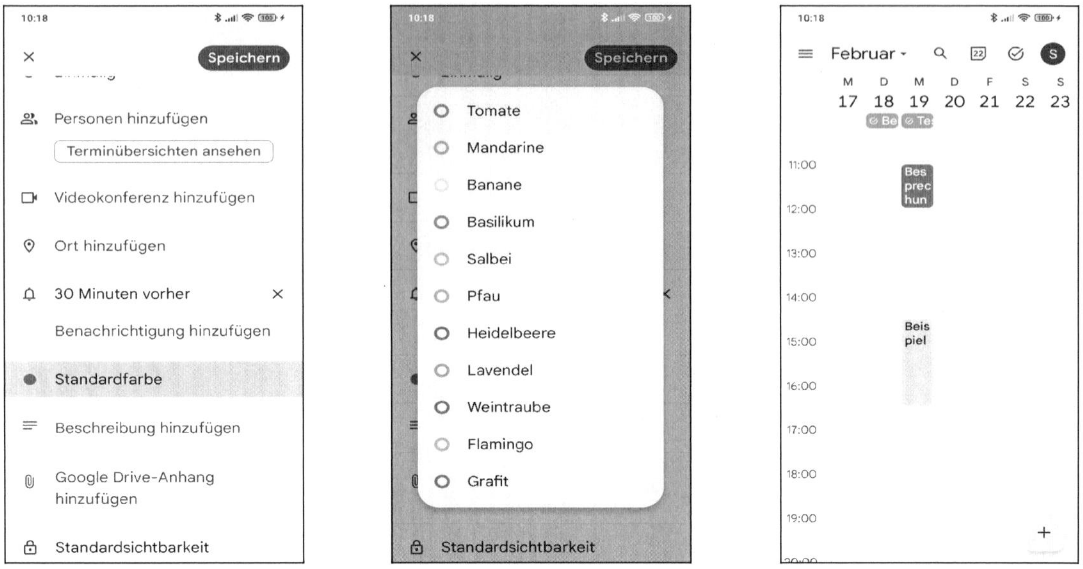

➊➋ Jeder Termin kann mit einer eigenen Farbe während der Terminbearbeitung/Terminerfassung versehen werden.

➌ Durch die verschiedenen Farben lassen sich beispielsweise wichtige Termine leichter von weniger wichtigen unterscheiden.

Die standardmäßig vorgegebene Terminfarbe lässt sich in den Einstellungen (siehe Kapitel *21.6 Einstellungen*) ändern.

21.4 Terminerinnerung

➊ Das Kalender/Wetter-Widget informiert über den nächsten anstehenden Termin.

➋ Ein Erinnerungston und ein Symbol informieren Sie dann über den Termin.

➌ Öffnen Sie das Benachrichtigungsfeld und gehen Sie auf den Terminnamen, was die Termindetails anzeigt oder führen Sie auf dem Termineintrag eine Wischgeste nach links oder rechts durch, um den Alarm zu deaktivieren.

Den Alarmton für Kalendertermine stellen Sie, wie im nächsten Kapitel gezeigt, ein.

21.5 Geburts- und Jahrestage

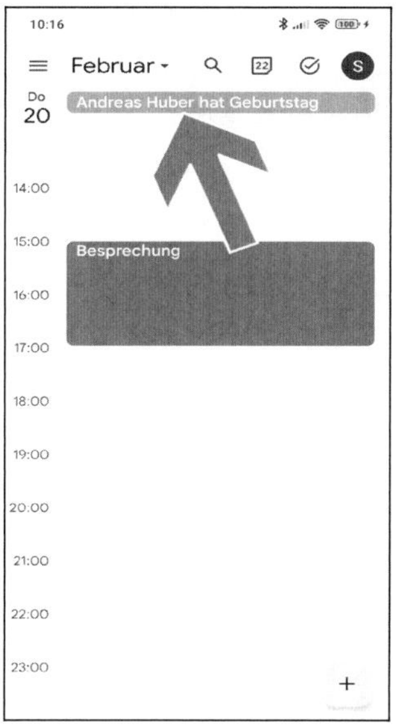

❶ Tipp: Erfassen Sie bei der Kontakterfassung im Telefonbuch auch wichtige Jahrestage, beispielsweise den Geburtstag (siehe Kapitel *7 Telefonbuch*).

❷ Das Datum – in unserem Beispiel ein Geburtstag – erscheint automatisch als Ganztagestermin im Kalender.

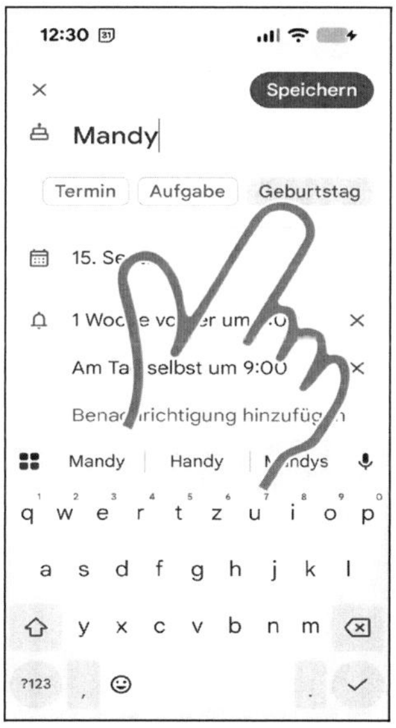

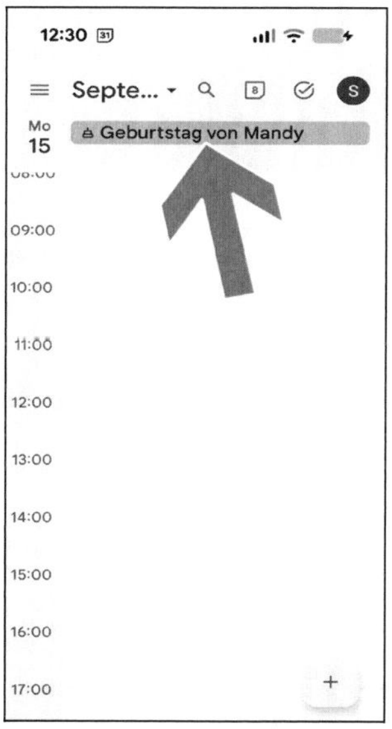

❶ Sie können Geburtstage auch direkt im Kalender anlegen: Im Auswahlmenü gehen Sie auf *Geburtstag* oder wählen *Geburtstag*.

❷ Alternativ wählen Sie bei der Termineingabe Geburtstag aus.Erfassen Sie einen Namen und stellen Sie das Datum und die Erinnerungsfunktion ein und betätigen *Speichern*.

❸ Der Geburtstag erscheint als Ganztagestermin im Kalender (Pfeil).

21.6 Einstellungen

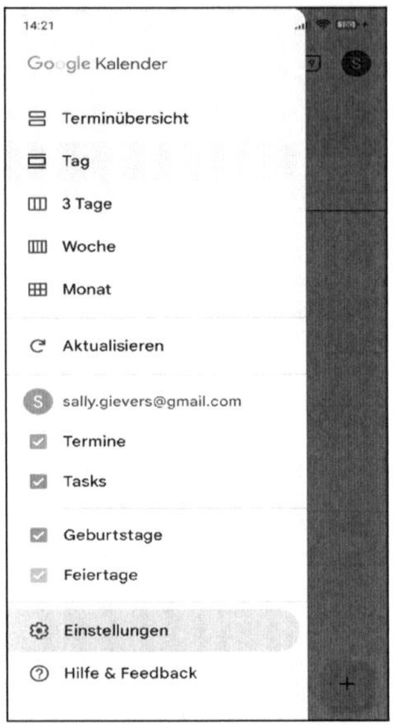

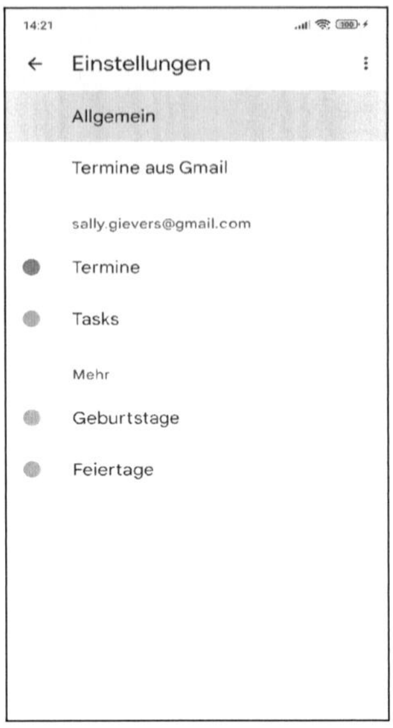

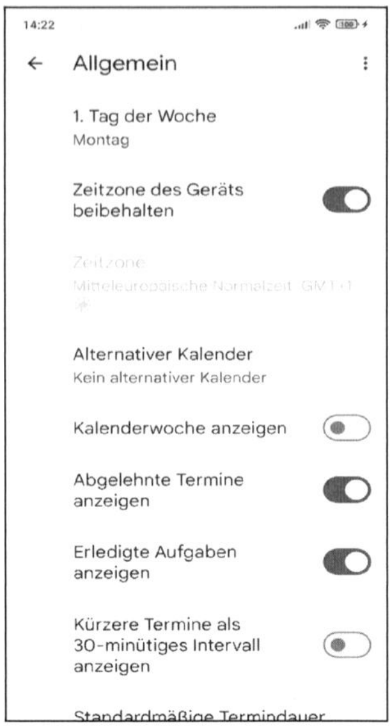

❶❷ Unter *Einstellungen* im Ausklappmenü konfigurieren Sie:

Unter *Allgemein* (❸):

- *1. Tag der Woche*: In manchen Kulturkreisen beginnt die Woche bereits am Samstag oder Sonntag, was Sie hier festlegen.
- *Zeitzone des Geräts beibehalten; Zeitzone*: Befinden Sie sich in einer anderen Zeitzone, so rechnet das Handy automatisch alle Termine von Mitteleuropäischer Zeit auf die besuchte Zeitzone um. Stellen Sie hier dagegen ein, in welcher Zeitzone Sie sich befinden, so erfolgt keine automatische Umrechnung der Terminzeiten.
- *Alternativer Kalender*: Blendet Feiertage von außereuropäischen Kulturen ein.
- *Kalenderwoche anzeigen*: Blendet die Kalenderwoche in der Wochenansicht am oberen linken Bildschirmrand ein.
- *Abgelehnte Termine anzeigen*: Terminanfragen, die Sie ablehnen (in diesem Buch gehen wir nicht weiter darauf ein), blendet der Kalender aus.
- *Erledigte Aufgaben anzeigen*: Auf die Aufgabenverwaltung geht dieses Buch nicht ein.
- *Kürzere Termine als 30-minütiges Intervall anzeigen*: Kürzere Termine werden besonders hervorgehoben, damit man sie besser im Kalender sieht.
- *Terminillustrationen anzeigen*: Einige Ansichten sind im Kalender koloriert.
- *Standardmäßige Termindauer*: Neu von Ihnen erstellte Termine haben automatisch eine Dauer von 60 Minuten. Sie können hier aber auch einen anderen Zeitraum einstellen.
- *Hinzufügen von Einladungen*: Dritte konnten in der Vergangenheit Termine in Ihren Kalender »einschmuggeln«. Dies verhindert Google mit der Voreinstellung bei *Meinem Kalender Einladungen hinzufügen*«. Für Nutzer, die ihren Kalender nicht mit Dritten teilen, ist diese Funktion aber nicht relevant.
- *Videokonferenz hinzufügen*: Von Google nicht dokumentiert.
- *Design*: Sie können wahlweise eine Darstellung mit dunklem oder hellen Hintergrund wählen. Alternativ überlassen Sie dies dem Gerät. Siehe auch Kapitel *28.11 Gerätedesign*.

Unter *Benachrichtigungen*:

- *Kalenderbenachrichtigungen*:
  - *Benachrichtigungen anzeigen*: Sie sollten diese Option aktiv lassen, weil sonst keine Kalenderbenachrichtigungen erfolgen.
  - *Standard; Lautlos; Auf Bildschirm aufpoppen*: Legt fest, ob ein akustisches Signal oder ein Popup bei Terminfälligkeit erscheint.

- *Erweitert*:
  - *Ton*: Wählen Sie einen Erinnerungston selbst aus.
  - *Vibration*: Bei Terminfälligkeit vibrieren.
  - *App-Benachrichtigungspunkt anzeigen*: Blendet ein rundes Symbol bei der *Kalender*-Verknüpfung im Startbildschirm ein, wenn Termine fällig sind.
  - *"Bitte nicht stören" ignorieren*: Auch im Nicht stören-Modus (siehe Kapitel *15.2 Ruhemodus (Bitte nicht stören)*) macht sich der Kalender bei Terminfälligkeit bemerkbar.
  - *Zusätzliche Einstellungen der App*: Darauf sind wir bereits oben eingegangen.
- *Task-Benachrichtigungen*: Diese Einstellungen gelten für von Ihnen erstellte Aufgaben, auf die dieses Buch nicht eingeht.
- *Kurzantworten*: Kurzantworten kommen im Zusammenhang mit den Besprechungsteilnehmern zum Einsatz, die Sie Ihren Terminen hinzufügen können. Dieses Buch geht nicht darauf ein.
- *Google Kalender-Daten mit anderen Apps teilen*: Diese Funktion betrifft hauptsächlich Anwendungen von Drittanbietern, sollte aber trotzdem nicht deaktiviert werden.

21.6.1 Kalender

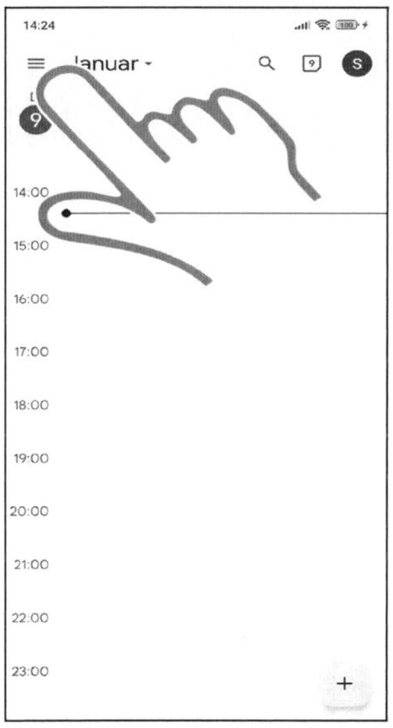

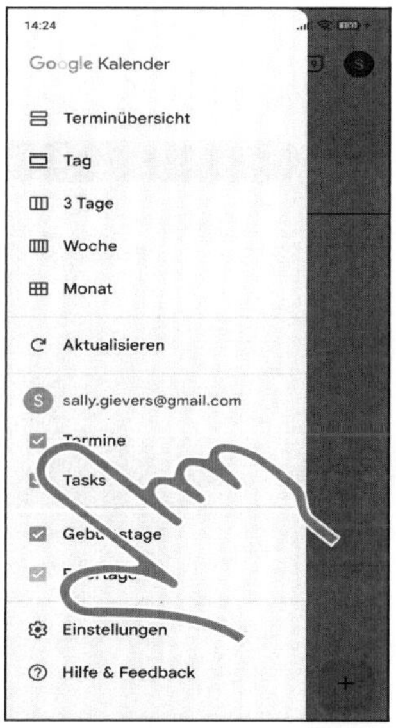

❶❷ Im Ausklappmenü stellen Sie über die Abhakkästchen unter *Kalender* ein, ob Termine, Feiertage oder Geburtstage im Kalender sichtbar sind.

21.7 Kalender im Startbildschirm

Das *Monat-* beziehungsweise *Terminübersicht*-Widget zeigt den Kalender auch im Startbildschirm an.

Die Widgets beschreibt bereits Kapitel *4.8.2 Widgets.*

22. Musik

Der Musikmarkt hat in den letzten Jahrzehnten einen tiefgreifenden Wandel erlebt: In den 1980er-Jahren verdrängte die CD die Schallplatte, ab den 2000er-Jahren wurden Songs verstärkt online gekauft – und seit einiger Zeit dominiert das Streaming die Art, wie wir Musik genießen.

Beim Streaming werden Titel direkt aus dem Netz abgespielt, ohne dass sie lokal gespeichert werden. Der größte Vorteil liegt in der zentralen Archivierung: Auf Servern stehen mehrere Dutzend Millionen Songs bereit, die Sie jederzeit und geräteunabhängig abrufen können – sei es am PC, Smartphone oder per Smart Speaker. Eine Internetverbindung genügt; selbst eine durchschnittliche Bandbreite ist meist ausreichend.

Für eine monatliche Pauschale von etwa 5 bis 15 Euro erhalten Sie uneingeschränkten Zugriff auf das gesamte Angebot. Sie können eigene Playlists anlegen oder aus vorgefertigten Zusammenstellungen wählen, die jeden Musikgeschmack bedienen. Kündigen Sie Ihr Abo, erlöschen allerdings alle selbst erstellten Listen.

Einziges Manko: Die Musik bleibt Eigentum des Anbieters und kann ohne aktives Abo nicht genutzt werden – auch Offline-Downloads setzen ein gültiges Abonnement voraus, da die Dateien verschlüsselt sind. Zudem erlauben viele Tarife nur die gleichzeitige Wiedergabe auf einem Gerät: Beginnt die Musik in der Küche, stoppt sie automatisch im Wohnzimmer.

Zu den großen Streaming-Plattformen zählen Spotify, Apple Music, Deezer, Amazon Music und Google, daneben gibt es diverse kleinere Anbieter. Abspielen lässt sich die Musik flexibel im Webbrowser, über Smart Speakers (Google Home, Apple HomeKit, Amazon Alexa etc.) oder per App wie YouTube Music auf dem Mobilgerät.

22.1 Die Tarife von YouTube Music

- **YouTube Music**: Für diesen Dienst brauchen Sie sich nicht kostenpflichtig anzumelden oder irgendwas bezahlen, denn die Finanzierung erfolgt durch zwischendurch eingeblendete Werbung.
- **YouTube Music Premium**: Der günstigste Tarif kostet 10,99 Euro im Monat. Als Student können Sie bis zu ca. 4 Jahre den Tarif für 5,49 Euro pro Monat buchen. Jedes Jahr erfolgt dann eine Überprüfung.
- **YouTube Premium**: Falls Sie sehr häufig Videos auf YouTube (in der gleichnamigen App oder auf der Website) anschauen, dann dürfte YouTube Premium interessant sein. Auf YouTube gibt es dann keinerlei nervende Werbung und Sie erhalten Zugriff auf einige weitere exklusive Inhalte (»YouTube Originals«). Zur Anmeldung besuchen Sie *www.youtube.com/premium*. Die Kosten betragen 11,99 Euro.

22.2 YouTube Music-App

In diesem Buch können wir leider aus Platzgründen nur auf die wichtigsten Funktionen der YouTube Music-App eingehen. In der Regel werden Sie ausschließlich die Musikvorschläge nutzen, die bereits alle wichtigen Musikgeschmäcker bedienen.

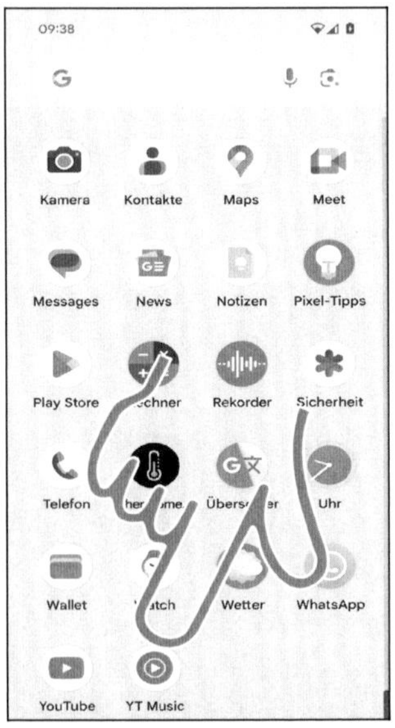

❶❷ Im Hauptmenü rufen Sie *YT Music* auf. Betätigen Sie gegebenenfalls *Anmelden.*

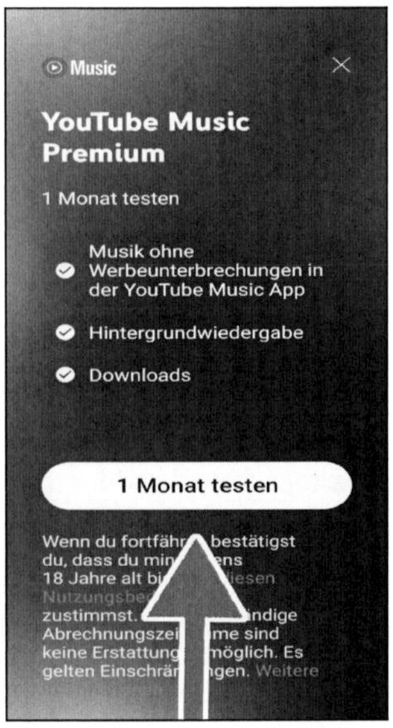

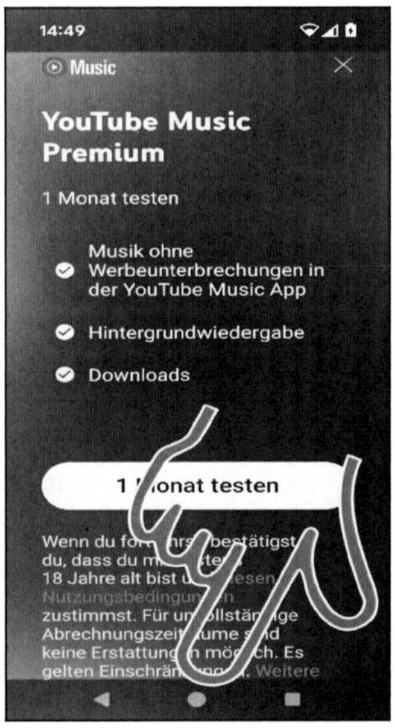

❶ Eventuell schaltet YouTube Music in den Vollbildmodus. Schließen Sie das Popup mit *OK.*

❷❸ Mit einer Wischgeste von unterhalb des Displays nach oben aktivieren Sie nun bei Bedarf die Navigationstasten.

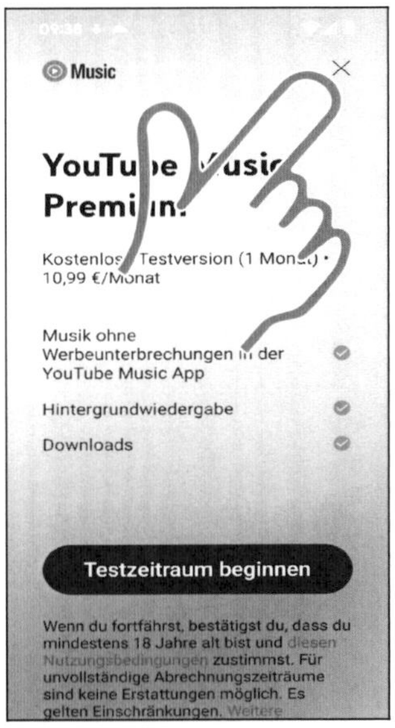

❶ Zunächst sollen Sie die Grundfunktionen der App kennenlernen, weshalb wir im Abo-Bildschirm die X-Schaltfläche (Pfeil) antippen.

❷ Google möchte an Ihnen natürlich verdienen und weist deshalb laufend mit Popups auf das kostenpflichtige Musik-Abo hin. Lehnen Sie immer ab, denn YouTube Music lässt sich – mit einigen Einschränkungen – weiterhin kostenlos nutzen.

22.2.1 Grundfunktionen von YouTube Music

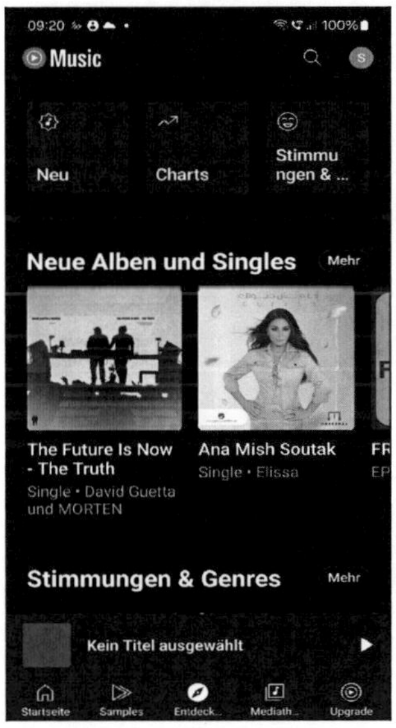

❶ Alle wichtigen Funktion verbergen sich in den Registern (Pfeil):

- *Start*: Schlägt ausgehend von Ihren Interessen und bisher abgespielten Songs passende Playlists und Songs vor.
- *Samples*: Stellt angesagte Musikvideos vor.
- *Entdecken* (❷): Angesagte Alben und Singles.
- *Bibliothek* (❸): Verwaltet Playlists, Alben, einzelne Musiktitel und Künstler, die Sie Ihrer Bibliothek hinzugefügt haben.
- *Upgrade*: Kostenpflichtiges YouTube Music-Abo aktivieren und verwalten. Darauf geht Kapitel *22.4 YouTube Music Premium* noch ein.

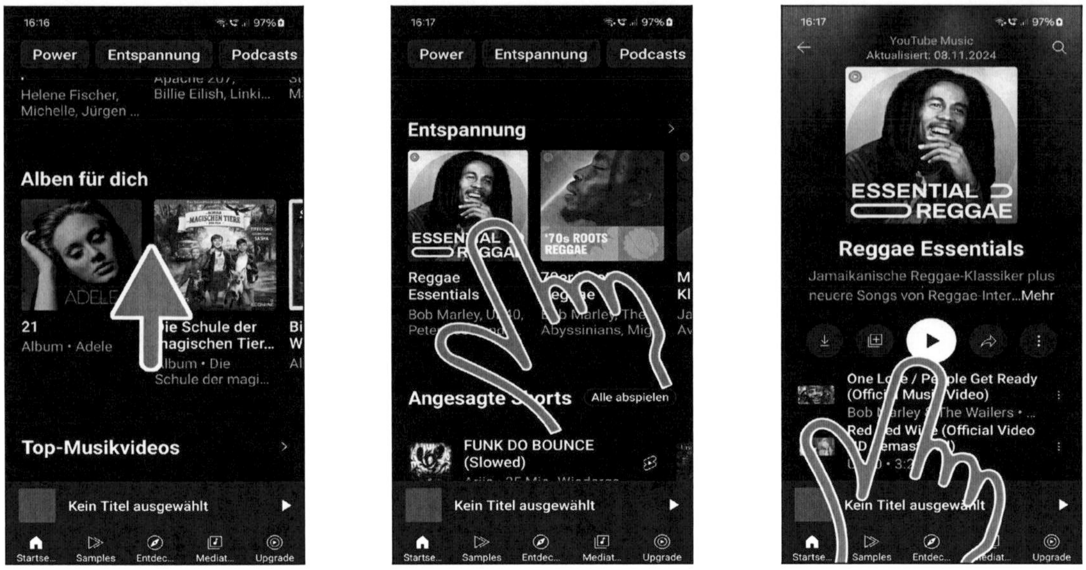

➊ In unserem Beispiel möchten wir im *Start*-Register vorgeschlagene Musik abspielen. Wischen Sie durch die Vorschläge.

➋ Tippen Sie auf einen der Interpreten/Bands, Alben oder Abspiellisten.

➌ Wahlweise tippen Sie einen abzuspielenden Titel an oder betätigen die ▶-Schaltfläche (Pfeil).

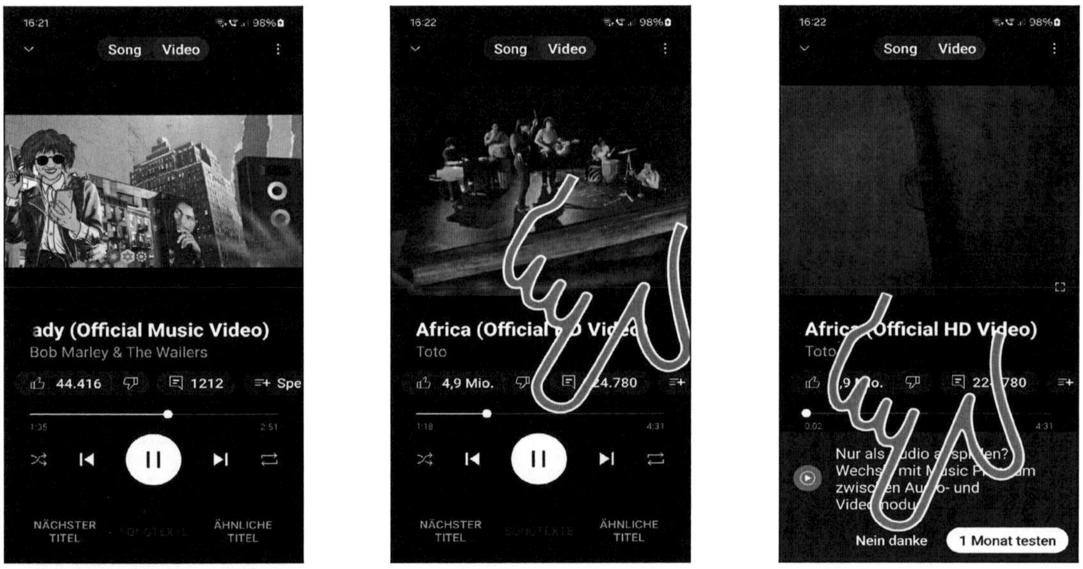

➊ Die Wiedergabe erfolgt.

➋ Tippen Sie in einen beliebigen Bereich des Fortschrittsbalkens (Pfeil), wenn Sie zu einem bestimmten Punkt im abgespielten Song springen möchten.

Weitere Funktionen:

- ⏮ / ⏭: Zum vorherigen/nächsten Titel springen (dies ist auch über eine Wischgeste nach links oder rechts möglich).
- ▶ / ⏸ : Starten/Pausieren der Wiedergabe.
- 🔀: Zufällige Wiedergabe der Titel in der Wiedergabeliste.
- 🔁: Abgespielten Titel wiederholen.

➌ Schließen Sie gegebenenfalls den Hinweis auf YouTube Music Premium mit *Nein danke.*

Die kostenlose Musiknutzung finanziert Google durch Werbeclips, die zwischendurch vor den Songs abgespielt werden.

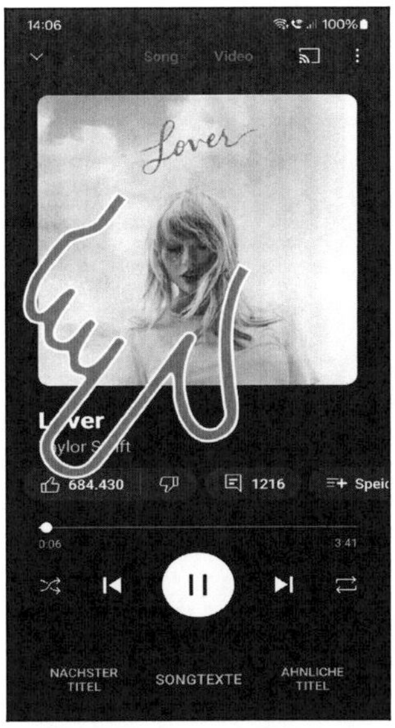

❶ Über die Schaltflächen (»Mag ich/Mag ich nicht«) markieren Sie Songs, die ihnen gefallen oder nicht gefallen. Je mehr Songs Sie auf diese Weise bewerten, desto besser sind die automatischen Musikvorschläge.

❷ Beim ersten Mal weist Sie die App mit einem Popup auf die Vorteile hin. Schließen Sie es mit *OK*.

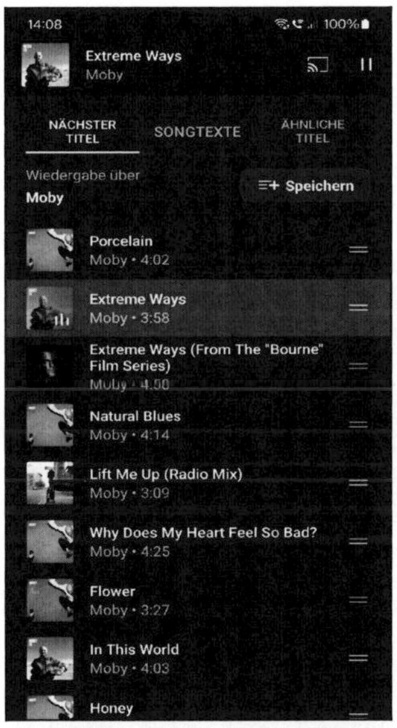

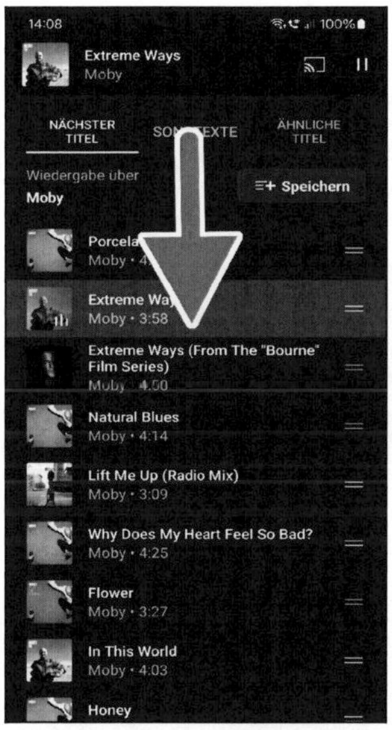

❶ Ihnen gefällt der gerade abgespielte Song eines Radios oder eine Playlist nicht? Dann wischen Sie im unteren Bildschirmrand nach oben.

❷ Antippen eines anderen Titels spielt ihn als Nächstes ab.

❸ Wischen über der »Lasche« nach unten schließt die Titelliste wieder.

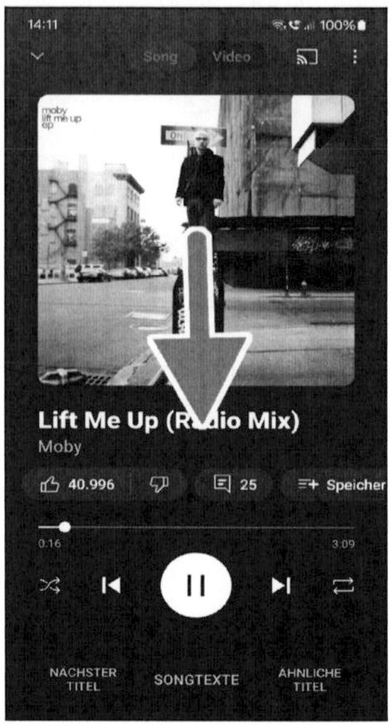

❶❷ Eine Wischgeste nach unten im oberen Bildschirmdrittel minimiert das Wiedergabefenster auf einen kleinen Balken. Antippen des Titels schaltet auf das Wiedergabefenster um, II pausiert und X beendet die Wiedergabe.

22.3 Radiosender

Der Begriff »Radiosender« ist etwas verwirrend, denn es handelt sich nicht um Sender, wie man sie vom klassischen Rundfunk kennt. Tatsächlich sind alle YouTube Music-Radiosender dynamische Playlists, welche sich an Ihre Hörgewohnheiten anpassen. Songs, die Sie überspringen, werden künftig nicht mehr so häufig oder überhaupt nicht mehr gespielt. Nach einiger Zeit spielt der jeweilige Radiosender nur noch Ihre Lieblingsmusik.

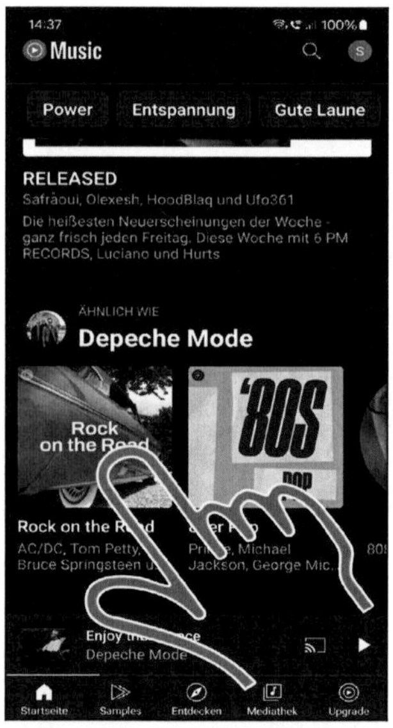

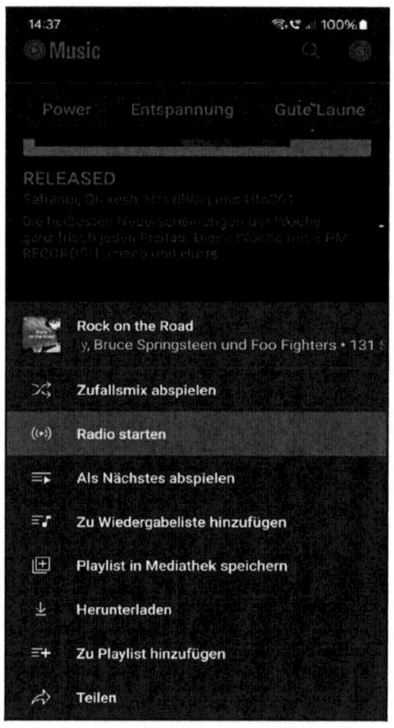

❶❷ Zu jeder Playlist existiert auch ein entsprechender Sender. Halten Sie einfach den Finger auf einer Playlist gedrückt, bis das Popup erscheint, in dem Sie auf *Radio starten* gehen.

❸ Die Wiedergabe startet.

> Im Abspielbildschirm sind alle Funktionen verfügbar, die auch bereits Kapitel *22.2.1 Grundfunktionen von YouTube Music* vorstellt.

22.3.1 Favorisierte Songs

Jeder hat einen anderen Musikgeschmack. Damit Google Ihnen passende Songs/Alben/Interpreten vorschlagen kann und die angebotenen Radiosender nur Ihre Lieblingsmusik spielen, wertet Google einige »Signale« aus, wozu beispielsweise die abgespielten und übersprungenen Titel gehören.

❶❷ Sie favorisieren einen Song mit . Die -Schaltfläche markiert dagegen einen Titel, der Ihnen nicht gefällt.

Je nach Nutzungsmuster wird YouTube Music schon nach einigen Tagen in den Radiosendern ausschließlich Ihre Lieblingsmusik spielen.

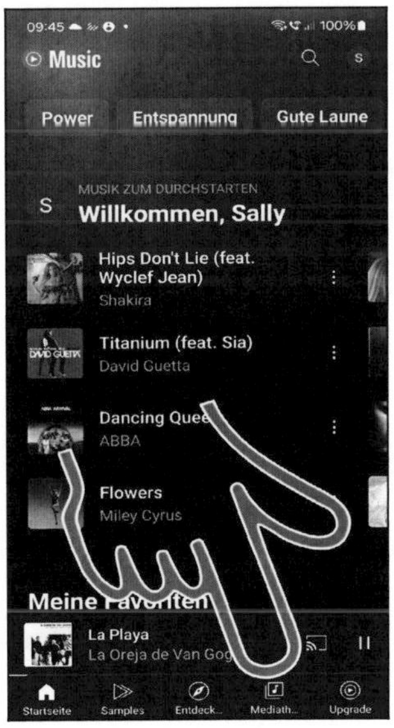

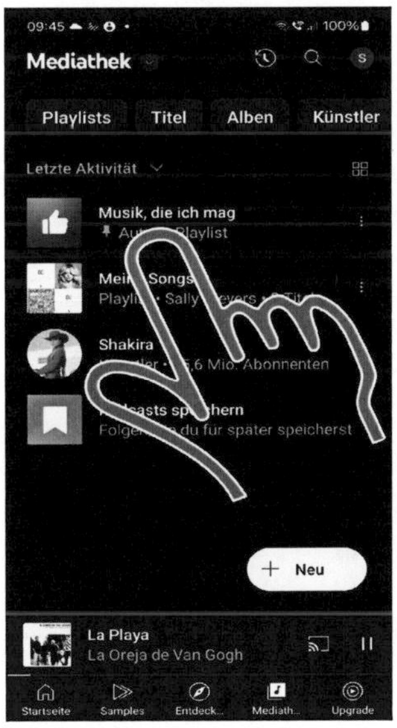

❶ Die favorisierten Songs finden Sie im *Mediathek*-Register, das Sie aktivieren.

❷ Gehen Sie auf *Musik, die ich mag.*

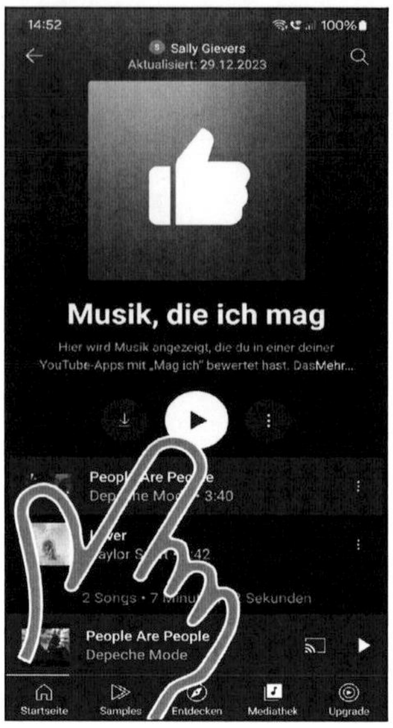

➊ Tippen Sie einen Titel an oder starten Sie die Wiedergabe über die weiße Schaltfläche.

➋ Ihnen gefällt ein Song nicht mehr? Dann gehen Sie auf .

22.3.2 Suche

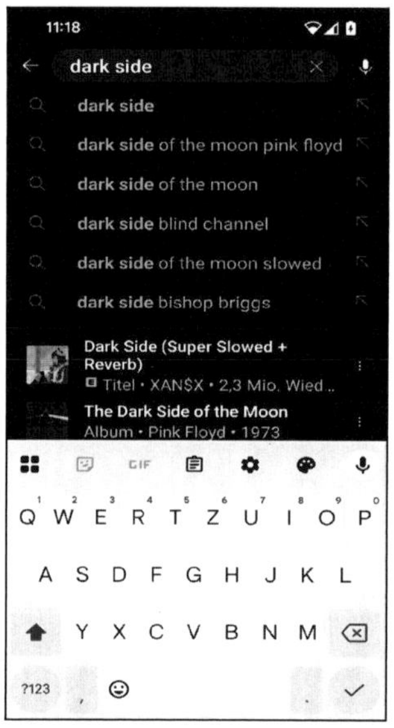

➊ Die Suchfunktion aktivieren Sie über .

➋ Bereits während der Eingabe erhalten Sie passende Vorschläge, wovon Sie einen auswählen.

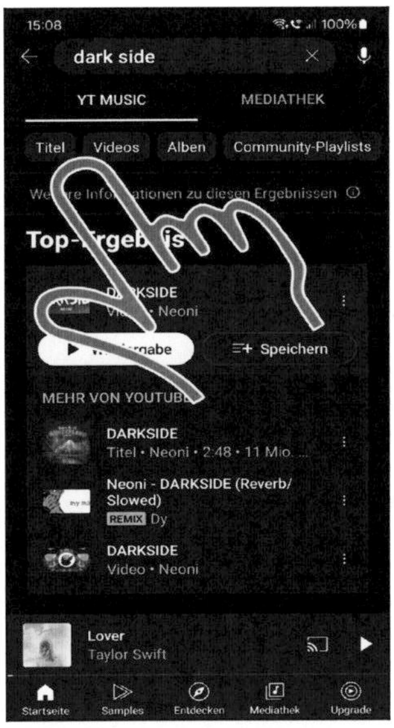

❶❷ Je nach Suchbegriff listet die App mehrere Tausend Ergebnisse auf. Mit den Schaltflächen (Pfeil) am oberen Bildschirmrand grenzen Sie die Suche ein. Wählen Sie dann einen Song, ein Album, Video oder Playlist aus, die dann abgespielt wird.

❸ In der Ergebnisliste wird bei einigen Alben und Songs ein »E« als »explicit« (Pfeil) angezeigt. Damit markiert Google Songs mit jugendgefährdenden Inhalten, beispielsweise Gewalt, Alkohol oder Sex.

22.4 YouTube Music Premium

Wie bereits erwähnt, kostet das Musikabo »YouTube Music Premium« standardmäßig 10,99 Euro im Monat. Dafür erhalten Sie folgende zusätzliche Funktionen:

- Keine lästige Werbung mehr.
- Wiedergabe im Hintergrund: Wenn Sie die App verlassen, läuft die Musik weiter.
- Musik herunterladen: Sie können Ihre Lieblingsmusik herunterladen, um Sie auch ohne Internetverbindung abzuspielen.
- Audiomodus: Die App spielt auch – sofern vorhanden – Musikvideos ab. Im Audiomodus wird davon nur die Audiospur abgespielt, was bei schlechter Internetverbindung vorteilhaft ist.

22.4.1 YouTube Music Premium-Abo aktivieren

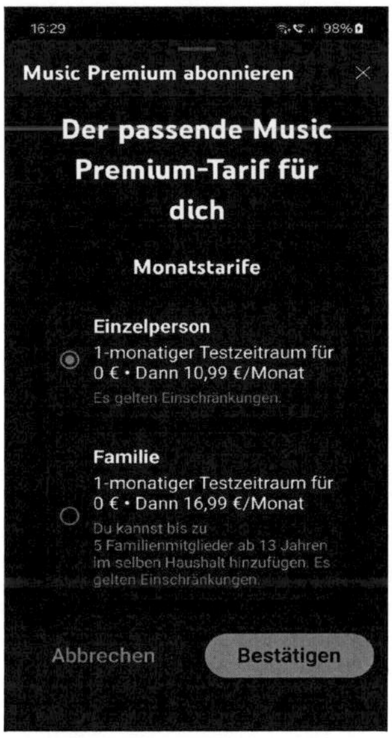

➊ Tippen Sie auf *Upgrade.*

➋ Gehen Sie auf *Testzeitraum beginnen.*

➌Wählen Sie den Musiktarif aus. Falls Sie nur Musik auf dem Handy hören möchten, dürfte *Einzelperson* ausreichen. Sie können jederzeit später noch den Tarif wechseln beziehungsweise beenden. Betätigen Sie dann *Bestätigen.*

22.4.2 YouTube Music Premium-Abo verwalten

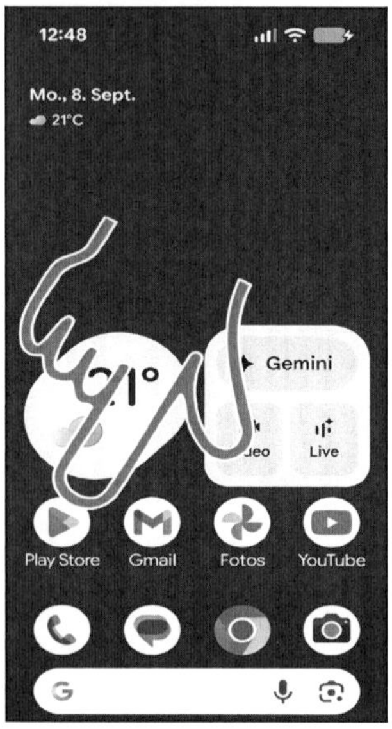

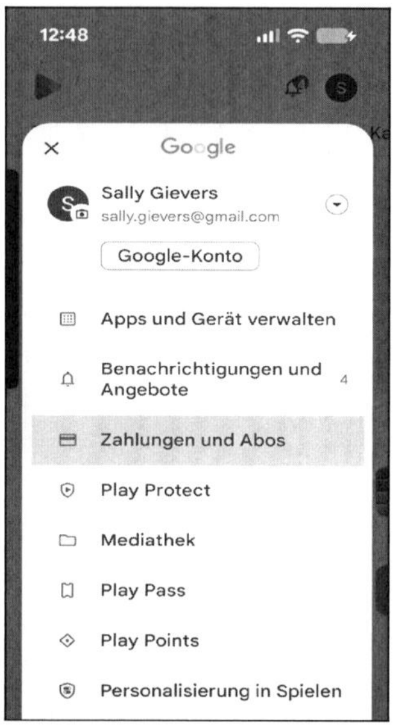

➊ Wir empfehlen, die zentrale Aboverwaltung des Play Stores zu nutzen. Rufen Sie dafür im Startbildschirm den *Play Store* auf.

➋ Tippen Sie oben rechts auf das runde Konto-Symbol.

➌ Wählen Sie *Zahlungen und Abos.*

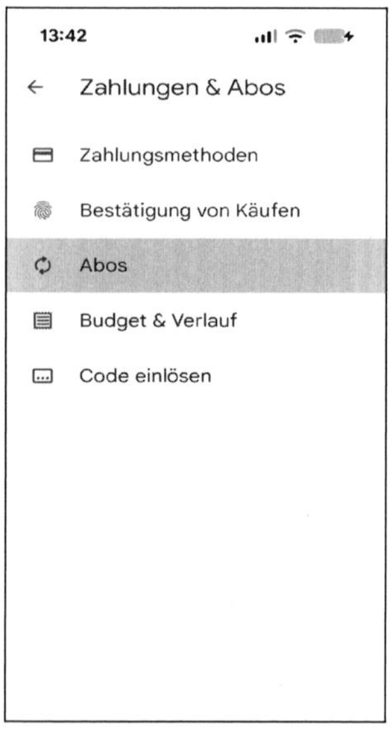

➊ Gehen Sie auf *Abos.*

➋ Hier werden alle aktiven Abos aufgelistet, in unserem Beispiel nur *YouTube Music. Abbrechen* kündigt das Abo (Sie dürfen es jederzeit später erneut abschließen, haben dann aber keinen kostenlosen Probemonat).

➌ Betätigen Sie hier *Weiter.*

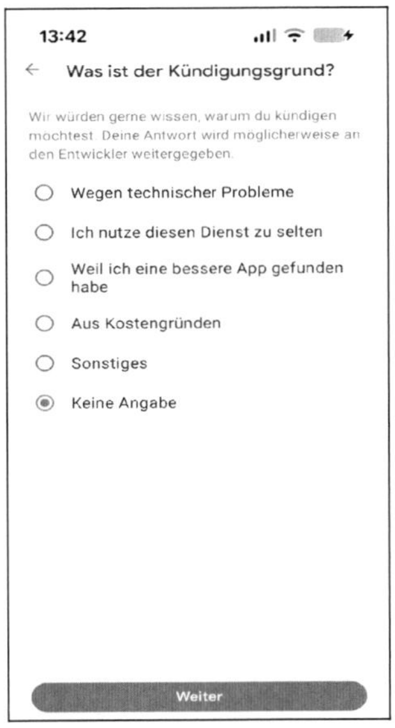

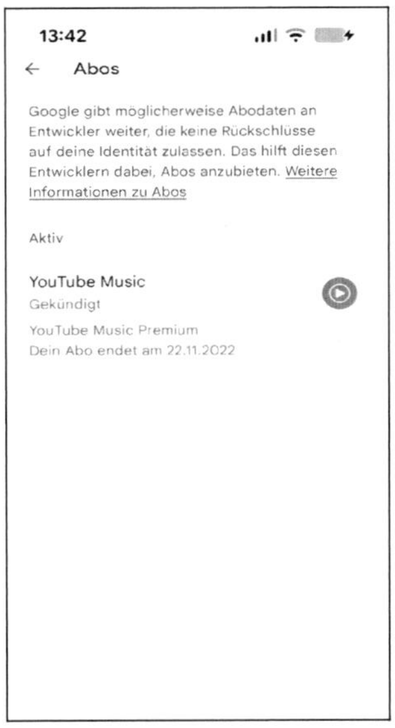

❶❷ Als Grund wählen sie einfach *Keine Angabe* und gehen auf *Weiter.* Damit ist das *YouTube Music*-Abo beendet. Wie oben erwähnt, haben Sie bei einer Kündigung innerhalb des Probemonats keine weiteren Kosten.

22.5 Welcher Song ist das?

Sie kennen sicher das Problem, ab und zu im Radio, TV, Kaufhaus oder Club einen unbekannten Song zu hören, der Ihnen gefällt. Den Songtitel herauszufinden gestaltete sich dann schwierig. Als Problemlösung bietet sich eine Automatik an, die anhand eines mitgehörten Ausschnitts Interpret, Titel und Album ermittelt.

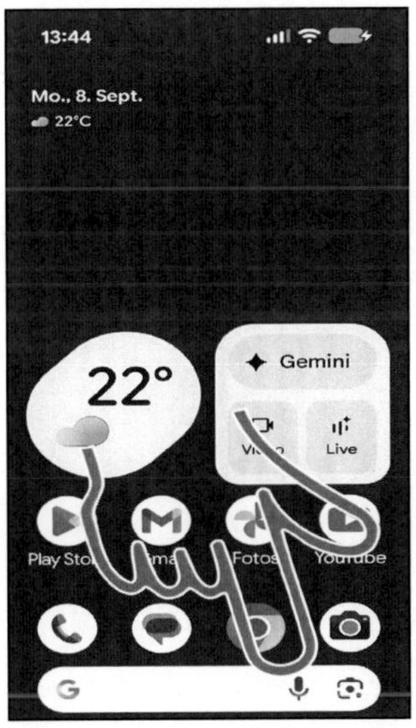

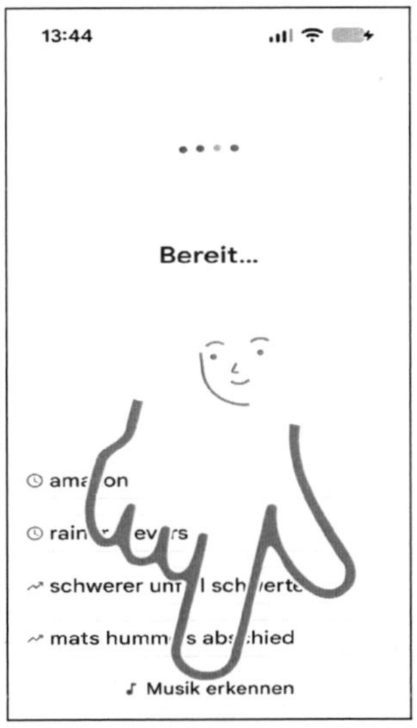

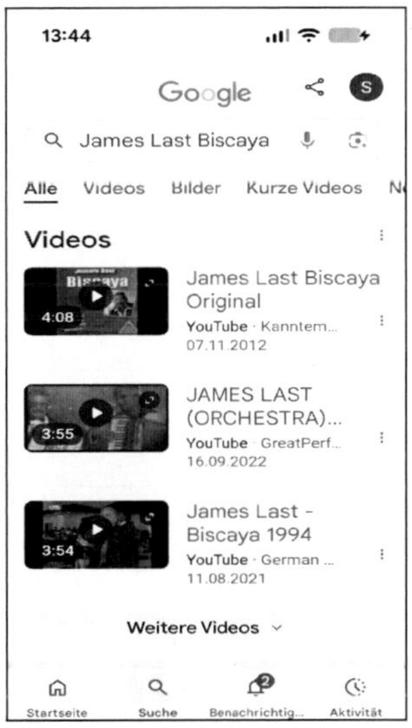

❶ Rufen Sie den Assistenten mit der Mikrofon-Schaltfläche im Startbildschirm auf.

❷ Tippen Sie auf *Musik erkennen.* Singen oder summen Sie das Lied vor, alternativ halten Sie das Handy in die Nähe des Radios, wo der Song gerade gespielt wird.

❸ Google analysiert die Musik und zeigt den Songtitel und Interpreten an.

23. Weitere Programme

23.1 Rechner

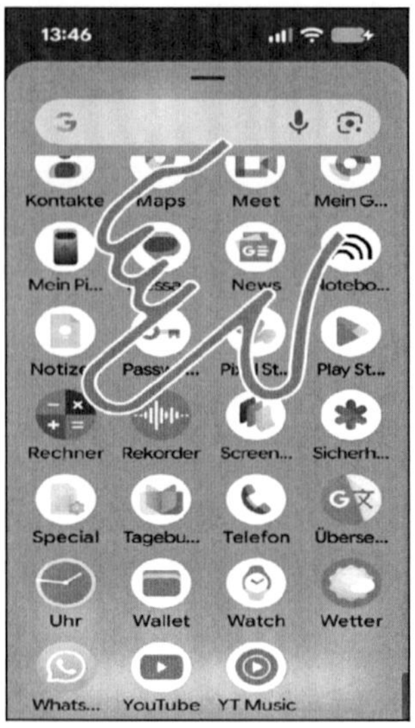

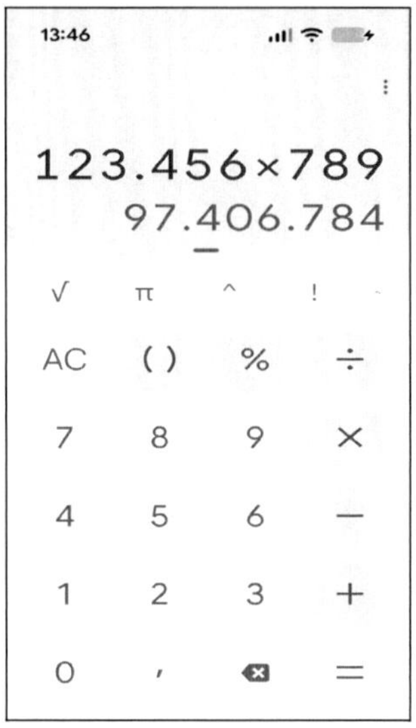

❶ Sie finden den *Rechner* im Hauptmenü.

❷ Alle Eingaben erfolgen in natürlicher Schreibweise. Das Rechenergebnis erhalten Sie dann nach Betätigen der »=«-Taste auf dem Tastenfeld.

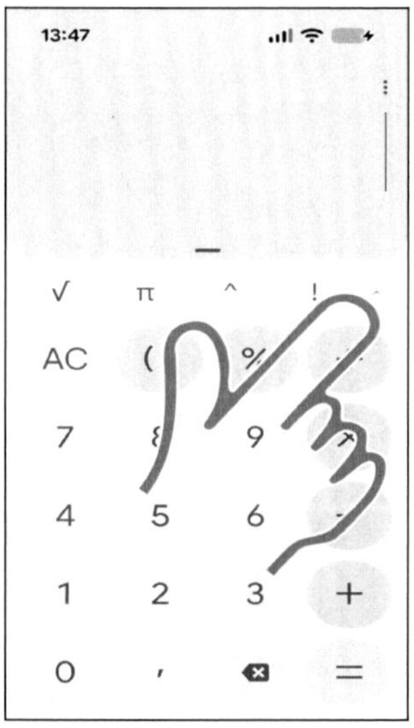

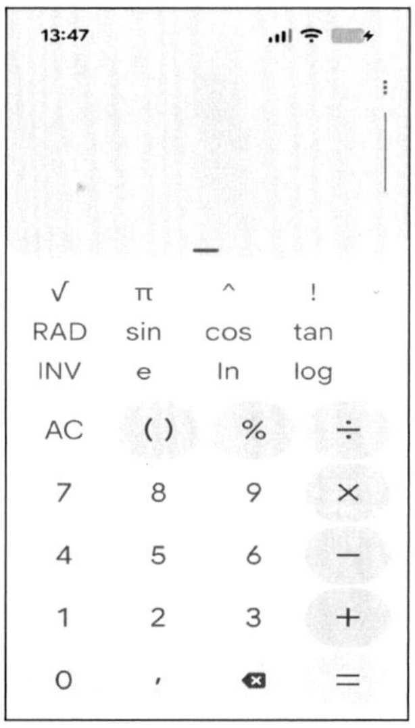

❶❷ Die ∧-Schaltfläche (Pfeil) zeigt die technisch-wissenschaftlichen Funktionen an.

23.2 Wecker und Uhr

➊ Die *Uhr*-Anwendung starten Sie aus dem Hauptmenü.

➋ Über das Register am unteren Bildschirmrand schalten Sie zwischen den Funktionen der Uhr-Anwendung um: *Wecker, Weltzeituhr, Timer, Stoppuhr* und *Schlafenszeit.*

23.2.1 Alarm

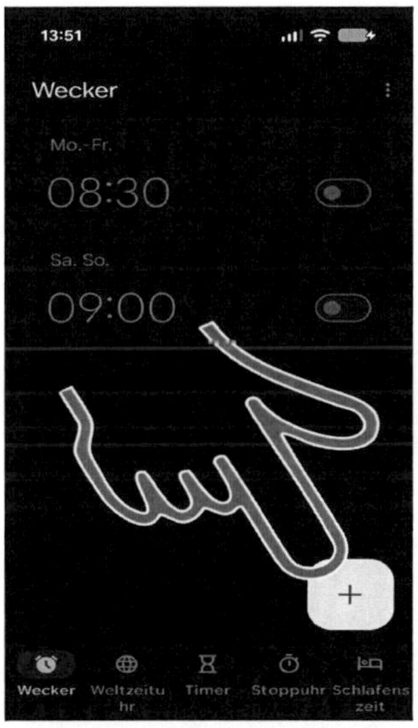

➊ Aktivieren Sie das *Wecker*-Register.

➋ Tippen Sie auf +.

➌ Anschließend stellen Sie die Uhrzeit ein. Schließen Sie den Vorgang mit *OK* ab.

Auch wenn Sie vielleicht bereits eine anderes Gerät als Wecker einsetzen, empfehlen wir trotzdem die Verwendung der hier beschriebenen Weckfunktion. Wenn Sie das Handy vor dem Zubettgehen ans Ladegerät anschließen, erfolgt ein langsamer Ladevorgang bis zum Wecktermin. Das schont den Akku und erhöht die Lebensdauer Ihres Handys.

❶ Der Alarm ist eingerichtet und aktiv. Bei Bedarf legen Sie weitere Einstellungen fest, indem Sie den Termin antippen (nicht auf die Uhrzeit tippen):

- *Bearbeiten*: Alarmzeit ändern.
- *M D M D F S S*: Dies sind die Wochentage, an denen der Alarm aktiv sein soll.
- *Name des Weckrufs*: Vergeben Sie dem Alarm bei Bedarf eine Bezeichnung.
- *Ton*: Der verwendete Signalton.
- *Vibrieren*
- *Wettervorhersage*: Informiert nach Ablauf des Weckeralarms über das Wetter.
- *Google Assistant-Ablauf*: Sie können über den Google Assistant automatisierte Abläufe durchführen lassen. In diesem Buch gehen wir nicht darauf ein.
- *Löschen*: Alarm entfernen.

Schließen Sie den Bildschirm mit *Speichern.*

❶❷ In der Alarmübersicht aktivieren/deaktivieren Sie über die Schaltflächen die Alarmzeiten.

❶ Dass mindestens ein Alarm aktiv ist, erkennen Sie am ⏰-Symbol in der Titelleiste (Pfeil).

❷ Zum eingestellten Zeitpunkt ertönt der Alarm und ein Popup erscheint, in dem Sie entweder *Schlummern* (nach 10 Minuten erneut klingeln) oder *Stopp* betätigen.

❸ Alarm während Displaysperre.

23.2.2 Schlafenszeit

Für erholsamen Schlaf ist ein pünktliches Zubettgehen wichtig. Ihr Handy macht jeweils rechtzeitig auf die gewünschte Bettzeit aufmerksam und weckt Sie morgens pünktlich. Damit verbunden sind eine eingebaute Aktivitätstatistik (falls Sie während der Bettzeit das Handy nutzen) und ein automatisch aktivierter Nicht stören-Modus (alle Benachrichtigungen sind deaktiviert).

Einziger Nachteil der Schlafenszeit-Funktion: Sie müssen Sie einmalig korrekt einrichten.

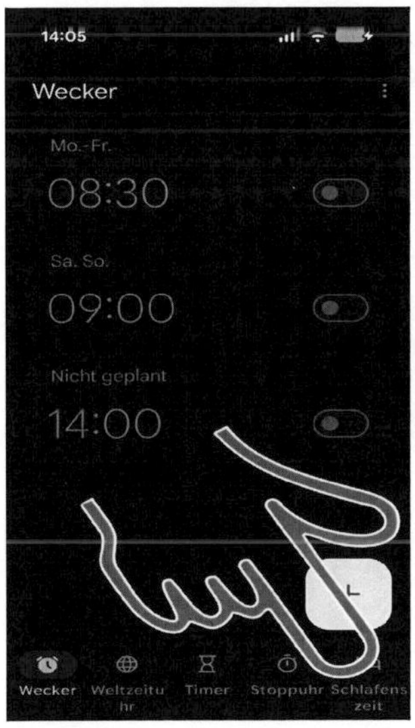

❶❷ Aktivieren Sie *Schlafenszeit* und betätigen Sie *Jetzt starten.*

❸ Wählen Sie die Weckzeit und die Wochentage aus. Weitere Parameter:

- *Tageslichtwecker*: Das Handydisplay schaltet sich ein und wird langsam heller. Damit Sie eine Weckwirkung erhalten, muss das Handy natürlich direkt neben Ihrem Bett liegen.
- *Ton; Vibrieren*
- *Wettervorhersage*: Informiert nach Ablauf des Weckeralarms über das Wetter.
- *Google Assistant-Ablauf*: Legen Sie Abläufe fest, die automatisch ausgelöst werden. Wir gehen in diesem Buch nicht weiter darauf ein.

Gehen Sie auf *Weiter.*

➊ Stellen Sie nun die übliche Schlafenszeit und die betreffenden Wochentage ein und betätigen Sie *Weiter* und *Fertig.*

➋➌ Zum Schluss können Sie noch mit *Weiter* die Aktivitätsstatistik aktivieren. Das Handy erfasst dann die Zeiten während denen Sie in der Nacht das Handy benutzt haben. Dies ist praktisch für die Kontrolle des eigenen Verhaltens.

23.3 YouTube

Die YouTube-Anwendung bietet eine ähnliche Funktionalität wie das Videoportal, das Sie unter *www.youtube.com* im Web finden. Wir empfehlen, das Handy während der YouTube-Nutzung waagerecht zu halten, damit Sie die Videos in voller Displaygröße ansehen können.

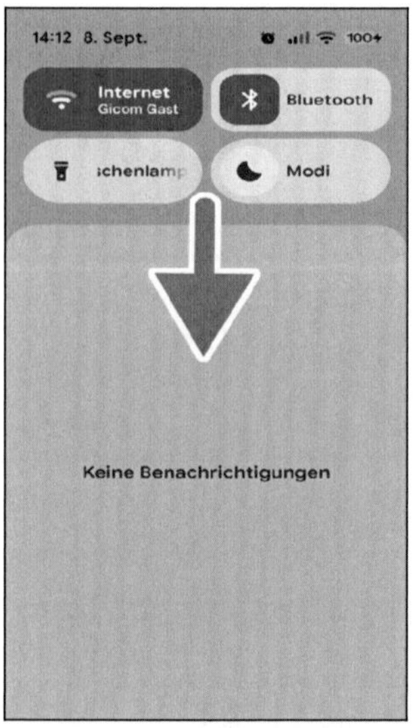

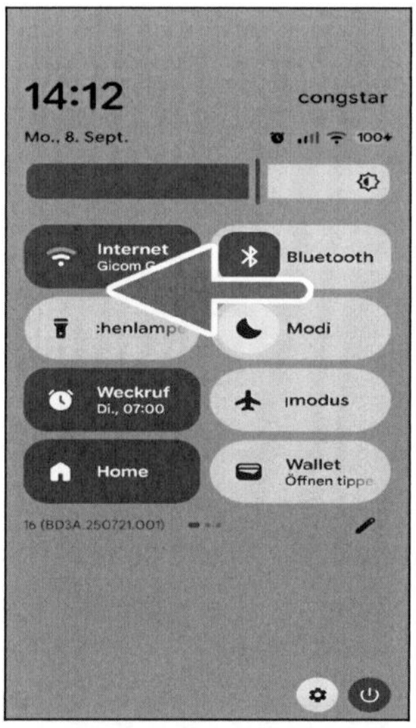

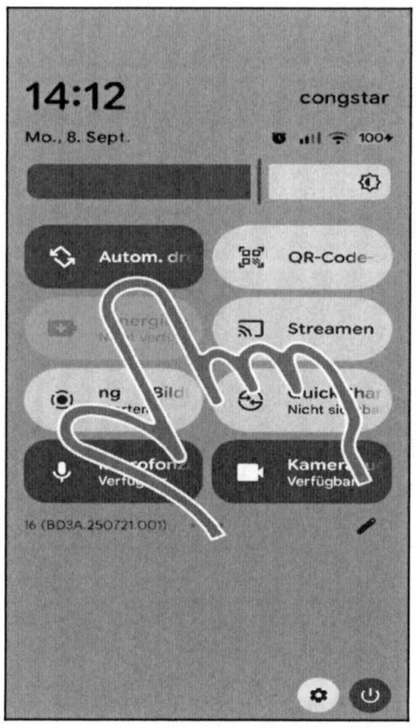

YouTube lässt sich am besten im Querformat nutzen. Damit das Handy die Bildschirmausrichtung im Querformat erlaubt, müssen Sie eine Einstellung ändern.

➊ Öffnen Sie das Benachrichtigungsfeld und wischen Sie von den Schaltflächen aus nach unten für die erweiterte Ansicht.

➋ Blättern Sie mit einer Wischgeste nach links zur zweiten Bildschirmseite.

➌ Aktivieren Sie *Automatisch drehen.*

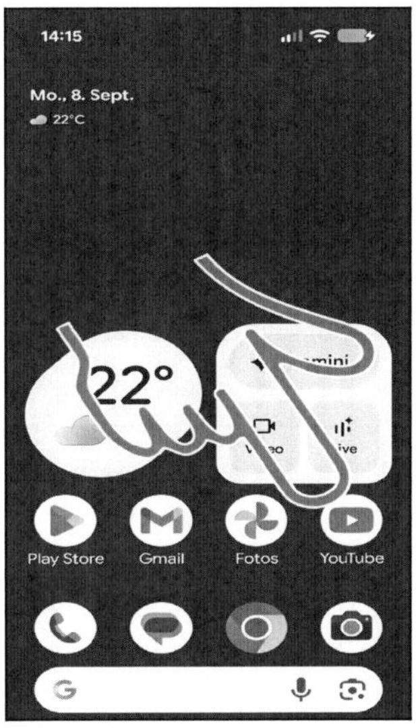

❶ Sie rufen *YouTube* im Startbildschirm auf.

❷ Alternativ finden Sie *YouTube* im Hauptmenü.

❸ Falls das Popup die Einwilligung für Benachrichtigungen abfragt, betätigen Sie *Zulassen*. Sie werden dann beispielsweise über neues Videos in den von Ihnen abonnierten Kanälen informiert.

Halten Sie das Handy nun waagerecht, worauf sich die Bildschirmanzeige anpasst.

Über die Register schalten Sie um zwischen:

- *Start*: Startseite
- *Shorts*: »Shorts« (engl. »klein«) sind Kurzvideos mit maximal 60 Sekunden Dauer. Die Videos sind allerdings ein Ärgernis, da sie im Portrait-Modus ablaufen und man nicht in ihnen vor- oder zurückspulen kann!
- ⊕: Eigene Videos hochladen oder Video live streamen.
- *Abos*: Von Ihnen abonnierte Kanäle (=Anbieter).
- *Mein YouTube*:
  - *Verlauf*: Liste der bereits aufgerufenen Videos.
  - *Playlists*: Von Ihnen markierte Videos sowie zusammengestellte Playlists.
  - *Meine Videos*: Von Ihnen selbst hochgeladene Videos.
  - *Deine Filme & Serien*: Listet die von Ihnen erworbenen Filme und Kanäle auf.
  - *Premium-Mitglied werden*: Die werbefreie Nutzung ist über ein kostenpflichtiges Abo für 12,99 Euro pro Monat möglich. Im Tarif ist auch YouTube Music Premium (siehe Kapitel *22.1 Die Tarife von YouTube Music*) enthalten.
  - *Wiedergabezeit*: Nutzungsstatistik.

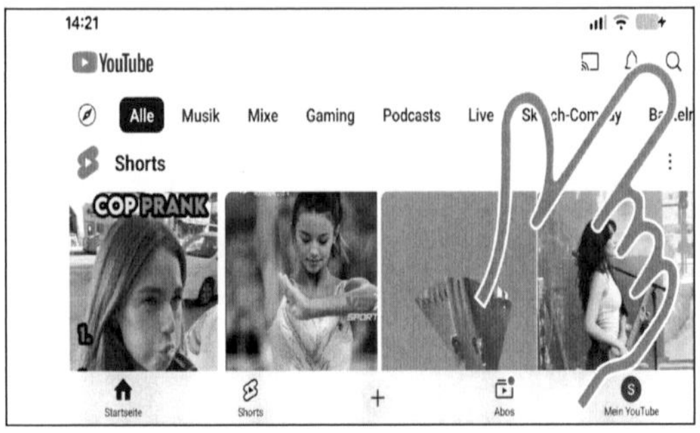

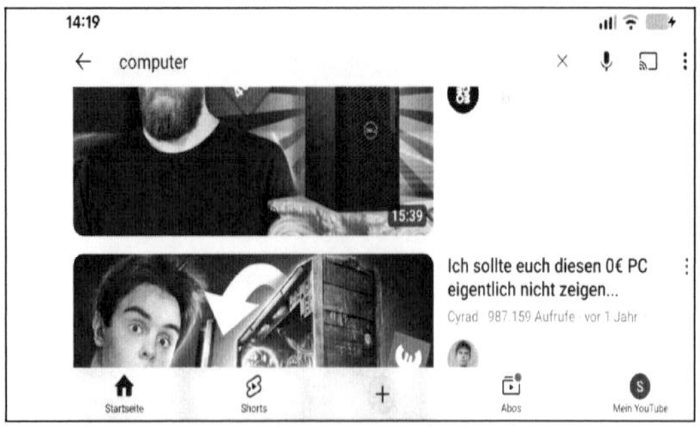

❶❷ Zum Auffinden von Videos tippen Sie oben auf Q, geben den Suchbegriff ein und betätigen Q auf dem Tastenfeld. Tippen Sie in den Suchergebnissen das anzuzeigende Video an.

Die ersten Einträge in der Ergebnisliste sind meistens Werbung, durch die sich YouTube finanziert. Wischen Sie einfach nach oben, um die eigentlichen Suchergebnisse anzuzeigen.

❶❷ Die Wiedergabe erfolgt. Tippen Sie auf den Bildschirm, um Bedienelemente anzuzeigen. Die ◀-Taste bringt Sie wieder auf in das Hauptmenü. (Pfeil) schaltet dagegen in ein kleines Videofenster um.

Bitte wundern Sie sich nicht, wenn ein Video nicht den gesamten Bildschirm ausfüllt, sondern ein schwarzer Rand bleibt. Bis vor 10 Jahren unterstützten TV-Sender und Aufnahmegeräte häufig nur das 3:4-Format (gelesen als »Länge zu Breite«), während heute 16:9 (HD-Format) üblich ist. Die von anderen YouTube-Nutzern hochgeladenen Videos im 3:4-Format stammen also aus älteren Quellen oder von veralteten Aufnahmegeräten.

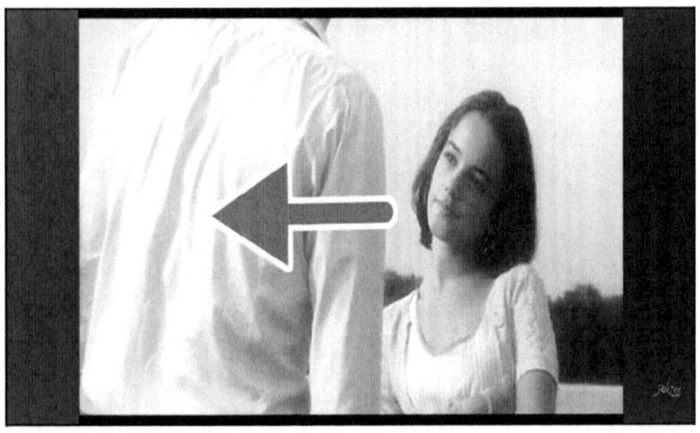

❶❷ Navigationstasten werden standardmäßig ausgeblendet. Wischen einmal von außerhalb des Bildschirms nach links, um sie wieder anzuzeigen.

❶❷ Die Ansicht können Sie mit einer Kneifgeste nach außen (Zeigefinger und Daumen auf den Bildschirm setzen und dann auseinander ziehen) vergrößern.

❶ Wenn Sie das Handy aufrecht halten, verkleinern Sie mit einer Wischgeste nach unten das Videofenster.

❷ Sie können dann in YouTube weiter stöbern, während das Video weiterläuft. ✕ beendet die Wiedergabe.

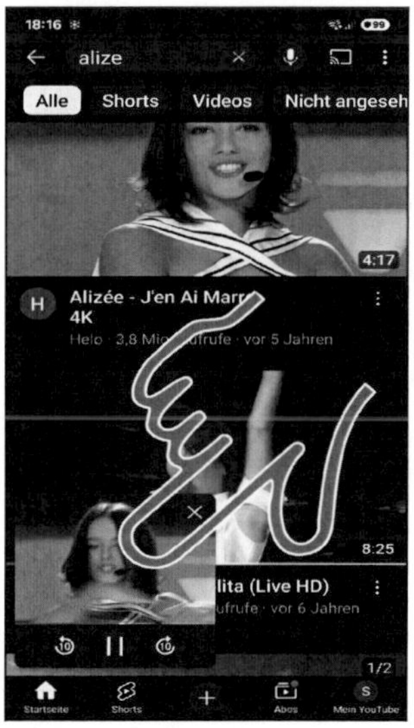

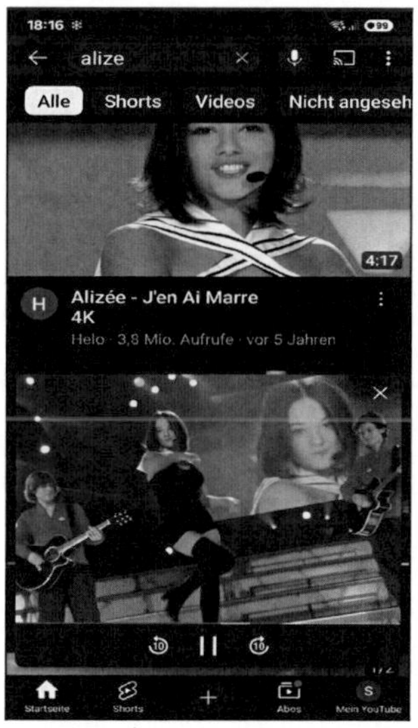

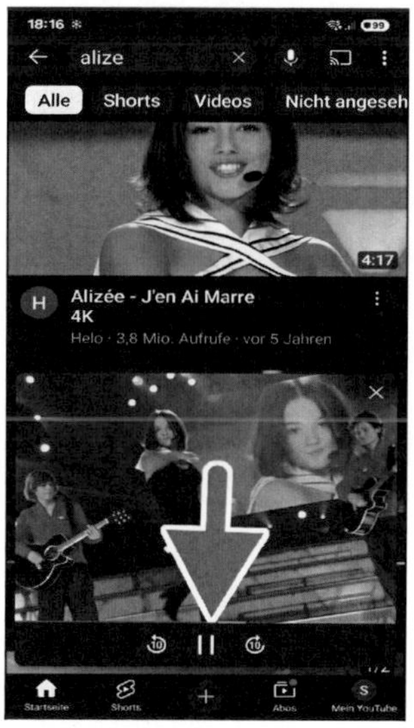

❶❷ Zweimaliges schnelles Tippen auf dem Videofenster vergrößert die Ansicht.

❸ Schließen Sie das Videofenster mit einer Wischgeste nach unten.

23.4 Google Drive

Bei Google Drive handelt es sich um einen Online-Speicher, worin Sie beliebige Dateien ablegen. Das Arbeitsprinzip kennen Sie vielleicht schon von den Konkurrenten Dropbox oder Microsoft OneDrive. Google Drive ist mit Ihrem Google-Konto verknüpft.

Beachten Sie, dass Google Drive zwar 15 Gigabyte Online-Speicher zur Verfügung stellt, dieser aber mit anderen Google-Diensten wie Gmail (siehe Kapitel *10 Gmail*) und Google Fotos (siehe Kapitel *19 Google Fotos*) geteilt wird.

Die übliche Vorgehensweise:

1. Laden Sie von Ihrem Handy aus beliebige Dateien wie Fotos oder Office-Dokumente in Google Drive hoch.
2. Der Zugriff auf die Dateien lässt sich anschließend für andere Nutzer freigeben.
3. Über eine Weboberfläche (*drive.google.com*) ist auch die Dateiverwaltung über einen PC-Webbrowser möglich. Dort können Sie auch ein PC-Programm herunterladen, das Ihnen die Arbeit mit Google Drive erleichert.

Zusätzlich verwaltet Google Drive auch Microsoft Office-Dateien (Word, Excel und PowerPoint). Dies geschieht über die Zusatzprogramme Google Docs, Google Tabellen und Google Präsentationen. Google Drive ist sehr umfangreich, weshalb wir hier nur auf die interessantesten Funktionen eingehen können.

❶❷ Mit einer Wischgeste nach rechts öffnen Sie das Ausklappmenü, welches Sie durch Wischen nach links wieder schließen. Die enthaltenen Funktionen:

- *Zuletzt geöffnet*: Dateien, auf die Sie zuletzt zugegriffen haben (Zugriffsverlauf).
- *Offline*: Aus Google Drive heruntergeladene Dateien. Sie haben darauf auch offline – also ohne Internetverbindung – Zugriff.
- *Papierkorb*: Von Ihnen in Google Drive gelöschte Dateien.
- *Spam*: Hier finden Sie Dateien, die Dritte für Sie freigeben haben, aber von Google als unerwünscht eingestuft werden.
- *Sicherungen:* Nicht von Google dokumentiert.
- *Einstellungen*: Diverse Datensicherungseinstellungen.
- *Hilfe & Feedback*
- *Speicherplatz*: Informiert über den freien und belegten Speicher und bietet die Möglichkeit, weiteren Speicherplatz dazu zu mieten.

❶❷ Die Register am unteren Bildschirmrand:

- *Start* (Hauptseite)
- *Markiert*: Von Ihnen als Favoriten markierte Dateien.
- *Freigegeben*: Von anderen Anwendern für Ihr Google-Konto freigegebene Dateien.
- *Dateien*: Von Ihnen ins eigene Google-Konto hochgeladene Dateien.

23.4.1 Dateien bei Google Drive hochladen

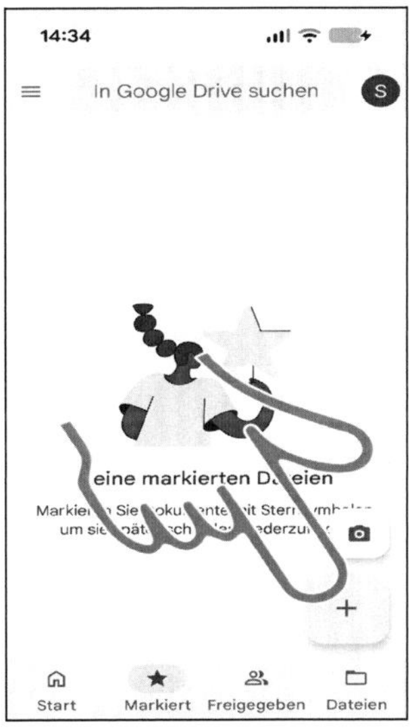

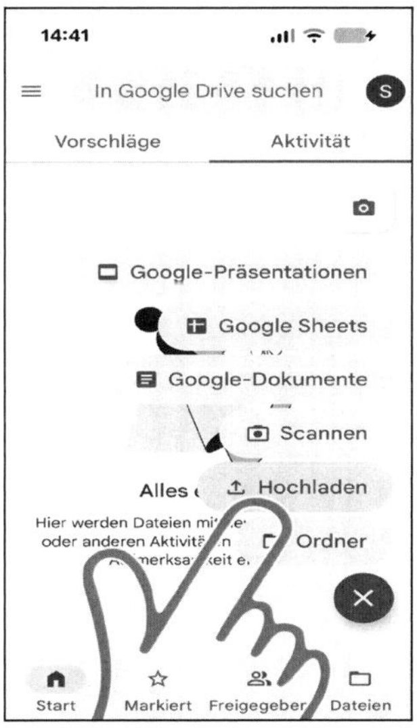

❶❷ Gehen Sie auf + und dann auf *Hochladen*.

❸ Wählen Sie zunächst den aufzulistenden Dateityp, im Beispiel *Bilder*, aus.

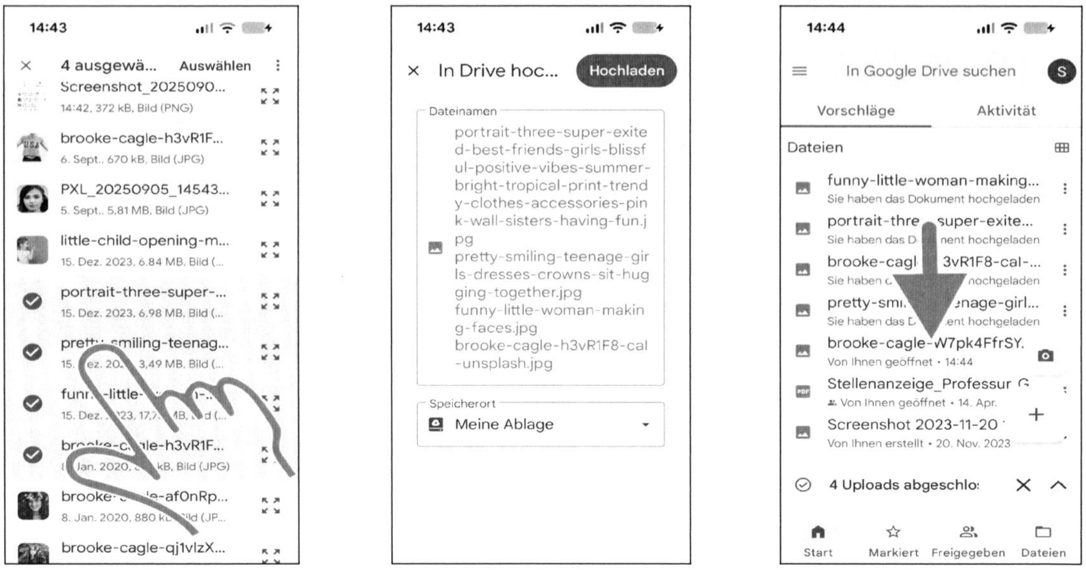

➊ Markieren Sie mit kurzem Antippen die ins Google-Konto hochzuladenden Dateien. Betätigen Sie dann *Auswählen* (oben rechts im Bildschirm). Im folgenden Bildschirm betätigen Sie *Hochladen.*

➋➌ Aktualisieren Sie die Ansicht mit einer Wischgeste nach unten. Die neu hochgeladenen Dateien werden angezeigt.

Auch wenn Sie mit Google Mediendateien hochladen können, müssen Sie beachten: Google Drive und Google Fotos arbeiten unabhängig voneinander, das heißt, Fotos und Videos, die Sie bei Google Drive hochladen, erscheinen nicht in Google Fotos und umgekehrt.

23.4.2 Anzeige

➊➋ Mit der Schaltfläche oben rechts wechseln Sie zwischen der Vorschau- und Listenansicht.

23.4.3 Office-Datei erstellen

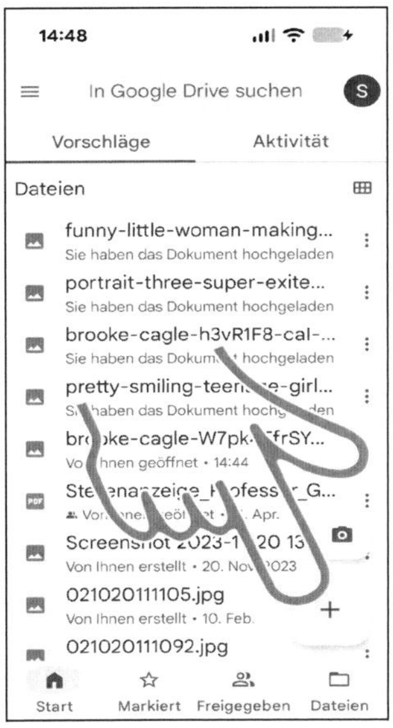

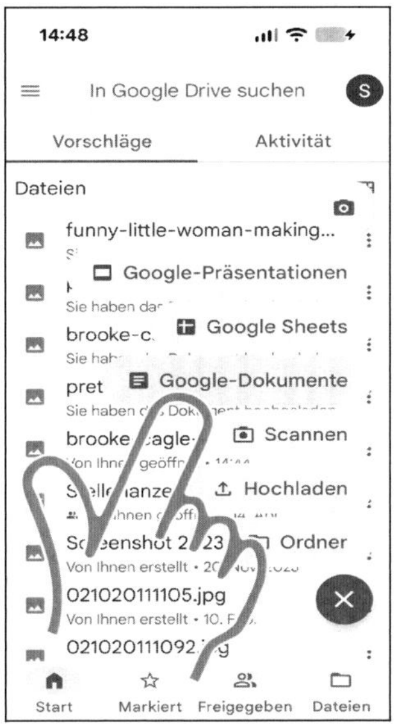

Google bietet Programme an, mit denen Sie Office-Dokumente auf dem Gerät, aber auch in Google Drive hochgeladene Office-Dateien bearbeiten können. Unterstützt werden dabei die Microsoft-Dateiformate Word, Excel und PowerPoint.

❶❷ Gehen Sie auf + und dann auf *Google-Dokumente*, *Google-Tabellen* oder *Google-Präsentationen.*

❸ Die Anwendung, im Beispiel Google Docs wird sofort mit einem leeren Dokument gestartet.

Während Google Docs bereits auf dem Handy vorinstalliert ist, werden Sie bei Google Tabellen und Google Präsentationen zum Google Play Store geleitet, worin Sie die betreffende Anwendung installieren.

❶❷ Das jeweilige Programm startet mit einem leeren Dokument/einer leeren Tabelle. Sie befinden Sie im Editor. Nach der Bearbeitung speichern Sie die Datei mit ✓ (Pfeil) und kehren mit ✕ nach Google Drive zurück. Sie finden die Datei im *Dateien*-Register von Google Drive.

Google-Dokumente, Google-Tabellen und Google-Präsentationen sind eigenständige Anwendungen. Sie brauchen also nicht den Umweg über Google Drive zu nehmen, sondern gehen einfach im Startbildschirm beziehungsweise Hauptmenü auf *Docs*, *Tabellen* oder *Präsentationen*.

❶❷ In unserem Beispiel rufen wir Google Docs unter *Docs* im Hauptmenü auf.

23.4.4 Dateien freigeben

Standardmäßig haben nur Sie Zugriff auf Ihre in Google Drive abgelegten Dateien. Sie können aber Dateien oder Verzeichnisse für Dritte freigeben. Über einen Link, den Sie beispielsweise per E-Mail verschicken, können die Empfänger die jeweilige Datei im Webbrowser anzeigen.Dateien freigeben

Standardmäßig haben nur Sie Zugriff auf Ihre in Google Drive abgelegten Dateien. Sie können aber einzelne Dateien oder ganze Verzeichnisse für Dritte freigeben.

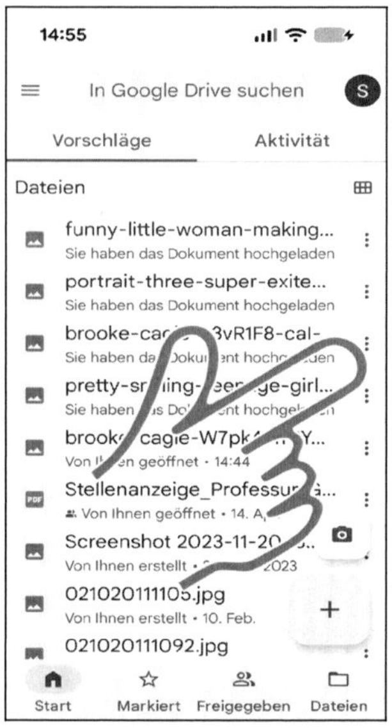

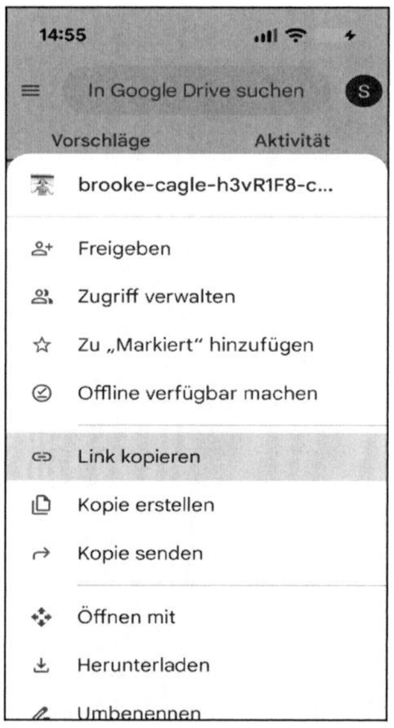

❶ Tippen Sie hinter dem Dateinamen auf ⋮ (Pfeil).

❷ Gehen Sie auf *Link kopieren*. Google Drive hat eine Webadresse (»Freigabelink«) in die Zwischenablage kopiert.

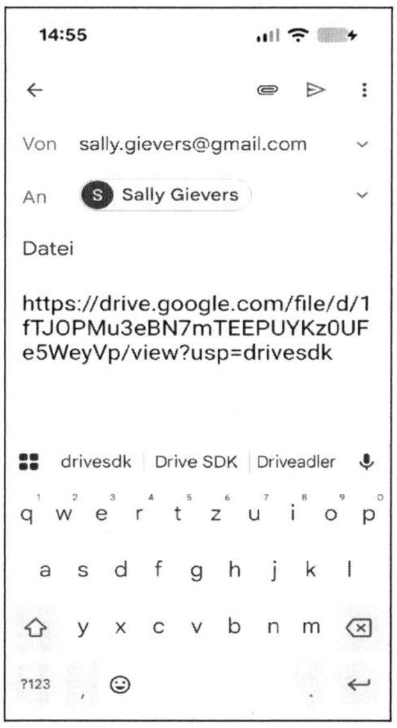

❶ In unserem Beispiel möchten wir jemand anderem die Datei per E-Mail zugänglich machen. Verlassen Sie Google Drive und rufen Sie eine E-Mail-Anwendung, im Beispiel Gmail, auf. Erstellen Sie dort eine neue Nachricht. Den Inhalt der Zwischenablage mit dem Google Drive-Link fügen Sie über die Schaltfläche über dem Tastenfeld ein.

❷ Sie können nun die E-Mail mit dem Link versenden.

23.5 Google-Anwendung

Die Google-Anwendung stellt die zum aktuellen Zeitpunkt wichtigen Infos auf einem Blick zur Verfügung. Dazu wertet das Programm das Nutzerverhalten im Hintergrund aus und versucht daraus Schlüsse zu ziehen, welche Infos für Sie gerade nützlich sein könnten.

Je nach Situation werden laut Google folgende Infos angezeigt:

- *Wetter*: Wetteraussichten
- *Verkehr*: Falls Sie unterwegs sind.
- *Öffentliche Verkehrsmittel*: Falls Sie sich in der Nähe einer Haltestelle öffentlicher Verkehrsmittel befinden.
- *Flüge*: Wird nach einer Flug-Suche angezeigt.
- *Sport*: Punktezahlen für eine Mannschaft, nach der gesucht wurde.
- *Nächster Termin*: Anstehende Kalendertermine.
- *Übersetzung*
- *Währung*: Währungsumrechnung.
- *Uhrzeit zu Hause*: Wenn Sie sich in einer anderen Zeitzone befinden.
- *Orte*: Points of Interest in der Nähe.

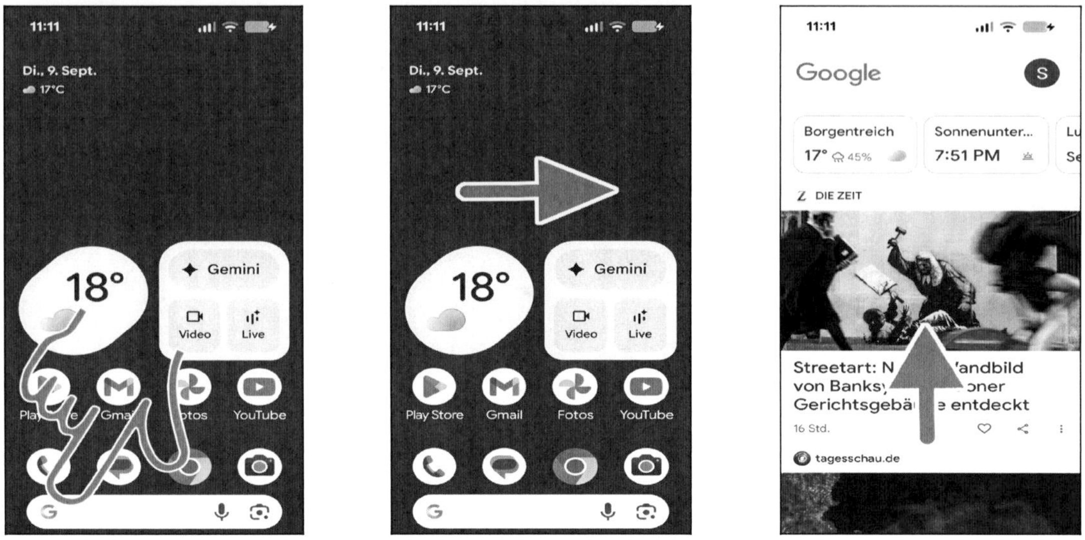

❶ Tippen Sie im Google-Widget auf das »G«.

❷ Alternativ wischen Sie im Startbildschirm nach rechts.

❸ Rollen Sie mit einer Wischgeste durch die angezeigten »Notizkarten« und tippen Sie sie an, um den vollständigen Artikel zu lesen.

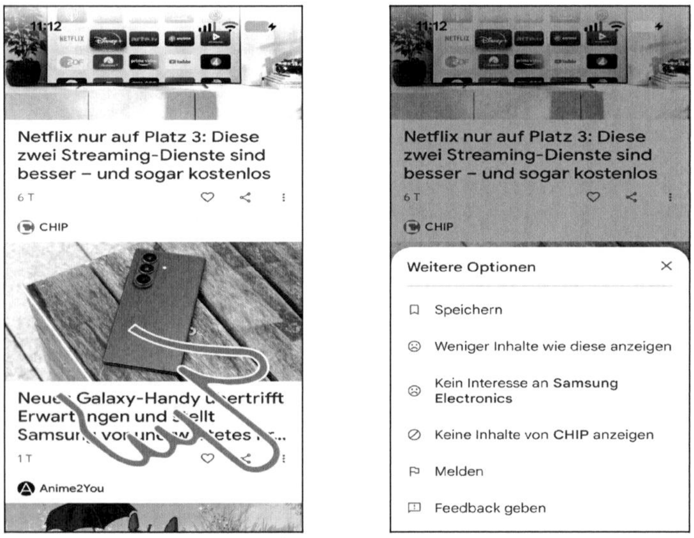

❶❷ Jede »Karte« lässt sich über das ⋮-Menü (Pfeil) anpassen.

In den ersten Tagen der Nutzung wird die Google-Anwendung zunächst nur kaum nützliche Infos anzeigen, was sich aber mit der Zeit ändert.

23.6 Google Notizen

Google Notizen ist ein elektronisches Notizbuch. Ihre darin verwalteten Texte, Bilder und Audioaufnahmen werden automatisch in Ihrem Google-Konto abgelegt und stehen dann auch auf anderen Android-Geräten zur Verfügung. Natürlich haben Sie auch über einen PC-Webbrowser unter der Webadresse *drive.google.com/keep* auf Ihre Notizen Zugriff.

Eine Besonderheit von Google Notizen ist die Möglichkeit, Notizen für die Wiedervorlage einzurichten:

- *Uhrzeiterinnerung*: Zu einer bestimmten Tageszeit (Morgens, Nachmittags, Spätnachmittags, Abends) oder zu einer exakten Uhrzeit weist Sie das Programm auf die fällige Notiz hin.
- *Standorterinnerung*: Alternativ weisen Sie Ihrer Notiz einen Standort zu. Sobald Sie diesen besuchen, werden Sie alarmiert. Beispielsweise können Sie einer Einkaufsliste den

Namen und Standort eines Supermarkts eingeben und Google Notizen informiert Sie über die Notiz, sobald Sie sich dem Supermarkt nähern.

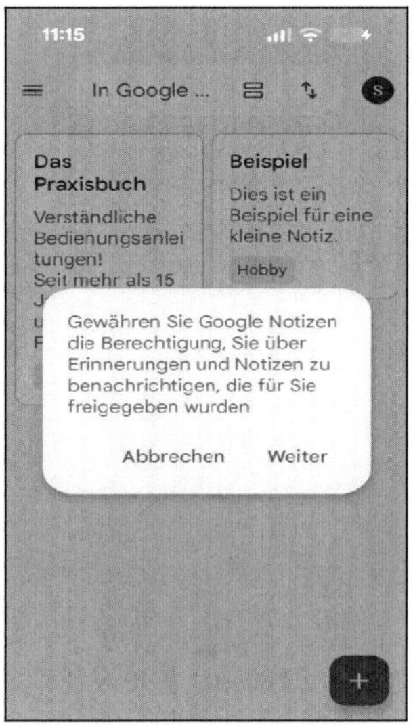

❶ Sie starten *Google Notizen* aus dem Hauptmenü.

❷❸ Die einmalig angezeigten Bildschirme beziehungsweise Popups schließen Sie mit *Weiter* und *Zulassen.*

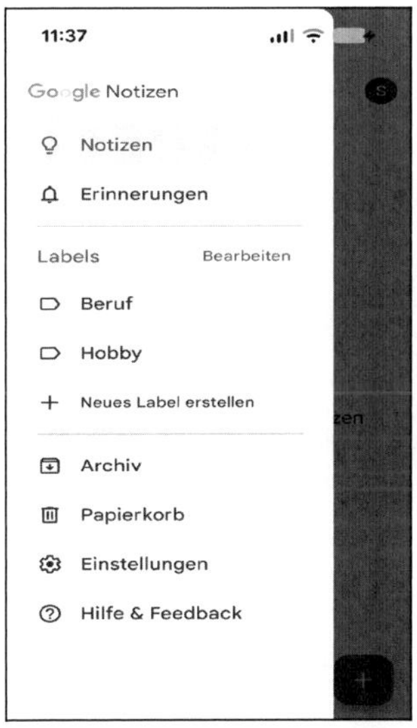

❶❷ Google Notizen arbeitet mit einem Ausklappmenü, das Sie über die Schaltfläche oben rechts öffnen. Sie finden darin die Einträge *Notizen, Erinnerungen, Archiv* und *Papierkorb*:

- *Notizen* ist Ihr Arbeitsbereich, in dem Sie alles sammeln, was gerade aktuell ist oder noch abgearbeitet werden muss.
- *Erinnerungen*: Hier finden Sie alle Notizen, die von Ihnen mit einer zeitlichen oder örtlichen Erinnerung versehen wurden.
- Sie können den Notizen *Labels* zuweisen, beispielsweise um privates und berufliches zu trennen.
- Wenn Sie eine Notiz nicht mehr benötigen, können Sie sie in das *Archiv* verschieben.
- *Papierkorb*: Gelöschte Notizen landen für einige Zeit im Papierkorb, aus dem Sie sie gegebenenfalls wieder »retten« können.

❶ Tippen Sie zur Notizerstellung auf +.

❷ etätigen Sie eine der Schaltflächen:

- *Audio*: Sprachaufnahme.
- *Bild*: Vorhandenes Foto verwenden.
- *Zeichnung*: Handschriftliche Notiz.
- *Liste*: Listeneintrag
- *Text*: Textnotiz.

❸ Beispiel für eine Textnotiz.

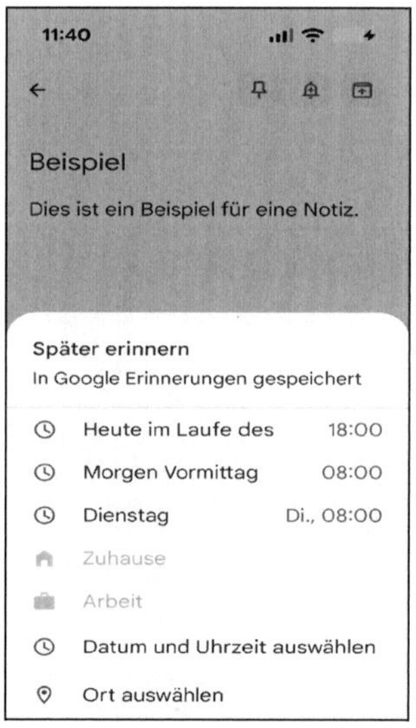

❶❷ Für eine automatische Benachrichtigung tippen Sie auf . Anschließend können Sie entweder eine *Uhrzeit*-Erinnerung oder mit *Ort* eine Standorterinnerung festlegen.

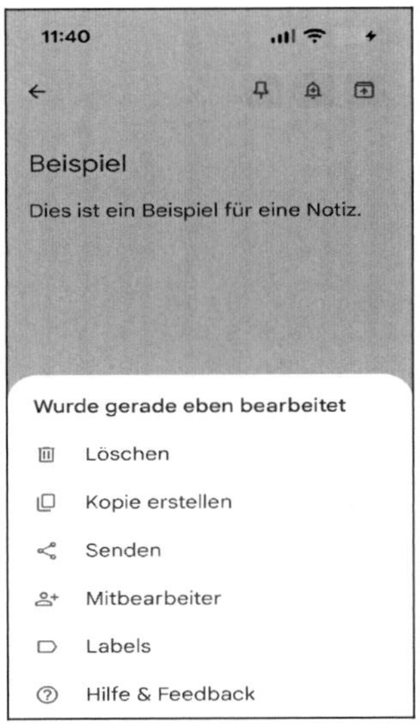

❶❷ Über das ⋮-Menü stehen folgende Funktionen zur Verfügung:

- *Löschen*: Notiz entfernen.
- *Kopie erstellen*
- *Senden*: Notiz über E-Mail, Bluetooth usw. versenden. Damit der Empfänger etwas mit Ihrer Notiz anfangen kann, wird die Notiz in ihre Bestandteile (Bild, Audioaufnahme, Text, etc.) zerlegt und diese als einzelne Dateien verschickt.
- *Mitbearbeiter*: Personen, die mit dem Notizeninhalt zu tun haben.
- *Labels*: Sofern Sie sehr viele Notizen vorliegen haben, sollten Sie ihnen Labels zuweisen. Später grenzen Sie die Notizenauflistung über ein Label im Ausklappmenü ein.

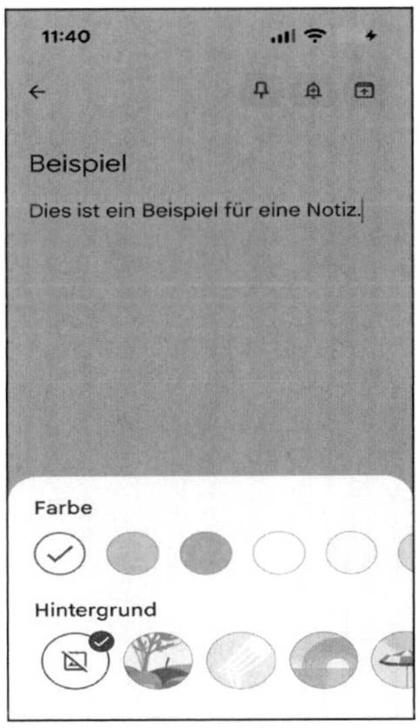

❶❷ In der Notiz können Sie dem Hintergrund mit 🎨 eine Farbe oder Bild zuweisen.

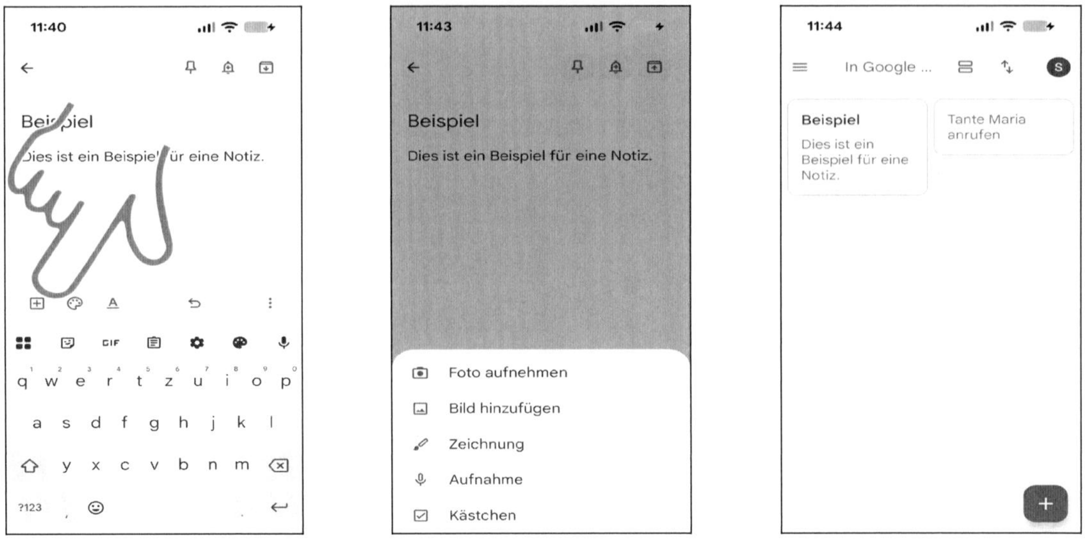

❶❷ Über die ⊞-Schaltfläche fügen Sie der Notiz weitere Elemente hinzu.

Verlassen Sie den Bearbeitungsbildschirm mit der ◀-Taste, worauf die Notiz gespeichert wird.

❸ Beispiel für einige Notizen.

23.6.1 Notiz bearbeiten

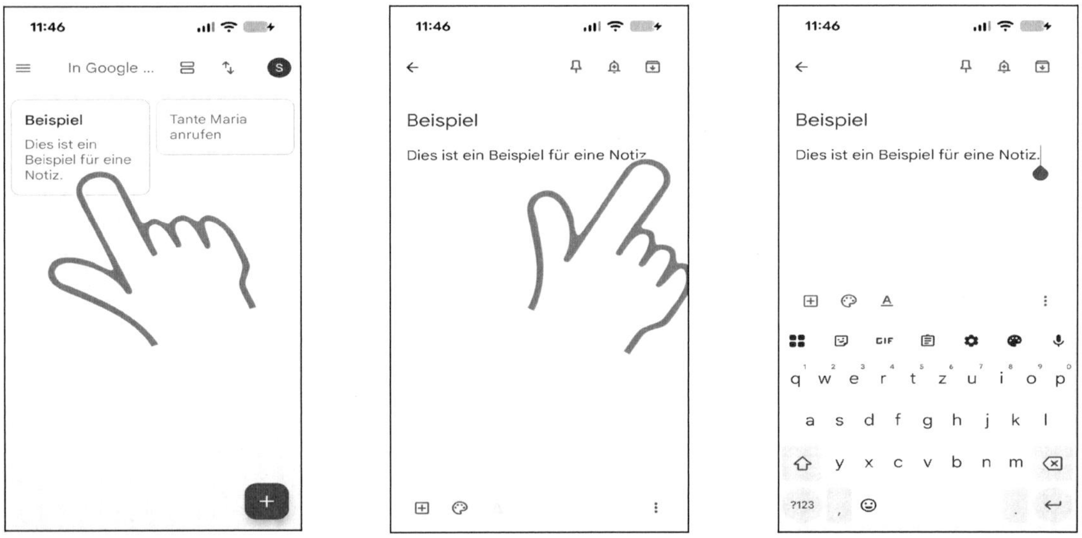

❶❷❸ Zum Bearbeiten tippen Sie die Notiz an, anschließend tippen Sie auf das Element, das Sie ändern möchten.

23.6.2 Labels

Sie verwenden Labels für die einfachere Organisation Ihrer Notizen.

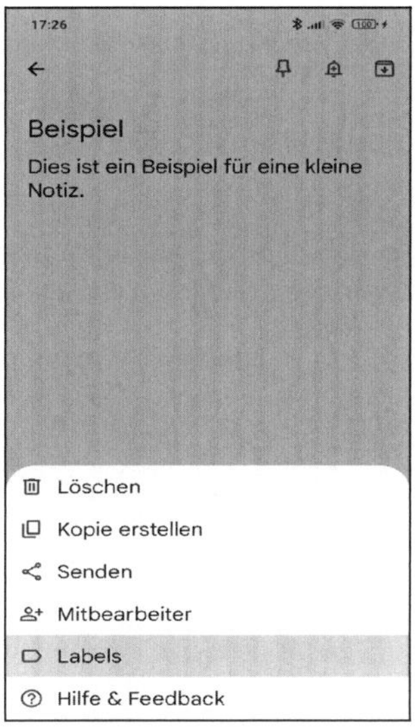

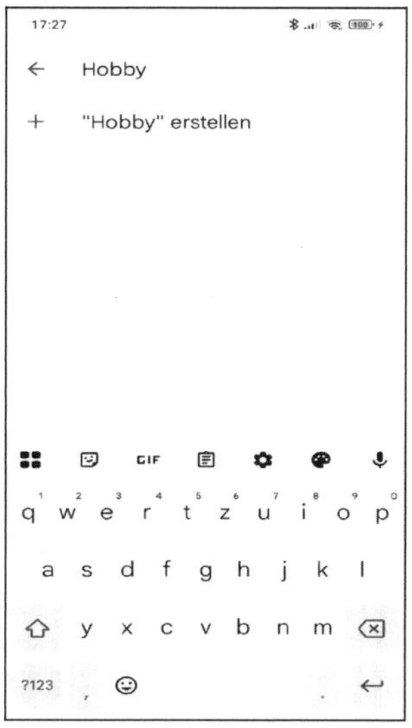

❶❷ So weisen Sie einer Notiz die Label zu: Betätigen Sie ⋮ für das Menü und gehen Sie auf *Labels*.

❸ Erfassen Sie im Eingabefeld die Labelbezeichnung und betätigen Sie *"xxx" erstellen*. Auf dem gleichen Wege legen Sie bei Bedarf weitere Label an.

❶ Schließen Sie den Bildschirm mit der ◀-Taste.

❷ Das Label erscheint im Notizenbildschirm.

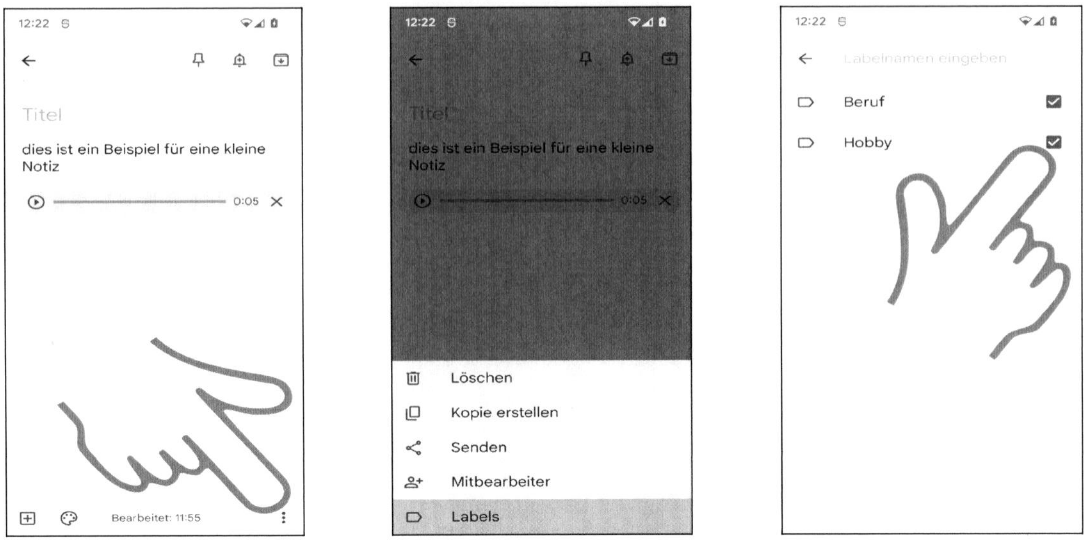

❶❷❸ Wenn Sie künftig ⋮/*Labels* aufrufen, können Sie direkt eines oder mehrere Label auswählen.

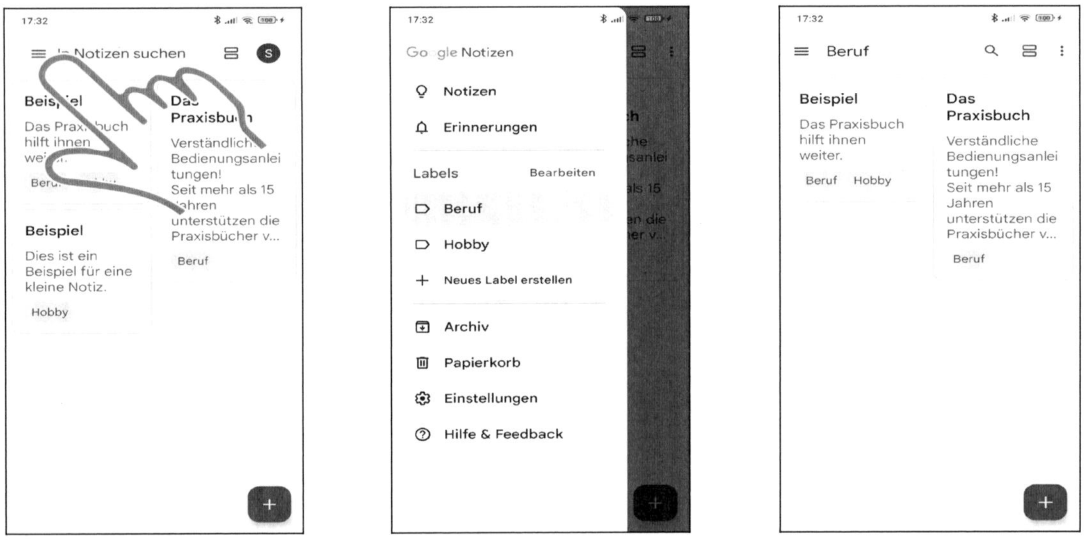

❶❷ Die Labelanzeige begrenzen Sie einfach über das Ausklappmenü, worin Sie einfach auf das Label gehen.

❸ Die ◀-Taste beziehungsweise Auswahl von *Notizen* im Ausklappmenü bringt Sie wieder in die Standardansicht zurück.

23.6.3 Archivierung

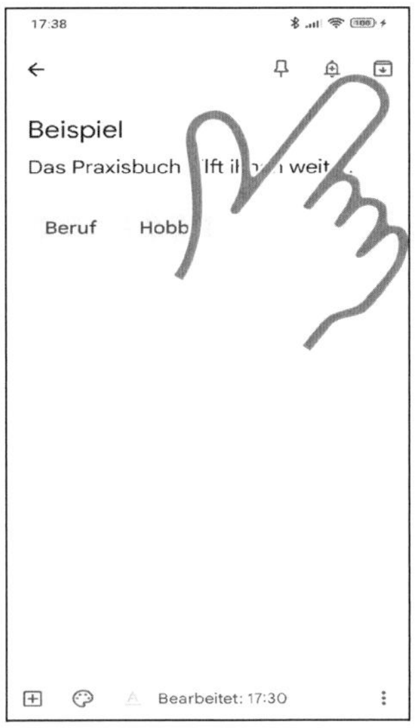

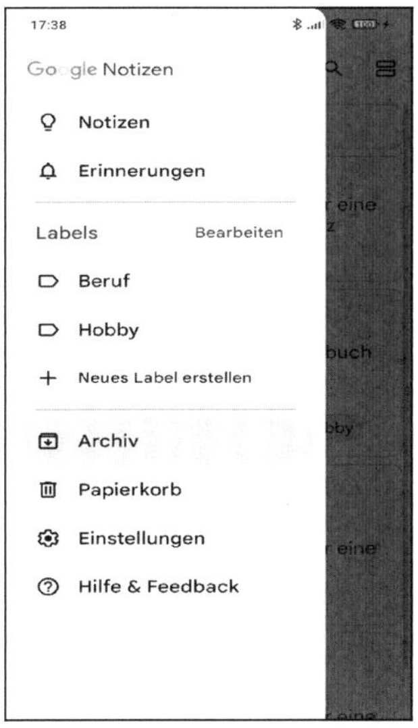

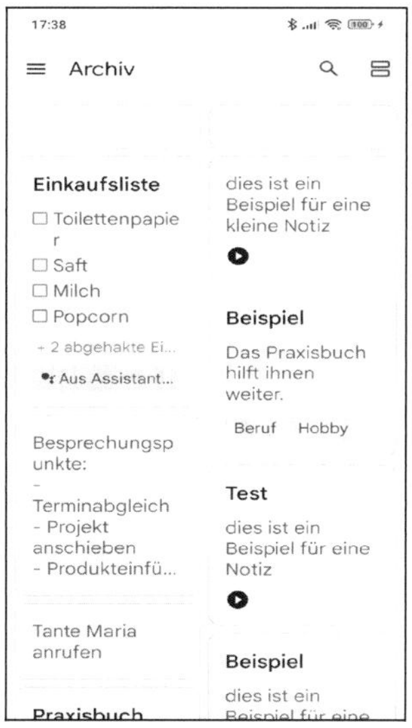

➊ Nicht mehr benötigte Notizen, auf die Sie später vielleicht noch zugreifen möchten, archivieren Sie mit der ⊡-Schaltfläche.

➋➌ *Archiv* im Ausklappmenü listet alle archivierten Notizen auf.

23.7 Übersetzer

Der »Übersetzer« ist kein einfaches Wörterbuch, sondern optimiert für die direkte Kommunikation mit Personen aus anderen Kulturkreisen.

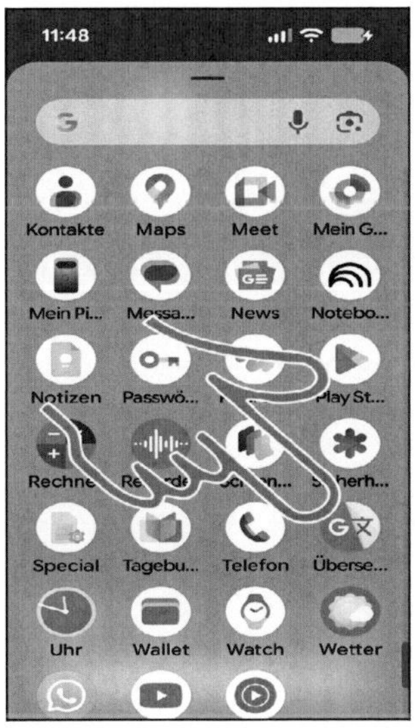

➊ Rufen Sie *Übersetzer* im Hauptmenü auf.

➋ Als Erstes müssen Sie die Ursprungssprache und die Zielsprache auswählen. Die ⇄-Schaltfläche tauscht die Übersetzungsrichtung.

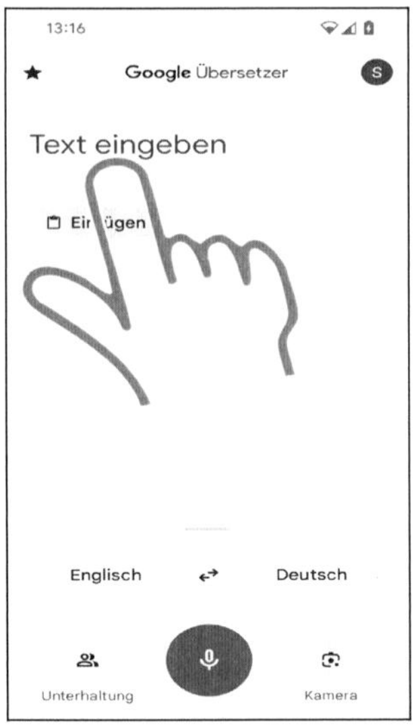

❶❷ Tippen Sie ins Eingabefeld und erfassen Sie einen Text, der sofort übersetzt wird. Die ✕-Schaltfläche oben rechts löscht Ihre Eingabe.

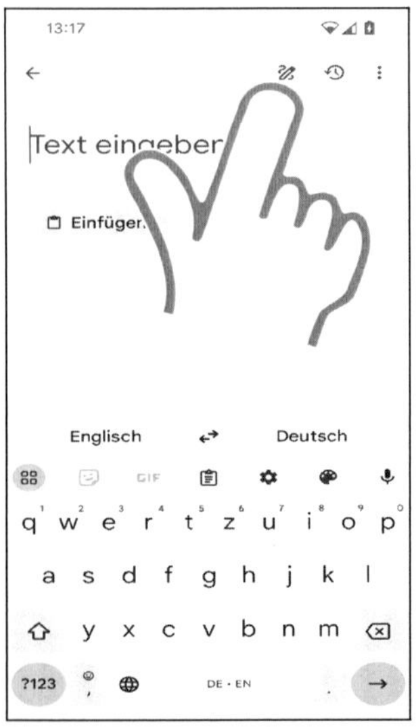

❶ ✍ beziehungsweise ⌨ schaltet zwischen der handschriftlichen und getippten Eingabe um.

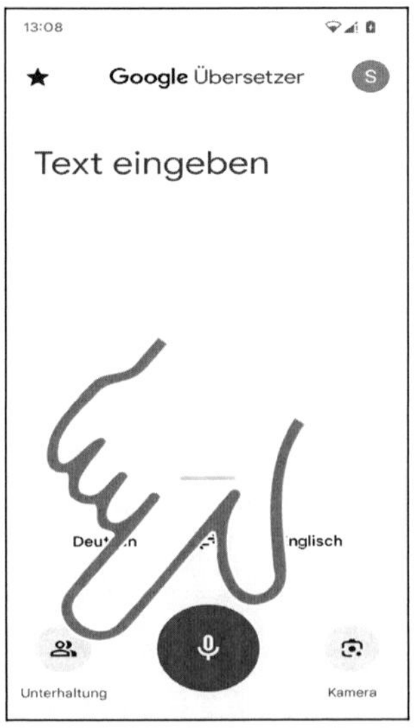

❶ Auch eine fließende Konversation ist möglich. Dazu gehen Sie auf *Unterhaltung.*

❷ Abwechselnd betätigen die beiden Sprecher die gegenüber liegenden Schaltflächen und sagen ihren Text, der simultan übersetzt wird. Die 🎙-Schaltfläche aktiviert den Automatikmodus: Der Übersetzer erkennt dann automatisch die verwendete Sprache beziehungsweise den Sprecher.

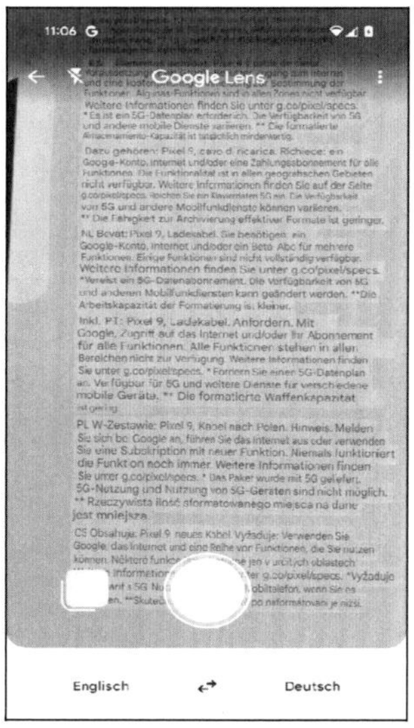

➊ Die *Kamera*-Schaltfläche öffnet den Direktübersetzer.

➋ Betätigen Sie *Kamera öffnen*.

➌ Halten Sie die Kamera über einen fremdsprachlichen Text, beispielsweise ein Hinweisschild oder eine Speisekarte, worauf die Übersetzung ins Kamerabild eingeblendet wird. Achten Sie auf das korrekte Sprachpaar, das Sie am oberen Bildschirmrand einstellen.

23.8 Pixel Studio

Pixel Studio ist eine KI-gestützte Kreativ-Anwendung für die Bildergenerierung, die exklusiv für Google Pixel-Handys entwickelt wurde.

Funktionen im Überblick:

- **KI-Bildgenerator:** Erstellen Sie Bilder via Texteingabe (zum Beispiel »Einhorn im Regenbogenwald«) – die KI generiert passende Motive in Sekunden.
- **Sticker-Design:** Schneiden Sie Objekte aus Fotos aus, animieren Haustiere oder gestalten Sie Sticker mit persönlichen Motiven, die Sie direkt über das Tastenfeld in anderen Anwendungen wie WhatsApp einfügen.
- **Style-Anpassungen:** Wählen Sie aus vordefinierten Stilen (zum Beispiel »Wasserfarben« oder »Retro-Comic«) oder beschreiben Sie alternativ einfach das gewünschte Design.
- **Bearbeitungstools:** Entfernen Sie unerwünschte Bildelemente, fügen Sie Texte in kreativen Schriftarten hinzu oder passen Sie Farben an.
- **Besonderheiten:** Die App nutzt Imagen 3 (Googles Text-zu-Bild-Modell) und die Rechenleistung des im Pixel-Handy verbauten Tensor G4-Chips, um die Verarbeitung auf dem Gerät durchzuführen. Aktuell ist Pixel Studio in Deutschland verfügbar, allerdings teilweise mit eingeschränkten Funktionen je nach Gerätemodell.

Die Einschränkungen:

- **Eingeschränkter Funktionsumfang:** Einige Features wie die Nutzung von Live-Video, bestimmte Stilvorlagen und die Bildbearbeitung sind derzeit noch nicht in Deutschland aktiv.
- **Technische Begrenzungen:** Pixel Studio nutzt es eine abgespeckte Version des Imagen-3-Modells, da der Tensor-G4-Prozessor nicht die volle Leistung dedizierter Cloud-KI-Hardware erreicht. Die Bildqualität und Komplexität der generierten Motive sind daher geringer als bei Cloud-Lösungen.
- **Auflösung und Qualität:** Die Auflösung der generierten Bilder von 4096 × 4096 kann nicht angepasst werden. Wenn Sie ein anderes Bildformat wie 16:9 oder 4:3 benötigen, müssen Sie das jeweilige Bild in einem Bildbearbeitungsprogramm entsprechend zuschneiden.
- **Motiv- und Ethikfilter:** Wie bei anderen Google-KI-Tools gibt es Filter, die das Gene-

rieren bestimmter Inhalte (zum Beispiel Gewalt, anstößige oder urheberrechtlich geschützte Motive) verhindern. Es bestehen auch Einschränkungen für die Generierung von Kindern, Prominenten oder bestimmten historischen Szenen, um Missbrauch und Fehldarstellungen zu vermeiden.

- **Prompt-Komplexität:** Je spezifischer und detaillierter die Texteingabe (Prompt), desto eher stößt Pixel Studio an seine Grenzen. Besonders bei komplexen Szenen oder ungewöhnlichen Motiven kann die Qualität stark schwanken oder unbefriedigend sein.

Bitte beachten Sie, dass wir an dieser Stelle nur die grundlegenden Features von Pixel Studio vorstellen können. Die Bedienung erschließt sich aber nach kurzer Eingewöhnung von selbst.

Falls wir Ihr Interesse wecken konnten, empfehlen wir unser Buch »Ki-Werkstatt«. Dort stellen wir unter anderem verschiedene Bildgeneratoren und deren Nutzung vor,

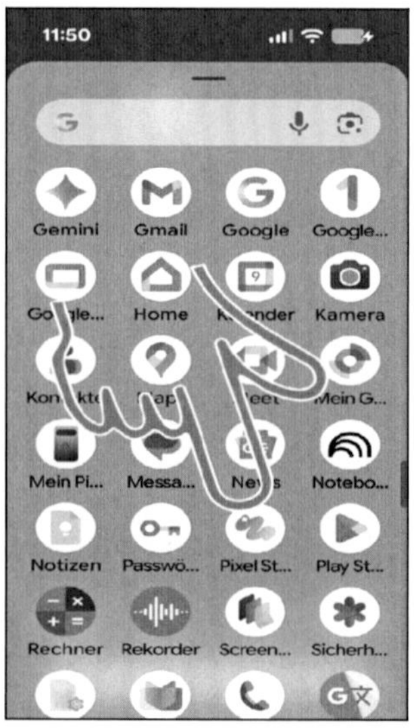

➊ Sie rufen *Pixel Studio* aus dem Hauptmenü auf.

➋ Betätigen Sie *Weiter als xxx.*

➌ Über die drei Schaltflächen am unteren Bildschirmrand rufen Sie die folgenden Funktionen auf:

- : Sticker (Bild das man über das Tastenfeld einfügen kann) erstellen.
- *Erstellen*: Bild anhand eines Prompts (Szenenbeschreibung) erstellen.
- : Sticker aus einem Bild erstellen.

23.8.1 Bild erstellen

❶ Betätigen Sie *Erstellen.*

❷ Geben Sie den Prompt ein, im Beispiel »Einhorn in einem Regenbogenwald« (Klein- und Großschreibung ist egal) und betätigen Sie ✓. Der verwendete Stil, von realistisch bis Comic-Stil hängt vom Zufall ab. Alternativ können Sie nach Betätigen von *Freestyle* die Stil selbst festlegen.

❸ Das fertige Ergebnis. Die Schaltflächen am unteren Bildschirmrand:

- C: Erneut Bild vom Prompt erstellen.
- ✐: Bild mit einem anderen Stil erneut erstellen.
- •••: Bildqualität bewerten – Sie helfen damit Google bei der Verbesserung des KI-Generators.

Tippen Sie auf Ihren Prompt, um ihn zu bearbeiten.

> Der Bildgenerator von Google zensiert sehr stark, was die Brauchbarkeit extrem einschränkt. Schon harmlose Begriffe wie »isst eine Banane« oder »Geburtstagsparty« können den Inhaltsfilter triggern. Realistische Bilder von Prominenten wie Mozart oder Einstein sind ebenfalls verboten – es empfiehlt sich dann statt *Freestyle* einen Stil wie *3D-Cartoon* zu verwenden.
>
> Sollte der Bildgenerator Ihren Prompt ablehnen, dann starten Sie die Bildgenerierung einfach einige Male erneut. Zur Not müssen Sie den Prompt etwas umformulieren.

Einige Beispiele:

❶ »Einhorn im Regenbogenwald im Stil von Street Art«

❷ »Einhorn im Regenbogenwald im Stil von Alphonse Mucha« – Der Stil des Malers Alphonse Mucha wird aufgrund seiner interessanten Übertreibungen und Stilvermischungen gerne genutzt!

❸ »Einhorn im Regenbogenwald, im Cyberpunkstil, dramatische Beleuchtung, Weitwinkelobjektiv«

❶ Die Schaltflächen am oberen Bildschirmrand:

- : Bild in die Zwischenablage kopieren. Sie können es dann in einer anderen Anwendung einfügen.
- : Bild per WhatsApp, E-Mail usw. versenden.
- : Bild in den Gerätespeicher herunterladen. Sie finden es anschließend im Verzeichnis *Pictures\Picture Studio*.
- : Bild löschen.

❷ Die generierten Bilder finden Sie im Hauptmenü. Tippen Sie ein Bild an, wenn Sie dessen Prompt wiederverwenden möchten.

23.8.2 Sticker

Sticker sind Grafiken, die Sie über das Tastenfeld einfach in anderen Anwendungen einfügen. Sie können sich das in etwa so vorstellen wie bei den Emojis (siehe Kapitel *27.1.1 Emojis*).

❶ Betätigen Sie im Hauptmenü .

❷ Wählen Sie ein Foto, das Sie mit der Kamera erstellt hatten (siehe Kapitel *18 Kamera*) aus.

❸ Tippen Sie auf dem als Sticker zu verwendenden Bereich (alternativ malen Sie mit dem Finger einen Kringel darum).

❶❷ Betätigen Sie *Sticker erstellen* und dann *Bestätigen.*

❸ Schließen Sie den Hinweis mit *OK.*

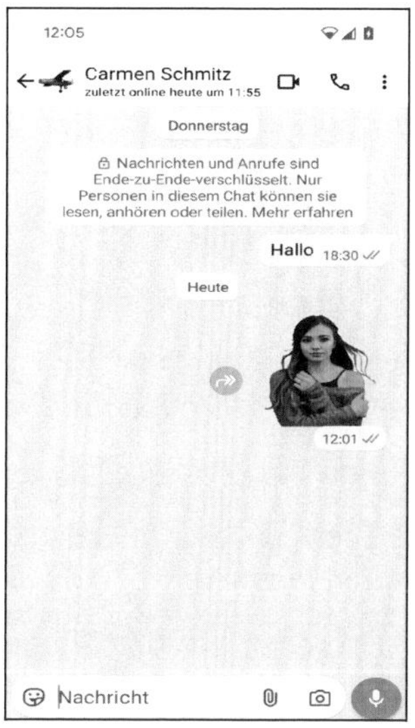

❶ In WhatsApp tippen Sie an.

❷ Anschließend wählen Sie in WhatsApp den Sticker aus (beim ersten Mal müssen Sie ihn zweimal antippen).

❸ Der Sticker wird eingefügt.

Beachten Sie bitte, dass Sticker nur in Anwendungen mit Grafikunterstützung einfügbar sind.

24. Empfehlenswerte Apps aus dem Play Store

Im Google Play Store werden unzählige Programme (Neudeutsch als »Apps« bezeichnet) angeboten, die den Funktionsumfang Ihres Handys erweitern. Unsere kleine Übersicht stellt davon einige Nützliche vor.

24.1 Installation

Sofern Sie bereits den Play Store (siehe Kapitel *17 Play Store*) genutzt haben, können Sie dieses Kapitel überlesen.

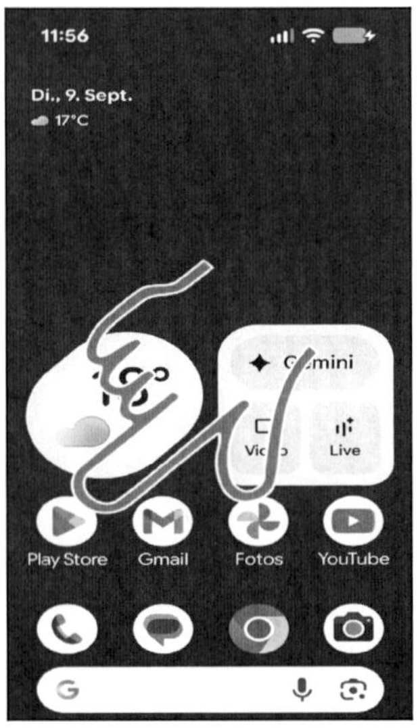

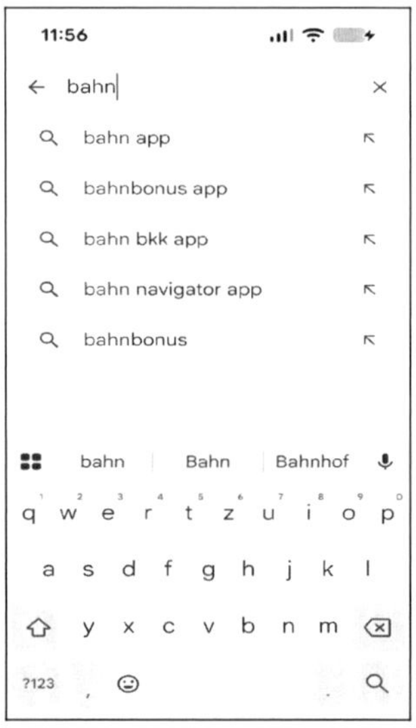

So installieren Sie die Programme:

❶ Rufen Sie den *Play Store* aus dem Startbildschirm oder Hauptmenü auf.

❷ Tippen Sie auf *Suche* beziehungsweise – falls bei Ihnen noch die alte Benutzeroberfläche aktiv ist – ins Suchfeld..

❸ Nun geben Sie den Namen eines Programms ein und betätigen Sie 🔍-Taste unten rechts im Tastenfeld. In der folgenden Auflistung können Sie dann das zu installierende Programm antippen. Alternativ wählen Sie schon während der Eingabe einen der Suchvorschläge aus, sofern sich darunter das Gesuchte befindet.

Falls Sie das Suchfeld nicht zu Gesicht bekommen, wenn Sie den Play Store aufrufen, müssen Sie erst mit ein- oder mehrmaligem Betätigen der ◀-Taste in den Hauptbildschirm zurückkehren.

Vorsicht bei der Suche! Es gibt viele Softwareanbieter, die absichtlich Programmnamen und Beschreibungen verwenden, welche beliebten Produkten ähneln. Prüfen Sie daher vor jeder Installation, ob das jeweilige Programm vom richtigen Anbieter stammt. Google überprüft allerdings jedes Programm im Play Store auf schädliche Funktionen, sodass Sie sich bei versehentlicher Installation zwar ärgern mögen, aber keine weiteren Nachteile erleiden.

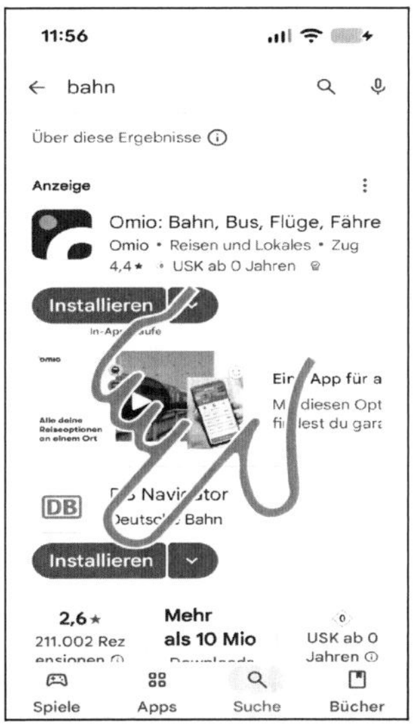

❶ Betätigen Sie zuerst *Installieren*, um das Programm auf dem Handy zu installieren. Sie müssen warten, bis Download und Installation abgeschlossen sind, was je nach Programmgröße und Internetverbindungsgeschwindigkeit eine bis zehn Minuten dauern kann.

❷ Der Programmstart ist nun über die *Öffnen*-Schaltfläche möglich.

Im Play Store werden bei jeder App neben dem Namen auch das Programmsymbol – unter dem Sie die App später auf Ihrem Smartphone finden – sowie der Anbieter angezeigt. Bevor Sie eine App installieren, sollten Sie unbedingt prüfen, ob sie tatsächlich vom erwarteten Anbieter stammt. Viele unseriöse Entwickler nutzen ähnliche Namen und Symbole, um Nutzer in die Irre zu führen und ihre eigenen Apps installieren zu lassen.

Im Startbildschirm (12) und im Hauptmenü (❸) erscheint jeweils eine Verknüpfung, über Sie ebenfalls das installierte Programm starten können.

24.2 Empfehlungen

Damit Sie die vorgestellten Programme schnell im Play Store auffinden, haben wir in kursiver Schrift deren genauen Namen angegeben.

Beispiel:

Pro 7, Sat.1, Kabel eins

7TV | Mediathek, TV Livestream

»Aktuelle Folge verpasst….«

Suchen Sie im Beispiel im Play Store nach »*7TV | Mediathek, TV Livestream*«. Meistens reicht es aus, die ersten Buchstaben des Programmnamens einzugeben, worauf der Play Store schon das Gesuchte vorschlägt.

> Es ist leider nicht selten, dass Programme aus dem Play Store verschwinden oder nicht auf Ihrem Gerät installierbar sind (es gibt dann einen entsprechenden Hinweis). Also bitte nicht frustriert sein!

24.2.1 Fernsehen

Alle Fernsehsender bieten eine entsprechende App mit weiteren Infos zum Programm an. Häufig kann man damit nicht nur Live-Sendungen schauen, sondern auch verpasste Sendungen abrufen.

Sat.1 / ProSieben / ProSieben MAXX

- Sat.1 (❶): *SAT.1 – Kostenloses Live TV und Mediathek*
- ProSieben: *ProSieben – Kostenloses Live TV und Mediathek*
- ProSieben MAXX: *ProSieben MAXX - Kostenloses Live TV und Mediathek*

Für jeden Sender des Medienkonzerns ProSiebenSat.1 Media gibt es eine eigene App, die Sie allerdings erst nach kostenloser Anmeldung mit Ihrer E-Mail-Adresse nutzen können. Neben Live-TV ist auch der Abruf verpasster Sendungen möglich.

ARD Mediathek / ZDF Mediathek

ARD Mediathek (❷) und ZDFmediathek (❸): Live-TV und Sendungsarchiv, sowie Programmübersicht.

24.2.2 TV- und Kinoprogramm

Sie sind ein TV-Stubenhocker? Dann dürften diese Programme für Sie nützlich sein, mit denen Sie sich einen schnellen Überblick der für Sie interessanten Sendungen verschaffen.

Prime Guide TV Programm (❶)

TV SPIELFILM - TV Programm(❷)

TV Movie - TV Programm (❸)

24.2.3 Transport, Reisen und Hotels

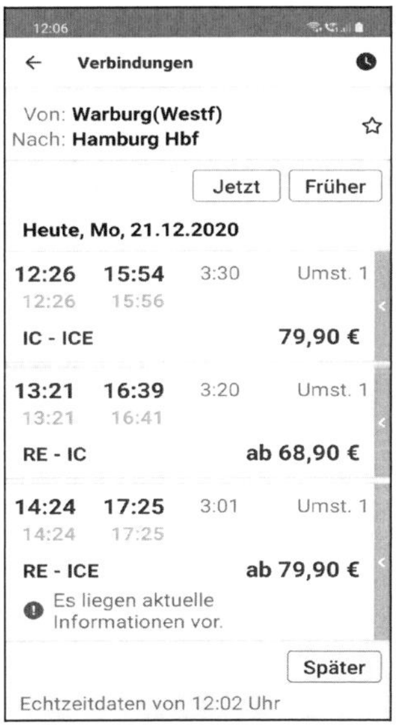

Die verschiedenen lokalen Verkehrsverbünde und die Deutsche Bahn haben eigene Apps veröffentlicht. Damit sind Sie bei Fragen zum Fahrplan nicht vom schlecht gelaunten Zugpersonal oder umständlichen Fahrkartenautomaten abhängig.

DB Navigator (❶)

Der DB Navigator der Deutschen Bahn berechnet Ihnen Routen vom Start- zum Zielort und weist auf bevorstehende Umstiege frühzeitig hin. Auch Echtzeit-Informationen wie Verspätungen und der direkte Zugang zu alternativen Verbindungen werden gezeigt. Das Programm nutzt Echtzeitdaten und informiert über Zugausfälle und Ersatzfahrpläne. Über den Menüpunkt »Regionale Angebote« können Sie Länder-Tickets, das Quer-Durchs-Land-Ticket und das Schönes-Wochenende-Ticket auswählen und direkt mobil buchen.

Bahnhofstafel Live (❷)

Das Programm nutzt die gleiche Datenquelle wie die Anzeigetafeln an den jeweiligen Bahnhöfen. Sie erhalten so einen schnellen Überblick über Verspätungen und Gleiswechsel.

Öffi – Fahrplanauskunft (❸)

Installiert drei Apps für die öffentlichen Verkehrsmittel mit Infos zu den Abfahrtszeiten und nächstgelegenen Haltestellen in den wichtigsten deutschen und internationalen Städten. Ein Routenplaner ermittelt die optimale Fahrtstrecke.

Vergleichen Sie die Preise von Hotels und buchen Sie direkt Ihr Zimmer mit den nachfolgend vorgestellten Programmen.

Die Apps:

- *Hotel Suche HRS* (❶)
- *Booking.com – Hotel-Buchungen* (❷)

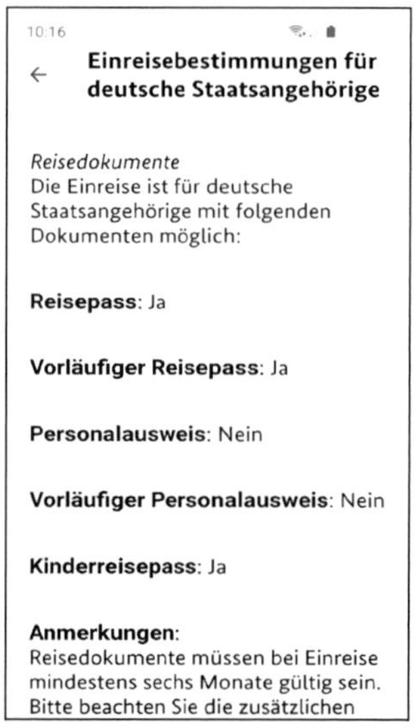

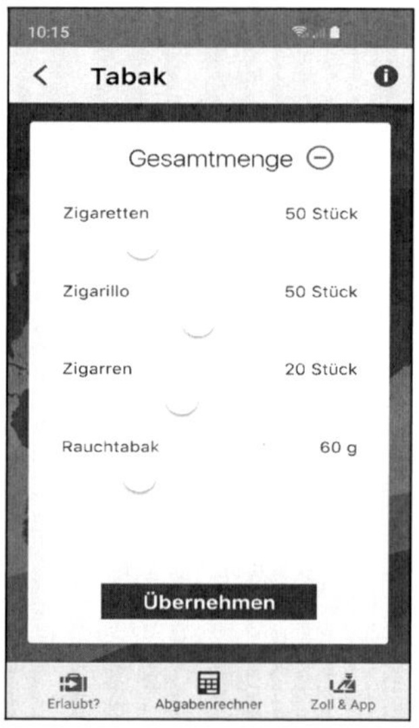

Eine Auslandsreise kann schnell zum Albtraum werden, wenn man sich nicht an die Bräuche und Gesetze des Gastgeberlands hält. Damit Sie nicht durch Unwissen in Schwierigkeiten geraten und im Notfall wissen, an wen Sie sich wenden sollten, wurden zwei Apps entwickelt.

Sicher reisen (❶❷)

Das Programm liefert die nötigen Infos für eine sichere und reibungslose Auslandsreise: Sie erhalten Tipps für Ihre Reisevorbereitung und für Notfälle, die Adressen der deutschen Vertretungen im Ausland und der Vertretungen Ihres Reiselandes in Deutschland. Falls nötig, werden Sie über Reise- und Sicherheitshinweise des Auswärtigen Amts informiert.

Zoll und Reise (❸)

Wenn Sie sich nicht sicher sind, was man abgabenfrei aus dem Urlaub mit nach Deutschland bringen darf, hilft Ihnen *Zoll und Reise* weiter. Mit dieser ermitteln Sie bei Bedarf auch die fälligen Abgaben, wenn Sie die Freimenge überschreiten und erfahren, welche Waren Sie nicht einführen dürfen.

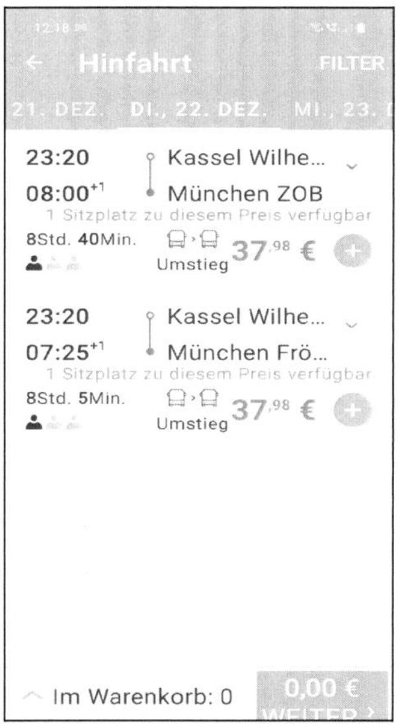

Die Fernbusse haben sich inzwischen zu einer starken Konkurrenz zur Deutschen Bahn entwickelt. Über entsprechende Apps ermitteln Sie die nächsten Fahrten, deren Kosten und erwerben Tickets.

FlixBus: Fernbus durch Europa (❶)

»Reise in Europa günstig mit Fernbus und Zug. Einfach bequem per App buchen.«

Busliniensuche: Fernbus App (❷❸)

Mit Busliniensuche ermitteln Sie die passende Fernbusverbindung und haben alle Preise, Abfahrtszeiten und Haltestellen in Ihrer Umgebung zur Hand. Das Programm berücksichtigt alle auf dem deutschen Markt aktiven Fernbuslinien und zeigt deren Fahrtdauer und Preise an.

24.2.4 Auskunft

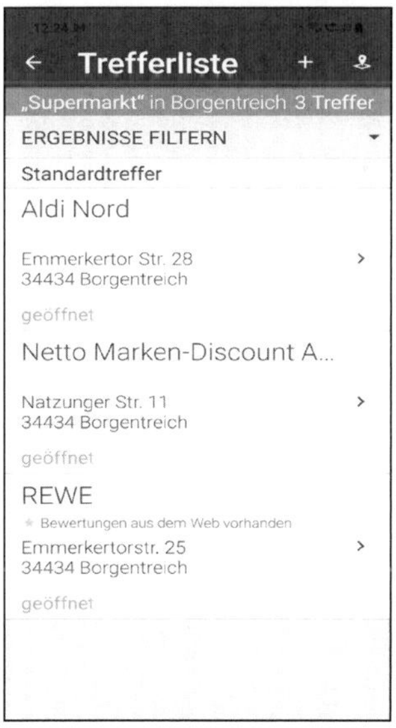

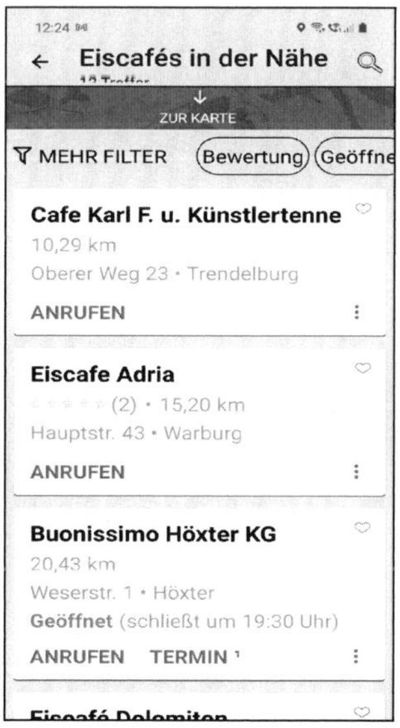

Das Örtliche Telefonbuch & Auskunft in Deutschland (❶)

Das Örtliche Telefonbuch und Auskunft für Deutschland. Das Programm dient nicht nur als Telefonbuch, sondern informiert auch über die Benzinpreise, das Kinoprogramm und listet Bars, Hotels, Supermärkte und Freizeitgelegenheiten. Außerdem ist ein Routenplaner enthalten.

Gelbe Seiten – Auskunft und mobiles Branchenbuch (❷)

In den Gelben Seiten sind alle Gewerbebetriebe gelistet, die Sie somit einfach auffinden. Soweit hinterlegt, informiert die App auch über die Öffnungszeiten und Benutzerbewertungen.

24.2.5 Polizei-App

Die von einer Polizeigewerkschaft entwickelte **DpolG**-App ersetzt viele andere Anwendungen und ist zudem werbefrei. Zwar ist manches nur für Polizisten interessant, die folgenden Funktionen dürften aber auch für Laien interessant und nützlich sein:

- Waffenübersicht: Welche Waffentypen gibt es und unter welchen Voraussetzungen dürfen sie mitgeführt werden?
- Betäubungsmittel: Reaktionstests, Drogen, deren Konsumform und Effekte.
- Tatbestandskatalog: Fehlverhalten im Straßenverkehr und deren Strafen.
- KFZ-Kennzeichen: Suche nach Kennzeichen/Kreis.
- Verkehrszeichen
- Jugendschutz: Jugendschutzbestimmungen für Personen unter 14, unter 16, und unter 18 Jahren.
- Erste Hilfe: Diagnose und empfohlene Handlungsweisen.
- Versicherungen: Farbe der aktuellen Versicherungsplakette von Mofas und E-Bikes.
- Fahrerlaubnis: Neue und alte Führerscheinklassen (Bundesrepublik, DDR und Bundeswehr) und die damit verbundenen Berechtigungen.
- Hauptuntersuchung: Farbe der aktuellen Plakette und Bußgelder bei Überschreitung des HU-Termins.

25. Bluetooth

Bluetooth ist ein Funkstandard zur Verbindung verschiedenster Geräte. Es lassen sich damit Distanzen von bis zu ca. 10 bis 15 Metern überbrücken. Dabei ist kein Sichtkontakt zwischen den Geräten nötig.

Auch wenn Bluetooth sehr viel mehr kann, wird es meistens nur für die Anbindung von Smart Watches, Headsets und Bluetooth-Lautsprechern genutzt.

25.1 Bluetooth ein/ausschalten

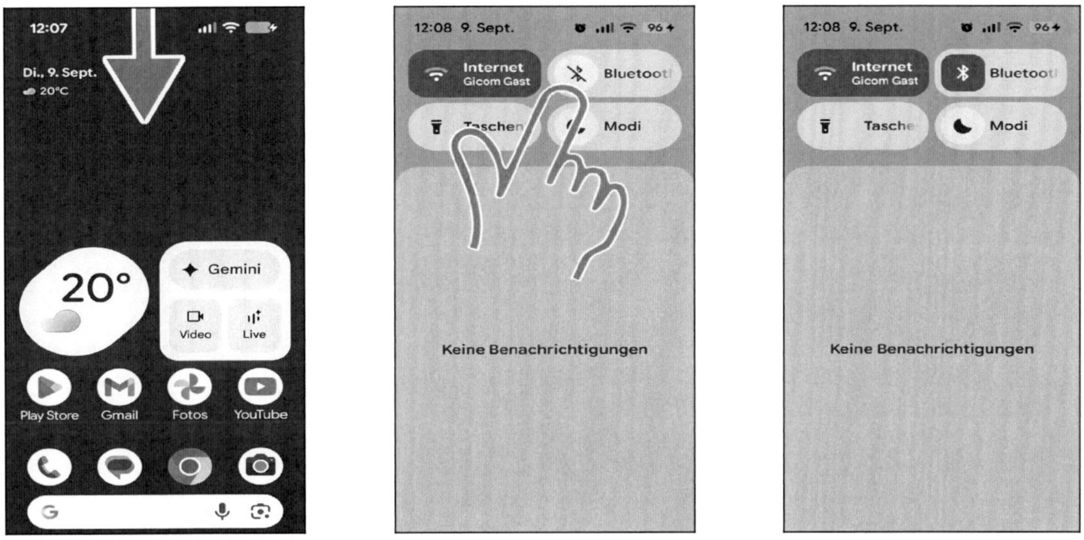

❶ Öffnen Sie das Benachrichtigungsfeld.

❷ Sofern Bluetooth ausgeschaltet ist, aktivieren Sie es durch Antippen der -Schaltfläche – nicht auf den *Bluetooth*-Schriftzug tippen!

> Der Energieverbrauch ist vernachlässigbar, weshalb Bluetooth standardmäßig eingeschaltet ist.
>
> Das Benachrichtigungsfeld beschreibt Kapitel *4.10 Titelleiste und Benachrichtigungsfeld.*

25.2 Bluetooth-Headset/Freisprecheinrichtung verwenden

Bluetooth eignet sich besonders gut für den Betrieb von Headsets und Auto-Freisprecheinrichtungen. In Beispiel verwenden wir ein Headset des Herstellers Samsung.

> Auf die Koppelung von Autofreisprechanlagen können wir in diesem Buch leider nicht eingehen, weil jeder Hersteller sein eigenes Süppchen kocht. Ihr Autohändler oder Ihre Werkstatt wird Ihnen aber gerne weiterhelfen. Die grundsätzliche Vorgehensweise ist aber ähnlich.

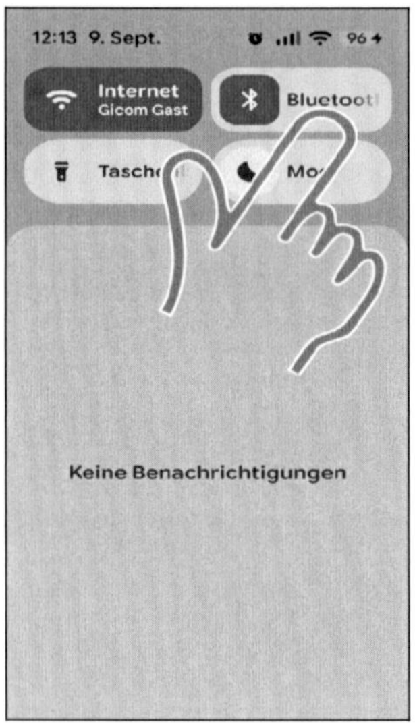

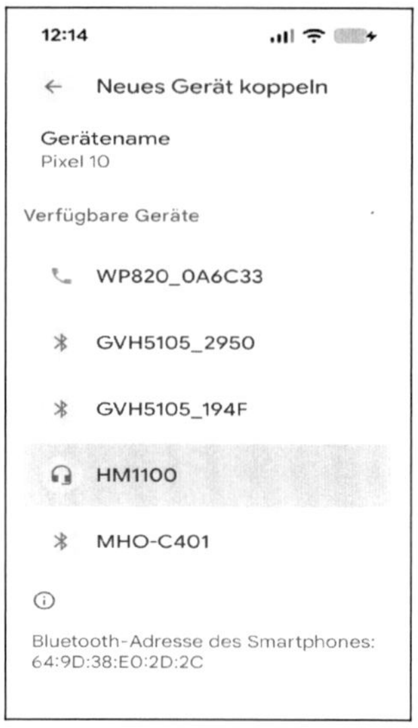

➊ Tippen Sie mit dem Finger im Benachrichtigungsfeld auf *Bluetooth*.

➋ Gehen Sie auf *Neues Gerät koppeln*.

➌ Nach einigen Sekunden wird die Freisprecheinrichtung gefunden und angezeigt. Tippen Sie deren Namen an.

Auf dem Headset müssen Sie zuvor in den Kopplungs-Modus schalten. Beachten Sie dazu die Hinweise in der Anleitung zu Ihrem Headset.

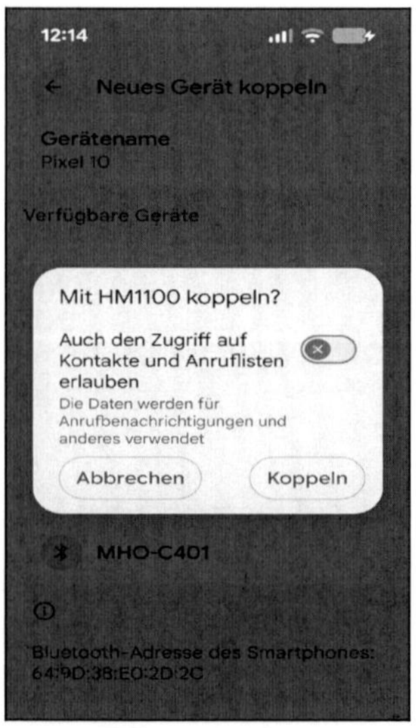

➊ Schließen Sie das Popup mit *Koppeln*. Nach der Kopplung schließt das Handy automatisch den Bluetooth-Bildschirm und Sie befinden sich wieder im Startbildschirm.

➋ Im Benachrichtigungsfeld wird das gekoppelte Gerät in der Bluetooth-Schaltfläche angezeigt.

➊ Geht jetzt ein Anruf ein, können Sie ihn wie gewohnt, oder alternativ über die Sprechtaste des Bluetooth-Headsets entgegennehmen.

➋➌ Zwischen Telefon-Lautsprecher und Headset schalten Sie jederzeit mit der ᛒ-Schaltfläche (Pfeil) um.

Wenn Sie das Headset ausschalten, wird natürlich automatisch die Bluetooth-Verbindung zum Handy beendet. Umgekehrt baut das Headset beim Einschalten automatisch wieder die Bluetooth-Verbindung auf.

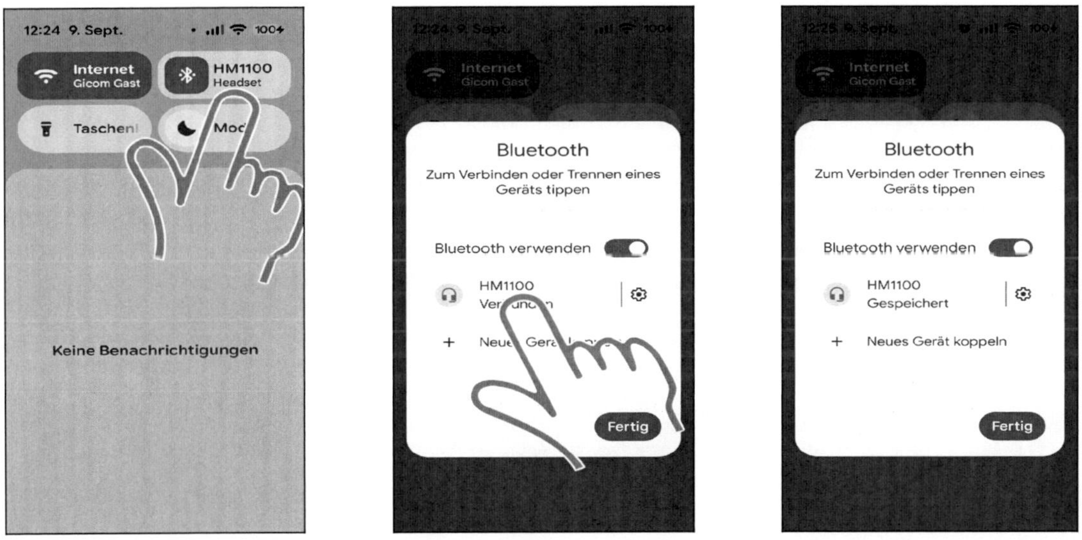

➊ So heben Sie die Verbindung mit dem Headset auf: Im Benachrichtigungsfeld tippen Sie auf das Headset.

➋➌ Tippen Sie das Headset an, worauf die Verbindung beendet wird. Erneutes Antippen stellt die Verbindung wiederher.

Alternativ können Sie natürlich auch einfach das Headset ausschalten.

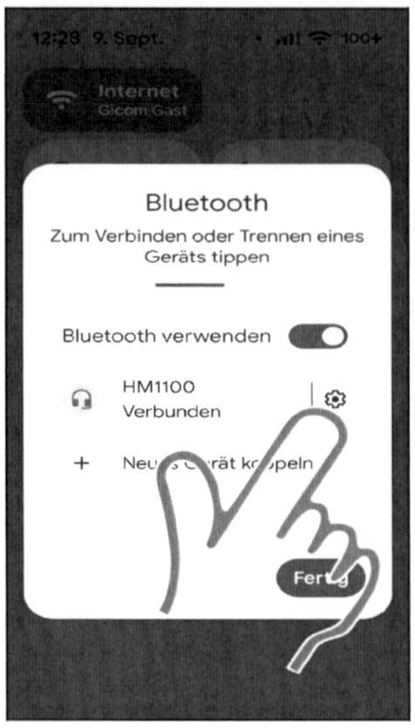

❶❷ Weitere Funktionen erhalten Sie nach Antippen von ⚙ neben dem Geräteeintrag:

- *(Gerätename)*: Den Gerätenamen können Sie über die ✎-Schaltfläche ändern.
- *Telefonanrufe*: Das vom gekoppelten Bluetooth-Gerät unterstützte Bluetooth-Profil. Beim Headset ist dies »*Telefonanrufe*«.
- *Zugriff auf Kontakte und Anrufliste gewähren*: Einige Headsets verwalten die Kontakte in einem eigenen Speicher, um darauf per eingebauter Sprachsteuerung zuzugreifen.

25.3 Bluetooth-Audio

Sie können unterwegs zwar über den Handy-Lautsprecher Musik hören (beispielsweise über YouTube, siehe Kapitel *23.3 YouTube* oder YouTube Music, siehe Kapitel *22 Musik*), wir empfehlen für diesen Zweck aber einen Bluetooth-Lautsprecher. Diese besitzen in der Regel einen eigenen Akku und haben den Vorteil, dass man sie beliebig im Haus positionieren kann. Vernünftige Bluetooth-Lautsprecher ab ca. 30 Euro bieten einen besseren Klang und sind lauter als das Handy. Einige Exemplare bieten weitere Features wie eine Telefon-Freisprechfunktion, eine Lademöglichkeit für das Handy oder sind wasserdicht für den Außeneinsatz.

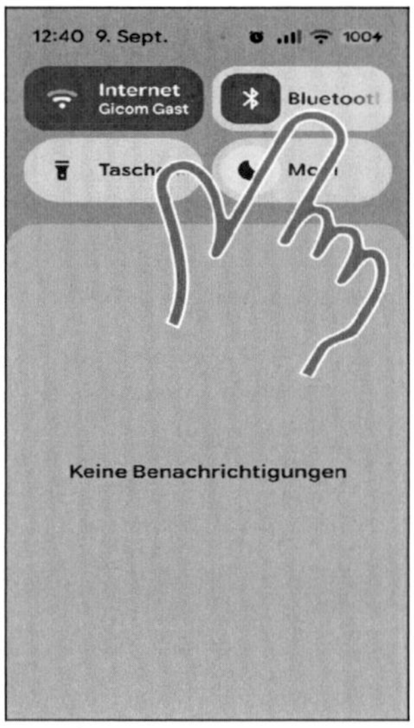

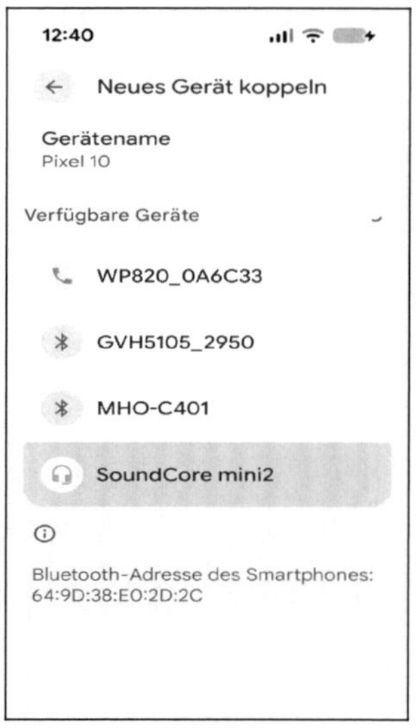

❶ Öffnen Sie das Benachrichtigungsfeld und tippen Sie auf *Bluetooth* (falls Sie zuvor ein anderes Gerät gekoppelt hatten, wird dessen Namen an dieser Stelle erscheinen).

❷ Betätigen Sie *Neues Gerät koppeln.*

❸ Tippen Sie kurz den Namen der Bluetooth-Box an und schließen Sie den Hinweis mit *Koppeln*. Je nach Modell macht Sie die Bluetooth-Box auf die Kopplung akustisch aufmerksam.

Sie befinden sich danach wieder im Startbildschirm.

Beachten Sie auch das Handbuch zu Ihrer Bluetooth-Box, worin erläutert wird, wie Sie die Kopplungsbereitschaft der Bluetooth-Box aktivieren.

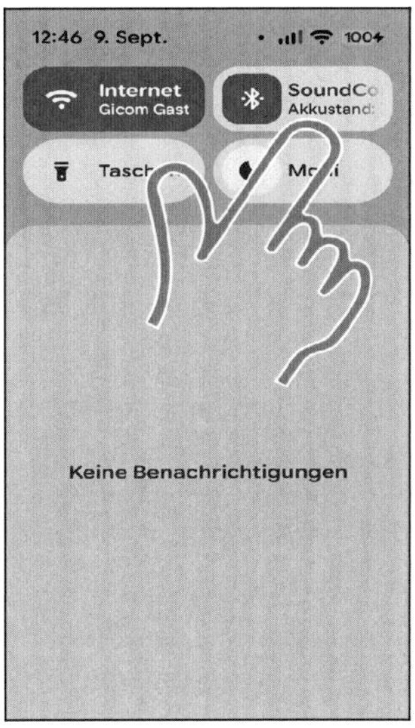

❶ So heben Sie die Verbindung mit der Bluetooth-Box auf: Im Benachrichtigungsfeld tippen Sie auf den Namen des Geräts.

❷❸ Tippen Sie das Gerät an, worauf die Verbindung beendet wird. Erneutes Antippen stellt die Verbindung wiederher.

Alternativ schalten Sie die Bluetooth-Box einfach aus.

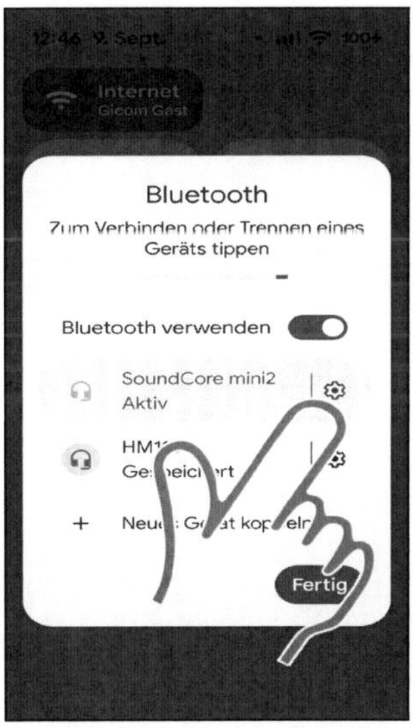

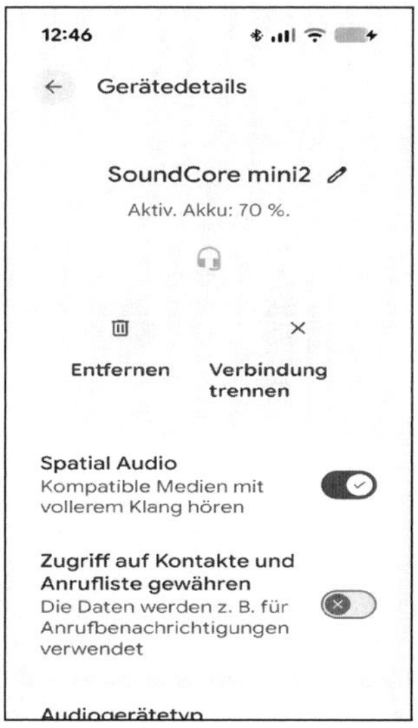

❶❷ Weitere Funktionen erhalten Sie nach Antippen von ⚙ neben dem Geräteeintrag:

- *(Gerätename)*: Den Gerätenamen können Sie über die ✎-Schaltfläche ändern.
- *Telefonanrufe*: Das vom gekoppelten Bluetooth-Gerät unterstützte Bluetooth-Profil. Beim Headset ist dies »*Telefonanrufe*«.
- *Zugriff auf Kontakte und Anrufliste gewähren*: Einige Headsets verwalten die Kontakte in einem eigenen Speicher, um darauf per eingebauter Sprachsteuerung zuzugreifen.

26. Zugriffssperren

Sie haben die Möglichkeit, Ihr Handy auf Geräteebene (»Gerätesperre«) oder SIM-Ebene (»SIM-Sperre«) gegen unbefugten Zugriff zu sichern. Sobald Sie eine der beiden Sperren aktivieren, lässt sich das Handy erst nach Eingabe des jeweiligen Codes nutzen.

Beachten Sie, dass auf Sie erhebliche Probleme zukommen, wenn Sie den Code vergessen: Im Fall der Gerätesperre können Sie Ihr Pixel nur noch durch einen Hard-Reset wieder entsperren, wodurch aber alle Daten verloren gehen. Wenn Sie dagegen die PIN bei der SIM-Sperre dreimal falsch eingeben, erfolgt eine Sperre, die Sie immer noch über die »General-PIN«, die PUK, beenden können. Geben Sie die PUK allerdings zehnmal falsch ein, erfolgt eine Dauersperre und Ihnen bleibt nichts anderes übrig, als dies dem Netzbetreiber zu melden, der Ihnen eine neue SIM-Karte zuschickt.

Neben der Geräte- und SIM-Sperre gibt es noch die Displaysperrre, die einfach nur gegen ungewollte Tastenbetätigung schützt, wenn Sie das Gerät gerade nicht nutzen.

Damit ein Dieb nichts mit den Daten auf dem Smartphone und der SIM-Karte anfangen kann, müssen SIM-Sperre und Gerätesperre mit Codeschutz gleichzeitig aktiv sein.

PIN und PUK senden die Netzbetreiber ihren Kunden automatisch beim Vertragsabschluss zu.

26.1 Displaysperre

➊ Die Displaysperre, welche bereits im Kapitel *4.1 Displaysperre* beschrieben wird, aktiviert sich automatisch nach einiger Zeit der Nichtnutzung. Eine Wischgeste deaktiviert die Displaysperre. Sobald die Displaysperre aktiv ist, schaltet sich das Display nach 5 Sekunden aus.

➋ So ändern Sie die Zeitspanne, bis sich die Displaysperre aktiviert: Rufen Sie die *Einstellungen* im Hauptmenü auf.

➌ Gehen Sie auf *Display & Touchbedienung*.

Die Einstellungen-Anwendung zeigt das zuletzt aufgerufene Menü an. Betätigen Sie ein- oder mehrmals die ◀-Taste, um ins Hauptmenü zurückzukehren.

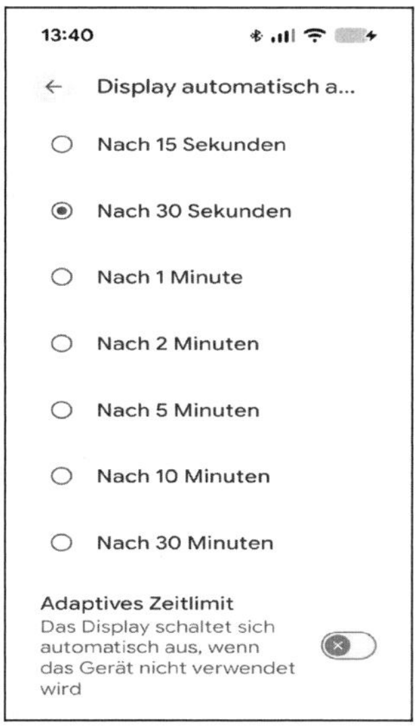

❶ Tippen Sie nun auf *Display automatisch ausschalten*.

❷ Wählen Sie gewünschte Abschaltzeit aus.

Alternativ steht eine *Aufmerksamkeitserkennung* zur Verfügung. Diese schaltet das Display ein, sobald Sie auf das Handy schauen. Weil dabei die Kamera zum Einsatz kommt, ist diese Funktion mit einem hohen Stromverbrauch verbunden, weshalb wir davon abraten.

26.1.1 Funktionen während der Displaysperre

Abhängig von Ihrem persönlichen Nutzungsmuster, ist es eventuell sinnvoll, bestimmte Bildschirmelemente und Funktionen in der Displaysperre ein- oder auszuschalten.

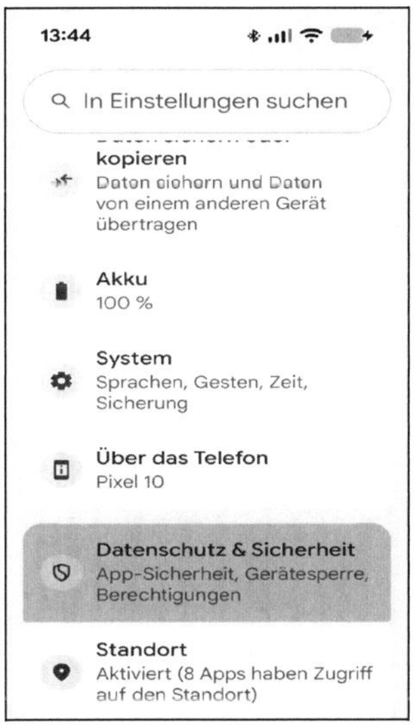

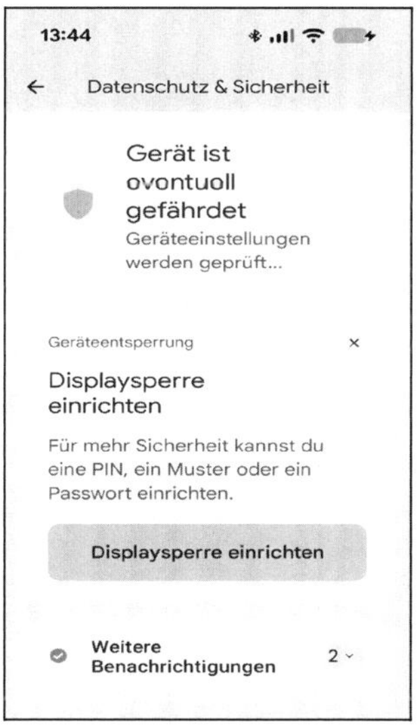

❶ Gehen Sie in den *Einstellungen* auf *Datenschutz & Sicherheit.*

❷ Die Menüs:

- *Gerät ist eventuell gefährdet*: Sofern Sie die Sicherheit verbessern können, erscheint dieser Hinweis.
- *Displaysperre einrichten*: Sicherheitshinweis, abhängig von den bereits am Handy vorgenommenen Einstellungen.

Unter *Sicherheit*:

- *App-Sicherheit* ist eine Sicherheitsfunktion, die regelmäßig die installierten Programme auf Schadsoftware überprüft. Sie sollten im Menü nichts ändern.
- *Geräteentsperrung*: Aktuelle Sperrmethode.
- *Kontosicherheit*: Ohne Funktion.

- *Gerätesuche*: Damit Sie die im Kapitel 26.4 Maßnahmen gegen Diebstahl beschriebene Fernortung nutzen können, müssen Sie *Mein Gerät finden* auf dem Handy aktiviert haben.
- *System & Updates*: Informiert über den aktuellen Stand der Sicherheitsupdates. Auf neu vorliegende Betriebssystemupdates weist das Handy übrigens automatisch hin.

Unter *Datenschutz*:

- *Datenschutzeinstellungen*: Listet unter anderem die Programme auf, welche beispielsweise Zugriff auf Kamera und Mikrofon haben. Hier sollten Sie nichts ändern, weil sonst möglichweise Programme oder Gerätefunktionen beinträchtigt werden.
- *Privatsphäredashboard*: Listet alle Anwendungen auf, die in den letzten 24 Stunden Zugriff auf Ihre Gerätefunktionen (Mikrofon, Standort, Kamera usw.) hatten.
- *Vertrauliches Profil*: Anwendungen ausblenden beziehungsweise vor dem Zugriff von Dritten sperren. Dies macht in der Regel keinen Sinn, weil Sie das Handy ja einfach mit einer Gerätesperre vor dem fremden Zugriff schützen können.

Unter *Weitere Einstellungen*:

- *Erweitertes Sicherheitsprogramm*: Informiert über die Sicherheitseinrichtungen, die Ihr Pixel-Handy nutzt, damit Ihr Handy vor fremden Zugriff geschützt ist.
- *Mehr Sicherheit und Datenschutz*:
  - *Sperrbildschirm-Benachrichtigungen*: Standardmäßig zeigt das Handy in der Displaysperre alle neuen Benachrichtigungen an. Das ist für Rechtsanwälte, Ärzte und andere Berufsgruppen problematisch, da Unbefugte eventuell die Benachrichtigungen zu Gesicht bekommen, wenn das Handy mal unbaufsichtigt herumliegt. In diesem Fall sollten Sie die Benachrichtigungen deaktivieren.
  - *Medien auf dem Sperrbildschirm anzeigen*: Nicht von Google dokumentiert.
  - *Kamerasoftware-Erweiterungen zulassen*: Nicht von Google dokumentiert.
  - *Personalisieren anhand von App-Daten*: Falls Sie nicht möchten, dass Google Ihre Nutzungsdaten auswertet, sollten Sie diese Option deaktivieren (empfohlen).
  - *Sicherheit des Mobilfunknetzes*:
    - *Netzwerkbenachrichtigungen*: Das Handy informiert Sie, wenn es sich mit einem unverschlüsselten Mobilnetz verbindet. Unter Umständen kann es sich um einen behördlich verordneten »Lauschangriff« handeln.
    - *Schutz vor 2G-Netzen*: Das Handy nutzt nur Mobilnetze mit guter Verschlüsselung und verhindert die Nutzung von alten GSM-Netzen.
  - *Android System Intelligence*: In dem Menü legen Sie unter anderem fest, ob Google Ihnen Textvorschläge über dem Tastenfeld macht und ob Google Ihre Text- und Spracheingaben auswerten darf zur Produktverbesserung.
  - *Nutzung und Diagonose*: Legen Sie fest, welche Daten Google von Ihnen speichert und wie lange.
  - *Erweitertes Entsperren*: Diese Komfortfunktion setzt eine eingerichtete Gerätesperre (siehe nächstes Kapitel) voraus. Das Handy bleibt dann entsperrt, solange Sie es in der Hand halten, in der Nähe Ihres Zuhauses befinden oder einer mit Ihrem Google-Konto verbundenen Smartwatch befindet. Wir raten von der Nutzung des erweiterten Entsperren ab, denn unter ungünstigen Bedingungen bleibt das Handy dauerhaft entsperrt.
  - *Android Safe Browsing*: Falls der Chrome-Webbrowser oder eine andere Anwendung eine Webseite mit Schadsoftware aufrufen will, erscheint ein Hinweis.
  - *Nach Apps mit irreführenden Funktionen suchen*: Das Handy untersucht alle installierten Programme auf dem Handy nach Schadfunktionen und blockiert diese, falls nötig.
  - *Geräteadministrator*:
    - *Mein Gerät finden*: Hiermit aktivieren Sie Zusatzfunktionen für die Gerätesuche,

über die Sie unter anderem den Gerätespeicher löschen, Bildschirm sperren oder entsperren.

- *Reparaturmodus*: Automatische Datenlöschung aus der Ferne, unter anderem bei mehreren Fehlversuchen, die Gerätesperre zu überwinden.

◦ *SIM-Lock*: SIM-Karten-Sperre aktivieren/deaktivieren oder SIM-PIN ändern.

◦ *Verschlüsselung & Anmeldedaten; Trust Agents*: Dies sind Funktionen für Unternehmen, die alle verwendeten Handys zentral verwalten.

◦ *Trust Agents*: Trust Agents sind Entsperrfunktionen, denen das Handy vertraut. Dazu gehört das *Erweiterte Entsperren* und die Entsperrung mit einer Android-Smartwatch.

◦ *Bildschirmfixierung*: Schaltet das Handy in den »Kioskmodus«, bei dem nur eine Anwendung fest ausgeführt wird und der Zugriff auf die restlichen Handyfunktionen eingeschränkt ist.

26.2 Gerätesperre

Einen Schutz vor unbefugtem Zugriff auf das Pixel bietet der Kennwortschutz für die Displaysperre. Wenn das Display entsperrt oder das Gerät eingeschaltet wird, muss der Benutzer entweder erst ein Entsperrmuster mit dem Finger auf dem Gerät malen oder ein Passwort eingeben, bevor er es nutzen kann. Zusätzlich ist auch die Entsperrung per Fingerabdruck möglich.

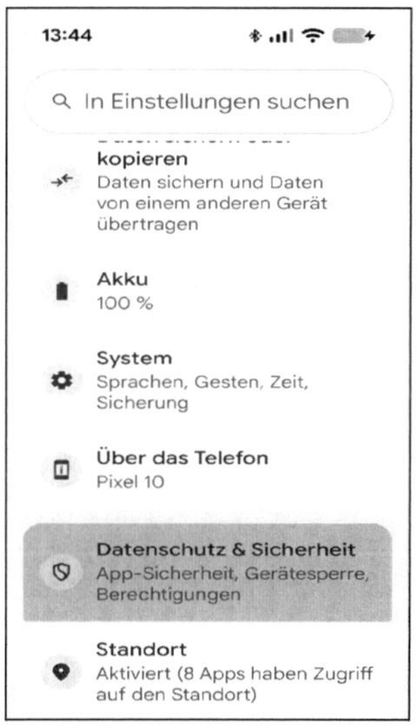

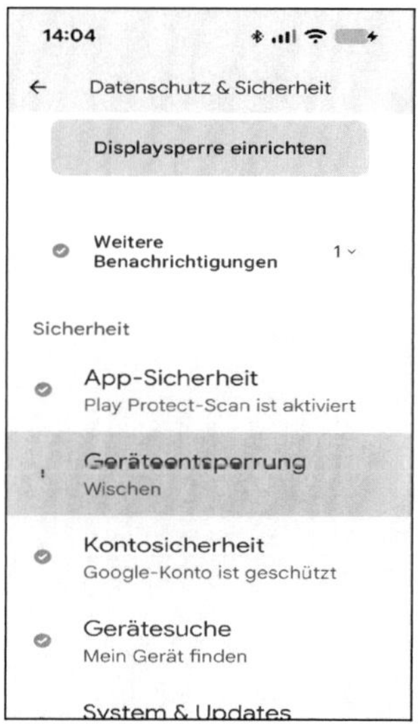

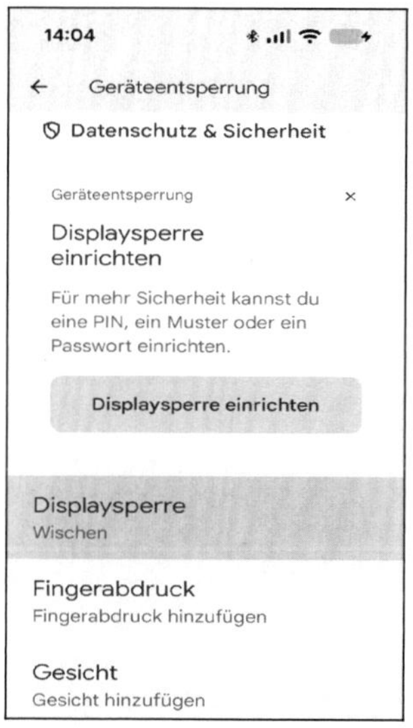

❶❷ Im Hauptmenü rufen Sie *Einstellungen* auf und gehen dann auf *Datenschutz & Sicherheit/Geräteentsperrung.*

❸ Betätigen Sie *Displaysperre.*

Sie haben nun die Wahl zwischen:

- *Keine*: Gerätesperre nie aktivieren. Ideal, wenn das Pixel nur zuhause genutzt wird.
- *Wischen*: Zum Entsperren reicht es, mit dem Finger über das Display zu wischen (keine Gerätesperre).
- *Muster*: Malen eines Musters schaltet Handy frei.
- *PIN*: PIN-basierte Sperre (nummerisches Kennwort).
- *Passwort*: Gerät wird nach Eingabe des Passworts (alphanummerisches Kennwort) freigegeben.

Um eine eingerichtete Gerätesperre später wieder zu deaktivieren, gehen Sie einfach auf *Keine* beziehungsweise *Wischen*.

26.2.1 Muster-Sperre

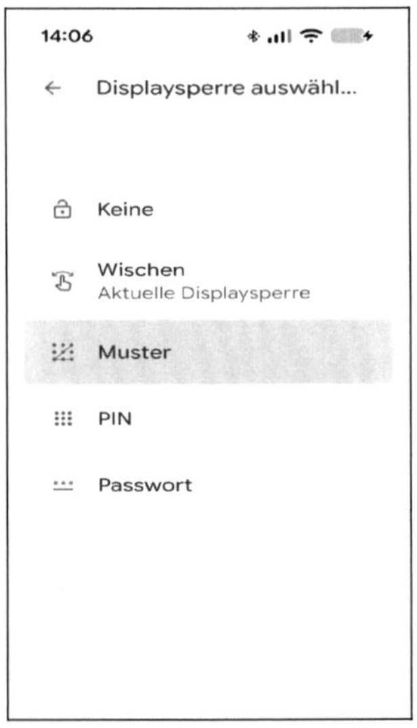

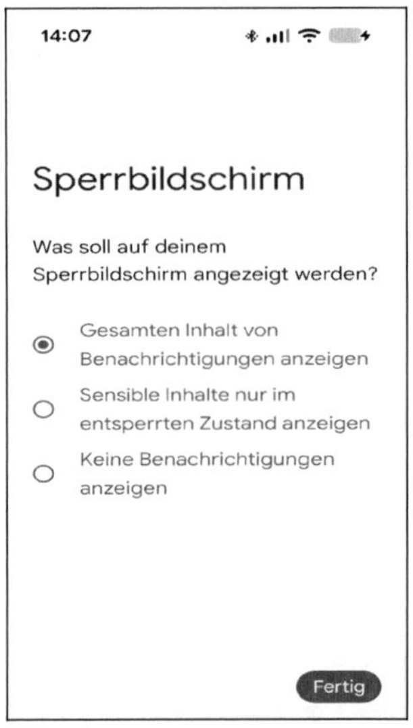

❶ Gehen Sie auf *Muster.*

❷ ❶ Verbinden Sie nun mindestens vier der Knöpfe auf dem Bildschirm, indem Sie mit angedrücktem Finger darüber fahren. Merken Sie sich das Muster und schließen Sie mit *Weiter* ab. Das Muster zeichnen Sie erneut. Betätigen Sie dann *Bestätigen.*

❸ Wählen Sie aus, ob das Handy alle Benachrichtigungen in der Gerätesperre anzeigt, vertrauliche (SMS und E-Mails) ausgeblendet, oder keine Benachrichtigungen angezeigt werden. Betätigen Sie dann *Bestätigen.*

Beachten Sie, dass Sicherheitsexperten eine schwerwiegende Schwachstelle der Muster-Displaysperre herausgefunden haben: Hält man das Handy etwas schräg gegen das Licht, sieht man anhand der Fingerspuren, an welcher Stelle auf dem Display das Muster »gezeichnet« wurde. Besseren Schutz bietet die im nachfolgenden Kapitel beschriebene PIN- beziehungsweise Passwortsperre.

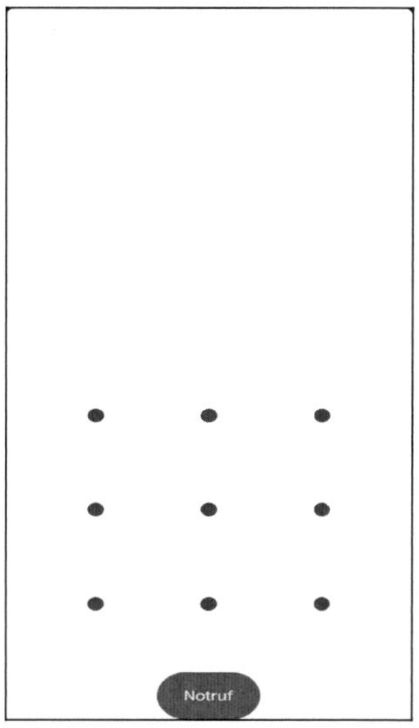

❶❷ Zum Entsperren wischen Sie auf einer beliebigen Stelle im Bildschirm und führen dann die zuvor erstellte Entsperrgeste durch.

26.2.2 PIN- und Passwortsperre

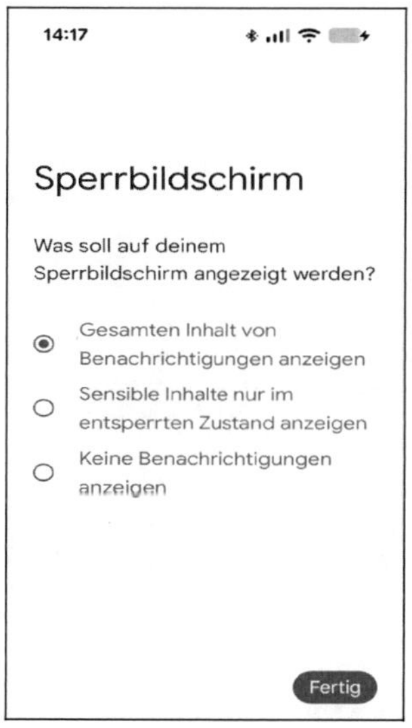

❶ Gehen Sie im *Displaysperre*-Bildschirm auf *PIN* oder *Passwort.*

❷ Geben Sie dann das Kennwort ein, betätigen Sie *Weiter,* erfassen Sie das Kennwort erneut und schließen Sie den Bildschirm mit *Bestätigen.*

❸ Stellen Sie ein, ob das Handy im Sperrbildschirm Benachrichtigungen (zum Beispiel über neue E-Mails) anzeigen soll. Sofern Dritte Zugriff auf Ihr Handy haben, sollten Sie die dritte Option auswählen. Gehen Sie dann auf *Fertig.*

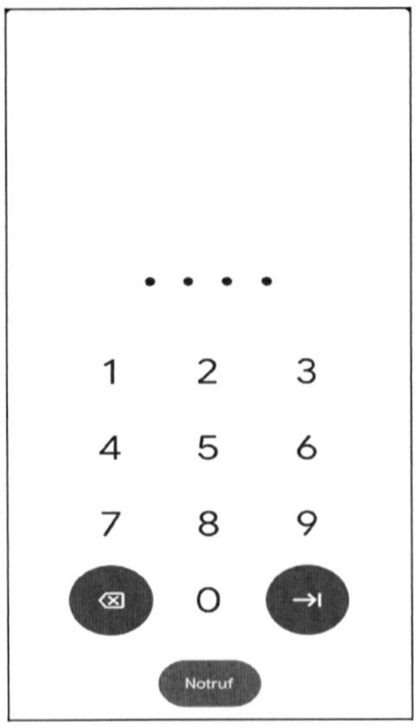

Die Gerätesperre verlangt nun beim nächsten Mal das Kennwort.

➊ Entsperren Sie die Displaysperre wie gewohnt.

➋ Danach geben Sie die PIN ein.

26.2.3 Fingerabdrucksperre

Jeder Mensch hat an jedem Finger ein individuelles Muster der sogenannten Papillarleisten. Selbst eineiige Zwillinge lassen sich durch ihre Fingerabdrücke unterscheiden.

Bitte beachten Sie, dass die Fingerabdrucksperre nicht die gleiche Sicherheit wie eine PIN oder ein Passwort bietet. Auch kann es vorkommen, dass der einmal trainierte Fingerabdruck später nicht vom Handy erkannt wird, beispielsweise bei Fingerverletzung oder Beschädigung der Sensorfläche. Für diese Fälle und falls Sie mal einem Dritten den Zugriff ermöglichen möchten, müssen Sie eine der anderen Sperren (PIN, Passwort oder Muster) eingerichtet haben.

26.2.3.a Sperre einrichten

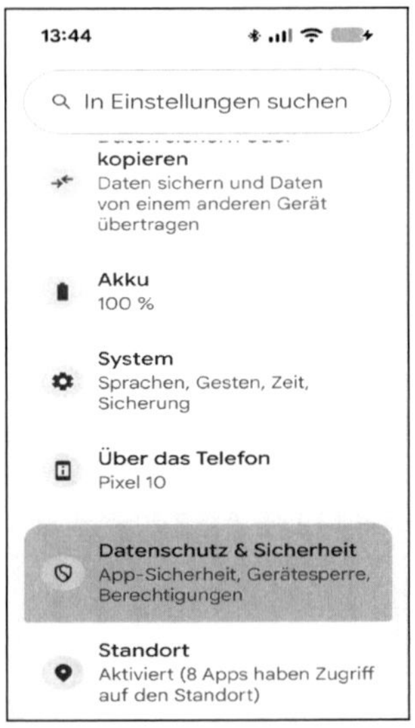

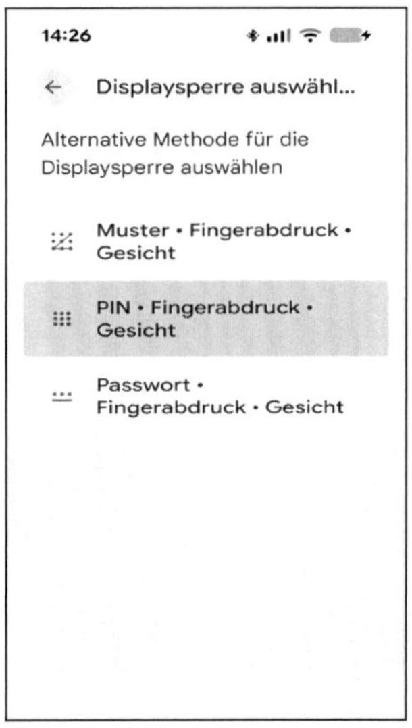

➊ Rufen Sie in den Einstellungen *Datenschutz & Sicherheit* auf.

➋ Wählen Sie *Fingerabdruck.*

➌ Sofern Sie zuvor noch keine Sperre eingerichtet hatten, müssen Sie dies jetzt nachholen. In unserem Beispiel wählen wir die PIN als zweites Sicherheitsmerkmal.

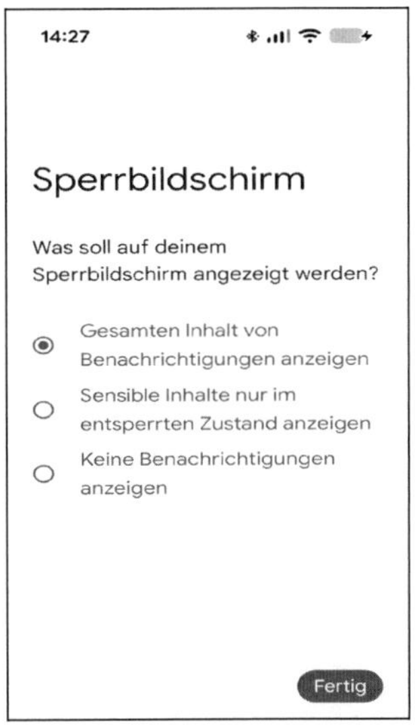

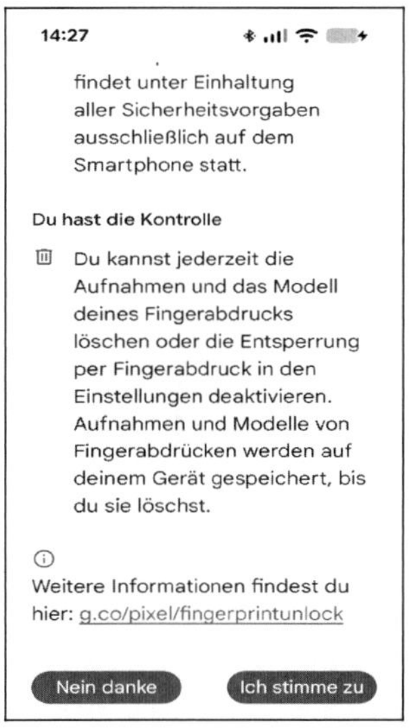

❶ Nach Erstellung der PIN schließen Sie den Bildschirm mit *Fertig.*

❷❸ Betätigen Sie mehrmals *Mehr* und dann *Ich stimme zu.*

❶❷ Betätigen Sie *Starten.* Halten Sie den Finger auf den hervorgehobenen Sensor im unteren Bildschirmdrittel. Folgen Sie den Anweisungen auf dem Bildschirm.

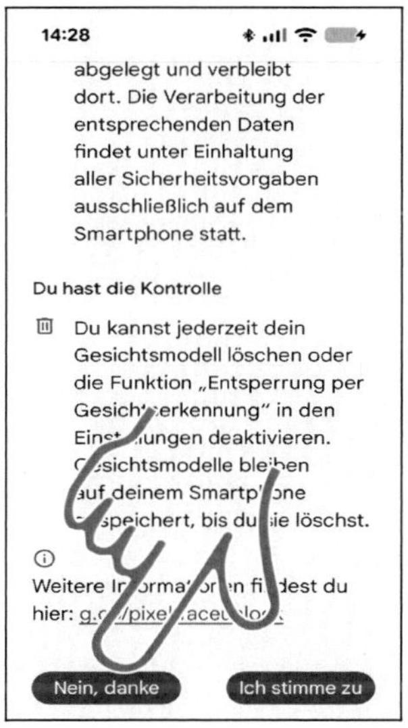

❶ Es erscheint ein Erfolgshinweis, den Sie mit *Fertig* schließen.

❷❸ Das Handy möchte jetzt auch noch die unsichere Gesichtsentsperrung einrichten. Gehen Sie auf *Mehr* und brechen Sie den Vorgang mit *Nein, danke* ab.

Verlassen Sie den Bildschirm mit der ◀-Taste.

26.2.3.b Fingerabdrucksperre im Einsatz

❶ Tippen Sie in der Gerätesperre mit dem Finger auf die Schaltfläche.

❷❸ Alternativ wischen Sie auf dem Bildschirm nach oben und können dann die PIN zur Entsperrung eingeben.

26.2.3.c Sperre verwalten

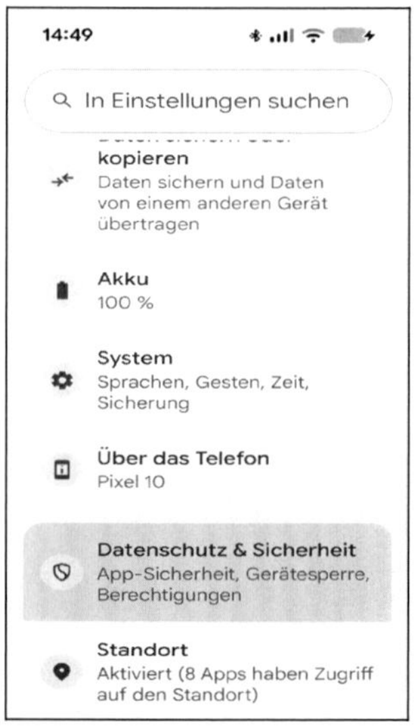

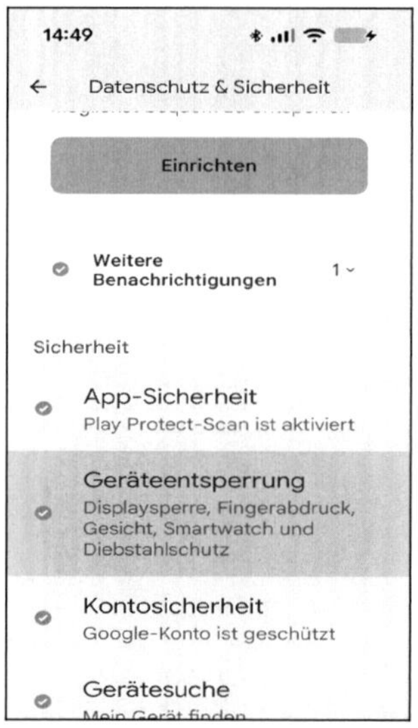

❶❷ Rufen Sie in den *Einstellungen* das Menü *Datenschutz & Sicherheit* und dann *Geräteentsperrung* auf.

❸ Wählen Sie *Fingerabdruck.* Sie müssen nun das zuvor von Ihnen eingestellte Passwort eingeben.

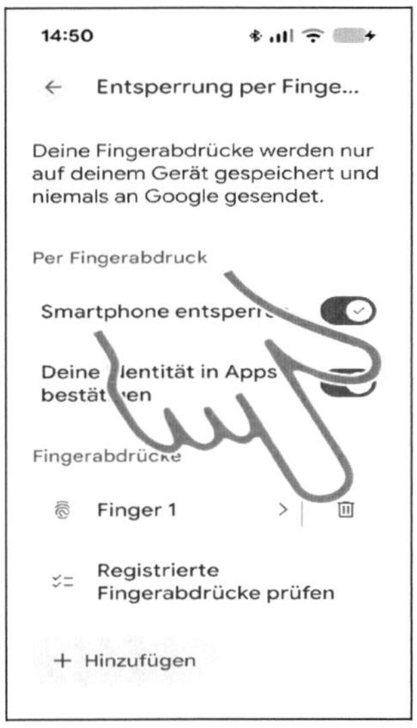

Sie können nun den gespeicherten Fingerabdruck mit 🗑 löschen (Pfeil) oder mit *Fingerabdruck hinzufügen* weitere Fingerabdrücke anlegen.

26.2.4 Optionen während der Sperre

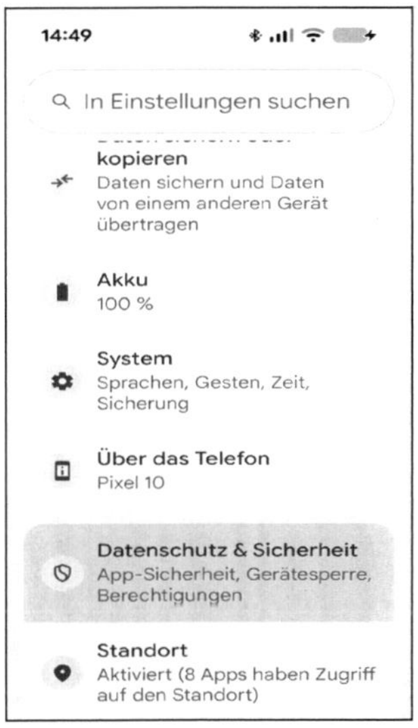

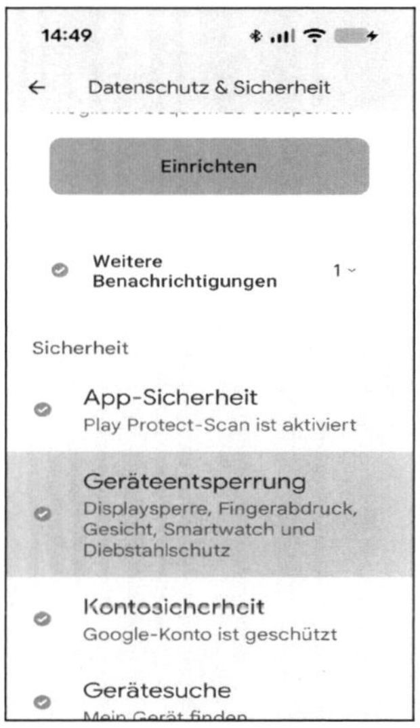

❶❷ Rufen Sie das *Datenschutz & Sicherheit*-Menü auf und wählen Sie darin *Geräteentsperrung*.

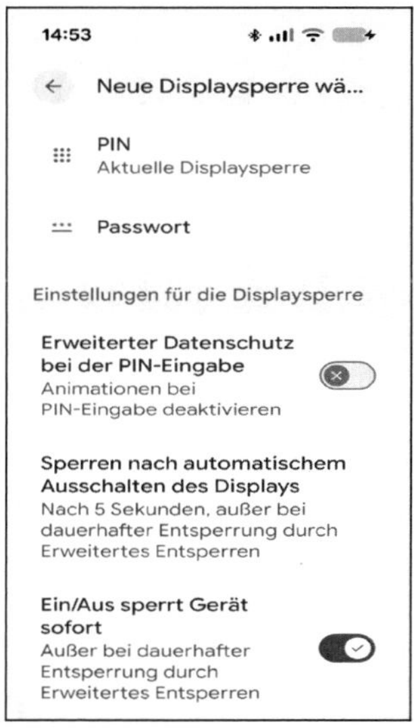

❶❷ Gehen Sie auf *Displaysperre*. Die Optionen:

- *Muster sichtbar machen*: Das Handy zeigt das von Ihnen gemalte Muster zur besseren Orientierung an. Dieses Menü wird nur angezeigt, wenn Sie *Muster* als Gerätesperre verwenden.

- *Erweiterter Datenschutz bei der PIN-Eingabe*: Wenn Sie das Handy per PIN-Eingabe entsperren, werden die berührten Tasten auf dem Bildschirm nicht hervorgehoben.
- *Sperre nach automatischem Ausschalten des Displays*: Legt die Zeitspanne zwischen Displaysperre und Gerätesperre fest.
- *Ein/Aus sperrt Gerät sofort*: Falls Sie nicht auf das automatische Einschalten der Gerätesperre warten möchten, können Sie über den Ein-/Aussschalter die Gerätesperre aktivieren.

26.3 SIM-Sperre

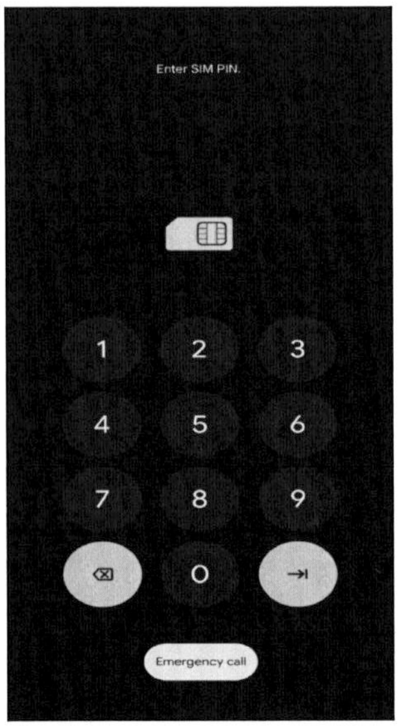

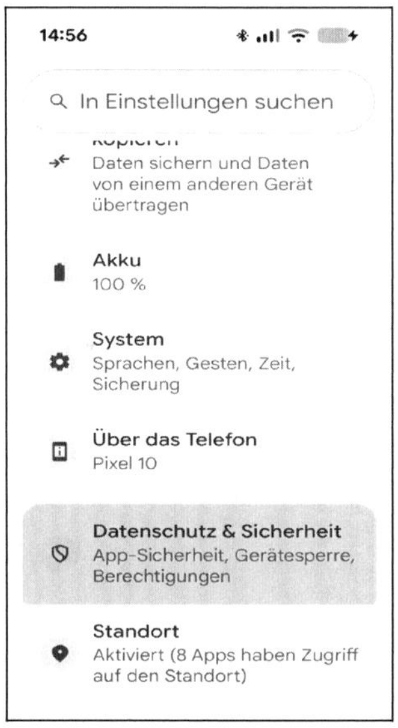

❶ Das Gerät kann man bei der SIM-Sperre erst nach Eingabe der PIN Ihrer SIM-Karte nutzen, wenn man es einschaltet.

❷❸ So konfigurieren Sie die SIM-Sperre: Rufen Sie *Einstellungen* im Hauptmenü auf und gehen Sie auf *Datenschutz & Sicherheit*.

❶❷ Wählen Sie *Mehr Sicherheit und Datenschutz* und dann *SIM-Lock.*

❸ Aktivieren/Deaktivieren Sie *SIM-Karte sperren.* Über *PIN für SIM-Karte ändern* können Sie die vom Netzbetreiber vorgegebene vierstellige SIM-PIN anpassen.

26.4 Maßnahmen gegen Diebstahl

Jeden Tag gehen in Deutschland mehrere Tausend Mobilgeräte verloren, sei es durch Diebstahl oder Vergesslichkeit. Falls Sie mal Ihr Handy verlieren sollten, ist dies glücklicherweise nicht so schlimm, denn alle Daten, die Sie mit den mitgelieferten Google-Anwendungen verwalten, werden automatisch im Internet in Ihrem Google-Konto gesichert. Melden Sie sich dann mit Ihrem Google-Konto auf einem anderen Android-Tablet/Handy an, stehen Ihre Daten automatisch nach einigen Minuten wieder zur Verfügung. Haben Sie außerdem Ihr Handy, wie im Kapitel *26.2 Gerätesperre* beschrieben, gegen fremden Zugriff geschützt, brauchen Sie auch kaum Angst haben, dass jemand mit Ihren Daten Missbrauch treibt.

Ärgerlich bleibt ein Geräteverlust aber trotzdem. Mit der in diesem Kapitel vorgestellten Funktion können Sie daher Ihr Handy lokalisieren. Von Erfolg sind die Ortungsmaßnahmen nur gekrönt, wenn das Handy eingeschaltet ist und der Dieb/Finder es nicht über eine Tastenkombination zurücksetzt. Deshalb gilt: Je schneller Sie die Ortung durchführen, desto größer ist die Wahrscheinlichkeit, es wiederzufinden.

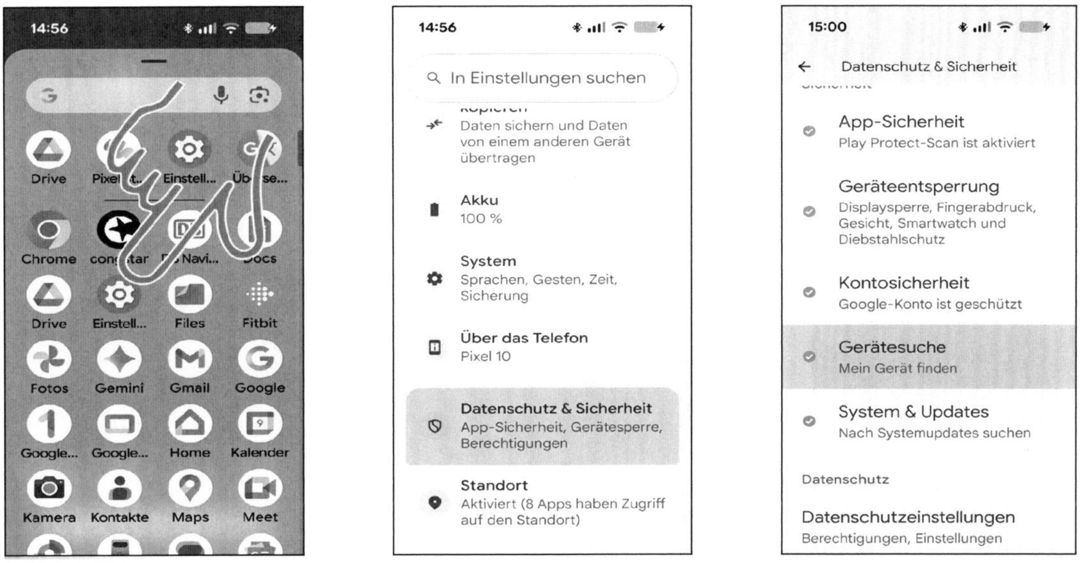

❶❷ Kontrollieren Sie zunächst auf Ihrem Handy, ob die Ortungseinstellungen korrekt sind: Rufen Sie die *Einstellungen* auf und gehen Sie auf *Datenschutz & Sicherheit.*

❸ Prüfen Sie, ob *„Mein Gerät finden" verwenden* im *Gerätesuche*-Menü aktiv ist. Falls dies nicht der Fall sein sollte, aktivieren Sie sie.

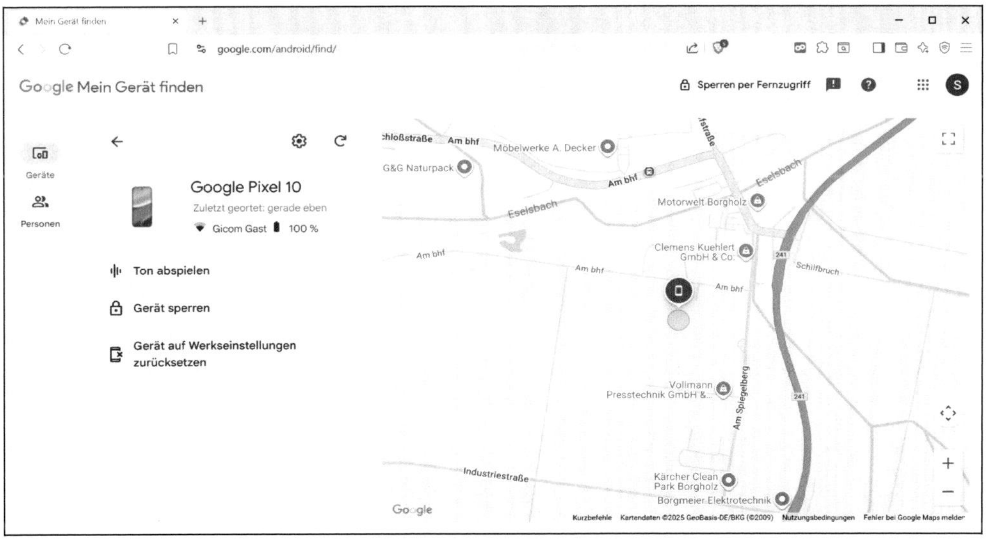

Im Falle eines Geräteverlusts rufen Sie die Geräte-Manager-Website in einem Webbrowser auf und führen dort die Ortung beziehungsweise Fernlöschung durch. Wir empfehlen, die Ortung zumindest einmal als Trockenübung auszuprobieren, damit Sie im »Ernstfall« mit der Weboberfläche vertraut sind und schnell reagieren können. Rufen Sie jetzt *www.google.com/android/find* in einem PC-Webbrowser auf und melden Sie sich mit Ihrem Google-Konto an.

Falls Sie mehrere Android-Geräte besitzen (oder mal besessen haben), müssen Sie erst das Gerät auswählen, dessen Position Sie ermitteln möchten.

Die aktuelle Geräteposition wird mit einem blauen Sticker in der Karte angezeigt. Klicken Sie auf *Ton abspielen,* damit das Handy sich akustisch mit voller Lautstärke bemerkbar macht. Für die Löschung des Gerätespeichers klicken Sie auf *Gerät auf Werkseinstellungen zurücksetzen.*

27. Eingabemethoden

Die Eingabemethode aktiviert sich automatisch, wenn Sie sich in einem Eingabefeld befinden. Das Handy besitzt kein separates Tastenfeld wie ein Notebook, weshalb der Hersteller diverse Tricks anwendet, damit Sie mit Ihren Fingern trotzdem fehlerfrei Eingaben vornehmen können.

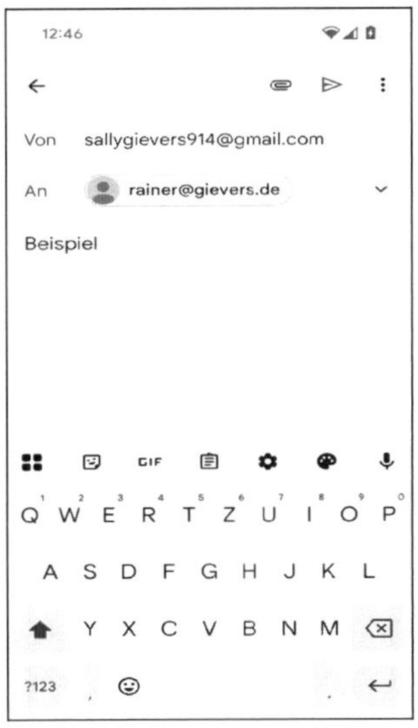

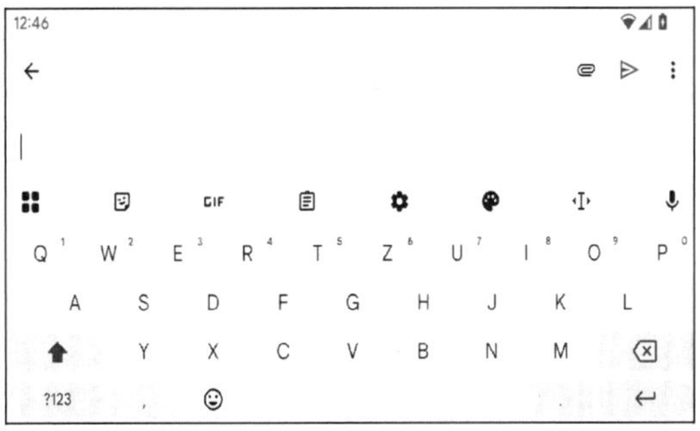

❶ Das Tastenfeld erscheint automatisch, sobald das Gerät von Ihnen eine Texteingabe erwartet beziehungsweise Sie in ein Textfeld tippen.

❷ Ein kleines Tastenfeld erscheint, wenn Sie das Handy um 90 Grad gedreht halten. Dabei ist es egal, welche Eingabemethode vorher aktiv war. Beachten Sie, dass dafür *Automatisch drehen* (siehe Kapitel *4.11 Längs- und Querdarstellung*) im Benachrichtigungsfeld aktiv sein muss.

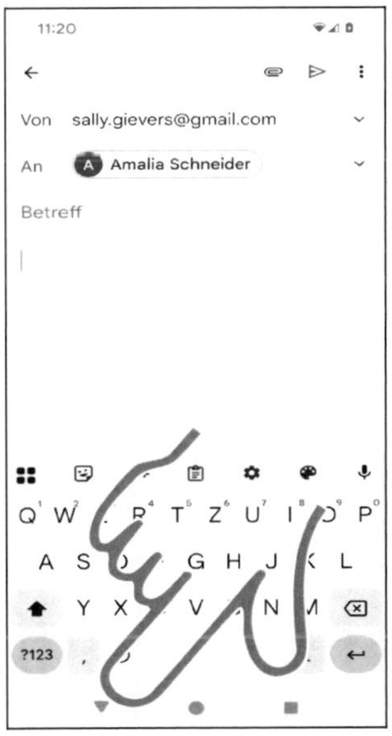

❶❷ Betätigen Sie einmal die ▼-Taste (an der Display-Unterseite), worauf das Tastenfeld verschwindet. Sobald Sie ein Eingabefeld antippen, zeigt das Handy das Tastenfeld wieder an.

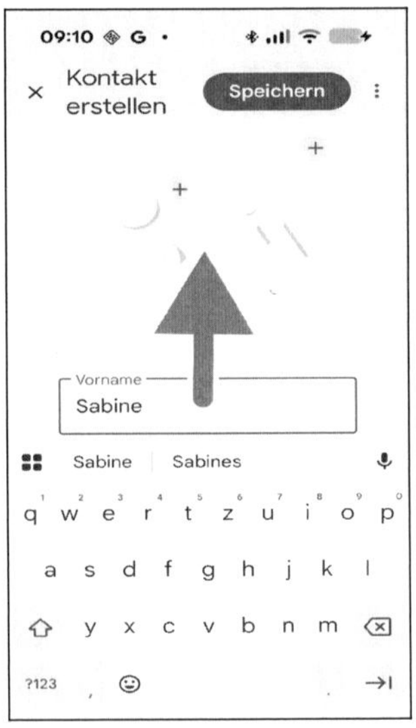

➊ Häufig kommt es vor, dass das Tastenfeld wichtige Eingabefelder oder Informationen überdeckt. In diesem Fall tippen und halten Sie den Finger auf dem Bildschirm (nicht auf das Tastenfeld) und ziehen nach unten beziehungsweise oben.

➋ Alternativ bringt Sie die →|-Taste (Pfeil) zum nächsten Eingabefeld (ähnlich der Tab-Taste auf einer PC-Tastatur)

➊ Für viele Satz- und Sonderzeichen ist auf der Displaytastatur kein Platz. Betätigen Sie dafür die »*?123*«-Taste (Pfeil).

➋ Über die »*ABC*«-Taste schalten dann wieder auf das normale Tastenfeld zurück.

➌ Umlaute geben Sie ein, indem Sie die jeweilige Taste, im Beispiel »a«, etwas länger gedrückt halten. Das Tastenfeld zeigt nun ein Popup an, worin Sie den Finger auf einen Umlaut ziehen.

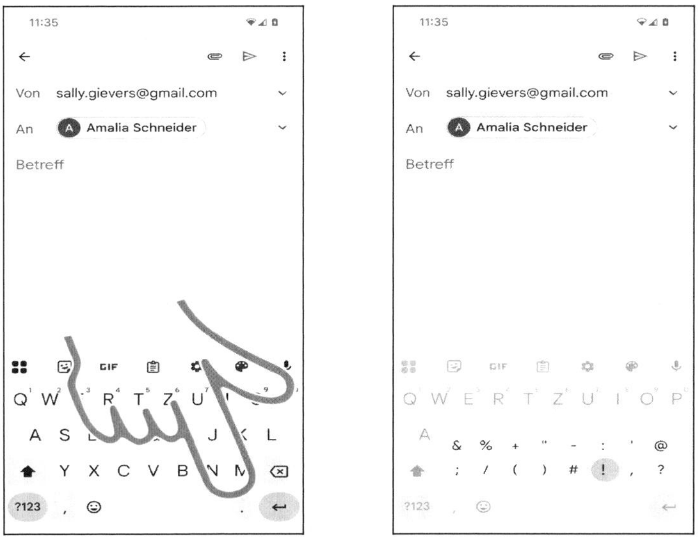

❶❷ Auch die Punkt-Taste ist doppelt belegt (mit dem Finger einige Sekunden darauf halten).

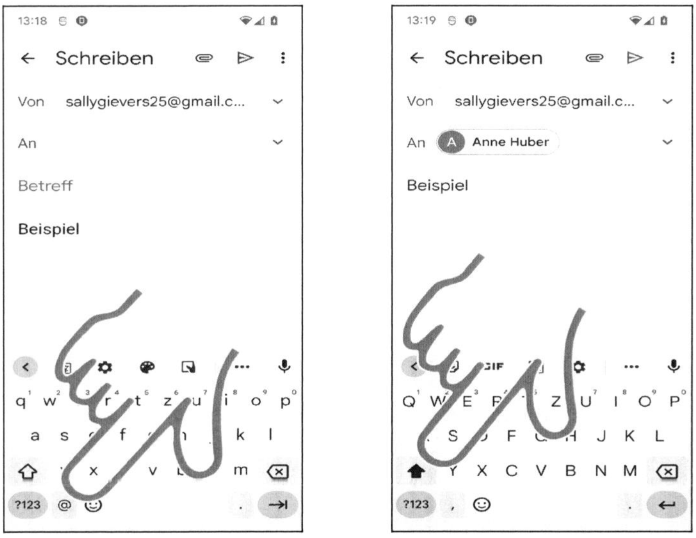

❶ In E-Mail-Eingabefeldern ändert sich die Tastenbelegung etwas: Dort steht das »@«-Zeichen zur Verfügung.

❷ Die Hochstelltaste (Pfeil) funktioniert ähnlich wie von einer PC-Tastatur gewohnt, das heißt, Sie halten den Finger für einige Sekunden auf der Taste gedrückt, bis sie einen blauen Strich anzeigt. Alle Eingaben erfolgen dann in Großschrift. Betätigen Sie die Hochstelltaste erneut, werden die Großbuchstaben wieder abgeschaltet.

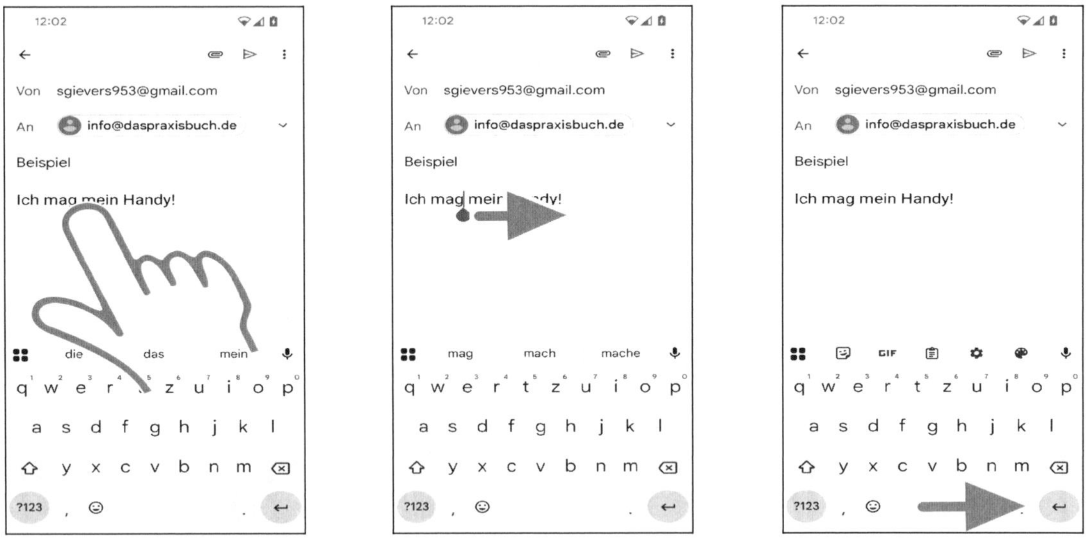

❶ Trotz des relativ großen Displays ist es kaum möglich, den Cursor mit dem Finger auf eine bestimmte Textposition zu setzen, um Korrekturen oder Ergänzungen vorzunehmen. In diesen Fall tippen Sie einfach ungefähr auf die Textposition.

❷ Anschließend positionieren Sie den Cursor, indem Sie die blaue Lasche verschieben.

❸ Alternativ halten Sie den Finger auf der Leertaste gedrückt und wischen dann nach rechts oder links, was ebenfalls den Cursor verschiebt.

27.1 Sonderfunktionen

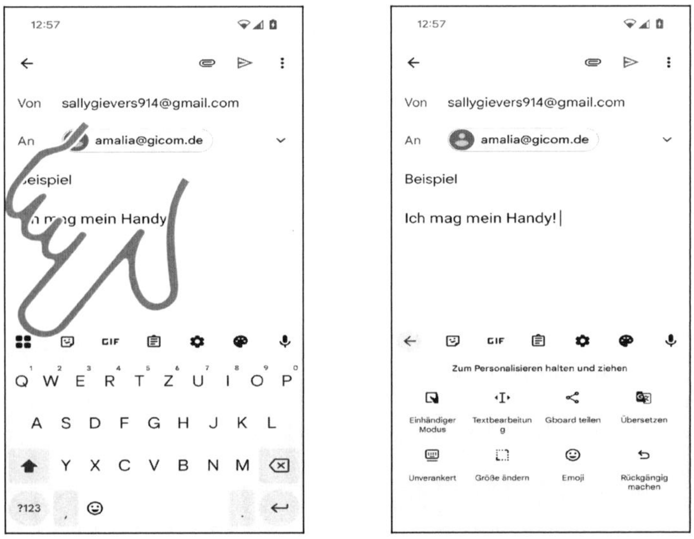

❶ Die -Taste oberhalb des Tastenfelds schaltet eine Symbolleiste ein:

- : Lustige animierte Comic-Grafiken.
- **GIF**: Kurze Szenen aus bekannten TV-Serien und Kinofilmen.
- : Über die Zwischenablage können Sie Texte speichern und später wieder abrufen.
- : *Einstellungen*: Darauf geht Kapitel *27.4 Eingabeoptionen* ein.
- : *Design*: Ein- oder mehrfarbiger Hintergrund für das Tastenfeld.
- : Auf die Spracherkennung geht noch Kapitel *27.5 Spracherkennung* ein.
- *Einhändiger Modus*: Verkleinert die Bildschirmdarstellung, damit Sie das Handy mit einer Hand bedienen können.
- *Textbearbeitung*: Blendet große Cursortasten und Schaltflächen ein, über die Sie Texte markieren, kopieren und einfügen.
- *Gboard teilen*: In den Tastenfeld-Einstellungen vorgenommene Änderungen an ein

anderes Android-Gerät senden.

- *Übersetzen*: Aktiviert die Übersetzerfunktion, um beispielsweise englischen Text nach Deutsch zu übersetzen.
- *Unverankert*: Tastenfeld frei auf dem Bildschirm verschieben.
- *Größe ändern*: Höhe des Tastenfelds ändern.
- *Emoji*: Piktogramm (»Smiley«) im Eingabefeld einfügen. Diese Funktion erreichen Sie einfacher direkt über das Tastenfeld, wie das nächste Kapitel zeigt.
- *Rückgängig machen*: Letzte Eingabe zurücknehmen.

27.1.1 Emojis

Damit es während der Konversation über E-Mail, SMS, WhatsApp oder sozialen Netzwerken wie Facebook zu keinen Missverständnissen kommt, können Sie Ihre Emotionen mit Piktogrammen, beispielsweise 😁 für »Lachen«, ausdrücken. Während früher dafür die Bezeichnung »Smiley« üblich war, hat sich inzwischen die Bezeichnung »Emoij« (japanisch für »Bildschriftzeichen«) durchgesetzt.

Kommt Ihnen die Form der Emojis bekannt vor? Das erste Smiley, von dessen Design sich die Emoijs ableiten, wurde in den 1960er Jahren von einem Grafiker entwickelt, um die Mitarbeitermoral in einem amerikanischen Versicherungskonzern anzuheben. Das Smiley findet sich inzwischen millionenfach auf Kaffeetassen, T-Shirts usw. wieder und ist ein weltweit geschütztes Warenzeichen.

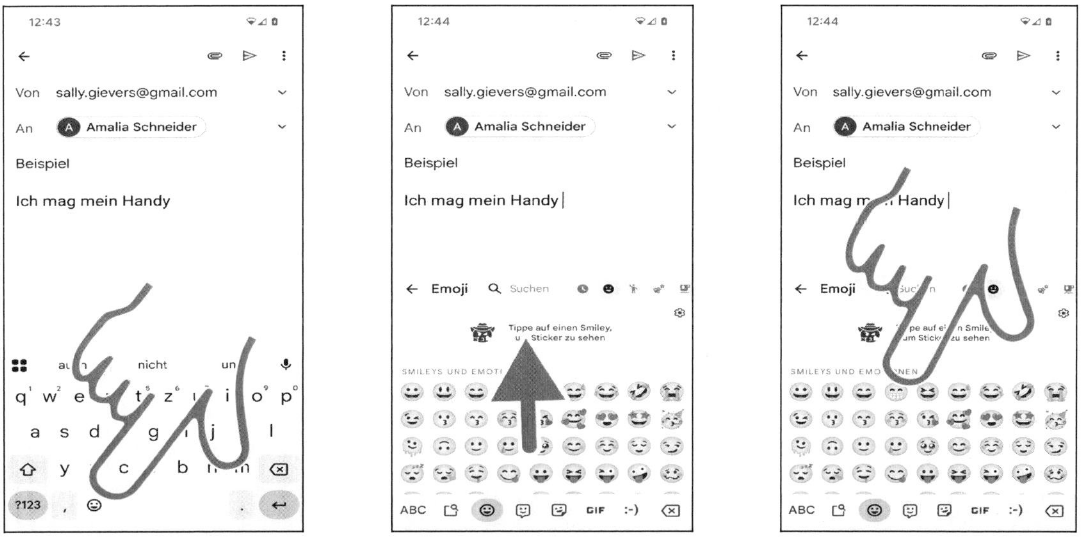

❶ Betätigen Sie die ☺-Taste für das Emoji-Tastenfeld.

❷❸ Wischen Sie durch die angebotenen Emojis und tippen Sie eines an, das Sie ins Eingabefeld übernehmen möchten.

Bitte verwenden Sie die Emoijs vorsichtig, denn manche Emoijs sind missverständlich. In Geschäftskorrespondenz sollten Sie auf Emojis verzichten, weil sie als schlechter Stil gelten.

Die Emojis sind zwar weltweit genormt, dennoch verwendet jeder Gerätehersteller und jedes soziale Netzwerk andere Emoij-Designs. Wenn Sie von Ihrem Handy also eine E-Mail an einen Apple iPhone-Nutzer senden, bekommt dieser das in der Nachricht enthaltene Emoji im Apple-Design angezeigt.

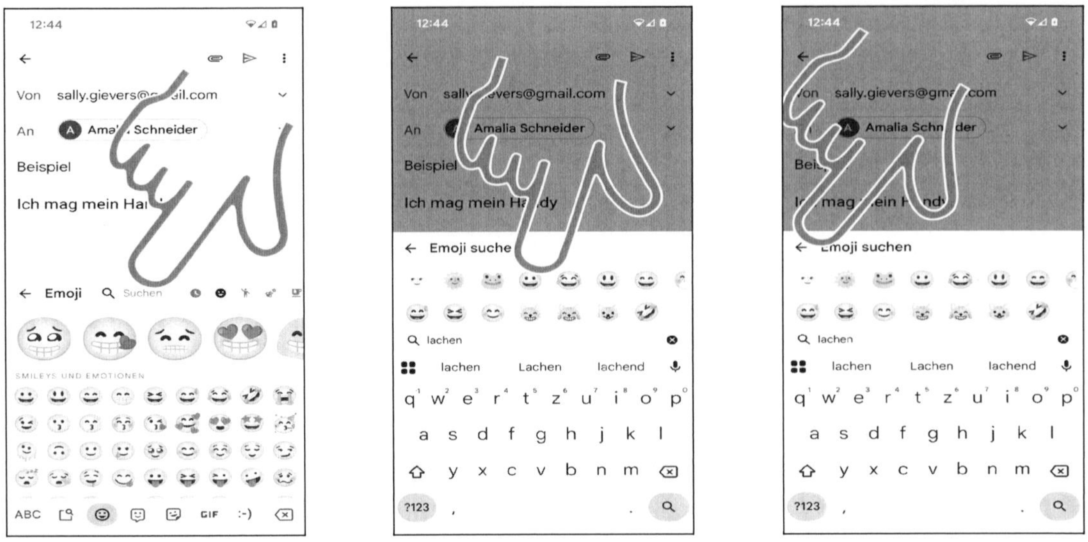

❶❷ Sie wissen nicht, welches Emoji Sie verwenden sollen? Dann tippen Sie ins *Emoji suchen*-Eingabefeld und geben einen Begriff, im Beispiel »lachen« ein. Tippen Sie eine der Fundstellen an, um sie zu übernehmen.

❸ Die ←-Schaltfläche (Pfeil) schließt das Suchfeld.

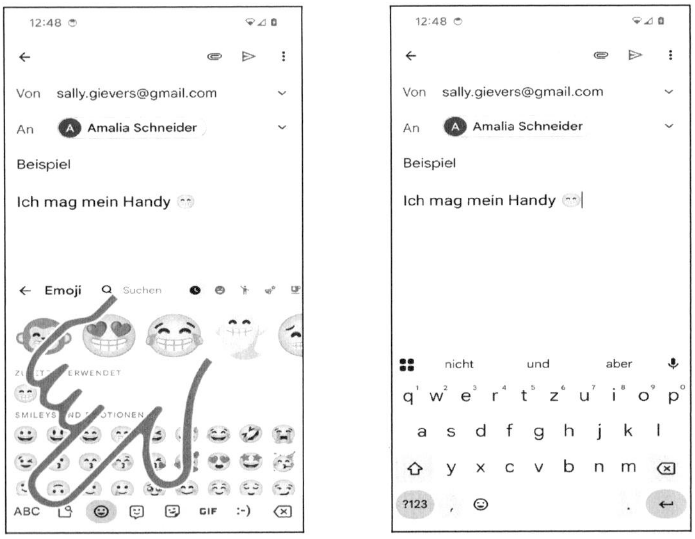

❶❷ Die ABC-Taste (Pfeil) wechselt wieder zum normalen Tastenfeld.

27.1.2 GIF

Das Grafikformat GIF wurde bereits in den 1980er Jahren erfunden und würde heute keine Rolle mehr spielen, wenn es nicht eine Besonderheit aufweisen würde: In einer GIF-Datei können mehrere Einzelgrafiken enthalten sein, die nacheinander wie ein Video abgespielt werden. Es hat sich in den letzten Jahren eine riesige Fangemeinde etabliert, die kurze Ausschnitte aus TV-Serien oder Kinofilmen als GIF-Dateien verbreitet.

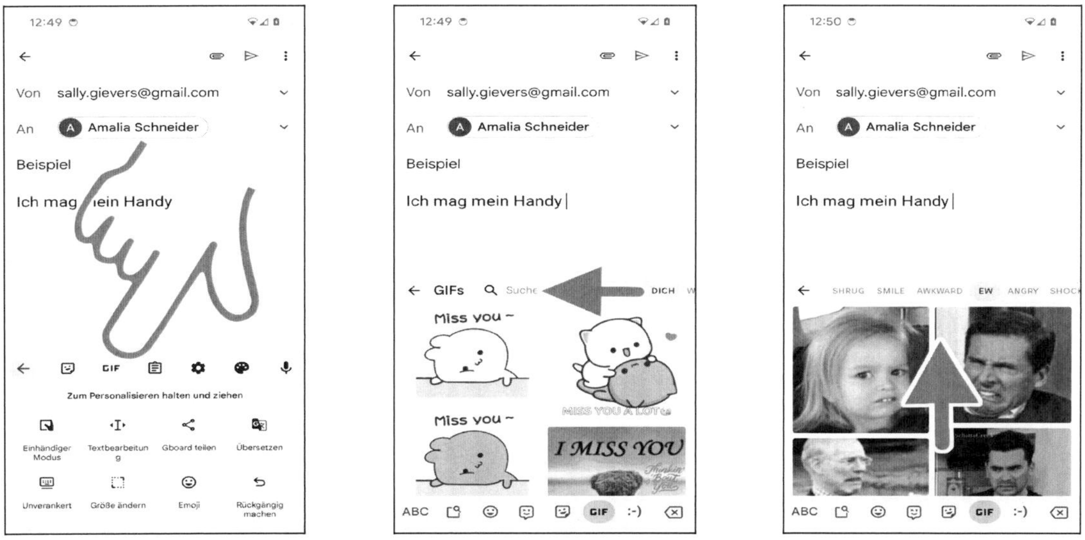

➊ Betätigen Sie die **GIF**-Schaltfläche (Pfeil).

➋ Die GIFs sind in verschiedenen Kategorien angeordnet, zwischen denen Sie mit einer Wischgeste (Pfeil) und Antippen wechseln.

➌ Danach wischen Sie durch die angebotenen GIFs und tippen eine an, die ins Eingabefeld übernommen wird.

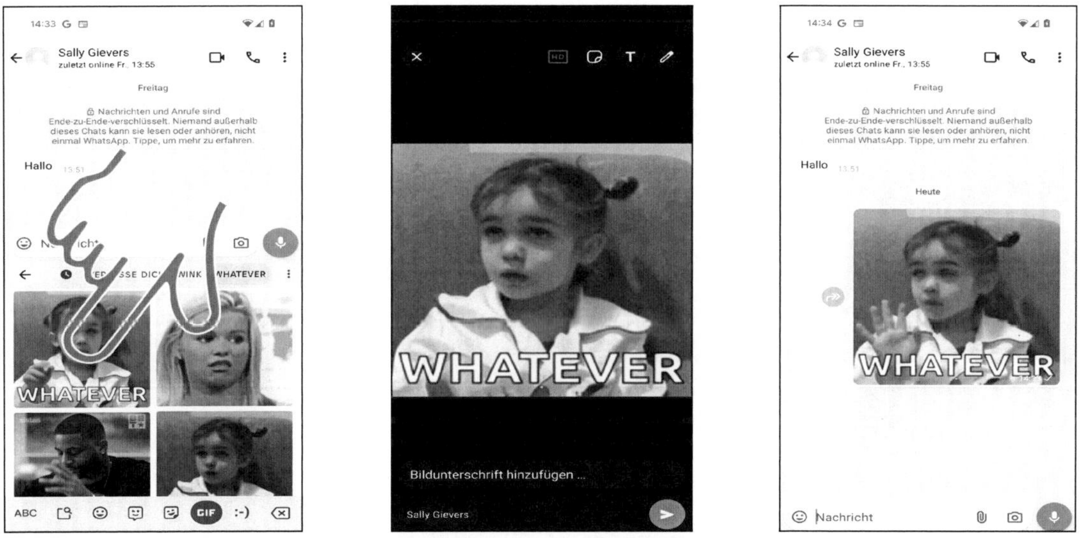

➊➋➌ In unserem Fall nutzen wir WhatsApp (siehe Kapitel *12 WhatsApp*), bei dem GIF-Bilder wie normale Fotos behandelt werden. Deshalb können Sie noch einen Kommentar eingeben, der dann mit dem GIF verschickt wird. Der Empfänger muss dann die Vorschau antippen, damit WhatsApp das GIF abspielt. Per E-Mail verschickte GIFs werden dagegen meistens automatisch beim Empfänger abgespielt.

27.1.3 Sticker

»Sticker« sind lustige Grafiken, mit denen Sie Ihre Texte aufhübschen.

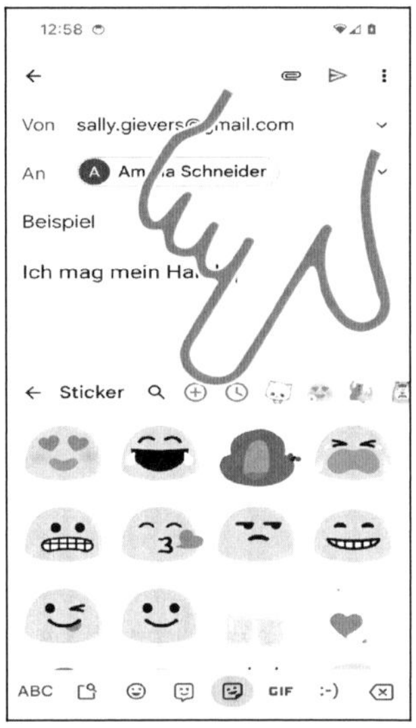

❶ Betätigen Sie die -Schaltfläche (Pfeil).

❷ Die Grafiken sind in verschiedenen Kategorien angeordnet, zwischen denen Sie über die Schaltflächen wechseln (Pfeil). Anschließend übernehmen durch Antippen eine der Grafiken ins Eingabefeld.

❸ Die +-Schaltfläche installiert weitere Grafikpakete.

27.2 Wortvorschläge

❶ Während der Texteingabe erscheinen oberhalb des Tastenfelds drei Wortvorschläge, die Sie durch Antippen übernehmen können. Das am wahrscheinlichsten von Ihnen gemeinte Wort ist jeweils in der Mitte zu finden, es wird automatisch ins Eingabefeld übernommen, wenn Sie die Leertaste oder ein Satzzeichen eingeben.

❷ Sofern ein Wort nicht im Wörterbuch vorhanden ist, erscheint es entweder allein in den Vorschlägen oder auf der linken Seite. Um ein Wort in das Wörterbuch zu übernehmen tippen Sie es in den Vorschlägen an. Beim nächsten Mal wird es dann vorgeschlagen.

> Tipp: Häufig kann man sich die auf dem Android-Tastenfeld umständliche Eingabe von Umlauten ersparen, indem man stattdessen das Wort mit dem korrespondierenden Vokal eingibt. Beispiele: »wahrend« statt »während« oder »langlich« statt »länglich«. In den Wortvorschlägen erscheint dann das korrekte Wort mit Umlaut.

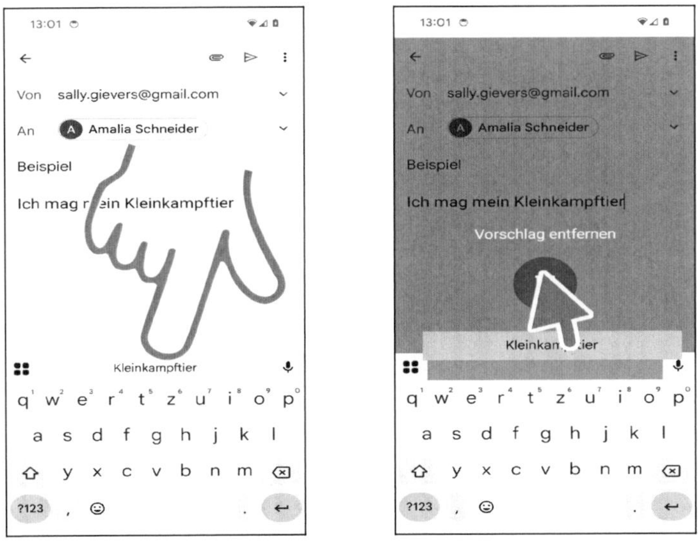

❶❷ So löschen Sie ein Wort wieder aus dem Wörterbuch: Tippen und halten Sie den Finger auf dem Vorschlag, bis er markiert ist und ziehen Sie ihn auf *Vorschlag entfernen.*

27.3 Texte kopieren, ausschneiden und einfügen

Es kommt häufiger mal vor, dass man einen Text, beispielsweise aus einer SMS oder E-Mail, in einer anderen Anwendung weiterverwenden will.

Leider handhaben die Google-Anwendungen das Kopieren und Einfügen von Texten etwas unterschiedlich. Damit Sie eine Idee davon bekommen, wie der grundsätzliche Ablauf ist, möchten wir einen Text aus einer im Webbrowser angezeigten Webseite in Gmail (siehe Kapitel *10 Gmail*) versenden.

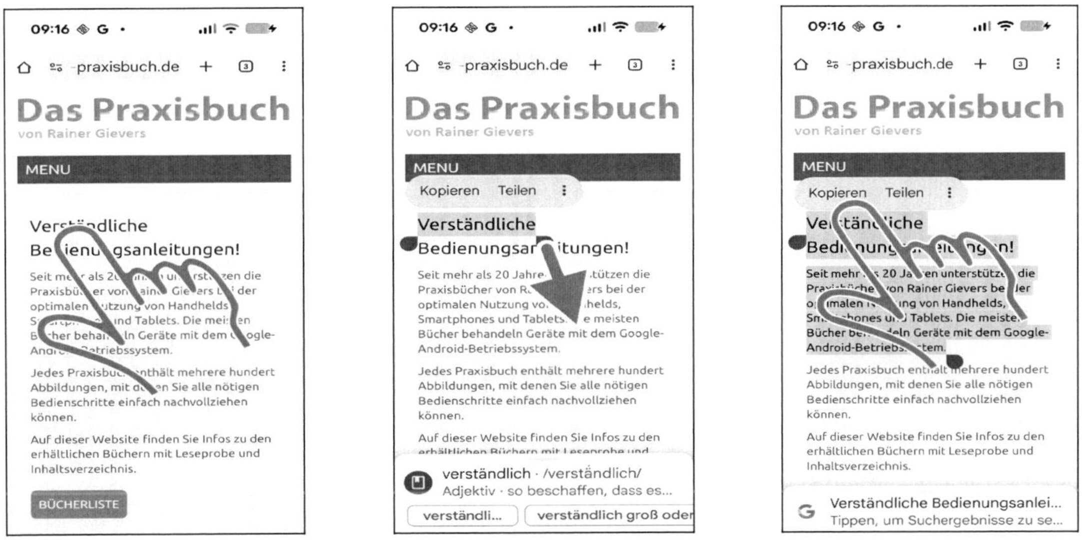

❶ Beispiel für das Markieren im Webbrowser (siehe Kapitel *11 Chrome-Webbrowser*): Tippen und halten Sie den Finger auf einem Wort, welches darauf hin markiert ist.

❷ Anschließend ändern Sie den markierten Bereich, indem Sie die Schieber an die gewünschte Position bewegen. Dabei unterstützt Sie eine eingeblendete Lupe.

❸ Tippen Sie die *Kopieren*-Schaltfläche an.

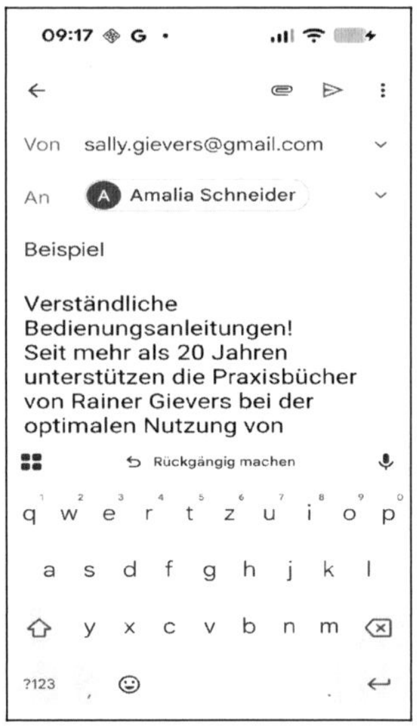

❶ Rufen Sie nun die Anwendung auf, in der Sie den kopierten Text einfügen möchten. Tippen Sie auf die Zielposition – bitte beachten Sie dabei, dass Sie nur in bestehenden Text beziehungsweise ans Textende tippen können.

❷❸ Oberhalb des Tastenfelds tippen Sie auf die angezeigte Zwischenablage, welche darauf hin eingefügt wird.

27.4 Eingabeoptionen

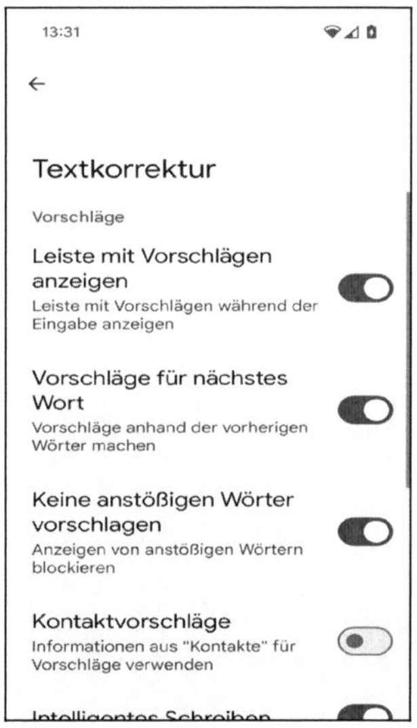

❶❷ Für die Eingabeoptionen betätigen Sie in der Symbolleiste ✿.

❸ Das Menü:

- *Sprachen*: Neben der Systemsprache wählen Sie hier auch die Belegung des Tastenfelds aus. Anhand der eingestellten Sprache erfolgen auch Vorschläge aus dem Wörterbuch.
- *Einstellungen*: Darauf kommen wir unten noch.
- *Design*: Die Tastaturfarbe.
- *Textkorrektur* (❸):
  - *Leiste mit Vorschlägen anzeigen*: Oberhalb des Tastenfelds werden Wortvorschläge eingeblendet, die Sie durch Antippen übernehmen.
  - *Vorschläge für nächstes Wort*: Ausgehend von Wortwahrscheinlichkeiten macht das Tastenfeld jeweils Wortvorschläge.
  - *Keine anstößigen Wörter vorschlagen*: Schimpfworte erscheinen nicht in den Wortvorschlägen.

  - *Kontaktvorschläge*: Kontaktnamen aus dem Telefonbuch werden bei den Vorschlägen berücksichtigt.
  - *Intelligentes Schreiben*: Das Tastenfeld macht anhand des Kontexts passende Wortvorschläge.
  - *Autokorrektur*: Das in der Vorschlagsliste über dem Tastenfeld hervorgehobene Wort wird automatisch ins Eingabefeld übernommen, sobald Sie die Leertaste oder eine Interpunktionstaste betätigen. Falls Sie viele Fremdwörter verwenden, kann die Deaktivierung der *Autokorrektur* angeraten sein.
  - *Autokorrektur mit Rücktaste rückgängig machen*: Betätigen der ⌫-Taste stellt den ursprünglichen Text (vor der Autokorrektur) wieder her.
  - *Autom. Leerzeichen nach Satzzeichen*: Derzeit wird nur das US-englische Tastenfeld unterstützt.
  - *Automatische Groß-/Kleinschreibung*: Bei Satzanfängen (nach einem Punkt) beginnen Wörter automatisch mit Großbuchstaben.
  - *Doppeltes Leerzeichen durch Punkt ersetzen*: Zweimaliges Antippen der Leertaste gibt einen Punkt mit folgendem Leerzeichen ein.
  - *Rechtschreibprüfung*: Wörter, die nicht im eingebauten Wörterbuch enthalten sind, hebt das Handy beim Antippen mit roter Unterstreichung hervor.
  - *Grammatikprüfung*: Die Grammatikprüfung ist derzeit offenbar nur für englischsprachige Texte aktiv.
- *Glide Typing*: Die »gleitende Eingabe« behandelt Kapitel *27.6 Bewegungseingabe.*
- *Spracheingabe:* Verwaltet das verwendete Wörterbuch und die Blockierung von Schimpfwörtern in der Spracheingabe. Sie sollten hier nichts ändern.
- *Zwischenablage*: Über dem Tastenfeld wird der zuletzt in die Zwischenablage kopierte Text zur Auswahl vorgeschlagen.
  - *Kürzlich kopierten Text und kürzlich kopierte Bilder in der Vorschlagssäule zeigen*
  - *Informationen wie Adressen und Telefonnummern in kürzlich kopierten Text vorschlagen*
  - *Kürzlich aufgenommene Screenshots in der Zwischenablage speichern*
- *Wörterbuch*: Verwaltet die während der Eingabe gelernten Wörter.
- *Gboard teilen*: Die Tastatureinstellungen an ein anderes Android-Gerät senden.
- *Datenschutz*: Stellen Sie ein, ob Google Ihre Texteingaben intern auswerten darf.
- *Übersetzen*: Das Menü legt die Sprachen für die Übersetzerfunktion (Übersetzen-Schaltfläche) fest.
- *Bewerten*
- *Hilfe & Feedback*

❶❷ *Einstellungen* konfiguriert:

Unter *Tasten*:

- *Zifferntastenzeile*: Zahlentasten oberhalb des Tastenfelds einblenden. Beachten Sie, dass dabei Bildschirmfläche für die laufende Anwendung verloren geht.
- *Emoji-Wechseltaste anzeigen*: Wenn deaktiviert, müssen Sie für Emojis (Smileys) auf dem Tastenfeld die Komma-Taste drücken und halten.

Unter *Darstellung*:

- *Gboard-Standardeinstellung*: Nicht von Google dokumentiert.

Unter *Layout*:

- *Einhandmodus*: Sofern Sie das Tastenfeld mit einer Handy bedienen möchten, stellen Sie hier ein, auf welcher Seite es andocken soll. Das Tastenfeld ist dann kleiner.

Unter *Tastendruck:*

- *Ton bei Tastendruck*: Tastenklick.
- *Lautstärke der Tastendrucktöne*: Nur einstellbar, wenn *Ton bei Tastendruck* aktiv ist.
- *Haptisches Feedback bei Tastendruck*: Bei Tastenbetätigung vibriert das Handy kurz.
- *Pop-up bei Tastendruck*: Standardmäßig erscheint bei längerem Tippen und Halten einer Taste ein Popup mit weiteren Zeichenvorschlägen, beispielsweise bei der »a«-Taste mit »ä«, »â«, »á« und »á«. Falls Sie dies nicht wünschen, deaktivieren Sie *Pop-up bei Tastendruck.*
- *Langer Tastendruck fügt Symbol ein*: Halten Sie eine Taste lange gedrückt, um weitere Zeichenvorschläge über ein Popup zu erhalten.
- *Dauer für langen Tastendruck*: Wartezeit, bis das Handy nach längerem Drücken einer Taste die doppelte Belegung anzeigt.
- *Empfindlichkeit für Flick-Input*: Empfindlichkeit der Bewegungseingabe (siehe Kapitel *27.6 Bewegungseingabe*).
- *App-Symbol anzeigen*: Über die im Hauptmenü eingeblendete *Gboard*-Anwendung greifen Sie direkt auf die Einstellungen des Tastenfelds zu.

27.5 Spracherkennung

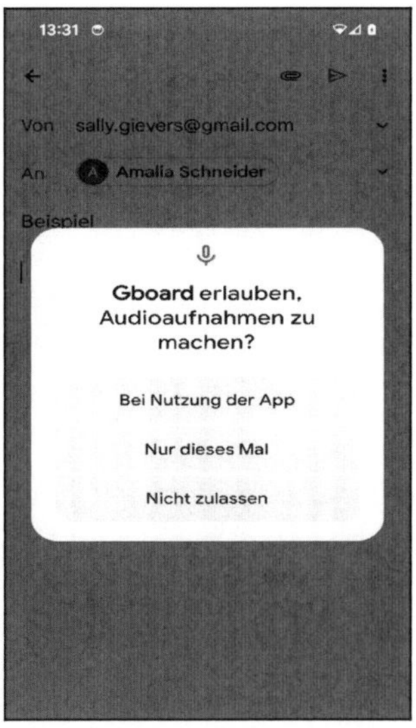

❶ Die Spracherkennung aktivieren Sie über die 🎤-Taste (Pfeil) oberhalb des Tastenfelds.

❷ Beim ersten Mal müssen Sie mit *Bei Nutzung der App* die Sprachaufnahmen genehmigen.

❸ Sprechen Sie dann in ruhigem Tonfall und gleichmäßig die Wörter beziehungsweise Sätze, die dann in Text umgesetzt werden. Auch Satzzeichen wie »Fragezeichen« oder »Punkt« können Sie direkt sprechen. Das Tastenfeld erscheint wieder nach erneutem Antippen von 🎤.

27.6 Bewegungseingabe

❶❷ Die Bewegungseingabe ist recht einfach zu verstehen: Halten Sie den Finger auf den ersten Buchstaben des einzugebenden Worts angedrückt und ziehen Sie nun mit angedrücktem Finger auf die weiteren Buchstaben des Worts. Setzen Sie dann den Finger ab. In unserem Beispiel soll »Beispiel« eingegeben werden. Leerzeichen fügt die durchgehende Eingabe übrigens automatisch zwischen den Wörtern ein. Für die Eingabe von doppelten Buchstaben bewegen Sie den Finger über der entsprechenden Taste einfach hin und her.

28. Tipps & Tricks

In diesem Kapitel stellen wir Ihnen einige nützliche Funktionen des Pixel-Handys vor.

28.1 Benachrichtigungen aktivieren

Viele Anwendungen auf dem Pixel-Handy zeigen dieses Popup beim ersten Start an. Sie gestatten damit, dass Sie akustisch, in der Titelleiste und im Benachrichtigungsfeld, über Wichtiges informiert werden.

Im Beispiel fragt die Gmail-Anwendung (siehe Kapitel *10 Gmail*), ob sie Benachrichtigungen über neu empfangene E-Mails anzeigen darf.

Bestätigen Sie immer mit *Zulassen.*

Sie haben aus Versehen *Nicht zulassen* betätigt? Kein Problem, denn im Folgenden erfahren Sie, wie Sie diesen kleinen Fauxpas wieder korrigieren!

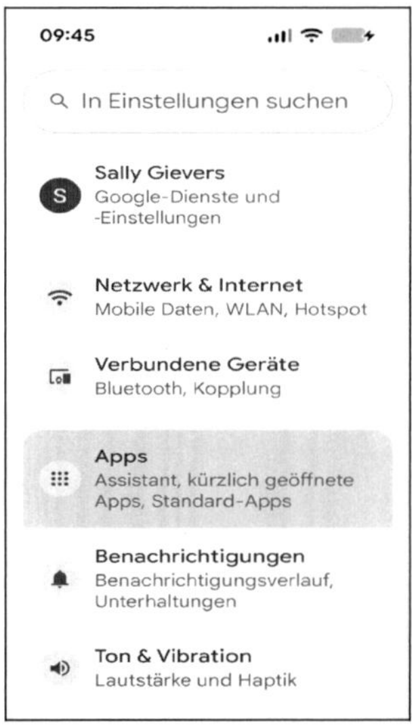

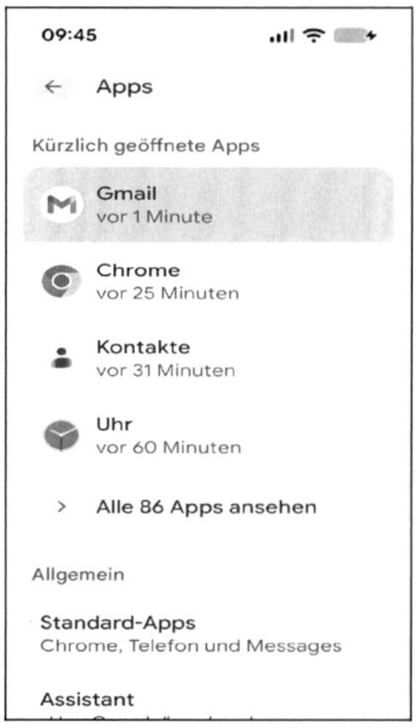

❶ Gehen Sie im Hauptmenü auf *Einstellungen.*

❷❸ Wählen Sie *Apps* und dann die Anwendung, von der Sie Benachrichtigungen erhalten möchten. Die zuletzt Genutzte finden Sie ganz oben in der Liste.

Die Einstellungen-Anwendung zeigt das zuletzt aufgerufene Menü an. Betätigen Sie ein- oder mehrmals die ◀-Taste, um ins Hauptmenü zurückzukehren.

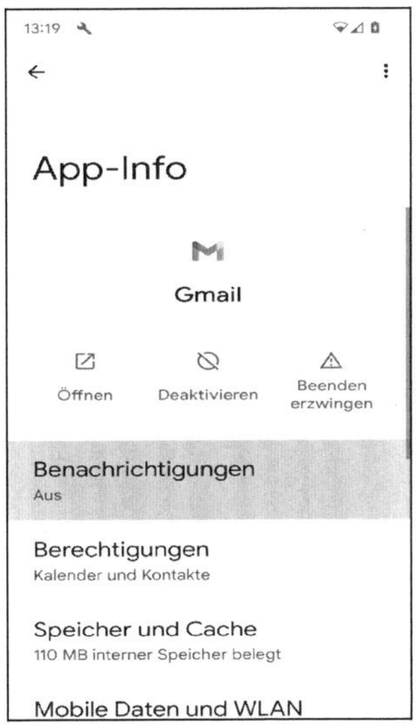

❶ Wählen Sie *Benachrichtigungen.*

❷ Aktivieren Sie *Alle Benachrichtigungen von xxx.*

Sie können nun das Menü verlassen.

28.2 Anwendungen als Standard

Sie haben wahrscheinlich zu diesem Zeitpunkt schon einige dutzend Programme aus dem Google Play Store (siehe Kapitel *17 Play Store*) installiert. Häufig überlappen sich dabei die Programmfunktionen, beispielsweise unterstützen alle Textverarbeitungsprogramme das Word-Format.

Wenn Sie auf dem Pixel-Handy eine Funktion auslösen, für die mehrere Anwendungen in Frage kämen, fragt das Gerät nach.

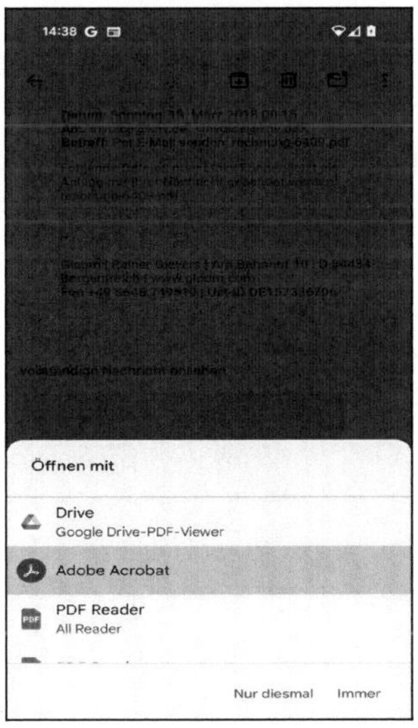

❶❷ Im Fall einer PDF-Datei, die Sie in einer E-Mail (siehe Kapitel *10 Gmail*) antippen, erscheint eine Rückfrage. Wählen Sie dann das gewünschte Programm aus. Betätigen Sie danach *Immer*, um die Rückfrage künftig für Dateien desselben Typs zu vermeiden und immer das gleiche Programm zu verwenden.

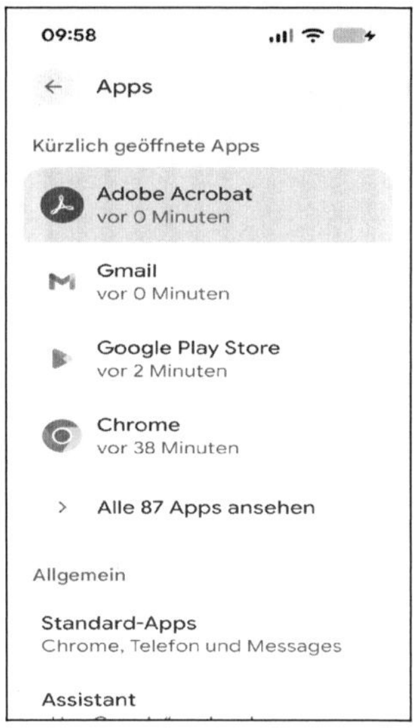

➊ So setzen Sie die Voreinstellung wieder zurück: Rufen Sie im Hauptmenü *Einstellungen* auf. Abhängig von den installierten Programmen finden Sie die *Einstellungen* eventuell an einer anderen Bildschirmposition.

➋ Wählen Sie *Apps.*

➌ Rollen Sie durch die Auflistung und wählen Sie das Programm aus, dessen Standardeinstellung Sie zurücksetzen möchten.

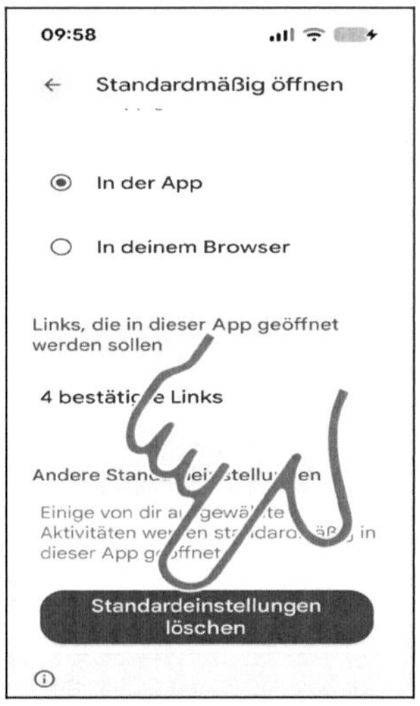

➊➋ Gehen Sie auf *Standardmäßig öffnen* und betätigen sie *Standardeinstellungen löschen.*

28.3 Handy verloren oder geklaut – was nun?

Vorsorge ist immer die beste Versicherung, um das eigene Handy oder Tablet wiederzubekommen, wenn Sie es irgendwo mal liegen lassen oder es gestohlen wird. Wichtig ist erst einmal, dass ein ehrlicher Finder beziehungsweise die Polizei die Möglichkeit hat, Sie zu kontaktieren. Zwar lassen sich auf dem Pixel die Kontaktdaten so einstellen, dass sie beim Einschalten angezeigt werden, ist der Akku aber leer, bringt dies dem Finder auch nichts. Wir bringen deshalb auf unseren elektronischen Geräten, die wir unterwegs dabei haben, Adressaufkleber mit unseren Kontaktdaten an.

28.3.1 Datenschutz

Ein weiteres wichtiges Thema ist der Schutz Ihrer persönlichen Daten auf dem Handy. Ein Finder/Dieb könnte nämlich zum Beispiel Folgendes:

- Kontakte und Termine ändern oder löschen.

- Die im Webbrowser gespeicherte Formulardaten, zum Beispiel das Login von Ebay oder einer Shopping-Website ausnutzen, um Käufe in Ihrem Namen durchzuführen.
- Diffamierende E-Mails oder SMS in Ihrem Namen über die E-Mail/SMS-Anwendung verschicken.
- Nach peinlichen SMS, E-Mails, Fotos oder Videos suchen und diese im Web oder anderswo veröffentlichen.
- Sex-Hotlines oder sonstige teure 0900er-Premiumnummern über Ihre SIM-Karte anrufen.
- Im Google Play Store über Ihre dort gespeicherte Kreditkarte fröhlich Ihr Geld für teure Software ausgeben (nur möglich, wenn Sie Ihr Google-Konto-Passwort dort gespeichert haben).

An dieser Stelle wollen wir erst gar nicht über den Einsatz Ihres Android-Handys in einem sensiblen Firmenbereich reden. Das Pixel speichert viele Daten wie Kontakte, Termine, Browser-Lesezeichen usw. auf Google-Server, auf die amerikanische Behörden problemlos Zugriff haben. Es soll auch Firmen geben, die Software anbieten, um abgesicherte Geräte auszulesen, wozu nur der physische Zugriff auf das Gerät nötig ist (zum Beispiel auf Flughäfen bei der Zollkontrolle). Natürlich lässt sich das Pixel auch ohne Google-Konto (und damit ohne Google-Server) nutzen, dann könnte man sich aber auch genauso gut ein Notizblock zulegen.

Damit es Diebe nicht zu einfach haben, hier einige Tipps:

- Aktivieren Sie in *Einstellungen/Datenschutz & Sicherheit/Geräteentsperrung* die Gerätesperre (Muster, PIN, Passwort). An die Daten in Ihrem Gerätespeicher kommt dann der Dieb nicht heran (siehe Kapitel *26.2 Gerätesperre*).
- Den Google Play-Store können Sie in dessen *Biometrische Authentifizierung* beziehungsweise *Authentifizierung für Käufe erforderlich* sichern. Siehe Kapitel *17.5 Einstellungen*.
- Die unter *Einstellungen/Datenschutz & Sicherheit/Mehr Sicherheit und Datenschutz/SIM-Lock/SIM sperren* verfügbare SIM-Kartensperre mit sorgt dafür, dass ein Dieb Ihre SIM-Karte nicht einfach entnehmen und in seinem Handy für teure Anrufe nutzen kann. Stattdessen wird der Dieb an der Abfrage der SIM-PIN scheitern.
- Notieren Sie sich die IMEIs Ihres Handys, die Sie auf der Verkaufsverpackung finden und notieren Sie sie am besten auf Ihre Rechnung für das Gerät, sofern sie dort nicht bereits aufgeführt ist. Bei einer Diebstahlsmeldung können Sie die IMEI dann mit angeben.

Der Diebstahl/Verlust ist eingetreten:

Abhängig von der Situation, also wenn Sie nicht sicher sind, ob die zuvor aufgeführten Sicherheitsmaßnahmen greifen, gehen Sie wie folgt vor:

- Rufen Sie sich selbst an. Sind Sie mit mehreren Personen vor Ort, sollten diese zuvor ausschwärmen lassen, damit das Handy schnell lokalisiert wird. Ein markanter Klingelton ist da natürlich hilfreich.
- Loggen Sie sich auf der Google-Website in Ihr Google-Konto ein und ändern Sie Ihr Passwort.
- Erstatten Sie Anzeige bei der Polizei (den Polizei-Beleg benötigen Sie eventuell, damit Ihre Versicherung den Verlust erstattet). Eventuell hat sich dort auch schon der ehrliche Finder gemeldet.
- In Hotels, Bahnhöfen, Flughäfen gibt es Fundbüros und vielleicht hat dort jemand zwischenzeitlich das Gerät abgegeben. Verwenden Sie ein Schutzetui für das Handy, dürfte es sinnvoll sein, dort Ihre Visitenkarte einzulegen. Dadurch wird es für den Finger einfacher, Sie zu kontaktieren.
- Lassen Sie beim Mobilnetzbetreiber Ihre SIM-Karte sperren.
- Der im Kapitel *26.4 Maßnahmen gegen Diebstahl* beschriebene Android Gerätemanager ist ebenfalls nützlich, um Ihr Handy wiederzufinden.

28.4 Akkulaufzeit erhöhen

Mit einigen kleinen Kniffen erhöhen Sie die Akkulaufzeit Ihres Pixel-Handys:

- Passen Sie über den Helligkeitsregler im Benachrichtigungsfeld die Displaybeleuchtung an. Das Display ist die Handy-Komponente mit dem höchsten Stromverbrauch.
- Die Displayabschaltdauer stellen Sie in den *Einstellungen* unter *Display & Touchbedienung/Display automatisch ausschalten* ein.
- Widgets im Startbildschirm (siehe Kapitel *4.8.2 Widgets*) dienen dazu, immer aktuelle Infos für den Anwender bereit zustellen, laden dafür aber teilweise in regelmäßigen Abständen Daten aus dem Internet (beispielsweise bei Newstickern). Reduzieren Sie die Aktualisierungshäufigkeit in den Einstellungen des Widgets oder löschen Sie nicht benötigte Widgets vom Startbildschirm).
- Beenden Sie alle Anwendungen und Spiele, wenn Sie sie nicht nutzen (mit der ◀-Taste, sofern es keine andere Beendigungsoption gibt).

Im Handel sind sogenannte Power-Packs erhältlich, die aus einem großen Akku bestehen, an die Sie Ihr Handy zum Nachladen anschließen. Ein Power-Pack reicht – je nach Kapazität – für mehrere Ladungen, bevor sie das Power-Pack selbst an einer Steckdose aufladen müssen.

Einen großen Einfluss hat auch das Mobilfunknetz. Befinden Sie sich an einem Standort mit schlechten Empfang (oben rechts in der Titelleiste werden nur ein oder zwei Balken für die Empfangsstärke angezeigt), dann versucht das Handy mit verstärkte Leistung zu senden, was die Akkulaufzeit reduziert. Wir empfehlen dann:

- Falls möglich, wechseln Sie den Standort. In Gebäuden ist der Empfang in Fensternähe oder in einem höheren Stockwerk meist besser.
- Befinden Sie sich längerfristig an einem Ort mit schlechtem Mobilfunkempfang, dann sollten Sie solange den Flugmodus aktivieren (sofern Sie weder telefonieren noch das Internet nutzen müssen). Den Flugmodus beschreibt Kapitel *5.5 Flugmodus (Offline-Modus)*.
- Vermeiden Sie Telefonate bei schlechtem Mobilfunkempfang. Nicht nur reduzieren Sie damit die Akkulaufzeit erheblich, sondern Sie setzen sich unnötigem Elektrosmog aus. Ein eindeutiger Einfluss von elektromagnetischen Wellen auf die Gesundheit wurde bisher allerdings trotz zahlreicher Studien nicht nachgewiesen.
- Alternativ: Sofern ein WLAN-Zugangspunkt vorhanden ist, fragen Sie nach dessen Zugangsdaten und verbinden Sie sich damit (siehe Kapitel *9 WLAN*). Telefonverbindungen erfolgen dann mittels WLAN-Call-Protokoll über die WLAN-Verbindung.

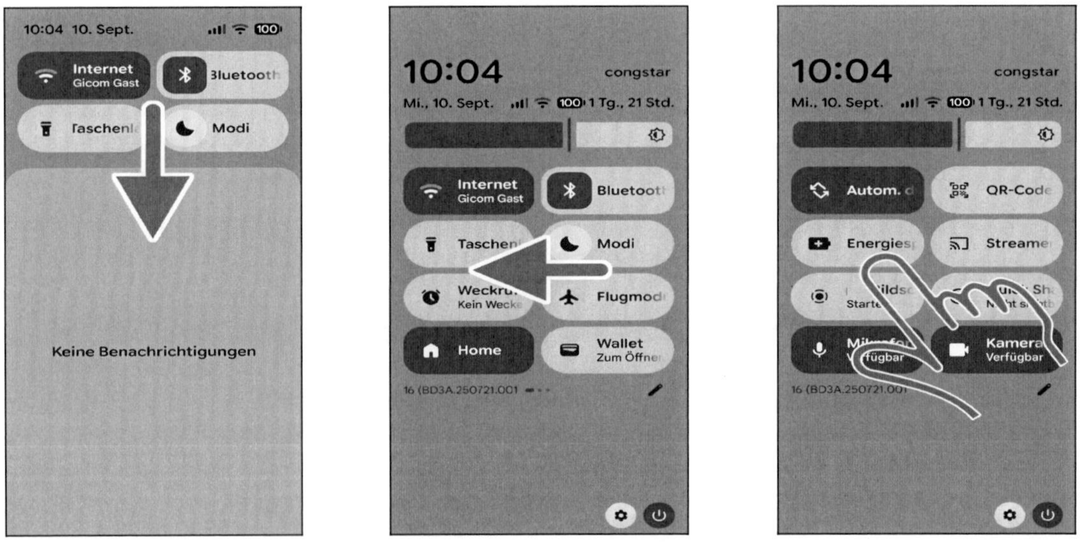

❶ Als Ergänzung zu den oben aufgeführten Maßnahmen können Sie auch selbst in die Energieverwaltung eingreifen: Öffnen Sie das erweiterte Benachrichtigungsfeld.

❷ Wechseln Sie mit einer Wischgeste auf die zweite Bildschirmseite.

❸ Betätigen Sie *Energiesparmodus.*

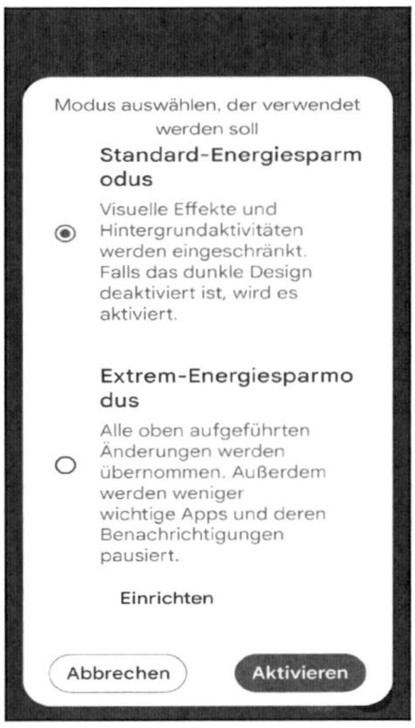

❶ Wählen Sie einen Energiesparmodus aus und betätigen Sie *Aktivieren.*

❷ Ein Symbol (Pfeil) weist auf den Energiesparmodus hin. Auch ist der Bildschirm dunkler.

Sie können den Energiesparmodus nur aktivieren, wenn das Handy **nicht** am PC oder Netzteil angeschlossen ist.

Neben der Displayhelligkeit reduziert das Handy auch die Prozessorgeschwindigkeit und deaktiviert einige Hintergrunddienste. Erneutes Antippen von *Energiesparmodus* im Benachrichtigungsfeld beendet den Energiesparmodus wieder.

Bei niedrigen Akkustand (20%) schaltet das Handy ebenfalls in den Energiesparmodus.

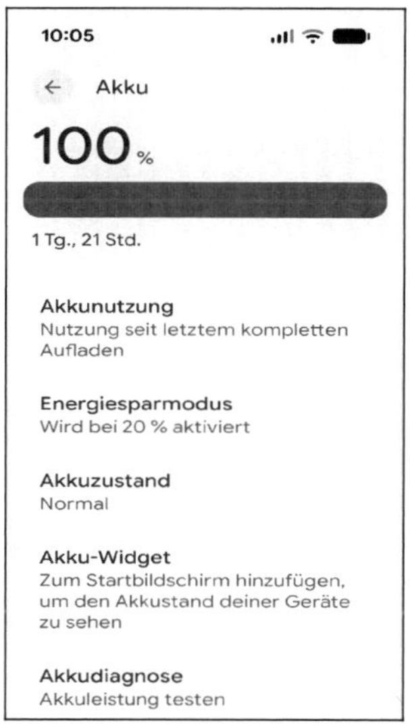

❶ Weitere Akku-Einstellungen finden Sie in den *Einstellungen.*

❷❸ Rufen Sie dort *Akku* auf:

- *Akkunutzung*: Informiert über den Energieverbrauch der von Ihnen verwendeten Programme. Auf diesem Wege identifizieren Sie »Stromfresser«.
- *Energiesparmodus*: Legen Sie fest, bei welchem Akkustand sich automatisch der oben beschriebene Energiesparmodus aktiviert.
- *Akku-Widget*: Fügt dem Startbildschirm ein Widget hinzu, das den aktuellen Ladezustand anzeigt. Auf die Widgets geht Kapitel *4.8.2 Widgets* ein.
- *Akkuzustand*: Informiert über den Zustand des Akkus. Sie können über das Menü *Optimiertes Laden* die Aufladung begrenzen auf 80 Prozent, was den Akku schont.

- *Akkudiagnose*: Falls der Akku nicht lädt oder die Akkunutzungsdauer zu Wünschen übrig lässt, führen Sie im Menü eine Diagnose durch.
- *Ladestandsanzeige in Prozent*: Blendet in der Titelleiste eine Prozentanzeige ein.

28.4.1 Akku schonend laden

Die Ladetechnik und die Akkutechnologie sind inzwischen sehr ausgereift. Es spielt daher keine große Rolle, ob Sie das Handy mehrmals täglich laden oder es über Nacht zum Laden anschließen. Google bietet allerdings eine akkuschonendere Lademethode an und eventuell nutzen Sie diese bereits, ohne dass es Ihnen bewusst ist: Wenn Sie nämlich in der Uhr-Anwendung den Wecker stellen (siehe Kapitel *23.2.1 Alarm*), dann lädt das Handy sehr akkuschonend und langsam bis zum Weckeralarm auf. Darauf weist auch der Sperrbildschirm hin.

28.5 Screenshots (Bildschirmkopien)

In jeder Anwendung dürfen Sie einen Screenshot (Bildschirmkopie) erstellen, die Sie anschließend beispielsweise per E-Mail verschicken.

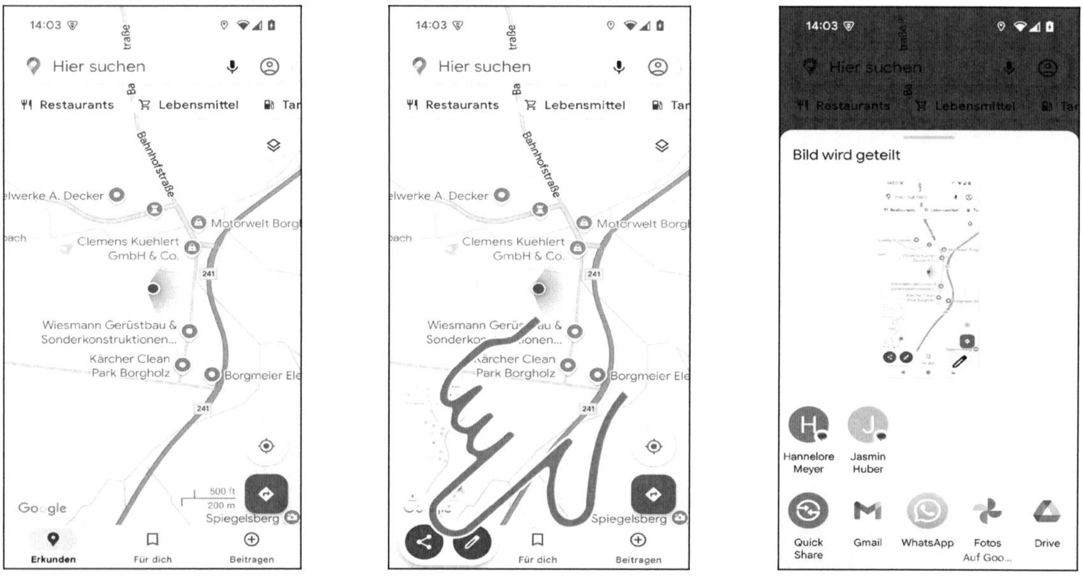

❶ Drücken Sie in der Anwendung, von der Sie einen Screenshot erstellen möchten, für einige Sekunden gleichzeitig die den Ein/Ausschalter und die Lautstärke-runter-Taste.

❷❸ Sie finden den Screenshot auch im Benachrichtigungsfeld. Tippen Sie zum Versenden an andere auf <.

Die Screenshot-Bilder finden Sie im Gerätespeicher im Verzeichnis *Pictures\Screenshots*.

28.6 Handy zurücksetzen

Für den Fall, dass Sie Ihr Pixel nicht mehr nutzen und an einen Dritten weitergeben möchten, sollten Sie die darauf vorhandenen Daten löschen. Dieser Vorgang wird auch als »Zurücksetzen« bezeichnet.

Steigen Sie auf ein anderes Android-Handy um, so ist der Umzug Ihrer Daten (Termine, Kontakte, Browser-Lesezeichen, aus dem Play Store installierte Programme) auf das neue Gerät sehr einfach. Sie müssen sich nur auf dem neuen Handy mit dem gleichen Google-Konto anmelden, das Sie bei der Ersteinrichtung auf dem Pixel-Handy angelegt hatten. Das Google-Konto ist gleichzeitig auch die in Gmail (siehe Kapitel *10 Gmail*) genutzte E-Mail-Adresse.

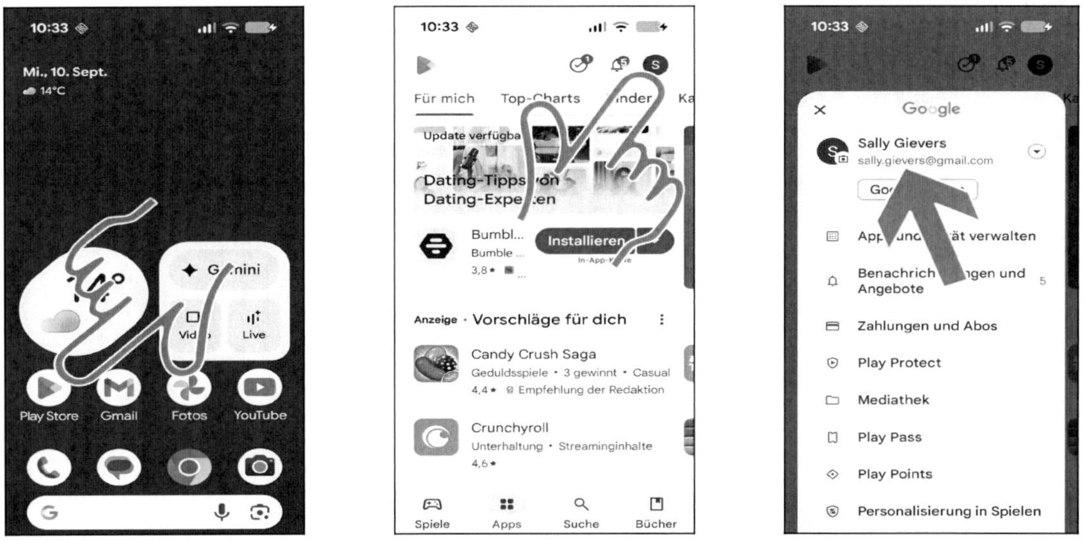

➊ So erfahren Sie, unter welchem Google-Konto Ihre Daten auf dem Pixel gespeichert werden: Rufen Sie beispielsweise den *Play Store* auf.

➋➌ Aktivieren Sie das Ausklappmenü, das Ihren Google-Konto-Namen (Pfeil) verrät.

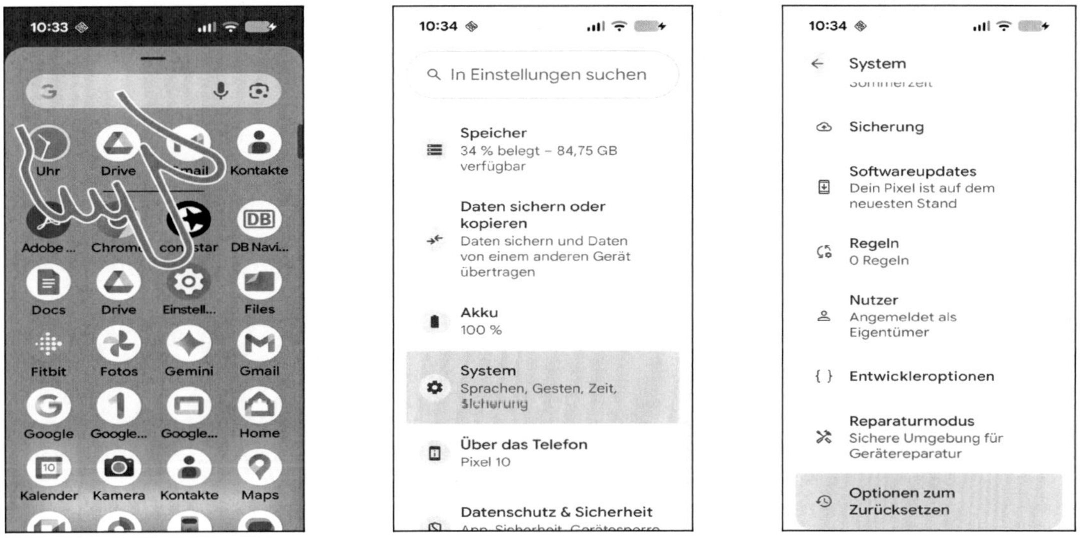

➊ Damit kommen wir zum Zurücksetzen. Rufen Sie dafür *Einstellungen* aus dem Startmenü auf.

➋➌ Wählen Sie *System* aus und betätigen Sie *Optionen zum Zurücksetzen*.

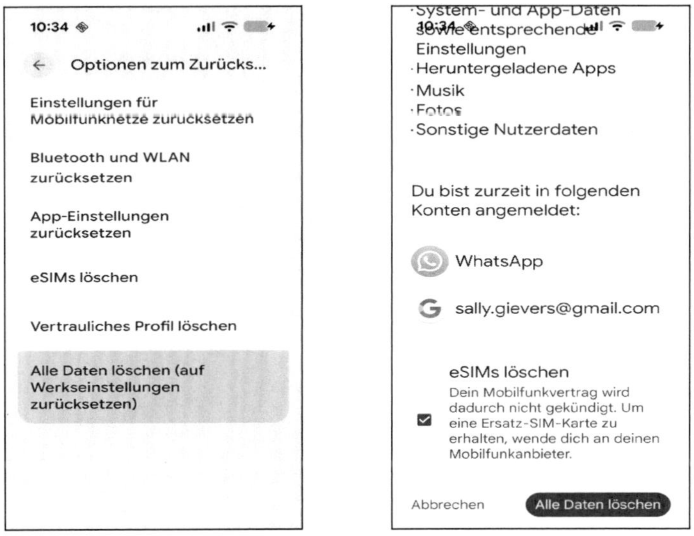

➊➋ Wählen Sie *Alle Daten löschen.*

❸ Falls Sie eine eSIM einsetzen, müssen Sie *eSIMs löschen* aktivieren – die eSIM-Daten werden sonst nicht gelöscht und sind bei der Neueinrichtung noch vorhanden. Betätigen Sie *Alle Daten löschen.* Das Handy befindet sich anschließend im Auslieferungszustand.

28.7 Schaltflächen im Benachrichtigungsfeld bearbeiten

Über die Verknüpfungen im Benachrichtigungsfeld steuern Sie alle wichtigen Funktionen des Pixel. Weil jeder Nutzer andere Ansprüche hat, lassen sich die Verknüpfungen anpassen.

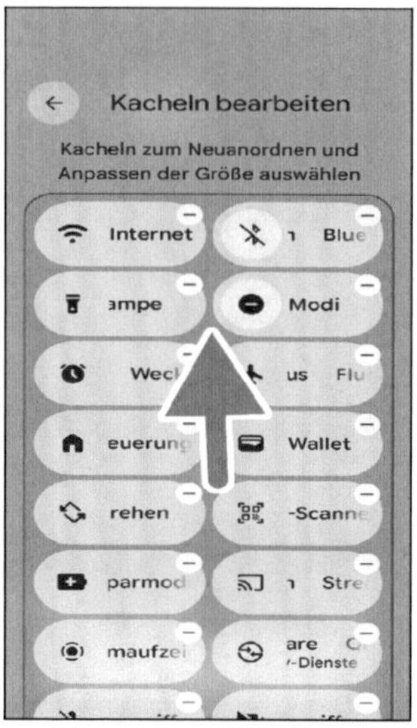

❶ Öffnen Sie das Benachrichtigungsfeld und wischen Sie mit dem Finger erneut darüber, was das erweiterte Benachrichtigungsfeld anzeigt.

❷ Im Benachrichtigungsfeld gehen Sie auf ✏.

❸ Sie blättern mit einer Wischgeste durch die Schaltflächen.

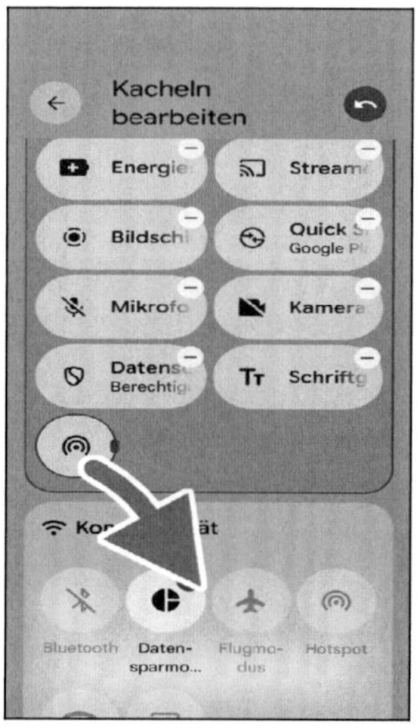

❶❷ Tippen Sie einfach eine der Verknüpfungen (mit ⊕-Zeichen) an, worauf es hinter den im Benachrichtigungsfeld angezeigten platziert wird.

❸ Ziehen Sie ein Symbol nach unten den die Vorschläge, um es wieder zu entfernen.

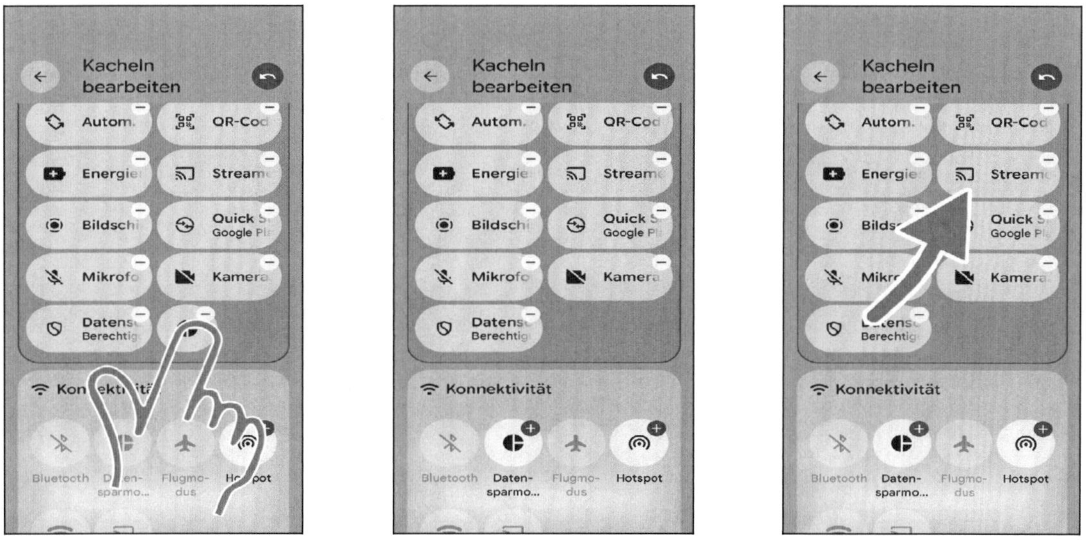

❶❷ Alternativ tippen Sie bei einer Schaltfläche auf ⊖, um sie zu entfernen.

❸ Die Reihenfolge ändern Sie durch Tippen und Ziehen an eine andere Position.

28.8 Ordner

Ordner sind unter anderem nützlich, wenn man sehr viele Anwendungen auf dem Handy installiert hat. Man legt dann einfach mehrere Ordner im Startbildschirm an, worin man seine Anwendungen verschiebt.

28.8.1 Ordner anlegen und verwalten

Bevor Sie im Startbildschirm einen Ordner anlegen können, müssen etwas Vorarbeit leisten. Ziehen Sie zunächst, wie im Kapitel *4.8.1 Schnellzugriffe anlegen und verwalten* gezeigt, die benötigten Verknüpfungen vom Hauptmenü in den Startbildschirm.

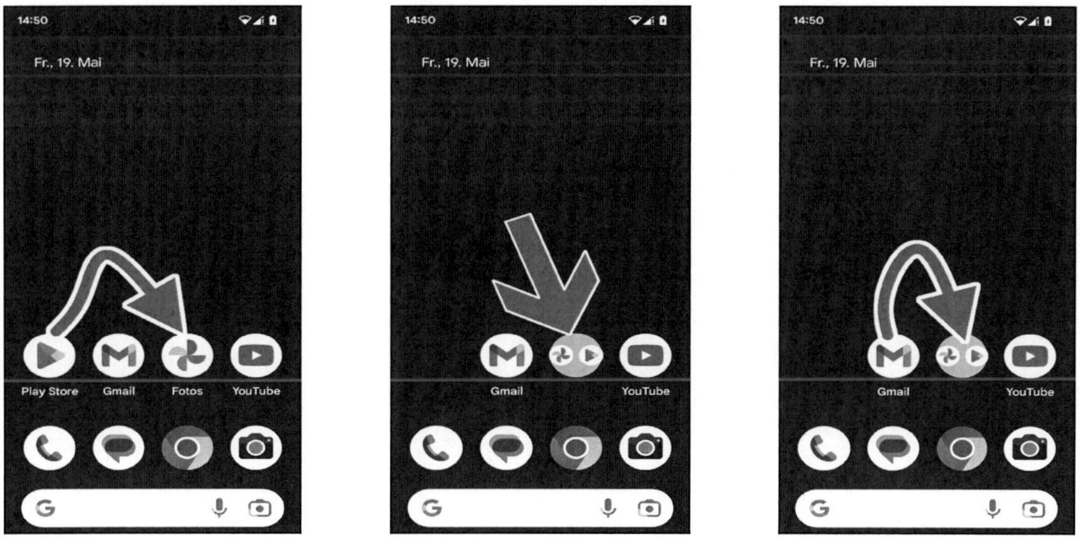

❶ In unserem Beispiel stellen wir unseren eigenen Ordner zusammen. Tippen und halten Sie den Finger auf ein Programm und ziehen Sie es auf ein weiteres.

❷ Das Handy erstellt aus den beiden Programmen einen Ordner (Pfeil).

❸ Ziehen Sie bei Bedarf noch weitere Programme in den Ordner.

❶ Tippen Sie den Ordner an.

❷❸ Den Ordnernamen ändern Sie sehr einfach, indem Sie den Finger darauf halten, bis das Handy in den Editiermodus schaltet. Erfassen Sie den neuen Ordnernamen und schließen Sie den Vorgang mit ✓ (Pfeil) auf dem Tastenfeld ab.

Verschieben Sie den Ordner, indem Sie den Finger darauf tippen und halten und dann an die gewünschte Position ziehen.

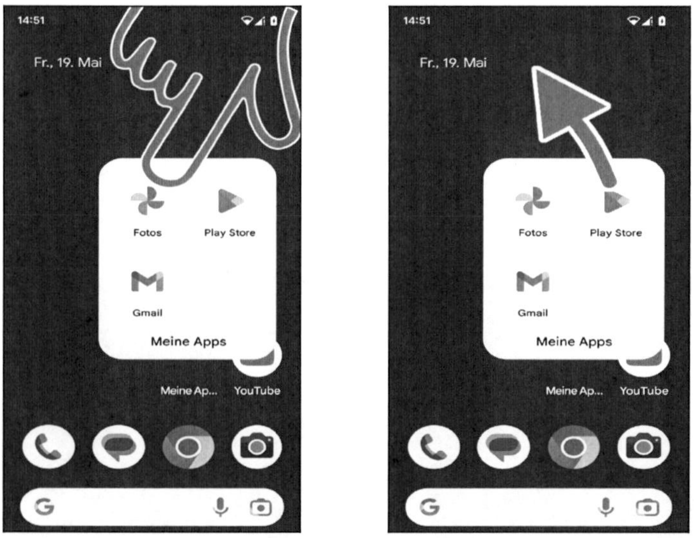

❶ Die Programme starten Sie mit Antippen. Zum Schließen des Ordners betätigen Sie die ◀-Taste oder tippen in einen Bildschirmbereich außerhalb des Ordners.

❷ So entfernen Sie ein Programm aus dem Ordner: Ziehen Sie es mit gedrücktem Finger aus dem Ordner. Lassen Sie dann das Programm an der gewünschten Position los.

28.9 Eigene Klingel- und Benachrichtigungstöne

Standardmäßig bietet das Handy nur eine vergleichsweise kleine Auswahl an Klingel- und Benachrichtigungssignalen. Sie dürfen aber weitere Audiodateien (idealerweise im Format MP3) installieren.

Schließen Sie das Handy am PC an (siehe auch Kapitel *16 Gerätespeicher*). Wählen Sie als Gerät *Interner gemeinsamer Speicher* aus.

Sie finden folgende Verzeichnisse vor:

- *Ringtones*: Für Klingeltöne.

- *Notifications*: Für Benachrichtigungen (Kalender, neue Nachrichten).
- *Alarms*: Für den Alarm (siehe Kapitel *23.2 Wecker und Uhr*)

Kopieren Sie nun Audiodateien in die entsprechenden Verzeichnisse.

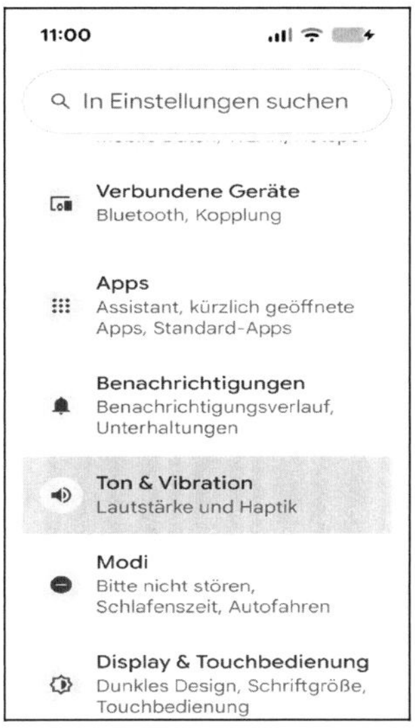

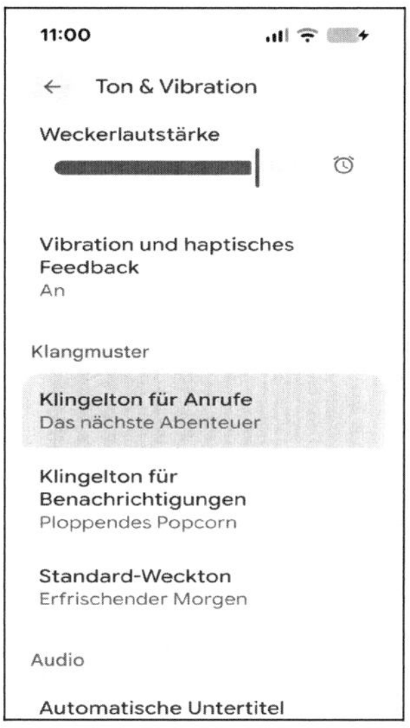

❶❷ Rufen Sie die *Einstellungen* auf und gehen Sie auf *Ton & Vibration* und dann *Klingelton für Anrufe.*

❶ Wählen Sie *Meine Töne.*

❷ Betätigen Sie **+**.

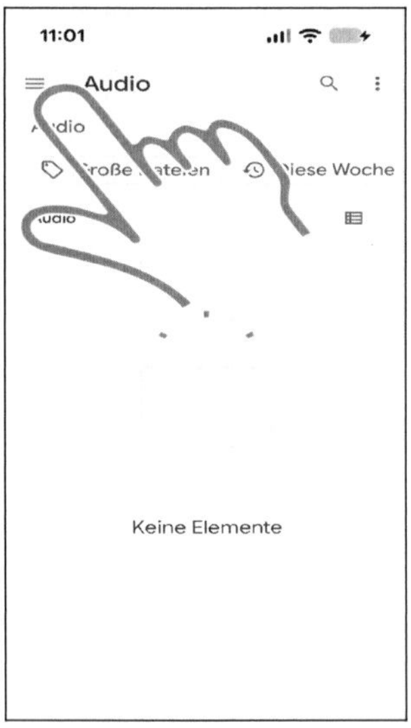

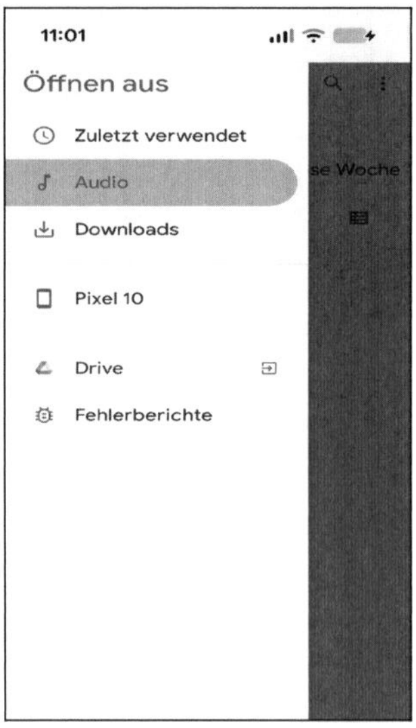

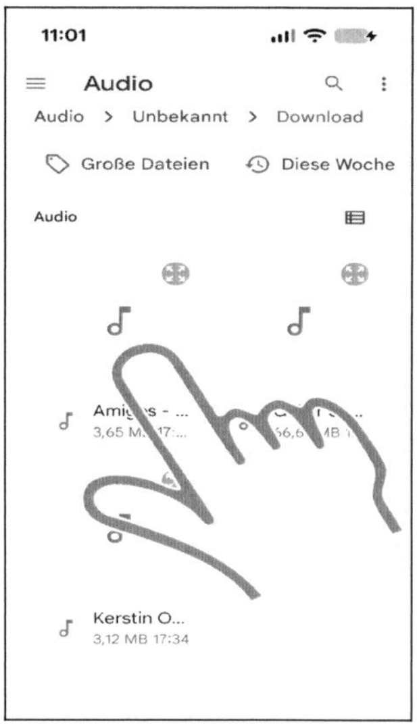

❶ Sofern nicht bereits Musikdateien aufgelistet werden, öffnen Sie das Ausklappmenü.

❷ Hier gehen Sie auf *Audio.*

❸ Wählen Sie ein Musikverzeichnis beziehungsweise eine Audiodatei aus. Damit ist der neue Klingelton eingerichtet.

28.10 QR-Code scannen

Mit Sicherheit haben Sie sich schon mal über die seltsamen Rastergrafiken gewundert, die ab und zu auf Werbeplakaten oder in Zeitschriften zu finden sind. Es handelt sich dabei um sogenannte QR-Codes, die in der Regel eine Webadresse enthalten. QR-Codes lassen sich mit dem Handy einscannen und dann einfach im Webbrowser öffnen.

Wir zeigen Ihnen in diesem Kapitel, wie Sie QR-Codes nutzen.

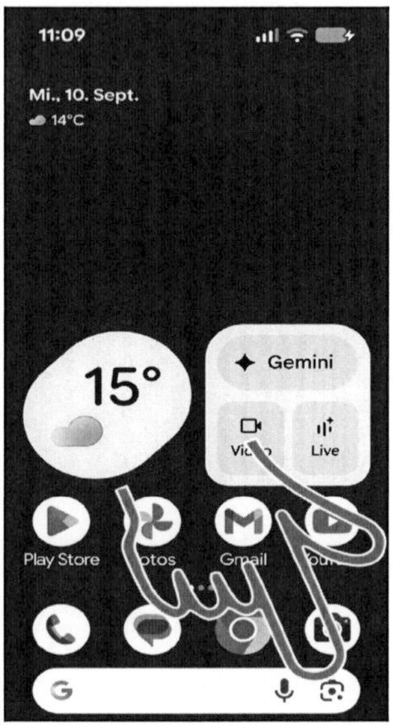

❶ Starten Sie die Google Lens-Funktion mit der -Schaltfläche im Startbildschirm.

❷ Gehen Sie auf *Kamera öffnen.* Im Popup wählen Sie *Bei Nutzung der App.*

Sofern Sie Google Lens bereits mal genutzt haben, werden Einrichtungsschritte übersprungen.

❶❷ Halten Sie das Handy über den einzuscannenden QR-Code. Die angezeigte Webadresse tippen Sie an, worauf sie im Webbrowser geöffnet wird.

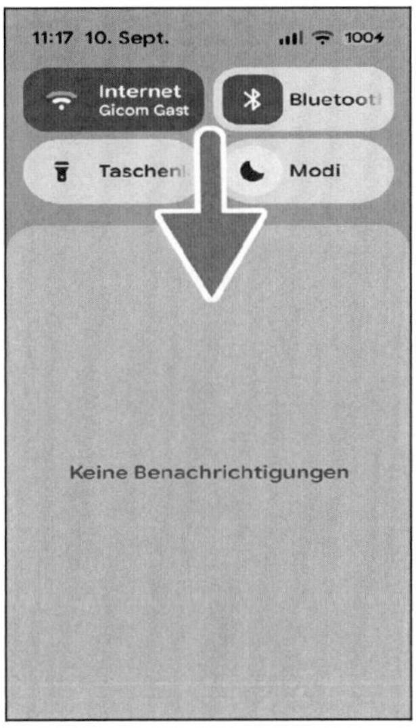

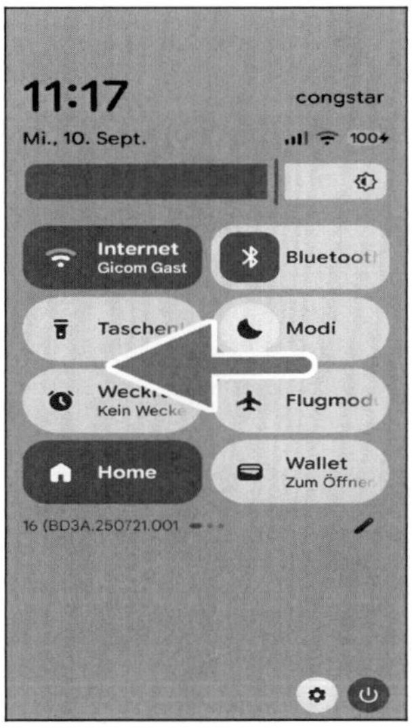

❶ Alternativ öffnen Sie das Benachrichtigungsfeld…

❷ … und öffnen mit einer Wischgeste das erweiterte Benachrichtigungsfeld.

❸ Wischen Sie nach links.

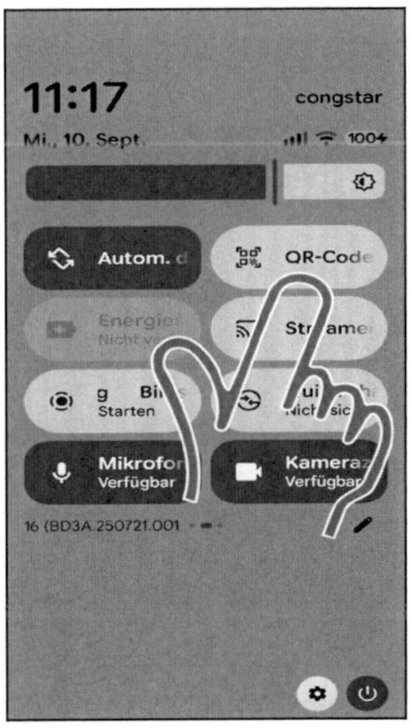

❶❷ Tippen Sie auf *QR-Code-Scanner* und halten Sie das Handy auf den QR-Code. Mit *Öffnen*

rufen Sie die hinterlegte Webadresse im Browser auf.

28.11 Gerätedesign

Ihr Handy bietet zwei verschiedene »Designs« an, die als »Dunkel« oder »Hell« bezeichnet werden. Bei aktivem Energiesparmodus (siehe Kapitel *28.4 Akkulaufzeit erhöhen*) verwendet das Handy das dunkle Gerätedesign, welches weniger Akkustrom verbraucht.

Das Hauptmenü im dunklen (❶) und hellen (❷) Gerätedesign.

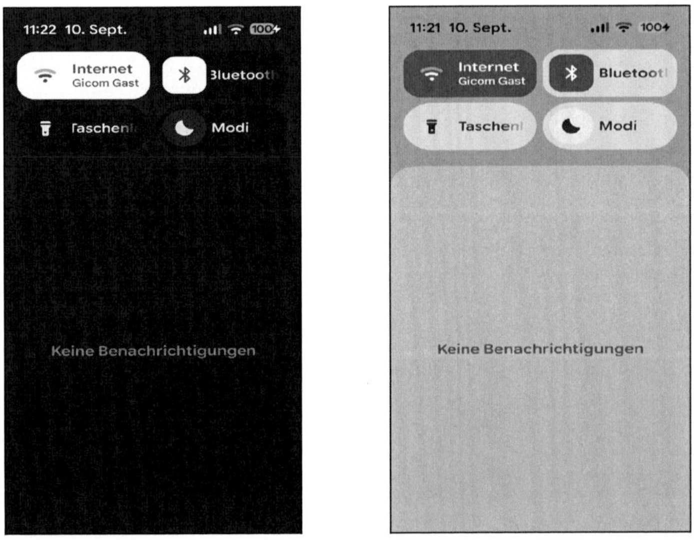

Benachrichtigungsfeld im dunklen (❶) und hellen Gerätedesign.

Welches Gerätedesign bei Ihnen Verwendung findet, hängt von drei Faktoren ab:

- Hintergrundbild (siehe Kapitel *4.8.3 Hintergrundbild*): Je nach Helligkeit des Hintergrundbildes kommt ein helles oder dunkles Design zum Einsatz.
- Sie können alternativ das helle/dunkle Design fest einstellen.
- Weil das Display beim dunklen Design weniger Energie verbraucht, schaltet das Handy im Energiesparmodus (siehe Kapitel *28.4 Akkulaufzeit erhöhen*) automatisch auf das dunkle Design um.

28.11.1 Zwischen hellem und dunklen Design umschalten

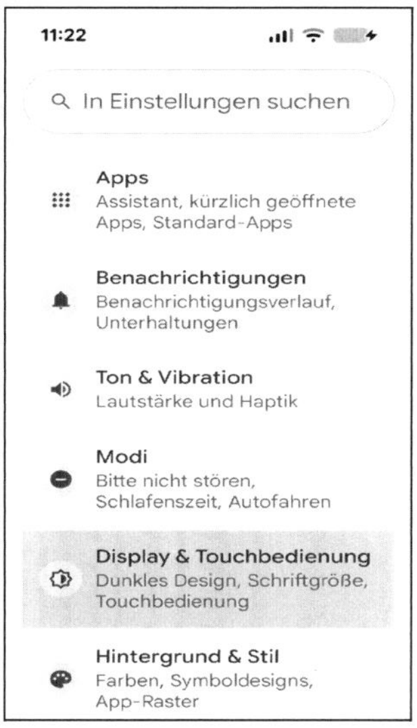

❶ So schalten Sie manuell zwischen hellem oder dunklem Design um: Rufen Sie die *Einstellungen* auf.

❷ Gehen Sie auf *Display*.

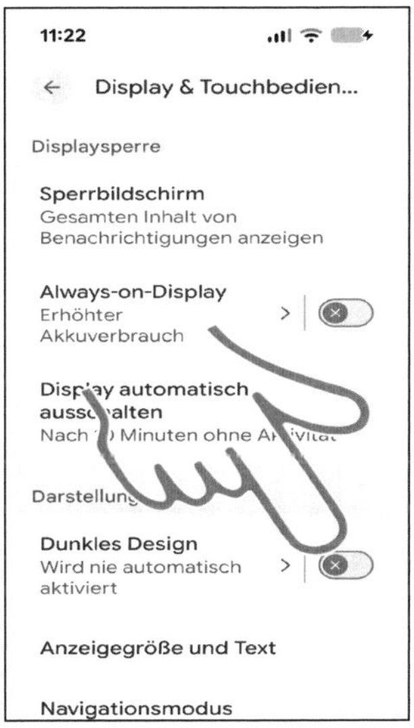

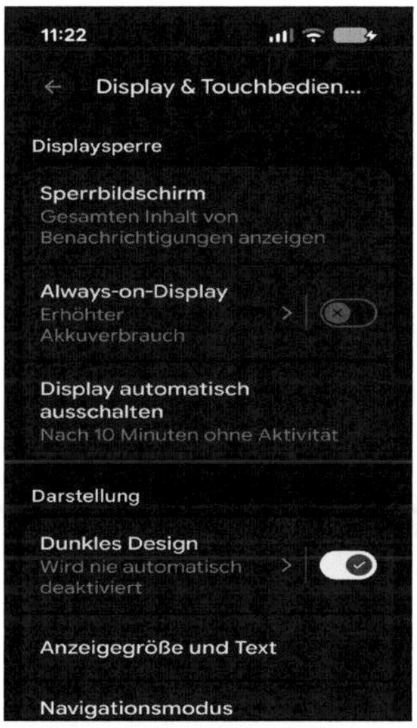

❶❷ Aktivieren/Deaktivieren Sie *Dunkles Design*.

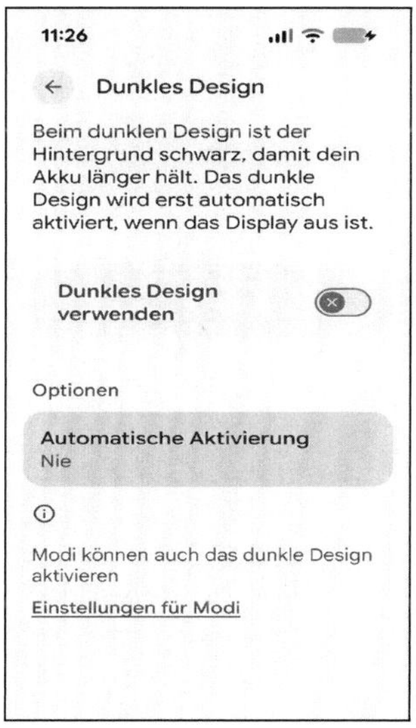

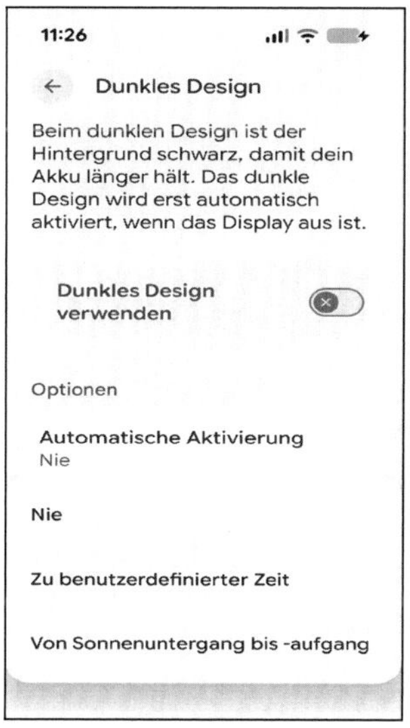

❶ Der Dunkelmodus kann sich auch zu bestimmten Zeiten automatisch einschalten. Dazu rufen

Sie das *Dunkles Design*-Menü auf.

❷ Gehen Sie auf *Automatische Aktivierung.*

❸ Hier stellen Sie ein, ob sich der Dunkelmodus zu bestimmten Zeiten oder Nachts (*Von Sonnenuntergang bis -aufgang*) aktiviert.

28.11.2 Gerätedesign für ein Programm einstellen

Vielleicht möchten Sie, dass nur für eine bestimmte Anwendung einen dunklen Hintergrund nutzt? In vielen der vorinstallierten Anwendungen können Sie das Gerätedesign zwischen »dunkel« und »hell« umschalten.

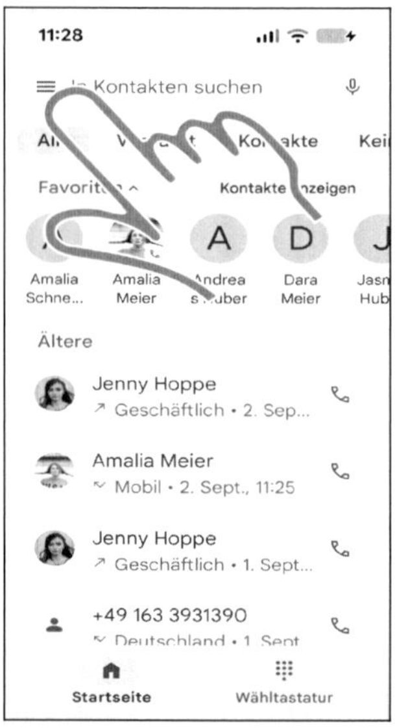

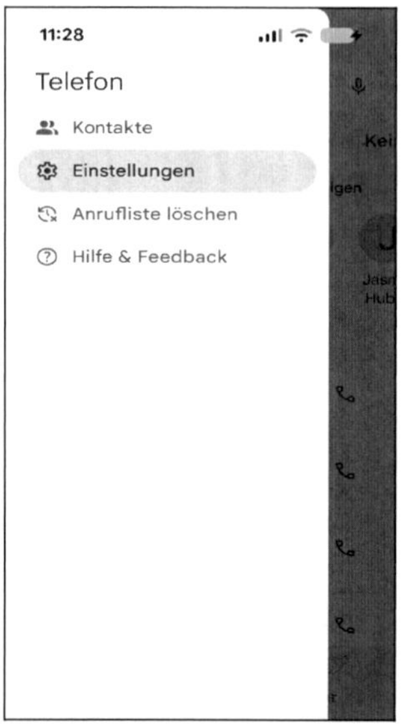

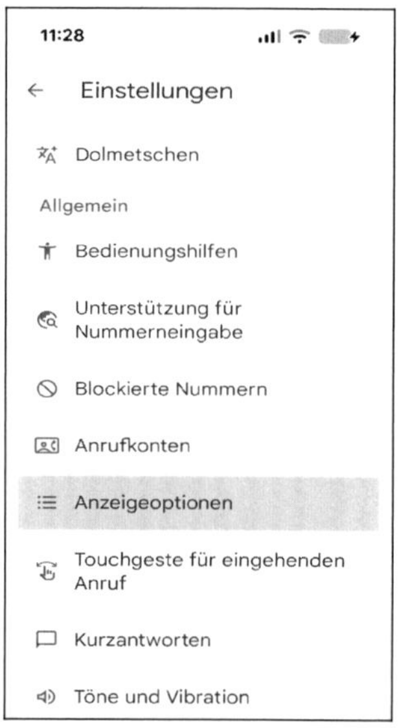

❶❷❸ Beispiel Telefonoberfläche (siehe Kapitel *5 Telefonie*): Rufen Sie dort das Ausklappmenü und darin *Einstellungen/Anzeigeoptionen* auf.

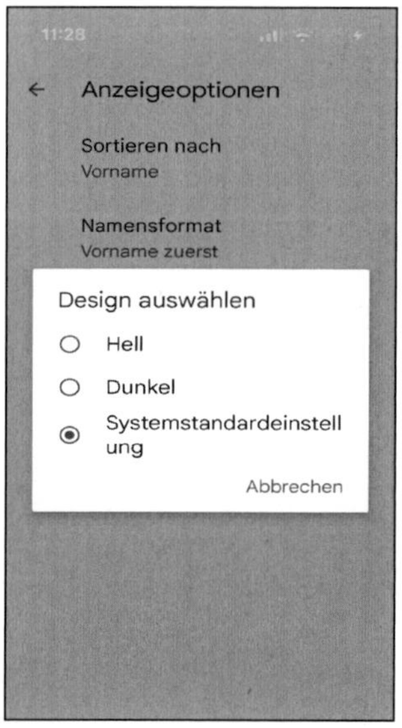

❶ Gehen Sie auf *Design auswählen.*

❷ Im Popup aktivieren Sie *Dunkel.*

Die Gerätedesign-Einstellungen finden Sie bei jeder Anwendung an einer anderen Stelle in den Menüs.

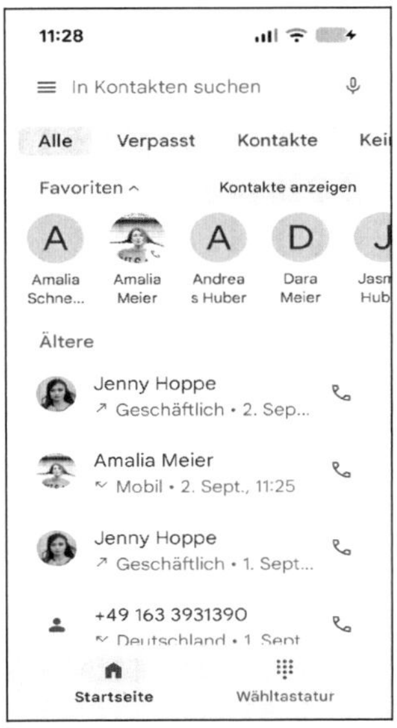

Zum Vergleich: Das helle (❶) und dunkle (❷) Gerätedesign der Telefonoberfläche.

28.12 Datenschutzeinstellungen

In den letzten Jahren wurde weltweit das Datensammeln der Softwarebranche durch diverse Gesetze immer mehr eingeschränkt. Was für die Privatsphäre auf der einen Seite zu begrüßen ist, hat auf der anderen Seite negative Auswirkungen auf den Bedienkomfort.

Beispiel: Google darf die in den Telefonbuch-Kontakten hinterlegten Geburtstage nicht einfach in den Kalender als Termine übernehmen. Ebenso dürfen Suchwörter aus der Google-Suche nicht für Empfehlungen im Kartendienst Google Maps oder in YouTube verwendet werden.

Über die »Meine Aktivitäten«-Seite legen Sie selbst fest, welche Daten Google zwischen seinen Diensten austauschen darf.

❶ Rufen Sie in einem Webbrowser die Webadresse *myactivity.google.com/linked-services* auf (Sie dürfen dazu auch den Browser auf einem PC nutzen, was einfacher ist). Betätigen Sie dann *Anmelden* und geben Sie auf den folgenden Seiten Ihr Google-Konto und das zugehörige Passwort an.

❷ Aktivieren Sie alle Dienste, die Daten untereinander austauschen dürfen. In der Regel dürften das alle sein, was Sie mit einem Haken beim ersten Eintrag erledigen.

❸ Blättern Sie nun mit einer Wischgeste durch den Bildschirm und gehen Sie auf *Weiter.* Auf der folgenden Seite betätigen Sie *Bestätigen*.

28.13 eSIM einrichten

Im Kapitel *2.3 Die SIM-Karte* hatten wir bereits die eSIM erwähnt und im Kapitel *3 Erster Start* sind wir auch auf dessen Einrichtung eingegangen. Es ist natürlich auch möglich, die SIM-Karte nachträglich gegen eine eSIM auszutauschen.

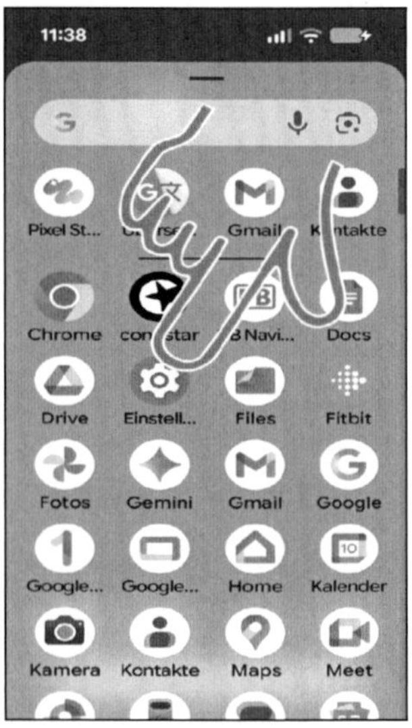

❶❷ Rufen Sie die *Einstellungen* auf und gehen Sie auf *Netzwerk & Internet.*

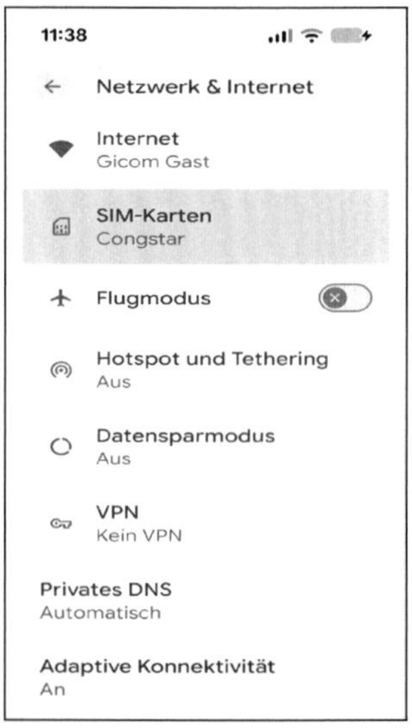

❶ Wählen Sie *SIM-Karten.*

❷❸ Betätigen Sie *SIM-Karte hinzufügen* und dann *eSIM einrichten.* Halten Sie dann den vom Netzbetreiber zur Verfügung gestellten QR-Code in die Kamera.

29. Stichwortverzeichnis

Sie haben im Stichwortverzeichnis nicht gefunden, was Sie suchen? Dann empfehlen wir Ihnen das Herunterladen des PDF-Ebooks (siehe Seite 3). Alle PDF-Anzeigeprogramme bieten eine Volltextsuchfunktion!

30. Weitere Bücher des Autors

Vom Technik-Journalisten Rainer Gievers sind zahlreiche Bücher zum Thema Mobile Computing erschienen. Eine Übersicht finden Sie auf *www.das-praxisbuch.de*. Sie erhalten die Bücher bei Ihrem lokalen Buchhändler oder über Online-Shops der großen Buchketten.

Sie möchten wissen, ob es vom Autor ein Buch zu Ihrem Handy gibt? Dann nutzen Sie bitte die Suchfunktion unter der Webadresse *www.das-praxisbuch.de/suche*.

Allgemeine Themen

- Das Praxisbuch Chromebook (Ausgabe 2024/25)
- Das Praxisbuch Google-Anwendungen (Ausgabe 2024/25)
- Das Praxisbuch Amazon Alexa & Echo (Ausgabe 2024/25)
- Das Praxisbuch Internet mit dem Android-Handy (Ausgabe 2024/25)
- Das Praxisbuch KI-Werkstatt

Samsung Galaxy A-Serie:

- Samsung Galaxy A15 & A15 5G
- Samsung Galaxy A16 5G
- Samsung Galaxy A25
- Samsung Galaxy A26 5G
- Samsung Galaxy A35 5G
- Samsung Galaxy A36 5G
- Samsung Galaxy A55 5G
- Samsung Galaxy A56 5G

Samsung Galaxy S-Serie:

- Samsung Galaxy S22 / S22+ / S22 Ultra
- Samsung Galaxy S23 / S23+ / S23 Ultra
- Samsung Galaxy S23 FE
- Samsung Galaxy S24 / S24+ / S24 Ultra
- Samsung Galaxy S24 FE
- Samsung Galaxy S25 / S25+ / S25 Ultra

Google Pixel:

- Google Pixel 7a
- Google Pixel 7 & Pixel 7 Pro
- Google Pixel 8 & 8 Pro
- Google Pixel 8a
- Google Pixel 9 & Pixel 9 Pro/XL